中国教育年鉴

1988年

《中国教育年鉴》编辑部

人民教育出版社

《中国教育年鉴》编辑部

主　　审　郝维谦

责任编辑　张玉兰

编　　辑　赵连杰　张　强

　　　　　郭伯诚　郝文丽

中国教育年鉴
《中国教育年鉴》编辑部编
*
人民教育出版社　出版
新华书店总店科技发行所发行
外文印刷厂印装
*
开本 787 × 1092　1/16　印张 36.25 插页 4 字数 630,000
1989 年 4 月第 1 版　1989 年 4 月第 1 次印刷
印数　1–14,500
ISBN 7-107-10315-6
G · 1296　(精) 定价 19.30 元

YEARBOOK OF EDUCATION IN CHINA

1　1987年2月11日李鹏同志在国家教委1987年工作会议上讲话

2　1987年5月18日李鹏同志在全国高校思想政治工作会议上讲话

3　1987年8月7日李鹏、胡启立等领导同志在北戴河会见全国优秀教师夏令营的部分代表

4　1987年11月14日李鹏、胡启立等同志会见参加国务院学会委员会座谈会的学位委员

摄影

1、2　刘全聚

3　孙成华

4　李生南

1 1987年6月16日中国中小学、幼儿教师奖励基金会理事长王震会见在京老同志，呼吁全社会为教育事业献资出力

2 国家教委副主任何东昌在中国高教学会理事会上讲话

3 何东昌同志在美国与我留美学生合影

4 何东昌同志和留学生在一起

1
2
3
4

摄影

1 韩树民

1 国家教委慰问团向云南前线烈士陵园敬献花圈

2 北京航空学院博士生高歌和导师宁榥教授

3 北京西藏中学学生练习书法

4 少数民族少年儿童在夏令营

摄影
1 郑晓恩
2 罗国信
4 韩树民

1 做好弱智儿童的教育工作
2 北京市小学生风筝比赛
3 湖南常德育英小学学生做航模
4 北京市少年儿童绘画“我们爱和平”百米画卷
5 辽宁省大连市实验小学学生在上美术课

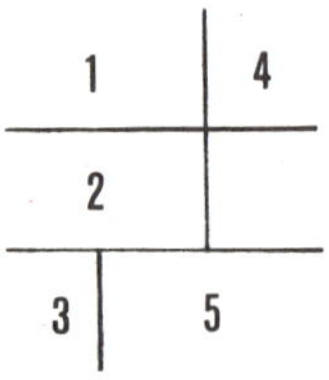

摄影 1、2、4 韩树民
3、5 刘全聚

1
2
3

摄影
1　禹启中
2　刘全聚

1　北京市第四中学俄语课堂教学
2　湖南省沅江县教师进修学校
3　河北省阳原县职业技术学校学生在实验基地实习

1　山西省临猗县牛杜乡农民技术学校学生在做土壤分析
2　大连海运学院参加军训的学生参观海军某舰队
3　清华大学核电站模拟培训中心实验室正在运行
4　中国人民公安大学模拟凶杀案件现场教学
5　山西省太原钢铁厂对职工进行岗位培训
6　南京林业大学学生在军训中

1	
2	4
	5
3	6

摄影
1、5　刘全
3　郭有

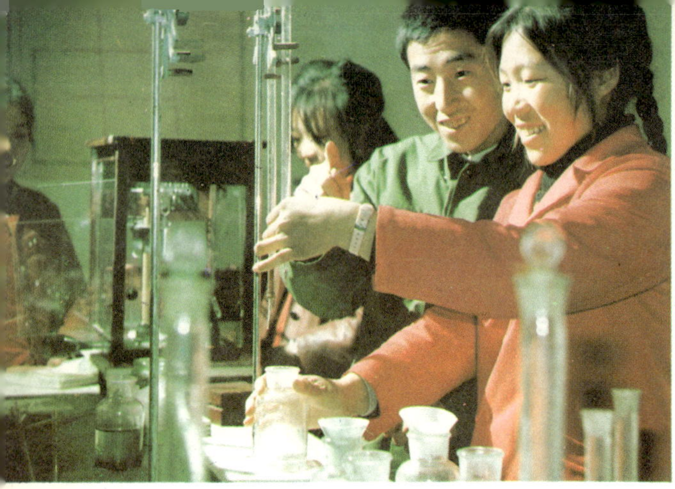

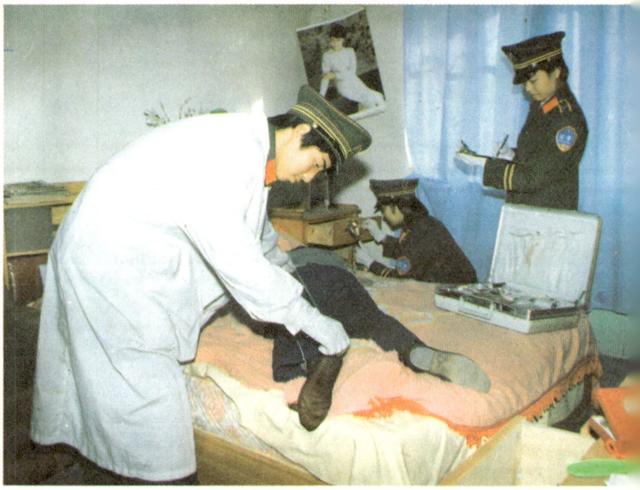

摄影
1 韩树民
3 刘全聚

1 华中农学院培训农村管理人才
2 中国教育电视台播出间
3 河北农大为开发太行山献计献策

1 中国教育学会在活动

2 为庆祝第三届教师节而举办的全国教师书法、绘画、摄影展览作品之一《红烛颂》

3 作品之二《大千世界》

目录

前　言

1984年以来，《中国教育年鉴》编辑部先后编辑出版了《中国教育年鉴》(1949—1981)、《中国教育年鉴》(1982—1984)、《中国教育年鉴》(1949—1984) 地方卷、《中国教育年鉴》(1985—1986)。

为了使《中国教育年鉴》的编辑出版工作做到正规化、规范化，《中国教育年鉴》编辑部在总结过去经验的基础上，对今后编辑工作做如下改进:

1.《中国教育年鉴》应该成为记载中国各个年度教育发展实绩的年刊。从本卷开始，《中国教育年鉴》每年出刊一卷。为与目前国际国内各种年号确定办法相一致，《中国教育年鉴》(1988) 卷反映的是1987年教育事业发展和改革的情况，以及重大事件和重要活动。

2.《中国教育年鉴》作为介绍中国教育基本情况的综合性文献，今后不再单独出版地方卷。每卷的内容既系统反映各级各类教育的情况，也全面记载国家教委、中央各部委、各地区、各级各类学校的教育教学成就和经验。

3.《中国教育年鉴》是全面地、系统地反映中国社会主义教育事业的资料性工具书。今后，每卷都要登载当年国家制订的教育法律、国务院颁布的教育行政法规和国家教委的规章，提供准确可靠的各类统计资料，编发教育大事记。

《中国教育年鉴》是为国内外广大教育工作者、教育科学研究工作者服务的读物。希望各级教育行政部门，各级各类学校，广大的教育工作者和各界关心、支持教育事业的人士，把本地区、本部门教育事业的大事、要事，好经验，重要的资料，踊跃地提供给编辑部。对《中国教育年鉴》中的缺点和不足，希望所有关心本刊的读者批评指正，并提出宝贵意见，以帮助我们改进工作。

《中国教育年鉴》(1988) 卷在编辑过程中，得到国家教委各司局、各直属单位，有关部委的教育局，一些省、市、自治区教委、教育厅（局）及学校的大力支持，特致衷心感谢。

今后，《中国教育年鉴》统由人民教育出版社出版、发行。

《中国教育年鉴》编辑部

1988年5月

CONTENTS

FOREWORD

Since 1984, the Editorial Office of the 'Yearbook of Education in China' has published the following editions:

Yearbook of Education in China (1949–1981)

Yearbook of Education in China (1982–1984)

Yearbook of Education in China (1949–1984) (Regional edition)

Yearbook of Education in China (1985–1986)

In order to regularize and standardize the compilation and publication of the 'Yearbook of Education in China', the Editorial Office has decided to make the following improvements in its future editing work on the basis of the experiences accumulated in the past.

1. 'Yearbook of Education in China' should be an annual recording real achievements in China's educational development each year. From this volume onwards, every year will see a new edition of the yearbook. For the purpose of being identical to the title of the year used at home and abroad, the 'Yearbook of Education in China (1988)' reflects the development and reform in education, great events and major activities in education in the year 1987.

2. Since the 'Yearbook' with comprehensive and documentary nature introduces basic conditions of China's education, there will be no regional editions published separately from now on. The book includes not only systematic reflection of situations in different types of education at all levels but also overall accounts of achievements and experiences in education and teaching of schools of different kinds at all levels in various regions under the State Education Commission and other commissions and ministries of the Central Government.

3. 'Yearbook of Education in China' is a reference book revealing comprehensively and regularly China's socialist education. Educational laws made by the state, educational administrative laws and regulations issued by the State Council, and rules and regulations formulated by the State Education Commission every year will be carried in each volume henceforth. The book will provide all kinds of accurate and reliable data and great events in education of each year.

'Yearbook of Education in China' is a handbook for broad masses of educators and educational research workers both at home and abroad. We hope that educational administrative bodies of all levels, schools of different types at all levels, educators and personalities of various circles caring for and supporting the cause of education will keenly provide us with material about great and major events and good experiences in education and important information in their regions and sections. We welcome all suggestions, criticisms and comments from our audience who take interest in the Yearbook because we believe they will help improve our work.

'Yearbook of Education in China (1988)', during its compilation, enjoyed great support from various departments and bureaus of the State Education Commission, units directly under the Commission, education bureaus of ministries concerned and education departments and bureaus and schools of provinces, cities and autonomous regions. We hereby express our heartfelt gratitude to them all.

The Yearbook will be published and distributed by People's Education Press hereafter.

Editorial Office of
'Yearbook of Education in China'
May, 1988

沿着有中国特色的社会主义道路前进

——赵紫阳同志在中国共产党第十三次全国代表大会上的报告（节选）

三、关于经济发展战略

在社会主义初级阶段，发展社会生产力所要解决的历史课题，是实现工业化和生产的商品化、社会化、现代化。我国的经济建设，肩负着既要着重推进传统产业革命，又要迎头赶上世界新技术革命的双重任务。完成这个任务，必须经过长期的有步骤分阶段的努力奋斗。

党的十一届三中全会以后，我国经济建设的战略部署大体分三步走。第一步，实现国民生产总值比一九八〇年翻一番，解决人民的温饱问题。这个任务已经基本实现。第二步，到本世纪末，使国民生产总值再增长一倍，人民生活达到小康水平。第三步，到下个世纪中叶，人均国民生产总值达到中等发达国家水平，人民生活比较富裕，基本实现现代化。然后，在这个基础上继续前进。

现在，最重要的是走好第二步。实现了第二步任务，我国现代化建设将取得新的巨大进展：社会经济效益、劳动生产率和产品质量明显提高，国民生产总值和主要工农业产品产量大幅度增长，人均国民生产总值在世界上所占位次明显上升。工业主要领域在技术方面大体接近经济发达国家七十年代或八十年代初的水平，农业和其它产业部门的技术水平也将有较大提高。城镇和绝大部分农村普及初中教育，大城市基本普及高中和相当于高中的职业技术教育。人民群众将能过上比较殷实的小康生活。在我们这样一个人口众多而又基础落后的国家，人民普遍丰衣足食，安居乐业，无疑是一项宏伟壮丽而又十分艰巨的事业。

实现第二步奋斗目标，我们有很多有利条件，也存在不少困难和矛盾。矛盾的焦点是经济活动的效益太低。只有在提高经济效益上扎扎实实地做好工作，争取年年有所进步，才能逐步缓解我国人口众多、资源相对不足、资金严重短缺等矛盾，保证国民经济以较高的速度持续发展。因此，必须坚定不移地贯彻执行注重效益、提高质量、协调发展、稳定增长的战略。这个战略的基本要求是，努力提高产品质量，讲求产品适销对路，降低物质消耗和劳动消耗，实现生产要素合理配置，提高资金使用效益和资源利用效率，归根到底，就是要从粗放经营为主逐步转上集约经营为主的轨道。为此，必须着重解决好以下三个重要问题。

（一）把发展科学技术和教育事业放在首要位置，使经济建设转到依靠科技进步和提高劳动者素质的轨道上来。

现代科学技术和现代化管理是提高经济效益的决定性因素，是使我国经济走向新的成长阶段的主要支柱。必须清醒地认识到，技术落后，管理落后，靠消耗大量资源来发展经济，是没有出路的。离开科技进步和科学管理，不可能在有限耕地上生产出足够的粮食和其它农产品，不可能在人口不断增加的情况下保持目前的温饱水平，更谈不上向小康以至更高水平前进。不改变设计落后、装备陈旧、工艺粗糙、管理松懈的状况，工业和其它部门的发展也难以为继。产品水平低，质量差，消耗大，成本高，不仅糟踏资源，不能缓解我国社会经济生活中的矛盾，在国际市场的竞争中也站不住脚。尤其在世界新技术革命迅速发展的形势下，如果我们不抓紧时机，急起直追，就无法缩短我们在经济技术上同发达国家之间的差距。这一切说明，科学技术进步和管理水平的提高，将在根本上决定我国现代化建设的进程，是关系民族振兴的大事。

加速科技进步，应当立足我国实际，放眼世界，选准发展方向和重点。科技工作的首要任务是振兴国民经济。要着重推进大规模生产的产业技术和装备现代化，使农业、能源、原材料、交通、通信、机械制造等重点产业主干部分的技术面貌有明显改善；积极推广普遍适用的科技成果，加速企业的技术改造，继续实施以发展农村经济为宗旨的“星火”计划。与此同时，要组织精干力量不失时机地开展高技术研究，特别是微电子技术、信息技术、生物工程技术和新材料技术的研究与开发，继续加强基础研究，大力发展软科学。必须加快改革，形成科技同经济密切结合的机制，增强企业特别是大型骨干企业应用科技成果的动力和压力，推动技术市场的发展和技术成果商品化的进程，缩短科研成果运用于生产建设的周期。要继续积极引进国外先进技术，并使之同国内的科学技术研究密切结合，切实加强对引进技术的消化、吸收和创新。建议国务院制定中长期科学技术发展纲领，合理组织全国科技力量，通力协作，尽快实施。

从根本上说，科技的发展，经济的振兴，乃至整个社会的进步，都取决于劳动者素质的提高和大量合格人才的培养。百年大计，教育为本。必须坚持把发展教育事业放在突出的战略位置，加强智力开发。随着经济的发展，国家要逐年增加教育经费，同时继续鼓励社会各方面力量集资办学。要坚持教育为社会主义现代化建设服务的方针，按照实际需要，改善教育结构，提高教育质量，克服教育脱离实际和片面追求升学率的倾向。必须进一步造成尊重知识、尊重人才的社会环境，继续改善知识分子的工作和生活条件，努力做到人尽其才，才尽其用。要充分发挥广大工人、农民、知识分子的积极性和创造性，对一切为现代化建设作出优异成绩的人们都要给予奖励。必须下极大的力量，通过各种途径，加强对劳动者的职业教育和在职继续教育，努力建设起一支素质优良、纪律严明的劳动大军。在充分发挥我们自己的科技人员的作用的同时，还要积极开展国际人才交流的工作。

（二）保持社会总需求和总供给基本平衡，合理调整和改造产业结构。

为了实现国民经济在提高效益的基础上稳定发展，必须努力保持社会总需求与总供给大体平衡。做到这一点的关键，是适当控制全社会固定资产投资总规模，使之与国力相适应；合理掌握生活消费增长的幅度，使之与生产的发展相适应。要切实加强和改进国民经济的综合平衡，做到财政、信贷、外汇和物资的各自平衡和相互之间的基本平衡。在各项实际工作中，要善于审时度势，自觉地及时地解决经济生活中出现的不平衡，以经常性的小调整来避免比例严重失调情况下被迫进行的大调整。对目前国家机关、企事业单位和社会团体种种挥霍浪费、奢侈成风的现象，必须坚决加以制止。对今年以来出现的物价上涨幅度过大的趋势，必须采取坚决措施进一步加以控制。

经济总量平衡同经济结构有着密切关系。只有在结构合理的基础上实现总量平衡，才能取得良好的宏观经济效益。这个问题越往前去会越加突出，这是因为：第一，在向小康水平前进的过程中，农业人口向非农产业转移的速度加快，对发展基础工业和基础设施的要求愈益迫切，居民对档次较高的消费品的需求增大，选择性明显增强，所有这一切都对产业结构的改造提出了许多新的要求。第二，世界新技术革命的发展和产业结构变化的影响，我国扩大商品出口的需要，也要求对产业结构进行相应的调整和改造。因此，能否逐步实现产业结构合理化，将在很大程度上决定着今后经济的发展和效益的提高。

我国国内市场广阔，传统产业存在着很大的发展余地；对外开放的不断扩大，又为我们充分利用国外先进技术提供了广泛的可能性。要把这两方面的有利条件很好结合起来，以运用先进技术改造和发展我国传统产业为重点，同时注意发展高技术新兴产业，带动整个国民经济向前发展。根据这样的考虑，今后相当长时期内调整和改造产业结构的基本方向应当是：坚持把农业放在十分重要的战略地位。全面发展农村经济；在大力发展消费品工业的同时，充分重视基础工业和基础设施，加快发展以电力为中心的能源工业，以钢铁、有色金属、化工原料为重点的原材料工业，以综合运输体系和信息传播体系为主轴的交通业和通信业；努力振兴机械、电子工业，为现代化建设提供越来越多的先进技术装备；以积极推行住宅商品化为契机，大力发展建筑业，使它逐步成为国民经济的一大支柱。要重视发展第三产业，努力实现一、二、三产业协调发展。我们必须加强基础工业和基础设施的建设，否则经济发展没有后劲。基础工业和基础设施的发展也不能孤立进行，要同其它方面的发展相协调。在产业发展的地区布局上，既要重点发挥经济比较发达的东部沿海地区的重要作用，又要逐步加快中部地区和西部地区的开发，使不同地区都能各展所长，并通过相互开放和平等交换，形成合理的区域分工和地区经济结构。对少数民族地区和贫困地区，要给予必要的支援，进一步研究和制定符合这些地区实际情况的政策，增强它们的发展活力，促进这些地区的经济繁荣。

为了实现产业结构和企业组织结构合理化，达到资源优化配置，不仅要发挥市场和自由竞争的作用，而且要依靠国家制定正确的产业政策和企业组织结构政策，并运用价格、财政、税收、信贷等经济杠杆来进行干预和调节，以改革促进经济的健康发展，以发展为改革创造较好的经济环境。这样，就有可能把发展和改革、计划和市场、宏观管理和微观搞活结合起来，并在计划工作上走出一条新的路子。

这里有必要着重讲一讲关系建设和改革全局的极端重要的农业问题。农业的稳定增长和农村产业结构的改善，是整个国民经济长期稳定发展的基础。在社会主义初级阶段，我国农业生产条件还比较落后，发展还很不稳定，加强农业建设尤为迫切和重要。我们必须十分重视粮食生产，争取在今后十多年内粮食产量有较大增长，这是实现到本世纪末战略目标的一个基本条件。我们又必须继续合理调整城乡经济布局的农村产业结构，积极发展多种经营和乡镇企业，并且把它同支持和促进粮食生产很好地结合起来，保持农村经济的全面发展和农民收入的持续增长。要巩固和完善以家庭经营为主的多种形式的联产承包责任制，积极鼓励兼业经营，建立社会化服务体系。有条件的地方，要在坚持自愿互利的基础上鼓励和提倡多种形式的合作与联合，逐步达到合理的经营规模。要注意城乡改革的配套，处理好城乡矛盾，巩固工农联盟。在深化农村改革的同时，国家、集体和农民个人都应当增加农业投入，地方财力要更多地用于农业，以加强农田水利基本建设，防治水旱灾害，改善农业的基础条件。积极加强土地管理，努力抑制耕地大面积减少的现象。要大力增加化肥、塑料薄膜、农药、柴油和农业机械等农用物资的生产和供应，加强对农业的物质支援。要加强农业科学技术研究，积极运用科技成果，努力培育和推广优良品种。在加快发展农业生产的同时，要对居民的消费结构特别是食物结构进行正确的引导和调节，使之同我国农业资源的特点和生产水平相适应。总的来说，我国农村还处在开发时期，许多资源还没有合理利用，潜力很大，农林牧副渔各业和乡镇企业的发展前景都是十分广阔的。

（三）进一步扩大对外开放的广度和深度，不断发展对外经济技术交流与合作。

当今世界是开放的世界。我们已经在实行对外开放这个基本国策中取得了重大成就。今后，我们必须以更加勇敢的姿态进入世界经济舞台，正确选择进出口战略和利用外资战略，进一步扩展同世界各国包括发达国家和发展中国家的经济技术合作与贸易交流，为加快我国科技进步和提高经济效益创造更好的条件。

出口创汇能力的大小，在很大程度上决定着我国对外开放的程度和范围，影响着国内经济建设的规模和进程。必须根据国际市场的需要和我国的优势，积极发展具有竞争力、见效快、效益高的出口产业和产品，大力提高出口商品的质量，合理安排出口商品结构，多方位地开拓国际市场，以争取出口贸易较快地持续增长。同时，积极发展旅游业，发展劳务出口和技术出口，努力增加非贸易外汇收入。进口的重点要放在引进先进技术和关键设备上。凡是适宜于国内生产的重大设备和其他产品，要努力提高产品质量和性能，做到立足于国内。积极发展替代进口产品的生产，采取必要的政策和措施，加快国产化进程。为了更好地扩大对外贸易，必须按照有利于促进外贸企业自负盈亏、放开经营、工贸结合、推行代理制的方向，坚决地有步骤地改革外贸体制。

对于国外资金的利用，要根据偿还能力和国内资金、物资配套能力，保持适当的规模和合理的结构，大力提高外资使用的综合经济效益。要进一步健全涉外经济立法，落实优惠政策，改善投资环境，使外国企业家能够按照国际惯例在我国经营企业，以吸引更多的外来投资。

必须继续巩固和发展已初步形成的“经济特区——沿海开放城市——沿海经济开放区——内地”这样一个逐步推进的开放格局。从国民经济全局出发，正确确定经济特区、开放城市和地区的开发与建设规划，着重发展外向型经济，积极开展同内地的横向经济联合，以充分发挥它们在对外开放中的基地和窗口作用。

同志们！这里还要特别指出，人口控制、环境保护和生态平衡是关系经济和社会发展全局的重要问题。我国在人口控制方面已经取得了显著成绩，广大计划生育工作者为此作出了重要贡献。但是，必须看到，我国人口基数大，现在又正值生育高峰，计划生育工作丝毫不能放松，否则势必影响既定奋斗目标的实现。必须强调优生优育，提高人口质量。同时，还要注意人口迅速老龄化的趋向，及时采取正确的对策。在推进经济建设的同时，要大力保护和合理利用各种自然资源，努力开展对环境污染的综合治理，加强生态环境的保护，把经济效益、社会效益和环境效益很好地结合起来。

国防现代化是社会主义现代化建设的重要组成部分。近几年来，人民解放军和国防工业、国防科技战线的广大职工，顾全国家建设大局，努力支援和参加经济建设，同时在推进国防现代化方面取得了十分可喜的进展。应当加强国防教育，提高人民的国防观念。今后要在经济发展的基础上，进一步发展国防技术，改善部队装备，把具有中国特色的国防现代化建设推向前进。

经济发展战略的实现，从根本上说，要依靠经济体制改革的加快和深化。同时，改革的部署和实施又必须为经济发展服务。这样，就能够使改革和建设相互适应，相互促进，有力地推动我国社会主义商品经济的健康发展。

深化教育改革，为发展教育事业做出更大贡献

——李鹏同志在首都庆祝教师节优秀教师代表座谈会上的讲话

同志们:

今天，我们在这里召开座谈会，共同庆祝1987年教师节。参加座谈会的有大中小学教师，有幼儿教育、特殊教育教师，有青少年科技活动辅导员和其他教育工作者。刚才有9位教师代表发了言，畅谈了近年来教书育人的工作体会，讲得生动感人，提出了一些宝贵的意见，座谈会是开得好的。我代表党中央、国务院向全国教育战线上辛勤工作的各族教师和教育工作者致以节日的祝贺！向广大教师和教育工作者表示亲切的慰问!

今年，已经是第三次庆祝教师节了。我们广大教师每年都在为我国的教育事业做出新的贡献。这一年来，广大教师关心并积极参加社会主义建设各项事业，积极参加教育改革，重视教书育人，关心学生的全面成长，通过课堂教学与各种课外活动认真向学生传授科学文化知识，积极开展思想教育工作，以自己的模范行动影响学生和青少年的成长，使教学质量不断得到提高；在完成教育、教学工作的同时，还积极参加各种形式的培训进修，提高了自己的业务水平。最近，大约有上百万中小学教师报名参加了专业合格证书的考试。在贯彻《中华人民共和国义务教育法》方面，广大教师也做了大量工作，涌现出了一大批优秀教师。事实证明，我国教育事业所取得的每一项成就都是同教师的辛勤劳动分不开的。我们绝大多数教师以自己的实际行动和工作成绩赢得了社会上的尊敬。

党的十一届三中全会以来，我国的教育事业，包括基础教育、职业技术教育、高等教育、成人教育等各级各类教育都得到了很大的发展，教育改革正在逐步开展。但是，教育改革的步伐同我国经济体制改革及其他方面的改革还不相适应。因此，深化教育改革已成为当前教育战线上的一项迫切任务。

深化教育改革，首先要端正教育思想，进一步明确教育必须为社会主义现代化建设服务。这就要求各级教育行政部门、各个学校和广大教师全面执行党中央关于教育体制改革的决定，贯彻党的教育方针，使我们的学生和青少年在德、智、体等各个方面得到全面发展，成为四化建设所需要的，有理想、有道德、有文化、有纪律的合格人才；成为坚决贯彻执行党的十一届三中全会以来的路线、方针、政策，坚持四项基本原则，积极投身于改革开放的一代新人。一个地区教育事业办得好不好，一个学校办得好不好，不是只看有多少人考上大学和研究生，多少人出国，而主要是看培养出多少为社会主义建设各项事业实际需要的、德才兼备的合格人才，这才是衡量教育工作的根本标准。为此，教育部门和社会各方面要共同努力克服片面追求升学率和片面追求高学历的倾向，在劳动人事制度和工资政策方面也要有相应的改革。

深化教育改革，就要根据各级各类教育的特点，探索和建立学校主动适应建设

需要的机制，增强学校内部的活力，调动广大教职员工办学的积极性和创造性。为此，从教育体制到教学内容和方法上都要进一步深化改革。在高等教育方面，要继续深化从招生制度到毕业生分配制度的各项改革，使毕业生和用人单位有更大的相互选择的余地。要改革高等学校的管理体制，进一步简政放权，扩大学校的自主权，改变各级政府部门对学校管得过多、统得过死的状况。各类高等学校要分层次，在教学和科研方面都要从实际条件出发，掌握好自己的重点，办出自己的特色。还要积极推动跨部门、跨地区的联合办学，开展校际协作，推动教学、科研和社会实践的结合，加强学校同社会的联系。中等以下的教育要根据大城市、中小城市、农村的不同特点，进一步探索为本地经济建设和社会发展服务的路子。为此，要根据当地经济和社会发展的需要，制订本地的人才规划。切实改变某些地区、市、县的基础教育、职业技术教育、成人教育与本地经济和社会发展脱节的状况。幼儿教育和特殊教育是整个教育事业中不可缺少的组成部分，各级政府、教育行政部门和各有关部门都要给予足够的重视和支持，把这几项教育事业办好。

深化教育改革，就要进一步调动教师的积极性。教师在深化教育改革中担负着重要的责任。我们希望广大教师不断提高自己的思想水平和业务水平，积极参加社会实践活动，了解国情，了解社会，了解四化建设和改革开放对人才的需要。这是做到教书育人、为人师表不可缺少的条件。全体教师都要积极参加教学内容、教学方法、教学形式的改革，提倡多采取启发式、讨论式的教学方法，使学生更主动、更生动活泼地进行学习。当前，在世界范围内，科学技术正在日新月异地向前发展。提高教学质量，培养适应社会发展需要的人才，已成为各国共同关注的问题。广大教师应当努力学习，提高科学文化水平，勇于探索，不为陈旧的观念和传统所束缚，走出提高教学质量，多出人才，出好人才，多出成果的新路子。真正使我们的教育事业按照邓小平同志指示的面向现代化、面向世界、面向未来的方向前进。我相信，广大教师一定会站在深化教育改革的前列，发挥自己的聪明才智，成为深化教育改革的骨干，在深化教育改革中做出新的贡献。

赵紫阳同志指出，教师所从事的事业是神圣的事业，我们全党，全国，全社会都应该重视教育，尊敬教师，在整个社会形成强烈的尊师重教的社会舆论，使之成为一种社会风气，成为文明社会的一种标志。近年来，从中央到地方的各级党政领导机关，乃至全社会的各行各业都为提高教师的社会地位，改善教师的工作条件和生活条件做了不少工作，办了不少实事，取得了一定的成绩。轻视教育、不尊重教师的状况开始得到扭转。但是，应该承认，在这方面还不能尽如人意。许多地区的教师的生活还比较清苦。有些地区尊师重教的风气还没有形成。侮辱教师，侵犯教师的人身和其他合法权益的事件屡有发生，这是不能令人容忍的，对这些事件必须依法惩处。教师的劳动应该受到全社会的尊重，社会各方面都要在工作方面和生活待遇方面给教师以应有的关怀。国务院正在研究采取积极措施，在国家经济条件许可的情况下，使中小学教师的待遇逐步有所提高。以王震同志为理事长的中国中小学幼儿教师奖励基金会已经成立，目的是为了表彰在教书育人方面做出了突出成绩的优秀教师。全国青少年科技活动领导小组决定在教师节通报表彰一批优秀辅导员和科技活动先进集体。许多省、地区、市也决定表彰一批优秀教师。各地也可以根据自己的条件成立自己的教师奖励基金会，表彰优秀教师，促进本地区教育事业的发展。目前，中小学校还有相当数量的危房，教师的住房也很困难。各级地方人民政府和教育行政部门要采取切实可行的措施，重点解决危房和逐步解决教师住房问题。在我国，民办教师的数量很多，是我国教师队伍的一个重要组成部分，他们的工作和生活条件更艰苦，各级人民政府和教育行政部门要给予他们更多的关怀。各级领导要主动热情地关心教师，尽最大力量为他们排忧解难，有效地帮助他们解决工作、学习、生活等各个方面的具体问题，使广大教师心情舒畅地进行工作。我们相信，随着社会主义四个现代化建设事业的发展，经济实力的增长，教育改革的深入，我国的教育事业会不断得到新的发展，教师的社会地位、工作和生活条件也会不断地得到改善和提高，教师的职业终将会成为全社会受人尊敬、令人羡慕的职业。

前两年庆祝教师节，从中央到地方都召开了大会。今年，我们没有举行大会，而召开了今天的座谈会，这只是庆祝形式的问题，绝不表明对教师节的庆祝规格有什么降低。今后庆祝教师节，我们提倡采取灵活多样的各种形式，不一定都开大会，关键在于通过庆祝教师节的活动把尊师重教形成一种社会风气，使教师增强对自己工作的热爱和责任心。

同志们：

我们党的第十三次全国代表大会就要召开了，十三大的中心内容是进一步贯彻改革开放的方针，建设有中国特色的社会主义。值此新学期开学之际，我们希望广大教师和教育工作者为深化教育改革，提高教学质量，培养更多更好的人才，为发展我国教育事业做出更大的贡献，用自己的实际行动迎接党的十三大的召开。

最后，祝大家身体健康，工作顺利，在各自的岗位上取得新的、更大的成绩!

国家教委副主任何东昌在1987年教育工作会议上的讲话

1985年，中央作出关于教育体制改革的决定，成立了国家教委。一年多来，各级党委和政府，教育战线的广大干部和教师，为贯彻中央的决定作出了很大努力。全党全社会对教育的认识有明显提高，“教育必须为社会主义建设服务，社会主义建设必须依靠教育”的指导思想逐步深入基层；在调查研究的基础上，通过调整或整顿，教育事业正向扎实、稳步、协调的方向发展；基础教育、职业技术教育、成人教育发展的总体思路更加清楚；有计划、有步骤地开展了教育改革，有些已初见成效。总的来看，在中央，国务院的领导下，教育工作在前进，取得了不少成绩。

当然，教育工作还存在一些突出需要解决的问题。一个时期以来，资产阶级自由化思潮程度不同地侵袭了不少高等学校，冲击了学校的思想政治工作，在某些学校达到相当严重的地步。如何使教育更好地为社会主义建设服务，如何全面提高教育质量，培养出符合社会主义建设需要的合格人才，还没有引起普遍重视。在事业发展的规模和速度上，考虑需要比较多，对办学条件的可能考虑不够，专门人才的规格、层次和培养目标，不同程度地存在脱离社会主义建设实际需要的问题，有待进一步解决。这些问题，有的属于政治方向问题，有些涉及事业发展的全局，不可掉以轻心。对此，我们要有清醒的认识。

这次会议的任务，是贯彻中央关于反对资产阶级自由化的指示和省长会议的精神，部署今年的工作。教委已经拟定了今年的工作要点，有关同志还要作专门讲话。我这里着重就如何从教育工作的实际出发，贯彻执行中央指示精神讲几点意见。

一、提高对反对资产阶级自由化斗争的性质及意义的认识

我们的绝大多数学校，是努力贯彻党和国家的教育方针的。我们的教育工作队伍，从总体来看，也是好的或比较好的。但是，要防止对资产阶级自由化思潮在学校的影响估计不足。去年年底发生的学潮，波及18个省、市、自治区，28个城市，其性质是严重的。参加闹事的虽然只是高等学校学生中的极少数，又以低年级学生为主，但有相当一部分高年级学生（包括研究生）受资产阶级自由化思潮影响更多一些，少数青年教师对学生闹事抱同情态度。这就值得我们深思。

学生闹事，集中暴露了资产阶级自由化思潮的严重程度。但不能以闹事不闹事作为分界限。我们在1985年“九一八”学生闹事时就曾指出，没有闹事的学校不等于没有问题。这次闹事证明了当时不闹事的学校不等于不存在资产阶级自由化思潮的影响。应该看到，高等学校确有相当一部分学生程度不同地对四项基本原则有怀疑，思想相当混乱。有的学校为鼓吹资产阶级自由化的人提供了讲坛。哲学、社会科学的教学，总的说思想政治方向是正确的，但是个别地方宣扬了资产阶级自由化观点。至于受资产阶级思想体系影响的面就更大一些。这同思想理论界、文艺界和新闻宣传上的混乱是有关系的。前一个时期，马克思主义的基本原理在各个方面受到了挑战，丑化党和社会主义、美化资本主义的东西在一些地方畅行无阻。高等学校不是世外桃源。有的鼓吹资产阶级自由化的人，把青年学生作为主要对象。

高等学校受到资产阶级自由化思潮的侵袭，以致在某些学校造成资产阶级自由化思想泛滥的局面，不是偶然的。主要是历史和社会原因，也有我们工作上的失误。多年来，相当一部分学生一直没有完全解决好根本政治原则和政治方向问题。早在1980年，一部分学生搞“竞选”，就暴露了他们思想上的混乱。之后，主要是随着整个形势的发展，中央特别是小平同志多次强调坚持四项基本原则，加上高等学校的思想政治工作，尽管也受到干扰，但学生总的思想状况是逐步向上的。到1984年秋季以后，由于从中央到许多地方在政治思想战线上软弱混乱，反对资产阶级自由化旗帜不鲜明，态度不坚决，自由化思潮泛滥起来，高等学校就进入了“多事之秋”。回顾这8年来的过程，说明学生思想状况的起伏，“大气候”的影响是主要因素。当然这也同学校工作有关。因而在程度上，有的好一些，有的严重一些。

坚持四项基本原则、反对资产阶级自由化，是维护安定团结政治局面的关键，也是稳定高等学校局势的关键。高等学校的局势如果不能稳定，不但学校工作不能正常进行，而且会给整个社会带来不安定，严重干扰国家的改革和建设。从长远看，高等学校培养出来的人是否具有坚定正确的政治方向，关系到今后知识分子队伍的根本政治素质，关系到党和国家的命运，关系到社会主义事业的前途。如果我们不能深刻认识这场斗争的重要性、严重性和长期性，贯彻中央坚定不移、决不半途而废的决心，就不能动员学校的干部、教师和积极分子坚持不懈地做好工作，我们就会犯错误。因此，我们一定要切实按照中央的方针、政策和方法，把坚持四项基本原则、反对资产阶级自由化的工作做好。

对资产阶级自由化思潮，国家教委一直认为它是高等学校思想政治上的主要问题，也有所抵制。但我们对资产阶级自由化思潮对学校侵袭的程度估计不足，对它可能带来如此严重的后果认识不足，采取的措施也不够。有些问题提出来了，没有很好落实。教委准备进一步总结经验教训，改进工作。

二、当前教育战线反对资产阶级自由化的范围、重点和政策

为了使反对资产阶级自由化的斗争健康地进行下去，中央指示中阐明了这场斗争的重要性和长期性，同时，总结了过去政治运动的“左”的教训，为防止可以预见到的偏差，对当前这场斗争的范围、重点、政策界限和方法，作了明确规定。只有严格按照中央指示开展这场斗争，才能消除广大群众尤其是知识分子的疑虑，团结大多数，不留后遗症。否则，出了大的偏差，就会事与愿违，甚至可能被迫中止这场斗争。所以，教育战线反对资产阶级自由化，必须严格按照中央的规定进行。

中央明确指出：“这场斗争严格限于党内，而且主要在政治思想领域内进行，着重解决根本政治原则和政治方向问题，即主要是反对企图摆脱共产党的领导、否定社会主义道路的错误思潮”。教育战线大、中、小学之间情况不同。根据中央的精神，结合教育领域的实际，我们这条战线反对资产阶级自由化的斗争，主要在高等学校党内进行。对有系统资产阶级自由化观点的党员，要启发和引导他们在提高认识的基础上，按照党章的要求，总结经验教训，鼓励他们进行自我批评。其中坚持资产阶级自由化，情节严重，经教育拒不改正的党员，要区别不同情况，给以适当的党纪处分。凡要开除党籍的，必须报经省、市、自治区一级党的纪律检查委员会批准。对党员的组织处理要慎重，处理面宜窄不宜宽。要在多数群众觉悟提高以后，选择适当时机进行。

对高等学校的党员，主要进行坚持四项基本原则、反对资产阶级自由化的正面教育。对高等学校不是党员的干部、教师和学生，主要组织他们学习中央的有关文件，邓小平、赵紫阳同志的有关讲话，全国人大常委会《关于加强法制教育维护安定团结的决定》，马列和毛泽东同志的有关论述，以及有关批评文章。

对城市中小学的党员，主要是进行正面教育，其他干部和教师则要正面学习有关文件和材料。农村学校党组织按照中央整党工作指导委员会的整党部署进行。对中等学校的学生，主要组织他们学习全国人大常委会《关于加强法制教育维护安定团结的决定》，普遍进行以坚持宪法为重点的法制教育，增强宪法尊严不可侵犯的观念。在工作部署上，可以先高中后初中，分批进行。

高等学校是知识分子集中的地方，也是开展学术研究的重要基地。要继续坚持“双百”方针。凡是以严肃态度并进行了科学研究的学术领域的不同见解，可以在教学中介绍。但要防止违反科学态度，采取不负责任的做法。哲学、社会科学和马克思主义理论课的教学要正常进行。对现有教材不搞清理。但今后必须坚持以辩证唯物主义和历史唯物主义为指导，面向改革、建设的实际和世界上的新变化，改革教学。不能讲授违反四项基本原则、三中全会以来路线、方针和基本政策的内容。涉及敏感的政治问题要十分慎重，更不能把讲坛让给那些鼓吹资产阶级自由化的人。要鼓励从事哲学、社会科学教学和研究的教师，面向实际，写出一批从中国的国情出发，能够回答当前实际问题的有说服力的文章。对外籍教师要用适当方式加强管理。防止他们干预中国内政，也要注意防止他们在课堂上讲授反对我国社会制度和腐朽丑恶的内容。

新学期开学后，要把进一步稳定高等学校的局势作为突出的任务来抓。为了进一步稳定局势，首先要组织各级领导干部和广大教师学习中央关于坚持四项基本原则，反对资产阶级自由化的一系列指示精神，提高对这场斗争的重要性和长期性的认识，掌握各项政策，宣传的贯彻中央坚持以正面教育为主，团结绝大多数的方针，消除骨干和积极分子怕政策多变的疑虑，消除教师和学生中怕扩大化的疑虑，提高他们的思想政治水平，依靠他们开展工作。同时，要深入细致地了解学生寒假返校后的思想情况，有针对性地开展思想工作，逐步消除抵触情绪。学校要继续改进各个方面的工作，加强民主管理，主动而不是被动地沟通同广大师生的对话渠道，热忱欢迎师生提出的批评和建议。对师生提出的合理而又能够办到的要求，在正常情况下应积极加以解决并且要举一反三；学校自己解决不了的要及时向上级反映。对某些不合理的意见，也要如实作出说明。要提倡艰苦奋斗，勤俭办学的风气，但决不应当采取官僚主义、敷衍了事的态度。只有把高等学校的局势进一步稳定下来，形成可以正常讨论问题的气氛，才能更加深入地、系统地开展思想政治工作和学校的其他各项工作。

在稳定局势的基础上，要进一步向广大学生讲清，从中国国情出发，只有坚持四项基本原则，才能搞好改革、开放和实现四个现代化。着重解决为什么必须坚持党的领导，坚持社会主义制度，首先在政治上分清是非。要从学生的实际水平出发，用正反两面的事实和他们容易接受的道理，提高他们的认识。例如，1.没有中国共产党的领导，中国就会陷入混乱状态，起码是一盘散沙。如果政治上动荡，社会秩序混乱，改革就不可能进行下去，经济也不可能在“地震”中起飞。2.发展中国家搞西方“民主”，结果只能是经济上不去，政局不稳定。所以在中国只能采取逐步扩大社会主义民主的办法。3.在10亿人口的中国，如果按照资本主义的办法进行分配，结果只能使少数人富裕，大多数人将会处于饥寒交迫的贫困状态等等。

绝大多数学生热爱祖国，愿意拥护四项基本原则。参加闹事或受资产阶级自由化思想影响较深的学生，也主要是政治上不成熟，除个别人以外，一般都属于思想认识问题。他们也是错误思潮的受害者。对他们必须坚持教育疏导的方针。要采取多种形式进行小型谈话，做耐心细致、艰苦深入的思想工作，不可简单急躁。要充分估计青年学生思想上的混乱程度，作持久战的精神准备。应该欢迎学生把自己想不通的问题，提出来进行民主的、说理的讨论。即便是错误的观点，也一律实行“三不主义”。

近几年来，学校纪律松弛。学生闹事不过更加集中地暴露了这个问题。学校的培养目标明确规定了对学生德、智、体等各个方面的要求。严格校规校纪和学籍管理制度，是使学生达到这些要求的必要保证。它同耐心细致的思想工作是相辅相成的两个方面。除为平息学潮积极工作而误了功课的学生以外，未参加上学期期末考试，或虽参加考试而成绩不及格者，按学校规定正常地加以处理。政治上和思想品德上达不到国家培养目标规定的基本要求，也要给以必要的学籍处理。对这种学生的处理面宜窄不宜宽。处理要在适当时机进行，并报上级主管部门批准。

高等学校本科、专科和研究生的招生工作，必须坚持德、智、体全面考核、择优录取的原则，不能只重才不重德。有的单位，研究生中思想政治工作十分薄弱，个别单位甚至思想政治方向很不端正，就要研究适当的措施，以保证研究生培养的质量。

三、各级各类学校必须进一步明确办学方向，把培养“四有”人才作为自己的基本任务

总结我们正反两方面的经验，各级各类学校都要进一步贯彻执行“教育必须为社会主义建设服务”的方针，加强教育同社会实践的联系，加强思想政治工作。这是培养社会主义建设所需要的合格人才的基本保证。在当前情况下，要特别注意以下几点：

首先，要正确处理坚持改革、开放与坚持四项基本原则的关系。这两个方面相互联系，缺一不可。紫阳同志有关的深刻阐述完全适用于学校，尤其是高等学校。不改革、不开放，就不能使教育面向现代化、面向世界、面向未来，有效地为建设有中国特色的社会主义服务；不坚持四项基本原则，改革和开放就会迷失方向，就不能低制各种资产阶级思潮的侵袭。固然我们要防止只注意坚持四项基本原则而忽视了开放、改革，但只抓了开放、改革而忽视坚持四项基本原则，就会偏离办学的政治方向。有的学校因此受了“全盘西化”论的影响较多，这种教训必须引起重视。

其次，要克服有些高等学校在人才培养上不同程度地脱离社会主义建设实际需要的倾向。从专业设置、培养目标到整个教学过程，都应该按照社会主义建设的实际需要来安排和确定。文科、理科不应该单纯地将培养理论研究人员作为主要目标，应当把绝大部分学生培养成为社会大量需要的从事各种实际工作的人才。工、农、医、师等科同样要注意克服这方面存在的问题。研究生教育也要打破单纯培养理论研究人员的框框。研究生的招收，不仅要看是否具有合格的导师，而且更要看社会的实际需要。从有实践经验的考生中所录取的研究生的比例，要按照学科的特点进一步增加。高等学校的科学研究工作要发扬理论联系实际的学术风气，积极地为解决社会主义现代化建设中遇到的理论问题和实际问题作贡献。学生的培养过程要根据学科和专业的特点，采取有效措施，加强教育、教学同社会主义建设和改革实践的联系。不这样做，把学生关在“象牙之塔”中读书，就很难培养出能够坚持社会主义方向的“四有”人才。

第三，要正确处理政治与业务的关系。这次学生闹事，应当引起我们所有同志的警觉，必须重视人才培养的思想政治要求。本科、专科和研究生的招生制度，留学人员的选拔、派遣办法，都要作必要的改进，使德育尤其是思想品质和政治质量的要求能够落实。我们社会主义学校的思想政治工作，是达到培养目标的保证，党委要管，校长也要管。思想政治工作是一门科学，它的基础是马克思列宁主义、毛泽东思想。尽管这门科学还处在形成和完善的过程中，但它的基础是巩固的，它所凭借的实践经验是丰富的。反对资产阶级自由化的斗争是长期的，存在于改革和开放的整个过程。因此，建设一支得力的、精干的、高水平的思想政治工作队伍，是办好社会主义高等学校必不可少的条件。这支队伍的职务聘任，要有符合他们特点的办法。目前要抓紧试点，再推广。要着力培养一批既承担教学科研任务、又承担思想政治工作的兼职队伍。所有教师都要努力教书育人。要把对学生进行思想政治教育的要求列为教师晋级、考核的重要内容，切实改变单纯以业务要求，甚至仅仅以发表论文的多少作为考核依据的做法。

第四，要明确学校的基本任务是培养“四有”的人才，当前要着重把提高教育质量作为中心。国家要求一少部分高等学校成为教育中心和科学研究中心，指的是希望他们在社会上取得具有这样的地位，发挥这两方面的作用。就教育的基本职能和任务来说，学校第一位的任务就是培养人才。提高教育质量，必须从一年级抓起。教育和教学的改革应该成为学校各项改革的中心。其他改革，例如教师的考核、聘任制度、收益分配办法，都要有助于鼓励教师教书育人，搞好教学。

第五，要树立良好的校风和学风，引导学生走正确的成长道路。既要热爱学生，又要对他们提出严格的要求。要把培养严肃的科学态度和培养创造精神正确地结合起来。要引导学生树立群众观点和实践第一的观点，从思想与业务的结合上培养学生为人民服务、对人民负责的精神。有的实践环节必须列入教学计划，更多的实践活动则要靠学生在课外自愿地主动地开展。目前，学生毕业后一年的见习期流于形式。看来，要改变这种状况，必须规定明确的见习目标，建立严格的考核制度。学生毕业后不经过一定的基层锻炼，不能到国家机关工作。进入学校任教和进入科研单位从事科研工作的人，也要安排一定时间参加社会实践的锻炼。这件工作关系到教育和人事制度的改革，也关系到学校的方向，具有十分重要的意义。要看到闹事的学生虽然是一二年级的居多，思想影响却常常来自高年级学生。

四、加强高等学校领导班子的建设和党的建设

高等学校领导班子的建设，历来是高等教育工作中的关键问题。近几年来，根据干部“四化”的要求，对高等学校的领导班子进行了比较大的调整，情况总的看是好的。绝大多数学校领导能够贯彻中央的路线、方针和基本政策，愿意坚持四项基本原则。对资产阶级自由化，许多学校还积极地进行了抵制。他们积极进行教育改革，努力想把学校办好。许多学校既重视改革、开放，又重视思想政治工作，正在积极探索适应新时期特点的思想政治工作方法。

从这次学生闹事中，也暴露了学校领导班子建设中还存在一些问题。高等学校的领导班子普遍需要进一步提高，特别是思想政治上的提高。少数学校的领导同志热心改革、开放，但对改革、开放的根本目的不够明确，对坚持四项基本原则，头脑不够清醒，对错误思潮不敏感或者缺乏抵制的勇气。邓小平同志在十二大就提出要把马克思主义的普遍原理和中国的实际结合起来，建设有中国特色的社会主义；在 1985 年党的全国代表大会上又强调干部要学习马列主义、毛泽东思想，以适应复杂斗争的需要。去年党的十二届六中全会决议又进一步告诫全党要防止种种迷失方向的危险。但是现在看来，没有引起一些同志足够的警惕。联系近年来资产阶级自由化思潮泛滥的教训，使我们深切认识到提高马列主义理论水平的迫切性。高等学校的领导同志一定要充分认识自己肩负的重任，自觉地坚持学习，真正提高思想政治水平。当前要深入学习和领会中央关于反对资产阶级自由化的精神，提高抵制资产阶级自由化的自觉性。高等学校的领导人必须掌握符合中国社会主义建设需要的教育思想，努力使自己成为社会主义的教育家，把培养学生成为“四有”的人才，当作自己的天职。要纠正教育工作中重才轻德、重理论轻实际的倾向，关心学生的全面健康成长。

有少数学校领导干部对资产阶级自由化抵制很不得力。更少数的甚至同情或者持有资产阶级自由化观点，给自由化思潮开绿灯。极个别的到处鼓吹资产阶级自由化，造成了十分恶劣的影响。因此，对这些高等学校的领导班子，还有一个加强、调整或整顿的问题。对个别不称职的学校党员领导干部要调离领导岗位。

绝大多数学校的党组织经过整党和否定“文革”的教育，基本状况是好的。但是，从这次有些学生党员参与、甚至带头闹事的教训来看，我们许多高等学校党的工作和党员队伍的状况，用党章的要求衡量，还存在着不同程度的差距。主要是一些党员坚持四项基本原则旗帜不鲜明，对资产阶级自由化思潮泛滥不闻不问，甚至随声附和，个别党员受自由化影响很深，这是若干年来学校党的队伍思想不纯的主要表现。在大学生特别是在研究生中积极吸收合乎条件的人入党是必要的。但近年来发展的一些党员素质不高。有些人是从个人的考虑出发，抱着“从政”的动机入党的。有的学校甚至以业务标准代替政治标准。这次闹事的带头人，有些是学生党员和要求入党的学生，这很值得我们深思。发展党员一定要切实注意质量，必须把具有共产主义理想和现实政治表现放在首位。否则就会像个别学校那样，出现党员比例相当高，而资产阶级自由化思潮泛滥的反常现象。

学校共青团的建设要把先进性摆在首位，引导青年信任党，拥护党的领导，把广大青年团结在党的周围。不同时代成长起来的知识分子都有他们的长处和特点，要相互了解和学习。但都应有共同的理想、道德规范和纪律。当前要注意教育青年学生继承党的革命传统和中年、老一辈知识分子中热爱祖国，热爱党，热爱社会主义的优良品质，组织青年学生参加社会实践，接触工农群众，帮助他们坚定走社会主义道路的信念。应当在这个前提下，按照青年的特点，独立地开展团的活动。但是，不能不适当地夸大青年的特殊性。要反对那种不切实际地盲目吹捧青年的做法。要逐步改变目前大学生中几乎全部是共青团员，先进性不突出的状况。中学要克服只要分数高就是政治好，就可以入团的错误做法。

与党的建设有关的，还有一个高等学校内部的领导体制问题。学校有许多不同于工厂的特点，实行校长负责制的经验还需要进一步总结，有关规章制度的拟订和干部的配备都需要一个过程。从这个实际出发，已经实行校长负责制的学校要继续试点，使之逐步完善。没有实行校长负责制、条件又不成熟的学校，也不要匆忙改变。无论实行什么样的领导体制，都必须明确：一、学校的思想政治工作，统一由学校党委负全面领导的责任。二、校长必须全面贯彻党和国家的教育方针，把加强思想政治教育的各项有关工作作为自己工作的重要内容。三、继续搞好党政分工。党委不要包揽行政事务，要充分发挥行政系统在教学、科研和后勤工作中的作用。

去年，国家教委党组《关于加强高等学校政治思想工作的决定》，由中央转发各地。在当时的条件下，有些问题没有写上。现在，按照中央的指示，准备根据新的情况，起草一个加强高等学校政治思想工作的文件。

五、关于中学教育问题

近几年参加闹事的大都是高等学校的低年级学生。这不仅反映出高等学校工作中存在问题，也反映了中小学教育工作中存在问题。提高大学生的思想政治素质，当前首先要从中学教育特别是高中抓起。

当前中学教育工作中的问题，集中反映为片面追求升学率的倾向。这实质上也是教育思想不端正，脱离服务方向，脱离实际的表现。问题讲了多年，总是不得解决，一个重要原因是缺乏有力措施。我们考虑提出以下几条：第一，要继续明确，基础教育的培养目标是造就有理想、有道德、有文化、有纪律的社会主义公民，提高全民族的素质。学生一定要全面发展；决不能把中学教育办成升学教育，一切为了升学，一切以升学率为考核标准。这有来自社会习惯势力的压力，和少数党政领导机关不正确的干预。但学校和教育部门也不是无能为力的。为了端正办学思想，中学的校长应该亲自带头组织教师走出校门，追踪调查历届毕业生的实际表现，充分了解片面追求升学率的种种不良后果，提供材料，组织全校干部、教师讨论，作为研究本校教育和教学改革的依据。各级教育行政干部培训，要把端正教育思想作为主要内容。第二，普通中学从初中开始，都必须逐步开设劳动技术课和社会实践课，当前要先着重抓好高中。让学生通过生产劳动、社会服务等实践活动，增加对劳动人民的了解和对社会实际的了解，并由学生参加实践活动所在单位和学校，对每个学生作出鉴定。这项工作，今年就要着手进行。今后，报考大学的高中毕业生都应有这种鉴定。第三，抓紧建立督导制度，主要对中小学贯彻执行教育方针和有关政策、法令的情况进行监督、指导和评估。第四，抓紧改革各级学校招生考试办法。已经普及初中的地方，实行小学毕业生免试按学区就近升入初中。大城市也要摸索实际可行的办法。对经过省级教育部门考察和督学的评估，办学思想端正，教师队伍也基本合格的中学，要适当分配给一定的升学名额，使这些学校品学兼优的学生能够升入大学和办学条件好的高中学习，以鼓励一般中学努力办好学校。这个办法要逐步实行。高等学校的招生考试，要积极进行高中会考加高校相关科目的选拔考试的试点，取得经验以后，加以推广。

最后，关于国家教委今年的工作安排问题，“1987年工作要点”提出了今年工作的指导思想，明确要做的主要工作，希望同志们提出意见。总起来说，教委去年开的会议和发的文件比较多，出台的改革项目也不少。一些地方反映有些消化不良。因此，今年的工作安排要突出反对资产阶级自由化，其他工作应当留有余地，主要抓消化、落实、完善、配套。基础教育、成人教育、职业技术教育，去年先后都开过会，大的思路比较清楚，今年主要是进一步具体落实。中小学方面今年除了大力抓好教师队伍有关的工作外，要抓的新工作，主要是着手建立督导制度，努力改进思想教育工作，并着手制订“青少年保护法”。高等教育自1983年以后没有开过专门会议，现在情况与那个时候已经有很大不同。今年准备开一次高等教育工作会议，就一些重要问题统一认识，统一步调。

我们国家很大，各地很不平衡，安排工作要防止一刀切。要从实际出发，承认差别，量力而行。只有从实际出发，才能真正把教育工作搞好，取得应有的社会效益。各地教育上的差距，归根到底，要随着本地区经济的发展才能逐步缩小，中央的支持只能起辅助的作用。各地教育事业的发展，要注意与本地经济、社会发展的需要更加密切地结合起来。这是教育体制改革的重要内容之一，请大家加以重视。

教育综合管理

1987年国家教育委员会工作要点

国家教育委员会1987年的工作，按照中央总的部署，以坚持四项基本原则、反对资产阶级自由化，认真贯彻党的教育方针为中心，全面规划、统筹安排。在整个工作中，要明确以下几点：

1. 紧密联系教育领域的实际，旗帜鲜明地坚持四项基本原则，反对资产阶级自由化，把握教育工作正确的政治方向。要切实加强和改善党的领导，加强和改进思想政治工作，进一步稳定高等学校的局势，维护安定团结的局面。

2. 全面贯彻党的教育方针，深入进行教学改革，把提高各级各类教育的质量，培养符合社会主义德才标准的人作为教育工作的根本任务。要切实纠正片面追求升学率和盲目追求高规格、高层次的倾向。

3. 继续贯彻执行《中共中央关于教育体制改革的决定》，积极而又稳步地推进各级各类教育的改革。对已经出台的改革项目，要认真总结经验，抓好落实、完善和提高。要进一步控制普通高等学校发展的规模和速度，积极发展电视广播、函授等"开放式"教育。基础教育工作的重点是加强师资队伍建设，提高教学质量。要大力发展职业技术教育，继续完善体制改革。成人教育要继续整顿，理顺关系，进一步提高教育质量和社会效益。

4. 调动各方面发展教育事业的积极性。提倡艰苦奋斗、勤俭办学的精神，努力提高教育投资的效益。

一、认真贯彻中央指示，加强学校的思想政治工作

各级教育行政部门的党组和各高等学校的党委务必充分认识坚持四项基本原则、反对资产阶级自由化的重要性和长期性，明确这场斗争的性质和深远意义，切实按照中央的方针、政策和部署，把它领导和组织好。教育战线开展反对资产阶级自由化的工作，主要在高等学校进行。对城市中、小学校的党员、干部和教师要进行正面教育。农村学校党组织执行中指委关于农村基层党组织整党的部署。要加强对出国留学人员的思想政治工作，在使馆党委的领导下，对他们讲清国内这场斗争的情况和性质，消除疑虑，提高认识，鼓励他们努力学习，报效国家。反对资产阶级自由化，要始终坚持以正面教育为主、团结绝大多数的方针，使广大党员、干部、教师和学生全面，正确地理解和贯彻执行党的十一届三中全会以来的路线、方针和政策。

今年乃至今后一个时期，高等学校的思想政治工作要以坚持四项基本原则、反对资产阶级自由化为重点。要通过耐心细致的多种形式的思想工作，以及对一些有较大影响的错误观点的批评，着重解决政治方向和政治原则上的大是大非问题，增强广大干部、教师，特别是青年学生抵制资产阶级自由化思潮的能力。要按照中央的要求，根据新的情况，起草加强高等学校思想政治工作的文件。要逐步把教育战

线的马克思主义理论队伍组织起来。要抓紧进行高等学校马克思主义理论课和中等学校思想政治课的改革。要加强中、小学生的思想品德教育，发布关于加强中小学思想政治工作的决定。各大、中学校都要安排一定的时间，普遍学习人大常委会《关于加强法制教育维护安定团结的决定》。

要创造条件，因地制宜地组织学生参加生产劳动和社会实践。高等学校要学习河北农业大学组织师生参加社会实践的经验，加强实践性教学环节。发布关于改进和加强高等学校生产实习和社会实践工作的文件。改进和完善高等学校毕业生见习期制度。要制订和实行组织中、小学生参加必要的劳动和社会实践活动的措施。

能否保证党和国家对学校的领导，能否保证党和国家的教育方针正确地贯彻执行，是衡量高等学校领导班子革命化的根本标准。目前，高等学校的领导班子大多数是好的和比较好的，应该在反对资产阶级自由化的斗争中进一步锻炼和提高。对于少数不够得力和个别有较严重问题的领导班子，应在调查研究的基础上，区别不同情况，分别予以充实、调整和整顿。要进一步增强学校党组织的纪律性和战斗力。学校团组织、学生（研究生）会和学生社团都必须在学校党委的领导下，团结、教育学生努力达到社会主义大学所要求的德才标准。

二、加强教师队伍的建设

教师对学生的全面成长负有重要的责任，必须做到既教书，又育人。要加强教师的思想政治工作，进一步健全教师的考核管理制度。教师职务聘任和新教师的补充，要坚持德才兼备的原则，为此，要发布相应的规定。

要采取有力措施稳定和提高学校的思想政治工作队伍，在进修培养、职务聘任、工资待遇等方面，制定相应的政策。要建立和健全思想政治教育学科，培养高水平的从事思想政治教育的教师，并授予相应的学位。

继续贯彻全国中小学师资工作会议精神，抓好高等师范院校和综合大学培养师资的规划工作，抓紧中小学教师培训，继续做好从部分骨干民办教师中选招公办教师的工作。要采取措施加强职业技术教育、艺术教育和政治、外语等短缺学科师资队伍的建设。有计划地扩大普通高校、高等职业学校、职业和艺术师范学校培养这方面师资的规模。要普遍推行选拔职业学校优秀毕业生，对口升入高等学校培养职业教育师资的办法。

普通高等学校职称改革的工作，按照中央的部署，争取在年内完成。成人高等学校、中等专业学校、技工学校职称改革工作经过试点后，在今年下半年全面铺开。中小学教师职务聘任或任命工作，应与颁发中小学教师考核合格证书工作统筹安排，在总结经验和试点的基础上，积极、稳妥地分批进行。成人中专和成人中小学教师职称改革工作，也应在搞好试点的基础上逐步展开。

三、关于基础教育

贯彻落实义务教育法，端正基础教育的办学思想，大力纠正片面追求升学率的倾向。筹建和搞好农村、城市的教育改革实验区。建立督导制度，改革高中、初中招生考试制度，促进中小学教育质量的全面提高。

采取切实措施，加强中小学的劳动教育和艺术教育。抓好学校体育卫生工作和高中学生军训试点工作，制订学生体育合格标准实施办法、卫生保健方案和手册。

搞好农村基础教育管理体制改革。中小学危房改造要切实抓紧，今年要以省为单位进行一次检查，制定改造和修建计划，并限期完成。

办好教育行政干部的教育思想研讨

班。制定加强教研室工作的措施。抓紧中小学教材建设，完成义务教育教学大纲的编写和审定工作。

要把幼儿教育作为基础教育的重要一环，切实加强领导。

四、关于普通高等教育

进一步贯彻落实国务院关于高等教育管理职责的暂行规定，在上半年陆续公布扩大高等学校管理权限的实施细则。要进一步加强高等学校为社会主义建设服务的功能，促进学校同社会的联系，发展学校同企业、科学研究机构以及学校之间的横向联合。

要狠抓高等教育的质量。在对高等学校本科教育进行系统调查研究的基础上，提出加强本科教育工作的意见，对文科专业的招生、培养、教学内容等方面的系统改革提出意见，着手改革试点。选择一些不同学科类型的高等专科学校为重点，对专科教育发展过程中存在的问题，开展调查研究。贯彻落实国家教委关于改进和加强研究生工作的意见，推进研究生教育的改革。今年内完成专业目录的调整与审订工作。要有计划地部署高等学校重点学科的建设。建立国家教委社会科学委员会和科学技术委员会，加强高校科学研究工作。在部分学校、部分专业进行全面教育质量评估的试点，包括对毕业生情况的追踪调查，以便逐步形成制度。要搞好教学内容和方法的改革，继续进行有指导的学分制试点。今年要适当扩大军训试点和改革人民助学金制度的试点。要继续进行高校招生考试与毕业生分配制度的改革。

要采取有力措施，加强高等学校的后勤管理工作，推广一些学校好的经验和做法。

贯彻执行中央关于改进和加强出国留学人员工作的通知，继续做好各项落实工作。要研究和改进对来华留学生的教育与管理以及对第三世界的智力援助工作。

五、关于职业技术教育

检查全国职业技术教育工作会议精神的贯彻落实情况。明确各部门和地方的职责分工，加强地方统筹，充分发挥部门办学的积极性和业务指导作用。贯彻先培训后就业的原则，落实优先录用职业学校毕业生的措施。

努力推进农村中等教育结构改革，与成人教育统筹安排，促进农村多种形式的职业技术教育的发展。

积极进行教育内容和教育方法的改革，加强职业道德和技能训练。研究办好高等职业技术教育的措施。

改革中专、技校毕业生分配制度，进行不包分配的改革试点。理顺中专层次的内部关系。抓好高校支援中等职业教育的试点。

六、关于成人教育

贯彻全国成人教育工作会议精神，落实《关于改革和发展成人教育的决定》，进一步理顺成人教育的领导体制，制订和公布有关配套文件。积极稳妥地开展岗位职务培训和实行专业证书的试点工作。

发布《关于社会力量办学若干问题的规定》，使社会力量办学健康发展。进一步完善发展农村成人教育的方针、措施和体制。促进成人大、中专学校的联合办学，发挥学校的多种功能，提高教育质量。研究制订开展大学后继续教育和大学毕业生专业实践培训的方针和政策。

积极发展电化教育。办好中国教育电视，加强对声像教材、收看网点和教学管理制度的建设。研究制订“广播电视大学条例”和“电教馆条例”。

贯彻全国高等教育自学考试工作会议精神，合理规划并增设自学考试的开考专业。研究制订对各类成人高校进行指导监督和对社会办学统一组织考试的办法。

七、加强和改善对教育工作的宏观管理

继续搞好地区人才需求预测，年内完成15年教育发展规划的制订工作。在此基础上，调整“七五”后3年教育事业发展计划，抓紧制订九十年代教育事业发展规划。

加强教育立法工作。继续进行《教育法》、《高等教育法》两个大法的调研与起草工作。草拟并上报《中华人民共和国教师法》。完成《全日制普通中学条例》、《全日制小学工作条例》、《高等教育自学考试条例》、《成人高等学校设置条例》、《扫除文盲条例》、《学校体育工作条例》、《成人中等专业学校暂行条例》、《幼儿园工作条例》的制订。要会同有关部门着手进行草拟《青少年保护法》的前期调研工作。

加强教育政策和教育科学研究工作。制订好“七五”教育科学研究规划。

国家教委和各级教育行政机关，不仅要抓好业务工作的方针政策指导，特别要注意思想政治工作，把握政治方向。

要加强委机关的思想建设和队伍建设，进一步转变机关的工作作风，改进工作方法，各项工作都要力求深入、扎实、讲究成效。

全国教育行政管理机构设置

国家教委机关与直属事业单位机构设置

(1987 年)

国家教育委员会

- 委机关单位
  - 机关行政司局 (26 个) 直属处 (1 个)
    - 办公厅
    - 政策研究室
    - 干部局
    - 计划财务局
    - 外事局
    - 基本建设局
    - 教学技术装备局（生产劳动教育办公室）
    - 电化教育局
    - 行政管理局
    - 老干部局
    - 高等教育一司
    - 高等教育二司
    - 高等教育三司
    - 研究生司
    - 政治思想教育司
    - 科学技术局
    - 高等学校学生管理司
    - 师范教育司
    - 中学教育司
    - 初等教育司
    - 民族教育司
    - 职业技术教育司
    - 成人教育司
    - 体育卫生司
    - 督导司
    - 高等教育自学考试办公室
    - 审计室（直属处）
  - 机关事业办公室 (6 个)
    - 教育规划办公室
    - 教师管理办公室
    - 外资贷款办公室
    - 教材和图书情报管理办公室
    - 中小学教材审定委员会办公室
    - 情报研究室
  - 党的机构 (2 个)
    - 机关党委
    - 中纪委驻委纪检组
- 直属事业机构
  - 委衙研究管理中心 (7 个)
    - 国家教委教育发展与政策研究中心
    - 国家教委教育管理信息中心
    - 国家教委考试管理中心
    - 社会科学发展研究中心
    - 科技管理中心
    - 马克思主义政治理论课研究中心
    - 中小学思想政治教材研究中心
  - 委直属事业单位 (11 个)
    - 中央教育科学研究所
    - 中国教育报社
      - 《中国教育报》编辑部
      - 《人民教育》编辑部
      - 《中国高等教育》编辑部
    - 人民教育出版社
    - 高等教育出版社
    - 中央电化教育馆
    - 中国教学仪器设备公司
    - 教学仪器研究所
    - 中国教育服务中心
    - 中央教育行政学院
    - 中央广播电视大学
    - 中国电视师范学院
- 代管单位 (5 个)
  - 国务院学位委员会办公室
  - 中国联合国教科文组织全国委员会秘书处
  - 中国教育国际交流协会
  - 中国教育学会
  - 中国高等教育学会

□省、自治区、直辖市及计划单列市教育行政机构设置一览表

北京市
北京市高教局
北京市教育局
北京市成人教育局
天津市
天津市高教局
天津市教育局
天津市第二教育局
河北省
河北省教育委员会
山西省
山西省教育委员会
内蒙古自治区
内蒙古自治区教育厅
辽宁省
辽宁省教育委员会
吉林省
吉林省教育委员会
黑龙江省
黑龙江省教育委员会
上海市
上海市高教局
上海市教育局
上海市成人教育委员会
江苏省
江苏省教育委员会
浙江省
浙江省教育委员会
安徽省
安徽省教育委员会
福建省
福建省教育委员会
江西省
江西省教育委员会
山东省
山东省教育厅
河南省
河南省教育委员会
湖北省
湖北省教育委员会
湖南省
湖南省教育委员会
广东省
广东省高教局
广东省教育厅
广西壮族自治区
广西壮族自治区教育厅
四川省
四川省教育委员会
贵州省
贵州省教育委员会
云南省
云南省教育厅
西藏自治区
西藏自治区教育科技委员会
陕西省
陕西省高教局
陕西省教育厅
甘肃省
甘肃省教育厅
青海省
青海省教育厅
宁夏回族自治区
宁夏回族自治区教育厅
新疆维吾尔自治区
新疆维吾尔自治区教育厅
哈尔滨市
哈尔滨市教育委员会
沈阳市
沈阳市高教局
沈阳市教育局
大连市
大连市教育委员会
青岛市
青岛市教育局
宁波市
宁波市教育委员会
武汉市

武汉市教育委员会

西安市

西安市教育委员会

重庆市

重庆市教育局

广州市

广州市教育委员会

海南行政区

海南行政区教育局

南京市

南京市教育局

(截止到 1987 年 12 月底)

(张玉兰、赵连杰、张强整理)

1987年各级各类教育发展概况

□我国教育事业在改革中持续稳步发展

一、高等教育持续稳步增长

1987年，我国高等教育继续进行改革高等学校招生计划和分配制度的工作，加强宏观控制和综合平衡，实事求是地安排各项发展指标，注意调整内部结构，积极改善办学条件，提高教育质量，努力促进高等教育与经济建设协调发展。全国普通高等学校达到1063所。其中，大学、专门学院595所，专科学校346所，短期职业大学122所。普通高等学校校数比上年增加9所。全国招收研究生3.9万人，在校研究生达到12万人，比上年增长8.9%。其中，普通高等学校招收研究生3.5万人，在校研究生10.6万人，比上年增长9.5%。全国普通高等学校招收本专科学生61.7万人，其中，完成国家招生任务52.5万人，接受部门和地区委托培养招生5.2万人，招收自费生1.1万人，招收干部专修科2.2万人和教师本专科0.7万人。本专科招生总数比上年增长7.8%，本专科在校学生达到195.9万人，比上年增长4.2%。全国各类成人高等学校达到1,399所。其中，职工大学915所，农民大学5所，管理干部学院168所，教育学院和教师进修学院268所，独立函授学院4所，广播电视大学39所。另有600多所普通高等学校举办了函授、夜大学。全国各类成人高等学校招收本专科学生49.8万人，(包括广播电视大学和普通高等学校函授部、夜大学举办普通专科班4万人)，在校本专科学生达到185.8万人，已基本接近普通高等学校学生规模，使我国高等教育初步形成了“两条腿”协调发展的新局面。

二、中等职业技术教育发展迅速

1987年，我国职业技术教育继续认真贯彻中央提出的多种形式发展职业技术教育的方针和“先培训、后就业”的原则，加强教育、计划、劳动人事部门的配合，注意解决办学经费、师资等方面的实际困难，中等职业技术教育得到迅速发展。1987年，全国中等专业学校3,913所，其中，中等技术学校2,854所，中等师范学校1,059所。中等专业学校校数比上年增加131所。招生71.5万人，比上年增长5.7%；在校学生达到187.4万人，比上年增长6.6%。技工学校3,952所，招生42.3万人，比上年增长7.5%，在校学生达到103.1万人，比上年增长15.7%。农业、职业中学8，381所，比上年增加194所，招生113.2万人，在校学生达到267.6万人。其中，农业、职业高中学生225万人，比上年增长4.5%。各类高级中等职业技术学校在校学生515万人，占高级中等学校在校学生总数的40%，比上年提高1.7%。中等教育结构改革取得了新的发展。

三、积极稳步地推进九年制义务教育

自1986年4月12日颁布《义务教育法》以来，各地切实加强了对教育的领导，从本地区实际出发，因地制宜地制订规划和实施办法，有计划、分步骤地实施九年制义务教育。1987年，全国有小学80.74万所，小学在校学生12,836万人，比上年减少347万人，主要原因是适龄儿童减少。学龄儿童入学率达到97.1%，

比上年提高 0.7%。小学在校学生年巩固率达到 97.2%，应届毕业班学生毕业率达到 95.1%。全国已有 1,240 个县已通过省级人民政府检查验收普及了初等教育，约占全国总县数的 60%。全国有初中 7.59 万所，初中招生 1,394.3 万人，小学毕业生升入初中的人数比上年有所增加。初中在校学生 4,174.4 万人，初中在校学生年巩固率达到 95.3%。目前，我国每万人口中拥有小学文化程度的人数已从 1982 年的 3,526 人提高到 3,611 人，拥有初中文化程度的人数已从 1982 年的 1,788 人提高到 2,132 人，这标志着我国义务教育开始实施并取得了一定进展。

四、特殊教育、幼儿教育受到重视

由于国家和社会各方面的重视，我国盲聋哑、残疾人和弱智儿童受到良好教育。1987 年，全国盲聋哑学校 414 所，比上年增加 27 所，在校学生达到 4.3 万人，比上年增长 5.6%。弱智儿童辅读学校（班）有 90 所，在校弱智儿童达到 0.99 万人，比上年增长 52%。

全国幼儿园有 17.68 万所，比上年增加 3,399 所。在园幼儿数达到 1,807.8 万人，比上年增长 11%，多种形式的幼儿学前艺术班、美术班、音乐班、英语班很受欢迎，社会、家庭和学校越来越多的人关心幼儿教育的发展。

五、成人教育的重点转向岗位培训

1987 年，各地普遍加强了对成人教育的领导，逐步理顺学历教育和岗位职务培训的关系，采取多种形式办学。除对成人高等学校本专科发展规模进行适当控制外，其他成人中、初等教育有了很大发展。

1987 年，全国成人中等专业学校达到 4,742 所，招生 55.2 万人（相当普通中专水平，下同），在校学生达到 168.2 万人，比上年增长 11.2%。成人中学有 1.25 万所，在校学生达到 142.5 万人。特别是适应城乡经济发展需要，提高工人、农民、干部文化技术水平的各类成人中等技术培训学校蓬勃发展，校数达到 3.43 万所，在校学生达到 736.3 万人，比上年增长 66.4%。成人初等教育学校 17.5 万所，参加成人初等教育学习的有 1,351.8 万人，比上年增长 7.2%。目前，在农村有 1,459 万青壮年农民正在接受中、初等农业技术培训。不少地区已形成县、乡、村三级办学的农民技术培训体系。1987 年，全国共扫除文盲 158 万人。

六、发展师范教育，加强师资培训

1987 年，全国普通高等师范学校和中等师范学校为中小学输送了 35.2 万名新教师，教育学院、教师进修院校、广播电视大学、函授和夜大学也有 31.8 万在职教师经过系统进修学习（相当本专科和中师毕业水平），结业回到教学岗位。目前，全国还有 136 万名在职教师正在参加脱产或业余、函授的系统进修学习。中小学教师职务聘任制度和教师考核合格证书办法的实施，促进了教师政治业务素质的提高。据不完全统计，今年在部分试点地区已有 2.9 万名中小学、幼儿园教师取得“专业合格证书”。为了加快培养师资力量，1987 年，高等学校师范类招生 22.9 万人，比上年增长 9%，已占高校招生总数的 35%。

1987 年，全国各类普通学校教职工达到 1,256.5 万人。其中，专任教师 974.6 万人，比上年增长 2.4%。各类成人学校教职工 65.7 万人，其中专任教师 35.6 万人。

七、为各条战线输送了大批专业人才

1987 年，全国研究生毕业 2.8 万人，普通高等学校本专科毕业生 53.2 万人，成人高等学校本专科毕业生 48.1 万人，中等专业学校毕业生 57.8 万人，成人中等专业学校毕业生 34.6 万人，技工学校毕业生 26.5 万人，农业、职业中学毕业生 75 万人，这是我国近几年各类高等学校和中等职业技术学校毕业生最多的一年。此外，还有初中毕业生 1,117 万人，高中毕业生 246.8 万人。

撰稿人　黄　尧
审稿人　王显明

□各级各类教育发展统计

本资料是根据各省、自治区、直辖市教育委员会、高教局、教育厅 (局) 填报的 1987 学年初各级各类学校综合报表汇总整理的。

1987 年各级各类普通学校基本情况

单位: 万人

	学校数 (所)	学生数			教职工数	
		毕业生数	招生数	在校学生数	计	其中: 专任教师
普通高等学校	1,063	53.19	61.68	195.87	96.87	38.54
中等学校	105,247	1,497.03	1,834.46	5,403.73	455.63	326.61
中等专业学校	3,913	57.78	71.52	187.39	45.90	20.98
普通中学	92.857	1,364.05	1,649.46	4,948.11	381.28	287.04
农业、职业中学	8,381	74.97	113.17	267.61	28.13	18.45
工读学校	96	0.23	0.31	0.62	0.32	0.14
小学	807,406	2,043.01	2,094.57	12,835.85	608.47	543.38
幼儿园	176,775			1,807.84	94.11	65.14
特殊教育学校	504	0.41	1.18	5.29	1.45	0.95

1987 年成人学校基本情况

单位: 万人

	学校数 (所)	学生数			教职工数	
		毕业生数	招生数	在校学生数	计	其中: 专任教师
成人高等学校	1,399	48.13	49.83	185.80	18.81	8.43
成人中等学校	51,568	897.03	847.70	1,047.04	33.72	18.66
成人中等专业学校	4,742	34.58	55.20	168.23	17.46	8.89
成人中学	12,522	99.66	102.05	142.53	6.40	4.02
成人技术培训学校	34,304	762.79	690.45	736.28	9.86	5.75
成人初等学校	174,807	1,118.86	1,199.11	1,351.78	13.18	8.49

1987 年各级学校中女学生数和女教师数

单位: 万人

	女学生		女教师	
	人数	占学生总数的 %	人数	占教师总数的 %
普通 高等 学校	64.66	33.0	10.71	27.8
中等 技术 学校	52.18	42.7	5.69	36.5
中等 师范 学校	32.76	50.3	1.68	31.2
普 通 中 学	2,018.62	40.8	82.80	28.8
农业、职业中学	116.33	43.5	5.14	27.9
小 学	5,821.76	45.4	222.53	41.0

1987 年各级学校少数民族学生数和教师数

单位: 万人

	少数民族学生		少数民族教师	
	人数	占学生总数的 %	人数	占教师总数的 %
普通 高等 学校	11.87	6.1	1.54	4.0
中等 技术 学校	8.50	6.9	0.81	5.2
中等 师范 学校	6.22	9.5	0.42	7.8
普 通 中 学	280.07	5.7	15.05	5.2
农业、职业中学	12.53	4.7	0.84	4.5
小 学	1,051.31	8.2	43.68	8.0

1987 年分学科门类研究生数

单位: 人

	毕业生数	招生数	在学研究生数
总 计	27,603	39,017	120,191
其中: 博 士 生	464	3,615	8,969
硕 士 生	20,307	33,123	104,483
研究生班研究生	6,832	2,279	6,739
哲 学	653	771	2,166
经 济 学	1,813	2,333	6,575
法 学	1,294	1,469	3,951
教 育 学	404	675	1,961
文 学	1,699	2,157	6,335
历 史 学	532	888	2,692
理 学	5,134	7,611	23,471
工 学	12,388	16,817	53,751
农 学	1,327	1,713	5,958
医 学	2,359	4,583	13,331

1987年普通高等学校规模

学校数	300人及以下	301人至500人	501人至1000人	1001人至1500人	1501人至2000人	2001人至3000人	3001人至4000人	4001人至5000人	5001人及以上
1063	77	86	251	209	146	134	59	34	67

1987年普通高等学校设置专业数

单位:人

	合计	工科	农科	林科	医药	师范	文科	理科	财经	政法	体育	艺术
种数	850	372	53	16	24	44	69	133	45	12	14	68
个数	14,231	5,016	526	140	497	4,190	984	730	1,432	195	86	435

1987年普通高等学校学校数和教职工数

单位:人

	学校数(所)	教职工数						
		计	其中:专任教师					
			小计	教授	副教授	讲师	教员	助教
总计	1,063	968,657	385,352	12,507	64,466	132,554	27,649	148,176
综合大学	47	109,982	43,994	1,855	9,078	16,303	2,245	14,513
理工院校	275	393,937	145,116	4,275	26,316	53,549	7,412	53,564
农业院校	60	69,305	25,209	1,007	4,501	8,233	903	10,565
林业院校	11	10,867	4,399	122	834	1,257	69	2,117
医药院校	119	105,199	41,185	2,895	7,247	12,522	1,997	16,524
师范院校	260	164,217	75,039	1,348	9,991	25,302	6,616	31,782
语文院校	14	11,301	4,628	113	798	1,952	397	1,368
财经院校	74	42,582	18,722	311	2,224	5,293	2,603	8,291
政法院校	25	12,661	4,958	90	664	1,394	895	1,915
体育院校	16	7,536	3,262	83	565	1,166	239	1,209
艺术院校	30	11,933	5,465	303	1,092	1,918	705	1,447
民族院校	10	10,403	4,208	74	654	1,585	891	1,004
短期职业大学	122	18,734	9,167	31	502	2,080	2,677	3,877

1987年普通高等学校分科学生数

单位:人

	毕业生数	招生数	在校学生数	
			人数	%
总　　计	531,930	616,822	1,958,725	100.0
工　　科	156,065	200,542	686,319	35.0
农　　科	26,357	27,484	92,209	4.7
林　　科	4,984	5,824	19,466	1.0
医　　药	32,124	43,699	182,154	9.3
师　　范	163,366	189,454	507,963	25.9
文　　科	49,237	34,747	113,423	5.8
理　　科	24,663	29,185	106,564	5.5
财　　经	53,933	63,444	180,398	9.2
政　　法	12,639	13,139	42,034	2.2
体　　育	4,230	4,145	14,183	0.7
艺　　术	4,332	5,159	14,012	0.7
总计中:短期职业大学学生数	22,344	28,148	77,531	4.0

1987年普通高等学校工科分大类学生数

单位:人

	毕业生数	招生数	在校学生数	
			人数	%
总　　计	156,065	200,542	686,319	100.0
地　　质	6,162	7,640	28,224	4.1
矿　　业	5,603	6,397	23,903	3.5
动　　力	5,685	8,390	27,378	4.0
冶　　金	5,067	6,191	22,108	3.2
机　　械	39,340	46,326	168,818	24.6
电机、电器	3,539	4,903	15,369	2.2
无线电技术及电子学	28,231	38,693	133,531	19.5
化　　工	12,103	16,081	54,325	7.9
粮食食品	3,990	5,895	17,903	2.6
轻　　工	5,485	6,596	21,693	3.2
测绘、水文	1,398	1,686	5,421	0.8
土木建筑	24,482	34,761	112,466	16.4
运　　输	3,688	4,590	15,482	2.2
通　　信	2,633	3,403	11,471	1.7
其　　他	8,659	8,990	28,227	4.1

1987年中等专业学校分类别学校数和教职工数

单位：人

	学校数(所)	教职工数						
		计	其中：专任教师					
			小计	高级讲师	讲师	助理讲师	教员
总计	3,913	459,040	209,775	2,077	27,887	36,032	143,779
中等技术学校	2,854	356,769	155,903	1,924	23,631	29,675	100,673
工业学校	883	147,802	60,095	760	10,643	11,063	37,629
农业学校	382	47,772	19,397	238	3,881	4,107	11,171
林业学校	46	7,044	2,940	59	606	586	1,689
医药学校	553	61,977	29,209	444	4,912	8,534	15,319
财经学校	515	51,832	24,214	233	2,197	3,291	18,493
政法学校	134	12,831	5,246	23	295	641	4,287
体育学校	114	7,596	3,856	18	293	353	3,192
艺术学校	137	13,075	7,759	134	566	562	6,497
其他学校	90	6,840	3,187	15	238	538	2,396
中等师范学校	1,059	102,271	53,872	153	4,256	6,357	43,106
其中：幼儿师范学校	58	6,096	3,047	8	247	425	2,367

1987年中等专业学校分科学生数

单位：人

	毕业生数	招生数			在校学生数
		计	招高中毕业生的	招初中毕业生的	
总计	577,800	715,227	197,819	517,408	1,873,869
中等技术学校	388,832	484,976	168,174	316,802	1,222,607
工科	129,825	161,333	48,340	112,993	406,240
农科	35,771	39,016	8,867	30,149	105,735
林科	6,954	7,442	1,443	5,999	22,317
医药	70,362	96,818	12,357	84,461	274,575
财经	109,073	133,108	73,938	59,170	294,681
政法	23,392	21,182	17,305	3,877	46,048
体育	1,981	7,452	467	6,985	19,460
艺术	5,246	8,346	825	7,521	28,575
其他	6,228	10,279	4,632	5,647	24,976
中等师范学校	188,968	230,251	29,645	200,606	651,262
其中：幼儿师范	12,889	17,832	694	17,138	53,049

1987年普通中学分城镇农村的学校数和学生数

单位: 万人

	学校数(所)	学生数		
		毕业生数	招生数	在校学生数
总计	92,857	1,364.05	1,649.46	4,948.11
城市	10,945	259.79	266.08	833.38
县镇	13,589	313.78	342.09	1,055.40
农村	68,323	790.48	1,041.29	3,059.33
高中	16,930	246.78	255.16	773.73
城市	5,328	80.21	72.20	226.94
县镇	5,969	104.54	112.59	342.50
农村	5,633	62.03	70.37	204.29
初中	75,927	1,117.27	1,394.30	4,174.38
城市	5,617	179.58	193.88	606.44
县镇	7,620	209.24	229.50	712.90
农村	62,690	728.45	970.92	2,855.04

1987年普通中学分办别教职工数

单位: 人

	合计	专任教师数			行政人员数	工勤人员数	校办工厂、农场职工
		计	高中	初中			
总计	3,812,770	2,870,424	543,897	2,326,527	520,540	334,503	87,303
教育部门办	2,860,217	2,156,386	458,297	1,698,089	444,684	217,702	41,445
其他部门办	448,476	322,939	83,215	239,724	64,131	56,651	4,755
民办	504,077	391,099	2,385	388,714	11,725	60,150	41,103

1987年农业职业中学分城镇农村的学校数和学生数

单位: 万人

	学校数(所)	学生数		
		毕业生数	招生数	在校学生数
总计	8,381	74.97	113.17	267.61
城市	1,945	23.82	31.96	84.21
县镇	2,025	17.27	28.62	64.41
农村	4,411	33.88	52.59	118.99
高中	7,071	63.88	96.54	224.99
城市	1,929	23.51	31.62	83.26
县镇	1,954	16.01	26.78	60.10
农村	3,188	24.36	38.14	81.63
初中	1,310	11.09	16.63	42.62
城市	16	0.31	0.34	0.95
县镇	71	1.26	1.84	4.31
农村	1,223	9.52	14.45	37.36

1987年农业职业中学分办别教职工数

单位：人

	合计	专任教师数			行政人员数	工勤人员数	校办工厂、农场职工
		计	高中	初中			
总计	281,275	184,529	161,347	23,182	50,623	31,625	14,498
教育部门办	216,923	145,898	128,876	17,022	42,301	21,768	6,956
其他部门办	43,677	28,491	28,106	385	7,437	5,884	1,865
民办	20,675	10,140	4,365	5,775	885	3,973	5,677

1987年小学分城镇农村的学校数和学生数

单位：万人

	学校数（所）	学生数		
		毕业生数	招生数	在校学生数
总计	807,406	2,043.01	2,094.57	12,835.85
城市	24,716	189.96	190.08	1,147.97
县镇	38,715	216.91	198.11	1,224.43
农村	743,975	1,636.14	1,706.38	10,463.45

1987年小学分办别教职工数

单位：万人

	合计	专任教师数	行政人员数	工勤人员数	校办工厂、农场职工数
总计	608.47	543.38	47.86	14.80	2.43
教育部门办	304.71	255.69	40.00	7.95	1.07
其他部门办	40.24	33.87	3.68	2.55	0.14
民办	263.52	253.82	4.18	4.30	1.22

1987年小学和初中毕业生升学率

单位：万人

	小学毕业生升学率			初中毕业生升学率		
	小学毕业生数	初级中等学校招生数	升学率（%）	初中毕业生数	高级中等学校招生数	升学率（%）
1986年	2,016.1	1,402.0	69.5	1,057.0	429.2	40.6
1987年	2,043.0	1,410.9	69.1	1,117.3	437.0	39.1

1987年学龄儿童入学率及在校学生巩固率

单位：万人

	学龄儿童入学率			在校学生巩固率		
	全国学龄儿童总数	已入学学龄儿童数	入学率（%）	学年初学生数	学年末学生数	巩固率（%）
1986年	10,067.5	9,702.1	96.4	13,350.4	12,962.9	97.1
1987年	9,750.9	9,477.2	97.1	13,182.5	12,817.3	97.2

1987 年按学龄儿童入学率分组的县数

单位：个

	县数	按学龄儿童入学率分组的县数				已验收普及了初等教育的县数
		入学率在95%以上	入学率在90%以上不足95%的	入学率在85%以上不足90%的	入学率在85%以下的	
1986 年	2,023	1,577	165	61	220	1,052
1987 年	1,991	1,614	150	65	162	1,240

1987 年幼儿园基本情况

单位：万人

	园数(所)	幼儿数	教职工数	
			计	其中：专任教师
总　　计	176,775	1,807.84	94.11	65.14
教育部门办	10,093	326.22	12.82	9.15
其他部门办	32,848	323.09	37.61	17.10
民　　办	133,834	1,158.53	43.68	38.89

1987 年盲聋哑学校和弱智儿童辅读学校基本情况

单位：人

	学校数(所)	学生数			教职工数	
		毕业生数	招生数	在校学生数	计	其中：专任教师
总　　计	504	4,064	11,755	52,876	14,483	9,480
盲聋哑学校合计	414	3,898	8,564	42,939	12,611	7,876
盲聋哑学校	46	816	1,519	7,816	2,082	1,349
盲 生 部	3	159	212	1,113	345	239
聋哑生部	17	657	1,307	6,703	1,650	1,110
聋哑学校	350	2,748	6,587	33,559	9,723	6,069
盲　校	18	334	458	1,564	806	458
弱智儿童辅读学校(班)	90	166	3,191	9,937	1,872	1,604

1987 年成人高等学校基本情况

单位: 万人

	学校数(所)	学生数			教职工数	
		毕业生数	招生数	在校学生数	计	其中:专任教师
总计	1,399	48.13	49.83	185.80	18.81	8.43
广播电视大学	39	17.89	13.00	56.59	2.35	0.91
职工高等学校	915	7.69	8.22	33.79	7.89	3.63
农民高等学校	5	0.06	0.04	0.11	0.04	0.02
管理干部学院	168	2.93	2.76	5.58	3.65	1.36
教育学院	268	8.82	8.43	25.12	4.83	2.49
独立函授学院	4	0.14	0.47	3.33	0.05	0.02
普通高等学校举办:函授部		7.64	12.83	45.95		
夜大学		2.96	4.08	15.33		

1987 年成人中等专业学校和技术培训学校基本情况

单位: 万人

	学校数(所)	学生数			教职工数	
		毕业生数	招生数	在校学生数	计	其中:专任教师
成人中等专业学校	4,742	34.58	55.20	168.23	17.46	8.89
广播电视中等专业学校	60	5.43	8.96	23.13	0.52	0.19
职工中等专业学校	1,953	8.44	16.86	46.29	7.88	3.87
干部中等专业学校	342	1.48	2.52	5.23	1.12	0.49
农民中等专业学校	288	1.56	2.98	5.48	0.83	0.44
教师进修学校	2,099	17.67	23.88	88.10	7.11	3.90
成人技术培训学校	34,304	762.79	690.45	736.28	9.86	5.75
职工技术培训学校	7,015	238.32	164.45	207.33	4.40	2.47
农民技术培训学校	27,289	524.47	526.00	528.95	5.46	3.28

1987 年成人中学基本情况

单位: 万人

	学校数(所)	学生数			教职工数	
		毕业生数	招生数	在校学生数	计	其中:专任教师
成人中学总计	12,522	99.66	102.05	142.53	6.40	4.02
职工中学	6,554	70.64	72.88	95.07	5.12	3.09
高中	4,801	46.56	56.24	70.88	4.18	2.53
初中	1,753	24.08	16.64	24.19	0.94	0.56
农民中学	5,968	29.02	29.17	47.46	1.28	0.93
高中	494	2.61	3.66	5.69	0.22	0.14
初中	5,474	26.41	25.51	41.77	1.06	0.79

1987年成人初等学校基本情况

单位: 万人

	学校数(所)	学生数			教职工数	
		毕业生数	招生数	在校学生数	计	其中:专任教师
成人初等学校总计	174,807	1,118.86	1,199.11	1,351.78	13.18	8.49
职工小学	1,787	17.41	13.97	16.16	0.38	0.24
农民小学	173,020	1,101.45	1,185.14	1,335.62	12.80	8.25
其中:扫盲班		158.37	175.29	247.84	2.42	1.73

撰稿人　李毓俊
审稿人　王显明

教育规划

□全国教育规划

1987年全国教育规划工作的重点是制定2000年普通（基础）教育发展规划，其核心是实施九年制义务教育规划。规划工作为改进宏观决策、提高宏观效益做出了一定的贡献。

1. 端正规划指导思想。1986年，《义务教育法》颁布以来，各地相继制订过实施义务教育的规划，但在指导思想上普遍存在急于求成、追求速度的问题，这是这次规划工作首先要解决的。作为规划试点单位的辽宁、贵州两省，经过系统的工作，将原订的目标调整到较符合本省省情的水平上，在端正规划指导思想方面提供了很好的示范。结合这两个省的实际案例，国家教委分东西两片召开了各省、自治区、直辖市参加的规划工作座谈会，并有针对性地拍发了两封传真电报通报情况，使认识得到了初步统一。实施义务教育将是一个相当长的历史过程，这是我国的国情所决定的。制定规划的指导思想应从追求、攀比速度转到实事求是、因地制宜、积极创造条件、以条件定发展的方向上。

从辽宁、贵州等省的工作中可以看到，端正规划指导思想，可以促使教育规划工作与各级政府和教育行政部门的日常决策紧密结合，可以使教育规划成为加强教育管理的有效手段。

2. 改进规划方法。与其他行业相比，教育事业是很规范化的行业，教育规划应该而且可能做得细致、精确，为决策提供科学、可靠的依据。但以往做规划仅满足于统计加估计地算大账，无法暴露矛盾，更难以预料变化。这次要求各地的规划工作要从扎实的基础工作入手，将现代化方法与传统方法相结合，系统地协调教育内部、外部各种因素的关系。各地的规划工作者在实际工作中有许多规划方法上的新创造，在提高教育决策的科学性方面取得了可喜的成果。各地同志反映：像这样全面系统地做规划，是建国三十几年来第一次。这次进一步摸清了“家底”，基本上看清了问题，对今后的发展趋势也心中有数，减少了盲目性。

3. 探索基础教育的宏观控制机制。建国以来，我国基础教育事业取得了巨大的成就。但是，合格师资缺乏、办学条件简陋、教育经费不足、教育质量和效益低下这几大难题仍然困扰着我们。回顾历史，造成这种后果的一个主要原因是发展与条件脱节。改变这种状况，需要建立有效的宏观控制机制，使基础教育走上协调发展的良性循环。在深入调查、广泛征求意见的基础上，于今年7月下发了《国家教育委员会关于制订义务教育办学条件标准、义务教育实施步骤和规划统计指标问题的几点意见》，旨在建立一种机制，把实施义务教育的着眼点从追求速度转移到改善充实办学条件上，为提高教育质量和办学效益提供切实的保障。

□辽宁省实事求是、因地制宜地制定实施九年制义务教育规划

辽宁省制定的15年普通教育规划（1986—2000年）是以实施九年制义务教育为中心内容的一个中长期教育发展规划。1987年6月，辽宁省召开了由省内

各部门参加的论证会，并邀请国家教委和部分省、市教育部门的领导和专业工作者参加，就这个规划的可行性和科学性进行论证。论证会认为，这个规划在因地制宜地确定符合本省省情的教育发展目标和改进教育宏观决策方面取得了可喜的进展，为全国其他地区提供了宝贵的经验。

辽宁省实施九年制义务教育规划的制定始于1985年5月，历时两年，经历了三个阶段的调整，最后才形成目前这个比较符合实际、比较科学可行的规划。

第一阶段，1985年5月，为了贯彻《中共中央关于教育体制改革的决定》，在派调查组调查研究的基础上，提出了用十年时间即在1995年全省基本实施九年制义务教育的目标。具体实施步骤是:

(1) 约占全省人口40%的城市、县镇和少数经济发达、教育基础较好的乡(镇)于1990年实施;

(2) 约占全省人口40%的中等发展程度的乡(镇)于1993年实施;

(3) 约占全省人口20%的经济困难、教育基础薄弱的乡(镇)于1995年实施。

这一规划被称为“四、四、二”规划。1985年11月省教育厅又组织力量调查，发现不少地区在制定规划中有急于求成、不顾条件、盲目追求速度的趋向。针对这一情况，省里要求各地在1987年前着重巩固和提高普及小学教育成果，为发展普及初中做准备。

第二阶段，1986年6月，为实施《中华人民共和国义务教育法》，省里组织三个调查组，抽样选了三个县、九个乡进行深入调查。调查后对“四、四、二”规划进行了一些修正，将实施步骤放慢了一些，由分三批实施改为分四批实施，调整为所谓“四、三、二、一”规划:

(1) 约占全省人口40%的城市、县镇和少数乡(镇)于1990年实施;

(2) 约占全省人口30%的中等发展程度的乡(镇)于1993年实施;

(3) 约占全省人口20%的经济和教育基础一般的乡(镇)于1995年实施;

(4) 约占全省人口10%的经济和教育基础差的乡(镇)可在1995年以后实施。

第三阶段，从1986年9月到1987年6月，按照国家教委、国家计委、劳动人事部《关于进行地区人才需求预测和制订十五年教育发展规划工作的安排意见》的要求，在省人才规划办公室和省教育厅的组织下，分县、市、省三级广泛开展了制定15年(1986—2000年)普教规划的工作，为进一步认识省情、实事求是地确定全省长远教育发展速度和目标提供了更可靠的依据。在各县、市规划的基础上，省里原订的“四、三、二、一”规划又进一步做了调整，放慢了进度:

(1) 占全省人口40%的经济条件和教育基础好的37个城市区、200个镇(乡)，在1993年实施九年义务教育;

(2) 占全省人口30%的经济条件和教育基础较好的17个城市区、360个乡(镇)，到1996年实施九年义务教育;

(3) 占全省人口20%的经济条件和教育基础一般的450个乡(镇)，到2000年实施;

(4) 占全省人口10%的经济条件和教育基础差的211个乡(镇)(现在农民人均收入300元以下)，可在2000年以后实施九年义务教育。

辽宁省三次调整规划的过程，是个逐步认识省情、逐步端正规划的指导思想的过程。论证会认为，目前这个规划比较符合辽宁省的实际情况，是经过努力可以实现的。

同过去制定教育规划相比，辽宁省这次(第三阶段)制定实施九年制义务教育规划有以下三个特点。

1. 坚持从实际出发，以条件定发展的规划原则，克服盲目追求高速度高指标的趋向。

辽宁省是东部沿海发达省份之一，经济和教育基础较好（见下表）。

辽宁省的部分数字

	全国	辽宁	备注
1986 年人均国民生产总值(元)	937 元	1,523 元	辽宁省比全国平均水平高出 62.5%
1986 年非农业人口比例(%)	19.8%	38.9%	辽宁省仅低于京、津、沪三个直辖市，居全国各省、自治区之首
1986 年农民人均年收入(元)	424 元	533 元	辽宁省比全国平均水平高出 25.7%
1985 年普及小学教育的县数	731 个，占总县数 $\frac{1}{3}$	100 个，全部县 100%普及	

但从另一方面看，省内各地区经济和教育发展是极不平衡的。农民人均年收入低于 300 元的乡（镇）还有 200 多个，约占全省 10%的人口；还有相当一批人均收入 200 元以下的贫困县、乡；尽管小学已经普及，但小学、中学办学条件仍然欠账很多，要达到实施义务教育的要求仍要经过相当艰苦的努力。在充分认识本省经济和教育发展不平衡性和各县、市深入细致的分析测算工作的基础上，将原订 1995 年全省实施九年制义务教育的目标调整为 2000 年全省 90%的人口实施九年制义务教育，使目标更符合实际，使规划更为可行。

2. 规划与决策相结合，制定规划着眼于实施。

以前教育规划常常“墙上一挂”、流于形式的重要原因之一是教育部门孤军作战、闭门造车制定规划，规划的过程中缺乏政府的决策环节，使教育发展规划脱离当地社会经济发展的实际进程。这次辽宁省、市、县各级政府的决策者十分重视 15 年普教规划的制定工作，把它视为改善教育宏观决策的一件实事，亲自主持召集计划、财政、劳动人事、计划生育、城建等部门同教育部门一起参与研究和决策，使各部门都来关心和支持教育的发展。教育规划中的重大问题由政府办公会议议定。不少市、县在规划论证之后，都提交当地人大常委会讨论通过，使之具有法定的地位。这样一来，教育规划的制定真正成为地方政府发展教育事业的实际行动，为今后规划的实施奠定了良好的基础。

按照地方负责、分级管理的基础教育管理体制，教育规划是个分级决策的过程。辽宁省的省、市、县不是简单地靠统计汇总来制定规划，而是针对各自的决策需要和所负责任，在研究对策、协调发展等方面多下功夫，各级的重点分别是：

县——落实各乡实施义务教育的步骤和中小学的合理布局，协调平衡小学教师和教育经费的供需。

市——协调初中教师的培养（师专规划），督促和指导各县的规划工作，统筹安排城市市区的教育发展。

省——制定普及教育和义务教育的办学条件标准，根据需求统筹规划全省高等师范教育的发展，根据本省的经济社会发展战略和各县、市的规划，研究确定全省教育发展的总目标，并依据这一总目标再反馈协调各县、市的规划。

3. 采取自下而上、先分析后综合的规划方法，保证了规划的科学性和可行性。

这一方法同过去制定规划的方法显著的不同之处是：教育事业发展的速度和规模不是先定指标后做规划，而是在制定规划过程中通过大量调查分析、测算和协调等基础工作之后综合而得的结果。

辽宁省的 15 年普教规划是以县为规划基层单位，自下而上地制定出的，在制定过程中，还经过多次自上而下的协调，使得省、市、县有着一致的发展目标。

各级制定规划时，首先是致力于扎实的基础工作。深入地进行社会经济和教育的现状调查与分析；研究中小学的布局和相应的学制；依据教育系统内部各种因素的相互关系，测算普教事业发展速度、规模以及相应的师资、经费和其他办学条件的需求；在社会经济的大系统中，综合平衡师资、经费的供需关系，以求得教育同经济协调发展。

广泛而扎实的基础工作，使各级政府和教育部门认识到，在教育发展战略上要转变认识，要从追求规模速度转向充实改善办学条件、提高教育质量和办学效益。正是在这样的认识基础上，才逐步放慢了原订的实施步骤。从表面上看，进度推迟了，但这样确定的目标更符合实际，努力方向更明确，更有利于事业发展，实际的发展速度可能更快。

撰稿人　彭卫平
审稿人　周承业
　　　　白景龙

教育法制建设和教育审计工作

□教育法制建设工作

国家教委教育法制建设工作

一、加强教育法制工作机构

1986年10月，为加强教育法制工作，转变工作职能，国家教委党组决定筹建教育法规局，负责对国家教委教育法制建设工作进行通盘考虑、综合研究、组织协调、具体指导。它的任务主要包括：（一）编制国家教育委员会立法计划并组织实施；（二）审核国家教育委员会上报国务院的法律、行政法规草案及国家教育委员会在职权范围内发布的规章；（三）组织起草某些重要的法律、行政法规和规章草案；（四）研究有关教育的法律、行政法规、规章执行中和教育法制建设中存在的问题，并提出建议；监督检查有关教育的法律、行政法规和规章的执行情况；（五）组织清理有关教育工作的法规，编纂教育规章资料，开展教育法制宣传，提供法律咨询服务。

二、"七五"教育立法规划

为了提高教育立法的科学性和计划性，减少盲目性和随意性，有效地指导教育立法工作，国家教委拟定了《国家教育委员会"七五"期间报审教育法规的计划》。上报国务院法制局审核。其中已列入1987年4月20日国务院办公厅印发的《国务院"七五"期间立法规划》的教育法规，主要有：《教育（基本）法》、《高等教育法》、《教师法》、《义务教育法实施细则》、《职业技术教育条例》、《高等教育自学考试工作条例》等。

三、有关教育的重要法律的前期调研

1986年初，国家教委委托北京师范大学进行《中华人民共和国教育法（草案)》的前期调查研究工作，委托上海市高教局和北京大学分别进行《中华人民共和国高等教育法（草案）》的前期调查研究工作。同年12月，在四川省成都市召开教育法暨高等教育法研讨会。北京师范大学、上海市高教局、北京大学分别提交了有关法律草案的前期调研稿，并介绍了前期调研的情况，与会的专家、学者对教育法、高教法的基本内容框架结构，以及教育立法与体制改革的关系等重大问题进行了研讨。在委托调研的基础上，1987年5月13日国家教委法规局筹备组起草了《中华人民共和国高等教育法（草案）》初稿。

1986年3月，张承先等全国人大代表和王路宾等全国政协委员共415人，分别提出了关于尽快制订教师法的议案和提案。1986年9月，国家教委成立了教师法（草案）起草工作领导小组和起草工作小组，把教师法的调研起草工作列入1987年国家教委教育立法规划，并分别委托北京、上海、江苏、辽宁等省、市教育部门或高校进行教师法的前期调研工作。1987年3月10日至13日，在南京市召开了"教师法研讨会"。全国人大教科文卫委员会、全国人大常委会法工委、国务院法制局、国家教委和各委托起草单位的同志及教育、法学界的专家、学者共同就教师法的立法目的，基本内容和立法技术进行了较深入地研讨。会后，国家教委起草工作小组修改起草了教师法（草案）的征求意见稿，继续进行若干重大问题的研究和协调工作，为教师法的早日出台作好准备。

1987年9月，国家教委成立了《中华人民共和国青少年保护法（草案）》

起草工作领导小组，开始着手青少年保护法的起草工作，先后到甘肃、青海、广东、福建等省，对大城市、沿海开放地区和少数民族地区、牧区的青少年保护情况进行了调查，草拟出《中华人民共和国青少年保护法（草案）》初稿。

四、教育行政法规的起草和教育规章的制定

为了适应教育事业发展和教育体制改革的紧迫需要，国家教委把教育立法的重点放在教育行政法规的起草和教育规章的制定上。1987年，国家教委继续进行《扫除文盲工作条例（草案）》、《高等教育自学考试暂行条例（草案）》、《幼儿园工作条例（草案）》、《捐资助学奖励条例（草案）》等法规的调研起草工作。同时，国家教委在职权范围内发布了《高等学校校长任期制试行办法》、《普通高等学校招生暂行条例》、《高等学校培养第二学士学位生的试行办法》、《关于社会力量办学的若干暂行规定》、《关于开展大学后继续教育的暂行规定》、《回国留学人员工作安排暂行办法》等一系列促进和保障教育体制改革和教育事业发展的教育规章（详见1985年至1987年教育立法一览表）。

五、教育法规体系的研究

为了奠定我国教育立法的科学基础，建立具有我国特色的教育法规体系，国家教委有关部门组织有关高等学校、教育科研机构开展了"我国教育法规体系构成"的教育立法基础课题的研究。1987年8月，在北京市召开了"教育法规体系研讨会"。与会代表就我国教育法规体系的指导思想、教育法规体系的基本构成、教育法规的项目、教育法规之间相互关系，以及外国教育法规体系的比较研究等问题发表了各自的见解，并提出了我国教育法规体系的比较方案。进行了有益的探讨。

六、教育法规的清理

根据国务院关于全面清理法规工作的要求，国家教委对1949年至1984年期间，经国务院（含政务院）发布或批准发布的教育方面的行政法规和法规性文件进行了清理，共清理出应予废止的法规4件，已明令废止的法规6件，自行失效的法规90件。经国务院法制局复查和国务院审议，于1987年1月3日发出决定予以废止有关文件的通知（详见《国务院关于明令废止和宣布自行失效的教育法规目录》）。1987年3月11日，国家教委着手对建国以来国家教育委员会（含教育部、高等教育部）发布的教育规章和规章性文件进行清理。

七、地方教育立法

地方教育立法是指省、自治区、直辖市，省、自治区的人民政府所在地的市和国务院批准的较大市的人民代表大会（或它的常务委员会）、人民政府制定和颁布的有关教育工作的地方性法规或规章。

据统计，1986年及1987年地方人大或（它的常委会）制定有关教育工作的地方性法规39项，地方人民政府制定的有关教育工作的规章75项。详见下表：

	合计	地方人大（或人大常委会）制定的地方性法规				地方人民政府制定的规章			
		小计	省、自治区、直辖市	省、自治区、人民政府所在地的市	经国务院批准的较大的市	小计	省、自治区、直辖市	省、自治区、人民政府所在地的市	经国务院批准的较大的市
合计	108	39	31	3	5	69	25	29	15
1986年	52	23	20	1	2	29	14	6	9
1987年	56	16	11	2	3	40	11	23	6

1987年地方教育立法共56项，按教育类别分：属基础教育37项（占66%）、成人教育9项、职业技术教育9项、普通高等教育1项。在基础教育方面，1987年有贵州、吉林、安徽、新疆等4省、区制定了义务教育法实施办法，至此全国已有21个省、自治区、直辖市的地方国家权力机关，制定了实施义务教育的地方性法规。辽宁、江苏、山东及上海等省、市的人大制定了职业技术教育条例。贵州、青海两省的人大制定了扫除文盲条例。

1987年，地方人民政府制定的有关教育工作的规章40项，其内容涉及范围也较广，包括青海省、天津市、广州市、兰州市、南昌市及哈尔滨市等省、市发布的成人教育管理工作的规章；武汉、沈阳两市发布的有关兴建教工住宅的规章，以及银川、沈阳两市发布的有关勤工俭学的规章等。

撰稿人　罗宏述　李连宁
审稿人　郝维谦

1985——1987年教育立法目录一览表

1985年

一、行政法规、法规性文件

1. 国务院批转国家科委、教育部、中国科学院关于试办博士后科研流动站的报告的通知

(1985年7月5日)

2. 国务院批转国家计划委员会、国家教育委员会关于1985年全国高等学校毕业生分配问题的报告的通知

(1985年7月11日)

3. 国务院批转国家教育委员会等部门《外国留学生管理办法》的通知

(1985年10月14日)

二、教育规章

(一) 基础教育

1. 全国中小学教材审定委员会工作条例（试行）

(1985年1月11日)

2. 幼儿师范学校教学计划

(1985年5月6日)

3. 关于内地十九省、市为西藏办学的几项具体规定

(1985年6月13日)

(二) 普通高等教育

4. 高等学校教职工代表大会暂行条例

(1985年1月28日　与中国教育工会全国委员会合发)

5. 关于改革博士学科点专题科研费管理办法

(1985年1月28日　与财政部合发)

6. 普通高等学校招生体检标准

(1985年4月24日　与卫生部合发)

7. 高等学校在校外举办干部专修科的暂行规定

(1985年4月26日)

8. 1985年普通高等学校招生规定

(1985年5月4日)

9. 世界银行贷款第二个大学发展项目管理办法

(1985年5月25日)

10. 高等工业学校应用理科、技术科学及新兴边缘学科专业教材委员会暂行工作条例

(1985年6月15日)

11. 教育部部属高等工业学校应用理科、技术科学及新兴边缘学科专业协作组暂行工作条例

(1985年6月15日)

12. 关于军事院校青年学生学员退学和被处理离校后的安置办法

(1985年6月29日　与民政部、总政治部等七部门合发)

13. 普通高等学校人员编制的试行办法

(1985年7月31日)

14. 中华人民共和国国家教育委员会接受外国研究学者入中国高等院校进行科学研究的有关规定

(1985年8月10日)

15. 国家教育委员会命题工作保密规定

(1985年10月18日)

16. 关于高等学校招收委托培养硕士生的暂行规定

(1985年11月6日　与国家计划委员会、财政部合发)

17. 农牧渔业部直属高等农业院校教学实验实习农场或实验实习场管理条例(试行)

(1985年11月8日　与农牧渔业部、财政部合发)

18. 关于研究生在校学习期间生活待遇等问题的规定

(1985年12月12日　与财政部合发)

19. 关于世界银行贷款地方大学发展项目院校选派出国留学人员若干规定

(1985年12月25日)

20. 国家教育委员会关于直属高等学校内部审计工作的暂行规定

(1985年12月31日)

(三) 职业技术教育

21. 1985年普通中等专业学校招生规定

(1985年5月2日)

22. 全日制普通中等专业学校人员编制标准 (试行)

(1985年9月12日　与劳动人事部合发)

(四) 成人教育

23. 关于职工高中文化教育若干问题的暂行规定

(1985年4月5日)

(五) 其他

24. 教育部抗震加固管理办法 (试行)

(1985年4月3日)

25. 国家教育委员会关于本委审计室工作职权的暂行规定

(1985年12月31日)

1986年

一、法律

1. 中华人民共和国义务教育法

(1986年4月12日)

二、行政法规、法规性文件

1. 国务院关于发布《高等教育管理职责暂行规定》的通知

(1986年3月12日)

2. 国务院批转国家教育委员会关于改进1986年高等学校毕业生分配工作报告的通知

(1986年3月15日)

3. 国务院关于发布《征收教育费附加的暂行规定》的通知

(1986年4月28日)

4. 国务院批转国家教育委员会、财政部关于改革现行普通高等学校人民助学金制度报告的通知

(1986年7月8日)

5. 国务院办公厅转发国家教育委员会等部门关于实施《义务教育法》若干问题意见的通知

(1986年9月11日)

6. 国务院批转国家教育委员会关于出国留学人员工作的若干暂行规定的通知

（1986年12月13日）

7. 国务院关于发布《普通高等学校设置暂行条例》的通知

（1986年12月15日）

三、教育规章

（一）基础教育

1. 关于严禁擅自编写、出版、销售学生复习资料的规定

（1986年1月17日 与国家出版局、国家工商行政管理局合发）

2. 普及初中的地方改革初中招生办法

（1986年3月6日）

3. 全日制小学思想品德课教学大纲

（1986年4月23日）

4. 全国中小学教材审定委员会朝鲜文教材审查委员会工作条例（试行）

（1986年5月19日）

5. 中小学教师考核合格证书试行办法

（1986年9月6日）

（二）普通高等教育

6. 普通高等学校接受委托培养学生管理工作暂行规定

（1986年1月11日）

7. 高等学校接受国内访问学者的试行办法

（1986年1月23日）

8. 出国教师生活待遇的有关规定

（1986年2月25日 与财政部合发）

9. 1986年普通高等学校招生规定

（1986年3月21日）

10. 全国培养高水平学生运动员试点学校申报审批暂行办法

（1986年4月17日 与国家体委合发）

11. 建立高等学校仪器设备计算机管理系统的暂行规定

（1986年4月18日）

12. 《出国教师生活待遇的有关规定》实施办法

（1986年6月4日 与财政部合发）

13. 普通高等学校农科、林科本科专业目录实施办法

（1986年7月1日）

14. 关于高等学校教师校外兼课酬金和教学工作量超额酬金的规定

（1986年7月8日 与财政部、劳动人事部合发）

15. 普通高等学校本、专科学生实行奖学金制度试行办法

（1986年7月26日 与财政部合发）

16. 普通高等学校本、专科学生实行贷款制度试行办法

（1986年7月26日 与财政部合发）

17. 高等学校和中等专业学校教材定额补贴暂行办法

（1986年9月24日 与财政部、国家出版局合发）

18. 高等学校财务管理改革实施办法

（1986年10月15日 与财政部合发）

19. 高等学校外语教材编审委员会工作条例

（1986年10月22日）

20. 高等学校出版社工作若干问题的暂行规定

（1986年10月27日 与国家出版局合发）

21. 高等学校出版社所属印刷厂管理工作的暂行规定

（1986年10月27日）

22. 关于全国培养高水平学生运动员试点学校申报审批暂行办法的补充规定

（1986年11月15日）

23. 关于培养医学博士（临床医学）研究生的试行办法

(1986年11月19日　与国务院学位委员会、卫生部合发)

24. 毕业研究生分配工作暂行办法

(1986年12月8日)

25. 关于华侨、台湾、港澳青年进入普通高等学校进修、插班、旁听学习的暂行规定

(1986年12月9日)

26. 关于高等学校学生思想政治工作兼职人员若干问题的规定

(1986年12月31日)

27. 高等学校外籍教师宿舍建筑标准

(1986年12月31日　与国家外国专家局合发)

(三) 职业技术教育

28. 关于职业中学经费问题的补充规定

(1986年6月23日)

29. 普通中等专业学校设置暂行办法

(1986年10月18日)

30. 技工学校工作条例

(1986年11月11日　与劳动人事部合发)

(四) 成人教育

31. 1986年各类成人高等学校招生规定

(1986年2月5日　与财政部合发)

32. 1986年普通高等学校、教育学院举办大学专科起点的中等学校教师本科班招生规定

(1986年2月5日)

(五) 其他

33. 教育统计工作暂行规定

(1986年3月31日)

34. 教学仪器设备产品生产许可证实施办法

(1986年5月29日)

35. 关于学校卫生保健人员有关政策性问题的规定

(1986月12月2日　与卫生部合发)

1987年

一、行政法规、法规性文件

1. 国务院办公厅转发国家教育委员会等部门关于全国职业技术教育工作会议情况报告的通知

(1987年1月3日)

2. 国务院办公厅转发国家教委、公安部、共青团中央关于办好工读学校几点意见的通知

(1987年6月17日)

3. 国务院批转《国家教育委员会关于改革和发展成人教育的决定》的通知

(1987年6月23日)

4. 国务院批转国家教育委员会关于改进和加强高等学校生产实习和社会实践工作报告的通知

(1987年9月19日)

5. 国务院办公厅转发国家教育委员会等部门关于明确幼儿教育事业领导管理职责分工请示的通知

(1987年10月15日)

6. 国务院办公厅转发国家教育委员会关于教育部门勤工俭学管理机构有关问题指示的通知

(1987年10月28日)

7. 国务院关于提高中小学教师工资待遇的通知

(1987年11月28日)

二、教育规章

(一) 基础教育

1. 关于中学少先队工作的若干规定

(1987年2月10日　与共青团中央、全国少工委合发)

2. 少年宫(家)工作条例(草案)

(1987年2月28日　与共青团中央合发)

3. 全日制普通中学劳动技术课教学

大纲（试行）

(1987年3月6日)

4. 全日制、寄宿制幼儿园编制标准(试行)

(1987年3月9日　与劳动人事部合发)

5. 托儿所、幼儿园建筑设计规范

(1987年9月3日　与城乡建设环境保护部合发)

6. 中初等学校勤工俭学统计工作暂行规定

(1987年9月15日)

7. 中学生体育合格标准的试行办法

(1987年9月21日)

8. 全国中小学教材审定委员会工作章程

(1987年10月10日)

9. 全日制小学劳动课教学大纲（试行）

(1987年10月23日)

（二）普通高等教育

10. 高等学校优秀教材奖励试行条例

(1987年3月13日)

11. 1987年高等学校优秀教材评奖办法

(1987年3月13日)

12. 关于高等学校各级领导干部任免的实施办法

(1987年3月17日)

13. 普通高等学校招收少数职业技术学校应届毕业生的暂行规定

(1987年3月24日)

14. 高等学校校长任期制试行办法

(1987年3月28日)

15. 普通高等学校招生暂行条例

(1987年4月21日)

16. 关于高等学校基本建设管理职责暂行办法

(1987年5月12日)

17. 关于扩大普通高等学校录取新生工作权限的规定

(1987年5月13日)

18. 高等学校培养第二学士学位生的试行办法

(1987年6月6日　与国家计划委员会、财政部合发)

19. 关于高等学校研究生马克思主义理论课（公共课）教学的若干规定

(1987年6月15日)

20. 关于长期出国教师国外收入管理办法

(1987年6月18日)

21. 关于长期出国教师国外固定资产配备的暂行规定

(1987年6月18日)

22. 关于高等学校毕业生统一分配工作调遣费开支的规定

(1987年6月30日　与财政部合发)

23. 资助优秀年轻教师基金试行办法

(1987年6月30日)

24. 关于国家公派出国留学人员经费管理的暂行规定

(1987年7月8日与财政部、外交部合发)

25. 驻外使、领馆教育处（组）会计制度

(1987年7月8日　与财政部、外交部合发)

26. 高等学校毕业生见习暂行办法

(1987年7月22日　与劳动人事部合发)

27. 普通高等学校图书馆规程

(1987年7月25日)

28. 关于高等学校开放研究室暂行管理办法

(1987年7月30日)

29. 普通高等学校本、专科学生实行奖学金制度的办法

(1987年7月31日　与财政部合

发）

30. 普通高等学校本、专科学生实行贷款制度的办法

（1987 年 7 月 31 日　与财政部合发）

31. 全国普通高等学校医药本科专业目录实施办法

（1987 年 8 月 26 日）

32. 回国留学人员工作安排暂行办法

（1987 年 10 月 7 日　与国家科学技术委员会合发）

33. 普通高等学校招生来源计划编制工作暂行规定

（1987 年 10 月 20 日）

34. 高等学校总会计师工作试行规程

（1987 年 10 月 28 日）

35. 关于赴日研究生留学期限及结业回国后待遇等问题的暂行规定

（1987 年 10 月 30 日）

36. 关于出国教师配偶出国问题的补充规定

（1987 年 11 月 14 日）

37. 公派出国留学人员身份的管理细则

（1987 年 11 月 28 日）

38. 公派出国留学人员申请延长留学期限的管理细则

（1987 年 11 月 28 日）

39. 公派出国研究生留学年限及在国外期间国内工资（或生活补助费）待遇和攻读博士学位期间工龄计算的管理细则

（1987 年 11 月 28 日）

40. 从事国外博士后研究或实习的管理细则

（1987 年 11 月 28 日）

41. 单位公派出国留学人员选派工作和经费的管理细则

（1987 年 11 月 28 日）

42. 普通高等学校理科本科基本专业目录实施办法

（1987 年 11 月 30 日）

43.《普通高等学校社会科学本科专业目录》实施办法

（1987 年 12 月 21 日）

44. 国家教育委员会关于直属高等学校实行定期审计的暂行规定

（1987 年 12 月 28 日）

45. 高等学校外国专家招待所管理暂行办法

（1987 年 12 月 30 日　与国家外国专家局合发）

（三）职业技术教育

46. 全日制普通中等专业学校校舍规划面积定额（试行）

（1987 年 3 月 5 日　与国家计划委员会合发）

47. 中等卫生学校与医院联合办学培养的暂行规定

（1987 年 12 月 10 日　与卫生部合发）

48. 编制普通中等专业学校跨省招生计划的试行办法

（1987 年 12 月 31 日）

（四）成人教育

49. 普通高等学校函授教育暂行工作条例

（1987 年 2 月 7 日）

50. 成人中等专业学校暂行条例

（1987 年 4 月 17 日）

51. 关于社会力量办学的若干暂行规定

（1987 年 7 月 8 日）

52. 关于广播电视大学专业设置审批权限的暂行规定

（1987 年 11 月 3 日）

53. 关于开展大学后继续教育的暂行规定

（1987 年 12 月 15 日　与国家科委、国家经委、劳动人事部、财政部、中国科协合发）

54. 社会力量办学财务管理暂行规定

(1987 年 12 月 28 日　与财政部合发)

55. 乡（镇）农民文化技术学校暂行规定

(1987 年 12 月 30 日　与农牧渔业部、财政部合发)

（五）其他

56. 图书馆建筑设计规范

(1987 年 5 月 13 日　与城乡环境保护部、文化部合发)

57. 关于全国性教育组织审批和管理的若干规定

(1987 年 6 月 23 日)

58. 教学仪器优质产品审定委员会章程

(1987 年 6 月 30 日)

59. 国家教育委员会教学仪器优质产品评选办法

(1987 年 6 月 30 日)

周福成整理

国务院关于明令废止和宣布自行失效的教育法规目录

(1949–1984年)

一、应予废止的教育法规

序号	法规名称	发布机关和日期	说明
1	国务院批转教育部关于推广辽宁朝阳农学院经验和有关政策问题的请示报告的通知 附:教育部关于推广辽宁朝阳农学院经验和有关政策问题的请示报告	1975年4月23日	与国家的现行政策相抵触,停止执行。
2	国务院批转教育部关于办好"七・二一"大学的几点意见的通知 附:教育部关于办好"七・二一"大学的几点意见	1978年3月20日	与国家的现行政策不符,停止执行。
3	国务院批转教育部关于专科学校改为学院审批权限的请示的通知 附:教育部关于专科学校改为学院审批权限的请示	1978年4月14日	已被1985年10月7日国家教委关于高等学校更改校名问题的通知和1985年11月25日国家教委关于新建普通高等学校有关问题的通知代替。
4	国务院批转教育部关于举办职工、农民高等院校审批程序的暂行规定的通知 附:教育部关于举办职工、农民高等院校审批程序的暂行规定	1979年9月8日	已被1985年12月31日国家教委关于设置成人高等学校由国家教育委员会审批的通知代替。

二、已明令废止的教育法规

序号	法规名称	发布机关和日期	说明
1	政务院关于高等学校领导关系问题的决定	1950年7月28日政务院第43次政务会议通过	1953年10月11日政务院发布的关于修订高等学校领导关系的决定中已明令废止。
2	政务院、人民革命军事委员会颁发关于全国俄文专科学校的决定	1952年3月10日	1954年4月3日政务院关于全国俄文教学工作的指示中已明令废止。
3	国务院关于高等学校教师职务名称及其确定与提升办法的暂行规定	1960年2月16日	1986年2月18日国务院发布的关于实行专业技术职务聘任制度的规定中已明令废止。
4	国务院批转教育部关于高等学校恢复和提升教师职务问题的请示报告的通知 附:教育部关于高等学校恢复和提升教师职务问题的请示报告	1978年3月7日	1986年2月18日国务院发布的关于实行专业技术职务聘任制度的规定中已明令废止。

序号	法规名称	发布机关和日期	说明
5	国务院批转教育部等七个部门关于自费出国留学的请示和关于自费出国留学的暂行规定的通知 附一:教育部、外交部、公安部、财政部、国家人事局、国务院科技干部局、国家劳动总局关于自费出国留学的请示 附二:教育部、外交部、公安部、财政部、国家人事局、国务院科技干部局、国家劳动总局关于自费出国留学的暂行规定	1981年1月14日	1982年7月16日国务院批转教育部、公安部、外交部、劳动人事部制定的自费出国留学的规定中已明令废止。
6	国务院批转教育部、公安部、外交部、劳动人事部制定的自费出国留学的规定的请示的通知 附:教育部、公安部、外交部、劳动人事部关于颁发自费出国留学的规定的请示	1982年7月16日	1984年12月26日国务院关于自费出国留学的暂行规定中已明令废止。

三、自行失效的教育法规

序号	法规名称	发布机关和日期	说明
1	各大行政区高等学校管理暂行办法	1950年5月5日政务院发布	调整对象消失,自行失效。
2	政务院关于开展职工业余教育的指示	1950年6月1日	适应当时情况的规定,自行失效。
3	政务院关于分配全国公私立高等学校本年暑假毕业生工作的通令	1950年6月22日发布	适应当时情况的具体规定,自行失效。
4	关于实施高等学校课程改革的决定	1950年7月28日政务院第43次政务会议通过	适应当时情况的具体规定,自行失效。
5	高等学校暂行规程	1950年7月28日政务院第43次政务会议批准	适应当时情况的规定,自行失效。
6	专科学校暂行规程	1950年7月28日政务院第43次政务会议批准	适应当时情况的规定,自行失效。
7	私立高等学校管理暂行办法	1950年7月28日政务院第43次政务会议批准	调整对象消失,自行失效。
8	政务院关于举办工农速成中学和工农干部文化补习学校的指示	1950年12月14日	调整对象消失,自行失效。
9	各级职工业余教育委员会组织条例	1950年12月14日政务院批准,1950年12月26日教育部发布	适应当时情况的规定,自行失效。
10	教育部关于开展农民业余教育的指示	1950年12月14日政务院批准	适应当时情况的规定,自行失效。

序号	法规名称	发布机关和日期	说明
11	工农速成中学暂行实施办法	政务院文化教育委员会批准，1951年2月10日教育部发布	适应当时情况的规定，自行失效。
12	工农干部文化补习学校暂行实施办法	政务院文化教育委员会批准，1951年2月10日教育部发布	适应当时情况的规定，自行失效。
13	职工业余教育暂行实施办法	政务院文化教育委员会批准，1951年3月1日教育部发布	适应当时情况的规定，自行失效。
14	政务院关于改善各级学校学生健康状况的决定	1951年8月6日发布	适应当时情况的具体规定，自行失效。
15	政务院关于改革学制的决定	1951年10月1日发布	适用期已过，自行失效。
16	政务院关于中央人民政府贸易部、教育部、卫生部提出的全国少数民族贸易、教育、卫生会议的报告的决定	1951年11月23日政务院第112次政务会议通过，1951年12月20日发布	适用期已过，自行失效。
17	小学暂行规程(草案)	经政务院核准，教育部1952年3月18日发布	适应当时情况的规定，自行失效。
18	幼儿园暂行规程(草案)	经政务院核准，教育部1952年3月18日发布	适应当时情况的规定，自行失效。
19	中学暂行规程(草案)	经政务院核准，教育部1952年3月18日发布	适应当时情况的规定，自行失效。
20	政务院关于整顿和发展中等技术教育的指示	1952年3月31日	适应当时情况的规定，自行失效。
21	干部子女小学暂行实施办法	1952年5月5日政务院批准	调整对象消失，自行失效。
22	政务院关于调整高等学校毕业生工作中几个问题的指示	1952年6月18日	适用期已过，自行失效。
23	政务院关于调整全国高等学校及中等学校学生人民助学金的通知	1952年7月8日	适用期已过，自行失效。
24	中等技术学校暂行实施办法	政务院文化教育委员会批准，1952年7月12日教育部发布	适应当时情况的规定，自行失效。
25	政务院关于加强革命残废军人学校正规教育的决定	1952年7月24日发布	适用期已过，自行失效。

序号	法规名称	发布机关和日期	说明
26	各级中等技术教育委员会暂行组织条例	政务院文化教育委员会批准，1952年8月30日教育部发布	适应当时情况的规定，自行失效。
27	奖励学习俄文试行办法	1952年9月1日政务院发布	调整对象消失，自行失效。
28	政务院关于加强高等学校与中等技术学校学生生产实习工作的决定	1953年7月31日发布	适应当时情况的规定，自行失效。
29	政务院关于修订高等学校领导关系的决定	1953年10月11日发布	适用期已过，自行失效。
30	政务院关于改进和发展高等师范教育的指示	1953年11月26日政务院第195次政务会议通过	适应当时情况的规定，自行失效。
31	政务院关于整顿和改进小学教育的指示	1953年11月26日政务院第195次政务会议通过	适应当时情况的规定，自行失效。
32	政务院关于全国俄文教学工作的指示	1954年4月3日	适应当时情况的规定，自行失效。
33	政务院关于改进和发展中学教育的指示	1954年4月8日政务院第212次政务会议通过	适应当时情况的规定，自行失效。
34	各人民民主国家来华留学生暂行管理办法	政务院批准，1954年4月15日高等教育部发布	适用期已过，自行失效。
35	高等教育部关于我国及苏联及各兄弟国家互派的留学生在留学期间恋爱结婚问题的通知	政务院文化教育委员会批准，1954年4月19日发布	适应当时情况的具体规定，自行失效。
36	政务院关于高等学校的校舍产权及管理权限问题的通知	1954年9月16日	适用期已过，自行失效。
37	政务院关于改进中等专业教育的决定	1954年9月26日发布	适用期已过，自行失效。
38	中等专业学校章程	1954年7月9日政务院第221次政务会议通过，1954年11月24日高等教育部发布	适用期已过，自行失效。
39	教育部关于工矿企业自办中学、小学和幼儿园的规定	1955年1月8日国务院批准	适用期已过，自行失效。
40	国务院关于加强农民业余文化教育的指示	1955年6月2日	适应当时情况的具体规定，自行失效。
41	国务院关于加强各省、市对高等学校招生工作领导的通知	1955年6月10日	适应当时情况的具体规定，自行失效。

序号	法规名称	发布机关和日期	说明
42	高等教育部关于派遣出国教员的规定	国务院批准，1955年7月31日高等教育部发布	适用期已过，自行失效。
43	国务院关于高等学校设置校(院)长助理职位的通知	1955年10月14日	适应当时情况的具体规定，自行失效。
44	高等教育部关于处理中外学生间结婚问题的规定	国务院批准，1955年12月10日高等教育部发布	适应当时情况的规定，自行失效。
45	关于执行中苏两国高等教育部间建立直接联系的暂行规定	1956年3月26日国务院批准	适用期已过，自行失效。
46	中共中央、国务院关于扫除文盲的决定	1956年3月29日发布	适用期已过，自行失效。
47	中等专业学校(不包括中等师范学校)国家考试规程(试行草案)	国务院批准，1956年4月11日高等教育部发布	适用期已过，自行失效。
48	中等专业学校教师教学工作量标准草案	国务院批准，1956年5月9日高等教育部发布	适应当时情况的具体规定，自行失效。
49	高等教育部关于高等学校教师调动的暂行规定	国务院批准试行，1956年6月4日高等教育部发布	适用期已过，自行失效。
50	国务院关于克服当前中小学生辍学现象的通知	1956年6月28日	适应当时情况的具体规定，自行失效。
51	高等教育部、外交部关于对外国留学生申请来华学习的条件和手续的规定	国务院批准，1956年8月15日高等教育部、外交部发布	适用期已过，自行失效。
52	国务院关于处理高等学校调干学生和工农速成中学学生退学问题的通知	1956年9月14日	调整对象消失，自行失效。
53	国务院转发高等教育部、国务院人事局关于解决高等学校毕业生分配工作后调整工作问题的报告的通知 附：高等教育部、国务院人事局关于解决高等学校毕业生分配工作后调整工作问题的报告	1956年11月8日	适用期已过，自行失效。
54	高等教育部关于全国高等学校研究生人民助学金标准问题的通知	国务院批准，1956年12月30日高等教育部发布	适用期已过，自行失效。
55	国务院关于处理高等学校退学的调干学生、工农速成中学退学和毕业的学生问题的补充通知	1957年6月21日	调整对象消失，自行失效。
56	国务院关于改进企业、事业、机关等单位接受学校师生前往参观、实习、进修等工作和为科学研究提供资料工作的指示	1957年9月17日	适用期已过，自行失效。

序号	法规名称	发布机关和日期	说明
57	国务院批转教育部对国务院关于改进企业、事业、机关等单位接受学校师生前往参观、实习、进修等工作和为科学研究提供资料工作的指示的两点解释的通知 附:教育部对国务院关于改进企业、事业、机关等单位接受学校师生前往参观、实习、进修等工作和为科学研究提供资料工作的指示的两点解释	1958年3月27日	适用期已过,自行失效。
58	中共中央、国务院关于教育事业管理权力下放问题的规定	1958年8月4日	适用期已过,自行失效。
59	中共中央、国务院关于教育工作的指示	1958年9月19日	适应当时情况的具体规定,自行失效。
60	中共中央、国务院关于在农村中继续扫除文盲和巩固发展业余教育的通知	1959年5月24日	适应当时情况的具体规定,自行失效。
61	中共中央、国务院关于整顿一九五八年新建的全日制和半日制高等学校的通知	1959年5月24日	适用期已过,自行失效。
62	中共中央、国务院关于试验改革学制的决定	1959年5月24日	适应当时情况的具体规定,自行失效。
63	国务院关于全日制学校的教学、劳动和生活安排的规定	1959年5月24日	适用期已过,自行失效。
64	国务院关于高等学校师资的补充、培养和调配问题的规定	1959年5月24日	适用期已过,自行失效。
65	国务院关于注意适当地解决高等学校所必需的校舍建筑、仪器、设备及原材料供应问题的通知	1959年5月24日	适应当时情况的具体规定,自行失效。
66	国务院批转中央教育部与中央各有关业务部门和各省、自治区、直辖市分工管理学校中外国专家工作的暂行办法的通知 附:中央教育部与中央各有关业务部门和各省、市、自治区分工管理学校中外国专家工作的暂行办法	1959年10月10日	适应当时情况的具体规定,自行失效。
67	国务院批转教育部、财政部关于进一步加强教育经费管理的意见的通知 附:教育部、财政部关于进一步加强教育经费管理的意见	1959年11月24日	适用期已过,自行失效。
68	国务院批准关于派往国外的留学生、实习生经费开支的几项规定的通知	1959年11月29日	适用期已过,自行失效。
69	国务院转发教育部关于改进工人、农民、干部学生人民助学金标准的暂行规定和教育部关于研究生人民助学金标准的暂行规定的通知 附:教育部关于工人、农民、干部学生人民助学金标准的暂行规定 教育部关于研究生人民助学金标准的暂行规定	1960年1月18日	适用期已过,自行失效。

序号	法规名称	发布机关和日期	说明
70	国务院关于同意教育部、财政部关于全日制学校生产劳动财务管理的几项规定的通知 附:教育部、财政部关于全日制学校生产劳动财务管理的几项规定	1960 年 2 月 15 日	适用期已过,自行失效。
71	国务院关于评定和提升全日制中、小学教师工资级别的暂行规定	1960 年 2 月 16 日	适用期已过,自行失效。
72	中共中央、国务院关于保证学生、教师身体健康和劳逸结合问题的指示	1960 年 5 月 15 日	适应当时情况的具体规定,自行失效。
73	国务院批转教育部关于抽调学生培养师资的报告的通知 附:教育部关于抽调学生培养师资的报告	1960 年 8 月 30 日	适应当时情况具体规定,自行失效。
74	中共中央、国务院关于保证学生、教师身体健康的紧急通知	1960 年 12 月 21 日	适应当时情况的具体规定,自行失效。
75	国务院批转教育部关于解决当前高等学校学生生产实习的几个问题的意见的报告的通知 附:教育部关于解决当前高等学校学生生产实习的几个问题的意见的报告的通知	1962 年 5 月 28 日	适应当时情况的具体规定,自行失效。
76	国务院批转教育部关于精减中、小学教师必须注意的几个问题的意见的通知 附:教育部关于精减中、小学教师必须注意的几个问题的意见	1962 年 8 月 10 日	调整对象消失,自行失效。
77	国务院批转教育部、农业部关于农业学校实习农场和实习工厂的编制标准意见的报告的通知 附:教育部、农业部关于农业学校实习农场和实习工厂的编制标准意见的报告	1962 年 8 月 11 日	适用期已过,自行失效。
78	国务院批转教育部关于精减中小学教师必须注意的几个问题的意见中第四条的补充修改意见的通知 附:教育部关于精减中小学教师必须注意的几个问题的意见中第四条的补充修改意见	1962 年 8 月 24 日	调整对象消失,自行失效。
79	国务院批转教育部关于各级学校教职工探亲假以及回家探亲往返车船费问题的请示报告的通知 附:教育部关于各级学校教职工探亲假以及回家探亲往返车船费问题的请示报告	1962 年 10 月 6 日	适用期已过,自行失效。
80	国务院关于中等专业学校毕业生分配工作后准报户口的通知	1963 年 7 月 19 日	适应当时情况的具体规定,自行失效。
81	国务院批转教育部关于调整中等专业学校学生人民助学金问题的报告 附:教育部关于调整中等专业学校学生人民助学金问题的报告	1963 年 8 月 2 日	适用期已过,自行失效。
82	国务院批转教育部关于中等专业学校专业的设置和调整问题的规定的通知 附:教育部关于中等专业学校专业的设置和调整问题的规定	1963 年 10 月 28 日	适用期已过,自行失效。

序号	法规名称	发布机关和日期	说明
83	国务院批转教育部、体育运动委员会、卫生部关于中、小学学生健康状况和改进学校体育、卫生工作的报告的通知	1964 年 8 月 19 日	适用期已过，自行失效。
84	中共中央、国务院关于发布高等学校毕业生劳动实习试行条例的通知 附：高等学校毕业生劳动实习试行条例	1964 年 8 月 19 日	适应当时情况的具体规定，自行失效。
85	国务院批转高等教育部关于中等专业学校招生和毕业生分配统筹规划问题的报告的通知 附：高等教育部关于中等专业学校招生和毕业生分配统筹规划问题的报告	1964 年 10 月 12 日	适用期已过，自行失效。
86	国务院批转高等教育部关于试办半工(农)半读高等学校审批问题的请示的通知 附：高等教育部关于试办半工(农)半读高等学校审批问题的请示	1965 年 3 月 17 日	调整对象消失，自行失效。
87	国务院批转国家计委和国务院科教组关于中等专业学校、技工学校办学中几个问题意见的通知 附：国家计委和国务院科教组关于中等专业学校、技工学校办学中几个问题的意见	1973 年 7 月 3 日	适用期已过，自行失效。
88	国务院批转国务院科教组关于内地支援西藏大、中、专师资问题意见的报告的通知 附：国务院科教组关于内地支援西藏大、中、专师资问题意见的报告	1974 年 4 月 26 日	适用期已过，自行失效。
89	国务院批转教育部关于边疆和少数民族地区普及小学五年教育问题的请示报告的通知 附：教育部关于边疆和少数民族地区普及小学五年教育问题的请示报告	1975 年 4 月 10 日	适用期已过，自行失效。
90	国务院、中央军委批转关于中学和小学(高年级)学生学军的意见的通知 附：教育部、国家体委、总参谋部、总政治部关于中学和小学(高年级)学生学军的意见	1978 年 1 月 30 日	适应当时情况的具体规定，自行失效。

□教育审计工作

组建审计机构和调配、培训人员

根据《国务院关于审计工作的暂行规定》和加强教育财务管理，提高教育经费使用效益的实际需要，原教育部于1985年1月16日宣布成立审计室。

为了在部属单位建立内审机构，实行审计监督制度，原教育部即向部属高等学校和企业事业单位发出了《关于转发〈国务院批转审计署关于开展审计工作几个问题的请示的通知〉和组建审计机构、开展审计工作的通知》，4月15日又转发了赵紫阳总理对审计工作的重要指示。在上述两个文件中，结合高校的情况，对部属院校审计机构的设置、人员编制及开展试审工作等提出了要求。7月下旬至8月初，原教育部审计室在长春举办了部属单位审计人员学习班，54名学员通过学习，对审计的概念和任务有了基本认识，增强了工作信心。11月初，国家教育委员会在南京召开了首次委属高校和企事业单位审计工作座谈会，传达学习中央、国务院对审计工作的重要指示，总结交流了审计机构初步组建情况。到12月底，委属单位建立审计机构37个，配备审计人员81人。

1986年，国家教委审计室继续抓了委属单位审计机构的组建和审计人员的调配、培训工作。为了尽快提高委属单位审计人员的思想、业务水平，适应工作发展的需要，国家教委于5月初组成中国大学审计考察团，赴英国、法国和瑞典进行了为期一个月的考察，了解、学习这些国家在高校审计方面的有益经验；9月初又在西安举办了为期3个月的审计培训班，59名学员系统地学习了审计学、部分经济法规和高校财务管理等有关专业知识，为开展内部审计工作打下了良好的理论基础。至同年年底，委属36所高校和部分企业单位不仅建立了审计处（室），而且形成了一支近两百人的审计队伍。

经过1985—86两年的努力，委属高校和企业单位内审机构已逐步完善，审计人员也不断充实，但在数量、思想业务上仍不能适应工作发展的需要。为了解决这一问题，1987年8月，国家教委在贯彻落实《国务院办公厅转发审计署关于加强内部审计工作报告的通知》中，又再次要求委属高校和企事业单位要提高对审计工作的认识，切实加强对审计工作的领导，建立定期听取审计部门汇报工作的制度，积极帮助解决审计工作中遇到的各种问题。这一文件发出后，绝大多数委属单位积极响应，有的新建了内审机构；有的把内审机构从原科级建制调整为处级建制；有的给审计部门增加了人员编制，调配了审计人员；有的给审计部门调增了办公用房，等等。同年10月，国家教委审计室在成都举办了为期三周的委属单位审计负责人研讨班，请有关专家讲授了经济法、审计理论，并结合高校实际研讨了定期审计、决算审计和厂长（经理）离任经济责任审计等问题，使学员在理论上、业务上都有所提高。至1987年底，国家教委委属高校和企事业单位42个应建审计机构的全部建立起来，而且已经形成了一支思想、业务素质都比较好的近两百人的专职审计队伍。

在过去的3年中，国家教委为推动全国教育行政部门及其所属单位建立内审机构，开展内审监督工作，严肃财经法纪，提高教育资金使用效益，除将上述文件抄送其参考外，还于1985年10月在一份通报中，建议各地教育行政部门建立审计机构，实行内审监督制度。1986年5月，国家教委在转发《国务院办公厅转发审计署关于审计教育经费的通知》中，又进一步明确要求各级教育行政部门要结合对教育经费的检查，抓紧建立审计机构或配备专职审计员，积极开展审计工作。至1987年底，据不完全统计，近1/3的省级教育行政部门建立了审计处（组）；没有建机构的也大都配备了专职审计员；有的省的地（市）、县级教育行政部门也基本建立了相应的审计机构；不少省、市所属高校的审计机构已经组建或正在筹建。

建立、健全审计规章制度

为了使审计工作有章可循并逐步走上经常化、制度化的轨道，国家教委及委属单位，从建立审计机构之始，便十分重视审计规章制度的建设工作。

1985年12月，国家教委印发了《国家教育委员会关于本委审计室工作职权的暂行规定》和《国家教育委员会关于直属高等学校内部审计工作的暂行规定》。在前一个《规定》中指出：国家教委审计室是在国家教委主要负责人领导下，依照国家法律和行政法规，代表国家教委对本委所属单位及教育行业进行审计监督和业务指导的行政职能机构；在后一个《规定》中指出：高等学校的审计部门在校（院）主要负责人的直接领导下，对本校（院）的财务收支及经济效益进行审计监督。两个《规定》还分别对国家教委审计室和委属高校审计部门的任务、职权、专业称号等作出了具体规定。

为了加强审计人员的精神文明建设和职业道德建设，国家教委审计室于1987年6月印发了《国家教育委员会及委属单位审计人员守则》。

根据国务院和审计署关于在行政事业单位中推行定期审计制度的有关规定，1987年国家教委审计室重点抓了定期审计的制度建设，经反复讨论、修改，同年12月28日制发了《国家教育委员会关于直属高等学校实行定期审计的暂行规定》，明确从1988年开始，3年内在委属单位实施定期审计的覆盖面达到百分之百。

在抓紧建立规章制度的同时，国家教委审计室还及时转发了《国务院关于审计工作的暂行规定》、《国务院关于违反财政法规的处罚条例》和审计署的《审计工作的试行程序》、《审计文件材料立卷归档工作试行程序》、《关于审计事项保密问题的暂行规定》等有关法规制度，并结合委属单位具体情况做了要求。

在过去的三年中，委属单位也十分重视审计规章的建立，其中，绝大多数单位都结合本单位情况制定了本单位的审计工作暂行规定或实施细则；有的学校制定出本校审计人员守则；有的学校积极探索定期审计和厂长（经理）离任经济责任审计的路子，并制定出相应的办法；有的学校审计部门在审计过程中积极协助被审对象建立健全内部控制制度；还有的学校整理了本校建国以来的财经档案，等等。

这些规章制度的建立和转发，使国家教委及委属单位的审计工作基本做到了有章可循。

试审工作

国家教委及委属单位的审计机构成立以后，一直本着边组建，边工作的原则，积极地开展了试审工作。

为了尽快取得指导教育审计工作的经验，国家教委审计室在1985—86两年中，结合抓法纪审计，积极开展了审计调查活动，借以了解情况，锻炼审计人员。1986年，还配合审计署开展了对全国教育经费的检查、审计，同时参与了税收、物价、财务大检查。从1987年起，即开始部署、督促委属单位的审计工作由法纪审计向财务审计的转移，同时着重抓了定期审计的准备工作。

为了深入了解学校财务收支管理和执行财经法规等具体情况，研究探讨如何加强高校财务管理，提高教育经费使用效益，从1985—87年三年中，国家教委审计室先后对四所委属高校进行了就地审计调查，了解到这些学校财经管理的不少好经验，同时也发现了在财务管理上和经济活动中存在的一些问题，实事求是地提出了改进意见，并协助学校基本纠正了存在的问题，掌握了高校财务管理的第一手资料，为维护财经纪律，保证学校教育改革的健康进行起了一定作用。

国家教委审计室还通知委属单位审计部门对本单位1985—1987年三年的财务收支决算进行了审计，提出了不少改进建议，对加强财务管理起到了积极作用。

根据国务院办公厅转发审计署关于审计教育经费的通知，1986年5月，国家教委部署、督促各地教育行政部门对1985年教育经费收支管理情况进行检查、审计。6月至7月，国家教委审计室先后派员对河北省遵化县和黑龙江省兰西县的教育行政部门使用教育经费情况进行了就地审计调查，初步掌握了县级教育经费使用情况的第一手资料。同年10月，在厦门召开了部分省、市教育经费审计座谈会，交流了教育经费审计情况及存在的问题。随后，又在综合研究的基础上，针对检查、审计中发现的一些问题，实事求是地提出了具体建议，得到了有关部门的赞同，为改进、加强教育经费管理提供了必要材料，也为今后开展教育行业上的审计工作摸索了一些经验，打下了一定基础。

从1987年4月，国家教委组织了部分省、市对社会力量办学的财务管理情况进行了审计调查，并与审计署和北京市成人教育局组成联合调查组就地审计调查了两所学校。针对社会力量办学财务管理中存在的问题，制定出《社会力量办学财务管理暂行规定》，于12月28日与财政部联合发布。

为交流教育审计工作的信息，国家教委审计室于1987年10月创办《教育审计简报》，并已出刊7期。

撰稿人　韩冬升
审稿人　高　环

教育财务管理

□教育财务管理

一、加强财务管理，管好用好教育经费

11 月 10 日至 16 日，国家教委召开全国教育财务管理会议。会议提出，在教育经费管理上要端正指导思想，把经费使用的重点放在教育事业的发展上。要逐步做到建立目标管理、项目管理、定额管理、评估论证制度。建立起一套科学的管理体系，从原始的记帐、算帐、报帐转到参与管理上；从单纯的要钱转到抓效益上；从过去的不计成本转到核算成本上；从事后的检查分析转到事前的预测规划。还要建立综合财务计划，加强宏观控制，严肃财经纪律，建立一支素质较好的财会队伍。

加强和改善出国留学人员经费的管理。根据国务院关于加强出国留学人员管理工作的指示，1987 年 3 月 30 日至 4 月 4 日在北京召开了出国留学人员经费管理工作会议。我驻美国大使馆、旧金山、纽约总领事馆；驻澳大利亚大使馆、悉尼总领事馆；驻日本国、瑞典王国、加拿大、大不列颠及北爱尔兰联合王国、苏维埃社会主义共和国联盟、捷克斯洛伐克、奥地利共和国、比利时王国、意大利共和国，南斯拉夫社会主义联邦共和国、葡萄牙共和国、新西兰、瑞士联邦、阿拉伯埃及共和国、德意志民主共和国大使馆管理留学生人员经费的干部和国家教委外事局、干部局、审计室、贷款办、行管局、出国人员集训部、财政部等有关方面负责人参加了会议。

会议讨论了有关文件，交流了各国管理留学人员经费的情况和经验，并针对管理中存在的问题提出了一些改进意见。1987 年 7 月 8 日，国家教委下发了《驻外使、领馆出国留学人员经费管理的暂行规定》和《驻外使、领馆教育处（组）会计制度》。

二、改革人民助学金制度推行奖学金和贷款制度

1986 年 7 月 8 日《国务院批转国家教育委员会、财政部关于改革现行普通高等学校人民助学金制度的报告》，在全国 85 所高等学校的新生中进行奖学金制度和学生贷款制度的试点。经过一年的实践，取得了较好的效果。1987 年，国家教委决定，在当年普通高等学校招收的新生（含专科生）中全面实行奖学金和学生贷款制度；对于专科学校和西藏、新疆、内蒙古、广西、宁夏、云南、贵州、青海、甘肃等省、自治区所属的地方院校如何实施奖学金、学生贷款制度以及实施的步骤和办法，由有关省、自治区人民政府研究决定，报国家教委、财政部备案。

（一）奖学金制度

第一种：优秀学生奖学金

用于鼓励德、智、体、美、劳全面发展，品学兼优的学生。条件是：1.热爱社会主义祖国，拥护中国共产党的领导，道德品质优良，模范执行大学生守则和学校有关规章制度；2.热爱所学专业，勤奋学习，学习成绩优秀；3.积极参加社会工作和体育锻炼，文艺活动。

一等优秀学生奖学金，每人每年 350 元，按学生人数的 5%评定；二等优秀学

生奖学金，每人每年250元，按学生人数的10%评定；三等优秀学生奖学金，每人每年150元，按学生人数的10%评定。

学校可在上述标准和比例计算的经费总额内，适当降低一、二等奖学金的比例和标准，增加三等奖学金比例和增设单项奖。获奖人数最高应控制在本、专科学生人数的35%以内，其中单项奖控制在5%以内。

优秀学生奖学金在新生入学的第二学期（年）开学时进行评定，并补发前一学期（年）的奖学金，奖学金每学期（年）评定一次，每学年按10个月发给，单项奖一次发给。

第二种：专业奖学金

凡被录取为师范、农林、民族、体育和航海专业的学生，均享受专业奖学金。一等专业奖学金，每人每年400元，按学生人数的5%评定；二等专业奖学金，每人每年350元，按学生人数的10%评定；三等专业奖学金占学生人数的85%，按原助学金的标准发放。

学校可在专业奖学金的总额内适当降低一、二等专业奖学金的比例和标准增设单项奖，但是，人数比例应严格控制在本、专科学生人数的20%以内。其中，单项奖控制在5%以内。

新生入学的第一学年，均享受三等专业奖学金，从第二学年开始，每学年（期）由系（科）按照专业奖学金的条件，评定一、二等专业奖学金。

第三种：定向奖学金

有关部门和地区为鼓励立志毕业后到边疆地区、经济贫困地区和自愿从事煤炭、矿业、石油、地质、水利等艰苦行业的学生设立的。设立定向奖学金需报上级教育、财政部门审查同意后执行。定向奖学金所需经费由有关部门和地区根据所在学校确定的定向人数、评定的等级所计算的金额，在预算外或自有资金中开支。

定向奖学金的标准，一等每人每年500元，二等每人每年450元，三等每人每年400元。

（二）学生贷款制度

为了帮助部分家庭经济确有困难，无力解决学习期间的生活费用的学生，由国家向学生提供无息贷款，学校负责发放和催还等全部管理工作。

发放学生贷款，按最高限额每人每年300元计算，控制在学生人数的30%以内，少数院校确需超过规定的贷款面时，应报教育主管部门和同级财政部门批准，但最高不得超过35%。

贷款的归还可分为几种：①学生毕业前，一次或分次还清；②学生毕业后，由其所在单位将全部贷款一次垫还给发放贷款的部门；③学生见习期满后，在2至5年内由单位从工资中逐月扣还；④毕业生所在单位，可视其工作表现，决定减免垫还的贷款。

为了鼓励毕业生到国家最需要的地方去，为“四化”作贡献，对这些毕业生，国家将给予一次性的奖励。

撰稿人　马跃东
审稿人　王显明

1987年教职工工资待遇又有改善

一、给20%教职工提高一级工资

1987年，教育部门贯彻国务院工资制度改革小组、劳动人事部《关于1986年解决国家机关和事业单位部分工作人员工资问题的通知》，从1986年10月份起，给各级各类学校20%左右的教职工提高一级工资。提高工资的重点是具有高、中级职务的教授、副教授、讲师及相当职务人员和处级干部，其他人员中少部分人也提高了一级工资。这对在工资改革中那些具有高、中级职务的教师、其他专业技术人员以及干部，职务工资过于集中在最低等级线上而形成“大平台”的不合理状况得到了适当的调整。

二、给部分中级职务的中年教师提高一级工资

1987年，国务院决定适当提高部分中级职务专业技术人员的工资。重点是担任讲师、助理研究员、主治医师、工程师以及相当中级职务的中年专业技术人员（包括中学一级教师、小学高级教师等）。其中，能够胜任本职工作，起骨干作用，并做出一定成绩和贡献的，可以提高一级工资。现行从事行政管理工作的专业技术人员，符合上述条件的，也可以列入升级增资的范围。但是，上述人员1985年工资改革以来增加的工资额（不含工龄津贴）在3个级差及其以上的，这次原则上不提高工资。提高工资从1987年10月开始执行。这使一部分中级职务的中年教师和其他专业技术人员工资偏低的状况又一次得到了改善。

三、给中小学教师提高10%工资

1987年，国务院还决定对中小学教师工资标准提高10%。为此，劳动人事部、国家教委联合下发了《关于下发〈提高中小学教师工资标准的实施办法〉的通知》。《通知》规定，提高工资标准的范围是：小学、幼儿园、普通中学、农业中学、职业中学、工读学校、特殊教育学校的教师，中等专业学校、技工学校、中等和初等成人教育学校（含教师进修学校）的专职教师，以及属于事业编制的少年宫、少年之家、少年科技站的专职教师。提高工资从1987年10月份开始执行。这些教师只要在离退休前，仍然享受提高的10%工资待遇。离退休时，提高的部分工资还可以列入计算离退休费的基数。

四、对中小学教师实行专业技术职务聘任制，提高工资

1987年，国家通过对中小学教师全面实行专业技术职务聘任和任命制，进一步提高工资待遇。这是建国以来中小学教师第一次有了专业技术职务。中学教师职务设中学高级教师、中学一级教师、中学二级教师、中学三级教师。小学教师职务设小学高级教师、小学一级教师、小学二级教师、小学三级教师。国务院工资制度改革小组和劳动人事部印发了国家教委制定的《中小学教师职务工资标准方案》，方案规定中学教师职务工资加基础工资之和最高等级为190元；小学教师职务工资加基础工资之和最高等级为150元，这比1985年工资改革时中小学教师套改工资标准分别提高20元。中学高级教师职务工资标准的最高等级，比其他专业技术人员，如副教授、副研究员职务工资标准低两个档次；中学一级教师、小学高级教师与其他专业技术人员，如讲师、工程师等中级职务人员工资标准持平。中小学教师受聘或任命职务后，领取相应的职务工资。凡受聘或任命职务前工资低于所任职务最低等级的职务工资加基础工资之和的，均可进入本职务的最低等级工资。职务工资发放时间，1987年完成聘任或任命工作的，从1月1日起发给，以后完成的最多只补发1年的工资。

五、提高民办教师工资待遇

1987年，国务院有关部门为提高中小学民办教师待遇做了两项工作：

第一，国家教委、劳动人事部、国家计委为落实国务院1986年批准的20万专项劳动指标，联合下达了《从中小学民办教师中选招公办教师专项劳动指标的通知》。《通知》规定，从民办教师中选招公办教师，重点要解决从事教育工作多年的优秀在职民办教师。对现任校长、教导主任、被评为模范或优秀教育工作者，以及取得大、中专毕业文凭者，在同等条件下，可以优先考虑。具体录用对象，各地还可以根据当地实际情况作出规定。除国家下达专项劳动指标外，各省、自治区、直辖市人民政府自己又另行安排7万专项劳动指标合并使用，全国实际选招了27万人，使8%左右较为优秀的民办教师被选招为公办教师。民办教师经批准选招为公办教师后的工资待遇，按《通知》规定，在中小学教师实行专业技术职务聘任或任命制前，一般可以参照同等学历、同期参加工作的公办教师工资水平，由省、自治区、直辖市及计划单列市（行政区）教育、劳动人事部门根据当地实际情况确定。中小学教师实行专业技术职务聘任或任命制后，按被聘任或任命的某一职务给予相应的职务工资。他们的工龄计算按有关规定办理。

第二，国家教委、劳动人事部在《关于下发〈提高中小学教师工资标准的实施办法〉的通知》中，规定中小学民办教师的工资或补贴标准是否提高，由各省、自治区、直辖市根据实际情况决定。对此，各地都做出了相应安排，民办教师的待遇也得到了提高。

撰稿人　向耀南
审稿人　王显明

开展双增双节，提高教育经费使用效益

1987年，遵照党中央和国务院关于在全国范围内开展“增产节约增收节支”运动的指示精神，国家教委于4月1日向所属单位发出《关于开展增产节约增收节支运动的通知》，号召教育战线广大教职工学生积极响应党中央和国务院的号召，发扬艰苦奋斗勤俭办事业的光荣传统，广泛深入持久地开展“双增双节”运动。4月下旬，国家教委在烟台市召开的直属单位财务、劳动工资计划会议，又进一步对开展“双增双节”运动做了具体部署。会后，各单位迅速行动起来，结合安排当年经费预算，制定增产节约增收节支计划，研究了落实的措施。一年来，经过各级领导和广大师生员工的共同努力在增收和节支两个方面都取得了显著的成绩，为进一步开展“双增双节”运动奠定了思想基础，积累了宝贵经验。

在增收方面，国家教委所属院校和单位通过科技咨询、科研协作和委托办学等多种形式积极开展有偿服务，一方面为社会提供了各种服务，另一方面增加了自身的收入，提高了经济效益和良好的社会效益。经过努力，1987年初各单位制订的创收计划绝大多数已完成或超额完成。据当年财务决算统计，国家教委所属院校和单位预算外资金收入总额比上年增长21.86%，相当于当年事业费的97%。预算外收入的增加，不仅弥补了教育经费的不足，同时也在一定程度上改善了教职工和学生的工作学习条件和生活条件。

在节约开支方面，根据党中央的决定和全国财政会议精神，年初各单位的行政事业费预算一律在上年预算基础上压减10%之后进行安排。为确保事业发展需要，使有限的经费充分发挥效益，各单位普遍从抓预算管理入手，由主管领导、财务、审计、经济管理部门协调一致。共同把关，加强预算执行的控制与监督，千方百计地紧缩开支。1987年，各单位采取的主要节支措施是：抓薄弱环节，实行科学化管理，努力降低水电消耗；改革完善后勤承包制度，不断降低承包成本；合理规划充分论证，从严控制设备费开支；清仓查库修旧利废充分利用库存积压物资；严格控制人员经费、行政办公费和外事经费开支等。由于采取上述措施，1987年，国家教委所属院校和单位的公用经费占事业费开支的比重由上年的61.84%下降到58.8%。以水电费节约为例，1987年有不少学校对水电消耗量大的学生宿舍安装了节水节电装置。在严格管理的基础

上，实行科学化管理，从而使水电消耗量大大下降，仅浙江大学全年就节水20.6万吨、节电65.8万度，节约水电开支11.1万元；华中工学院按武汉市核定的用水用电计划，年内节电108.8万度、节水76.6万吨，全年水电费实际开支比1986年减少10.5万元。

开展财会专业职务评审聘任工作加强财会队伍建设

为了贯彻中共中央、国务院关于改革职称评定实行专业技术职务聘任制度的文件精神，加强财会干部队伍建设、充分发挥财会人员的积极性和创造性，建立一支适应工作需要、专业技术结构合理的财会工作队伍，根据国家教委1986年11月颁发的《直属高等院校会计人员实行〈会计专业职务试行条例〉实施细则》，1987年在委属高等学校和事业单位普遍开展了会计系列专业职务的评审和聘任工作。经过各级职称评审机构认真研究审议，截止1987年底，先后评定出高级会计师52人，会计师516人，助理会计师883人，会计员633人。取得高、中、初级职称的财会人员占整个队伍人数的比重分别为1.63%、16.16%、47.16%。通过开展专业职务评审、聘任工作，不仅使不同层次的财会人员各得其所、各展所长、彼此协调配合，从而产生良好地整体效应；同时也调动了所有财会人员学习文化、学习专业知识的积极性，推动整个队伍奋发向上。

贯彻《会计法》国家教委直属高等学校试行总会计师责任制

根据《会计法》关于"大型企业事业单位和业务主管部门可以设置总会计师"的规定，为进一步改革完善高等学校的领导管理体制，加强高等学校的经营管理，提高教育投资的经济效益，国家教委主管业务部门在调查研究的基础上，就建立高等学校总会计师经济责任制的必要性和可行性问题进行了研讨和论证，并征得财政部同意，于1987年12月18日向直属高等学校颁发了《高等学校总会计师工作试行规程》，要求各院校高度重视，并积极创造条件推行这项改革。目前已设置总会计师的单位有厦门大学，武汉大学、兰州大学和成都科技大学。国家教委在有关通知中建议首批试行总会计师责任制的单位还有北京大学、清华大学、天津大学、吉林大学、大连工学院、复旦大学、上海交通大学、北京师范大学等8所高等学校。

撰稿人　庚秉麟
审稿人　王显明

国家教育管理信息系统（NEMIS）的建立

□NEMIS 的建立

国家教育委员会于 1985 年 12 月决定，在全国教育系统内建立以计算机为主要手段，利用现代信息技术和科学管理方法，对教育管理信息和与教育密切相关的社会、经济等信息进行收集、处理、分析和传播的“国家教育管理信息系统”（National Educational Management Information System 以下缩写为 NEMIS），并于 1986 年制定了《NEMIS 总体规划方案》。

（一）建立 NEMIS 的目的

以及时可靠的信息，支持国家教育委员会、各级教育管理部门和学校的管理活动与决策。促进教育管理的科学化和民主化，加强对全国教育事业的宏观管理，以利于深化教育体制改革，从而达到“提高民族素质，多出人才，出好人才”的根本目的。

（二）NEMIS 的建设目标

1. 建立健全信息机构，配备必要的人员，在教育系统内形成布局合理、反应及时、服务周到的组织体系。

2. 在教育管理部门配置计算机等现代化信息处理设备；开发以数据库为基础，包括方法和模型的应用系统。

3. 建立办公自动化系统，为提高日常事务处理效率提供现代技术和手段的支持与服务。

4. 建立信息服务系统，充分利用各种方式（如出版物、磁介质、联机检索、书面及电话查询等），为各有关部门和社会、公众提供信息服务，并与国内外有关信息系统进行信息交换。

5. 建立管理信息系统的培训体系，提高教育管理干部和信息专业人员的素质。

（三）NEMIS 的系统结构

NEMIS 是与我国行政区划和教育管理体制相适应的、人—机结合的分布式网状结构，如下图所示。NEMIS 的结构基本分为四级。中央级 EMIS 是整个系统的核心，其主系统设在国家教育委员会，其它各级 EMIS 分别设在各级教育管理部门和学校。各级间的信息交换以脱机方式为主，磁介质和纸介质并存，部分采用“公用数据通信网”。

NEMIS 结构框图

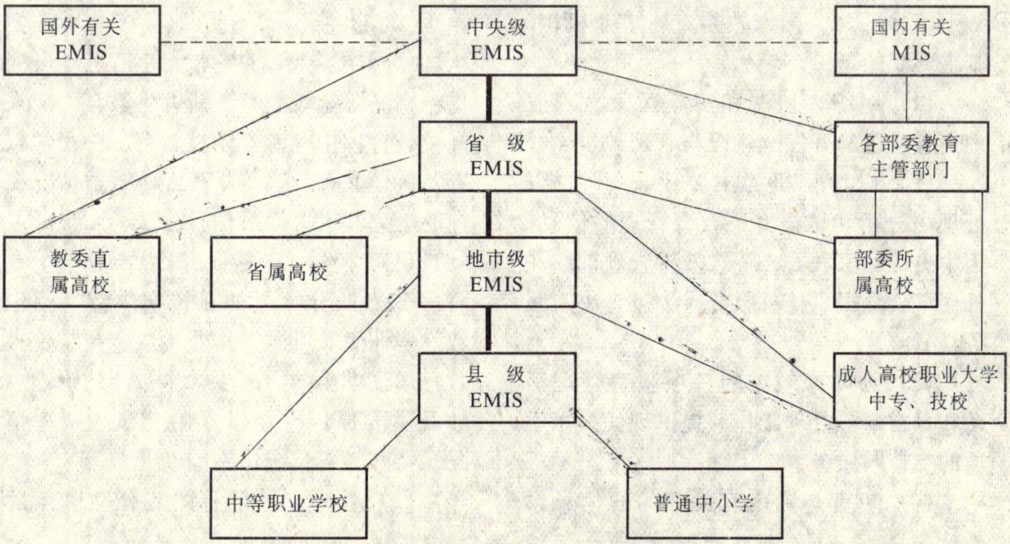

（四）NEMIS 的建设阶段

基本建成 NEMIS 计划需要十几年的时间，建设过程大体分为三个阶段：

第一阶段（1986 年—1990 年）：重点是中央级、省级和部分高等学校系统的基本建设和初步开发，少数地市级和县级系统的基本建设和试点开发，从而构筑起 NEMIS 的主体框架，为下一建设阶段做好组织、人员、技术、设备等方面的准备。

第二阶段（1991 年—1995 年）：重点是中央级、省级和高等学校系统的扩展开发，部分地市级和县级系统的延伸开发，从而扩大信息内容和系统覆盖面，建立一些基本模型和方法，拓宽与深化对管理活动的支持，使 NEMIS 在全国范围内初具规模。

第三阶段（1996 年—2000 年）：进行 NEMIS 的全面建设，实现系统目标。使 NEMIS 覆盖全国各级各类教育管理部门，基本实现对教育管理活动与决策的全面支持和服务。

（五）NEMIS 建设的进展情况

1. 为统筹全国教育管理方面的信息工作，1987 年 1 月，经国务院批准，国家教育委员会已设立教育管理信息中心。该信息中心是在原国家教委计算中心的基础上组建的，为国家教委直属事业机构。其主要职能是：

（1）组织、协调和实施国家教育管理信息系统的开发、建设与管理。

（2）以计算机为主要手段，收集、处理、分析和传播有关教育管理的信息，为中央、国家教委、各级教育管理部门和社会、公众提供信息服务，为教育决策服务。

（3）为国家教委的各项教育管理活动和日常事务处理工作，提供现代技术手段的支持与服务。

（4）负责与国内有关部门的信息系统及国外有关教育管理的信息系统进行信息交换和交流合作。

2. 中央级主系统已配置 M340S 中型计算机 1 台，MV6000 超级小型计算机 1 台，微型计算机 50 台。自 1983 年以来，主要进行了以下三个方面的研究开发工作。

（1）在数据库方面，已开发并投入运行的有：全国普通高等学校师资数据库、派出留学人员数据库、来华留学人员数据库。正在进行开发的有：教育综合信息库、全国高等学校仪器设备数据库。

（2）在数据处理方面，进行了全国各级各类教育基本情况的年度统计，全国专门人才的现状统计和规划预测；中国学生体质、健康调查研究的数据处理；全国高等学校科技统计；全国电化教育情况统计。

（3）在办公自动化方面，国家教委已有 18 个司局应用微型计算机进行公文、人事、外事、计划、财务、基建、物资、学生、考试等方面的日常事务处理。

3. 不少省、市和高等学校已应用计算机为教育管理工作服务，并部分实现了与国家教委间的磁介质信息交换。

□NEMIS 可向社会提供的检索查询服务

（一）全国教育基本统计信息。可提供包括高等学校教育、研究生教育、成人高校教育、中等专业学校教育、中小学教育及其他教育、高等学校经济效益情况在内的下列几大方面的信息：

（1）学生（包括研究生）。分本、专科，分专业分年级的在校学生数，招生数，毕业生数，预计毕业生数，授学位人数，增加学生数，减少学生数，休退学总数及主要原因，小学学龄儿童入学率情况、特殊教育情况，在园幼儿数等。

（2）教师。分职称的专任教师年龄

情况，专任教师学历情况，分科专任教师数等。

(3) 其他。教辅人员数、行政人员数，工勤人员数，科研机构人员数，校办工厂、农（林）场职工数，其他附设机构人员数，聘期一年以上的外国专家、教授人数，离、退休人员数，停薪留职人员数等。

普通中学分市、县校数，班数，学校占地面积及校舍情况，校办工厂，农（林）场及其他收入情况，全年资金总支出，全年基本建设投资完成额，固定资产总额。

对于普通高等学校数据（包括高校经济效益数据），可以按学校办学类型、性质类别、主管部门和所在省市等条件给出汇总信息和有关学校的详细信息。

对于普通高校的研究生信息，也可按上述条件查询。

对于成人高校信息，可以按办学类型（职工大学、农民大学、电视大学、教育学院、管理干部学院、独立设置的函授学院）、主管部门和学校所在地等条件查询。

对中等专业学校信息，可以按办学类型、性质类别，主管部门和所在省市等条件查询。

除中小学、特殊教育、幼儿园外，以上各种分类均可细分到学校。

(二) 全国普通高校科技统计信息。

(1) 分原学学科、分最后学历的科技活动人员情况。

(2) 分教师、其他技术职务系列、辅助人员的研究与开发人员情况。

(3) 理工农医学科研究与开发经费情况。

上年结转经费，分资金来源的拨入经费额，当年经费支出合计，转拨给外单位经费小计，内部支出经费小计，科研人员费，业务费，仪器设备费，上缴税金，管理费，当年结余经费。

(4) 人文、社会科学研究与开发经费情况。

(5) 经学校上级主管部门批准的研究与发展机构情况。

(6) 分课题活动类型、分课题所属学科领域的研究与开发课题情况。

(7) 若干技术领域课题情况。

(8) 技术成果转让情况。分受让方类型的合同数及成交金额，分社会经济目标的合同数及成交金额，当年实际收入。

(9) 研究与开发成果情况。鉴定成果数，登记成果数，批准专利数，出版科学专著、发表学术论文。

(10) 科技成果获奖情况。

(11) 计划课题情况。课题名称、课题来源、课题类型、起止时间、所属学科、经费总额、累计拨入经费、当年支出经费、当年拨入经费、当年投入人力、计划完成类型、当年发表论文数。

对以上信息可以按学校办学类型、性质类别、主管部门和所在省市分别查询，并可提供国家教委直属院校的详细汇编资料。

(三) 全国普通高校仪器设备信息。

(1) 一般仪器设备信息。仪器设备编号、分类号、型号、规格、出厂日期、国别、单价、经费科目、购置日期、现状、注销日期、使用单位。

(2) 精密贵重仪器设备信息。仪器设备编号、分类、型号、规格、出厂日期、国别、单价、经费科目、购置日期、现状、注销日期、使用单位、附件情况、厂家、年使用时间、维修费用。

对以上信息可以按办学类型、性质类别、主管部门和所在省市等条件查询，还可以专门查询精密贵重仪器设备情况，以及按4级设备分类号查询某一类仪器、设备的情况。

(四) 全国 7–22 岁学生体质健康调

研数据

(1) 机能指标。脉搏、收缩压、舒张压、肺活量。

(2) 形态指标。身高、坐高、体重、胸围、肩宽、骨盆宽。

(3) 素质指标。50米跑、立定跳远、引体向上、斜身引体、仰卧起坐、立位体前屈、50米×8往返跑、800米跑、1000米跑。

(4) 月经来潮。

(5) 健康指标。心脏、肺脏、肝脏、脾脏、其他部分异常、心电图、胸透、肝功。

可以查询以上信息的分省原始数据及其派生指标数据，可以计算以上各项指标之间的相关系数矩阵和回归方程，并进行假设检验。

撰稿人 赵险峰 孔肖阳

审稿人 崔德铣

基础教育

幼儿教育事业发展概况

□幼儿教育事业发展概况

1987年，我国幼儿教育事业又有了新的发展。据统计，全国共有幼儿园17.67万所，在园幼儿1807.83万人，比1986年增长10.9%；教职工94万人，其中，教师65.1万人，比1986年增长7.6%（见附表1）。

一年来，学前一年教育发展较快，学前幼儿班在班幼儿已达787.8万人，占在园幼儿总人数的43.6%。其中，农村学前幼儿班在班幼儿占农村在园幼儿总人数的50.6%。

□召开全国幼儿教育工作会议

为了推动我国幼儿教育事业的进一步发展，1987年10月12日，国家教育委员会在北京召开全国幼儿教育工作会议。

会议着重围绕进一步提高对幼儿教育事业的认识；幼儿教育事业的发展方针和政策措施；幼教师资队伍的建设；端正办园指导思想，深化教育改革，全面提高保育和教育质量；加强对幼儿教育工作的领导等五个方面的问题进行了讨论。会议进一步明确了：（1）幼儿教育既是教育事业的一个重要组成部分，又具有社会公共福利事业的性质。从我国实际情况出发，发展幼儿教育事业，不可能也不应该由国家包起来，必须依靠国家、集体和公民个人一起出力。今后，要在政府统一领导下，除地方政府举办幼儿园外，主要靠各部门、各单位和社会各方面力量举办幼儿园（班）。发展幼儿教育事业要同当地经济和社会发展需要相适应，同幼儿师范教育发展相协调。在今后一段时间内，幼儿教育事业的发展应把重点放在城市和经济发展快、教育基础比较好的农村地区。在城市，要逐步满足群众送子女入园（班）的要求；在农村，则可先发展学前一年教育，有条件的地方要发展农村幼儿园和办好乡中心幼儿园；（2）建立一支合格而稳定的幼教师资队伍是发展幼儿教育事业的关键。发展幼儿教育要从培养和提高师资水平入手。为此，必须积极发展幼儿师范教育。同时，要抓紧在职教师的培训工作。各地教育行政部门要研究制订规划，根据当地人口和幼儿教育事业发展的需要与可能，合理设置培养和培训幼儿教育师资的基地。要与有关部门配合，采取措施，调整、充实和稳定幼儿师资队伍。要加强高等学校的学前教育专业；（3）端正办园指导思想，深化教育改革，全面提高保育和教育质量。幼儿园要贯彻体、智、德、美全面发展的教育方针，使幼儿的身体素质、心理素质、品德和行为习惯得到健康发展，为入小学作好准备，为培养造就一代新人打好基础；（4）幼儿教育事业是地方管理的事业，涉及许多部门，必须实行地方负责，分级管理和各有关部门分工负责的原则。会议期间，国务院办公厅转发了国家教委、国家计委、卫生部、劳动人事部、财政部、城乡建设环境保护部、轻工业部、纺织部、商业部联合下发的:《关于明确幼儿教育事业管理职责分工的请示》。文件中明确了教育部门的职责是:①贯彻中央、国务院有关幼儿教育工作的方针、政策、指示，拟订行政法规和重要的规章制度;②研究拟订幼儿教育事业发展方针，综合编制事业发展规划;③负责对各类幼儿园的业务领导，建立视导和评估制度;④组织培养和训练各类幼儿园的园长、教师，建立园长、教师考核和资格审定制度;⑤办好示范性幼儿园;⑥指导幼儿教育科学研究工作。同时还要同妇联、工会等群众组织密切配合，协调一致，共同努力，积极推动幼儿教育事业的健康发展。

会上，代表们还交流了工作经验，并对《关于加强幼儿教育工作的意见》、《幼儿园工作条例》、《关于进一步办好幼儿师范学校的意见》、《关于进一步办好职业高中幼教专业的意见》、《关于改进幼儿园收费办法的试行意见》等5个文件的讨论稿提出了修改意见。这几个文件拟修改后作为正式文件颁发。

撰稿人　周　菲

审稿人　姬君式

附表

1987年全国幼儿园基本情况

		幼儿园数(所)	班数(个)		在园幼儿数(人)		教职工数(人)	
			计	其中:小学附设学前班	计	其中:小学附设学前班幼儿	计	专任教师数
总计		176775	577866	246756	18078359	7878068	941088	651392
按部门分	教育部门办	10093	89374	50765	3262223	1784064	128218	91533
	其他部门办	32848	113112	8049	3230859	287204	376059	170933
	集体办	133834	375380	187942	11585277	5806800	436811	388926
按城乡分	城市	29021	128812	20222	4198109	856718	414955	189085
	县镇	19599	69992	20445	2577677	818560	145687	105808
	农村	128155	379062	206089	11302573	6202790	380446	356499

□天津市重视幼儿教师的培训工作

天津市政府十分重视幼教事业，自1983年开始，每年从新建居民住宅中按1%的比例建园，发展幼教事业。到1987年底，不仅缓解了“入园难”的问题，同时解决了一千多名孩子的入园问题，并解决了一千多名待业青年就业做幼教工作。

为了提高幼儿教师的文化和专业素质，在1987年，天津市对幼儿教师进行了全面的考核。在考核前，对不具备国家规定合格学历的幼儿教师进行了培训，举办各种培训班116个，参加培训的教师达5000多人。在广泛培训的基础上，有7518名幼儿教师报名参加首次《教村教法考试合格证书》考核，经过思想品德、教学能力考核鉴定及文化、专业知识考试，有1757名幼儿教师取得了《教材教法考试合格证书》。教师合格证书考核制度的试行，大大促进了幼儿教师积极奋发向上、不断进取、做好幼教工作的积极性。

为了提高幼儿教育质量，市教育局等单位共同研究制订了《天津市幼儿园分类评定标准》和评定细则。各幼教单位通过自我评估和各区、局组织评估互查及全市层层评估检查，评出了一批教育教学、卫生保健、膳食营养、行政管理等“四优”单位，通过对幼儿教师的培训和评估表扬，进一步促进了幼儿教育事业的发展。

撰稿人　夏奕光
审稿人　纪嘉敏

特殊教育事业不断发展

□特殊教育发展概况

1987年，全国共有各类特殊学校504所。其中，盲校18所、盲聋哑学校46所、聋哑学校350所、弱智学校90所，还有普通小学附设弱智班578个。在校学生52876人，其中，盲生2677人，聋哑学生40262人，弱智学生9937人。与1986年相比，盲校增加3所，盲聋哑学校增加2所，聋哑学校增加22所，弱智学校增加54所，附设班增加22个，在校学生增加5701人，比1986年增长12.08%。

□《汉语盲文七五方案》（原带调双拼盲字方案）教学实验

1987年6月，国家教委初教司邀请7所盲校交流总结《汉语盲文七五方案》教学实验情况。与会同志认为，据1984年第二次开展这项实验的结果表明，《汉语盲文七五方案》采用声介合一，韵调合一的原则，用点位的变化来反映语音结构的内在联系，使词形的构成具有精密性、系统性和规律性，并在两方盲符内实现字字标调，提高了盲字音义的准确性，较现行盲字有明显的优越性。虽然学习难度比现行盲字大，但盲童完全可以掌握。学生学会摸读拼写所需要的时间一般为10周，有部分实验班可在与现行盲字相等的时间即8周内完成。而且这种盲文一经掌握后，在提高盲人阅读与自学能力、掌握科学文化和推广普通话等方面都具有明显效果。很多第一批参加实验的学生在进入高年级后仍然愿意继续使用《带调双拼盲字》记笔记。

□弱智学校（班）教学计划

1987年12月，国家教委印发了《全日制弱智学校（班）教学计划》（征求意见稿）。文中规定:

（一）全日制弱智学校（班）的培养目标和任务是要认真贯彻德、智、体、美全面发展的方针，从弱智儿童身体和智力特点的实际情况出发，对他们进行相应的教育、教学和训练，有效地补偿其智力和适应行为的缺陷，为使他们成为有理想、有道德、有文化、有纪律的社会主义公民，适应社会生活，能够自食其力的劳动者打下基础。

（二）全日制弱智学校（班）的学制及入学年令，可根据城乡和各地的不同情况，实行九年制或实行六年制。实行六年制的学校（班）执行1至6年级的教学计划，实行九年制的学校（班）执行1至9年级的教学计划。学生入学年令目前以7至9周岁为宜，逐步作到7周岁入学，在校学生年令一般不得超过18周岁。

（三）招生对象及办法，各地可按照经国务院批准，由残疾人抽样调查领导小组印发的智力残疾标准，招收轻度智力残疾儿童。招生时，由教育部门、学校、医院、心理学等专业人员和儿童家长共同参与，对推荐对象进行筛选，详细了解其病史、家史及日常表现，并进行医学检查、智力测定、教育鉴定与行为鉴定，在此基础上，对各项材料进行综合分析，从严掌握。不要单纯以智商或其它单项材料草率判定。对于已入学的学生，如发现有的不是弱智儿童，应通过主管部门及时转入普通小学就读。

（四）教学组织形式。弱智学校每班学生以不超过 12 人为宜。在班级内要实行个别教学或分组教学，从教学内容到教学进度都要照顾各个学生的实际，不要齐步走。有条件的学校对某些学科还可实验把不同年级（班）中实际水平、接受能力相同或相近的学生组织在一起上课。

每节课的时间以 35 分钟为宜。

（五）课程设置。全日制弱智学校（班）要设置常识、语文、数学、音乐、美工、体育、劳动技能等科。各科课程在进行基础知识教学的同时，都要针对学生缺陷，进行矫治与康复训练，注意培养思想品德与适应社会生活的能力。

附《全日制弱智学校（班）教学计划》（征求意见稿）

撰稿人　龙庆祖
审稿人　李仲汉

关于印发《全日制弱智学校（班）教学计划》（征求意见稿）的通知

各省、自治区、直辖市及计划单列市教育委员会、教育厅（局）：

我国自一九七九年试办弱智教育以来，各地弱智教育发展较快，目前全国已有二十二个省、自治区、直辖市设立了弱智学校或弱智辅读班。为了使弱智学校（班）的教学工作有所遵循，在总结各地教学实践，并经过去年、今年两次弱智教育研讨会的研究讨论，我们制订了《全日制弱智学校（班）教学计划》（征求意见稿），现印发各地研究试行和征求意见。

一、本教学计划为征求意见稿，各地可根据当地实际情况作必要的调整。为了给修改和完善教学计划创造条件，各地教育部门要鼓励、支持有条件的学校在课程设置、教学方法和补偿弱智儿童缺陷方面继续进行实验和探索。凡进行此类实验的弱智学校（班），其教学计划可根据实验的需要，自行研究确定，并报当地教育部门和我委备案。

二、在普及初等教育的过程中，大多数轻度弱智儿童已经进入当地普通小学随班就读。这种形式有利于弱智儿童与正常儿童的交往，是在那些尚未建立弱智学校（班）的地区特别是农村地区解决轻度弱智儿童入学问题的可行办法，原教育部于一九八三年在《关于普及初等教育基本要求的暂行规定》中已经予以肯定。各地教育部门在举办弱智学校（班）的同时，对这种形式应当继续予以扶持，并帮助教师改进教学方法，加强个别辅导，使随班就读的弱智儿童能够学有所得。各地教研部门要注意总结推广这方面的经验，为教师提供教育和管理弱智儿童的业务知识和资料。

三、举办弱智学校（班），试行本教学计划，完成弱智学校（班）的培养目标与任务，需要有一定的条件，请各地教育部门在师资、经费、编制、设备等方面给予必要的保证。

为了激发弱智儿童的学习兴趣，加强直观教学，充实教具学具有着特别重要的意义。各地教育行政部门应组织教研人员和弱智学校总结教学实践，逐步制订弱智学校的教学设备目录，为改善弱智学校的教学设备和提高教学质量创造条件。

各地试行本教学计划的情况和意见，请及时函告我委初教司，以便在适当时候再作进一步修改。

附件：全日制弱智学校（班）教学计划（征求意见稿）

附件

全日制弱智学校（班）教学计划（征求意见稿）

根据国家的教育方针，结合弱智儿童

的身心特点，特制订本教学计划，供全日制弱智学校和普通小学附设的弱智班研究试行。

一、培养目标和任务

全日制弱智学校（班）要认真贯彻德、智、体、美全面发展的方针，从弱智儿童身体和智力特点的实际情况出发，对他们进行相应的教育、教学和训练，有效地补偿其智力和适应行为的缺陷。为使他们成为有理想、有道德、有文化、有纪律的社会主义公民，适应社会生活、自食其力的劳动者打下基础。

要培养学生爱祖国、爱人民、爱劳动、爱科学和爱社会主义的国民公德，懂得遵纪守法，讲究文明礼貌；使学生具有阅读、表达和计算的初步能力；发展学生的身心机能，矫正动作缺陷，增强身体素质；培养学生爱美的情趣和良好的生活习惯，具有生活自理能力，并学会一些简单的劳动技能。

二、学制及入学年龄

根据城乡和各地的不同情况，弱智学校（班）可以实行九年制，也可以实行六年制。实行六年制的学校（班）执行1—6年级的教学计划；实行九年制的学校（班）执行1—9年级的教学计划。学生入学年龄目前以7—9周岁为宜，逐步作到7周岁入学。在校学生年龄一般不得超过18周岁。

三、招生对象及办法

智力残疾是指人的智力明显低于一般人的水平，并显示出适应行为的障碍。目前，弱智学校（班）应以招收轻度智力残疾儿童为主，有条件的也可招收少量中度智力残疾儿童进行试验。根据经国务院批准，由全国残疾人抽样调查领导小组一九八六年印发的智力残疾标准，轻度智力残疾标准为："IQ值在50—70或55—75之间（注：50—70为韦氏量表测定的智商值，中国一韦氏幼儿智力量表（修定版）适用于4—6.5岁儿童，儿童韦氏智力量表适用于6—16岁儿童。55—75为盖塞尔量表测定的智商值，适用于0—3.5岁幼儿），适应行为能力低于一般人的水平；具有相当的实用技能，如能自理生活，能承担一般的家务劳动或工作，但缺乏技巧和创造性；一般在指导下能适应社会，经过特别教育，可以获得一定的阅读和计算能力；对周围环境有较好的辨别能力，能比较恰当地与人交往"。

根据上述标准，招生时应由教育部门、学校、医务、心理等专业人员和儿童家长共同参与，对推荐对象进行筛选，详细了解其病史、家族史及日常表现，并进行医学检查、智力测定、教育鉴定与行为鉴定，在此基础上对各项材料进行综合分析，从严掌握，以确定是否属于轻度弱智儿童，对于有争议或一时难以确定的儿童，一律视为正常儿童，分配他们到家庭附近的小学就读，不要轻易给他们戴"弱智"帽子。也不要单纯以智商或其它单项材料草率判定弱智儿童。对于已入学的学生，如发现有的不是弱智儿童，应通过主管部门及时转入普通小学就读。要严格防止把差生混同于弱智儿童。

四、教学组织形式

由于弱智儿童个别差异较大，弱智学校（班）的班级人数不宜过多，每班学生以不超过12人为宜。在班级内要实行个别教学或分组教学，从教学内容到教学进度都要充分照顾各个学生的不同情况，不要齐步走。有条件的弱智学校的某些学科，还可试验把不同年级（班）而实际水平、接受能力相同或相近的学生组织在一起上课，充分发挥学生的学习潜力，争取较好的学习成绩。

五、时间安排

全年上课时间三十五周，集体教育活动和机动时间四周，放假十三周（包括寒暑假、节日假和农忙假）。

每节课时间以35分钟为宜。1—2年级在每节课中间还可安排3—5分钟的室内休息或活动。普通小学附设弱智班的每节课时可参照这个规定适当安排。

六、课程设置

1. 常识课：对学生综合进行思想品德、文明礼貌、遵纪守法教育及生活、自然（包括生理卫生）、社会常识教育、补偿其智力和适应行为的缺陷，培养学生具有良好的行为习惯和适应社会生活的能力。

2. 语文课：通过识字、写字、说话、阅读、作文教学和训练，使学生掌握常用的字词，具有初步的阅读能力，能表达自己的思想、感情，写一般的应用文和简单记叙文。加强说话训练，对学生的言语障碍进行矫正。

3. 数学课：使学生掌握整数加、减、乘、除、简单的四则运算、珠算加减法和简单的分数、小数、计量单位、几何形体的知识和运算技能，培养学生具有初步的计算技能、抽象概括能力和应用数学解决日常生活中的一些简单实际问题的能力。

4. 音乐课：通过音乐教学、音乐游戏和律动训练，培养和发展学生的听觉、节奏感和音乐感受能力，矫正学生的感知障碍和动作不协调，促进学生身心和谐发展。低年级音乐教学以唱游为主，其他年级也要注意音乐与舞蹈、游戏的结合。

5. 美工课：通过美术、绘画和手工技能的教学和训练，矫正学生的感知缺陷和小肌肉群的活动障碍，培养和发展学生的视觉、观察、绘画、制作和审美能力。

6. 体育课：通过体育教学和体育活动，培养学生的大肌肉群活动能力、反应能力和协调平衡能力，刺激大脑活动机能的发展，并培养学生的卫生习惯和锻炼身体的习惯。

7. 劳动技能课：通过自我服务劳动、家务劳动、公益劳动、手工制作劳动和简单生产劳动的教学和训练，培养学生具有生活自理能力和劳动习惯，掌握从事家务劳动、简单生产劳动的初步的技能。

七、几点注意事项

1. 弱智学校（班）的教学、训练和各项活动，要把传授知识、技能，进行思想教育和矫正学生的身心缺陷有机地结合起来，发展学生的学习潜力，使他们具有适应社会生活的能力和从事简单生产劳动的初步技能。为此，弱智学校（班）的课程设置、教学要求、教学组织形式、教学方法等都应根据这一需要，进行相应的改革和创新，不宜照搬普通小学的模式。文化知识的教学要求，要适应弱智儿童的智力水平，不要和普通小学攀比。

2. 劳动技能课是弱智学校的一门重要课程。各地应积极创造条件，妥善安排各年级的教学和劳动内容。除了进行生活自理劳动、家务劳动、手工制作、公益劳动之外，中高年级要因地适宜地开展初步的职业技能教育，为学生毕业后的劳动就业准备条件。有条件的学校还可在九年级集中进行职业教育，在当地有关单位的支持协助下，实行定向培养，把在校学习和就业方向联系起来。

3. 音乐、美工和体育教学，对于补偿和矫正弱智儿童的身心缺陷具有重要作用。各地弱智学校（班）都要注意加强这三科的教学和活动，有条件的学校还可进行将这三科改为一门综合课的教学改革实验。

4. 弱智学校（班）要特别注意把学生的学习情况、在校表现及补偿缺陷的措施通报家长和社会有关方面，使学校教育与家庭教育、社会教育密切配合。有条件的学校还应争取与医疗单位合作，把学校教育与弱智儿童的医疗康复结合起来。要充分利用列入教学计划的集体教育和机动时间，有计划地组织学生接触社会、观察自然、参加普通学校的有关活动，为弱智儿童增加见闻，开阔视野创造条件。

5. 根据教学计划的规定，我委将组织部分省市编写弱智学校的教学大纲和教材。根据“一纲多本”的精神，有关省、市正在编写的弱智学校教材，根据自愿原则仍可继续进行编写。目前没有弱智学校教材的省、区、市可暂指定代用教材或拟订教学纲要，供弱智学校（班）选用。各地弱智学校（班）都应注意总结教学经验，特别是常识课综合思想品德、生活、自然、社会常识为一科的教学经验，为编写教学大纲和教材准备条件。

6. 弱智学校（班）应改革学生成绩考核与升留级办法。教师应根据平时观察、课堂提问和作业考查等方式所积累的资料，对学生的学习成绩作出评价，不实行考试和留级制度。为了做好这项工作，学校要建立健全相应的资料、档案、管理制度，逐步完善考核与评价办法。

全日制弱智学校(班)教学计划(征求意见稿)

周课时	年级 / 科目	一	二	三	四	五	六	七	八	九	上课总时数	占上课总时数百分比
	常识	1	1	2	2	3	3	3	3	3	735	8.8
语文	阅读	5	5	5	6	6	6	6	6	6	1785	
语文	语言训练	2	2	2	1	1	1				315	
语文	作文				1	1	1	2	2	2	315	
语文	写字	1	1	1	1	1	1				210	
语文	小计	8	8	8	9	9	9	8	8	8	2625	31.2
	数学	5	5	5	5	5	5	5	5	5	1575	18.7
	音乐(低年级唱游)	3	3	3	3	2	2	1	1	1	665	7.9
	美工	3	3	3	2	2	2	1	1	1	630	7.5
	体育	3	3	3	3	2	2	2	2	2	770	9.2
	劳动技能	2	2	2	2	4	4	8	8	8	1400	16.7
	每周总课时	25	25	26	26	27	27	28	28	28	8400	
活动	周、班队会	2	2	2	2	2	2	2	2	2	630	
活动	文体活动	2	2	2	2	2	2	2	2	2	630	
活动	兴趣活动	2	2	2	2	2	2	2	2	2	630	
	在校周活动总量	31	31	32	32	33	33	34	34	34		
	集体教育和机动时间	全年四周										

贯彻实施《义务教育法》

□普及初等教育

据统计，1987年全国有小学校80.7万多所，教学点17万多个，在校生1.28亿多人。7至11周岁学龄儿童入学率达到97.1%，比1986年提高0.9%。在调查的2010个县、旗中，学龄儿童入学率在95%以上的有1，825个，比1986年增加48个；入学率在85%以下的162个，比1986年减少58个。在校学生年巩固率达到97.2%，比1986年提高0.1%。应届毕业班学生毕业率达到95.1%，比1986年提高0.4%。经省级人民政府检查验收，已经普及初等教育的县为1240个，比1986年增加88个，占全国总县数的60%左右。

□贯彻实施《义务教育法》

1987年6月24日，国家教育委员会和司法部联合发出《关于进一步宣传贯彻〈义务教育法〉的通知》。《通知》要求各地教育、司法部门结合中共中央、国务院转发的《关于向全体公民基本普及法律常识的五年规划》精神，把《义务教育法》作为与广大公民有密切关系的一项法律知识认真安排学习，切实作好宣传工作。通过对《义务教育法》的宣传教育，增强广大干部、群众的法制观念，养成抓义务教育也要依法办事的习惯，以推动政府各部门、社会各方面、家庭和学校都严格履行《义务教育法》所规定的义务和职责。尤其要使各级领导干部通过学习能比较完整、准确地了解《义务教育法》的基本精神和内容，自觉地运用法律推进有关实施义务教育的各项工作。在社会上，通过《义务教育法》的宣传教育，使适龄儿童、少年的父母或其他监护人以及社会各有关方面认真履行其义务，保障适龄儿童、少年接受规定年限的义务教育。《通知》还强调，把宣传《义务教育法》同当地实施义务教育的工作结合起来，同表彰执法好的单位与个人或揭露违反《义务教育法》的典型事例结合起来。同时要求各地围绕施行《义务教育法》，制定实施义务教育的有关法规或规章制度，从而使《义务教育法》得到具体落实。

□进一步修订普及义务教育的实施规划

实现九年制义务教育，是一个需要经过长期坚持不懈的努力并分期分批予以实现的战略目标。必须充分正视这项工作的艰巨性，从各地经济、社会条件极不平衡的状况出发，因地制宜、区别对待。因此，国家教委在1987年继续采取措施，指导各地从扎实的基础工作入手，调查研究本地区经济、教育等方面的现状，本着积极创造条件，以条件定九年制义务教育的发展的原则，修订实施规划，并使规划落实到乡。

1987年7月11日，国家教育委员会印发了《关于制订义务教育办学条件标准、义务教育实施步骤和规划统计指标问题的几点意见》。文件要求各省、自治区、直辖市人民政府教育部门要根据实施义务教育的基本要求，负责具体制订本省、自治区、直辖市实施义务教育必备的办学条件标准。并强调这一标准应视各地城乡经济、社会条件而定，一省范围内也可区别情况，对不同类型的地区做出不同规定。

1987年12月3日，国家教委印发了《关于改以乡、镇为单位检查验收普及初等教育的通知》。《通知》指出，义务教育的实施，在农村以乡（镇）为单位，各级政府要各负其责。鉴于有些地方暂不具备实施义务教育的条件，为保持工作的延续性，在这些地方，仍可继续按原教育部1983年8月16日颁发的《普及初等教育基本要求的暂行规定》，先组织普及初等教育的工作。此项工作的规划、统计和检查验收等也以乡、镇为单位进行。

□严格控制中小学学生流失现象

1987年8月29日，国家教育委员会、国家经济委员会、农牧渔业部、公安部、国家工商行政管理局、司法部、劳动人事部针对部分地区中小学学生流失现象迟迟不得控制，个别地区学生流失现象较为严重的问题，联合转发了天津市教卫委员会、天津市教育局《关于严格控制中小学学生流失的若干规定》和天津市北郊区人民政府《关于加强对流失学生管理的几项规定》。在转发两文的《通知》中要求各地，对学生流失问题进行一次认真的调查研究，并在此基础上制定本地区控制学生流失的具体规定；对已流失的学生，要尽可能地使他们复学，少数超过在校学习年龄的小学流失生或有特殊困难需要予以照顾的，要安排他们参加其他形式的学习，使他们受完当地规定年限的义务教育。《通知》还要求各地教育行政部门要建立建全学籍管理制度，并在每学年至少检查一次，督促各中小学校及时做好学额的巩固工作。

□严格禁止招用童工

针对一些地方乡镇企业、私人企业和个体工商户违反有关劳动法规和《义务教育法》的规定，招用未满16周岁的少年、儿童作工的问题，劳动人事部于1987年6月23日发出《关于严格禁止招用童工的通知》，《通知》规定（1）严格禁止任何组织或个人招用年龄未满16周岁的少年、儿童当工人。（2）乡镇企业、私人企业和个体工商户招用工人，要报当地有关部门（城市报区政府有关部门，农村报乡、镇政府有关部门）备案。（3）劳动部门要检查乡镇企业、私人企业和个体工商户的用工情况，发现有招用童工的单位或个人，要立即责令其清退，妥善安排；情节严重的，处以罚款，直至提请工商部门吊销其营业执照。对诱骗虐待童工的包工头，要依法追究其刑事责任；（4）各地劳动部门要认真贯彻《义务教育法》和《关于实施〈义务教育法〉若干问题意见的通知》。对让适龄少年、儿童辍学当童工的父母或监护人，要给予批评教育，责令其改正错误。1987年7月4日，国家教育委员会发了《关于福建省闽侯县一些乡镇企业招用童工问题处理情况的通报》。《通报》中指出，福建省闽侯县有14家编织厂非法招用322名童工。这些童工有2/3是文盲或半文盲。他们受着包工头的剥削，每天劳动长达十一、二个小时，劳动和生活条件都很差，身心健康受到摧残。国务院领导同志和福建省委、省政府对此十分重视，现已对违法招用童工的乡镇企业和有关责任人员，依情节轻重分别作了处理。《通知》并指出，招用童工现象，在其他一些省、自治区、直辖市也时有发生，少数地方尤为严重，必须引起各地有关部门的足够重视。

撰稿人　吴树琴
审稿人　陈德珍

□甘肃省扎扎实实地普及初等教育

1986年，《中华人民共和国义务教育法》颁布后，全省开展了广泛地学习和宣传活动，并在省、地、县组织进行了大量地调查研究工作，提出了全省分步实施九年制义务教育初步规划。在此基础上，1987年又根据我省经济、文化不发达的现状，着重就实施义务教育的必备办学条件和步骤，进行了深入地调查和分析。初步结论是：由于甘肃省经济落后、教育基础薄弱，在全省实施九年义务教育的工作重点在农村，难点在老、少、山、边、穷地区和解决女童入学难的问题上。为保证义务教育的质量，应本着先普及教育后义务教育，先小学后初中的分步实施原则，首先扎扎实实地推进初等教育的普及。同时，积极创造条件，在城市和部分经济、教育基础比较好的农村，逐步实施相应年限的义务教育，发展初中教育。

1987年，全省学龄儿童入学率为92.25%，小学在校学生年巩固率为95.79%，小学毕业班学生毕业率为91.3%，都比1986年有所提高。按照普及初等教育的基本要求，有35个县（市、区）基本普及初等教育，占县（市、区）总数的40.7%。

一、确立先普及教育后义务教育、先小学教育后初中教育的实施义务教育的基本步骤

全省86个县（市、区）中，老区、困难地区、干旱地区的县有46个，财政补贴县68个。1987年农民人均纯收入302元。学龄儿童入学率在90%以下的有26个，其中有5个少数民族县在60%以下。全省文盲率高达32%。根据这样的省情，省上确定实施九年制义务教育工作，要有计划、有步骤、分阶段地进行，即先小学后初中，先搞好普及教育，再实施义务教育。1987年，省政府批转了省教育厅《关于调整九年制义务教育规划的报告》，明确我省今后一段时间普通教育工作重点是扎扎实实搞好普及教育，到2000年全省大体普及初等教育，到2010年前后大体普及初级中等教育。同时，在有条件的城市和农村，实施相应年限的义务教育。为此，各地、州、市正在组织力量进行实施九年制义务教育必备办学条件的调查研究，以便为制定《甘肃省实施九年制义务教育必备办学条件标准》和把规划分解、落实到乡（镇）提供科学依据。

二、逐步把发展基础教育的主要责任落实到县、乡两级政府

根据《中共中央关于教育体制改革的决定》，省上制定了《关于普通教育实行分级管理若干问题的意见》，推动了基础教育由“地方负责，分级管理”原则的贯彻。为了总结近两年来各地实行分级办学、分工管理的经验，研究解决农村教育管理体制改革中出现的新问题，省教育厅于1987年10月召开了农村教育管理体制改革研讨会，进一步明确了要把加强基础教育的主要责任落实到县、乡两级政府。乡（镇）是农村的基层政权，在分级办学、分工管理中起着重要的作用。省上决定乡（镇）都应建立健全管理教育的机构——乡（镇）教育管理委员会，在乡（镇）人民政府的领导和县教育行政部门的指导下，领导和管理本乡（镇）的教育工作。其主要任务和职责是：(1) 统筹规划全乡的基础教育、职业技术教育和成人教育；(2) 贯彻执行党和国家的教育方针、政策、法令及上级教育部门的条例、规定，并组织实施；(3) 调动广大干部、教师和群众办学的积极性，尊师重教，兴学育人，提高教育质量；(4) 筹措办学经费，动员集体和个人捐资助学，开展勤工俭学，改善办学条件；(5) 负责学校干部、教师的考察评绩，以及本乡

(镇)内校际间的调剂;(6)负责乡中心小学以下学校领导班子的建设;(7)坚持教育改革,开展教学研究,检查评估学校工作。截止1987年底,全省已有1118个乡(镇)(占乡(镇)总数的73.6%)实行了中小学分级办,分级管。

三、采取措施,重视和解决女童上学难的问题

女童上学难是长期困扰我省普及教育的一大难题。1987年全省有学龄儿童178.64万人,未入学13.84万人,其中女童11.07万人,占未入学学龄儿童的80%。已经入学的女童中约有80%左右的不能按时读完小学,致使新的文盲、半文盲不断产生。造成这种状况的原因是多方面的,有社会的、历史的根源,有客观条件的限制,也有我们工作中的问题。

要实现普及教育和义务教育,必须采取措施,解决女童上学难的问题。我们在加强宣传教育、形成全党全社会重视和关心女童上学的良好社会风尚的同时,采取了比较灵活的多种形式、多种规格办学,主要做法是:(1)在农村小学设女童班。从农村生产和农民生活实际出发,采取"农忙少学,农闲多学";"家长在家子女上学,家长出工子女回家";允许带弟妹上学等办法,灵活安排教学活动。(2)在中等师范学校,坚持定向招生的办法,培养农村女教师。(3)在农村职业技术学校,开办女子职业班。(4)扶持公民个人兴办教学点(班)。在经济贫困、居住分散,国家和集体办学网点难以延伸和覆盖的边远山区,鼓励和支持公民个人按照国家有关规定,兴办各种形式的教学点(班)19处,这不仅是对国家和集体办学的补充,而且是提高女童入学率的有效途径。为了鼓励和支持公民个人兴办教学点(班),省上制定了《关于公民个人兴办教学点(班)试行办法》。(5)发挥行政村的作用,组织以扫盲为重点的业余识字班。聘请回乡知识青年和中小学生担任"小先生",实行包教包学,分类辅导,以解决少量有特殊困难女童的学习问题。

四、以提高教育质量为重点,进行教育教学改革实验

随着端正教育思想大讨论的逐步深入,各地中小学努力克服教育脱离实际和片面追求升学率的倾向,从学校内部管理体制到教育教学领域,从课内教育到课外教育,都进行了一些改革尝试。中等教育结构改革有新的发展,普通高中招生与职业技术学校招生人数达到1:0.7,普通教育引入职业技术教育因素的实验也开始进行,有76所普通中学附设了职业技术教育班,49所中学进行"三加一"(初中三年加一年职业技术教育)和初二、高二后分叉教育实验。中学政治课和初中理科教学改革实验,有组织的在试点学校进行。中小学劳动课、劳动技术教育课和社会实践活动正在得到落实和加强。

针对我省基础教育薄弱、教育质量普遍不高的实际,1986年以来,在全省100所小学开展了由联合国教科文组织主持的亚太地区提高小学教育质量的联合革新计划(JIP),主要针对影响小学教育质量的关键因素开展工作。这些因素是:(1)儿童入学前缺乏有效准备;(2)小学教育的教材、教法和评价学生学业成绩的方法有待改进;(3)教师水平低;(4)家长和社会对小学教育缺乏有效支持。实施计划两年多的实践表明,不仅促进了小学生德、智、体、美全面发展,教育质量稳步提高,而且积极探索和积累了小学教育教学改革从学前到学校、从课内到课外、从家庭到社会、从教材教法改革到走整体改革的路子的多方面经验。对全省小学教育教学改革、巩固提高普及教育成果产生了良好的影响,起了积极的推动作用。100所小学实验前,受过学前教育的儿童占47%,现在多数学校受过学前教育的学龄儿童所占比例都有提高，有的地区达到90%以上，敦煌市达到100%。从学生的学业成绩看，合格率平均达到92.5%，较实验开始阶段有明显提高。同时，促进了教师的在职培训，活跃了教学研究，强化了学校常规管理，促进和吸引家长、社会对学校教学工作的积极支持和配合。

撰稿人　罗鸿福　孟宪德
审稿人　马培芳

□四川省九年制义务教育逐步向前发展

1986年1月，四川省政府为贯彻《中共中央关于教育体制改革的决定》，发布了《四川省普及九年制义务教育实施方案》。《方案》充分估计了四川省情，提出了分步骤、分阶段逐步实施九年制义务教育的目标及相应的措施。同年4月，全国人民代表大会通过并颁布了《义务教育法》，这是新中国教育史上的一件大事。四川省政府为贯彻执行《中华人民共和国义务教育法》，总结了历年来普及教育的历史经验，特别是近几年来发展与改革基础教育的经验，制订了《四川省义务教育实施条例》，并于1986年5月经四川省第六届人民代表大会第四次会议通过。《条例》以法律为依据，对实施义务教育的年限、学制、入学年龄、规划目标、实施步骤、管理体制、师资、经费及办学条件等制订了实施细则。它的颁布和施行，标志着四川省普及基础教育工作进入了一个新的阶段。

近两年来，教育厅在组织实施《方案》、《条例》的过程中，着重抓了三方面的工作：一是把建设一支有足够数量的，合格而稳定的师资队伍作为实施义务教育，提高基础教育水平的一项根本大计来抓；二是继续实行多渠道筹集教育资金改善办学条件；三是不断完善基础教育的分级管理工作，进一步明确了县、乡两级的职责和权限，加强了县、乡政府对管好教育的责任。此外，还做了以下几项工作。

（一）从实际出发，调整九年制义务教育的实施速度。1986年8月，四川省委、省政府在初步实施义务教育的基础上，在成都召开了全省普教工作会议。会议在总结交流实践经验的基础上，决定将原《方案》中提出的普及初等教育以县为单位计算普及人口进行规划，改为以乡为单位计算普及人口进行规划，并相应地对各类地区实施九年制义务教育的速度进行了调整。

一类：约占全省人口的15%左右的城市市区和经济文化发达的县城场镇，1990年左右基本实现九年制义务教育的普及工作。

二类：约占全省人口45%左右的盆地腹心地带中，经济和教育有一定基础的乡，1995年前后基本实现。

三类：约占全省人口30%左右的盆周山区、川南山区和川中丘陵地区中经济教育基础比较差的乡，2000年左右基本实现普及义务教育。

四类：约占全省人口10%的大山区和少数民族聚居区、辽阔分散的高寒山区中条件比较困难的乡，在20世纪末普及初等教育，其中少数经济、文化条件好的乡普及初中教育。

（二）巩固、发展普及初等教育成果

1986年底，全省拥有116个县和1015个乡基本普及了初等教育，普及面约占全省总人口的82.99%。原教育厅为了及时指导推动已经实现基本普及初等教育的县、乡，进一步加强小学建设，巩固提高普及程度和教育水平，于1987年3月下发了《关于进一步巩固、发展普及初等教育成果的意见》。《意见》在肯定普及成就的同时，还特别指出当前的普及是低标准、低要求的，还需要在此基础上提高普及标准，进一步充实、完善办学条件，加强师资队伍建设，全面提高普及初等教育质量。《意见》要求所有学龄儿童，除因疾病、丧失学习能力等特殊情况，需要延缓或免予入学者外，要全部入学；有条件的县应办起聋哑教育、弱智教育；要做到在校生没有非正常流动；各年级学生的各科成绩及格的比例应达到95%左右，学生留级面应不超过2%。《意见》并就进一步改善办学条件和逐步建立一支编制足额、学科配套、学历合格、思想道德和业务素质好、胜任教学的稳定的小学教师队伍提出了要求。

（三）加强山区普及初等教育工作。1987年6月，四川省教育厅在山区叙永县召开全省山区普及初等教育经验交流会。会议是在全省盆地腹心地带已经全部实现了初等教育的基本普及，大面积普及工作正在转向贫困山区发展的形势下召开的。会议根据《中共中央、国务院关于普及小学教育若干问题的决定》、《中共中央关于教育体制改革的决定》、《中华人民共和国义务教育法》和《四川省义务教育实施条例》，结合近年来山区普及教育工作的实践经验，就进一步加强盆周山区普及初等教育的工作，制订了《四川省教育厅关于进一步加强山区普及初等教育工作的意见》。《意见》针对山区经济、文化发展和自然环境状况，提出了当前要做好的几项工作：第一，要进一步做好宣传工作，提高对普及初等教育重要性的认识；第二，要从山区的实际出发，进一步完善分期分批实施普及初等教育的规划；第三，要进一步发展、完善教育管理体制的改革，加强各级党政对普及工作的领导管理；第四，要认真解决在实施普及初等教育工作中的几十个带普遍性的问题，即有关小学的布局、推广复式教学、编制教师定额和稳定教师队伍等，提出了具体意见。

《意见》指出，解决山区教师队伍稳定的基本出路在于小学教师本地化。今后中师招生，对山区各县实行降分照顾，定向到乡的办法。本乡初中毕业生按规定录取线招不够的，可以招本乡的应届高中毕业生，或在接近录取线的初中毕业生中录取，由中师办预备班，补习一年后再进入中师学习。

（四）加强民族地区普及初等教育工作。四川是一个多民族的省，少数民族虽只占全省总人口的3.71%，但居住面积达30余万平方公里，占全省总面积的60%以上。1987年6月，四川省教育厅为在地广人稀的民族地区加强普及初等教育工作，特下发了《关于民族地区普及初等教育几个问题的意见》。其主要内容是：

1. 民族地区普及教育必须坚持数量与质量并举的方针。为了保证普及质量，三州（甘孜、阿坝、凉山）民族聚居县的农村小学，基本学制为6年，有条件的地方可举办半年至一年的预备班，对儿童进行常规教育和汉语会话教学。对当前普及程度很低、困难较多的地方，可以实行小学四、二分段，先让大部分学龄儿童受完初小四年级，部分儿童受完六年教育。为了有利于推动县、乡、村普及教育工作的开展，民族地区的三州可实行与内地不同的验收办法：达到基本普及的村，由县、乡共同验收，合格者由县政府发给证书；达到基本普及的乡，由州、县共同验收，合格者由州政府发给证书；达到基本普及的县，由省，州共同验收，合格者由省政府发给证书。

2. 推行民族语文教学，逐步完善双语教学体制。这是实现民族聚居地区初等教育普及的一个基本条件。四川省政府规定：彝、藏地区要有步骤地实行“各科用汉文教学同时开设民族语文课”、“各科用民族语文教学同时开设汉语课”两种体制并举的方针。四川省教育厅对此制订相应的双语教学小学教学计划，同时组织了编译彝、藏文各科教材和开展彝、藏文各科教师的培养、培训工作。

3. 充分发挥寄宿制小学在普及初等教育中的作用。为了适合民族聚居区幅员辽阔、居住分散的特点，各地在大量学校坚持就地入学的同时，要重点举办一批寄宿制民族中小学，认真办好乡中心小学和基点小学寄宿制高小班。在牧区，应把寄宿制小学作为普及初等教育的主要形式，充分发挥其在巩固学额，提高质量方面的作用。

4. 建立一支以本地民族教师为主体的师资队伍。一是培训提高在职教师水平，特别是提高骨干教师和素质低的教师水平。中等师范学校要担负起培养骨干教师的任务，县进修学校要把培训提高在职小学教师的任务放在首位。对不足小学毕业实际程度的教师，第一步把他们提高到小学毕业程度；第二步再提高到初师毕业程度，使之能胜任小学低、中年级的教学工作；对只有小学毕业程度，不足初中毕业程度的教师，第一步把他们提高到初师毕业程度，第二步再提高到中师毕业程度，使之能胜任小学高年级的教学工作。二是办好中等师范学校，有计划地培养本地本民族的合格新师资。中等师范学校招生实行对山区、民族地区降分照顾、定向到乡的办法。为了保证教育质量，对降分录取的学生单独编班，先学一年预科，再按三年学制进行正规的师范教育，把学生培养成为一专多能、能从事复式教学的合格教师。

（五）提高农村初中质量。1986 年 9 月，教育厅在彭县召开农村中心小学、初中经验交流会。会议目的在于提高认识，提高管理水平，大面积提高教育质量，为逐步实施九年制义务教育打好基础。会后教育厅根据讨论意见，提出了《关于加强农村初中工作的意见》，于同年 11 月下发各地执行。《意见》在分析农村初中的现状时指出：近几年来，初中教育工作虽然逐步得到加强，办学条件逐年得到改善，教育质量逐年有所提高，但初中教育在普教序列中仍处于薄弱环节。教育思想还未脱离单纯为升学服务的轨道，片面追求升学率的一些做法还较为突出，学校领导班子和教师队伍不适应教育教学的需要，学校管理水平较低，教育质量很不平衡。为此，当前必须做好几方面的工作：一是明确初中教育目标，端正办学指导思想；二是加强学校管理，全面贯彻教育方针；三是加强师资队伍建设，提高教师政治、业务水平；四是改善办学条件，创造一个学生健康成长的环境；五是建立健全教研机构，加强教学研究工作。自 1986 年以来，通过会议精神的贯彻、落实，农村初中教育质量有了明显提高。据 1986 年与 1987 年全省会考成绩统计对比：1986 年 6 科成绩及格的占 52.35%，1987 年 6 科成绩及格的占 58.25%。

1987 年，通过《四川省普及九年制义务教育实施方案》和《四川省义务教育实施条例》的进一步施行，全省又有 14 县（区）基本普及了初等教育。至此，全省拥有 122 个县（市、区）的盆地腹心地带已经全部实现了初等教育的基本普及；另有 8 个山区县也分别达到了普及教育的基本要求。现在全省已有占人口 88%的 6734 个乡镇（占总乡镇数的 77%）、130 个县（市、区）基本普及了初等教育。大面积普及初等教育的工作正在逐步向盆周山区和民族地区发展。（完）

撰稿人　梁泽沛　纪穑缘

审稿人　任贵禄

□陕西省有步骤地实施九年制义务教育

《中华人民共和国义务教育法》颁布后，陕西省在调查研究的基础上，起草了《陕西省义务教育实施办法》。1987年7月25日，经陕西省第六届人民代表大会常务委员会第25次会议通过并予以公布，从1987年9月1日起施行。这是建国以来陕西省第一个关于教育的地方性法规，使陕西省的基础教育开始走上了依法治教的轨道。《实施办法》第一章第二条规定："本省实施九年制义务教育，在普及初等教育的基础上，普及初级中等教育。初级中等教育包括普通初中和初级中等职业技术教育。初等教育和初级中等教育的学制，按国家规定执行"。还规定："全省1990年基本普及初等教育。2000年前按地区、分步骤地普及初级中等教育：……"。为了保证适龄儿童和少年，按普及教育的步骤，接受九年制义务教育，《实施办法》对各级政府在学校的设置和保护、教师队伍的建设和师资培训、教育经费筹措等方面，都做出具体规定。其中教师和教师培训一章规定，全社会应当尊重教师。教师的合法权益受法律保护，严禁侮辱、殴打教师。要求各级人民政府和办学单位，逐步改善中、小学教师的工作条件和物质待遇。教师按规定应享受的补贴、医疗费等，地方财政应予保证。城市中、小学教师的住房由当地人民政府统筹解决。民办教师工资的国家补助部分，由市（地区）、县（区）财政解决；群众筹措部分实行乡筹乡管，按月发给。同时，要求县以上各级政府办好师范进修院校，加强对函授、广播、电视教育的领导，逐步使小学教师具有中等师范学校毕业以上水平，初级中等学校教师具有高等师范专科学校毕业以上水平。《实施办法》对教师也提出严格要求，要热爱社会主义教育事业，努力提高自己的思想、道德、文化、业务素质和教学水平，做到爱护学生，教书育人，为人师表，忠于职责等等。为了宣传贯彻《实施办法》，陕西省教育厅在1987年8月7日至10日召开市、地教育局长会议，省人大和省政府的有关领导出席并作了重要讲话。1987年9月至11月，各市、地召开了相应的会议，部署了宣传贯彻《实施办法》的工作。省、地、县、乡和学校采取多种形式进行广泛宣传，推动了《实施办法》的贯彻和落实。同时省教育厅继续狠抓了普及初等教育和已实现普及的县（区）的巩固提高工作。1987年，全省又有10个经济比较贫困的山区县经过检查验收，基本上达到了普及标准。截止到1987年底，按国家教委的统计口径（普及初等教育不计算市和大中城市的区），陕西省共有89个县，已普及初等教育的达到81个，占全省县数的91%。各县通过加强普及后的巩固和提高工作，办学条件得到进一步改善，教育质量有了明显的提高。1987年底，陕西省学龄儿童的入学率已达到98.02%，巩固率达到97.07%，毕业率达到96.13%。

为普及初中阶段的教育做好准备，陕西省教育厅有计划地对农村初中的校舍进行改造。1987年，渭南地区率先对农村初中校舍的建设作了安排，乡（镇）初中校舍建设共投资24711万元，其中乡（镇）集资2000万元。新建校舍面积18.9万平方米，维修校舍面积8.6万平方米。省教育厅及时总结了渭南地区的经验，报请省人民政府批转全省各地推广。咸阳、宝鸡和汉中等地积极行动，出现了发动群众集资，改善初中办学条件的热潮。1987年，全省用于农村初中校舍建设的总投资3600万元（不包括西安市），其中各乡（镇）及群众集资2700万元，新建校舍面积 22.4 万平方米，维修校舍面积 14.8 万平方米。

撰稿人　王掌印

审稿人　屈应超

端正教育思想，深化教育改革

□成立端正教育思想深化教育改革研究与对策领导小组

为贯彻党的十三大精神，促进教育事业更好地为社会主义现代化建设服务，全国人大教科文卫委员会和国家教委于1987年12月12日联合成立了"端正教育思想、深化教育改革"研究与对策领导小组（以下简称"领导小组"）。该组由全国政协、民盟中央、民进中央、国家教委、劳动人事部和几所大中学校的代表共17人组成，全国人大教科文卫委员会副主任张承先兼任组长。领导小组第一次会议决定，1988年上半年，集中一段时间，就党的十三大报告指出的教育脱离社会主义建设实际、违背教育方针和教育规律、片面追求升学率倾向的问题进行调查研究，制定相应的政策；再将研究结果写成国家报告向社会公布，引导全社会开展端正教育思想、克服片面追求升学率倾向、深化教育改革、提高教育质量的讨论，以达到提高民族素质，促进经济发展和社会进步的目的。

会议确定，社会讨论的重点是解决如何使各级党政和教育行政部门领导端正思想认识，既重视教育，又懂得如何办教育；当前的目标是要使各级领导不再给学校施加追求升学率的压力，不要简单地按照升学率的高低来奖惩学校，为深化教育改革创造一个良好的、生动活泼的外部环境。

为了搞好调查研究和社会讨论，会议提出要注意以下几点：(1) 要坚持教育为社会主义建设服务的方针，以提高劳动者素质、提高民族素质为出发点，防止就事论事；(2) 要掌握政策。对片面追求升学率的错误倾向和作法要坚决反对，但对各方面强烈的升学愿望要正确引导，允许不同意见的争鸣；(3) 要总结过去纠正片

验，充分认识到片面追求升学率是一个很复杂的问题，其实质是我国商品经济不发达，在僵化的经济体制和政治体制下所形成的旧的教育体制和办学模式以及文化教育传统等多方面因素的综合产物，涉及的方面很多，需要综合治理；(4) 在揭露种种错误表现的同时，要多宣传办学方向正确，学生全面发展的先进经验；(5) 要动员社会各方面、学生家长，支持学校进行教育改革，与学校协作，纠正片面追求升学率的错误倾向和作法。

撰稿人　傅国亮

审稿人　卓晴君

□研讨中等城市办学方向

为贯彻落实"教育必须为社会主义建设服务，社会主义建设必须依靠教育"的战略方针，国家教委于1987年下半年进行中等城市办学方向研讨工作，并把这项工作作为今后国家教委的中心工作之一。10月中旬，国家教委调查组分别深入到江苏省无锡市、浙江省绍兴市、河南省洛阳市、四川省自贡市等进行调查研究。11月18日至22日在湖北省沙市市召开了佳木斯、锦州、烟台、洛阳、芜湖、沙市、无锡、绍兴、自贡、长沙、江门等全国11个中等城市办学方向研讨会。会议的中心议题是，中等城市的教育怎样根据党的十三大精神具体落实教育为社会主义

建设服务的方针，怎样从教育结构和体制上改变目前中等城市教育与经济发展不相适应的状况。国家教委副主任何东昌等出席了会议，与会各中等城市的市长分别介绍了本市教育工作的经验及今后深化改革的设想。

沙市市中等教育改革的成功经验：一是以改革中等教育结构为突破口，大力发展职业技术教育。目前，该市各类中等职业技术学校在校生的人数已发展到高中阶段在校生数的64.9%，为本地经济建设的各部门输送了大批中、初级技术人才，走出了一条经济与教育协调发展、互相依靠、互相促进的路子。二是劳动用工制度必须同步进行改革。全市普遍实行了“先招生、后招工；先培训、后就业”的制度，有力地促进了职业技术教育的发展。目前，沙市市正在进一步完善由政府部门统一领导，教育部门统一管理，其它部门各负其责的管理体制。

“六五”期间，无锡市在普及初等教育与初中教育的基础上，通过改革中等教育结构，兴办职业技术教育，为各条战线输送了5万余名中等专业人才。一大批受过初、高级中等教育的毕业生成为乡镇企业出色的企业家和技术骨干。该市教育不仅成为经济发展的人才资源库，而且是直接推动经济振兴的“发动机”和“加速器”，使城乡经济开创了建国以来的最好局面。

近年来，洛阳市和佳木斯市，把端正办学指导思想作为深化教育改革的先导，努力克服片面追求升学率的倾向，逐步取消了重点初中和小学；取消了小学升学考试，实行就近入学；取消普通中学的升学复读班，普遍加强了劳动技术教育。

这次研讨会提出的中等城市教育发展方向是：在切实保证九年制义务教育质量、提高青少年素质的基础上，主要培养为本市经济和社会发展服务的中、初级人才，并发挥中等城市对县、乡的辐射作用。高级专门人才的需求要靠国家调配、横向联合、委托代培等途径加以解决。中等城市应逐步建立起结构科学、层次合理的教育体系。

在研讨会上，国家教委副主任何东昌就中等城市教育改革的问题作了重要讲话。他指出，中等城市在我国国民经济建设和经济体制改革中有很大作用。要从改善教育结构、改革教育体制入手，加快和深化改革。他说，办中专、技校单靠教育部门不行，必须依靠企业、用人单位一起办。主要由地方负责，发挥地方的统筹作用。中专、技校、职业高中要适当引入竞争机制，要改革招生、录用制度，并在一部分中等城市试点。他还特别强调，中等城市的基础教育要看得远一些，对师资队伍、教育设施的建设等都要有一个长远的、较高标准的考虑，逐步实施。中等城市教育要十分重视培养素质良好的劳动者，要注意培养学生的质量意识，革新意识。

会后，11个中等城市根据会议的精神，制订或修订了本市教育深化改革的初步方案。国家教委已在综合各地经验的基础上，进一步就中等城市的教育改革进行调查研究。

撰稿人　章瑞安
审稿人　卓晴君

□普通中学开展社会实践活动

为了有利于解决中学生中存在的脱离实际、轻视劳动的问题，1987年10月，国家教委、国家经委、农牧渔业部、财政部、商业部等5部委联合发出《关于在普通中学开展社会实践活动若干问题的通知》，对社会实践活动提出了具体要求。《通知》规定，社会实践活动的内容主要包括社会活动和社会生产劳动两个方面。

社会活动有社会调查、社会服务、参观访问、军训、结合社会调查或科学考察的远足等。社会生产劳动指的是工业生产劳动、农业生产劳动、公益劳动、商业或服务业劳动等。为切实保障实施，初中应每学年搞一周，高中每学年搞两周。可以分散也可以集中安排。社会生产劳动要结合劳动技术课的部分实践活动进行。社会活动要与思想政治、语文、历史、地理、生物、化学等学科以及各科乡土教材的教学活动结合进行。关于考评工作，《通知》指出，平时要按《中学生社会实践活动登记表》的要求及时填写活动情况。学生毕业时，由班主任写出鉴定评语。从1988年开始，高中毕业生报考高等院校或就业，均应出具参加社会实践活动的鉴定。

《通知》强调，在普通中学开展社会实践活动涉及的部门和问题较多，各级地方政府要加强对这项工作的领导；各有关部门要帮助解决活动中遇到的实际问题，在条件上予以照顾和支持；教育行政部门要统筹安排本地区各学校的社会实践活动，使这项活动有组织、有计划、有秩序地进行；在活动中，各校要严格管理，加强教育，确保学生的安全，使学生的社会实践活动扎扎实实、卓有成效地开展起来。

《通知》发出后，全国各地高中毕业班的社会实践活动很快开展起来。各地普遍反映，社会实践有助于培养学生热爱劳动、珍惜劳动成果的道德品质，有助于对学生进行热爱家乡、热爱祖国、热爱社会主义的教育，它是培养有理想、有道德、有文化、有纪律的一代新人的好形式。

撰稿人　刘　辉
审稿人　卓晴君

□进一步加强工读教育

工读教育是普通教育中的一种特殊形式，也是实施九年制义务教育的一种不可缺少的教育形式。目前，全国共有工读学校96所，分布在23个省、自治区、直辖市的大中城市，在校生6500余名。

为进一步加强工读教育，1987年作了以下几项工作:

1. 6月17日国务院办公厅转发了国家教委、公安部、共青团中央《关于办好工读学校的几点意见》。《意见》对工读学校的性质、任务和办学指导思想；思想政治教育和学生管理；教学工作；职业技术教育和生产劳动；招生；学生的出路；教师队伍；领导管理；机构设置和人员编制；经费及教育科学研究等11个方面的问题作了明确具体的规定。

关于工读学校的性质、任务和办学指导思想，《意见》中指出:“工读学校是对有违法和轻微犯罪行为的中学生进行特殊教育的半工半读学校，是普通教育中的一种特殊形式，也是实施九年制义务教育的一种不可缺少的教育形式。”“工读学校的任务是全面贯彻执行教育方针，把有违法和轻微犯罪行为的学生教育、挽救成为有理想、有道德、有文化、有纪律并掌握一定生产劳动技术和职业技能的社会主义公民。”“工读学校要坚持‘立足教育，挽救孩子，科学育人，造就人才’的指导思想。”

关于思想政治教育和学生管理工作，《意见》中明确提出:“工读学校必须以转变学生的思想为首要任务，要把思想政治教育渗透到学校的各项具体工作中去。工读学校实行男、女生分别编班或男、女生分别建校。”

对于教学工作，《意见》提出:“要搞好教学改革，努力提高教学质量，使学生逐步达到九年制义务教育的基本要求。”工读学校的学制一般为2至3年。“工读学校主要开设思想政治、语文、数学、历史、地理、体育、音乐、美术和职业技术教育等课程。”“工读学校的招生对象是，12周岁至17周岁有违法或轻微犯罪行为、不适宜留在原校学习，但又不够劳动教养、少年收容教养或刑事处罚条件的中学生。经过审批，应该入工读学校学习而拒不报到的，或报到后又中途擅自逃离的，公安部门要积极帮助学校使他们入学。”

关于学校的领导管理及经费问题，《意见》中作了如下规定：“工读学校的日常工作由所在地教育部门领导管理，公安部门和共青团要大力协助教育部门负责调配工读学校的领导班子和教师，并负责领导日常的教育、教学和行政业务。

凡学生人数达到100人以上的工读学校，应按完全中学对待；由于办学条件限制，虽不足百人，但不少于60人的工读学校，在教育挽救青少年工作中发挥了较大作用，确有成绩的，也可按完全中学对待。办学成绩突出，贡献较大的工读学校，可按省、自治区、直辖市的重点中学对待。”“开办工读学校所需的基本建设投资和事业费（包括工读学校办职业技术班的开办费）由省、自治区、直辖市人民政府统筹安排，分别纳入地方基本建设投资计划和教育事业费预算。对工读学校所需的特殊教育经费，如工作人员津贴、学生助学金、职业技术教育经费以及生活设备方面的必须开支，要统筹安排予以保证”。

2. 1987年9月至12月，在上海华东师范大学举办了工读学校校长进修班，全国有26所工读学校的校长、党支部书记参加了这次进修班。他们通过学习《中共中央关于教育体制改革的决定》和中共中央有关政策文件，学习有关的教育科学、管理科学等专业理论知识，并联系我国工读教育发展的实际，认真总结了办学经验，进一步明确了工读学校的办学指导思想，提高了办好工读学校的自觉性。

3. 国家教委有关部门和中国教育国际交流协会正在积极筹备“轻微犯罪青少年学生教育问题国际学术讨论会”。

撰稿人　李树海

审稿人　卓晴君

加强初中建设，大面积提高教育质量

□全国初中工作经验交流会综述

1987年12月22日至26日，国家教委中学司在天津召开全国初中工作经验交流会。大会总结交流了党的十一届三中全会以来，全国各地在贯彻执行《中共中央关于教育体制改革的决定》、《中华人民共和国义务教育法》，加强初中建设，治理薄弱学校，进行教育教学改革的经验，明确在社会主义初级阶段初中教育的战略任务。

1983年，原教育部明确提出要加强初中工作后，特别是《中共中央关于教育体制改革的决定》和《中华人民共和国义务教育法》颁布以后，初中教育进一步受到重视，薄弱初中得到加强。各地从提高民族素质出发，认真贯彻教育方针，为社会主义建设积极培养合格的初中毕业生。现全国初中毕业生合格率，由粉碎“四人帮”后最初几年的30%，上升到50%以上，津、沪等地达70%以上。基础教育实行地方负责、分级管理的原则后，各地把教育事业的发展纳入当地经济建设和社会发展的计划之中，办学条件进一步得到改善。山东省在8年中，校舍改造总投资为25.5亿元。其中，地方集资达23.6亿元，不仅实现了“一无两有”，而且全省90%的农村中学达到了“六配套”（校舍、院墙、校门、操场、课桌凳、厕所）。1986年，全国普通中学校舍面积达到2.07亿平方米，比1980年增长了23.28%。生均校舍面积由1980年的2.76平方米，上升到1986年的3.88平方米(生均标准面积为4.9平方米)。全国中小学校舍危房面积比重由1980年前占校舍总面积的17%下降到7.85%。上海已全部完成农村学校危房的改造任务。全国中小学实验室数与1982年相比，增加了一倍多。中学实验开出率大大提高。四川、湖北、浙江等省的农村实验中心，初中覆盖率已达到70%以上。初中师资队伍建设不断加强。1986年全国初中教师专科水平以上的有60.6万人，与1981年相比增长46.7%，学历合格教师比例上升到27.1%，初中的教育、教学改革活动蓬勃开展。

初中工作虽然有了较大的发展，但由于多方面的原因，还存在着一些薄弱初中校。这些初中校的领导班子弱，管理水平低；师资的文化业务水平不能适应教育教学的要求，教学质量偏低；办学经费、校舍、图书资料、仪器设备等办学条件不足；新生文化素质较差。各地为改变薄弱初中面貌采取了以下主要措施：

（一）加强学校领导班子的建设。各地选调有较高管理水平、奋发向上、不畏困难、有强烈的责任感和事业心以及对学生满腔热情的同志充实到领导班子中去，并注意加强对他们的培养和提高。

（二）优先加强教师队伍建设。除按需要配齐教师外，还使各学科都有骨干教师。同时，十分关心初中教师的工作、进修培训和生活，采取各种措施充分调动他们的积极性。

（三）各级教育部门制订规划，有计划地在校舍建设、仪器设备、图书资料、文体用具等方面，为初中校特别是薄弱初中校创造良好条件，使他们的办学条件逐步完善。

（四）把加强对薄弱初中的领导和指导，视为衡量领导部门是否认真执行《义务教育法》、教育思想是否端正、是否全面贯彻教育方针的一个重要标准。

为进一步加强初中建设，深化教育改革，大面积提高初中教育质量，会议提出：

（一）要进一步提高对加强初中教育重要意义的认识，明确初中教育的性质和任务，端正办学指导思想，坚决纠正片面追求升学率的倾向和错误作法，把初中教育从单纯的升学教育转向为经济建设和社会发展服务的轨道上来。

（二）从实际出发，在按质按量地普及、巩固初等义务教育的基础上，分期分批、按质量地普及初中义务教育。在已经普及初中教育的地方，要认真贯彻国家教委关于改革初中招生办法的通知精神，取消小学升学考试，实行就近入学。各地要切实加强薄弱初中的建设，做好规划，动员社会各界力量，采取有效措施，争取在两三年内使薄弱初中面貌有个根本的改善，为逐步取消重点初中创造条件。

（三）积极改革初中学生的思想政治教育。要认真总结各种改革实验的经验，摸索规律，深化改革。要特别重视作好薄弱初中校学生的思想政治工作，提高他们的学习积极性和上进心。

（四）搞好教学改革，大面积提高教学质量。要积极进行学制、课程设置、教学内容、教学方法、考试制度等全面改革。加强文史、艺术、劳动技术教育课的教学。加强教学科研工作。认真研究探索符合薄弱初中校学生特点的教育方法。

（五）逐步建立一支数量足够，质量合格，专业结构合理，人员稳定的师资队伍。要充分认识师专教育的超前性，大力发展和改革师专教育，扩大招生规模，调整专业结构，使师专教育适应初中教育的发展。要尽力解决教师在工作、生活上的困难。

（六）认真改善办学条件，为提高初中教育质量提供有力的物质条件。要保证初中的办学条件随着义务教育的实施同期解决。

（七）搞好初中领导班子建设，提高初中学校民主管理的科学水平，提高教育质量和教育投资效益。要逐步实行校长负责制。

（八）要认真抓好厂矿企事业单位办学工作。要把企事业办学看成是整个教育事业的重要组成部分，在师资配备、进修培训、教学业务指导上，应与国家、地方所办学校一视同仁。

（九）建立健全督导、评估制度，促进初中教育改革，把办学方向转变到为经济建设培养合格人才的轨道上来。

撰稿人　章英思

审稿人　卓晴君

□天津市全面加强初中建设，大面积提高教育质量

党的十一届三中全会以后，天津市的初中教育质量虽然有了较大变化，但是，就质量状况看，仍是基础教育中最薄弱的环节，有相当一部分学生在德、智、体诸方面达不到合格要求。为了改变这种局面，天津市委、市政府以及各级教育行政部门，把以治理薄弱校为重点，全面加强初中建设，列为天津市教育改革、提高教育质量的重点，并采取了一系列措施加强初中建设。

一、端正办学指导思想，明确基础教育的任务，克服片面追求升学率的倾向

市、区（县）教育行政部门，从端正办学指导思想、明确基础教育任务，克服片面追求升学率入手，解决管理上存在的重少数重点校，轻多数一般校；重少数尖子学生，轻全体学生的倾向。据调查，天

津市市区薄弱校约占总校数的30%左右，农村的薄弱校多于市区。这些学校存在的主要问题是：设备简陋，干部、师资配备不齐，部分教师教学水平低，至使大量学生不合格，许多学校的初中毕业生合格率，还不足60%，有的合格率仅有6%。严酷的事实说明，不集中主要力量治理基础薄弱校，《义务教育法》就无法实施，大面积提高教育质量就会落空。基于这种认识，市、区（县）教育局把治理薄弱校作为加强初中建设的战略重点，加强了初中的领导，除制定治理规划和措施外，各级教育行政部门把解决问题的重点，放在纠正和改变因轻视一般校造成的关心少，指导少，人、财、物力投放少，以及生源质量差的问题上，市、区（县）教育局领导干部亲自带队深入学校，现场办公，具体指导，凡能解决的问题，当场拍板，立即兑现；处室干部，分组下校，分片包干，具体负责帮助和改进学校工作。

二、采取多种方式加强学校领导班子的建设，提高管理水平

基础薄弱校所以薄弱，首先是领导班子薄弱。因此，天津市在加强初中建设中下大力量抓了调整、充实领导班子这一关键环节。据不完全统计，仅市区67所薄弱校，1986～1987两年中，充实校级领导干部126人，免职或调离的80人。许多学校新班子上任后，学校面貌发生了很大变化，例如，有一所中学，原任校长事业心不强，在他任职期间，学校的教育质量逐年下降。1985年调整了班子，新班子上任后，大力加强了师生的思想政治工作，适时地推出学校建设的规划，加强了学校的各项基础性建设，大大调动了师生员工的积极性。经过两年多的努力，使初中毕业率从原来的33%，上升到1987年的98%以上，并且连续几年保持了较高水平。又如东郊区潘庄中学，该校地处城乡结合部，社会环境不好，生源质量差，1983年的初中毕业生竟无1人升入高中。调整了学校领导班子后，新班子团结和谐，注重实干，针对本校师生思想实际加强思想工作，调动了全体教职员工的积极性。特别是1986年以来，他们从抓校风入手，端正办学指导思想，面向全体学生，不放过一个差生。校长带领教师亲自做后进生的工作，使后进生有了很大的进步。现在潘庄中学面貌一新，校园整齐、清洁，被东郊区评为花园式学校。教育质量也由全区最后一名跃居第四位，基本上摘掉了落后帽子，成为家长和社会信得过的学校。

在加强领导班子的建设中，还特别注意提高干部的教育理论水平和科学管理学校的能力。几年来，在教育学院举办了中学领导干部培训班、进修班、讲习班、研讨班等，从而提高了干部的管理水平，调动了干部办学的积极性，改变了薄弱校干部中普遍存在的“泄气、怨气”等精神状态不佳的现象。许多学校的领导干部，以校为家，每天早来晚走，寒暑假也不休息，带领师生艰苦奋斗，改变学校的面貌。不少学校的干部树立了对学生一生负责，让学生终身受益的高度责任感。因而，受到了师生爱戴。

三、加强师资队伍建设，提高教师的积极性和教学水平

根据1987年统计，天津市初中现岗教师中，不足大专学历者占初中教师总数的49.6%，还有少数教师不能胜任教学工作。为改变这种局面，市政府逐年增加了对高等师范院校的投资，提高其培养能力。1986年，高等师范院校招收新生人数，占全市地方高等学校招生数的32.7%。其中，为郊区（县）定向培训师资的招生数量是1985年的三倍，1987年保持了这个规模。为了促使教师知识更新，提高教学水平，采用了多渠道、多形式、多层次培训教师的办法。自1985年以来，仅向教育学院投资共达693.75万元。1986年，市、区（县）共投资1009万元，用于卫星电视教学，建立了9个地面接收站，979个收看点。电视师范教育的覆盖面积达98.2%，形成了一个以市、区（县）、乡（镇）为主体的三级卫星电视教育网，招收高师学员1068人，加上7000多名自学收看人员，占初中在职教师的30%以上。其次，为了改善基础薄弱校教师队伍的结构，在分配新教师时，从原来优先保证重点校，变为优先保证薄弱校，两年来，优先分配到薄弱校的师范院校毕业生304人，平均每校5名。再加上从重点校和基础较好的学校输送到薄弱校的骨干教师338名，共计642名。有的区（县）还采用了重点校与薄弱校挂钩对口支援的办法，实行校领导班子、教研组长、教师"三对口"和备课、课堂、实验室、课外活动"四开放"的措施。有的还组织有经验的教师搞"带教班"系统辅导，帮助薄弱校教师提高业务能力。

师资队伍建设的另一项重要工作是加强初中校，尤其是薄弱初中教师的思想政治工作，提高教师的政治素质。引导教师提高对所从事的教育工作在"四化"建设中的地位和作用及所担负的责任的认识，促使教师变自卑、自弃为自尊、自强。通过加强思想政治工作，教师的师德水准和教书育人的自觉性有了明显的提高，为国育才的使命感和光荣感有了进一步加强，对学生全面负责的高度责任心开始树立起来，尤其是对"差生"改变了看法，由过去的"恨"到现在的"爱"，由推出去到请回来，他们深入调查研究，冷静的分析，针对学生的思想实际和心理特点，做艰苦细致的思想工作。

在师资队伍建设中，为解决教师后顾之忧，尽力创造条件为教师做实事，解决他们工作和生活中的实际问题，如住房、子女就业以及福利待遇等问题。有的县如静海、宝坻等县制定政策，为长期在边远地区和薄弱校工作的教师浮动一级工资。红桥区拨专款5万元为教师安装煤气设施，使71户教师受益。这些措施对调动教师的积极性和稳定教师队伍起到积极作用。

四、消除学生学习上的心理障碍，提高学习积极性和上进心

初中校尤其是薄弱初中校，生源较差，一般中差生占30～40%，这些学生不仅学习成绩差，学习的积极性不高，自卑、自弃的思想严重，这种状况不改变，学生的积极性和上进心难以激发起来。造成这些学生学习成绩差的原因并非智弱，而是智力因素和非智力因素两个方面未能很好的得到发挥。为此，在全面加强初中建设和教育教学改革中，不少学校开始注意了学生的思维和心理状态的研究，用科学的态度探讨非智力因素对学生智力发展的影响，帮助和引导那些学习一般和学习较差的学生清除学习上的心理障碍，启发学生的学习兴趣及求知欲望，使之从惧怕学习、厌恶学习转向愿意学习、热爱学习上来。

五、增拨教育经费，改善初中（尤其是薄弱校）办学条件

天津市政府每年都把改善中小学办学条件的重点项目分别列入城乡两个十件大事。增加教育投资，使普教经费有了较大幅度的增长，1985比1984年增长了31.64%；1986比1985年又增长了28.15%，1987年，在经费压缩的情况下，又增长了14.01%。

为了进一步改善初中校办学条件，1986～1987两年中，从城市教育费附加中拨出1300万元为近百所初中校尤其是薄弱校改善了实验设备，增添了仪器，新辟和改造理、化、生实验室659个，新增电子计算机1302台，新辟语言实验室58

个，音乐、美术教室62个。购置教学仪器计783万元，图书113万元。各区也为67所薄弱校增拨设备购置费和教学行政费400万元，这些措施，使一大批初中校实验设备达到了部颁一类标准。这样全市拥有计算机房的学校由1986年的310校，增加到395校，计算机由3368台，增加到4795台，进一步完善了计算机教学网络。

在郊县，1984～1987年的四年中，全市农村支教累计筹措资金1.4亿元。先后新建、扩建、大修校舍120万平方米，相当农村学校总面积的1／2。其中，1987年，各方集资4636万元，新建、翻建、大修校舍26.5万平方米，新增和修复课桌椅（凳）7.1万套。此外，还从全市教育费附加中调剂400万元作为维修危漏校舍的专款补助。

六、改革初中招生办法，改善生源质量

过去招生，由于采取市、区重点及条件较好的学校层层择优录取的办法，使薄弱校成了“收底校”。所招收的学生不仅学习成绩差，而且素质也差，为了改变这种状况，1987年，初中招生工作进行了如下改革：

1. 初中招生，逐步做到缩小择优面，扩大就近入学比例。市区的择优比例由1986年的25%，减少到15%；就近入学的比例由1986年的79%增加到85%，校际之间新生入学成绩的差距逐步缩小。

2. 市区重点中学初中招生，由过去的全部择优改为推荐、保送和择优录取相结合的办法，保送生的比例为市重点初中招生人数的15%。1987年，市区18所重点中学共接收保送生440名。

3. 为保证初中毕业生的质量，在学籍管理制度上实行毕业或结业并行的办法。凡毕业考试成绩达到毕业标准的学生发给毕业证书；经过补考仍未达到毕业标准的学生发给结业证书。应届结业生中年龄不满16周岁的学生，一律回原校重读一年。年龄在16周岁以上的结业生，可回原校重读也可自谋出路。1987届初中三年级结业生，允许参加1988年初中毕业升学考试。

4. 录取工作中加强德育考核。从1987年起，对考生加强德育考核，规定凡未撤销留级察看处分的应届毕业生，不发给毕业证书。

5. 继续实行完中校初中毕业年级的学生免试直接升入本校高中和试行初中校向重点中学推荐、保送生的制度。1987年，市区共有2770名德、智、体全面发展的优秀学生，免试或保送升入高中。实行这个办法，对初中学生学习积极性，起到了鼓励作用。

七、严格控制学生流失，巩固、办好初中教育

近几年，初中在校学生流失问题比较严重，据调查，1986～1987学年度，全市初中学生流失人数11413人，占初中在校生总数的3.6%，其中，市区初中流失2210人，占市区初中在校生总数的2.2%；郊县初中流失9203人，占郊县初中在校生总数的5.9%。初中学生的流失成为普及九年制义务教育的严重障碍。为了改变这种状况，1987年，天津市把严格控制学生流失作为全面加强初中建设工作中的重要一环。市、区（县）、乡（镇）各级政府和教育行政部门积极采取措施，利用多种形式和各种场合大力宣传《义务教育法》，并发动学校师生利用业余时间入户访问，做耐心细致的思想工作，启发流失生及其家长的法律意识，增强其自觉遵守法制的观念。具体采取了以下措施：

1. 制定地方性法规，堵住流失渠道。天津市为保证九年制义务教育的实施，严格控制学生流失，特制定了《天津市严格控制中、小学生流失的若干规定》。各郊县结合本地区实际情况，相应地制定地方性控制办法和措施，起到了以法治教的作用。全市已收回流失学生2600人，其中，郊县2458人。

2. 加强学校内部管理，提高学额巩固率。在开展学习宣传活动中，在提高学校干部、教师的认识基础上，建立制度，加强岗位责任制，如建全学籍管理制度，把管理好学生的学籍作为实施九年制义务教育，巩固普及的重要措施；建立各级干部、教师岗位责任制，把控制学生流失，巩固中等教育的任务落实到人，并要把这项工作当做实施义务教育法的重点工作抓好。建立学生流动及家访工作登记制度，以便及时掌握情况，采取对策。

撰稿人　王　挥

审稿人　叶文山　张金泽　高锋远

□积极开展初中“三防”知识教育

随着我国现代科技和国防事业的不断发展，“三防”知识教育应逐步成为中小学课程表中一个不可缺少的项目。1987年10月6日至9日，国家人民防空委员会和国家教委在四川省自贡市召开了全国人防重点城市初级中学“三防”知识教育座谈会，交流了各地的先进经验，着重研究了进一步搞好初中“三防”知识教育的有关问题。这是我国开展人防工作以来首次总结和研究在初中进行“三防”知识教育的会议。

对核武器、化学武器、生物武器的防护统称为“三防”。“三防”知识教育是国防教育的重要内容。1987年，李先念主席曾在第三次全国人防会议上指出：“教育部门要把人民防空的有关内容纳入大、中、小学教育计划”。之后，国家人防委和国家教委于1986年9月联合发出《关于在初级中学进行人民防空〈三防〉知识教育的通知》(以下简称《通知》)。

《通知》发出后，各地“三防”知识教育陆续开始起步，并得到进一步发展：一是许多省、自治区、直辖市结合本地实际，研究制定了贯彻落实《通知》的意见，初中“三防”知识教育正向制度化、经常化发展；二是各地按照《通知》的要求普遍进行了试点。有的军区和省、自治区、直辖市还专门召开会议，交流经验，表彰先进，促进了“三防”工作的广泛开展；三是“三防”知识教育形式不断增多，内容愈加丰富生动。除了在课堂上结合有关课程进行必要的系统教育外，还通过举办“三防”夏令营，组织“三防”知识智力竞赛，召开“三防”运动会，表演“三防”文艺节目等多种形式，以巩固“三防”教育的效果；四是各地认真抓了教学保障工作，积极举办了“三防”师资培训班，编写教材、制做教具，有的单位还编辑摄制了“三防”教学录相片。

会议认为，经过一段时间的实践，证明在初级中学开展“三防”知识教育是切实可行的。通过教育，使学生掌握了基本的防护知识，开阔了视野、增强了组织纪律性；激发了学生热爱祖国、建设祖国和保卫祖国的思想感情；提高了他们对国防建设和人防战备建设的思想认识。因此，在初级中学进行“三防”知识教育，无论是战时对核、化、生武器袭击的防护，还是平时应付突发性核、化工业事故及某些自然灾害，都具有重要的意义。

撰稿人　鲁　纹

审稿人　卓睛君

中小学教育教学

□加强和改进小学思想品德教育

一、小学德育整体改革工作

在改革开放的新形势下，思想品德教育必须通过多种途径进行，必须进行整体改革。

思想品德课是实施德育的一条重要途径，思想品德课教材建设和教学改革是小学德育整体改革的重要内容。为了适应不同地区的需要，贯彻中小学教材要“一纲多本”的原则，国家教委委托北京市教育局与人民教育出版社、辽宁省、黑龙江省、天津市、上海市、广东省、四川省等省市教委、教育厅（局），依据国家教委1986年颁发的《全日制小学思想品德课教学大纲》，各编写一套教材。在编写教材的过程中，各地加强领导，认真组织力量，从不同地区的实际出发，按照小学各年级学生的年龄特点，由浅入深、图文并茂，生动活泼，注意增强教材的思想性、知识性、趣味性和实践性。同时，还选择不同类型学校，对新教材进行试讲，多方征求意见，边编写，边实验，边修改。1987年10月29日至11月7日，全国中小学教材审定委员会在广州召开了思想品德课教材审查会议，对上述6套教材进行了审查。

为了使小学德育工作能适应新时期的要求，并适合小学各年级学生的年龄特点和思想实际，求得实效，国家教委选择9省市18所城乡小学进行以思想品德课教学改革为主要内容的小学德育整体改革实验，以便在点上取得经验，指导面上的工作。承担实验任务的省、市组织科研人员、学校教师、教育行政干部三方面的力量，认真开展科学研究和实验工作。各学校根据自己的实际，从思想品德教育内容、教育途径（包括思想品德课）、德育考核（包括思想品德课考核）等方面，确定了实验课题。1987年7月1日至5日，在秦皇岛市召开了18所学校实验工作汇报会。与会代表就深化德育整体改革和如何开展德育实验工作进行了交流和研讨。

为了克服小学思想品德教育工作中的随意性，加强计划性、科学性，明确小学德育的地位、性质和作用，确定小学阶段思想品德教育的任务和要求，规划结构合理、主题突出、层次清楚的教育内容，明确实施德育各途径的职责分工，统一各方面的步调和力量，增强德育工作的整体效果，国家教委在实验的基础上制订了《小学德育纲要》、《小学生日常行为规范》和《小学班主任工作暂行规定》。

二、指导课外阅读，抵制不良影响

指导学生课外阅读是思想品德教育工作的一个重要内容。为了充实学生的课余生活，抵制不健康书刊的不良影响，全面提高未来一代的素质，1987年4月25日至29日，国家教委召开的关于编辑小学生课外读物工作研讨会在北京举行。全国各少年儿童出版社社长、总编辑共100余人参加了会议。国家教委副主任何东昌同志到会就编辑出版小学生课外读物的指导思想等问题作了重要讲话。会议决定“七·五”期间由全国各少年儿童出版社共同编辑一套近千册的少年儿童读物。内容涉及德育、智育、体育、美育和劳动教育各个方面，读者对象为小学低、中、高各年级学生。1987年5月25日，国家教委和新闻出版署联合发出《关于向全国小学生推荐一批少年儿童课外读物的通知》，向全国小学生推荐了110部课外读物。此外，针对一些坏书刊一度在社会上流传的情况，为了保护青少年身心健康成长，1987年8月13日，国家教委发出《关于在中小学严格制止宣扬凶杀、色情、迷信等有害书刊流传的通知》。《通知》要求各地在加强思想品德教育的基础上，对有害书刊（包括手抄本）在学生中流传的情况进行一次清理。并把它作为一项经常性工作，每年都要抓一次，随时发现，随时收缴，及时教育。

三、中国教育学会小学德育研究会成立

为了加强对小学德育理论和实际问题的研究，1987年7月6日，中国教育学会小学德育研究会在秦皇岛市成立。来自全国各地高等院校、教科所、教育学院从事小学德育研究的科研人员，优秀小学校长，特级教师和教育行政部门的干部共55人出席了会议。进行德育工作整体改革实验的18所城乡小学的代表列席了会议。大会通过了《中国教育学会小学德育研究会章程》。根据会章选举了理事会和常务理事会。与会代表一致推选中国教育学会副会长张文松为研究会理事长。

撰稿人　唐淑芬
审稿人　姬君式

□修订中学思想政治课改革实验教学大纲

1986年，国家教委下发了《中学思想政治课改革实验教学大纲》（初稿），作为编写新教材和进行教学改革实验的依据。一年多来，全国已有100多所学校进行了教改实验。在此基础上，国家教委于1987年9月召开了教学大纲的修订会议。

会议充分肯定了两年来中学思想政治课改革实验的成绩，并认为修改教学大纲应遵循以下原则：（1）认真贯彻和体现社会主义初级阶段的理论和党的基本路线；（2）从学生实际出发，解决偏多偏深的问题，使教学内容既是学生应该知道的和最关心的，又是他们能够理解、接受和最基本的；（3）分析或提出问题要以历史唯物主义和辩证唯物主义为指导，防止片面性、绝对化；（4）更好地贯彻理论联系实际的方针，进一步加强思想教育的针对性，尽可能帮助学生对现实问题有一个正确认识。

根据上述原则，与会人员对《公民》、《社会发展简史》、《中国社会主义建设常识》、《共产主义人生观》、《经济常识》和《政治常识》6门课的教学大纲进行了认真讨论，提出了修改意见。党的十三大召开后，国家教委中小学思想政治教材研究中心又征求了有关专家的意见，进一步作了修改。

（1）根据党的十三大提出的社会主义初级阶段的理论和基本路线，进一步明确了有些课的教学目的要求，并在教学内容上有所调整。如《公民》课要求联系学生实际，阐述有关的公民权利、公民义务和公民道德，培养学生具有社会主义国家的公民意识；《社会发展简史》要求在教学中注意体现生产力在社会发展中的决定作用，使学生认识到，那种认为中国不经过生产力的巨大发展就可以超越社会主义初级阶段的“空想论”是错误的；同时，在阐述人类社会的一般发展过程中，要注意克服“机械论”的错误，不要把五种社会形态的依次更替绝对化；《中国社会主义建设常识》中增加了“我国社会主义初级阶段的有关常识”，并要求通过教学使学生初步认识我国处于社会主义初级阶段的实际情况和发展方向，初步了解党在社会主义初级阶段的基本路线和各项有深远意义的指导方针；《经济常识》突出了我国社会主义商品经济的有关知识，并要求学生了解社会主义初级阶段商品经济的状况和经济发展战略目标，懂得发展社会主义商品经济的意义和有关知识；《政治常识》的教学内容突出了民主政治这个主题，并要求把马克思主义关于阶级和阶级斗争的观点渗透到有关教学内容之中，而没有单独列为教学要点。此外，考虑到对中学生在人生观、理想方面的教育和要求应与社会主义初级阶段党的精神文明建设总方针相适应，将原定的《共产主义人生观》课更名为《科学人生观》。

(2) 从学生实际出发，删掉了一些偏多偏深或重复的内容，适当降低了教学要求，对《科学人生观》中有关世界观的内容，《经济常识》中有关资本主义商品经济和资本主义企业的内容，《政治常识》中有关当代国际关系的内容等都作了调整。修改后的大纲删掉了与小学思想品德课、中学历史课相重复的内容，如《公民》课中的“珍惜时间观念”，《中国社会主义建设常识》课中的“中国社会主义建设道路”、“中国共产党的领导”等教学内容，在初中历史教材中都已经占有相当分量，不再重复安排。为了减少与历史课的重复，还压缩了《社会发展简史》中有关原始社会和奴隶社会的教学内容。

(3) 进一步加强了教育性。要求各门课程要有的放矢地进行思想品德教育，更加鲜明地强调了社会主义公民道德观念、法制观念、商品经济观念、民主政治观念的培养和教育。加强了爱国主义教育、艰苦奋斗教育、怎样做一个好公民和怎样树立科学的人生观、世界观的教育。

(4) 教学体系更为科学合理。修改后的大纲较好地处理了纵向与横向的关系。各门课程的主线更为清晰：初一年级：公民意识；初二年级：生产关系一定要适应生产力发展的规律；初三年级：一个中心，二个基本点：高一年级：人生观；高二年级：社会主义商品经济；高三年级：社会主义民主政治。

1988 年 1 月 4 日至 14 日，国家教委召开九年制义务教育教学大纲审查会议，审查通过了修改后的中学思想政治课改革实验教学大纲，并决定于 1988 年秋季开始普遍试行。

撰稿人　蓝佩云
审稿人　仲哲明

□小学语文“注音识字，提前读写”教学改革实验

1987 年 6 月，国家教委和国家语言文字工作委员会再次组织联合调查组，对湖南湘西土家族、苗族自治州第一轮实验情况进行考察。结果表明，实验在湘西少数民族地区同样取得了明显的效果。

1987 年 11 月，国家教委发出了《关于推广小学语文“注音识字，提前读写”实验的通知》。《通知》指出这项改革自 1982 年在黑龙江省的几所学校开始实验以来，发展很快，截止目前已扩展到全国 28 个省、自治区、直辖市的几千所学校。几年来，在北方话区、南方方言区和少数民族地区的城乡实验学校，都程度不同地取得了可喜的成果，初步显示了实验的广泛适应性。实践表明，这项实验不仅符合儿童学习语言的规律，有利于促进学生听说读写能力的协调发展，而且对学生开阔视野、增长知识、开发智力也具有积极作用。因此，各地应在取得初步经验的基础上，积极地、有计划地推广这项教改实验。

《通知》要求各地在推广实验时，首先，要明确指导思想。要着眼减轻学生过重的课业负担，开阔儿童的视野，发展他们的智力，并加强思想品德、意志性格、

行为习惯等非智力因素的培养，全面提高小学语文教学质量，使儿童少年在德、智、体、美诸方面得到生动活泼的发展，不要单纯追求语文程度的提高；其次，应根据本地的具体情况制订出切实可行的推广规划，有计划、有步骤地组织具备条件的学校先行实验，条件暂不具备的，应先创造条件，不要一哄而起；第三，要抓紧做好师资培训，教材和课外读物等推广实验的准备工作；第四，要加强实验的教研和科研工作，在推广过程中继续完善实验内容和实验成果；第五，加强对实验工作具体领导管理。

撰稿人 赵 卫
审稿人 李仲汉

□试办高中理科实验班

1987年3月，国家教委商中国科协决定，委托中国数学会、中国物理学会、中国化学会和北京大学、清华大学、北京师范大学及其附属中学试办高中理科实验班。5月，国家教委主持召开了组建“高中理科实验班”的会议，会议研究了办班的有关问题，成立了由以上单位的负责人组成的领导办班工作的协调小组。组长由北京大学、清华大学、北京师范大学三所大学的成员轮流担任，任期一年，国家教委和中国科协也派人参与协调组工作。1987年9月10日，国家教委与中国科协联合向各省、自治区、直辖市教育委员会、教育厅（局）正式发文，宣布“高中理科实验班”成立。

“高中理科实验班”每年招生4个班，包括2个数学班，1个物理班，1个化学班，每班25人。数学班分设在清华附中和北京师范大学附属实验中学，物理班和化学班均设在北京大学附中。

高中理科实验班的办班宗旨是：为了对数、理、化三科中某一学科具有优异成绩的学生进行特殊培养，探索对智力优异学生进行教育培养的规律和中学教育与大学教育衔接的问题；选拔和培训参加国际中学生数、理、化奥林匹克竞赛的选手。实验班在全国范围内招收高二年级的学生；课程设置和教学计划与普通高中基本相同，适当加强相关理科和外语教学，如数学和物理拟在教学计划规定的课时内，分别增设“初等数论”、“组合数学与图论”、高等学校自学丛书中的“物理学”。学制分一年半和半年两种，半年制班通过全国竞赛招生，其主要任务是为参加国际中学生奥林匹克竞赛作准备。实验班学生的学籍仍在原中学，毕业时，由实验班发培训证书，由原所在中学发毕业证书。在学习过程中证明不适于在实验班继续学习的学生，仍回原所在中学学习；表现突出，符合高校招收保送生条件的学生，毕业时，按有关规定向高校推荐保送。

撰稿人 邓立言
审稿人 卓晴君

□北京市三十五中教学改革尝试

北京三十五中建于1923年，至今已有65年的历史。目前是西城区重点中学。近几年来，我校在教改中做了一些有意的尝试。如增强课堂教学的科学性，减少课堂教学的随意性，要求教师要做到“三化”，即“定量化、高效化、最佳化”。考试内容有能力分析题；实验及演算能力题；听说及分析能力题等。

为了落实增强课堂教学的科学性，减少课堂教学的随意性，我校提出了“教学设计”的要求。目的是要更广泛地养成教师科学的教学思维。依据教学大纲、学生的实际（学生的生理、心理特征，认识规律，知识基础，智力水平，接受能力等），教学原则，教学基本规律等教学理论，进行“教学设计”，用以代替传统的教案。“教学设计”规定了教学目标、学生分析、教学内容的知识点及能力的培养、参考的教学资料、教学过程、教学方法、测试反馈等内容。这样做从思想上明确了几种关系：

1. 教学目的方面：不是单纯以传授知识为主，而是促进学生在学到知识时注意能力的培养，如何使知识变为学生再学习的能力。不是只强调静态的知识，同时还要强调这一知识形成的过程。培养学生由此及彼的能力。

2. 教学内容方面：不是只强调传统的基础知识，只限于一个学科、一个课堂，一本教材，还要强调以广度带深度，注意知识的迁移。

3. 教学形式方面：不是只强调教学中的思维定势——一定的思路，一定的方法。在教学过程中要强调内部诱因，思维变式。善于改变看问题的角度，培养学生多角度的思维能力。

这样做就改变了教案只反映教材内容的分析而无教学对象的分析；改变了教案只反映出知识的传授而无能力的培养；改变了教案教法的随意性而无教法的设计等等。再配合教学前的预测和教学后的反馈，随时了解教学效果，不断调整完善教学的实施。调动老师、学生教与学的积极性。形成教前心中有目标，教后有反馈的一整套课堂教学的规定。

每学期要求老师设计一份，并付诸实践。这样试行的结果，学生不仅学到了知识，而且掌握了学习知识的方法。同时能较快地提高教师的教学水平。青年教师能很快地纳入教学轨道、少走弯路，中老教师可以充分总结和发扬本人的教学经验和特长。我校教师运用“教学设计”在区级开观摩课，受到全区老师的好评，参加市级评优课，被评为优秀。老师们普遍地提高了教学水平，教学质量有较大提高，学生刻苦学习，情绪饱满。

我校为了配合各学科的教学，还组织了各学科小组活动，通过学科小组的学习，同学们丰富了知识，开阔了眼界，在各种比赛中都能取得好成绩。刘浩同学参加奥林匹克俄罗斯语言竞赛获金奖，并获莫斯科大学奖学金，两年后进入莫斯科大学学习。演奖比赛两次获全国一等奖。天文观测小组获日蚀观测二等奖。

北京市三十五中学供稿

□加强和改进小学美育工作

赵紫阳总理在六届人大作的关于“七五”计划的报告中指出：“各级各类学校都要认真贯彻执行德育、智育、体育、美育全面发展的方针”，重新确立了美育在教育方针中的地位。为了更好地贯彻教育方针，加强对学校艺术教育工作的宏观规划和指导，国家教委于1986年12月成立了艺术教育委员会，推动各级各类学校美育工作的发展。

一年多来，各地教育部门在教育改革过程中，不断端正办学指导思想，全面贯彻教育方针，注意抓好美育这一薄弱环节，加强对这项工作的领导。如北京市教育局于1987年3月召开了全市中小学美育工作会议，提出了加强和改进中小学美育工作的措施，提高干部对美育工作的认识，组织力量编写《北京市中小学美育纲要》；健全美育工作的管理和教研机构；抓好现有音乐、美术教师的在职培训和新教师的培养；有计划地增添必要的教学设备等。

小学音乐、美术课是小学实施美育的重要途径。近年来，许多地方的教育部门采取有力措施，切实加强音乐、美术课教学。督促、检查、指导学校按教学计划规定认真上好音乐、美术课；培训音乐、美术教师；筹款购置艺术教育所需器材设备等。如吉林省各级教育部门都有一位局长等。如吉林省各级教育部门都有位局长主管艺术教育，教育行政部门和教师进修院校都配备了专职或兼职的干部和教研员，形成了比较完整的艺术教育指挥系统。广州市对小学音乐、美术教师普遍进行了培训。

广泛开展各种健康有益的课内、校外美育活动，也是实施美育的重要手段。1987年4月，国家教委与文化部等7个单位联合下发了《关于开展“唱好歌”活动的通知》，推广了76首全国获奖的少儿歌曲，引导少年儿童唱健康、优美的歌曲，从中受到潜移默化的教育。为了满足广大少年儿童文化生活的需要，1987年4月，国家教委与中共中央宣传部、广播电影电视部联合下发了《关于改进和加强少年儿童电影片生产、发行、放映工作的意见》。《意见》要求各级党委宣传部门和文化、教育部门重视少儿影片的创作、生产和发行放映工作，增加少儿影片产量，提高质量，扩大放映场所，使电影在培养教育新一代的事业中发挥更大的作用。各地还积极开展传统性的美育活动，定期或不定期的举办歌舞、书画、戏剧比赛奖评，或举办文艺汇演以及综合性的美育节、艺术节等。如1987年7月，湖北省教育、文化等有关部门联合举办了“黄鹤美育节”，组织有关美育的学术报告、经验交流会，小学音乐、美术教学观摩、示范和唱游辅导，以及美术作品展览和文艺演出等活动，使青少年受到了一次综合性的审美教育。1987年3月至6月1日，天津市教育局与团市委、文化局等单位联合举办了“天津市少年儿童艺术节”，开展了歌舞、绘画等20多项活动，为全市百万少年儿童提供了施展才华的舞台，使群众性的少年儿童艺术活动得到普及与提高。

撰稿人　陈月丽
审稿人　姬君式

□颁发全日制小学劳动课教学大纲

为了加强小学劳动教育，1987年10月23日，国家教委颁发了《全日制小学劳动课教学大纲》（试行草案）（以下简称《大纲》），并在下发该文件的《通知》中指出：加强劳动教育是全面贯彻教育方针的有机组成部分，是当前深化教育改革的一项重要课题。《通知》强调指出：

（一）要提高对小学劳动教育的认识。近几年来，不少小学对劳动教育有所忽视，小学生不爱劳动，不珍惜劳动成果，生活自理能力差等现象比较普遍。这种状况对于未来一代新人的健康成长极为不利。因此，各地要在贯彻执行《大纲》的过程中，认真改变这种状况。要组织学校干部和教师认真学习《大纲》精神，提高对加强小学劳动教育重要意义的认识，明确国家对小学生在劳动教育方面的培养任务和基本要求，把劳动教育列入学校的重要议事日程，扎扎实实地抓好。

（二）要采取有力措施，加强小学劳动教育。首先，各地教育部门要检查、督促所属全日制小学，按照教学计划规定开设劳动课，并在全日制五年制和六年制小学三年级均增开一节劳动课。小学低年级的劳动教育，通过各科教学、常规训练、班队活动、课外活动和家庭教育等多种途径渗透进行。其次，要组织力量，编好劳动课教材。由于我国幅员广大，各地的经济发展和资源有很大差别，劳动课的教材应当根据“一纲多本”的原则，由各省、自治区、直辖市根据《大纲》的要求，结合本地实际，组织力量编写。地、县教育部门和学校还可适当编写乡土补充教材。三是要积极抓好师资配备和培训工作。各地学校应挑选教育思想端正、知识面宽，动手能力较强的教师担任专职或兼职劳动课教师，也可在学校职工中挑选具有一定劳动技能和文化水平的人经过培训后任课，还可从社会有关方面聘请兼职教师。要保持劳动课教师的相对稳定，各地中等范学校也应加强劳动技术教育，使学生熟悉小学劳动课的教材教法，以提高新师资的素质，适应小学劳动教育的需要。四是要从实际出发，因地制宜，积极创造条件，解决劳动场地与设备问题。

（三）要加强对小学劳动教育的领导。各级教育行政部门，要对小学劳动教育加强督促、检查和指导，帮助学校解决认识问题和实际问题。省、地、县教学研究部门都应配备小学劳动课的专职或兼职教研人员，各级教育科研部门应将劳动教育列入科研计划。要建立必要的考核评估制度，把劳动教育列入评估学校和教师工作成绩的一项内容。凡劳动教育开展得不好的学校和班级，不得评为先进单位和先进集体；劳动表现差的学生，不得评为先进个人或“三好学生”。对于劳动教育搞得好的学校、教师和劳动表现突出的学生，要给予表扬和奖励。

在此之前，国家教委还转发了山东省平度县教育局、沈阳市沈河区教育局、成都市实验小学、北京市丰台区看丹小学、牡丹江市立新小学关于开展小学劳动教育的经验。

撰稿人　陈　纲

审稿人　李仲汉

基础教育管理工作

□教育督导工作

建立督导机构

邓小平同志在 1977 年曾指示:“要健全教育部的机构。要找一些四十岁左右的人,天天到学校里去跑。……了解情况,监督计划、政策等的执行,然后回来报告。这样才能使情况反映得快,问题解决得快。”1986 年,赵紫阳同志在六届全国人大第四次全体会议上作《关于第七个五年计划的报告》中也指出:“要加强教育事业的管理,逐步建立系统的教育评价和监督制度。”经国务院批准,国家教育委员会于 1986 年 9 月 4 日宣布成立督导司,并于 1986 年 11 月 27 日通报全国各地。

1986 年 12 月 23 日至 26 日,国家教委督导司在北京召开了督导工作座谈会。1987 年 3 月 3 日,国家教育委员会发出《关于转发〈国家教委督导工作座谈会纪要〉的通知》。《通知》明确了以下几点:

(一)督导工作应面向整个普通教育,包括普通中、小学,中等师范,职业中学。在实际进行督导工作时,各地可以根据情况确定一个时期内督导的重点。(二)督导机构的性质是在教育行政部门内设置的专门负责对下级教育部门和学校工作进行监督、评价、帮助和指导的行政职能机构。它不是咨询机构。督导机构应受同级教育部门领导和上级督导机构的指导。(三)先在中央和省(市)、地(市)的教育行政部门中设置督导机构,在步骤上应采取自上而下,逐步设置的方针。县一级如何建立机构,应经过一段实践后再确定。(四)督导机构的任务是监督、检查下级教育行政部门和学校贯彻执行国家的有关方针、政策、法规的情况,以及其它有关事项;评价下级教育行政部门和学校的管理水平和教育质量;帮助和指导下级教育行政部门和学校的工作;反映下级教育行政部门和教育工作者的要求,对教育工作中有关问题进行调查研究,向政府和教育行政部门提出意见和建议。(五)省、自治区、直辖市督导室应配备专职督学十人左右;省以下督导机构的人员配备由各省、自治区、直辖市根据实际情况核定。配备督导人员应以专职为主,根据需要可以聘任若干位兼职督导人员,还应配备一定数量的工作人员。(六)专(兼)职督导人员的职务名称分为正、副主任督学和督学,分别配备相当于正、副厅(局)级和正、副处级干部担任。各地任免正、副主任督学和督学,由教育行政部门会同有关组织人事部门,经过考察后提名,按规定的干部任免程序和审批权限任免。任免正、副主任督学应报国家教委备案。(七)督学应具备以下条件:(1)坚持四项基本原则,拥护和积极贯彻党的十一届三中全会以来的路线、方针、政策,努力学习马列主义、毛泽东思想,忠诚于社会主义教育事业;(2)受过高等教育或具有同等学历,至少具有 10 年以上的教育工作经历,有一定的理论和政策水平,教育思想端正,熟悉教育业务,懂得教育规律,有一定的教育领导管理能力和文字写作水平;(3)坚持原则,作风正派,实事求是,遵纪守法;(4)身体健康,能坚持第一线督导工作。专职的督导人员一般应在中等教育工作骨干中严格择优遴选，务必保证质量，并坚持先经过必要的培训和工作实践再任命的原则；(八) 为了有利于开展督导工作。不断提高督导工作质量，各级教育行政部门应及时向督导人员提供有关的文件和资料；根据需要吸收他们参加必要的会议；采取多种形式培训督导人员，不断提高他们的理论政策水平和业务能力；还应定期对督学的思想、业务工作进行考核；(九) 在督导工作中必须以党和政府的方针、政策、法规为依据，并应与其他有关的职能机构相互配合，注意取得被督导地区教育行政部门、学校领导和教职员工的密切合作。进行督导工作，事前应有明确目的，制订好工作计划，事后写出报告。工作中要严肃认真，坚持原则，秉公办事，克已奉公，不搞特殊化。

国家教委文件还要求各地积极创造条件，在1987年内把省、自治区、直辖市的督导机构建立起来，然后逐步建立地(市) 督导机构。至1987年12月，北京市、河北省、山西省、辽宁省、吉林省、黑龙江省、甘肃省、青海省、新疆维吾尔自治区、上海市、浙江省、安徽省、山东省、湖北省、河南省等15个省、自治区、直辖市的教委或教育厅(局) 建立了督导机构。还有27个地(市) 的教委或教育局以及个别县也建立了督导机构。

培训督学人员

国家教委督导司委托北京师范大学、华东师范大学的教育管理学院在1987年9月至12月分别举办首届督导人员培训班。接受培训的有省、自治区、直辖市、计划单列市和国务院有关部委的教育行政部门的督学人员共54人。督导培训班开设的课程有教育基本理论、教育管理学、中国和外国的督导和评估、督导工作经验介绍等，并安排学员去城市的区和县进行教育督导实习和专题讨论。

教育督导评估工作试点

为了取得教育督导工作的实际经验，国家教委督导司请浙江、河北、甘肃、湖北四个省教委(教育厅) 先后对6个县的教育工作进行督导试点。现以国家教委、浙江省教委联合督导组，对浙江省宁波市慈溪县普教工作的督导为例，说明督导工作试点的情况：

督导组以《中共中央关于教育体制改革的决定》和《中华人民共和国义务教育法》等为依据，重点督导慈溪县的办学指导思想和实施义务教育的情况。

督导组事先订出工作计划，通知慈溪县教育局。整个工作过程是：听取慈溪县政府及教育局等有关部门汇报该县经济、社会和教育情况；分组到14个乡(镇)、88所学校、5家工厂，走访了区、乡(镇) 干部、校长、教师和群众320人次，查阅了有关资料，听了一些课；督导组认真分析情况，讨论有关问题；同慈溪县委、县政府及教育局等有关部门领导同志交换了意见。督导过程中，重视调查研究，注意总结正面典型经验，充分肯定了慈溪县领导重视教育事业；努力发展职业技术教育，初步改变了中等教育结构单一的局面；端正办学指导思想，全面贯彻教育方针，教育质量稳步提高；尊师重教，加强了师资队伍建设；多渠道筹措教育经费，不断改善办学条件等方面所做的大量工作和取得的很大成绩。督导组还提出了热心社会主义教育事业，关心和支持办学，表现较为突出的先进单位和个人名单，建议县政府给予表彰。

同时，督导组就该县实施九年制义务教育的规划、高中阶段教育事业的发展速度、如何发展中等职业技术教育和加强对学生的思想政治工作等四个问题，与该县政府及其教育行政部门领导同志一起进行分析，加以引导和帮助，并请他们进一步作认真研究，从当地实际情况出发予以妥善解决。对于排除现存的少量危险房屋等急需解决的问题，督导组规定了期限，要求该县立即加以解决。

在各地开展关于教育评估的研究、拟订评估方案和对普通中小学进行评估工作试点的基础上，国家教委督导司于1987年11月4日至8日在武汉市举行了一次教育评估研讨会，讨论了教育评估的目的、对象、内容和方法，并对进一步开展督导评估工作试点交换了意见。

撰稿人 审稿人 郑启明

□教研室工作的调查研究

为了掌握全国中学教研室和教研员队伍的基本情况，加强对中学教研室工作的宏观管理和指导，1987年9月中旬至11月中旬，国家教委中学司对各省、自治区、直辖市的教研室及其工作进行了一次比较广泛的调查。调查组分别听取了22个省、自治区、直辖市及7个计划单列市教育、教研部门关于教研室工作的意见和建议，并分赴黑龙江、四川、湖南、湖北、江西五省进行了实地调研。调查的主要内容是教研室的性质和任务、机构设置、人员编制、教研员的职称待遇以及教研经费等问题。

一、教研室是从事中、小学教学研究和教学业务管理的机构

调查中，各地一般都认为，教研室是从事中、小学教学研究和教学业务管理的机构，是同级教育行政部门在教学工作方面的助手。但是，各省、自治区、直辖市教研部门的机构性质不够明确，教研工作范围也不一致，不少省除中、小学的教学研究外，还要负责职教、师范、幼教、电教等方面的工作。各地普遍反映，需要就这些问题进一步研究探讨，逐步加以明确。

通过研究总结各地的工作经验，大家认为，当前教研部门的主要任务应该是：(1)贯彻执行教育行政部门对教学工作的方针、政策和各项规定；(2)执行中学教学计划和大纲，研究教材教法；(3)深入第一线指导教学，提高教师业务水平；(4)组织开展和指导各项教学改革实验；(5)总结、交流、推广先进的教学经验；(6)根据教学需要，组织编写乡土教材、补充教材、教学参考资料；(7)向教师介绍国内外教学改革信息，推动各科教学改革；(8)协助教育学会开展学科专业学会的学术研究活动。在调查中，一些地方还反映，当前教研室、督导室、教科所的工作交叉重迭，需要进一步明确分工。

二、教研室机构的设置不宜划一

全国各地基本上都有省、地(市)、县三级教研机构。省级教研机构的设置有以下三种情况：一种是设在省教育学院内，如辽宁、吉林、黑龙江、广西、湖北5省；第二种是设在省教科所内，如河北、湖南、四川、陕西、新疆、贵州、安徽7省区；第三种是属于省教委、省教育厅(局)的二级独立机构，如北京、天津、上海、山西、内蒙、江苏、浙江、福建、江西、山东、河南、广东、云南、西藏、甘肃、青海、宁夏等17个省、自治区、直辖市。各省都有地(市)级教研机构，设置情况与省级教研部门相仿。除西藏自治区外，其他各地都有县级教研机构，一般都设在教师进修学校内。

教研机构的三种不同设置形式各有利弊。设在教育学院内有利于解决教研员享受中学教师待遇问题，有利于教育理论研究与教学研究的相互结合，有利于教研人员业务水平的提高，可以不单设后勤机构，有利于精简人员等。但是，在人、财、物出现矛盾时，容易发生教学挤教研的现象，对下指导工作不便，缺乏行政约束力。设在教研所内，则有利于加强教研与科研的联系，互相促进，避免理论脱离实际，可以充分利用教研所的图书资料齐全、科研设备先进，信息灵通的条件开展教学研究工作。但在人、财、物等方面往往容易发生科研与教研争财争物的矛盾。教研室隶属于教委（教育厅、局），单独设置，便于开展工作，人事、财务、业务都有独立自主权，但教研员常被教育行政部门抽调去承担许多临时性行政任务，影响教研业务工作。综上所述，关于教研室的设置，目前不宜制定划一的归属。各地可根据本地实际情况，充分发扬有利因素，克服不利因素，因地制宜，形式多样地搞好教学研究。

三、教研室的编制需要适当扩大

全国现有中学教研员 23500 余人，各省、区教研员总数一般在 500—1000 人左右。总数在千人以上的有辽宁、黑龙江、河北、河南、山东、四川、陕西等 7 省。其中，山东最多，约 2100 人，甘肃、宁夏、西藏等省、自治区人数较少，总数在 150 人以下。

目前，多数省、自治区实行专职教研人员为主体，专兼职教研员相结合的办法。各级教研员编制不尽相同。多数按学科定编，一般是语文、数学、外语等学科二至四人，其他学科一至二人。有的省提出，应该根据当地教师总数，按一定比例配备教研员。各地教研室都有一定数量的行政人员。当前，劳动技术、音乐、美术、体育学科的教研员队伍严重缺编。据调查，全国只有接近半数的省配备了省级音乐、美术教研员，而地（市）、县的几乎没有音乐、美术专职教研员；除北京、辽宁、黑龙江、浙江、云南等 6 省市外，其它各省均无劳动技术课教研员。据调查，各地普遍要求，对教研室进行定编和适当扩编。

四、教研员队伍素质较高，职称待遇急需解决

从调查中可以看出，各地教研员大部分是某一学科的骨干教师，他们年龄大、教龄长，实践经验丰富，文化素质较高。从调查的北京、天津、上海、江苏、安徽、福建、广东等省市的情况看出，年龄在 40 至 50 岁之间者占教研员总数的 50%以上。其中，有些省市的教研员年龄在 50 岁以上者，占全体教研员总数的 20%以上。相当一部分省市都有 50%以上的教研员教龄超过 20 年。其中，北京市有 84%的教研员的教龄在 20 年以上。各省教研员的学历达到大学本科和大学专科的占教研员总数的 80%以上。北京、天津、上海、辽宁、吉林、黑龙江、浙江、安徽等 7 省、市的教研员中，具有大学本科毕业学历的占教研员总数的 60%以上。

教研员素质较高，但职称和教龄津贴等方面的问题较多，直接影响这支队伍的稳定。各地普遍反映，教研员来自教师，不脱离教学，而且一般都是教学中的骨干，应当享受与中学教师同等的待遇，比如教龄津贴等。应当按照中学教师系列评定职称，而且高级职称比例应该较重点中学多些。目前，已有少数省，如黑龙江、湖南、贵州、辽宁等先行一步，按高教或科研系列评定教研员职称。

五、教研经费应有保障

各地反映，教研部门除人头费外，还需要有开展业务活动经费，用于进行教学改革的研究、教学改革的实验以及培训教研人员等。此外，还需要有一定的经费用于完成上级教育行政部门下达的临时任务。因此，许多地方建设，从教育事业费中拨出一定比例的经费，作为教研部门的专项经费，以保证开展教研工作的基本费用需要。

撰稿人　马　立
审稿人　卓晴君

□中小学教师职务聘任制

1987年4月24日至26日国家教委在成都召开中小学教师职务聘任工作会议，总结1986年开始的中小学教师职务聘任试点工作，研究当前开展这项工作需要解决的一些问题，并部署了1987年全面开展中小学教师职务聘任工作。

会议认为，中小学教师职务聘任工作自1986年下半年开始试点以来，总的情况是好的。许多试点学校通过开展教师职务聘任工作，调动了教师教书育人的积极性，促进了学校教学工作和各项管理工作。试点实践表明，中小学教师职务聘任工作的各项政策是基本符合中小学实际的，是可行的。

会议研究了试点工作中提出的一些政策性问题，国家教委根据会议讨论的情况，拟定了《关于中小学当前实行教师职务聘任制工作中若干问题的意见》（以下简称《意见》）。《意见》进一步指出：中小学实行教师职务聘任制，是我国中小学教师管理制度的一项重大改革。通过这项改革，要调动广大中小学教师教书育人的积极性，建设一支合格而稳定的教师队伍，进一步提高教育质量。《意见》还对如下几个问题作了明确规定：①具有高中毕业学历的现职小学教师，应视为具有小学教师的合格学历。②中小学民办教师应同公办教师一样实行教师职务聘任或任命制。民办教师被聘任或任命教师职务后的工资待遇，可参考公办教师的职务工资标准，按原工资来源渠道予以解决。③企业办的中小学实行教师职务聘任或任命制。各级教师职务限额指标和被聘任或任命后的工资待遇，由主管企业确定下达。

1987年，中小学教师职务聘任工作在全国各省、自治区、直辖市全面展开，到年底已有50%的中小学校完成了教师职务任职资格的评审工作。

撰稿人　王业珠
审稿人　陶遵谦

□中小学教师《专业合格证书》文化专业知识考试试点

根据《中小学教师考核合格证书试行办法》的规定，不具备国家规定学历要求的中小学教师要取得《专业合格证书》，必须首先通过文化专业知考试。

《专业合格证书》的文化专业知识考试，由国家教委规定统一的考试科目和考试要求。考试一般每年进行一次，教师自愿参加。1987年，由于准备工作来不及，而且需要摸索经验，所以只进行试点。

考试试点是在北京市、内蒙古自治区、吉林省、安徽省、广东省、四川省进行的，其他省自愿参加。中学教师开考了心理学、教育学基本原理和语文、政治、历史、数学、物理、化学、生物、地理等8个学科16门课程（每个学科初、高中教师各考一门），由国家教委统一命题，8月20日全国进行统一考试。小学教师的考试安排由各省自行决定。

这次实际参加考试试点的教师人数，（含自愿参加试点的省、区、市在内）初中教师有37万人，占应参加考试的初中教师的31%；高中教师有6万人，占应参加考试的高中教师的24%；小学教师有77万人，占应参加考试的小学教师的67%。考试及格率分别为22%、27%、18.93%。

1987年10月下旬，国家教委在杭州市召开了“全国中小学教师《专业合格证书》文化专业知识考试试点总结会议”。进行考试试点的单位汇报了试点情况。会议认为，1987年的试点工作是比较健康的、正常的，基本上达到了预期的目的。会议经过认真讨论，总结了搞好中小学教师《专业合格证书》文化专业知识考试的10条经验，这就是：

第一，必须继续深入宣传实行考核合格证书制度的目的、意义和指导思想。实行考核制度的目的是从我国中小学教师队伍的实际情况出发，逐步提高师资的水平，进一步理顺师资队伍内部的关系，更好地为普及九年制义务教育和提高基础教育服务；不是单纯为了教师职务评审的需要而进行的“一次性考试”，不能急于求成，搞突击“过关”。

第二，文化专业知识考试必须采取有计划地稳步推进的方针。每年新开考的科目不宜过多，争取三、四年内考完二、三遍。

第三，文化专业知识考试的命题工作，应实行两级负责。中学教师考试，由国家教委统一命题；小学教师考试命题，由各省（区、市）教育行政部门负责。

第四，文化专业知识考试必须有统一的教材。教师学习、进修院校辅导、考试命题都依据统一的教材。因此，要保证教师考前有书，教材尚未出版的科目暂不开考。

第五，要继续对师资队伍的状况进行深入地摸底、调查和分析，对不同文化程度的教师要区别对待。对于文化程度较低的教师，申请参加《专业合格证书》的考试，应适当限制，并做好解释工作。

第六，要坚持自学为主、业余为主、函授为主的“三为主”原则，认真组织教师自学和互教，使教师边教边学，以考促学，以学促教。

第七，教师进修院校和其他师资培训机构，应积极开展有计划、有针对性的辅导和培训。但要防止大批教师脱产或集中面授时间过多，增加教师的负担，影响正常的教学工作。

第八，要积极创造条件，逐步解决《专业合格证书》考试与其他培训规格、培训形式单科结业成绩互相承认的问题，以提高培训效益，减轻教师的负担。

第九，要努力提高考试工作的总体效益，调动教师参加考试的积极性。在坚持自愿申请考试的前提下，应提倡比较有把握及格的教师应考，以提高及格率，减少人力和财力的浪费。

第十，要进一步加强领导。这是搞好考核制度试行工作的关键。各级教育行政部门，要确定一位主要领导负责这项工作。必须建立健全考核和考试工作的管理机构，落实人员编制和必要的活动经费。从领导的指导思想上，要采取积极而谨慎的态度，一切措施都要从有利于提高师资水平出发，不能急于求成。

这次试点也存在一些问题。主要是时间短促，准备不够充分；统一的教材尚未出版，教师自学和组织辅导都有一定的困难，影响了考试的效果；少数地方有急于求成和突击“过关”的情况；一部分教师在没有来得及充分准备的情况下盲目报考，一部分考试不及格的教师，积极性受到一定的影响。

撰稿人　颜金炼
审稿人　金长泽

□召开全国部分地区小学“家长学校”工作经验交流会

为了提高家庭教育水平，促使家庭教育与学校教育更好地融为一体，形成合力，有力地推动小学思想品德教育改革的开展，1987年5月9日至12日国家教委在武汉市召开了全国部分地区小学“家长学校”工作经验交流会。来自全国3个直辖市、11个计划单列市和14个城市教育行政部门的干部及城乡小学"家长学校"代表近百人出席了会议。会上武汉市教委等11个单位分别介绍了开办"家长学校"的经验，与会代表围绕"家长学校"的性质、地位、作用，办学指导思想和学习内容、方式等问题进行了研讨。国家教委领导出席会议并作了重要讲话。

会议回顾了我国"家长学校"发展的过程，认为继1986年"六一"儿童节前夕全国妇联、国家教委联合表彰了100所"家长学校"后，各地"家长学校"有了新的发展。据不完全统计，目前，全国"家长学校"已发展到11万所，其中，广东省城镇小学开办率达98%，武汉市城区小学开办率达71%，辽宁省城乡小学开办率达50%以上。"家长学校"开办后，为了吸引广大家长参加学习，各地从实际出发，根据不同层次家长的需求以及家庭教育中普遍存在的对子女娇宠过分，溺爱过度，要求过高；只重养，不重教；只注意安排好子女的物质生活，忽视子女的精神生活；只关心子女的学习分数，不关心他们的思想品德等问题，增强了学习内容的知识性、针对性、适用性。学习包括：宣传国家的教育方针和政策；传授教育子女的科学知识和一般的教育理论；交流探讨教育子女的经验和方法；帮助家长了解学校教育情况；引导家长提高自身素质，树立为国教子的公民意识等。为了保证学习质量，满足家长需求，各地陆续建立起一支以兼职为主，专兼职相结合的师资队伍。编写出版了10余种"家长学校"教材。在学习方式上，注意灵活多样。如举办独生子女父母班，女生妈妈班，"家家乐"文体竞赛，开展家长咨询日活动，组织家长交流经验、观看有关电视、图片等。根据农村家长居住分散的特点，许多农村"家长学校"组织教师巡回讲课。四川省还成立了"广播家长学校"。各地教育行政部门还加强了对"家长学校"工作的视导和指导，及时总结经验，表彰先进，并注意引导各小学把"家长学校"与多年行之有效的家长工作方式，如家访、书面联系、家长会、家长委员会等有机地结合起来，这些做法密切了学校和家长的联系，促进了家庭教育水平的提高。

会议认为，"家长学校"是随着我国社会主义经济建设和科学文化事业的发展应运而生的一项新的教育工作，其目的是为了帮助广大家长学教育，懂教育，不断提高家庭教育水平。它是全面加强小学思想品德教育工作的一个渠道。因此，充分发挥"家长学校"的作用，有利于促进小学生全面健康地成长；有利于促进家长自身素质和家庭教育水平的提高；有利于教育科学知识的普及；有利于促进家庭教育与学校教育紧密配合，形成合力。从某种意义上说，也有利于促进学校教育改革和教育质量的提高。会议强调，学校作为专门的教育机构开办"家长学校"有着得天独厚的优势，应采取积极态度。但也要区分层次，逐步推广，因地制宜，量力而行。注重实际效果，不能强求一律。

撰稿人　唐淑芬
审稿人　姬君式

□社会各界踊跃捐助中小幼教师奖励基金

中国中小学幼儿教师奖励基金会自1986年"教师节"成立以来，得到社会各界和国内外人士的热情捐助，截止1987年12月底，已有62个单位和3600多人次，累计捐赠4300多万元，成为我国最大的教育奖励基金会。

基金会奖励优秀教师，倡导尊师重教的宗旨，它受到社会广泛的支持与赞扬。它成立不久，就有石油工业部、铁道部、农牧渔业部、煤炭工业部、国防科工委等十几个部委、中国黄金公司、总参保利公司、中国计算机发展公司、中国国际信托投资公司等十多个企业，北京市、广东深圳市和珠海市等地方政府，解放军三总部、各军兵种和各大军区，北京大学、清华大学、天津大学等一些高等院校和一些民办企业鼎力相助。仅有几十万资金的北京八达计算机服务部也捐资1万元。

各界群众积极响应基金会理事长王震提出的“全国10亿人，每人捐赠1元就是10亿元”的倡议，在今年“教师节”期间，国家教委、全国人大教科文卫委员会和新疆建设厅等单位的三千余名干部、职工在自愿的原则下，开展了群众性的捐赠活动。个人捐赠1千元以上的有：何东昌、董纯才、王季青、李培之等。一些在基层单位工作的普通工人、农民、战士、干部和教师也为发展基础教育事业，做出了无私的奉献。中国石油大学教师华泽澎同志将其母身后留下的7600元遗产全部捐给基金会；一些解放军战士将自己几年积攒的津贴费捐赠出来；还有一些小学生把课余时间勤工俭学得来的收入和平时的零用钱积攒起来捐给基金会，表现了孩子们对老师的一片深情。港澳同胞、海外侨胞也纷纷热情相助，香港霍英东先生，澳门马万祺先生，还有日本、美国、新加坡和泰国的友好人士都为教师奖励基金会做出了贡献。

我国一批老革命家对教师奖励基金会的事业作出了重要的贡献。基金会理事长王震不顾年事已高，身体力行，为教育事业辛勤操劳，他常常到中小学和幼儿园参观并同当地政府和教育部门座谈，利用一切机会宣传尊师重教的重大意义，四处奔波宣传奖励基金会的宗旨并筹集基金。在他的号召下，有关方面人士有钱出钱，有力出力，踊跃向基金会捐资。91岁的革命老人帅孟奇同志在自己家里准备了一个捐赠本，本上写着：“全社会都来关心教育事业，有钱出钱，有力出力，不论捐赠多少，是您的一份心意”，后面是一串长长的捐赠者名单，其中有老红军、老干部、老教师，也有小学生。刘英同志曾将自己多年积蓄的几万元赠给儿童基金会，教师基金会成立以后，她又捐赠一千元。在她的带动下，中共中央党史征集委员会《张闻天文选》组、电子部、邮电部设计所、中直管理局和中办老干部局的一部分同志把节省下来的钱捐赠出来。薛明、林月琴、郝治平等老大姐也积极为基金会献资出力，她们联名向各军区、三总部和各军兵种发出募捐信，动员部队从增收节支的经费中拿出部分钱来，支持基础教育。在老大姐们的号召下，已有百余人和20多个单位累计捐款100多万元。章蕴、邹靖华、朱仲丽等老大姐，不但自己捐款支持教育事业，而且热情地向周围同志做宣传，鼓励大家都来关心教育事业。基金会理事周谷城、苏步青等同志也为基金会的宣传和募集基金进行了卓有成效的工作。

各地一些群众来信，表达他们对教师基金会所寄予的愿望。他们说，成立中小学幼儿教师奖励基金会，奖励优秀教师是件利国利民的大事，基础教育涉及千家万户，关系到子孙后代和国家的富强。大家深信，随着中、小、幼教师社会地位的提高，一定会有更多的优秀教师涌现出来，教育事业一定会兴旺发达。王震理事长对社会各界和海内外有识之士支持我国基础教育事业发展所表现的胸怀和远见表示赞赏，对一些普通劳动者从微薄的收入中节省出钱为发展教育出力表示真诚的感谢。他说，教育是立国之本，也是全社会的事业。吁请社会各部门乃至全体公民发扬中华民族勤劳节俭、捐资助学的光荣传统，踊跃地献资出力。

根据王震同志的建议，1987年全国已有23个省（市）、县（区）成立或正在筹备成立地方教师奖励基金会及奖励教师的机构，自行筹集基金，自行奖励教师，以促进本地区基础教育的发展。上海市1987年9月成立了教师奖励基金会，到年底短短的三个月内就集资一千多万元。南京市幼教基金会已募集500多万元。河南省安阳市教师基金会在筹建阶段就已集资100万元。天津市和甘肃省已设立教师奖励基金并分别集资350万元和150万元。这些地区的党政领导对奖励教师的工作非常重视，带头到厂矿、企业筹集资金，并根据当地情况给基金会以各种优惠条件，扶植其成长壮大。

撰稿人　韩云昌

审稿人　张玉池

师范教育

普通师范教育

□进行中等师范教育教学改革，加速实现中师办学条件标准化

（一）修订中等师范学校培养目标。1980年，教育部颁布试行的《中等师范学校规程（试行草案）》中，对中等师范学校的培养目标作了原则规定。几年来，随着我国社会主义现代化建设的发展和九年制义务教育的实施，对于小学师资提出了新的更高的要求，因此，中等师范学校的培养目标应作相应的修订。

为了做好中师培养目标的修订工作，1986年以来，国家教委师范教育司组织各地中师教育工作者进行了比较充分的研讨。

1987年4月28日，国家教委师范教育司将重新制订的《中等师范学校培养目标（初稿）》发至全国，供各地中等师范学校在教育教学改革工作中参考。

《中等师范学校培养目标（初稿）》规定：

中等师范学校的培养目标是：培养具有为祖国社会主义现代化建设而奋斗的远大理想、社会主义道德品质、良好师德、热爱教育事业、求实创新精神，从事小学教育工作必备的知识和技能，一定的艺术修养和健康体魄的全面发展的小学教师。具体要求如下：

一、思想品德

1. 热爱祖国，热爱社会主义，热爱中国共产党，初步树立为人民服务的思想；认真学习马克思主义，初步树立辩证唯物主义和历史唯物主义的观点，具有社会主义道德品质、集体主义精神和良好的文明习惯。

2. 热爱教育事业，热爱儿童，愿意为小学教育作出自己的贡献，服从国家分配。

3. 遵纪守法，文明礼貌，诚实公正，团结友爱。

4. 勤奋好学，意志坚强，理智热情，性格开朗。

二、知识和技能

1. 掌握从事小学教育教学工作所必备的文化科学知识和相应的技能。要有比较扎实的语文、数学知识基础和较宽的知识面。

2. 掌握心理学、教育学的基础知识，了解小学各科教学大纲、教材和基本的教学方法。

3. 掌握从事小学教育教学工作所必备的体育、音乐、美术等学科的基础知识和技能，并在某一方面学有所长。

4. 根据各地不同情况，掌握一定的工农业生产知识和技能。

三、基本能力

1. 自学能力：掌握正确的学习方法、养成良好的自学习惯。

2. 表达能力：能说标准的普通话，能使用钢笔、毛笔、粉笔规范地书写汉字；能用语言和文字准确地表达自己的思想和感情。

3. 审美能力：具有较强的审美感觉能力和一定的审美判断能力以及培养小学生表达美、创造美的能力，并具有初步的美化环境、艺术创造等方面的能力。

4. 教育、教学的组织能力：会做小学班主任工作，能组织好班级、少先队和其他活动：会分析教材，编写教案，能较好地讲授知识、组织课堂教学（含复式教学），会实验操作，会辅导学生，会组织和指导小学生的手工习作或科技活动。

5. 使用和制作教具的能力：会使用小学常用教具和电化教具，能制作小学简易教具。

四、体育卫生

1. 积极参加体育活动，坚持锻炼身体，具有良好的身体素质。

2. 具有良好的卫生习惯和生活习惯，懂得青少年的保健常识。

（二）制订中等师范学校课程、教学计划改革的基本原则。为适应社会主义现代化建设发展的需要，适应普及九年制义务教育和提高基础教育水平的需要，我国的中等师范教育必须根据培养目标的要求，对课程设置、教学计划进行改革和调整。1987 年，国家教委师范教育司重点研究制订了中师课程和教学计划改革的基本原则。

为了做好这一工作，国家教委师范教育司在 1987 年组织力量进行了一系列调查研究工作；委托江苏省教委、福建省教委和北京市第三师范学校、重庆市第一师范学校等单位对中师课程和教学计划的改革、中师各学科的课程标准以及中师的美育、劳动教育等问题进行专题研究，并召开了一系列专题研讨会。如在 1987 年 5 月，召开了中师面向农村培养合格小学师资座谈会，6 月，召开了中师教学计划改革研讨会，12 月，召开了中师语文、教育理论课程改革研讨会等。

在调查研究、科学论证的基础上，国家教委师范教育司提出了中师课程和教学计划改革的基本指导思想。其主要内容是：

1. 要贯彻教育为社会主义现代化建设服务的方针，使学生在德、智、体、美几方面得到全面发展；要面向小学，尤其是农村小学，培养合格的小学教师，使他们爱当小学教师，会当小学教师。

2. 要实行统一性和灵活性相结合的原则。国家制订对于中等师范学校教学工作的统一的基本要求。鉴于我国幅员辽阔，文化经济发展不平衡，不同地区基础教育为提高劳动者素质、为当地经济服务的需求不同，因此，各地应根据国家的统一要求，根据当地社会、经济、文化发展对于基础教育、尤其是小学教育的不同需求，因地制宜，合理设置课程，安排教学内容和教学时间，努力提高教育教学质量。

3. 要对学生进行思想政治教育和道德品质教育，使他们成为有理想、有道德、有文化、有纪律的社会主义公民；特别要培养学生热爱儿童、热爱小学教师工作，增强他们的教师职业道德修养和为人民的教育事业献身的责任感。

4. 要根据九年制义务教育对于小学教师的要求设置必修课程。必修课程有政治课、文化课、教育理论课、艺体课和劳动技术课等。要使学生在已经掌握的初中文化基础上，学习和掌握小学教育必需的文化科学基础知识和基本技能；密切联系小学教育实际，学习和了解教育科学的基本理论和方法，要学以致用；学习和掌握为发展当地经济服务的、为开展小学劳动教育和职业技术教育所需要的生产知识、职业技术知识和一定的技能。教育理论课和小学教材教法课程，要突出实用性，注意培养学生小学教育教学的实际能力。要加强教学的实践环节，使学生在实践中培养小学教育工作所需要的“多能一专”的适应能力。

5. 要根据不同地区对于小学教师的不同要求，根据培养学生生动、活泼、主动地全面发展的原则，设置选修课程，安排一定比例的时间开展各种具有师范特点的有益的课外活动，引导学生在学习必要课程的同时，拓宽知识面，培养各种能力，发展个人爱好，做到学有所长。

（三）召开加速实现中等师范学校办学条件标准化座谈会。1987 年 3 月 5 日，国家教委和国家计委颁布了《全日制普通中等专业学校校舍规划面积定额（试行）》，对中等师范学校的校舍规划面积定额作出了具体规定。同年 10 月 15 日，国家教委颁发了《中等师范学校理科教学仪器配备目录（试行草案）》。这样，连同国家教委 1986 年颁发的《中等师范学校电化教育器材配备目录（试行）》和《中等师范学校艺体科教学设备配备目录（试行草案）》，形成了一套中等师范学校办学物质条件的基本标准。为了总结和交流各省、自治区、直辖市按照上述标准建设中等师范学校的经验，推动各地尽快改善办学条件，加速实现标准化，国家教委师范教育司于 1987 年 11 月上旬，在福建省召开了"加速实现中师办学条件标准化座谈会"。

国家教委领导同志在讲话中指出：优先发展师范教育，从当前来讲，一个重要的问题就是要下功夫解决师范院校的办学条件标准化问题。要把中等师范学校的办学条件标准化建设，作为提高基础教育质量的一项重大措施，提到议事日程上来。从现在起，用三到五年时间，要使全国大多数中等师范学校（包括幼儿师范学校），基本上实现办学条件标准化，从而保证基础教育师资的培养质量。

会议期间，代表们听取了福建省教委负责同志所作的"把中等师范学校建设作为教育工作的战略重点，优先搞好办学条件标准化"的经验介绍，分组参观了福建省大部分中等师范学校。大家一致认为，福建省加强中师建设的成绩显著，深受启发。

会议期间，代表们交流了学习福建省经验的体会和各省、自治区、直辖市中师建设的情况和经验，研讨了加速进行中师办学条件标准化建设的必要性、可能性以及在这一工作中应注意的问题。

撰稿人　徐丕凯　包同曾

审稿人　孟吉平

□修订二年制师范专科学校 8 个专业教学计划

教学计划是教学活动的指导性文件，是培养人才和组织教学的重要依据。

1978 年，原教育部曾制订过二、三年制师范专科学校的汉语言文学、政治教育、数学、物理、化学 5 个专业的教学计划。1981 年在天津召开的师范专科学校教学工作座谈会上，除对以上 5 个专业的教学计划进行修订外，又制订了历史、音乐、美术、生物、地理等 5 个专业的教学计划。这对刚刚恢复高考后的师范专科学校来说，起到了稳定教学秩序，保证教育质量的积极作用。随着基础教育的发展，特别是九年制义务教育的实施，现行的师专教学计划已不能适应要求，主要表现在：①1981 年，制订的教学计划，忽视了师专的培养目标，有向本科靠拢的趋势；②在课程设置上，门类多，学时数多，与中学紧密相关的课程不够突出；③教学实践环节薄弱，对教师基本功训练重视不够。

为了更好地体现师范专科学校办学方向，端正办学思想，适应九年制义务教育的发展需要，1986 年，国家教委决定对原来的教学计划进行全面的修订。因目前二年制师专占多数，所以先修订二年制师专的8个专业的教学计划。为此，国家教委委托山东省、黑龙江省对现行的教学计划进行全面的修订。他们做了大量的调查研究，召开了多次研讨会，征求了多方面的意见，各提出了一个讨论稿，在此基础上，国家教委师范司于1987年召开了师专教学计划的审订会，对讨论稿进行修订，最后经统一加工整理定稿。

一、修订教学计划的原则

1. 修订教学计划，要充分考虑到师专为初级中学培养合格师资的办学方向，所以要强调对教师素质的培养和特殊要求。

2. 在课程设置上，要突出主要课程，保证基础、加强能力的培养，减少必修课的课时，增加选修课的课时，突出教育学、心理学、教材教法课程在各专业中的重要地位，同时强调了结合本地区特点设置劳动技能课，编写乡土教材，增强为当地经济建设服务的本领。

3. 加强教学实践环节，建立健全社会调查、专业实习、教育实习、见习的规章制度。

这次修订教学计划的8个专业是：汉语言文学、政治教育、历史、数学、物理、化学、生物、地理专业。

二、培养目标

师范专科学校的任务是培养合格的初级中学的师资。它对培养对象的要求是：热爱中国共产党，热爱社会主义，坚持四项基本原则，努力学习马列主义、毛泽东思想，逐步树立辩证唯物主义和历史唯物主义观点，具有爱国主义、国际主义和共产主义道德品质，有理想、有道德、有文化、有纪律，能为人师表，忠诚人民的教育事业，具有献身精神，自觉地为社会主义现代化建设服务。掌握本专业所必需的基础理论、基本知识和基本技能；了解本专业的科学新成就；懂得教育教学规律；具有较强的文字和口头表达能力，以及班级活动组织管理能力等。具有健康的体魄和良好的卫生习惯。

三、课时安排

学时安排：二年共104周

教学时间：78周（课堂教学为65周）

教育实习：6周

生产劳动、社会实践：5周

复习考试：4周

机动：4周

假期：20周

四、课程设置

1. 政治理论：根据《中共中央关于改革学校思想品德和政治理论课教学的通知》和《关于进一步改革高等学校马克思主义理论公共课教学的意见》的精神，二年制师专文科专业开设《马克思主义基本原理》和《中国革命和建设的基本问题》。理科专业开设《中国革命和建设的基本问题》。

2. 教育理论课：各专业一律开设《教育学》、《心理学》和《教材教法》课，课时应相对增加。

3. 体育课：安排在前三个学期开设。

4. 外语课：二年制师专一般不设外语课，有条件的学校可开设选修课。

5. 专业课：根据培养目标的要求设置专业课，学时数占总学时数的65%—70%，使学生掌握本专业的基础理论、基本知识、基本技能。为了扩大学生的知识面，选修课课时应占总学时的10%左右。

6. 教育实习：教育实习是师专教育、教学工作的重要组成部分，是对学生进行教育、教学能力综合训练的基本形式之一，各校要认真对待，从严要求，教育实习不及格者，不发毕业证书。

这个教学计划的特点是：

1. 进一步明确了师专的培养目标，

反映了师专为初级中学培养合格师资的规格要求，增加了对教师素质的培养要求。

2. 在课程设置上，突出了专业的主干课，保证了基础，加深了能力的培养，减少了必修课学时，增加了选修课的学时，强调了心理学、教育学、教材教法课的重要性，并增加了学时，同时还要求增设结合本地区的特点培养劳动技能的应用课程。

3. 加强了教学实践环节，社会调查增加2周。考虑不同专业的要求，专业实习安排1—5周，教育实习从4周增加到6周，并建立健全了教育见习实习的制度。据学校反映，这个教学计划，从培养目标到知识结构都比原来的教学计划更符合当前我国初中教学的要求。

撰稿人　高爱玲
审稿人　金长泽

□修订普通高等师范院校本科基本专业目录

专业目录是指导学校进行人才培养和教学活动的基本文件，是进行专业设置和调整的重要依据。我国的普通高等师范院校有计划按专业为中等学校培养教师是1952年学习苏联的经验后开始的。经过10余年的建设和调整，到1963年，普通高等师范院校设置的专业共17种，即汉语言文学、中国少数民族语言文学、历史、政治教育、学校教育、学前教育、心理学、英语、俄语、数学、物理、化学、生物、地理、音乐、美术、体育。这些专业的设置，为普通高等师范学校适应基础教育事业的需要，有计划地培养师资起到了积极的保证作用。

粉碎"四人帮"以来，高等师范教育有了很大的发展。根据基础教育的需求，以及为了适应社会主义建设和科学文化的发展，师范院校增设了一些新的专业。1986年，按专业名称统计，72所高师本科院校已设置了50种专业，有761个专业点。实践证明，普通高等师范院校专业设置的发展，对我国基础教育水平的提高和中等教育结构的改革，都起到了积极的推动作用，但也出现了一些新的问题:①有的专业为基础教育服务的思想和为中等学校培养师资的任务不够明确，直接影响着学校的办学指导思想;②有的学校不顾客观上的需要，追求系科的齐全，没有经过充分准确的人才预测和论证，就新设置了一些专业，如近几年来，设了不少教育管理、应用数学、应用物理等方面的专业，使毕业分配发生困难，出现了分配不出去的现象。而对急需的专业，如音乐、美术、体育、外语、地理、生物等又因经费不足、师资缺乏而没有条件办。所以，在全国造成了专业分布不够合理的情况，出现了长线专业和短线专业;③有些专业的课程内容较陈旧，脱离中学教育的实际而盲目追求学术性，忽视中学所需要的扎实的基础知识。在课程设置和知识结构方面也有脱离中学要求的现象;④专业划分有向细、向窄的方面发展的趋势。因此，1986年，国家教委决定对普通高等师范院校的专业目录进行修订。

这次修订专业目录的原则是:

1. 专业目录的修订，不是简单的名称划分、归并和统一，而是涉及到办学指导思想和教育思想的转变问题。在确定专业名称、学制、培养目标、业务要求、课程设置时，应首先考虑为中等学校培养合格教师的要求。

2. 专业划分，应根据中学教育的要求，按学科划分。凡培养目标和培养规格相同的应归为同一专业，专业口径不应过窄，要增强专业的适应性。

3. 确定专业名称，应力求准确地反映专业的培养方向和业务范围，同一专业的名称必须统一，同一培养目标的专业名称应相同，相同专业名称的培养目标应一致。

4. 在考虑基础教育需要的同时，专业设置要有利于基础教育的改革和发展，兼顾当前与长远的需要。

修订专业目录的工作分三个阶段进行:

第一个阶段: 1985 年 12 月到 1986 年 5 月，国家教委委托北京师范大学，对普通高等师范院校本科基本专业目录的有关问题进行了初步的调查研究。他们搜集、整理和研究了国内外有关文献和资料，分析了目前在专业设置上存在的主要问题，广泛地听取了大学、中学教师和有关专家和行政管理人员的意见。在此基础上，提出了《普通高等师范院校本科基本专业目录》(草案)。

第二个阶段: 1986 年 6 月，在北京召开了专业目录修订工作研讨会。会上有关同志就北京师范大学提出的《普通高等师范院校本科基本专业目录》(草案) 进行了充分的讨论和论证。会后进行了修改，于 1987 年 4 月形成了《普通高等师范院校本科基本专业目录》的初稿。

第三阶段: 1987 年 5 月，国家教委师范司在天津召开了专业目录审订会，对《普通高等师范院校本科基本专业目录》初稿，进行了审订。会后经再次加工整理，形成了征求意见稿。

这次审订的专业目录有:

0001: 学校教育
0002: 学前教育
0003: 特殊教育
0004: 教育管理
0005: 心理教育
0006: 电化教育
0007: 汉语言文学教育
0008: 少数民族语言文字教育
0009: 政治教育
0010: 历史教育
0011: 英语教育
0012: 俄语教育
0013: 日语教育
0014: 数学教育
0015: 计算机教育
0016: 物理教育
0017: 化学教育
0018: 生物教育
0019: 地理教育
0020: 音乐教育
0021: 美术教育
0022: 体育教育

这次修订的专业目录有以下几个特点:

1. 专业名称的变化，在原来的专业名称之后都加了“教育”二字，进一步明确了师范院校的培养目标，强调了师范院校培养中学教师的指导思想。

2. 在业务要求中，除了对本专业的知识结构的要求外，特别强调了对教师素质的培养和教师能力的训练。

3. 在各专业的教学中，都强调了教育学、心理学、教材教法的重要性，各专业的主要课程中都增加了以上 3 门课程。

这次修订专业目录的范围是:

1. 只限普通高等师范院校的本科基本专业目录，专科和研究生层次的专业目录，不在此次修订的范围内。

2. 这次修订的专业目录是普通高等师范院校的本科基本专业目录，不是本科所设的全部专业目录。

3. 只限于正式开办的专业，不包括试办专业。

4. 关于为职业技术教育培养师资的专业目录，将另行研究制定。

撰稿人　高爱玲
审稿人　金长泽

□浙江省严州师范学校面向农村培养合格师资

浙江省严州师范学校创办于1916年，地处浙西山区的建德县梅城镇。1978年被确定为浙江省19所重点学校之一，现直属杭州市教育委员会领导。1984年建立新领导班子和恢复招收初中毕业生后，为了端正办学方向，学校对服务区域内的农村小学教育情况进行了调查，针对服务区域大半是山区半山区，农村小学的规模普遍较小，平均每校只有2.3个班，而且单班小学多、复式班多这一实际，研究确定了师范生的培养规格应是：有强烈而坚定的献身精神和较高的思想品德素养，能在条件艰苦的农村小学安下心，扎下根，为人师表，辛勤育人；有比较全面的智能结构、强健的体魄和较强的独立工作、独立生活的能力，能适应农村需要，承担起小学各个年段、各门课程的教育教学任务。三年来，学校以面向农村为办学方向，坚持四项基本原则，坚持师范教育改革，从严治校，勤俭办校，全面贯彻教育方针，各项工作取得了较大的进展和成效。1985年、1986年被评为杭州市两个文明建设先进集体和市教委直属单位先进学校。恢复招收初中毕业生后的首届普通、师范生244名，已于1987年7月毕业，全部服从组织分配。有92%分配到县城以下的农村小学任教。其中1/3左右到了村小。他们工作热情高，适应性强，有求实和创新精神，受到了农村小学师生和社会群众的好评。

为了面向农村培养好合格的小学新师资，学校主要进行了以下工作：

（一）实行学生思想政治教育的序列化和管理工作的规范化。1984年12月，学校建立了政治教育处，专管学生的思想政治教育工作和管理工作，制订了在三年学习期间对学生进行思想政治教育的总体计划和序列安排，明确第一年级的基本要求，一年级主要是专业思想教育、组织纪律和规章制度教育、集体主义教育、法制教育、团的知识教育等；二年级主要是爱国主义教育、革命传统教育、人生观教育、党的知识教育等；三年级主要是世界观教育、献身农村小学教育事业的职业理想教育、师德教育和继续进行党的知识教育等。各年级各专题的教育都强调要联系社会形势，联系学校和学生的实际，围绕培养目标，把坚持四项基本原则的教育、专业思想教育和师德教育作为主线。不断强化深化，贯穿三个学年的始终。同时，还统筹安排好课内外、校内外和假期活动等各种教育渠道，使学生的思想政治教育做到目标明确，整体有序，方式多样。为了促进文明行为的养成和班集体的建设，在学生管理上，制订了教室规范、寝室规范、餐厅规范和一日生活常规。以学生自我管理、自我检查为主，实行每周一次的班级工作考绩制，定期评比先进班级、文明宿舍和先进个人。学校还重视班主任队伍的建设，发动广大教职工教书育人、管理育人、服务育人，改革学生品德评定的办法和奖学金制度，严格执行省教委制订的学籍管理规定，同学生开展协商对话等，使思想政治教育工作不断得到改善和加强。

（二）实行教育实习的全程化、序列化。学校把师范生面向小学的教育实践活动作为体现师范办学特点的一门重要的综合性课程，从新生进校的第一学期就开始组织进行，贯穿三个学年的始终，有层次地提高要求，使学生在小校教育教学工作的亲身体验中不断巩固和加深热爱小学教育事业、热爱少年儿童的专业思想感情，激发各方面的进取心，锻炼实际工作的能力。这无论对于培养出来的新师资愿当小学教师、会当小学教师，还是克服师范教育中的“中学化”弊病，逐步建立“教、学、做合一”的师范教育新体制，都具有根本性的重要意义。教育实习全程化、序列化的具体安排是“两大段五小段”：一二年级为第一大段，即经常性教育实习，以附小为主要基地，进行师范班与附小班挂钩、师范生与小学生结对子、听课评课、试教、开展班队工作等活动，时间安排是每两周有一个下午开展各种活动，并排入课程表。这一大段又分为三个小段，逐步提高实习要求。三年级为第二大段，即集中教育实习，其间又分为两个小段。三年级上学期进行第一小段，集中三周时间，主要到农村乡中心小学全面实习。三年级下学期进行第二小段，集中六周时间，学生回各县毕业实习，先在农村乡中心小学，再下到村小，全面实习各门课程的教学和复式教学，同时承担班主任工作、少先队工作、课外文体科技活动辅导、调查研究、撰写农村小学教育小论文等任务。完成由一个师范生向合格的农村小学教师的过渡。为了加强和改进教育实习，学校领导班子经常集体研究，校长直接主持，协调各部门的力量共同搞好教育实习。教务处有一名主任负责专管，每学期分别制订出各年级教育实习的计划和明细安排表。做到时间、内容、指导教师三落实，并对师生在教育实习中的表现和成绩进行考核。师范和附小密切配合，实行“三个共同”和“一个统一”，即共同研究和执行教育实习的计划，共同对师范生进行指导，共同总结和探讨需要解决的新问题，统一排定双方课程表上教育实习的时间。从 1987 年下半年开始，又将教育实习延伸到假期，组织学生回乡举办少年儿童活动班。同时着手在农村建立第二附小，开辟农村小学教改实验区，使教育实习能有更加稳定和广阔的农村基地。学校对毕业生进行了追踪调查，检验教育实习全程化、序列化的成效，并广泛吸收意见加以完善，把教育实习的进一步改革列为学校“七五”期间教育科学研究的重点课题。

（三）根据面向农村、面向小学的需要，调整课程设置，改革教学内容和教学方针。学校参照执行省颁普师三年制教学计划，并根据学校实际作了修订，适当增减部分课程的课时和内容，把体育、音乐、美术均作为每个师范生三年中必修的考试科目。增开了时事政策、书法、劳动等课，除小学语文教材教法、小学数学教材教法外，还单独开设了小学思想品德教材教法、小学自然教材教法和小学体育教材教法，提前开设了心理学、教育学，并加重了小学班主任工作、农村复式教学、师德修养等内容。各学科都重视发展学生的智能，体现师范性，加强了基础知识、基本技能的教学和训练。普通话实行了分年级的过关考核。不合格者不发给毕业证书。全校建立了 6 个体、音、美课外加强班和 17 个课外学科兴趣小组，参加活动的学生占 80%左右，还有一批学生自发组织的学术社团。为了深化教改，发动师生开展教育科学的学习和研究，制订规划，确定重点，进行检查、考核和奖励。同时大力采取现代化的教学手段，学校成立了电教中心组，开设了电化教育课和电子计算机课，幻灯、投影、录音、电视、电影、录像、摄像等进入课内外教学，并主动下乡为农村小学服务。电子计算机的教学坚持面向小学，开展了“从娃娃抓起”的试验，积极研制小学数学、语文等学科的辅助教学软件，取得了一定成果，有的已在全国中学计算机教育研究中心登录。

（四）坚持全面发展的方针，加强体育卫生和美育工作。学校自 1979 年被评为全国学校体育卫生工作先进集体后，继续把体育卫生作为精神文明建设和培养合格新师资的一项重要工作来抓。体育工作坚持群众性、经常性、普及与提高相结合，严格实行“两操一活动”和达标制度，保证学生每天有一小时的体育活动时间。每年举办两次全校性大型运动会，并形成相对稳定的全年单项体育竞赛日程表。体育课教学和课外体育活动还十分重视面向小学，为学生今后从事小学体育教学工作打下扎实的基础。卫生工作坚持以预防为主，经常开展卫生宣传教育，建立保健保洁制度，培养学生良好的卫生习惯。1985年，经省检查验收，体育工作、卫生工作均达到优秀标准。从1985年以来，三年都被评为杭州市文明卫生单位。学校大力加强美育，改善音美教学的条件，组织开展群众性的文艺活动，每年4月举办艺术周，全年有大型文艺活动的常规安排，使校园生活丰富多彩，同时陶冶学生高尚的审美情操。培养从事小学音乐、美术教学和开展班队活动的实际能力。

浙江省严州师范学校供稿

□青海省化隆县师范学校端正办学指导思想，培养合格小学教师

培养合格的小学教师，这无疑是中等师范的办学方向。可是，一度由于中学师资紧缺，一些中师毕业生被分配到中学任教，一些学校便热衷于在教学和管理上搞“拔高培养”，偏离了为小学培养合格教师的方向。化隆县师范学校为了扭转这种偏向，他们在以下四方面下了功夫：

一、端正办学指导思想，办出农村师范特色

化隆师范刚开办时，也曾分文理两科，培养出一批初中教师。后来，经过调查研究，感到全县的初中师资虽然数量不足，质量偏低，但随着全省大专院校毕业生的数量逐年增加，初中师资是可以很快得到补充的。而中师文理分科培养出来的毕业生，拔高到初中任教，既不能胜任中学教学，又不安心教小学，使初中和小学质量都受到严重影响。另外，化隆县平均海拔2800米，年平均气温2.2℃，山大沟深，高寒缺氧，外地教师很难分到这里，即使来了也往往因气候不适应，生活上又有种种困难，而不安心工作。同时，化隆县90%以上的小学在农村，缺少合格的小学教师。因此，化隆师范于1984年，根据该县的实际，提出化隆师范要办出自己的特色，要把培养愿意献身乡村小学教育，“下得去”、“留得住”、“教得好”的小学师资，作为坚定不移的办学方向。

二、采取多种形式，把培养合格乡村小学教师的思想教育贯穿于教育的全过程

培养学生甘当一辈子乡村小学教师，是中师思想教育的主要内容。他们在招生面试时，把专业思想作为录取条件之一，当面给考生讲清小学教师的艰苦性，让学生说明报考师范的动机，毕业后是否要改行，是否愿到山区任教并填写含有上述内容的志愿书一份。在入学后又实行“未毕业先分配”的方法，用协议书把学生全部分到10个边远山区，议定毕业后至少在山区工作5年。志愿书和协议书由学生、家长签名后装入学生档案。在平时，根据学生思想实际，有针对性的邀请校内外优秀教师，尤其是做出成绩的校友现身说法，对学生进行热爱乡村小学的教育。各种讲话，都有意识地加进专业思想教育的内容，使学生随时都强烈地意识到自己是未来的乡村小学教师。在评“三好学生”、“优秀干部”时把专业思想作为评比条件之一，在布置学校环境时，都把“做合格的乡村小学教师”的标语，贴在最醒目的地方。在见习或实习阶段，让学生提前了解边远山区学校教师的情况，请这些教师做报告，使学生通过实习受到较好的专业思想教育。在毕业分配时，将学生入校的志愿书、协议书拿出来，引导他们重温誓言，坚定从事小学教育的决心。在毕业后，定期跟踪了解毕业生的工作、思想情况，及时给他们以指导和帮助。并根据他

们的实际，进一步改进学校的工作。化隆师范由于重视和加强了以专业思想为中心的政治思想教育，绝大多数学生毕业时，都比较牢固地树立了热爱教育，一辈子安心做乡村小学教师的思想。1985 年至 1986 年两届毕业生 183 人，毕业分配方案一宣布，全部服从分配，没有一个毕业生或家长闹调动的。有些家长自恃“有门路”，要为学生说情改行，都被学生自己拒绝了。他们说：“国家培养我们就是为了到乡村任教，不应改行”。

三、坚持“一专多能”，一切教学活动都是为了培养合格的乡村小学教师

农村小学教师在许多地方是一人一校，既是教师，又是校长；既要教学，又要管理。一个合格的乡村小学教师不光要能教好语文、数学两科，而且还要能兼教体、音、美、史、地、自然等科中的一些课程，并对其中某些学科具有一定的专长。只有这样，才能适应目前农村小学的实际需要。同时，在目前的化隆农村，小学教师往往是村里文化程度最高的人，群众还希望他们能当劳动致富的参谋。根据这些实际，并参照外地经验，化隆师范对学生提出了基本训练 10 项要求，把“讲、背、写、算、唱、弹、画、跑跳投、手工、复式”等 10 项作为小学教师的基本功。要求学生熟练地掌握汉语拼音方案，会说普通话，会讲故事，会写钢笔字、粉笔字、毛笔字，会写常用的应用文，会打算盘，会口算、笔算，会解应用题，会做演示实验，能识谱，会唱歌跳舞，会演奏一种乐器，会画实用图画，会办黑板报，会布置“学习园地”，能发布口令，会整队领操，掌握长短跑、跳高、跳远、投弹的基本技能，会做儿童操，会折纸，泥捏和剪纸，会写两级和三级复式教案，会应用现代化教学手段，会组织班会和课外活动。这些项目都详列在《实施细则》中，通过各学科教学、第二课堂和其它比赛活动来实现。考虑到乡村小学教师大部分是在一人一校的条件下工作，因此，还必须有一定的组织能力和处理人际关系的能力。为使学生在学习期间能经历这方面的实践，学校便扩大学生会和团委的自治自理权，并实行干部轮换制度，让每个学生都有锻炼的机会。

由于化隆师范对学生的基本功训练要求严格，许多学生不但学科成绩好，而且能唱能跳，能写能画，多才多艺。在对毕业生的跟踪调查中了解到，几年来的绝大多数毕业生符合合格小学教师的要求，能适应山村小学工作的需要，深受当地群众欢迎。

四、从培养合格乡村教师的实际出发，建立制度

一个乡村教师往往对这个村的精神文明和社会风气有着举足轻重的影响。为此，他们制定了《化隆师范学生管理条例》、《奖惩细则》、《考场纪律》、《学校文明礼貌规范要求》、《住宿制度》等 14 个制度，实行制度化管理，坚持以正面教育为主，表彰为主。实行有规必依，犯规必惩，赏罚分明，不搞形式。刚开始执行时，八五级一个班在 3 个学期中就有 7 个同学受处分，但到以后，就很少有同学犯规受处分了。对受处分的同学不歧视，热情帮助。这 7 个同学到毕业时，有 5 个撤销了处分。其中一个还入了党。

在对学生严格要求，严格管理的同时，领导要以身作则。学校领导除总务主任外，其余都坚持代课，最少的 8 节，最多的 12 节。还专门组织行政领导值日，轮流查早晚自习、就寝和上课情况，及时处理教研组和班级出现的问题。在领导的带动下，多数教师除代课超额完成外，还主动在晚自习时到班上辅导，累计每学期多干一个月的工作，从不叫苦，也不计报酬。1986 年实习时，为了及时解决实习生的疑难，有位带队老师不顾自己年过半百，身体多病，仍和学生在集体宿舍打通铺，积极工作，总务处的同志树立了“一切为教学服务”的思想，积极主动为教学人员解除后顾之忧。领导和教师的以身作则对形成良好的班风校风，培养合格的毕业生起了很大的促进作用。

撰稿人　刘文琮
审稿人　郑为羌

□山东省高等师范专科学校建设综述

解放前夕，山东省仅有1所师范专科学校，教员30人，在校生464人。1958年至1960年，相继建立了8所师专。1962年，山东省对师专进行调整，除烟台师专外，其他7所师专都下了马。党的十一届三中全会以后，师范专科教育得到了迅速恢复和发展，1987年，全省共有师范专科学校12所，招生规模7872人，在校生14729人，教职工4481人，专任教师2058人。

1986年，全省中小学师资工作会议，确立了师范教育在整个教育中的战略地位。省委、省政府决定，“七·五”期间，省每年安排2000万元的专项经费用于师专建设，同时，要求各市、地按经济发展的不同情况，分别按省投资的2倍、1.5倍、1倍的比例进行投资。在1987年“双增双节”运动中，全省基本建设按照“压缩空气”的精神作适当压缩，而师专的基本建设，省政府明确提出作为全省重点基建项目予以保证。

为了改善师专的办学条件，1986年，中央讲师团无偿支援山东的价值2000万元的仪器设备，全部给了师专。从1986年开始，省每年拨出适当经费资助师专代培研究生，每代培1名研究生，省资助4100元。1987年，成立了山东省师资培训中心，主要为师专培训教师。

坚持改革的方针，促进师专的不断发展。为了有利于基础教育师资队伍的稳定和提高，逐步实行师资来源地方化，师专招生全部定向到县，毕业生一律由各级教育部门分到初中任教。从1984年开始，采取推荐和考试相结合的办法，选拔一部分（控制在毕业生总数的3%左右）优秀专科应届毕业生插入本科师范院校的相应专业深造，从而调动了专科生学习的积极性，促进了专科学校的教学工作。这部分学生毕业后，原则上回原推荐学校任教，因此，有利于师专师资队伍的建设。1986年，省教育厅组织有关专家对全省师专化学专业的教学质量进行了评估，1987年，对现代汉语课程的教学质量进行了评估，并对成绩优秀的进行了表彰和物资奖励。根据基础教育发展和提高的需要，努力改革教学内容和教学方法，1986年，受国家教委委托，省教育厅统一组织力量修订了政治、中文、历史、地理、生物、数学、物理、化学、体育等9个专业的教学计划，1987年提交全国审定会议审定，并承担了政治、历史两个专业教学大纲的编写任务。积极组织力量编写教材，截止1987年底，已正式出版教材27种。加强校际之间的横向联系，相互促进，至1987年底，师专有12个专业协作组，还有系主任联席会，每年召开经验交流会、教学研讨会。为了加强实践性教学环节，部分师专进行了教育实习的改革试点，学生在校期间不实习，毕业时成绩合格者即行分配工作，享受毕业生待遇，暂不发毕业证书，教育实习同毕业见习结合在一起进行，实习时间为一年。一年结束时，由所在中学按照教育实习要求进行考核，成绩合格的，由学校按原修业期满的时间发给毕业证书；成绩不合格的，再延长半学年，待及格后再发给毕业证书；仍不及格的发给结业证书。这项改革，一是可以解决教育实习经费不足，实习场所难以落实的困难。二是增加了教育实习时间，保证实习质量。三是杜绝了毕业生分配过程中的截留现象。

为了加强短缺学科的建设，1987年，地理、生物专业由省统一规划设点，每个专业点由省拨给20万元补助费。以尽快形成较强的培养能力。

撰稿人　杨绪贤
审稿人　马　钊

□河北师范大学加强学生思想政治工作，培养合格的中等学校师资

河北师范大学是省属重点高等学校，有13个系18个专业，5000余名学生。在改革、开放的新形势下，学校在开展学生的思想政治工作中，以党的基本路线教育和社会主义初级阶段理论教育为核心，逐步形成了思想政治工作的基本指导思想：即从培养合格的中等学校师资出发，突出以学生成才为中心，努力提高他们的思想道德素质和科学文化素质。具体做法是：

一、分年级、分层次，有针对性地开展思想政治工作

学校根据不同年级学生的思想、心理、情趣、追求等方面的特点，将四个年级划为三个序列：一年级以建立大学生模式为主，重点进行遵纪守法教育、师德教育和成才道路教育；二、三年级则以革命理想教育为主，重点进行人生观、价值观、人生目的、人生态度以及法制观念等内容的教育；四年级以树立献身事业，报效祖国教育为主，重点进行祖国事业和个人前途、服从分配、终身献给教育事业的教育。在分年级开展思想政治工作的同时，还根据每个学生不同的思想状况和所处不同层次的实际，确定不同的教育内容和采取不同的教育方法，如个别谈心、民主对话、专题讨论、校外参观，等等，收到了较好的效果。

二、组织学生参加社会实践活动

1985年以来，学校先后组织2000多名同学直接深入工厂、农村及中小学校，进行社会调查，对城乡经济和政治体制改革、两个文明建设、青少年犯罪、中小学师资现状等进行实地了解，在社会调查中受到教育，激发勇于创新、立志做一名合格教师的决心。同时，每年利用寒暑假开办中小学文化补习班、书法班、美术班等，向社会推荐家庭教师3000余人次，有的还帮助乡镇企业搞科技咨询，为商店、影院设计广告，等等。1986年，学校成立了面向全国的咨询部，宣传党的改革、开放政策，解答群众关心的问题，在这些活动中让学生接触实际，接触社会，受到教育，增长才干。1987年，共青团中央授予河北师范大校团委“社会实践活动先进集体”光荣称号。

三、引导学生进行自我教育

青年学生情趣广泛，学校经常举办适合青年特点的丰富多彩的集体活动，吸引学生参加，并通过这些活动，进行自我教育。1985年以来，已连续三年举办了大型“祖国颂论坛”活动，举办了包括书法、作文、演讲等内容的“基本功全能大奖赛”和“首届校园文化艺术节”。目前，全校已有文学社、美学社、书法社、棋牌社、舞蹈社等20多个由学生自行组织的社团，这些社团经常活跃在学生中间，引导学生进行自我教育，深化了思想政治工作。1987年，学校被中共河北省委宣传部、河北省教委授予“思想政治工作先进集体”称号，校团委被评为石家庄“红旗团委”。

撰稿人　张之湘　张玉钟
审稿人　崔志民　李　铭

教育学院和师资、干部培训

□中央教育行政学院积极开展培训和科研工作

作为我国教育管理干部培训网络核心的中央教育行政学院，1987年培训工作及教育科研工作均有较大进展，积极为我国教育体制的改革服务。

一、搞好培训，提高教育管理干部素质

中央教育行政学院担负着全国教育系统较高层次管理干部的培训任务。提高教育管理干部的素质，对于教育改革越来越显得重要，已经成为一个不容忽视的战略任务。1987年，该院开办了两期《高等学校后勤管理改革研讨班》、一期《高等学校思想政治教育研讨班》、一期《大学心理学讲习班》和一期《普通中学教育思想研讨班》。培训高校主管后勤工作的副校（院）长和省、自治区、直辖市教委、高教（教育）厅（局）主管高校行政后勤工作的负责同志共139名；培训省、市党委科教部门和高教部门的政教处处长、中央部委所属部分高校和省、自治区、直辖市所属部分高校主管学生思想政治工作的学生工作部长或宣传部长、教师252名；培训市（地）、县教育局正副局长96名。

（一）关于高校后勤管理改革研讨班

在1986年开办第一期《高等学校后勤管理改革研讨班》的基础上，该院1987年3月9日至5月9日和9月16日至11月16日又分别开办了第二期和第三期。这两期研讨班的学员主要是高校主管后勤工作的副校（院）长和部分省、自治区、直辖市教委、高教（教育）厅（局）主管高校行政后勤工作的负责同志。该院组织学员在学习党的十三大《沿着有中国特色的社会主义道路前进》和《中共中央关于教育体制改革的决定》、《中共中央关于改革和加强高等学校思想政治工作的决定》等文件及有关教育、教育管理的理论，学习国家教委领导讲话和国家教委行管局、基建局、教育技术装备局负责同志及有关专家作的专题报告，等。在此基础上，并进行了经验交流和专题研讨。对如何搞好高校后勤管理改革工作，大家统一了思想，提高了认识，明确了做法。具体有：1.明确了后勤管理在高校社会主义精神文明建设中的地位和作用。高校后勤是整个学校教育的组成部分，必须为实现高校培养人才的总任务服务。“服务育人”是高校后勤工作的根本宗旨。后勤的教育职能，必须通过优质服务和科学管理来实现，寓教育于高效优质服务之中，寓教育于全心全意为人民服务和高尚的职业道德之中；2.经济承包责任制是搞活高校后勤的好形式。当前，深化教育改革就是要在完善现有经济承包责任制的基础上，逐步实行总务后勤全面承包。在保证学校对后勤隶属关系不变及实施大政方针领导的前提下，按照所有权和经营权分离的原则，使后勤系统相对地从学校独立出来，实行经营和任务的承包，明确责、权、利的关系，实行独立核算、自主经营；3.深化高校后勤改革，必须要加强后勤队伍的思想建设和组织建设。要组织广大干部职工认真学习党的十三大报告，用社会主义初级阶段理论和党的基本路线武装思想，指导工作，大力加强职业道德和“服务育人”教育，加强和改善思想政治工作。要调整充实后勤管理队伍，按照“四化”要求配好后勤各部门领导班子和管理干部；4.在深化高校后勤管理改革中，后勤副校（院）长的素质和水平起着关键的作用，学员一致要求，中央教育行政学院要把这样的研讨班年年办下去，不断总结改革中成功的经验和提高管理的理论水平与工作水平，以推动高校后勤管理改革不断地深化。

在总结高校后勤管理改革经验和探讨深化改革的规律中，学员撰写了《浅谈后勤工作在高校社会主义精神文明建设中的地位与作用》、《实行全面经济承包责任制，深化高校后勤管理改革》、《如何当高校后勤副校长初探》，以及各类学校在伙食、医疗、住房、有偿服务等方面的论文 122 篇，编辑出版了《高等学校后勤管理改革探讨》第二辑和第三辑两本书。

（二）关于高等学校思想政治教育研讨班

国家教委政教司和中央教育行政学院于 1987 年 6 月 1 日至 30 日联合举办了第一期《高等学校思想政治教育研讨班》。参加研讨班的学员是省、市党委科教部门和高教部门政教处处长，中央部委所属部分高等学校和省、自治区、直辖市所属部分高等学校党委主管学生思想政治工作的学生工作部长或宣传部长等。研讨班的学员认真阅读了《坚持四项基本原则，反对资产阶级自由化》、邓小平同志的《建设有中国特色的社会主义》（增订本）两本书，学习了《中共中央关于改进和加强高等学校思想政治工作的决定》，从我国高等学校的实际出发，把学习理论、批评错误观点和研讨问题紧密结合起来，提高了马克思主义理论水平和识别能力，增强了贯彻执行党的十一届三中全会以来路线的自觉性，明确了改进和加强高等学校思想政治工作的方向与任务。

在研讨过程中，国家教委副主任何东昌、刘忠德同志先后到研究班作了重要报告，政教司负责同志及有关专家学者作了《努力改进和加强高等学校的思想政治工作》、《关于社会主义民主建设的几个问题》《社会主义一世界发展的大趋势》、《西方马克思主义剖析》、《思想政治工作必须坚持马克思主义指导》等专题讲座。研讨班就如何领会和贯彻中央文件精神，改进和加强高等学校思想政治工作进行了认真的讨论，交流了经验，研讨的主要内容有：一是新时期高等学校的思想政治工作必须要全面贯彻党的十一届三中全会以来的路线，掌握和坚持两个基本点，即坚持四项基本原则和坚持改革、开放、搞活这一建设社会主义现代化的总方针，总政策，克服“左”的僵化思想和右的资产阶级自由化思潮对学校的干扰，保证教育为建设有中国特色的社会主义服务，保证学校的社会主义方向，不断提高学生的思想道德素质和科学文化素质，保证学生德、智、体全面发展，动员、团结全体师生员工，完成国家给予的培养人才的任务；二是思想政治工作的理论基础是马克思列宁主义、毛泽东思想，我们必须运用它的立场、观点、方法认真研究新时期的新问题和青年学生的特点，帮助学生掌握辩证唯物主义与历史唯物主义的立场、观点和方法，树立正确的世界观与人生观；帮助学生从世界观和方法论上来认识社会主义民主，弄清它同资产阶级民主及无政府主义的根本区别；帮助学生运用马克思主义的辩证唯物论与历史唯物论剖析西方马克思主义各种流派（萨特的存在主义、弗洛伊德主义、结构主义）及尼采哲学的实质。克服自由化观点，克服无政府主义，克服唯心主义影响。通过切实改进思想政治教育的内容、形式和工作方法，把思想政治工作提高到新的水平；三是政工干部必须掌握新时期高等学校思想政治工作的基本特点。由于我国还处在社会主义初级阶段，全国人民正在从事建设有中国特色的社会主义这一伟大事业，这就决定了新时期高等学校思想政治工作具有长期性、原则性、开放性和科学性的基本特点。我国目前正处在社会主义初级阶段。建设具有中国特色的社会主义是一个很长的历史时期的任务，需要培养和造就一代又一代的宏大的知识分子队伍。而这支队伍的思想道德素质和科学文化素质如何，又关系着我国社会主义事业的前途和命运，这就决定了作为高校教育重要组成部分的高校思想政治工作的重要性与长期性。高等学校教育面临着开放的环境，高校的思想政治工作必须适应开放性这个特点，注意在开放中进行教育，培养人材，引导学生注意书本理论与社会实践相结合，与社会主义现代经济科技发展相结合，创造良好的教育效果与社会效益。引导学生在改革和开放中，增强对西方的一些思潮，特别是对一些政治、经济、文化，以及各种哲学思潮、文艺思潮的识别能力、免疫力、抵制力；思想政治工作是一门实践性很强的科学，因此，要首先加速思想政治教育的学科建设和队伍建设。国家教委有关部门决定把思想政治工作人员列入教师编制，实行教师职务聘任制，这是加强政工队伍建设的一项有力措施，将改变高校长期以来政工队伍"人员不足，素质不高、思想不稳"的状况；四是必须深化教育体制和教育、教学领域的改革，从制度上保证教育方针的全面贯彻，也是加强高等学校思想政治工作的有力保证。

该班学员围绕高等学校思想政治工作的地位和作用及如何开展思想政治工作等方面，积极总结正反两方面的经验并探讨其规律性，撰写论文 20 篇。编辑出版了《高等学校思想政治教育探讨》一书。

（三）关于普通中学教育思想研讨班

1987 年 4 月 1 日至 5 月 30 日，该院举办了第二期《普通中学教育思想研讨班》。参加人员为市（地）、县教育局正、副局长。该班注意引导学员深入了解和研究当前中等教育的形势及存在的主要问题，以端正教育思想，明确中学的办学方向，推动教育改革的深入，全面提高教育质量。该班就下列问题进行了研讨：第一、如何全面正确地理解党的教育方针？大家认为，首先应明确新时期我国教育方针是什么？围绕教育方针的基本内容和提法，研究班的同志进行了热烈的讨论，并提出了建议，经过研讨，较一致的看法是，教育方针应随着社会发展、时代的要求而不断完善。当前党和国家根据"四化"建设的需要，提出了培养"四有"、"两热爱"、"两精神"一代新人的要求，社会的发展应培养德智体美全面发展的社会主义公民。基于这种认识，一部分同志倾向于对教育方针作如下表述："教育必须为社会主义建设服务，使受教育者在德、智、体、美等几方面都得到发展，成为有理想、有道德、有文化、有纪律、身体健康、富于献身精神和创造精神的一代新人"。第二、如何端正办学指导思想，克服片面追求升学率的问题？大家认为，抓办学指导思想是抓住了办学的最关键问题。教育必须为社会主义建设服务，培养出社会主义现代化建设需要的合格人才。把办学错误地认为就是使学生升学，这是歪曲办学指导思想，产生片面追求升学率这一社会问题的重要原因。

二、开展科研，为深化教育改革服务

（一）开展研究"片面追求升学率问题"的现状、根源及对策。

教育中存在着的片面追求升学率问题已经引起社会的强烈反映，这是关系到如何坚持教育为社会主义现代化建设服务方针的大问题。

1987 年 7 月，该院主动承担了全国哲学社会科学"七·五"期间重点研究项目《片面追求升学率的原因、后果和对策》课题。该课题从 1987 年 9 月至 1990 年 9 月底完成，最终成果形式《片面追求升学率的综合治理与对策的研究报告》。1987年12月，该院又参加了由全国人大常委会教科文卫委员会和国家教委联合组成的“端正教育思想，深化教育改革领导小组”的工作，参加调查研究，撰写研究报告。

参加研究这个课题的专家学者及工作在教育第一线的教育工作者们思想异常活跃，争论十分激烈。首先，在研究“片面追求升学率”问题的指导思想方面统一了认识。大家认为，片面追求升学率的倾向是教育脱离社会主义现代化建设实际需要的突出表现，是深化教育改革的最大障碍。克服片面追求升学率的倾向，就是要使基础教育真正着眼于提高劳动者和全民族的素质，从单纯升学教育转到着重为本地社会主义现代化建设服务的轨道上来。我们必须以党的十三大精神为指导，从两个“转轨”的高度，来认识研究“片面追求升学率”的课题的意义。其次，对“片面追求升学率”倾向的估量有着几种认识，比较集中地认为：随着我国经济的发展，城乡人民生活的改善，独生子女的增多，科学和知识的作用逐步被人们所认识等，使人们的升学愿望愈益强烈，这是可以理解的。但是，随着升学竞争的激烈，党政部门、教育行政部门及普通中学忽视学生的全面发展，忽视社会主义现代化建设的实际需要，只重智育，重分数；轻德育，轻体育，片面以考分高低评价学校的教育质量，以升学率衡量学校教育的优劣的倾向仍然严重存在，并且出现了向上（考研究生）下（幼儿园、小学）两头辐射或延伸的趋势，这已成为当前一个严重的社会问题。这种错误倾向危害是极大的，归纳起来有下列几方面：1.将升学作为基础教育主要的甚至是唯一的目的，不注意着重为本地社会主义现代化建设服务，影响当地经济建设的进程；2.只重视少数升学有望的学生，不注意面向全体学生，影响九年义务教育这一智力工程的实施；3.只注重考分，忽视学生的全面协调发展，影响教育目的的实现和民族素质的提高；4.违背教育、教学规律，影响教学效果，降低教育质量；5.打乱正常的教学秩序，影响教育管理水平的提高，阻碍、束缚教育改革与教学改革；6.助长社会不正之风。关于产生“片面追求升学率”的原因，大家在分析研究时认为，从根本上说，片面追求升学率的倾向是我国商品经济不发达，人口众多的状况，封闭的经济体制与之相关的政治体制以及文化教育传统的产物。社会经济发展水平低，高等教育的发展规模不能也不需要超过一定的限度；三大差别的严重存在，使人们追求升学以获得更好的生活、工作和发展的条件。我国封闭僵化的经济模式以及与此相联系的劳动制度、人事制度，工资制度，使人材的涌现和发展除“高考”一个途径外，极少平等竞争的机制。教育制度不完善，教育结构不合理，教学内容基本上是对口升学要求，考试招生制度有缺陷，教育评价制度不健全，形成了单纯为了升学的体制和机制。教育思想不端正，与商品经济不发展相联系的“唯有读书高”，人才观及价值观等传统观念的严重存在并形成社会舆论的压力。对“片面追求升学率”倾向的治理，大家积极进行了探讨，认为克服“片面追求升学率”倾向是一个系统工程，需要全社会共同努力，进行综合治理。从根本上说，是要大力发展社会主义有计划的商品经济，加快和深化改革，建立建全教育为社会主义现代化建设服务的有效机制。具体讲，1.全社会都要端正教育思想，坚持教育为社会主义现代化建设服务的方针和德、智、体、美全面发展的方针，确定正确的人才观和价值观，按照教育、教学规律办学。2.深化教育改革，实现教育转轨。3.与教育转轨相适应，改革劳动制度、人事制度、工资制度等，打破“铁饭碗”，使就业门路趋于合理。4.党政部门和教育行政部门要重视并善于领导教育事业，提高管理水平，坚持纠正“片面追求升学率”的错误做法。对中学的工作要求，要以贯彻党的教育方针为准则，用正确的教育思想去要求、检查、评估学校的工作，使得中学为社会主义现代化建设真正培养出德智体全面发展的人才。

撰稿人　紫玉彬

审稿人　李　冀

□省级教育学院设置高师本科专业的审批制度

我国现有省级及计划单列市教育学院、教育行政学院 40 所。按照国务院有关文件的规定，这些学校的规格相当于师范学院。因此，有权设置中学在职教师进修高师本科的专业，并颁发相应的高师本科毕业学历证书。但是，国家教委 1986 年 1 月发出《关于加强在职中小学教师培训工作的意见》规定，上述学校举办颁发高师本科毕业学历证书的专业，须具备必要的条件，并经国家教委批准。

经过一年时间的准备，1987 年 2 月，国家教委师范教育司发出《关于省级教育学院设置本科专业审批工作的通知》，决定从 1987 年起，严格执行设置本科专业的审批制度。《通知》规定，省级教育学院（含省级教育行政学院）设置本科专业，需由学校向主管部门提出申请，经主管部门审核同意后报国家教委批准，方可纳入国家招生计划。各学校主管部门申报的时间为每年 9 月 30 日前，过时延至第二年审批。

1987 年，申请设置本科专业的有 27 个省（区、市）和 5 个计划单列市的 32 所教育学院和 2 所教育行政学院，共申报专业点 193 个，其中，已经招生的原有专业点 155 个，拟新设置的专业点 38 个。

经过认真研究，从当前实际情况和有利于教育学院发展的需要出发，确定首次审批本科专业设置的原则是：考虑在职中学教师进修高师本科的需要和教育学院自身的条件；有利于引导各省（区、市）教育行政部门和教育学院进一步采取措施，保证并不断提高培训质量；严格按照成人高校设置暂行规定要求的设置本科专业的条件掌握；照顾绝大多数专业几年来已经招生的历史情况，并从有利于中学短缺学科教师稳定和提高出发，对原有专业和中学教师短缺的专业适当放宽；适当照顾边远和少数民族地区的需要。

审批的结果，符合规定条件、同意设置的专业点有 159 个，占申报的专业点总数的 82.38%；虽已招生，但某些条件仍须进一步充实的待批专业点有 21 个，占申报的专业点总数的 10.88%；尚不具备条件的专业点 13 个，占申报的专业点总数的 6.73%。国家教委已于 1987 年 12 月批复各地执行。

执行省级教育学院设置高师本科专业的审批制度，有利于加强教育学院的建设，保证和促进提高培训质量，也是中学在职教师当前和今后提高文化专业素质的需要。教育学院作为教师职后继续教育的学校，举办颁发学历证书的培训班，将逐渐不再成为主要的办学形式。国家将采取必要的措施，逐步引导教育学院面向全体中学教师，开展多形式、多规格的培训，更好地为提高中学教育教学水平服务。

撰稿人　颜金炼

审稿人　金长泽

□建立全国小学教师进修研究中心小组

我国现有小学教师 543 万多人，已有 356 万人（占教师总数的 65.58%）具备国家规定的合格学历，还有 187 万人（占教师总数 34.4%）不具备国家规定的学历。在不具备国家规定学历要求的教师中，除去到 1986 年底为止已经从事教育工作满 20 年以上，在教师职务评审时不要求其具备合格学历或考核合格证书者外，大约还有一百万人需要取得合格学历或考核合格证书，才能担任教师。在这一百万人中，目前正在参加各种形式系统进修的大约有 70 万人，每年可毕业 20 万人左右。从 1988 年开始，将有计划地进行小学教师《专业合格证书》考试，今后二、三年内，没有参加系统进修的小学教师，大多数将有可能取得《专业合格证书》。这样，从总体上讲，再过三、四年的时间，现有不具备国家规定合格学历的教师，绝大多数将可能分别取得合格学历或《专业合格证书》。许多大中城市和文化教育发达的地区，绝大多数小学教师学历已达到国家规定的要求。

在此情况下，研究和确定我国在职小学教师进修提高的方针和任务，就成为十分紧迫的任务。根据这种实际需要，国家教委师范教育司于 1987 年 4 月报请国家教委领导批准，建立“全国小学教师进修研究中心小组”。

“中心小组”于 1987 年 6 月 12 日至 14 日，在北京举行第一次会议，宣布正式成立。由北京、吉林、江苏、浙江、湖南、四川、陕西七个省、市，选派长期从事小学教师培训工作的专家和教育工作者参加。“中心小组”的任务是以马列主义、毛泽东思想为指导，贯彻党的深化改革的精神，从我国小学教师队伍的实际情况出发，对我国在职小学教师进修提高的方针、任务和政策进行全面地研究。

当前，“中心小组”正在以小组成员各自所在的省、市的小学教师为对象，研究不同文化程度的各类小学教师进修提高的目标和要求、新教师一年“试用期”期间的进修要求和培训考核制度、各种小学教师培训形式和培训规格在课程设置和培训要求上的衔接等问题。

“中心小组”依托在北京市教育局教研部，在国家教委师范司领导下工作，是师范司小学教师培训工作的参谋，并将逐步成为在业务上联系省、自治区、直辖市小学教师培训中心的纽带。

撰稿人　颜金炼
审稿人　金长泽

□上海教育学院师资培训

上海教育学院承担着上海市中等学校师资和干部培训的任务，现设十个系十二个专业，主办《上海教育学院学报》、《中学生知识报》、《中学教育》、《中文自修》、《地理文摘》、《中学数学研究动态》、《政治课教育参考》等十余种报刊。1987 年全院教职工 843 人，其中教学、科研人员 423 人，在校本、专科学生 3205 人，各类短训班学员 2194 人，电视教育讲座学员约 12000 人，自学考试在籍考生 15435 人。

上海教育学院师资培训采用多规格、多形式、多渠道进行，主要有：

一、高师本科。上海教育学院自 1982 年起创办的大专毕业为起点的本科后段师资进修班招收中等学校在职教师，业余学习，学制三年，达到高师四年制本科毕业水平。五年来已有本科毕业生 1863 人，1987 年在校生 1388 人。为适应上海市普及九年制义务教育需要，1987 年秋中文、政教、英语三个专业从应届高中毕业生中招收全日制高师本科生 130 人，学制四年，为上海市区定向培养部分新师资。

二、高师专科。招收对象为在职初中教师学制为脱产进修两年，业余进修三年，1978 年复校以来，已有专科毕业生 6813 人，1987 年在校生 639 人（其中一部分为兄弟省市代培师资)。为适应上海市郊县普及九年制义务教育的需要，1987年秋，政教、历史、英语三个专业从应届高中毕业生中招收全日制高师专科生112人，学制两年，为郊县定向培养部分新师资。

三、职业技术教育专科。为适应上海市职业技术教育师资建设的需要，上海教育学院自1985年起，创办秘书、统计、图书文献资料、工商企业管理、应用电子技术、化学分析、法律、服装设计等职业技术教育高师专科班，业余进修，学制三年，1987年在校生有936人，1988年将有首届毕业生。

四、高等教育自学考试(师范类)。上海教育学院为上海市高等教育自学考试主考学校之一，自1982年开始，举办中文专业专科、本科和英语专业专科高等教育自学考试，累计考生86067人次，有学籍考生15435人，毕业生781人。1987年开设高等教育自学考试辅导班课程24门，听课学员6000多人，春、秋两届考生共16989人次。目前，上海教育学院举办的高等教育自学考试正由市区向郊县发展，以适应广大在职教师自学成才的需要。

五、中学教师《专业合格证书》文化专业知识考试。1987年8月，上海市首次试办中学教师《专业合格证书》文化专业知识考试，考生2063人次。上海教育学院根据开考科目，举办了九门学科的辅导班，听课学员466人，授课588学时，并承担考试的阅卷评分工作及部分考卷的命题工作。

六、电视教育讲座。自1986年秋开始，在上海电视台26频道开设教育讲座，通过远距离教学手段，让更多在职教师得到培训，其中对中学教师开设的教育讲座由上海教育学院承担(包括讲课和录像制作)，已开设《教育学》讲座54学时、《心理学》讲座54学时、《中学语文教材教法》讲座48学时、《中学数学教材教法》讲座48学时；所编印的讲义发行25000多份。参加电视教育讲座考试的中学教师12000多人，其中60%到70%达到合格标准。

七、大学后继续教育。近年来，上海市中学师资队伍的学历结构发生了很大的变化，具有大专以上学历的初中教师和具有本科学历的高中教师已占大多数。根据上海中学师资队伍建设发展的需要，上海教育学院自1984年起，提出了开展大学后继续教育的任务，并把它看作是今后师资培训的发展方向。几年来，陆续试办了各种类型的大学后继续教育班，对学历合格的教师进行更新教育思想、扩展专业知识、提高教学技能的继续教育，内容有学习新的教育思想和教育方法、更新和补充专业知识、传授现代教学技术等。1987年举办各类大学后继续教育班35个，学员共1500多人。

八、中学新教师试用期培训。对新毕业的大学生，到中学任教的第一年见习试用期加强专业培训、实践培训是培训工作的新项目。1987年秋，上海教育学院中文、数学两系开始试办中学新教师试用期培训班，对刚从大学毕业分配到中学任教的语文、数学新教师进行第一年试用期内的培训，教学计划140学时，每周一至两次，主要内容为专业思想教育、师德教育和教师基本功训练，教学大纲和典型教材的分析研究，国内外教学和教改信息的介绍，教学实践的观摩、交流和评议等，以教学实践活动为主，帮助他们尽快地熟悉和适应本学科的教学，掌握中学教学规律，迈好上岗的第一步。目前，中文、数学两个试点班共有学员54人。

九、中学行政干部培训班。上海教育学院自1978年复校以来，已举办了16期中学校长、教务主任和总务主任的培训班，学员共1456人。每期脱产学习4个多月，讲课400多学时，教育调查等400多学时，主要课程有政治理论、教育心理学、社会心理学、教育学、外国著名教育家理论介绍、学校管理学、管理心理学讲座、教育科研方法、教育政策法令选读和教育调查等。

以上前4种为学历教育，第五种《专业合格证书》文化专业知识考试辅导是岗位培训，后四种为非学历教育。上海教育学院对上海市中学师资的培训，已由单一的学历教育发展为学历教育与非学历教育并存，今后将逐渐发展和提高各种类型的非学历教育，特别是大学后继续教育。1987年下半年，上海教育学院接受上海市教育局的委托，对全市中学师资的层次结构状况和对大学后继续教育的需求进行调查研究，在此基础上开始着手设计分学科分层次的大学后继续教育教学计划、课程设置及实施方案，并使这种大学后继续教育与中学教师的提职晋级挂钩，开拓师资培训的新路子。

撰稿人　夏聿修

审稿人　张家祥

□广东省教育学院师资培训见成效

广东省教育学院创办于1955年，它是一所办得较早、规模较大、基础较好、师资力量较为雄厚的省级教育学院。该院有9个系，13个专业，并设有函授部、教育科学研究所等。有教职工562人，1987年，有在校脱产学员1851人。其中，本科生779人，专科1027人；在校函授生589人，轮训学员1500人。

采取多种形式培训师资

为了适应中学师资培训需求，广东教育学院坚持面向中学的指导思想，坚持多规格、多层次、多种形式的办学方向。几年来，办了本科培训班、专科培训班，还办了专业合格培训班和其他各种各样的短训班。不仅举办中学师资培训班，还办了职业师资培训班。目前，正在筹办大学后继续教育的研究班。

在办学形式上，学院也采取了灵活多样的办法，既有脱产班又有函授班；既有校内班，又有校外班；既有自己独办的培训班，也有与外校外单位联合举办的短训班。这样就较好地发挥了学院办学的效益，满足了中等教育师资培训的各种需要。据统计，该院复办九年来，已培训了本科毕业生1313名，专科毕业生1227名，中学校长班结业生706名，各种短训班结业生3351名。

注重提高教育质量

在办学过程中，学院十分注意教学质量的提高。特别是举办有学历证书的培训班，着重采取了三条措施。一是通过严格的入学考试和录取资格审查，保证学员达到相应层次的入学起点要求。二是严格执行国家教委制订的中学教师进修高等师范本科、专科教学计划和教学大纲，在执行过程中，有些不符合本地实际的，在不降低要求的前提下，加以调整、充实和提高，使教学计划和教学大纲更臻完善。三是在教学管理上把好教学质量关和升留级、毕业关。因此，培训质量不断提高，经过系统进修的学员，无论在思想政治水平、专业知识和教育教学工作能力方面，都有较显著的提高。该院曾经组织对本、专科毕业生的跟踪调查，在被调查的178名本、专科毕业学员中，进修后被提担任中学校长、教导主任、科组长、级组长等领导职务和教学骨干的有70人，占39.4%。又据被调查的143名本科毕业学员的统计，能够教高中以至师专课程的教师占94.4%。毕业学员普遍受到各中学的欢迎。

作为省级教育学院，广东教育学院除了自己办好各种培训班外，还积极帮助地、市教育学院培训师资，提高教学水平，并逐步成为全省中等教育在教学、资料、实验、电化教育、教育科学研究等方面具有指导作用的教育中心。例如该院担负了全省地、市教育学院的师专函授教师中心备课组的指导工作。每年都吸收一些地、市教育学院的教师来院进修。通过学术交流会、研讨会、专题讲座和短期培训，以及一些刊物、资料，与全省各中等学校交流教学、科研信息；并派出一些教师到中学帮助开展教学试验、教育科学研究，以提高中学的教学水平。

撰稿人　李焕燊
审稿人　苏式冬

□辽宁教育学院根据成人高等师范教育的特点，为基础教育培训合格师资

辽宁教育学院是以培训在职的中学教师和教育行政干部，开展教学研究为主要任务的成人高等学校。该院设有教育管理系，教育系、中文系、职业教育系等 13 个系和中学、小学、民族教育等 6 个教学研究部。1987 年，辽宁省教育学院根据成人高等师范教育的特点，努力培训合格的中学师资。他们的主要做法是：

一、采取多种形式、多种层次、多种规格办学

学院根据在职教师和教育干部的特点，提出脱产与函授并举、学历教育与非学历教育并举、长期班与短期班并举、教学与教研并举的原则，采取多层次办学的方式，1987 年，学历达标培训的有高中起点的二年制脱产专科班 261 名，三年制函授专科班 165 名。这主要是各市无力培训的短线学科的教师，如音乐、美术、英语、地理等；有高中起点的五年制函授本科班和二年脱产三年函授本科班 515 名，其中，二年脱产三年函授的质量较高，为县、镇中学培养了教学骨干；有专科起点的二年制脱产本科班 102 名，三年制函授本科班 728 名；有教育管理研究生班 21 名。1987 年度共毕业 641 名，其中，脱产专科 261 名，脱产本科 102 名，函授本科 278 名。

非学历达标培训有大学后的高层次培训和教材教法、教育理论、专业知识技能的培训。其中，高层次培训的有：高中校长岗位培训班，由外籍教师执教的高层次英语培训班，以各市教育学院院长和教育局长为培养对象的教育管理讲习班，高中数学教师标准化考试培训班，教材教法研究班，中学教师岗位合格证书考核培训以及小学教师语文专业知识技能培训班等。

在搞好系统文化进修的同时，辽宁教育学院还加强了教学研究，培养在职教师的各种专业知识和技能。学院 6 个教研部门，仅在 1987 年就研究制定了全国义务教育中、小学理科教学大纲，总结交流了典型经验 2292 人次，专题研究论文 1040 篇，观摩教学 581 人次，教改实验 54 项，各种专业技能的短期培训班 15 次，有 2056 人参加。

二、开辟多种办学渠道

学院和民进辽宁省委联合举办了地理专业函授大专班，学院负责招生、制定教学计划、学员学籍管理、讲授基础教育课程；民进负责聘请自己的会员作为专业课兼职教师、安排面授地点、借用实验场所和教学工具等。由于充分发挥了民进及其会员的作用，办学效果良好，做到了学员，学院与民进省委、学员所在单位三满意。他们又与九三学社辽宁体育学院支部商定，联合举办体育大专班。

辽宁教育学院还和美国西肯塔基大学

联合举办了硕士研究生院，为辽宁省教育系统培养骨干教师。目前，开设有教育管理专业，有学员21名。研究生院由中美两国派人授课，共同制定教学计划，学员在沈阳学习一年半，在美国半年进行论文答辩，最后由美方授予证书。

三、深化教学改革，提高培训质量

辽宁教育学院主要从两方面着手深化教学改革。一是教学管理，关键是如何放权于系，调动系的积极性；二是教学本身，重点是调动教师和学员的积极性。他们的主要做法是：

1. 实行教学工作定量计酬包干的办法，调动系和教师的积极性。学院按各部门办学班级和学员人数，按各专业教学计划规定的学时数、按各形式教学规定的课时数（脱产全年120学时、函授80学时），超额每课时按5元计算。统一发给系里，由系里支配，做到多超多得、不超不得。这种做法的最大优点是人权、财权交给了系里，调动了教师的积极性。

2. 建立教学优秀奖制度。这种奖每年评一次，由各系、部群众评议、系部推荐、院评审会审定。获一等奖者浮动一级工资，连续三年获一等奖者，浮动的一级工资给予固定晋升。获二、三等奖者授予荣誉证书，并给一定的物质奖励。

3. 制定了教学评估办法，检查教学质量。学院按完成教学计划的情况和课堂教学、备课、编写辅导材料、作业批改、辅导答疑等诸方面制定出教学评估办法，由教师和学员对任课教师进行评估。

4. 修订和完善大专起点的教学计划。辽宁教育学院政治专业采取20%课时讲授原理，80%课时讲授专题课，既避免了内容的重复，又保证了本科水平；中文系通过开后续课、补充课、专题课、研究课的办法解决了专科与本科的衔接问题。其他如数学、物理、化学也都结合本专业的特点进行了修订和完善。

5. 改革学员成绩考核办法，提高学员学习的积极性。过去，学员成绩考核一般仅采用闭卷考试，毛病很多，主要是很难做到培养学员能力。现在，除了闭卷考试（主要的）外，还采用口试，或口语加笔试，或采用有一定难度的开卷考试。中文系考核《现代汉语》，实行口、笔试结合的办法，既锻炼了学员的组织能力、语言表达能力、理解能力，也考核了学员的知识水平。

此外，学院还在记分办法和内容上有所改革。现在，学院普遍推行结构分制，即学员作业占10%，面授前自学成绩考核占10%，面授后考察接受能力占10%，学科结业成绩占70%。实行结构分制以来，增强了教师的责任感，提高了学员自学的自觉性、主动性。

学院在教学方法方面，贯彻启发式教学，也进行了不少改革，收到很好的效果。做法主要是各系都针对学员具体情况开展了讨论式教学。

四、根据成人特点管理学籍

1987年以前，学院制定的学员学籍管理办法主要是借用普通高校的经验制定的，它不尽适合成人在职学习。1987年以来，对学籍管理办法做了一些修改。尽可能满足基层学校的要求，更好地促进学员在职学习的积极性。如基层学校急需的人才，从本学校教师中考不上来，学院允许他们作为代培生入校学习，第二年再考，若考取了可取得的学籍，可随原班学习、毕业，而毕业证书按考取学院后的学制年限发给；又如学员结业成绩不及格，学院允许他们补考3～4次，以促进他们积极地、实事求是地学习。辽宁教育学院考虑到学员在职工作忙、家务重，决定缺课1／2者才不得参加考试，这种放宽受到学员的欢迎。

五、加强学院教师队伍的建设

为了提高该院教师的素质，学院采取

的措施是：

1. 制定了5年的教师提高规划，每个教师都制定了自身提高的目标要求，定个人提高规划，定老带新的计划和目标，定提高本职工作的措施；

2. 规定青年教师来院后必须到中学锻炼一年，否则不准报考助教进修班和研究生；中、老年教师也要定期到中学进行调查研究；

3. 支持、鼓励青年教师考取助教进修班、研究生班。仅1987年，学院考取博士研究生2名，硕士研究生17名，助教进修班7名。

4. 选送中、青年教师到高一层次院校进修业务。1987年度，学院共派出5名中、青年教师进修业务，其中，1名赴英国进修。

一年来，辽宁教育学院结合本校特点，适应社会需要，深化教育改革，为当地培养了大批合格师资，为辽宁省基础教育的发展做出了可喜的成绩。

撰稿人 张义春 郭瑞锟
审稿人 林多录 刘景禹

□陕西省加强师资队伍建设，提高教师的社会地位

陕西省师资队伍的建设虽然过去曾做了不少工作，但仍然是教育事业中的一个薄弱环节。存在的主要问题是：数量不足，各学科师资不配套，教师队伍不稳定。因此，1987年，中共陕西省委、陕西省人民政府发布了《关于加强中小学师资队伍建设的指示》。《指示》对进一步理顺师范教育体系，疏通新师资培养渠道，加强在职教师进修提高，增加师范教育经费，落实知识分子政策，提高中、小学教师的社会地位，关心教师生活，为教师排忧解难，多办实事等问题作了明确的规定。省教育厅根据省委和省政府的指示，把师资队伍建设作为重点工作来抓。在近几年工作的基础上，进一步调整理顺师范教育体系，加强培养培训基地建设，组织教师在职提高，整顿民办教师队伍。目前，中小学教师的培养体系已基本建立。1987年，中小学教师除在职进修提高外，充分利用教育学院和教师进修学校这两种不同层次的培训基地，对教师进行脱产或半脱产培训。据统计，在省教育学院和市、地教育学院进行大专以上学历进修的在校学员有10217人，其中全脱产的有3735人，进行函授进修的6482人；在教师进修学校培训的在校学员有20926人，其中，全脱产的有3101人，通过函授进修的有17825人。根据国家教委的安排部署，1987年，陕西省对不具备合格学历的教师，进行了岗位合格证书文化知识考试的试点工作。省教育厅对凡是应该参加考试的教师进行了摸底，并编选了教材和复习资料，对参加考试的教师进行了辅导。从考试的结果看，小学教师及格率占参加考试人数的23.4%，初中教师及格率占参加考试人数的32.5%，高中教师及格率占参加考试人数的21.7%。同时，省教育厅还制定《关于考核中小学教师思想品德和教学能力的暂行办法》。《暂行办法》规定：思想品德从政治觉悟、工作态度、职业道德、组织纪律四个方面考核；教学能力从教育思想、组织教学、教学基本功、教学方法、教学效果五个方面考核。思想品德和教学能力考核合格者，颁发教师专业合格证书。

1987年在全省县以上管理的中小学校中进行了教师职称评定，现已进入报批阶段。其评定面占中小学校教师总数的40%。

在加强教师队伍建设中，陕西省不少中小学校在1987年做了大量工作。一些学校鉴于当前教师队伍中出现“青黄不接”

的现象，即年龄大的老教师已经或将要离、退休，青年教师参加工作时间较短，教学经验不足，中间阶段的中年教师为数不多。针对这种情况，学校一方面充分发挥老教师的作用，总结他们的教学经验，动员他们积极主动地发挥“以老带新”和“传、帮、带”的作用；一方面鼓励青年教师发挥他们积极上进，敢于创新的精神，并自觉向老教师学习。有的学校组织老教师上“示范课”，组织青年教师上“赛讲课”，有的学校开展对青年教师课堂教学评比活动，进行表扬和奖励，激发青年教师的上进心。这些都对培养提高教师教学水平，加强教师队伍建设起了积极作用。

在提高教师的政治地位和生活待遇方面，1987年7月陕西省人大常委会颁布的《陕西省义务教育实施办法》中，做出了明确的法律规定。

1987年第三个教师节，中共陕西省委书记、省长张勃兴同志撰文《关心教育事业，尊重教师劳动》。文章指出，教师卓有成效的劳动，是祖国兴旺发达的重要保证。同年，中共陕西省委、省人民政府在“陕西省职工劳动模范表彰大会”上，授予37名优秀教师省劳动模范称号，进一步调动了广大教师的积极性，稳定了教师队伍。

撰稿人　王掌印
审稿人　屈应超

中央机关讲师团工作

根据中共中央办公厅、国务院办公厅转发《关于选派1987届中央机关讲师团几个问题的请示》的通知精神，由中央和国家机关各部（委、局）选派的八七届中央机关讲师团于七月初组建完毕，并在人民大会堂进行为期一周的培训。

7月11日，国务院副总理兼国家教委主任李鹏和其他领导同志在人民大会堂亲切会见了中央机关讲师团部分代表，并进行了座谈。

李鹏同志在座谈会上指出，派讲师团这条路走对了，讲师团为培训师资队伍做了贡献。年轻的国家机关工作人员缺乏实践，下去支教以后受益匪浅：更多地了解了中国国情，加深了与人民群众的感情，增强了自己的责任感，增长了自己的才干。在思想、观点、立场、方法以至业务上都是很好的锻炼。有的部委很有远见，高度重视讲师团工作，把地方作为培训干部的基地和支教地区建立长期联系，形成国家机关联系基层的制度。希望每个部委都要长期地把讲师团工作抓下去。国家机关干部既当老师，又当学生，向社会学习，向群众学习，以满腔热情为振兴中华做出贡献。

1987届中央机关讲师团总人数2804人，其中，男同志2193人，女同志611人，平均年龄27.2岁，大专以上文化程度有2779人，占总人数99.1%。

这支近3000人，绝大部分是年轻知识分子组成的支教队伍，于八月中下旬陆续奔向23个省、自治区。这些省、自治区是：河北、山西、内蒙、吉林、黑龙江、福建、安徽、江西、山东、河南、湖北、湖南、广东、广西、四川、贵州、云南、陕西、甘肃、青海、宁夏、新疆和西藏。

据1987届第一学期初步统计：这一届支教点710个，培训师资59674人；教授中小学生32000人；教授职业技术学员23300人；办一年制或两年制的培训班100个，培训学员2800人；办短训班187个，培训学生9000人；举办各种类型讲座1237次，听讲座111600人次；写出调查报告142篇，被县以上单位采用47篇。

在派讲师团支援教育事业的同时，中央各部委还支援了地方教育部门一部分物资，折合人民币200万元左右。

另外，全国各省、自治区、直辖市也选派了讲师团，八七届地方选派的讲师团总人数为10170人。

1987届中央机关讲师团在上两届基础上，又前进了一步。中央领导同志充分肯定了讲师团的成绩，认为讲师团的工作从决策来讲是正确的，从效果来讲是良好的，从工作的意义讲是深远的。概括起来讲：支援教育成绩显著，锻炼干部效果突出，尊师重教影响良好。

讲师团工作在国内影响深远，同时得到联合国国际志愿人员组织的赞赏。

撰稿人　王　时

审稿人　金长泽

普通高等教育

深化本科教育教学改革

□文科教育改革调查研究

1987年初，国家教委高教一司组织力量，集中对高校文科教育的现状和改革的情况进行了调查研究。

（一）高等学校文科教育改革的成绩

1987年，高校文科教学改革取得了较大的成绩，主要表现在以下几个方面：

第一，进一步提高了对文科教育重要性的认识，端正了办学指导思想。认识到高校文科是培养社会主义物质文明和精神文明建设人才的主要基地，明确了文科教育必须面向现代化，面向世界，面向未来，走理论与实际相结合的道路，培养社会主义建设需要的实际工作人才。

第二，有不少文科专业扩大了招生规模。例如，财经类专业1987年招生10.28万人，比1986年增加0.12万人；艺术类专业1987年招生0.84万人，比1986年增加0.14万人。

第三，新设了一些专业。1987年经国家教委审批同意增设的专业点26个，如表1；同意专业改名的点2个，如表2；同意筹建的专业点13个，如表3；同意试办的专业点2个，如表4。

表1

学校	专业名称	学制	备注
中国人民大学	企业管理	四年	
吉林大学	企业管理	四年	
兰州大学	行政管理学	四年	
南京大学	社会学	,, ,,	侧重经济社会学
武汉大学	编辑学	二年	限办第二学士学位班
华中工学院	社会学	四年	侧重工业社会学
华南工学院	专门用途英语[科技]	,, ,,	试行中期选拔
上海外国语学院	国际新闻	五年	试行中期选拔
中央财政金融学院	审计学	四年	
东北财经大学	国际经济合作	,, ,,	
上海财经大学	企业管理	,, ,,	
西南财经大学	审计学	,, ,,	
	投资经济	,, ,,	
陕西财经学院	经济信息管理	,, ,,	
对外经济贸易大学	经济信息管理	,, ,,	
北京林业大学	专门用途英语[科技]	,, ,,	
哈尔滨工业大学	专门用途英语[科技]	,, ,,	
北方交通大学	专门用途俄语[科技]	,, ,,	
合肥工业大学	专门用途英语[科技]	,, ,,	
北京轻工业学院	专门用途英语[科技]	,, ,,	
天津外国语学院	专门用途英语[科技]	,, ,,	
湖北美术学院	服装设计	,, ,,	
西安美术学院	环境艺术设计	,, ,,	
云南财贸学院	工业经济	,, ,,	
云南大学	人类学	,, ,,	
吉林财贸学院	税收	,, ,,	

表 2

学校	专业名称	学制	备注
湘潭大学	同意政治经济学改名为经济学	四年	
内蒙古大学	同意政治经济学改名为经济学	四年	

表 3

学校	专业名称	学制	备注
中国人民大学	生态经济	四年	
四川大学	行政管理学	,, ,,	
江西财经学院	经济信息管理	,, ,,	
湖南财经学院	经济法	,, ,,	
山西财经学院	经济信息管理	,, ,,	
哈尔滨工业大学	专门用途俄语[科技]	,, ,,	
天津财经学院	经济信息管理	,, ,,	
湖北美术学院	环境艺术设计	,, ,,	
上海大学	工业造型设计	,, ,,	
河南财经学院	经济信息管理	,, ,,	
西北大学	档案学	,, ,,	
山东经济学院	经济信息管理	,, ,,	
贵州财经学院	经济信息管理	,, ,,	

表 4

学校	专业名称	学制	备注
中南财经大学	国际税收	四年	
天津财经学院	国际会计	,, ,,	

第四，开设了许多新课，有不少课程的内容得到了充实更新。复旦大学积极鼓励文科教师开新课，1987 年共开出新课 30 多门。许多学校在开设的新课中，注意把四化建设中的新经验，科研中的新成果吸收到教学中来，逐步做到文理渗透。北京大学经济学院徐淑娟教授开设了《资本论与新技术革命下的经济理论》，以《资本论》的基本理论和方法，分析新的经济现象，评介和探讨新的经济理论，受到好评。西北大学注意以马克思主义为指导，为学生开设《现代西方哲学》、《现代西方经济》、《西方现代派文学》等课程，开阔了学生的视野，增长了知识。

第五，召开了一系列全国性的学科理论研讨会。1987 年由国家教委组织召开的会议有：马克思主义哲学史、政治学、社会学、文艺学、高校基础外语教学大纲、外语五个语种的强化教学经验总结和教学法、亚太地区知识产权教学与研究、涉外经济专业教学、财经专业教学计划、管理教育、国际私法和国际经济法、中国法学理论等 20 多个理论研讨会。对学科发展和教学改革起到了推动作用。

第六，加强了对教育评估的理论研讨。例如，北京大学于 8 月 10 日至 15 日在北京举行了中美教育评估研讨会。美国有 10 名教育专家和我国 32 所高校 70 多名代表出席了会议。会议探讨了教育评估的有关理论与实践问题。通过教育评估，促进了课程建设、教学管理和校际交流。

第七，加强了师资队伍建设。师资队伍的数量有所增加。1987 年全国高校共有文科教师 12.39 万人，比 1986 年的 11.29 万人增加 1.1 万人。1987 年，国家教委高教一司举办了语言学概论、档案学、俄语、经济学、戏曲艺术等师资培训班 19 期。有不少学校采取办研究生班、助教进修班、培训班、出国进修等形式培训师资，提高了师资队伍的政治和业务素质。

第八，有些高等学校对文科教育的领导有所加强。例如，复旦大学成立了由校长、党委书记、教务长、教务处长、宣传部长等参加的文科教育领导小组，每学期召开二、三次会议专门研究文科教育，帮助解决文科教改中的困难。该校新建了文科图书馆和 2.3 万平方米的文科教学大楼。计划 1988 年破土兴建一座 18 层的经济管理教学大楼。中国人民大学于 1987 年 4 月份召开了全校文科教研室主任以上的干部会，专门研究文科教育改革问题。南京大学于 1987 年 6 月召开了文科“七五”期间发展规划会，研究加强文科建设问题，除正常经费外，学校决定每年还拨出 40 万元专款作为文科发展基金。南开大学等不少学校，设立了教学优秀奖和教书育人奖。这都为文科教育的发展和改革起了积极作用。

（二）高等学校文科教育存在的问题

当前，高校文科教育还存在不少问题，主要表现在以下几个方面：

第一，理论脱离实际，教学内容陈旧。在课堂教学中，有不少课程的教学内容陈旧落后，结合社会主义现代化建设的实际不够。课程内容重复的情况也比较严重，有的甚至与中学重复。部分课程的教学方法呆板。社会实践工作没有受到应有的重视，时间和次数安排偏少，效果不够理想。

第二，对于马克思主义需要有新的发展这个现时代的大趋势认识不足。有些同志思想僵化，固守某些陈旧的理论和观点，不敢接触实际，不能有力地回答现实生活中提出的问题。在一段时间里，有些同志在坚持用马克思主义指导文科教学和研究的问题上，观念比较淡薄，对于资产阶级的各种思潮和流派缺乏系统深入的研究，对资产阶级自由化思潮的侵袭缺乏应有的战斗力。在教学中，对马列原著的学习有所削弱。因此，在一些学生中产生了一些模糊认识。

第三，学风不够科学严谨。有些青年教师的马克思主义基础和专业基础不够扎实，对实际了解不多，缺乏实事求是的科学精神和严谨的治学态度，片面追求“新奇”。有一部分学生学习不够踏实、刻苦，存在“松”和“浮”的现象。有的学生反映，现在，在大学生中有苦读派与逍遥派之分。即准备考研究生的学生拚命“播功”，不准备考研究生的有些学生对学习松松垮垮，极少数学生近乎放任自流。

（三）对深化高校文科教育改革的认识。

国家教委高教一司在调查研究的基础上，对深化高等文科教育的认识有以下几点：

第一，要进一步加强专业设置的宏观管理和指导。明确专业培养目标，拓宽专业口径，扩大学生的知识面，提高毕业生适应就业和转移工作领域以及继续深造的能力。根据社会主义建设的需要，巩固基础学科，积极、稳步地发展应用学科，适当增设少量新兴的紧缺的学科专业。根据上述原则，我们修订了《普通高等学校社会科学本科专业目录》和审批了一些新增设的专业。

第二，要逐步扩大招收一些有实践经

验、思想政治素质好的在职人员的比例，改变学生的结构。特别是对哲学、政治学、法学、管理学等类学科专业更应如此。要从成人高等教育中选拔一些有实践经验、品学兼优的学生，到普通高等学校本科相当班级学习。

第三，要改革教学内容，改进教学方法，贯彻理论联系实际的原则。根据各专业培养目标的要求，调整课程结构，精简、充实、更新教学内容。抓紧进行主要基础课和主要专业课的建设，首先要对马克思主义哲学原理、文艺理论等课程的教学内容有新的突破，编选出适用而有新意的教材。要开设一些研究现实问题和介绍国外学术理论思潮的课程。对西方学术理论思潮，要进行正确的评介和引导。要开设一些自然科学课程，逐步做到文理渗透。要改革教学方法，实行研讨式、启发式教学。压缩课堂讲授时间，逐步使课堂讨论制度化。教给学生学习和治学的方法，提倡学生认真读书，特别是马列原著和专业书。要加强实践性教学环节，认真组织师生参加社会实践活动，把课堂教学与社会实际紧密地结合起来。

第四，要加强文科科研工作，努力为四化建设服务，促进教学质量的提高。要重视对社会主义建设中一些重大理论和实际问题的研究，注意对国内外影响较大的各种学术流派、思潮的研究和评介。

第五，要加强师资队伍建设，调动广大教师的积极性。要采取各种形式培训师资，努力提高教师的政治素质和业务素质。要加强教师对马克思主义的学习和研究，深入实际，认识实际，研究实际，运用马克思主义的基本理论和方法回答和解决现实问题。

第六，要提高对文科教育改革重要性的认识，加强对文科教育改革的领导。要配备得力的主管文科的校长或副校长，增加领导班子中文科成员的比例。要贯彻百花齐放、百家争鸣的方针，为师生努力创造民主、融洽、和谐的良好环境，形成自由探讨、平等讨论、科学说理的理论研究气氛。要帮助解决文科所需的图书资料、仪器设备、教学用房和经费等，积极改善文科办学条件。

第七，要建立、健全教学检查和评估制度。采取有效措施，严格规章制度，扭转目前文科学生中存在的学习比较“松”和“浮”的现象，使学生在学习上既有动力又有压力，学得生动活泼。

撰稿人　刘凤泰　张鸿岳

审稿人　夏自强　蒋妙瑞　李进才

□理、工、农、林、医药本科教育现状调查研究

国家教委高教二司对普通高等学校理、工、农林、医药各科本科教育组织了系统的调查研究。调查的重点是：近年来本科教育工作的状况；本科毕业生的培养质量；本科教育中存在的问题；加强和改进本科教育工作、提高教育质量的意见。除向高等学校作调查外，还十分注意向企业、事业等用人部门进行人才需求和毕业生质量评价的调查。

调查结果表明，党的十一届三中全会以来，特别是《中共中央关于教育体制改革的决定》颁布以来，我国高等学校本科教育工作的状况总的来说是好的，广大教师、干部、职工坚持四项基本原则，坚持改革开放，为适应社会主义建设需要、提高人才培养质量做了大量工作，付出了艰辛的劳动。

1. 通过拨乱反正，“教育必须为社会主义建设服务，社会主义建设必须依靠教育”的办学指导思想逐步明确。在恢复和建立正常教学秩序的基础上，本科教育得到较大的发展。从 1983 年到 1987 年，

本科年招生人数，理科由20，928人增加到25，433人，增加了21.5%；工科由105，801人增加到136，874人，增加了29.4%；农林科由19，114人增加到21，186人，增加了10.8%；医药科由26，215人增加到31，084人，增加了18.6%。

2. 学校的思想政治教育工作逐步有所加强，马克思主义理论课的改革正在进行，开展了军训试点，组织学生在假期进行社会实践，严格教育管理，校风、教风、学风经过整顿也在逐步好转。

3. 修订了本科的基本专业目录。一部分口径过窄的专业得到拓宽，新兴边缘学科的专业逐步增设，传统专业的内容有所更新，专业结构趋于合理，改变了专业设置混乱的状况。修订后的基本专业目录，所列专业种数大大减少，理科由138种调整为70种，工科由664种调整为255种，农林科由107种调整为75种，医药科由50种调整到57种。

4. 开展了各种以优化教学过程，改善学生的知识能力结构的教育改革。通过修订教学计划、试行有指导的计划学分制，采取多种形式的因材施教等措施，在加强基础、培养能力、搞活教学、提高质量等方面都取得了初步的效果。

5. 通过贯彻高等学校体育工作暂行规定，加强了体育课教学，课外体育活动也得到重视。

6. 教学基本过程逐步加强，教学条件有较明显的改善。师资队伍得到补充，逐步改变了由于“文革”造成的人才“断层”、青黄不接、年龄老化的状况。从1980年到1985年，高等学校的专职教师数，理科由58985人增加到79613人，增加了35%；工科由70028人增加到96046人，增加了37.2%；农林科由14655人增加到19010人，增加了29.7%；医药科由24473人增加到29184人，增加了19.3%。通过开展科研和进修培训，教师的学术水平和教学水平不断提高。实验室的教学仪器设备经过补充和完善，实验开出率逐年增高。在实验室的建设中，较为突出的是计算机有了较大的增长。一批工科院校学生在四年中平均操作计算机可达80—100小时。经过三轮教材编审出版规划的实施，绝大多数课程已有了可用的教材或讲义。

7. 适应改革开放的新形势，高等学校和经济界、科技界的联系不断加强，积极探索教学、科研、社会实践三结合的新途径，取得了初步的经验，在人才培养、科学研究、技术开发等方面增强了适应经济和社会发展的能力。例如，上海市各高等学校与生产、科研等部门建立了教学、科研、生产三结合联合体80余个，对学校教学、科研起到了积极作用；据北京农业大学等13所院校1984和1985年两年不完全统计，仅18项技术推广所产生的经济效益就达17亿元；河北农业大学以开发太行山区为主要内容，实行教学、科研、生产三结合，自]979年开始，组织了15个专业70多名教师和毕业班的1000余名学生参加了太行山区的开发研究，1982年至1985年四年共获经济效益四亿元，受益地区人均收入增加了3倍，教师取得科研成果139项，获奖104项。通过实践，增开了选修课338门，有力地提高了教学、科研水平。

8. 开展了本科办学水平与教育质量评估试点，各种教学管理规章制度逐步完善，教育科学研究得到较大发展，后勤为教学服务工作也进一步改善。从学校教育工作检查和用人单位对毕业生质量反馈信息的大量材料表明，近年来，高等学校的本科毕业生，多数基本达到了国家的培养要求。但是，在一部分学生中，也存在着一些突出的缺点和不足。这些已引起了教育管理部门与高等学校的严重注意。

德育方面，在政治态度上，大多数学生能够拥护四项基本原则，愿意为社会主义祖国的四化建设而勤奋学习，努力贡献自己的力量。但是，相当一部分学生对马克思主义基本原理缺乏真正的理解，对资产阶级自由化思想的抵御能力较弱；在人生观、为谁服务的问题上，大多数学生愿意为社会主义事业服务，有为祖国振兴、人民富裕而努力奋斗的愿望，但不少学生个人主义思想比较严重，缺乏远大的理想和抱负，学习刻苦精神不够，有一部分毕业生不安心在生产第一线，挑剔岗位，轻视实践，看不起工人、技术员，眼高手低，用人单位很有意见；在道德、纪律、文化素养等方面，大多数学生能遵守社会主义基本道德规范，遵纪守法，讲究文明，但有一部分学生不同程度地存在着不爱劳动、不守纪律、破坏公物、浪费粮食、水电等不良现象，少数学生考试作弊、打架斗殴，甚至违法乱纪。

智育方面，调查结果表明，本科毕业生的基础知识、专业知识和业务能力基本上能满足实际工作的需要，比较突出的问题是实践知识和能力较差，知识面不够宽广，适应工作领域转移的能力较弱。在基础知识和技术基础知识方面和历届毕业生相比，在某些方面（如工科的工程数学、电子技术、计算机训练）还有所加强和更新，用人部门和毕业生反映较好。在专业知识方面，教学时数和内容仅占10—15%，但深度和新知识有所增加，在注意拓宽专业口径、优化知识结构以后，学生知识面有所加宽，但根据新技术革命的要求，仍然和实际需要有较大差距。在技术、操作、能力训练方面，外语、计算机、实验等都有显著提高，但由于学时和各种条件的限制，仍不能很好地满足实际工作的需要。

体育方面，据学校对学生身体素质的测量，体育锻炼达到《国家体育锻炼标准》的达标率统计，以及用人部门反映，总的情况是好的。部门学校统计，达标率在80%以上，身高、体重等形态和机能也逐年提高。但是，和发达国家的大学生身体素质相比较，在多项指标上都还有差距。特别是近视患者较多，个别学校高达70%以上。

调查研究表明，当前，高等教育的本科教育存在的问题主要有两方面：

第一，由于高等教育宏观上内部关系没有完全理顺，以及一些认识上和实际工作中的原因，部分高等学校的本科教育工作受到一定影响。

在高等教育的内部关系上，研究生、本科、大专几个层次的发展还不够协调。近年来，研究生的发展比较快，一些重点院校的注意力集中在搞科研、争取硕士点、博士点上，对本科教育存在一定程度的忽视。例如，比较注意添置为科研和研究生培养所需的高档仪器设备，对基础教学的实验仪器设备及老专业的实验仪器设备补充重视不够；高职称教师注意了带研究生，上本科教学第一线的减少；一部分学生集中精力学好研究生考试的课程，忽视其它课程学习等。近年来，新建的和由大专、中专升格的本科院校较多，从1984年到1987年，大学、专门学院由547所增加到602所，增加了约10%。这些院校中，有一些办学条件比较差，对保证本科教育的基本质量存在一定困难。

第二，由于对改革、开放的形式下如何正确地贯彻党和政府的教育方针，全面提高教育质量的特点、规律认识不足，在高等学校本科教育工作中，不同程度地存在着思想政治教育工作比较薄弱和脱离社会主义建设实际需要的现象。因此，高等教育本科学生的培养工作脱离社会主义建设实际的问题是确实存在的。

在调查中，各部委、地方的高等教育管理部门、高等学校和企业事业用人单位就加强高等学校本科教育提出了许多意见，这些意见包括：①要进一步提高对本科教育在高等教育中地位作用的认识，明确本科毕业生的大多数将直接到社会主义建设第一线从事各种实际工作，是未来高级专业人才的基本来源，应当切实地作为一个基本的、独立的层次和培养阶段，给予足够的重视；②要进一步明确本科教育的培养目标和本科毕业生的基本培养规格，一定要从社会主义建设与改革的实际需要出发，适应当代科学技术文化发展的趋势，遵循学校教育的基本规律；③要努力改进高等学校思想政治教育工作的内容、形式和方法，努力提高学生的政治素质；④要继续深化本科教育改革，以主动适应社会主义建设实际需要为根本的改革方向，努力实现人才培养过程的整体优化，继续加强基础、拓宽专业口径、重视能力培养，积极进行教学改革的各种试验；⑤要全面加强高等学校体育卫生工作，努力增强学生的体质；⑥要进一步加强教师队伍建设，充分调动教师搞好本科教育的积极性，坚决让教学、学术水平高的教师上本科教学第一线，有计划地充实目前严重不足的公共课、基础课、技术基础课师资，大力培养青年教师，改善师资队伍结构；⑦要进一步加强本科教学基本建设，努力改善本科教育的基本条件，争取尽快达到国家规定的基本要求，对本科教育质量有普遍影响的重点课程，要制订标准、加强建设；⑧要继续认真搞好高等教育的评估试点工作，逐步建立系统的高等教育评估制度，以加强和改善宏观指导和目标管理；要以提高教育质量为中心，进一步理顺高等教育的内部关系，合理调整和完善高等教育结构，加强各级教育管理部门的宏观指导和管理，进一步扩大学校办学的自主权。有的部门和学校还提出应当建立本科的教育基金和教学优秀奖励制度，加强教育科学研究，以促进本科教育工作。

撰稿人　张笛梅

审稿人　梁　森

□制订高校基础外语教学大纲和大学英语教学改革

为了适应当前的新形势，推动基础外语的教学改革，需要对原有的教学大纲进行修订。1987 年，国家教委高教一司组织力量，继续修订了大学英、俄语教学大纲，英、法、德语专业基础阶段教学大纲和出国人员德语强化教学大纲。并于 1987 年 2 月在上海召开了高校基础外语教学大纲研讨会。通过研讨，大家认为制订教学大纲要注意以下几点：

（1）教学内容的选择必须注意科学性与思想性的统一；

（2）基础外语教学大纲应体现传授知识与发展智力、培养能力相结合的教改思想；

（3）应吸收和反映国内外外语教学和研究成果，开展必要的科研工作，使教学大纲既体现先进的教学思想，又切合我国的教学实际；

（4）应摸清教学对象入学时的情况，目前已达到的水平以及今后工作的实际需要，组织有针对性的调查和测试，从而科学地确定教学目的和教学要求，并使教学要求定性定量化。

大学英语的教学改革在有组织有计划地进行。国家教委高教一司通过教材编审委员会和有关出版社组织完成了三套平行的三、四级教材的编审、出版和教学法宣讲、研讨工作，并召开了大学英语师资培训班和大学英语教学管理研讨会。在 1987 年 9 月 20 日，国家教委高教一司试行了一次大学英语四级标准考试（CET—4）。自愿报名参加考试的有 26 个省、市、自治区 470 所高校八五、八六级本科生102821名。考试由国家教委委托“大学英语四、六级标准考试设计组”负责主持，设在上海交大的考试办公室承办具体工作，清华大学、上海交大、武汉大学等3个考试中心分片协助，各省、自治区、直辖市高教部门教学处与有关院校配合完成。现各种统计数据所提供的大量动态分析，已通报各有关院校和省、市高教部门，用以改进、指导教学工作。

撰稿人 刘凤泰
审稿人 蒋妙瑞

□深化艺术教育改革，提高教学质量

继续改进充实和完善艺术院校教学的各个环节，全面提高教育质量，是1987年艺术教育工作的主要特点。

一、以改革促进教学

一年来，文化部教育局在多次深入调查研究的基础上，坚持以点带面，在促进全国艺术院校改革的同时，重点抓了部分艺术院校的教学改革。

1. 实行学年学分制是一些艺术院校在教学管理体制方面的一项重要改革。如中央音乐学院自1985年开始，在部分系科实行学年学分制，经过两年的实践证明，效果较好；第一，在相当程度上激发了教师们勇于进取，不断开拓新的课程领域，推动教师的教学研究，仅在两年时间里，就新开设现代哲学与文艺思潮、美学原理、中国古典文学、中国音乐名著分析、边缘曲式、二十世纪音乐分析等35门选修课。这在中央音乐学院历史上是前所未有的；第二，同学们在知识结构的逐渐转变和知识面的逐渐拓宽方面有所进展，如一些过去对史论课不感兴趣的管弦系、声乐系的同学，选修了中国音乐美学史、音乐美学基础等课。从1987年9月起，学年学分制已在全院普遍实行。

2. 试行综合整体化教学，为全面提高学生的素质创造了条件。综合教学采取五年制和四年制教学方案。一、二年级集中侧重初步艺术实践及基础理论的学习；三、四年级则分专业训练，即侧重专业技能、技巧及专业理论的培养；五年级着眼于全面的艺术实践。中央戏剧学院在86级导演、戏剧文学、舞台美术三个系的新生中，试行跨专业综合教学。在教学上，综合班打破专业界限，把不同专业的学生混合编组，同用一张课程表，并在同一时间内按教学计划进行考查，学习中根据学生各自的特点，对不适应的专业进行调换。经过一年的教学实践，可以看出，综合整体化教学打破了专业的界限，扩大了学生的视野和知识面，为开拓学生的潜在能力，全面提高学生的艺术素质等方面创造了有利条件。

3. 为了适应社会发展的需要，培养多层次、多规格的艺术人才，并从中选拔出优秀的尖子人才，北京电影学院实行了“二、四”学制（指将本科四年的学制分成两年大专学制和连续四年的本科学制）的探索。第一批“二、四”学制的大专生已经毕业。他们学完了大学专科的课程，掌握了必要的专业技术、技能，具备了副导演、副摄影、副美工、副录音以及编辑的能力，而本科毕业生则能从事编剧、导演、摄影、美术设计及录音等创作。通过“二、四”学制所培养的学生，是符合影片生产对各层次人才要求的。经过两年为一阶段的选拔，将一批比较优秀的学生留下来继续学习，为进一步选拔更为优秀的人才打好基础。但是也存在一些不足，如在由专科升入本科的选拔上，采取的定额选拔制，使升学率受到了限制。1987年对入学的新生已改变了这一做法。

4. 组织教学经验交流，促进教学改革。1987年文化部教育局召开了7次理论教学和学术专业交流会。通过这些教学经验交流和学术探讨，促进了院校教学和科研的开展，对一些问题有了明确的认识。如艺术理论课的教师认为，在各类艺术理论课教学中，已不能象过去那样照本宣科，教师极需提高自己的理论修养，扩充知识结构，对西方哲学和文艺思潮，也应作全面的了解与考察，向学生作出有分析、有评价的介绍。过去，对剧目教学和舞蹈院校要不要设立表演课等认识不清，通过讨论，认为设立剧目教学和表演课是必要的。剧目教学是中国舞蹈体系不可缺少的一部分，也是舞蹈教学成果的充分体现。

二、加强艺术院校学生的思想政治工作

为了进一步加强思想政治工作，培养德才兼备的优秀艺术人才，1987 年，各艺术院校坚持以正面教育为主，并在积极引导方面做了大量的工作。

在 1986 年底和 1987 年初，一些大学出现了学生闹学潮，但这些学潮对艺术院校影响较少，除个别艺术院校外，大多数艺术院校的教学秩序稳定。这主要是由于各院校领导平时对学生做了大量的思想政治工作。他们在做好各级党政干部工作的基础上，依靠学生党、团员骨干做工作，并直接到学生中去解决他们的思想问题。同时，还积极开展各种有意义的活动，以丰富学生生活。如上海戏剧学院组织了“电影艺术鉴赏大奖赛”，并开展了文艺演出等活动，深受同学们的欢迎。各院校领导还认真并及时地采取有力措施，解决学生提出的有关教学、后勤，特别是食堂问题的合理要求。上海戏剧学院领导发现个别班在教学上师生矛盾尖锐，立即深入到班级与学生对话，较妥善地解决了矛盾，消除了闹事的隐患。有的院校，还请了艺术界的老党员，介绍解放前学生在国民党统治下，边进行政治斗争，边认真读书和刻苦学艺的经历，对学生进行革命理想和人生观的教育。有的院校请了一些了解国内外实际情况的专家做时事报告，以开阔眼界，提高思想认识。

为努力开创新时期思想政治工作的新局面，文化部教育局还召开了在京直属艺术院校思想政治工作会议和马列主义教研室工作会议。大量对如何加强思想政治工作等问题进行了探讨。大家认为，当前做好思想政治工作，必须要改进工作方法，要认识到新时期思想工作的特点，不断探索创新以打开思想政治教育的新局面。

三、通过艺术实践提高学生素质

1987 年，各类艺术院校，根据自己的专业特点，分别采取了与课堂教学密切结合的艺术实践活动。归纳起来有三种方式：①深入到社会生活中，扩展视野，沟通与群众的思想感情，在现实生活里搜集创作素材，激发创作灵感；②培养、锻炼学生的舞台实践能力，加强艺术实践方面的训练，为今后走入社会打下完好的基础；③学生带着实习作品走向社会，在不断的社会实践中，检验和完善自己。

中央戏剧学院，把艺术实践放在教学环节中的重要位置上，他们实行每年 6 周机动周制，并把机动周尽量与寒暑假衔接起来，给学生更多的深入社会的时间。中央音乐学院每学年期末有 3 周的艺术实践时间，平时还为学生举办多种形式、多种内容的社会实践活动。

中央美术学院各系结合自己的课程安排，分别开展了采风式的艺术实践活动，假期学生深入胶东和陕西宝鸡两地搜集民间艺术，返校后，举办了采风成果展览。中国戏曲学院采取了成品教学的方式，作曲系的学生带着完成的戏曲文学剧本，深入生活进行戏曲音乐创作。

对于各艺术院校表演专业的学生，艺术实践主要是将课堂学习成果溶汇为舞台上的演出活动。1987 年，上海戏剧学院演出了《等待戈多》、《热铁皮屋顶上的猫》；中央戏剧学院演出了《结婚》等名剧；北京舞蹈学院芭蕾舞晚会演出的《海盗》、《天鹅之死》、《洗衣娘》等剧目，都受到了观众的好评。除此之外，中央戏剧学院、上海戏剧学院、上海音乐学院、北京舞蹈学院等，还为学生的舞台实践创造更多的条件，组织周末音乐会，为普通大学演出等。中央音乐学院和上海戏剧学院分别到大港油田、胜利油田、农村深入生活，为职工、农民演出，还举办了业余培训班受到了好评。

各艺术院校在加强艺术实践的同时，也注重了社会实践，中央美术学院、中国音乐学院、中央戏剧学院、北京舞蹈学院和中央音乐学院附中等院校，组织学生到部队接受军训，使学生们在严格的军事训练中受到锻炼，提高了组织纪律性。有的院校还组织学生到社会作调查，使同学们了解国情、民情，对当前社会有更加深刻的了解。

四、积极探索招生考试改革

1987年，按照国家计划，文化部直属院校较好地完成了各级各类招生计划，共招收研究生64人（其中博士生6人，硕士生58人），本科、专科生865人。各艺术院校在专业考试方面进行了改革。近10年来，高等艺术院校的专业考试一般均由学校自行负责，而各个专业又都遵循着一套约定俗成的考试办法，很少有变动，以致出现美术类考试中考生成绩与实际水平不符的现象，其他表演类考试也存在一些评分缺乏科学性和规范性，记分办法不当的情况。这些问题在1987年的招生中已开始得到不同程度的改进。例如，沈阳音乐学院制定了“共同课考试办法”；星海音乐学院试行了“按比例记分法”；山东艺术学院实行了“分解记分”；四川音乐学院增加了口试；天津音乐学院采取了当场画速写的办法，这些改革虽然方式不一，采取的形式和效果也不尽相同，但却说明学校正在逐步探索一套有利于科学选才的办法。1987年，招收的本科生的文化素质比去年有所提高，尤其是音乐表演类专业的新生。

1987年，文化部直属院校共毕业专科生405人，硕士研究生45人。

撰稿人　商文清

审稿人　方　仟

□修订医药本科教学计划

为了进一步深化高等医药教育改革，在扩大高等学校办学自主权的同时，加强国家教委对高等医药教育的宏观指导和管理，按照国务院发布的《高等教育管理职责暂行规定》中关于国家教委要“制订指导性教学文件”的要求，1987年12月24日至27日，国家教委在上海召开了制订高等医药本科教育指导性教学文件研讨会。会议对制订高等医药本科专业教学计划的原则和基本要求提出了初步意见。

（一）普通高等学校医药本科教育的总体培养目标和基本要求。医药本科教育的总体培养目标应该是：培养适应社会主义现代化建设实际需要的德、智、体全面发展的、具有从事医药科学技术或管理工作理论知识和实际能力的高级专门人才。

医药本科教育的基本培养要求是：(1) 热爱祖国，拥护共产党领导，走社会主义道路，努力学习马克思主义；热爱医药事业，有为国家富强、民族昌盛而奋斗的理想，有为人民医药事业献身的精神；遵纪守法，品行端正，艰苦求实，开拓进取，为人民服务。(2) 掌握本专业的基础理论、基本知识、基本技能，以达到国家教委制订的《全国普通高等学校医药本科专业简介》规定的本专业业务培养要求，使其具有大学生应有的文化修养；基本具有独立自学、独立思考和从事本专业业务工作的实际能力。(3) 掌握一定的体育和军事基本知识；养成良好的体育锻炼和卫生习惯；达到国家规定的大学生体育和军事训练合格标准；身心健康，能够坚持正常工作，能够履行保卫祖国的神圣义务。

（二）修订教学计划应该遵循的原则和基本要求。当前我国的高等医药教育正处在全面整顿和深化改革阶段。本世纪内，我国高等医药教育总任务是：建立主动适应国家经济发展第二步战略任务和医药卫生事业发展需要的、专业齐全、规模适宜、层次分明、结构合理，有中国特色的社会主义高等医药教育体系。医药卫生各本科专业教学计划的修订必须贯彻改革的精神，为完成我国高等医药教育现阶段的总任务服务。

1. 修订医药本科专业教学计划的原则：（1）必须主动适应我国社会主义医药卫生事业与医药科学今后发展的实际需要；（2）应该符合高等教育和医药专门人才培养成长的基本规律，借鉴国外发展高等医药教育的有益经验；（3）必须符合新发布《专业简介》规范化的基本要求；（4）认真贯彻德、智、体全面发展的方针；（5）坚持理论联系实际的原则，注重培养学生的自学能力、操作能力和独立思考能力；（6）在保证基本质量的前提下，从实际出发，因地制宜，因校制宜，发扬专长，形成特色。

2. 修订教学计划的基本要求：（1）各专业培养目标和业务培养要求，由各校根据《专业简介》，结合本校实际具体拟定。（2）教学时数。除生产实习环节外，学期平均教学周为18周；四或五年制医药本科专业的周学时宜控制在24～26学时之间；四年制药学类本科专业的总学时宜控制在2900～3100学时之间，五年制医药类本科专业总学时数宜控制在3500～3700学时之间。其总学时数均应含限定选修课学时。（3）课程设置。《专业简介》所列主要课程一律为必修课，不得任意删减；限定选修课的学时，一般按总学时的10%安排；除生产实习外，全部课程的理论与实践之比大致以1比1为宜；政治课应根据国家教委的统一要求，安排180～216学时；外语教学应符合各专业培养要求，医药类本科各专业学生，应掌握一门外语，能阅读本专业外文书刊，外语教学总时数，一般以不超过300学时为宜；各医学类专业应开设中医学必修课；其课程时数各校要安排适当；四或五年制医药本科专业的体育课在一、二年级开设，自第三学年起，提倡根据学生兴趣，按体育项目开设选修课。（4）各门课程的基本要求。今后，国家不再制定统一的课程教学大纲，只对各门必修课程提出基本要求：包括课程的性质和任务，对主要教学环节的要求和参考性学时范围等。（5）教学环节。科学研究能力的初步训练应贯穿在全部教学过程中；社会实践应包括社会调查以及到农村和其它医疗基层单位的实习；军事训练原则上应安排八周，其中五周集中训练，三周分散训练；劳动教育应根据医药本科专业教学的实际情况，结合生产实习进行，同时，在各学年分散安排公益劳动，总时间不应少于二周；成绩考核应分为考试与考查，应认真减轻学生负担，每学期考试门数不宜过多；合理安排生产实习，临床医学类各专业的生产实习时间不得少于45周，其它专业的生产实习亦应保证足够的时间。

（三）教学计划的基本格式。为了便于对各校教学计划进行分析研究和评估，对医药本科专业教学计划的基本格式应统一规定如下。

（1）前言（含总体培养目标和培养要求）。

（2）专业培养目标及业务培养要求。

（3）修业年限。

(4) 主干学科和主要课程。
(5) 课程设置和基本要求。
(6) 教学安排和时间分配。
(7) 成绩考核及学位授予。
(8) 教学进程表。
(9) 必要的说明。

撰稿人 姜常胜
审稿人 王镭 梁森

□高等工程教育评估试点工作

按照1985年国家教委关于评估试点工作的部署，承担高等工程教育评估试点任务的有关部委、省市、高等学校和课程教学指导委员会经过一年多努力，在提高思想认识、建立试点组织、论证评估方案、开展理论研究，特别是对指标体系进行实测等方面做了大量工作，为正式试点做了必要的准备。在此基础上，1987年6月，国家教委在西安召开了高等工程教育评估试点工作会议。会后，发出《关于正式开展高等工程教育评估试点工作的几点意见》，对正式开展试点工作进行了部署。

《意见》明确指出，学校、专业、课程三个层次的评估试点均集中在对本科教育工作和本科生全面教育质量评估上，并以专业、课程评估为重点。试点学校的总数要适当控制。正式试点的时间为1987年下半年至]988年年底。

《意见》还进一步明确，教育评估是教育体制改革的必然要求，是学校进行自我检查的重要手段，是密切学校与社会联系的重要途径，也是教育行政管理部门改善和加强宏观管理指导的重要依据。其主要意义是为了在扩大学校办学自主权的新形势下，增强学校办学的活力和动力，更好地贯彻教育为社会主义建设服务的方针，保证办学和人才培养的质量，指导和推动高等教育的改革、发展和提高。

《意见》要求，通过正式试点应取得以下三项成果:①进一步完善评估方案，使之更加科学可行;②拟订出教育评估基本文件;③提出本科教育质量和教育工作状况的专题分析报告和进一步进行教育改革、全面贯彻党和政府的教育方针、提高本科教育质量的建议与措施。

《意见》强调，开展教育评估试点，要从我国实际出发，坚持高等教育的社会主义方向，坚持全面贯彻党的教育方针，坚持以全面教育质量为中心的评估。在试点过程中，既要积极探索，勇于创新，抓紧工作，又要扎扎实实，稳步前进，谨慎从事；既要抓紧评估试点的实践工作，加强领导，依靠群众，合理安排，精心组织，认真做好每个环节的工作，又要加强评估理论的研究，争取理论研究有较大的进展。

承担试点任务的有关部委、省市的教育主管部门，从1987年下半年开始，拟订具体试点工作计划并组织实施。

撰稿人 王培欣
审稿人 梁森

□修订和颁发文、理、医药本科专业目录

一、修订高等学校社会科学本科专业目录

高等学校的专业目录规定了专业的划分与名称，规定了培养人才的政治、业务等要求和工作去向。它是根据国家需要，在培养人才、课程设置和调整专业、组织教学、开展教育评估、进行人才预测等方面的重要依据，是指导教学工作的基本文件。

旧中国的高等学校，只有院系，不设专业。新中国成立后，特别是1952年学习苏联经验后，开始设立专业。1953年，设有45种社会科学本科专业；1957

年 62 种。1958 年专业数增加较快，到 1962 年达到 129 种。当时，根据中央关于“调整、巩固、充实、提高”的方针，合并了一些划分过细的专业，撤销了一些设置过多的专业点，调整了专业布局。在此基础上，教育部会同国家计委于 1963 年修订了《高等学校通用专业目录》，其中，社会科学本科专业共有 101 种。“文革”期间，社会科学本科专业取消较多。“文革”后，社会科学专业教育恢复和发展较快。目前，全国综合大学和财经、政法、外语、艺术院校等社会科学本科专业共 398 种，这些专业对培养社会主义现代化建设的专门人才，对促进我国科学技术文化的进步都起了积极作用。但也存在一些问题，主要表现是：

(1) 有些专业向细、窄方面发展；(2) 有些专业内涵不清，培养目标不够明确；(3) 有些专业名称比较混乱，缺乏规范；(4) 有些专业不必要地重复设点，影响合理布点；(5) 还有一些空白缺门学科专业尚待填补。

为了适应我国改革、开放、搞活形势的日益发展和世界科学技术进步的挑战，进一步改革我国高等教育，为本世纪末和下世纪初我国经济腾飞和社会发展，大规模地准备各种合格人才，使教育更好地适应社会主义现代化建设和科学技术文化发展的需要，必须修订社会科学本科专业目录。

（一）修订专业目录的指导思想。

修订专业目录，是一项非常重要的工作，涉及到教育思想的转变。1982 年 11 月，国务院总理赵紫阳在五届人大五次会议上的报告中提出：“要调整高等学校的专业设置，改进教学方法。过去专业划分过细，学生知识面狭窄，不能适应各项建设工作和继续深造的需要，对于毕业后的就业和转移工作领域也往往造成困难，这种情况必须加以改变。”它指明了教育改革的方向，也是我们修订专业目录的基本指导思想。

修订专业目录应从我国的实际情况出发，根据“三个面向”的要求，适当拓宽专业面。专业设置要符合“两个文明”建设的需要，要适应学科发展的需要，要符合人才培养的规律，要讲究教育的经济效益。

（二）修订专业目录的原则。

根据上述指导思想，修订社会科学本科专业目录应遵循以下几条原则：

第一，修订专业目录要立足于现实，着眼于未来，从我国高等学校专业设置的现状出发，总结历史经验，借鉴国外社会科学专业设置的有益经验，根据我国四化建设的需要和学科发展的水平与趋向，对现有专业进行适当调整，并使某些专业的名称规范化。

第二，普通高等学校本科专业目录应该有别于研究生或专科生阶段的专业目录，也要有别于非普通高等学校的专业目录。

第三，划分专业一般应以学科为主，同时，根据学科的不同性质，适当兼顾业务部门的需要。

第四，一个专业应有自己独立的课程体系，其基本理论、基础知识、基本技能的要求，应有别于其它专业。同一专业的名称必须统一，并力求准确地反映专业的培养方向和业务范围。

总之，要从实际出发，把按学科设专业与适当兼顾部门需要结合起来，把强调改革与适当照顾现实情况结合起来，把统一性与灵活性结合起来，使修订的专业目录尽可能地符合科学性、规范性、适应性和预见性。

（三）修订后的普通高等学校社会科学本科专业目录。

国家教委高教一司在 1985 年初就开始组织力量，进行调查研究和修订专业目录的工作。经过两年多的研究和论证，于

1987年12月21日，国家教委正式印发了《普通高等学校社会科学本科专业目录》、《普通高等学校社会科学专业简介》等文件。修订后的普通高等学校社会科学本科专业目录中，共设专业214种。这新目录与原设专业目录比较，有以下三个特点：（1）拓宽了专业口径，调整了专业内容，原有专业398种，经过撤并或统一更改名称后为193种，净减205种，占原有专业的51.5%。另新增专业21种，现共设专业214种。这样使专业名称更加科学化、规范化。（2）调整了专业结构，充实和加强了新兴边缘学科和薄弱学科专业。（3）编写了专业简介，明确了培养目标和业务要求的基本规格，列出了主要专业课程，强调了实践性教学环节。比如汉语言文学专业的培养目标是：培养能从事文学评论与写作、编辑、新闻和其他文化、宣传方面的实际工作以及汉语言文学教学与研究工作的德才兼备的高级专门人才。业务要求是：学生应掌握马克思主义的基本原理和关于语言、文学的基本理论；熟悉我国关于语言、文学的方针和政策；具有本专业的基本理论、基础知识以及与专业有关的某些专业知识和相关学科的知识；了解本学科的新成就、新发展；具有较高的文学修养和鉴赏能力、较强的写作能力、一定的实际工作能力的初步的科学研究能力；能阅读一般古典文献；在掌握外语工具方面，应具有较强的阅读本专业书刊的能力、一定的听的能力、初步的写和说的能力。主要专业课程有：马列文论、文学概论、语言学概论、美学、中国古代文学史、中国现代文学史、中国当代文学、中国文学批评史、外国文学史、古代汉语、现代汉语、写作等。结合教学，组织学生参加社会调查、业务实习等实践活动。

普通高等学校社会科学本科专业目录

一、中国语言文学类

编号	专业名称	备注
0101	汉语言文学	
0102	中国文学	个别学校设置
0103	汉语言学	个别学校设置
0104	古典文献	个别学校设置
0105	汉语言	个别学校设置
0106	蒙古语言文学	个别学校设置
0107	藏语言文学	个别学校设置
0108	维吾尔语言文学	个别学校设置
0109	维吾尔语言	个别学校设置
0110	朝鲜语言文学	个别学校设置
0111	哈萨克语言文学	个别学校设置
0112	哈萨克语言	个别学校设置
0113	编辑学	试办
0114	对外汉语	试办
0115	语言学	试办

二、历史学类

编号	专业名称	备注
0201	历史学	
0202	考古学	
0203	博物馆学	
0204	中国历史	个别学校设置
0205	世界历史	个别学校设置
0206	历史地理	个别学校设置
0207	民族学	个别学校设置
0208	人类学	个别学校设置

三、哲学类

编号	专业名称	备注
0301	哲学	
0302	逻辑学	个别学校设置
0303	宗教学	个别学校设置
0304	自然辩证法	个别学校设置
0305	伦理学	个别学校设置

0306	美学	试办

四、社会学类

编号	专业名称	备注
0401	社会学	
0402	人口学	
0403	社会工作与管理	试办
0404	社会心理学	试办

五、新闻学类

编号	专业名称	备注
0501	新闻学	
0502	国际新闻	
0503	广播电视新闻	
0504	播音	
0505	广播电视管理	
0506	新闻摄影	试办
0507	广告学	试办

六、图书情报档案学类

编号	专业名称	备注
0601	图书馆学	
0602	档案学	
0603	科技档案	个别学校设置
0604	社会科学情报学	试办
0605	图书发行管理学	试办
0606	档案保护	试办

七、政治学类

编号	专业名称	备注
0701	政治学	
0702	国际政治	
0703	外交学	个别学校设置
0704	国际共产主义运动	个别学校设置
0705	行政管理学	试办
0706	国际文化交流	试办
0707	人事管理	试办

八、马克思主义理论、思想政治教育类

编号	专业名称	备注
0801	马克思主义基础	
0802	中国革命史	
0803	中国社会主义建设	
0804	思想政治教育	
0805	中国共产党党史	个别学校设置
0806	科学社会主义	个别学校设置
0807	世界政治经济与国际关系	试办

九、法学类

编号	专业名称	备注
0901	法学	
0902	经济法	
0903	国际法	个别学校设置
0904	国际经济法	个别学校设置
0905	侦查学	个别学校设置
0906	劳动改造法	个别学校设置
0907	犯罪学	个别学校设置
0908	知识产权法	试办
0909	环境法	试办

十、经济、管理学类

编号	专业名称	备注
1001	政治经济学（经济学）	
1002	国民经济计划学	
1003	国民经济管理学	
1004	统计学	
1005	财政学	
1006	税收	
1007	金融学（货币银行学）	
1008	国际金融	
1009	保险	

1010 会计学
1011 审计学
1012 世界经济（国际经济）
1013 国际经济合作
1014 工业经济
1015 农业经济
1016 商业经济（贸易经济）
1017 国际贸易
1018 旅游经济
1019 企业管理（工业企业管理、商业企业管理）
1020 投资经济管理
1021 劳动经济
1022 工商行政管理
1023 经济信息管理（管理信息系统）
1024 价格学 个别学校设置
1025 农村金融 个别学校设置
1026 土地管理 个别学校设置
1027 物资经济 个别学校设置
1028 粮食经济 个别学校设置
1029 仓储运输管理 个别学校设置
1030 生产布局 个别学校设置
1031 海关管理 个别学校设置
1032 管理科学学 个别学校设置
1033 商品学 个别学校设置
1034 商品检验养护 个别学校设置
1035 国际税收 试办
1036 财务学 试办
1037 国际保险 试办
1038 国际会计 试办
1039 生态经济（环境经济）试办
1040 运输经济 试办
1041 合作经济 试办
1042 市场营销 试办
1043 国际企业管理 试办
1044 国际运输管理 试办
1045 餐旅企业管理 试办
1046 城市经济管理 试办
1047 标准化管理 试办
1048 数量经济学 试办

十一、外国语言文学类

编号	专业名称	备注
1101	英语（英语语言文化）	
1102	俄语	
1103	德语（德语语言文化）	
1104	法语（法语语言文化）	
1105	西班牙语（西班牙语语言文化）	
1106	阿拉伯语（阿拉伯语言文化）	
1107	日语（日语语言文化）	
1108	波斯语（波斯语言文化）	个别学校设置
1109	朝鲜语（朝鲜语言文化）	个别学校设置
1110	菲律宾语言文化	个别学校设置
1111	古印度语言文化	个别学校设置
1112	印度尼西亚语（印度尼西亚语言文化）	个别学校设置
1113	印地语（印地语语言文化）	个别学校设置
1114	柬埔寨语（柬埔寨语言文化）	个别学校设置
1115	老挝语（老挝语言文化）	个别学校设置
1116	缅甸语（缅甸语言文化）	个别学校设置
1117	马来语（马来西亚语言文化）	个别学校设置
1118	蒙古语（蒙古语言文化）	个别学校设置
1119	僧加罗语（斯里兰卡语言文化）	个别学校设置
1120	泰语（泰国语言文化）	个别学校设置
1121	乌尔都语（乌尔都语语言文化）	个别学校设置
1122	希伯莱语（希伯莱语语言文化）	个别学校设置

1123 越南语（越南语言文化） 个别学校设置
1124 豪萨语（豪萨语言文化） 个别学校设置
1125 斯瓦希里语（斯瓦希里语言文化） 个别学校设置
1126 阿尔巴尼亚语（阿尔巴尼亚语言文化） 个别学校设置
1127 保加利亚语（保加利亚语言文化） 个别学校设置
1128 波兰语（波兰语言文化） 个别学校设置
1129 捷克语言和捷克斯洛伐克文化 个别学校设置
1130 罗马尼亚语（罗马尼亚语言文化） 个别学校设置
1131 葡萄牙语（葡萄牙语语言文化） 个别学校设置
1132 瑞典语（瑞典语言文化） 个别学校设置
1133 塞尔维亚一克罗地亚语言和南斯拉夫文化 个别学校设置
1134 土耳其语（土耳其语言文化） 个别学校设置
1135 希腊语（希腊语言文化） 个别学校设置
1136 匈牙利语（匈牙利语言文化） 个别学校设置
1137 意大利语（意大利语言文化） 个别学校设置
1138 英语语言文学 个别学校设置
1139 俄语语言文学 个别学校设置
1140 德语语言文学 个别学校设置
1141 法语语言文学 个别学校设置
1142 西班牙语语言文学 个别学校设置
1143 日本语言文学 个别学校设置
1144 专门用途外语（科技） 注明语种
1145 专门用途外语（旅游） 注明语种
1146 专门用途外语（国际贸易） 注明语种
1147 专门用途外语（外事管理） 试办

十二、艺术类

编号	专业名称	备注
1201	作曲与作曲技术理论	
1202	指挥	
1203	音乐学	
1204	演唱	
1205	键盘乐器演奏	
1206	管弦（打击）乐器演奏	
1207	中国乐器演奏	
1208	音乐文学	试办
1209	音乐音响导演	试办
1210	中国画	
1211	油画	
1212	版画	
1213	壁画	
1214	民间和通俗美术	
1215	雕塑	
1216	美术史论	
1217	环境艺术设计	
1218	工业造型设计	
1219	染织设计	
1220	服装设计	
1221	陶瓷设计	
1222	漆艺	
1223	装潢设计	
1224	装饰艺术设计	
1225	工艺美术历史及理论	
1226	戏剧导演	
1227	戏剧（影视）表演	
1228	戏剧文学	
1229	舞台设计	
1230	灯光和音响设计	
1231	服装和化装设计	
1232	戏曲文学	
1233	戏曲表演	
1234	戏曲导演	

1235 戏曲作曲
1236 戏曲舞台美术设计
1237 舞蹈史与舞蹈理论
1238 舞蹈编导
1239 舞蹈教育
1240 文艺编导
1241 电视专题节目编辑
1242 电视导演
1243 电影文学
1244 电影导演
1245 电影表演
1246 电影摄影
1247 动画
1248 电影电视美术设计
1249 录音艺术
1250 文化事业管理　　试办

撰稿人　刘凤泰　张鸿岳

审稿人　夏自强　蒋妙瑞　李进才

二、修订高等学校理科本科专业目录

1985年底，国家教委发出《关于做好修订高等学校文理法经本科专业目录工作的意见》。1986年2月，国家教委委托北京大学成立专门小组，对理科专业设置的历史发展、现状和国外状况进行调查分析，提出理科专业目录的两个初步方案，又经过一年多调查论证和反复研究，1987年11月，国家教委正式公布《普通高等学校理科本科基本专业目录及简介》、《普通高等学校理科本科基本专业目录实施办法》及《做好综合大学理科本科专业整理工作的通知》。

理科专业目录修订工作的指导思想是：

1. 从我国实际出发，面向现代化、面向世界、面向未来、积极主动地适应社会主义建设和科学技术发展的需要。

2. 认真总结我国专业设置的历史经验和教训，调查分析当前专业设置的现状，研究借鉴国外专业设置的有益经验，探讨科学、合理地划分和设置专业的客观规律，努力拓宽专业口径，增强毕业生对工作的适应性。

3. 按照培养德智体全面发展，符合社会主义建设实际需要的合格人才的要求，进一步明确理科本科教育的培养目标，调整理科的专业结构，在继续加强基础学科专业的同时，注重发展应用学科专业。

4. 统一专业名称，以利于加强专业设置的宏观指导和管理，同时注意因校制宜，办出特色。

具体原则是：

1. 理科本科专业，主要按学科划分；专业口径应较宽，一般按一级或二级学科设置。对某些按一级学科设置的专业，为适应毕业生分配工作的需要，可列出若干专门方向，毕业生既可按专业分配，也可按专门方向分配。

2. 每一种专业，应有相对独立的课程体系，课程内容基本相同的专业使用同一名称。名称要力求准确、科学地概括本专业的业务范围和内容。不同学校设置同一种专业，可以有不同侧重，以体现各校专业的特色。

3. 本科专业的设置应符合本科人才的培养规律和要求，只宜由其它层次培养人才的专业，不列入本科专业目录。

4. 对那些对社会主义建设和科学技术发展确有前景但学科与课程体系尚不成熟，需要探索试验的专业，采取积极、稳妥的方针，增列试办专业。

5. 对目前综合大学设置的明显属于工科、农科、医科的专业，应列入工、农、医科的专业目录中。

新修订的理科专业目录主要有以下几个特点：

1. 与1963年、1979年的专业目录相比，传统的基础学科类专业，拓宽了专业面。

2. 增列了一批应用和技术学科专业。如数理统计、运筹学、食品化学、水资源与环境等。

3. 增列了一些新兴和边缘学科专业。这类专业，凡学科比较成熟、已经形成比较完整的课程体系的，列入正式专业目录，如控制科学、环境化学、材料化学、电子学与信息系统等。

新修订的理科本科基本专业目录，将高校原设的138种理科专业调整归并为14类共70种。其中设有15个专门方向和10个试办专业。

撰稿人 宋 浩 王 欣
审稿人 龙正中

普通高等学校理科本科基本专业目录

一、数学类

0101 数学
0102 计算数学及其应用软件
0103 应用数学
0104 数理统计
0105 运筹学
0106 控制科学

二、物理学类

0201 物理学（专门方向：理论物理、半导体物理、固体物理、晶体物理、低温物理、光学、磁学、等离子体物理、电子物理）
0202 应用物理学
0203 原子核物理及核技术

三、化学类

0301 化学（专门方向：无机化学、有机化学、分析化学、物理化学、生物化学、高分子化学）
0302 应用化学
0303 材料化学
0304 环境化学
0305 放射化学
0306 食品化学

四、生物学类

0401 植物学
0402 动物学
0403 微生物学
0404 生理学
0405 植物生理学
0406 遗传学
0407 细胞生物学
0408 生物化学
0409 生态学与环境生物学

五、天文学类

0501 天文学

六、地质学类

0601 地质学
0602 构造地质学
0603 地震地质学
0604 古生物学及地层学
0605 水文地质学与工程地质学
0606 岩矿地球化学
0607 放射性矿产地质学

七、地理学类

0701 自然地理学
0702 地貌学与第四纪地质学
0703 水资源与环境
0704 经济地理学与城乡区域规划
0705 地理信息与地图学

八、地球物理学类

0801 地球物理学
0802 空间物理学

九、大气科学类

0901 天气动力学
0902 气候学
0903 大气物理学与大气环境
0904 大气探测学

十、海洋科学类

1001 物理海洋学
1002 海洋物理学

1003 海洋化学
1004 海洋生物学
1005 海洋地质学

十一、力学类

1101 力学
1102 应用力学

十二、信息与电子科学类

1201 电子学与信息系统
1202 无线电物理学
1203 物理电子学
1204 声学
1205 光学
1206 微电子学

十三、计算机科学与技术类

1301 计算机软件
1302 计算机及应用

十四、心理学类

1401 心理学
1402 工业心理学

试办专业

试01 信息科学
试02 经济数学
试03 科技情报
试04 材料科学
试05 分子生物学
试06 微生物工程学
试07 生物医学电子学
试08 自然资源管理
试09 矿物岩石材料学
试10 环境地学

三、修订和颁发全国普通高等学校医药本科专业目录

（一）修订医药本科专业目录的意义。专业目录是高等学校开展教学工作的一种基本文件，它规定了学校可设专业的划分和名称，反映了对有关人才的业务培养方向，是国家有计划、按比例地培养高级专门人才，设置或调整专业，指导制订专业教学计划，进行人才需求预测，编制招生和毕业生分配计划的一项重要依据。

我国高等医药院校，自1952年开始按学科门类设置专业，并按专业有计划地培养各种专门人才。1955年，全国普通高等学校院系和专业调整基本完成时，医药本科专业只有医学、卫生学、儿科医学、口腔医学、药学等5种。1956年，增设中医专业后，达到6种。1963年，经国务院批准颁布的《高等学校通用专业目录》包括医学、卫生学、儿科医学、口腔医学等10种医药本科专业。

1986年底，全国普通高等学校设置的医药本科专业有50种，布点355个。从近些年高等医药人才的培养、使用情况和人才需求预测材料看，现设的50种专业，尚不能较好地适应我国社会主义建设新时期对高级医药卫生专门人才培养的需要。有的专业名称不够准确；有的专业培养目标和业务培养要求不够明确；有的专业面过窄；也有的专业不适应行业人才需求和学科分化发展的需要。因此，及时地修订医药本科专业目录，将对我国高等医药教育的改革产生深远影响，并对我国高等医药教育事业的发展具有十分重要的现实意义。

（二）修订医药本科专业目录的指导思想和基本原则。修订全国普通高等学校医药本科专业目录，认真贯彻了《中共中央关于教育体制改革的决定》精神，从我国实际情况出发，正确总结我国医药专业设置的历史经验，借鉴国外的有益经验，并贯彻了“教育必须为社会主义建设服务”和“教育要面向现代化，面向世界，面向未来”的方针，适应我国医药科学发展的水平与趋向，适应我国医药卫生事业发展的实际需要，符合高级医药专业人才培养的规律，有利于进一步提高我国高等医药教育的质量，为建立适应我国医药卫生事业发展建设需要的高等医药教育体系和专业结构奠定基础。

在医药本科专业目录的修订工作中，除贯彻上述指导思想外，还掌握了以下基本原则：

1. 以 1986 年全国高等医药院校所设本科专业为基础，以培养实用型高级医药卫生专门人才为主要目标，坚持实事求是和专业面较宽的原则，进行必要的增减和调整。

2. 专业设置以现实和长远的社会需求为依据，遵循医药教育规律，既符合我国医药卫生事业建设的实际需要，又适应世界医药科学发展的趋势。

3. 专业划分主要以学科体系为基本，适当兼顾业务部门的工作需要。每一专业必须有自身的基础理论、主干学科和课程体系，专业方向和业务范围明显有别于其他专业。

4. 专业名称力求简炼、准确而科学地反映该专业的培养目标、专业方向和业务范围。

5. 确有社会需要，又有专业设置依据，但缺乏办学经验，或学术界尚有某些分歧意见的专业，列为试办专业，有控制地个别布点试办。

（三）医药本科专业目录的修订工作情况。全国普通高等学校医药本科专业目录的修订工作，大体分为调查论证和修改审订两个阶段进行。

调查论证阶段自 1986 年 3 月开始，共进行了一年。修改审订阶段自 1987 年 3 月起，国家教委会同卫生部、国家中医管理局、国家医药管理局共同对《目录》审议稿进行了认真的讨论、修改和补充。

1987 年，国家教委审定并批准了总共包括 57 种专业的《全国普通高等学校医药本科专业目录》，并发布实施。

(四)新发布医药本科专业目录的基本内容和特点。新发布的《全国普通高等学校医药本科专业目录》，共有 9 类，47 种正式专业和另外单列的 10 种试办专业。

与新发布《全国普通高等学校医药本科专业目录》同时下达的配套文件，还有《全国普通高等学校医药本科专业简介》和《全国普通高等学校医药本科专业目录对照表》。《专业简介》对教育、计划、劳动人事等部门进行人才需求预测及合理地使用人才，具有重要的参考价值。

新发布的专业目录与现设专业相比较，具有以下特点：

1. 体现了实事求是、稳步发展的精神和慎重的态度。与修订前比，虽有变动，但变动幅度不大，原有 50 种专业中的 42 种或未做改动，或稍事修改，被继续列入新专业目录中。这些专业约占修订后专业总数的 74%。

2. 体现了专业面较宽的原则。长期以来，我国高等医药本科专业始终保持着专业面宽，知识面广，基础比较深厚，适应性较强的特点。此次专业目录修订，继续保持了这一传统特点，基础医学、预防医学、临床医学、口腔医学、中医学、法医学、药学、中药学各大类专业，均保留了相当于一级学科的通用专业。这些专业的布点约占全部医药本科专业布点总数的 70%左右，其招生总数将占全国高等医药本科招生总数的 85%左右。

3. 专业结构更趋合理和完善。新的专业目录不仅保留了全部专业面宽的各种通用专业，撤销了专业面过窄或设置不当的专业，增加了社会急需的新兴专业，同时，从总体结构上加强了薄弱环节，协调了各大类专业的均衡发展。

综合起来看，新发布的专业目录较现设专业内容更加充实，结构更加完善，为建立具有中国特色的社会主义高等医药教育体系，在专业结构方面有可能奠定较好的基础。

撰稿人　姜常胜

审稿人　王　镭

全国普通高等学校医药本科专业目录

一、基础医学类专业

0101 基础医学

二、预防医学类专业

0201 预防医学
0202 环境医学
0203 卫生检验
0204 营养与食品卫生

三、临床医学类专业

0301 临床医学
0302 儿科医学
0303 妇产科学
0304 眼耳鼻喉科学
0305 精神病学与精神卫生
0306 放射医学
0307 医学影像学
0308 医学检验
0309 医学营养学
0310 麻醉学
0311 护理学

四、口腔医学类专业

0401 口腔医学
0402 口腔修复学

五、中医学类专业

0501 中医学
0502 中医养生康复学
0503 中医五官科学
0504 针灸学
0505 推拿学
0506 中医骨伤科学
0507 蒙医学
0508 藏医学

六、法医学类专业

0601 法医学
0602 法医物证学

七、药学类专业

0701 药学
0702 药物化学
0703 药物分析
0704 化学制药
0705 生物制药
0706 微生物制药
0707 药物制剂
0708 药理学
0709 中药学
0710 中药制药
0711 中药鉴定

八、管理类专业

0801 卫生事业管理
0802 医药企业管理

九、应用文理工科类专业

0901 科技外语（医学·药学）
0902 图书情报学（医学·药学）
0903 应用数学（医学·药学）
0904 应用物理学（医学）
0905 应用化学（医学·药学）
0906 生物医学工程

十、试办专业

试01 中医基础医学
试02 中医文献学
试03 中医外科学
试04 口腔颌面外科学
试05 妇幼卫生
试06 临床药学
试07 中药药理学
试08 中药资源
试09 卫生经济学
试10 卫生统计学

□中国人民大学文科教学改革

1987年，中国人民大学以深入进行教学内容的改革为主要环节，辅之以教学方法和手段的配套改革，进一步完善教学管理，教学面貌发生了深刻变化。

一、坚持改革的社会主义方向，积极加强和改进马克思主义理论教育。

针对马克思主义理论教育一个时期以来在不同程度上出现脱离时代发展、脱离社会主义建设实际、脱离当代学生思想实际等问题，为了提高马克思主义理论课的说服力、吸引力，中国人民大学把加强和改进马克思主义理论教育作为教学内容改革的一个重要方面，并根据新时期的需要采取了一系列有效的手段和方法，取得了一定的成绩。

第一是坚持了马克思主义基本理论的系统教育、系统训练。这反映在两个方面：一个是在马克思主义理论课教学中，学校强调教师要系统地讲清马克思主义的基本原理，帮助学生掌握马克思主义的立场、观点和方法，并运用它去研究、分析重大的现实理论问题和实际问题。目前，本科生学习马克思主义理论课的学时占总学时的1／10强。二是在专业理论课的教学中，学校要求各有关专业，结合自己的特点，把马克思主义的理论和方法有机地结合到课程建设和教学中去，使学生从不同侧面加深对马克思主义精神实质的理解，提高实际运用马克思主义的能力。

第二是适应新形势要求，积极稳步地进行马克思主义理论课的改革，逐步实现用“马克思主义原理”、“中国革命史”、“中国社会主义建设”、“世界政治经济与国际关系”四门新课，代替原有的“哲学”、“政治经济学”、“中共党史”、“科学社会主义”和“国际共产主义运动史”课。学校采取抓好试点、培养师资，编写教材等一系列有效措施，使改革健康发展。已设立的“中国革命史”专业，招收了两届本科生，“马克思主义原理”、“中国革命史”都招了研究生班，“四门”新课的教材，有的已出版，有的正在编写中。

第三是在教学中正确处理了坚持马克思主义与发展马克思主义的关系。学校强调结合社会实践，特别是我国改革开放的实践去坚持和丰富马克思主义理论教育。现已开出了一批颇有时代感的课程。例如“《资本论》与现代资本主义”、“《资本论》与当代社会主义”等。

第四是在教学中正确处理马克思主义与非马克思主义精神财富的关系。学校要求以马克思主义为指导，对国外非马克思主义的各种理论进行研究，有扬弃，也有吸收。1987年，通过深入开展对西方学术理论的研究工作，已撰写、翻译了一大批有关西方哲学、经济学、管理学、社会学等方面的著作和文章，并及时地把所取得的成果充实到教学之中，开设了几十门新课程，例如“西方马克思主义评述”、“现代西方哲学”、“当代外国经济思想”、“西方管理理论及主要流派”、“苏联东欧社会主义经济模式研究”等。

二、深入地进行教学内容、教学方法和手段的改革，进一步完善教学管理。

第一，关于教学内容的改革。在学科体系和专业结构方面，学校根据“三个面向”的要求，采取取长补短、发挥综合优势、加强基础学科、发展应用学科、开发新兴学科和交叉学科、促进文理渗透等措施，收到了比较明显的效果。1966年以前，学校只有12个系，15个本科专业，现在已发展到23个系，42个本科专业，5个第二学士学位专业，此外，还有67个硕士点，30个博士点。本科专业根据国家教委新的专业目录进行了调整，规范了专业名称，拓宽了专业面，规定了专业主干课程体系。现在，马克思主义理论、经济管理、文史法学等学科的某些优势，有所发扬，数学、外语和其他自然科学的某些领域有所增强，若干新兴学科有较大发展，基本形成了具有自己特色的比较合理的以哲学社会科学为主的学科体系。

在教学方案的修订与课程体系的调整方面，学校坚持教书与育人相统一，理论与实践相统一，传授知识与培养能力相统一的原则，按照拓宽专业面，增大信息量，增强时代感的指导思想来修订教学计划，调整课程体系。在修订教学计划中，注意了优化马克思主义理论课、文化基础课、专业理论课、业务技能课等几个学群之间以及各个学群内部不同课程之间的配套组合关系；优化课堂讲授、社会实践、实验、讨论等各个教学环节之间的组合关系；适当增加了应用学科、新兴学科、交叉学科方面的课程；建立健全专业主干课；克服某些课程学时过多，重复严重的问题；克服因人设课的问题；剔除内容陈旧的课程；划清本科课程与研究生课程两个不同层次的界限等。

在课程建设方面，中国人民大学不断增加主干课程和选修课程，并且积极鼓励教师开新课。学校对新课建设提出了具体要求。目前，本科课程已经达到527门，研究生课程已达719门。另外，学校还发扬综合优势，因材施教，开设了面向全校的政治理论、财经、文史三个系列选修课程，包括38个专业的知识。系列课程的开设着意于引导学生探讨相邻学科知识，介绍各个学科前沿的状况，从而扩大学生的横向知识面，变单一的知识结构为综合知识结构。

与课程建设相适应，学校还加强了教材建设。主要抓了老教材的修订和新教材的编写。在1987年的全国高等学校教材评选中，我校有27部著作获奖，其中，全国高等学校优秀教材优秀奖10部，国家教委优秀教材一等奖9部，二等奖8部。

在课堂讲授方面，人民大学充分发挥教授副教授在本科教学中的主导作用。目前，全校每学期任课教师中正、副教授所占比重一般稳定在40%左右，有的系高达60%以上。担任系列课程讲授的教师中很多是著名教授。

第二，关于教学方法和手段的改革主要表现在几个方面：①优化各教学环节之间的组合关系，强调在抓好课堂讲授的同时，抓好课堂讨论、教学实习、考试等环节；②在课堂讲授中，总结出了一些好的教学方法，着重培养学生分析决策能力和敏锐的思维能力；③加强了国际学术交流，注意吸收国外先进经验，促进教学改革。

第三，进一步完善教学管理工作。学校设立了教学优秀奖，采取在教师个人进行教学工作总结的基础上，听取学生意见，经群众评议，教研室推荐，学校批准的方式评选教学优秀者，发给《中国人民大学优秀教学奖获奖证书》和奖金。获奖者必须在教学态度、教学内容、教学方法诸方面达到一定的标准。它调动了教师上教学第一线的积极性和创造性，对于提高教学质量、加强学科建设、推进教学改革起到了积极作用。人民大学还开展了课程教学质量评估工作。评估工作采取领导和群众相结合、教师与学生相结合、定性与定量分析相结合的方式，对80门正在讲授的主干课程进行了评估。通过评估，了解了课程教改的进展情况，研究了优秀课程的教学规律，发现了教学工作中存在的主要问题。这项制度的建立，进一步完善了教学过程中的科学管理，促进了教学改革的深入。

撰稿人　戴井冈
审稿人　马绍孟

□兰州大学深化本科教学改革，全面提高教学质量

本科教学工作，是高等学校专门人才培养的主体工作，直接关系到整个高等教育的质量。为了培养适应社会主义建设需要的本科人才，在几年来改革的基础上，1987年，兰州大学在以下三个方面，深化教学改革，进一步提高教学质量。

一、强化基础，拓宽专业，增强学生的适应性

本科教育主动适应社会主义建设事业的需要，是深化本科教学改革的根本方向。由于现代科学技术发展非常迅速，专

门知识更新很快，学科不断分化、综合。本科教育的主要任务应是为未来高级专门人才的成长打下坚实的基础。因此，强化基础是教学改革的一项重要任务。

首先，在指导思想上，正确处理好基础与专业的关系，着重在打好基础上下功夫。过去认为，普通教育和基础教育主要是打基础，高等教育是专门教育，现在认识有了变化，本科教育是个独立的人才培养阶段，主要还是为学生打好基础。才能适应毕业后的工作需要。本科阶段的主要任务是为未来高级专门人才的成长打下必要的宽厚基础。兰州大学认为，强化基础，不是说基础课的门数和学时越多越好。基础课贵在“精”，要重其所重，搞得太杂，反而会轻重不分，削弱基础。因此，学校规定，适当压缩必修课，使必修课与选修课比例大体保持在 7: 3 或 8: 2。

其次，狠抓专业主干课程的建设工作。为使强化基础训练落到实处，学校从 1985 年提出建设专业主干课程的意见，要求各专业精选出对本专业人才培养起关键作用的 4～6 门课程，在师资、经费、教材等方面重点保证。1987 年，经第二次审订，全校 39 个专业约 200 门课程列为专业主干课程。学校同时建立了主干课程建设基金和主干课程教学质量评估制度，制订了比较科学的评估指标体系，初步积累了评估经验，评定并奖励了优秀主干课程，受到了师生的好评。

第三，拓宽专业，扩大学生知识面。兰州大学在几年连续的毕业生跟踪调查中，发现本科生中的大多数，尤其是文科中的 70%的毕业生，毕业后直接到社会主义建设的第一线从事各种实际工作。因此，一方面学校强调要强化基础，另一方面要进行必要的专业训练，建立合理的知识结构，利用综合大学的优势，以文理渗透为方向，扩大学生的知识面，增强毕业生对未来工作的适应性。学校规定文理科各专业互选 4～6 学分的课程，并组织了面向全校的现代科学知识系列讲座、管理科学选修课、艺术教育选修课等。在这方面，不同专业也根据自身特点，提出一些不同的要求，如新闻专业提出了“三个突破”：突破传统新闻专业单一培养报学人才的模式。同时面向报纸、广播、电视，培养各类新闻人才；突破学校与新闻界联系甚少的状况，加强与新闻界的合作，共同培养新闻人才；突破专业知识老化和知识面窄的状况，扩大专业面，培养学生的独立工作能力。为了使专业训练增强适应性，近年来，各系力争多开选修课，并使之系列化。如地质学专业，将选修课分成三个系列：基础和边缘学科系列；岩矿系列；古生物地层系列。

二、重视实践，加强应用，培养学生的实际工作能力

实践性教学环节是本科教学的一个薄弱环节。兰州大学根据对毕业生跟踪调查得到的反馈信息，较普遍的反映是实践动手能力差，这就要求学校在本科教学中，必须重视实践性教学环节，加强应用，培养学生的实际工作能力。兰州大学的做法主要有以下几点：

第一，调查专业培养计划，将实践性教学环节和毕业论文提到重要位置。文科四年级除安排社会调查（毕业实习），并作毕业论文外，还根据不同专业特点，加强从事实际工作的训练。二、三年级安排社会调查，撰写学年论文或调查报告。1987 年，学生在省级报刊上发表论文、创作作品 28 篇。经济系 1 名学生，新闻系 11 名学生的社会调查报告获中共中央书记处调研室、团中央等单位的奖励。另有 15 名学生实习、调查研究成果获得学校奖励。文、理科的实验课，严格考核，不得免修，并相应提高学分。为了提高实验课的教学质量，我校于 1987 年试行了实验课教学质量评估。

第二，调整本科人才知识结构，加强应用技术性的课程设置。首先，对计算机语言课和公共外语课作为全校重点课程建设。学校设立了计算中心，使开设算法语言课程的班级实习时数不低于 20 小时。为了加强公共英语教学，学校从 1986 级开始，采用新教材，实行四级教学分级考核。同时，创办了外语教学广播电台，改善了公共外语语言教学环境。如化学专业，有两个班的 6 门专业基础课，采用外文教材讲授，不仅更新了教学内容，也强化了外语的训练。在理科一些专业中，还开设了科技文献检索课，以培养学生初步的科学研究的能力。文科普遍增加了三类课程；一是增加了现代、当代学、史类课程；二是增设了国外各学科类课程；第三类课程是增设应用性、技术性课程。如汉语言文学专业加强了当代文学课程，并增加了计算机与语言学等技术性课程；历史专业，加强了近现代史部分，增加了史学技能训练，开设了西北史地、敦煌学、西北民族关系、中外关系等方面的课程；经济类专业加强了数学、计量经济学等方面的课程，增设了评介西方经济学说、流派的课程。

第三，充分重视校园文化建设和假期社会实践活动。校园的各类课余文化活动，形式生动活泼，内容丰富多彩，对于开阔学生视野、扩大知识面，锻炼各种能力具有重要作用。例如，多种形式的学术社团活动，各种知识性的讲座，讨论会、短训班，一些文化、艺术、体育活动，以及面向社会的科技、教育咨询和服务等。对这些活动，学校党政工团给予关心指导和必要的物质支持，许多教师也被聘为顾问指导。如 1987 年暑假，兰州大学组织了“学习与实践”社会实践营，共有 1200 多学生参加，办各类培训班 55 个，完成了计算机软件开发利用 4 个课题，写出 500 多篇调查报告，受到了社会好评。

三、改革教学方法，开发智能，提高教学质量

教学方法的改革，主要是倡导启发式教学，调动学生学习的主动性、积极性和创造性，注重培养和开发学生的智能。兰州大学自 1986 年召开教学改革研讨会后，广大教师开展了多种形式的教学法改革实验，将启发式教学运用于课堂教学、课堂讨论、习题课、实验课等各个教学环节中，收到了较好的效果。这里主要介绍两种教学方法：

1. “讨论式”教学：这是由兰州大学数学系首先搞起来的，已坚持了七、八年。它以学习基础好，学有余力的学生组成讨论班，每周活动一次，选用比教材更深一些的书籍为读本，采用学生自己阅读，分头准备，轮流主讲，集体讨论的方法，教师主要讲一些难度较大或涉及其他学科又不曾接触过的内容。讨论式教学有两方面的好处，一是能够充分发挥学生在学习中的主体作用，有助于改变课堂教学中教师侧重于“讲懂”，而不是“学会”的倾向，有效地提高了学习的主动性和积极性。二是能够激发思维，使学生在思维方法和学习方法上得到一定的训练，通过学生自己的研究、分析、整理、讲述和集体的讨论，改变了掌握和积累知识的方式，有效地提高了独立思考的能力，增强了思维的严密性。

2. “渗透式”教学：这种方法的特点是采取文理渗透的方法进行新知识、新理论的传播，对学生进行方法论的训练。兰州大学文科的教师，不同程度地做了一些尝试性教学工作，在教学实践中受到了同学的好评。如中文系一名担任先秦文学史主讲的副教授，他运用系统论的方法，从美学的角度研究楚辞，运用历史、地理的方法研究先秦文学史的问题，并发表了一系列论文，他将科研成果转化到教学中，取得了显著成绩，受到了学生和同行的好评，在 1987 年主干课评估中，获得主干课程评估奖。

撰稿人　李映洲
审稿人　李　希

□国际关系学院调整专业结构，形成自己的办学特色

过去的国际关系学院，是一所设有英、日、法、德、西班牙等语种的单纯外语院校。1978 年复校后，几年的办学实践表明，单纯的外语专业毕业生，已经不能满足新的形势对人才的需要。深入改革、开放的政治经济形势以及不断发展变化、日益复杂的国际形势，对我们长期形成的外语人才培养模式提出了挑战。这种新的变化表现为，一方面要求毕业生有较扎实的外语基础和较熟练的外语应用能力，另一方面提出了外语与专业知识相结合的问题，即要求毕业生能掌握一门专业知识并能熟练地运用一至二门外语进行工作。根据这种变化，从 1984 年起，学院在原有的英、日、法三个外语专业的基础上，增设了国际政治、国际经济、国际新闻、中国语言文学等四个新专业，改变了原来的外语专业的单一结构。经过几年的努力和发展，初步形成了外语与专业学科并重的新的专业结构。如何办好外语与专业相结合的新专业，在外语教育界还没有现成的模式。学院在如何搞好新的专业建设问题上，进行了广泛的调查和深入的研究。学院考虑到新的专业设置要体现外语与专业相结合的特点，他们确定了“发挥优势，强调外语，外语与专业并重”的办学指导思想。

（一）大力加强外语教学。从学院的培养目标和改革、开放的要求来看，外语水平的高低是衡量毕业生质量的主要标准，国际关系学院加强外语教学的具体作法是：

1. 打好基础，巩固提高。新专业的一、二年级重点抓好外语教学，保证有一个比较好的外语基础，教学要求和师资配备基本与外语专业相同。三、四年级用外语开设部分专业课，既巩固外语，又增加专业知识。新建专业，四年制总学时 3000 左右，外语占 1700—1800 学时。

2. 改变传统外语教学模式。学院从自身的特点出发，在外语教学中注重专业和实际应用相结合，培养应用型人才。教学中注意选用大量与专业内容有关的外语教材，并尽量吸收国外较新的有关材料。加强高年级听、说能力的训练，利用各种机会组织学生进行社会实习，使学生尽可能在实践中得到锻炼，提高运用语言的能力。

3. 建立和健全教学管理措施。为保证外语教学的质量，学院每年在二年级末举行外语水平统一测试，测试分口试、笔试、听力三个部分，其中任何一部分不及格，即予留级。留级者学习一年后再次参加统测，仍不及格者，则须肄业退学。这一措施的施行，对提高全院整体外语水平和促进外语教学起到了推动作用，使学生在外语的听、说、读、写、译等方面得到均衡的发展，从而保证了教学质量的不断提高。

4. 不断改革、更新扩大原有专业的教学内容。学院原有英、日、法三个专业语种，在改革、调整中，增加了一些专业课程，以提高学生的专业知识水平，并在高年级开设较多的选修课，使学生能够在有较高的外语水平的基础上，侧重于某一方面的学习，掌握一定的专业知识，为将来从事实际工作和报考研究生作好准备。此外，为增强法语毕业生在未来工作中的适应性，学院决定在法语专业开设英语辅修课，要求法语专业毕业生英语达到专科毕业水平。对日语专业的英语课程，也提

出了较高的要求。

5. 开展第二课堂电化教学，提高外语教学现代化水平。为了进一步推动外语教学，提高教学水平和学生听、说能力，由教务部门和电教部门合作，开展第二课堂外语电化教学，每周一、三、五下午和一、四晚上，共五个半小时的时间，用闭路电视向学生直接转播通过卫星天线接收的美国电视新闻和专题节目。另外，还播放英、日、法、俄等语种的录像片。生动、活泼、及时的第二课堂，有效地提高了学院外语教学水平。

（二）注意新专业的学科建设，提高专业水平。国际关系学院为了适应国际国内形势对人才的需要，在加强新专业建设方面采取了以下措施:

1. 建设一支高质量的专业教师队伍。新专业建立之初，也面临着一些困难，主要是办学经验不足，专业课教师缺乏。面对这种情况，学院采取了聘请校外专家、学者与建立自己的教师梯队并行的策略。学院从现代国际关系研究所、新华社、人民日报、北京大学、北京外国语学院、经贸大学等单位聘请了一批知名学者担任兼职教授，请他们来校开设一些课程，或指导研究生，注意听取他们对新专业学科建设的意见和建议。此外，为建立一支高质量的专业教师队伍，从校外调进一批学术水平较高的骨干教师，同时，大力培养青年教师，通过送到国内名牌大学或国外深造等途径使他们尽快得到提高。经过几年的努力，学院各新设专业中；一支有较合理的学科结构和年龄结构的教师队伍开始形成，并已担负起绝大部分专业课程。

2. 增设和新开部分应用型专业课程。在专业课程设置方面，国际关系学院针对社会发展对人才的需求，反复修订各专业的教学计划、教学大纲，对专业课、公共课及其它课程的必修、选修课目录也多次进行修改。他们精简了一些“史、论”课程，增设了一些应用型课程。如国际新闻系，增设了“社会学”、“心理学”、“政治学”、“国际经济学”等课程；国际政治系新开了“国际战略”、“国际关系理论”、“中华人民共和国对外关系史”等课程；国际经济系增设了“英文商业函电”、“财政学”等课程；中文系增设了“秘书学概论”、“应用写作”等课程。学院还开设了“计算机应用”、“英文打字”等选修课，受到同学们的热烈欢迎。

3. 将专业课教学和英语教学有机地结合起来。为了更好地将专业课教学与英语教学有机地结合起来，将英语提高到本专业的工作语言的水平，各新设专业还开出了一批用英语讲授的专业课。如国际新闻系的“英语新闻”、“外国新闻事业”、“国际新闻采编”、“英文新闻写作”及“传播学”(暂用英文教材、中文讲授)；国际政治系的“国际政治与论文写作”；国际经济系的“经济新闻”、“西方经济学”、“经济论文选读”、“经济案例选”，等等。

这些课程的内容，从浅入深，从理论到应用，在英语和专业两个方面，从低年级一般的结合到高年级的有机结合，富有针对性和实用价值，深受学生欢迎，取得了良好的教学效果。目前，高年级学生已能在课堂上运用英语就本专业问题展开讨论。

（三）继续抓好传统课程的建设。国际关系学院在国际关系类课程的教学与研究上，经过长期的发展，已形成了自己的特点，具有一定的优势。在今天新的形势下，使毕业生具有较扎实的国际关系理论和较丰富的国际知识，对从事涉外工作具有重要的作用。因此，学院认为，在建立新专业的同时，还要保持自己的特点，坚持在全院各系开设国际关系类课程，基本史论作为必修课，专门课程和专门研究课为选修课。同时，加强这方面课程的教学研究和理论研究，不断开出新课。对原有教材进行补充、更新，并选编有较新内容和观点的新教材。

几年来，随着学科结构的调整和课程建设的加强，国际关系学院已从单一的外语院校发展成多学科的综合性文科大学，为国家培养了一批外事干部和国际问题研究人才。这些毕业生思想作风较好，外语和其他业务能力较强，具有较丰富的国际知识和一定的分析国际问题的能力，能较快地适应涉外工作的需要。1985年，外交部在全国招收35名各个语种的高级翻译，学院考取了7名，占1/5，取得了较好的成绩。近几年，国际关系学院的学生分别在全国政协会议、贸促会、《经济日报》、中美贸易投资法律讨论会等会议和场合实习和协助工作，他们以严谨的工作作风，积极的工作态度，较高的政治、业务素质和外语水平，获得了有关单位的赞扬。

撰稿人　曹　扬　张　鸣

审稿人　先继山　李　憬

横向联合办学和教学、科研、生产（社会）实践三结合

□发展高等教育的横向联合

我国1000多所普通高等学校，分别由50多个中央部门和各省、自治区、直辖市直接管理，国家对高等教育的投资也分别掌握在各部门和各地方手里。这种体制，一方面调动了各部门和各地方发展高等教育的积极性，同时，由于国家缺少对高等教育投资宏观统筹和协调的机制，所以在一定程度上形成了高等教育管理上条块分割的格局。中央各部门和地方所属的高等学校，一般主要为本部门和本地区服务，这就难免出现院校和专业重复设置的现象。一些院校和专业，由于本部门或本地方需要有限而不能发挥应有的作用，而另一些部门或地方又根据自己的需要投资新建同样的院校和专业，不仅造成人力、财力、物力的浪费，而且办学质量也难于保证。从总体上说，高等学校和专业建设布点多、规模小、效益低的问题就相当突出。随着我国改革、开放、搞活方针的贯彻执行，我国高等教育开始突破条块分割的限制，跨部门、跨地区的联合办学、委托培养和高等学校校际协作有了迅速地发展，这对于改革高等教育管理体制，提高教育质量和办学效益，发展高等教育事业，具有重要的意义。

推动跨部门、跨地区联合办学，促进管理体制改革

要克服高等教育管理上条块分割的弊端，就必须改革高等教育管理体制。然而，全面改革高等教育管理体制涉及到高教投资体制和学校隶属关系等方面的改革，难度较大，一时难于实现。在不改变高教投资体制和学校隶属关系的情况下，也就是在现行体制下，发展跨部门、跨地区联合办学，是当前克服高等教育管理体制弊端的一个较为有效的办法。

近几年，发展高等教育横向联合，在人才培养方面，主要有跨部门、跨地区联合办学和委托培养两种形式。跨部门、跨地区联合办学是指中央部门之间、地方之间、中央部门和地方之间，在高等学校联合培养学生和进行科学研究。委托培养是部门、地方、企业及社会其他用人单位委托高等学校培养学生。联合办学的特点，一是办学长期稳定，合同期一般在10年以上；二是办学基建投资和经常费一般出自国家财政；三是列入国家任务招生计划。委托培养的特点，一是多为一两届、两三届的短期委托代培；二是用人单位自己出基建投资和经常费；三是企业及其他基层用人单位的委托代培占主要成分；四是不属于国家任务招生计划。据统计，在中央部门中，主动出资开展联合办学的有13个中央部门（部门出基建投资，经常费由财政部划转），被联合的有11个中央部门，这些部门所属的高等学校承担联合办学任务的24所，被联合的省、市5个，这些省、市所属高等学校承担联合办学任务的有8所。1987年，联合办学在校生9400多人，已有毕业生5700多人。由中央部门出基建投资和经常费搞委托培养的有24个部门，1987年在校生16000多人（不包括下属企业出资委托培养的学生），已有毕业生4200多人。

目前，中央部门已经很难拿出自有资金去搞委托培养。因为原来的自有资金主要是从企业的折旧费中提取的。中央部门或由于企业已经下放，或由于国家明文规定折旧费全部留给企业，中央部门已没有自有资金的来源，这样，也就很难再搞委托培养。本来，中央部门委托高等学校培养学生的数量，占全国委托培养总数的比例就不大，1986年，招生数占8.7%，在校生数占7.5‰。这样，今后发展委托培养，就只有主要依靠企业和其他有出资能力的用人单位。由此可见，对于中央部门来说，势必今后应主要发展中央部门之间和中央部门与地方之间的联合办学。

近几年，在一些中央部门和地区开展跨部门、跨地区联合办学的经验表明，它可以把用人部门和地方的投资吸引到合理的方向上来，避免部门和地方追求院校和专业设置上的“大而全”、“小而全”，能充分发挥现有高等学校的优势和潜力，扩大办学规模，改善办学条件，在短时间内使部门和地方得到急需的高质量的专门人才。这是在现行高等教育管理体制下提高教育质量和办学效益的有效途径。

要进一步推动跨部门、跨地区联合办学，首先要赋予高等学校面向非主管部门和地方办学的自主权。主管部门和地方对所属高等学校限制过死，只能为本部门、本地方服务，而不能为他部门他地方服务，这是联合办学难于开展的主要原因。给了高等学校面向非主管部门和地方办学的自主权，也就是说，高等学校在与主管部门对口的专业优先满足主管部门人才培养需要的情况下，根据社会需求和自身条件，有权与非主管部门和地方签订长期办学合同。这样，跨部门、跨地区联合办学就会出现新的局面。

其次是要有明确的鼓励政策和制约措施。一方面，要限制一些部门和地方盲目新设院校和专业，凡是能够通过联合办学、委托培养等途径基本解决专门人才需求问题的，就不应再新建院校和专业，促使其走联合办学的道路；另一方面，对于积极开展联合办学的部门和地方，要给予鼓励和支持。例如，把联合办学招生计划纳入国家任务招生计划，使其办学得到保证；对出资搞联合办学的部门和地方，在毕业生分配方面，应给予适当的优惠等，这样做，可以调动部门、地方开展联合办学的积极性。

另外，要疏通联合办学的经费渠道。过去，由于对联合办学缺乏统一明确的认识和具体的规定，所以联合办学的经常费划拨渠道不畅通，影响了一些部门和地方联合办学的开展。既然联合办学见效快，效益高，经常费的划拨原则上就应保证联合办学的顺利进行。当然，要把跨部门、跨地区联合办学计划纳入国家招生计划，就要按照正常的计划管理渠道和手续，经过国家有关部门的审查批准。

从调查中可以看出，进一步开展跨部门、跨地区联合办学，不仅可以扩大高等学校面向非主管部门和地方办学的自主权，而且还可以使用人部门有权与不隶属于自己的高等学校直接协商长期合同办学事宜。随着高等学校和用人部门合同办学关系的扩大，高等学校的独立办学实体作用将会增大，高等学校与社会联系的紧密程度和主动适应社会发展需要的能力都会加强，这就必然促进和带动高等教育管理体制的全面改革。

支持校际协作，提高办学效益

高等学校校际协作，近几年也有了较大发展。比较多的是单项的校际联合与协作。如院校之间教师互相兼课和进修，学生相互选修课程，互相借阅图书资料，互相交流科技信息，互相开放实验室，联合进行科技攻关和科技开发，后勤服务方面相互支援等。联合办专业，联合培养研究生，在一些地区的高等院校中也已经发展起来。如西安交通大学、西安医科大学、第四军医大学等单位，联合举办生物医学工程专业，在教学、科研、实验等方面密切合作，已培养出一批研究生和本科生，取得了一批科研成果，并获得了博士学位授予权。上海市、天津市等也有同样事例。北京地区的北京航空学院、北京工业学院、中国人民大学、北京师范大学等8所全国重点院校的全面联合与协作，是校际协作的新发展。他们根据自愿、平等、互利、协商的原则，从1986年12月开始，成立了科研、教务、研究生院、物资设备调剂、图书馆、高教研究、人才工作等7个协作小组，本着办实事、从一点一滴做起、打好合作的基础的精神，扎扎实实地开展了协作活动，经过一年多的通力合作，已初见成效。他们认为，这样的联合与协作，有利于发挥各校优势，逐步形成一个多门类、多学科的高智力集团，将为现代化建设作出更大贡献；有利于发展新兴交叉学科、发展跨学科教育，提高教育质量；有利于高等学校发挥科学研究方面军的作用，有利于发挥高校师生的智能潜力，提高仪器设备、图书资料的使用效率。

撰稿人　邵金荣

审稿人　张天保

□文科教育开展社会实践活动

1987年6月，国家教委和共青团中央联合下发的《关于广泛组织高等学校学生参加社会实践活动的意见》和1987年9月国务院的《关于改进和加强高等学校生产实习和社会实践工作的报告》，有力地推动了高校文科的实践工作。特别是1987年暑期大学生的社会实践活动，规模之大，人数之多，活动范围之广，形式之灵活多样，内容之丰富，都是前所未有的。

（一）高等学校文科社会实践工作的成绩。

1987年，高校社会实践工作取得了较大的成绩，主要表现在以下几个方面：

第一，大部分高等学校和教育行政部门的领导提高了对社会实践活动重要性的认识。认识到社会实践工作是培养新型“四有”人才的重要措施之一，是促进师生与工农结合，理论联系实际的基本途径，是青年知识分子成长的必经之路。因此，在工作中比较重视师生的社会实践活动。如1987年7月，四川省委办公厅和省政府办公厅联合发文，要求省内各高等学校、企事业单位都要支持大学生的社会实践活动，为他们的社会调查、业务实习创造条件，减免学生的实习费。天津市市长李瑞环同志批示，对大学生实习收费要尽快取消。河北省委书记邢崇智同志，带头深入到河北大学，与中文、历史、哲学、经济、法律等系的师生、干部座谈，听取学生参加社会实践活动的情况和意见，鼓励学生通过社会实践了解社会，了解国情、省情，了解改革的实际，沿着正确的道路健康成长。省委和省政府还专门下发文件，支持师生的社会实践活动。省教委、省委科教部和团省委也几次联合下发文件，对大学生参加社会实践活动提出了具体要求。现已基本形成全省各级领导都支持学生参加社会实践活动的局面。1987年，全省高校大学生参加社会实践的人数达到90%。北京经济学院的几位领导放弃暑假休息时间，奔忙在学生参加社会实践的几个点上。他们还动员全院教师积极参加社会实践活动。1987年，有305人（其中，教授、副教授67人，讲师108人，助教130人）参加了社会实践活动，占全院教师总数的50%以上。他们还举办了社会实践成果展览，设立了社会实践奖，奖励在社会实践中做出成绩的师生。

第二，为社会主义现代化建设作出了贡献。有些学校接受上级有关部门或企事业单位的任务，组织相关专业师生前去调查研究，写出调查报告或业务咨询意见。有些学校组织师生到农村、企事业单位顶岗代职实习，或进行智力开发、智力支边，为地方培训中小学师资及各类业务人员。还有的学校组织师生成立扶贫团为贫困地区各级政府规划脱贫致富的蓝图，制订措施。1987年暑期，南开大学师生去保定参加社会实践，帮助地方完成6个课题，其中，给一个工厂搞成的项目可增收36万元。西南财经大学创办的汇通银行，自1986年10月开业到1987年11月，在汇通银行开户的各类企业共有1,500余户，存款金额3,000余万元，贷款金额达2,400万元，累计发放贷款已达6000万元以上，在城市经济体制改革的实践中发挥了独特的作用，取得了良好的社会效益和经济效益。

第三，提高了学生的思想觉悟，巩固了理论知识，增长了实践能力。有的学生参加过社会实践活动后说，原以为自己了不起，是时代的潮音，是企业家的苗子，但一到实际工作中就感到自己还有很多不足。有的学生说:“以前是没有共产党就没有新中国，现在是没有共产党，就没有改革开放的好形势。搞社会主义现代化建设必须坚持共产党的领导。”有的学生说，我国还有不少贫穷的地方，要继续艰苦奋斗。还有的学生说，几十天的社会实践活动，开阔了思路，加深了对书本上课堂上的理论知识的理解，学到了书本上学不到的知识。教师也在社会实践中得到了提高。有的教师说:“文科教育改革对教员提出了更高的要求，只有走向社会，接触实际，参加实践，不断提高业务水平，才能更好地适应教学需要，才能发现教学中存在的问题，增强教改的紧迫感。”

（二）高校文科社会实践工作中的问题。

高校文科社会实践工作还存在不少问题，主要表现在以下几个方面:

第一，有些领导还没有认识到社会实践工作在培养人才中的重要性。因此，有些学科特别是一些基础学科的社会实践活动安排得不够好，效果不够理想。

第二，实践基地难于落实。目前，真正建立起教学、科研、社会实践三结合基地的学科、专业是少数，大部分学科、专业没有自己的实践基地，影响了对社会实践活动的安排。

第三，指导力量薄弱。有些学校没有派出骨干教师带队实习，有些接受学生实习的单位也没有派出技术骨干指导学生的社会实践活动。

第四，经费相当紧缺。目前，大部分学校的社会实践经费是每个学生在校4年约为80至120元，按目前学生参加社会实践活动所需经费的情况看，远远不够。据北京大学考古系反映，一个学生实习4个月需要经费2000元，而学校只能支出120元，相差1880元。

（三）对进一步开展社会实践活动的认识和建议。

经过对高校文科社会实践活动的调查研究，我们对进一步开展社会实践活动有以下几点认识和建议:

第一，要进一步提高对社会实践工作的认识。《中共中央关于改进和加强高等学校思想政治工作的决定》中指出:“青年学生只有在学习科学文化知识的同时积极参加社会实践，更多地了解国情，了解社会主义建设和改革的实际，了解人民群众的思想感情，才能树立起为建设社会主义事业而献身的信念，逐步锻炼成为有用之才。”我们要充分认识社会实践工作的重要性，在教学计划中安排必要的实习次数和时间。一般地说，学生在校4年间不少于4—6个月。学校和教育行政部门的主要负责同志要亲自抓这项工作，深入社会实践活动第一线，进行指导，帮助解决实际困难。

第二，对学生参加社会实践活动，要有明确的要求，即了解社会，接触实际，正确地观察和认识社会，巩固所学理论，培养初步的调查研究能力、做群众工作能力和分析解决问题的能力。要注意安排学生到一个工厂、一个农村去进行社会调查的时间。要建立考核制度，对在社会实践活动中表现突出的学生，进行奖励，并作为评选优秀生和奖学金的条件之一；对表现不好，考核不及格的学生，不准毕业。

第三，要建立相对稳定的教学、科研、社会实践三结合基地。1987 年 9 月，国务院批转的国家教委《关于改进和加强高等学校生产实习和社会实践工作的报告》中指出:“接受高等学校学生实习比较集中的企业、事业单位，根据单位的实际情况，可适当建设实习用房。有条件的单位可以建设必要的实习基地。”又指出:“有关部委和地方主管部门在审批企业、事业单位基本建设计划、安排投资等方面，对有关实习基地建设的项目，应给以支持。同时，高等学校也要在人才培训、委托培养、科学研究、咨询服务、信息交流等方面，对实习基地所在单位优先给予帮助。‘教学、科研、生产三结合联合体’是加强学校和有关部门横向联系、发挥各自优势、促进教育改革和各项事业发展的好形式，有利于更好地出人才、出成果。高等学校要积极与实习基地的单位有计划地逐步建立各种形式的三结合联合体。”各校在充分利用校外实习基地的同时，要重视校内实习基地的建设。比如，文科各专业的实验室和模拟法庭、模拟银行、模拟图书馆等。

第四，要把参加社会实践同为四化建设服务结合起来。文科学生要树立为四化服务的观念，关心四化，热爱四化，立志为四化建设做贡献。要注意选择那些与四化建设密切相关的课题，认真组织师生调查研究，为有关部门提供咨询报告和研究成果，为当地的社会发展和经济建设服务。

第五，要派出一定数量的骨干教师带领学生下去搞社会实践活动，以加强社会实践的指导力量。要制订相应的政策和措施，调动教师参加社会实践的积极性。教师带领学生参加社会实践，要合理计算教学工作量。教师在实践中写出的调查报告、咨询意见和论文，要算作科研成果，在教师晋升提职时要给以考虑，特别优秀的要进行奖励。

第六，要努力解决经费问题。国务院批转国家教委《关于改进和加强高等学校生产实习和社会实践工作的报告》中指出:“高等学校要在核定的年度教育事业费预算中安排必要的经费用于实习开支。要厉行节约，坚持就地就近安排实习场所，不住或少住旅馆、招待所。要结合实习内容，适当承担接受实习单位的某些工作和生产任务，争取获得减收或免收实习费用的优惠条件。结合实习完成学校的科研任务和咨询任务的，可从该项任务的科研经费中拿出一部分用于实习开支，但不得发给学生个人。”又指出:“师生结合实习，完成工作和生产任务，接受实习单位应根据工作任务量大小适当减免实习收费，或给予学校一定报酬。”

撰稿人 刘凤泰 张鸿岳
审稿人 夏自强 蒋妙瑞
李进才

□农林院校教学、科研、社会实践三结合讨论会

1987 年 6 月 29 日至 7 月 4 日，国家教委、农牧渔业部、林业部在杭州市联合召开全国高等农林院校教学、科研、社会

实践三结合讨论会，出席会议的有高等农林院校和部分省、自治区、直辖市教委、高教（教育）厅（局）、农业厅（局）、林业厅（局）的代表共155人。

河北农业大学、北京农业大学、北京林业大学、浙江农业大学等14所院校的代表作了大会发言。与会同志交流了近几年各院校进行教育改革，实行教学、科研、社会实践三结合等方面的情况和经验，并就高等农林院校如何进一步贯彻党的教育方针，坚持为社会主义建设服务的方向，在搞好教学、科研的同时，引导青年学生接触生产、接触社会，向群众学习、向实践学习，不断提高专门人才培养质量，以及如何发挥学校人才和技术密集的优势，更好地为农村的社会发展、经济建设做出贡献等问题进行了深入探讨。

会议肯定了高等农林院校在三结合方面的以下基本做法：

(1) 将生产劳动纳入教学计划，在安排上做到4年不断线，使学生在主要生产环节上都受到必要的训练；毕业论文（设计）紧密结合生产任务或技术开发，使学生接受科研方法的初步训练等。

(2) 建设校内外三结合基地，把部分课程内容和教学环节的教学任务转移到生产现场和科研单位完成。

(3) 通过多种渠道为生产服务，并扩大实践领域，主动适应农村经济改革和生产发展的需要。例如，开展科技新成果推广及信息、技术咨询；进行技术培训、开办继续教育；帮助老少边山穷地区开发经济、脱贫致富；实行技术承包、转让先进技术、合作研究等。

(4) 通过第二课堂等渠道，广泛开展多种形式的社会实践活动。组织学生深入基层做社会调查，成立各种科技协会（小组），进行各种形式的利民服务，等等。

通过上述做法，促进了教学与生产的结合，理论与实际的结合，校内与校外的结合，逐步形成了教学、科研、社会实践三结合的新格局。有利于培养学生的生产观点、实践观点和群众观点，树立科学世界观和革命人生观，巩固学农（林）爱农（林）的思想；有利于学生巩固和深化所学知识，培养解决实际生产问题的能力；有利于提高教师的学术水平，加速课程建设，推动新学科的发展；有利于科研成果的转化和扩大，打开科技人才和科学技术通向农村的路子，直接为农村的经济建设服务，促进农村社会发展，增强农村自我改造、自我发展的能力；有利于加强学校与社会之间的横向联系，改善办学条件，增强学校活力。

会议强调，为了使教学、科研、社会实践三结合健康地发展，必须坚持以下原则：1.以教学为主，统筹兼顾、合理安排、保持正常的教学秩序；在保证本科生培养基本规格的前提下，要组织和引导师生积极投身于社会主义建设，直接为我国的农林经济发展作出贡献，并且在改造客观世界的过程中改造主观世界；2.教学、科研和社会实践（主要是生产实践）三者是相互联系的，又是彼此独立的，既相互促进，又相互制约，三结合要处理好三者之间的关系，在总目标下遵循各自的客观规律，防止简单化；3.从需要出发，不搞形式，讲求实效，同时要善于把教育效益和社会、经济效益结合起来，近期效益与远期效益结合起来；4.从实际出发，根据本校的条件和力量，有计划、有组织地进行，做到校内校外结合，由点到面，逐步展开；5.三结合的内容、形式和规模要因地、因校、因专业而异，注意发挥各自的优势，充分调动各方面的积极性，探索新路子，创造新经验，不要一刀切。

会议对在现有基础上如何把三结合提高到新水平，提出了以下措施：(1) 加强领导、统一认识、深化改革，是实行三结合的前提和保证。要求各校进一步明确办学指导思想，总结经验，开展对三结合的研究，勇于实践，并在实践中加深对三结合意义的认识，提高实行三结合的自觉性，同时要相应地改革教学内容和教学方法，改革教学管理制度，以适应三结合的需要。(2) 进一步修订教学计划、切实加强实践性环节、使学生参加生产劳动和科研训练制度化是实行三结合的基础。教学计划内各个实践性环节要确保按计划实施，不得随意取消或降低要求，对学生要严格要求、严格考核，不得走过场。凡实践环节不及格者一律不准毕业；实践技能的好差和对实践学习的态度，要与奖学金、评三好、推荐研究生挂钩。(3) 建设、发展和巩固校内、外三结合基地，是实行三结合必不可少的重要条件，而搞好校内实验农场、牧场、林场、渔场、兽医院和工厂[以下简称实验场（厂）]的建设，是当前更为紧迫的任务。会议讨论中反映，目前，大多数院校校内实验场（厂）的管理水平，人员素质和设施条件都比较差，不能满足教学需要，更不能适应教育改革的要求，是高等农林院校内的薄弱部门，严重影响了人才培养质量。会议希望学校主管部门和学校，要重视校内实验场（厂）的建设，加强对实验场（厂）的领导，研究新情况下，校办实验场（厂）的管理体制和改革的方向，进一步理顺关系，明确实验场（厂）的主要任务，端正办场（厂）思想，同时要把校办场（厂）的建设纳入学校的总体规划和议事日程，加强领导，调整、充实技术力量，改善管理，提高人员素质，同时要增加必需的生产性投资，改善办场（厂）条件，帮助场（厂）尽快形成合乎规模的生产能力，提高实验场（厂）自我发展和自我改造的能力。(4) 广泛开展多种形式的、生动活泼的课余教育和科技活动，组织、引导学生接触实际、了解社会，是实行三结合不可缺少的组成部分。开展多种形式、生动活泼的社会实践活动要有明确的目的性，并且要善于与学生的思想政治教育结合起来，引导青年学生沿着正确的道路健康成长。开展好这项工作，不仅团委、学生会要管，学校各级领导和有关职能部门也要管。(5) 充分调动教师的积极性，发挥教师的主导作用是搞好三结合的关键。要加强对教师的思想政治工作。同时采取鼓励措施，吸引教师到实践中去，到生产第一线去。提出在允许的范围内适当调整政策，例如，可区别情况，对长期在校外基地从事实践性教学、扶贫、经济开发等工作的教师，在经济上给予适当补贴；提升职务时适当放宽对外文程度和教学工作量的要求；科研水平主要以技术开发和技术推广的水平与社会、经济效益大小加以评定等等。另一方面，又要制订相应制度和规定、保证教师有一定的实践机会，对于青年教师必须要有1—2年的实践锻炼经历，实践技能要作为选拔出国、晋升中级职务的必要条件；对于中年教师除病、弱、残者外，也要有计划地安排一定时间到生产第一线去，其在社会实践中的成果要成为晋升高级职务的依据。

撰稿人　陈志龙
审稿人　龙正中

□南京大学加强横向联系，促进教育、科研、生产三结合

近年来，南京大学确立了“加强应用，注重基础，发展边缘，促进联合”的科研方针，既注意保持已有基础研究方面的特色，并不断提高，又努力加强应用研究和开发研究。同时，发挥多学科优势，围绕重大科研项目，通过“内联外挂”，先后与国防21基地、四川省渡口市、南京市、常州市、南通市、连云港市、扬州市、以及石油化工部、国家海洋局等建立

了多种形式的横向联系，形成了一个跨学科的、基础研究与应用开发研究相结合的、多种形式的教学一科研一生产联合体，从而更好地面向国家建设和学科前沿，增强了国家重大科研项目的能力，缩短了从研究到生产的周期，使科学技术迅速转化为生产力。同时，也促进了学科建设与专业改造，提高了专门人才的质量。

建立跨学科的科研联合体

南京大学把化学、生物、地理、地质、气象、物理等6个系的几十名教学、科研人员组织起来，与四川省渡口市环境保护局合作，进行“渡口市环境质量综合评价及环境综合防治研究”。以后又同常州市合作，承担“常州市经济发展对环境影响的预测及环境保护对策研究”。这两项研究成果，分别获得国家环保部、国家教委和四川省教委的科技进步奖。通过用横向联系，合作攻关，加强了不同学科与专业的交流与渗透，形成了一支环境科学研究的队伍，并建立了环境化学、环境生物等新专业。

南京大学和石油工业部合作建立的“石油和天然气研究中心”，是南京大学近年来建立的7个跨学科的科研联合体之一。这个“中心”把地球科学，大地海洋科学、物理、信息物理、数学、生物、化学、计算机等8个系科的100多名教学、科研人员和硕士、博士研究生组织起来，把科研进展与石油工业的发展相衔接，积极承担国家重点科研项目，并先后到辽河、大港、四川、华北、胜利和江苏油田调查研究，确定了39项科研课题，其中，列为“七五”攻关项目的172项，共获得220万元的投资（其中油田投资20余万）。目前，这个“中心”已经取得一批高水平的成果，其中，“下扬子区盆地逆冲推覆一滑脱构造的发现及油气藏勘探远景预测”获1987年国家教委科技进步一等奖，有3项成果通过了技术鉴定，其中，部级鉴定1项。“石油与天然气研究中心”还把石油科研与博士、硕士研究生培养密切结合，地球科学系组织了30多名博士、硕士研究生参加“中心”承担的科研工作。如陈胜早博士在导师郭令智、施央申教授指导下，用“N层变密度模型重力——地震联合数学模拟法”研究油气盆地的地壳细结构，运用地质、数学、地球物理等学科理论与方法，揭示了苏、浙、皖油气盆地地壳细结构，提出了油气远景预测图，获得国内十多位知名地质学家的高度评价。

横向联系使科研人员有用武之地

南京通过与生产实际部门的联系，了解生产流程，获取市场信息，克服理论与实际脱节研究与生产脱节的弊端，应用研究与开发研究得到较大发展。1986年，全校有58项应用研究成果进行了技术鉴定。1987年有41项成果通过技术鉴定，其中省、部级成果鉴定20项，申请专利10项，实施专利18项。这些成果有许多已经推广应用，并取得显著经济效益。

比如，南大化学系组织力量研制了国内急需的无毒增塑剂——环氧大豆油，质量指标完全达到日本同类产品水平，获国家教委1987年科技进步二等奖。这个系先后帮助丹阳导墅化工厂等5家工厂建立了环氧大豆油生产装置，1987年总产值超过2，000万元，结束了我国廉价出口大豆，又高价进口环氧大豆油的历史。这个系研制的“新型固化体系的单包装固化硅橡胶”，是一种性能优良的密封粘接材料，在国防和经济建设中用途极广，在溧阳康达化工厂投产后，用户达2，000多家，遍布全国26个省、市、自治区，经济效益达750万元。又如，过去我国电视机、收录机等的外壳都用ABS树脂，电子工业部根据国外技术发展动向，提出要用高抗冲聚苯乙烯代替ABS树脂，每年可为国家节省上亿元外汇，但由于高抗冲聚苯乙烯修饰涂料尚未国产化，影响了这一方案的实施。南大化学系了解这一信息后，即与南京无线电厂合作，经过一年多的努力，获得中试成功，产品的冲击强度、柔韧性等主要指标均优于国外进口的同类产品，1987 年 5 月通过了部级鉴定。

南大化学系抽调十多位教师和科研人员组建应用化学研究所，他们通过与生产部门建立多种形式的横向联系，来促进应用研究与技术开发。除了合作搞项目外，他们还选择一些效益较好竞争力较强的产品，与地方生产部门合作办实验化工厂。目前已经在溧阳县果园、江宁县秣陵乡和汤山镇办了 3 个这样的中试工厂。这些工厂或者挂南京大学实验化工厂的牌子，或者和南大组成生产科研联合体。南大化学系还同中国包装总公司华扬分公司合作，建立科研机构——南京助剂研究所，这个所属全民所有制企业性质，由华扬公司提供 50 个人员编制，补充大专毕业生作为南大教师从事开发研究和技术推广的助手。由于形式多样，路子对头，南大化学系不仅取得了一批应用成果，而且较快试制投产，取得经济效益。目前，全国有 30 多家工厂接受南大化学系的成果，至 1987 年年底已经形成日产值 4000 余万元的生产能力。

依托基础研究，不断开发

南京大学生化厂从 1977 年开始投产，主要产品是尿激酶（UK）和垂体促性腺激素（HMG），临床效果好，使用安全，国内外需求量日增，供不应求。

南京大学生物化学厂的成功经验在于：依托基础研究，开发高技术、外向型产品，改进生产工艺，并通过科、工、贸结合的形式，增强国际竞争能力与创汇能力。

在工厂开办初期，学校选派生物系一位教授筹建生化厂，后又调派生化专业的一位教师担任技术骨干（现任生化厂总工程师）。他们多次组织技术攻关，研制了一套适合我国国情，先进可靠的、由粗品到精品的 UK 生产工艺流程，使 UK 每吨尿的粗品得率大幅度提高，精品得率提高了一倍，大大降低了成本，产品的质量和品种也较好地满足了用户要求。

在技术开发、工艺改进的同时，组建了跨地区的“南京大学尿激酶粗品生产联合体”，目前已拥有一批全民企业、乡镇企业和校办工厂，分布在全国 20 个省、市。此外，南大生化厂还同江苏省医药保健品进出口公司密切合作，外贸部门不仅在产品销售方面大力支持，而且在市场和技术信息收集、原材料供应、资金设备引进等方面给予帮助，使生化厂不断提高装备水平，不断开拓出口渠道。

仅有 18 名正式职工的南京大学生化厂由于建立科研生产联合体，实行科、工、贸结合，路子越走越宽。1986 年，这个厂完成产值 530 万元，上缴利润 163 万元，创汇 138 万美元；1987 年，完成产值 2156 万元，上缴利润 610 万元，创汇 470 万美元。这个厂尿制品的出口市场已由日本、香港逐步发展到西欧、北美。通过尿激酶生产联合体，他们还扶持了一大批乡镇企业，提供了上千个人的就业机会，并使一万多人因收尿而取得了经济收益。

目前，南京大学与江苏省医药保健品进出口公司合作，形成了“出口一引进一提高一出口”的良性循环。同时，他们正着手筹建“新产品开发研究室”，设立“新技术开发奖励基金”，决心继续以生化系、生物系、化学系和医学院为科技后盾，加强基础研究，不断提高技术开发的水平和产品的竞争能力。

面向经济建设办学

党的十三大召开之后，南京大学决定以更大的决心和魄力促进教育、科研、生产的结合，面向社会主义经济建设办学。

1987年12月26日，南京大学与南京市浦口区签署了合作建立“教育、科技、外向型经济区”的协议。这一“教育、科技、外向型经济区”在长江大桥以北，占地4000亩，其中教学、科研区约3000亩，外向型经济区约1000亩。南京大学将利用人才、智力的优势，在浦口逐步投入生物、生化、医疗药品、食品饮料、日用化工、精细化工等8个系列近40个产品，兴办具有较强国际竞争能力、技术和产品辐射能力以及出口创汇能力的外向型企业群体。南大也将在浦口区的支持帮助下，改善自己的办学条件，在浦口建立新的教学基地和科研中试基地，同时，南大将通过这个“教育、科技、外向型经济区”，为南京市和江苏省培养发展外向型经济所需的各类人才。

这一紧密型、双辐射，多功能的教学、科研、生产联合体的诞生，得到了江苏省和南京市政府的大力支持，顾秀莲省长称它是“现代教育与现代生产相结合的有益探索，是教育、科技、经济体制改革有机结合的大胆尝试。”目前，“教育、科技、外向型经济区”的勘察测绘和自然情况调查已经结束。

撰稿人　龚　放

审稿人　曲钦岳　袁传荣

□南开大学深化教育改革，主动为社会主义现代化建设培养大批合格人才

党的十一届三中全会以来，南开大学坚持为社会主义现代化建设服务的办学方针，坚持理论联系实际，按照我国经济和社会发展的需要，调整教育结构，改革教育内容和方法，提高教育质量，以使教育主动适应经济和社会发展的需要。几年来，南开大学主要抓了如下几项工作：

（一）明确培养目标，培养合格人才。高等学校总的培养目标是使受教育者在德育、智育、体育诸方面得到全面发展，使其成为符合社会主义需要的人才。近几年来，南开大学围绕培养目标着重抓了两方面的问题。

一是全面发展问题。通过毕业生走上工作岗位后的跟踪调查了解到，已毕业的大学生中，有的思想政治素质不高，有的分析和解决问题的能力不强，与社会主义现代化建设需要不相应。针对这种情况，学校采取了加强思想政治工作的措施：学生工作党政齐抓共管，责成一名副校长和一名党委副书记专管学生工作，并成立学生工作办公室和研究生政工处负责日常工作；加强和改革马列主义公共政治理论课和思想品德课教学，理论联系实际地讲授中国革命史、中国社会主义建设、马克思主义原理和法律基础等课程，开设社会主义改革学概论和国际政治经济及国际关系等选修课程，提高学生的理论水平和增强学生改革开放意识；把思想政治教育寓于教学活动之中，在本科生中普遍实行导师制，全面关心学生成长，指导学生学习，结合教学做深入细致的思想政治工作；提高专职政工干部的素质，在做好经常性工作的同时，承担思想品德课教学和部分社会实践教育工作，循循善诱，引导学生全面发展。

二是面向实际问题。近几年来，毕业生分配到研究单位、高等院校和政府机关等决策机构的只是一小部分，而大部分要从事实际工作。针对这种情况，1983年武汉高教工作会议以后，学校在文科财经、政法类专业和理科技术学科类专业，强调着重培养应用人才，毕业后适应做实际工作需要。在基础理论学科专业中，培养目标也要兼顾理论和应用，学会理论联系实际，掌握做实际工作的本领。为此，调整了教学计划，加强基础课教学，强调专业课教学主要为培养学生的工作能力服

务。这些做法，使学生的基础打得比较深厚，工作适应面较宽，同时，也使他们在校期间，锻炼提高了分析解决问题的能力。

（二）调整教育结构，适应经济和社会发展对人才多层次、多规格的要求。

1980年以来，学校根据国家需要和本校的实际，在教育结构上多次进行调整，确定了以本科教育为主，适量发展研究生和专科成人教育，为经济发展的多种需要服务。南开大学利用本校各系各专业基础好的优势，在理科着重发展应用学科专业和技术学科专业，新建了计算数学、数理统计、经济数学、信息科学、生物与医学物理、应用化学、生物工程、医学生物学、控制理论、计算机应用、计算机软件、微电学、环境生物、环境化学等专业；在文科着重发展财经、政法类学科专业，新建了编辑学、博物馆学、逻辑学、价格学、社会学等18个专业。目前，该校已发展为22个系，51个本科专业，本科生在校人数达6400多人。

南开大学是一所历史比较悠久的学校，师资设备比较好，拥有培养硕士生专业点68个，培养博士生专业点28个。在研究生的培养上，严格控制招生数量，重在提高教育质量；在招生录取中，扩大招收有实践经验的学生比例；在教育过程中，严格要求，并于1987年开始实行中期筛选制度，不合格的实行淘汰制度；同时，把教学、科研、生产结合起来进行培养研究生。如高分子化学研究所所长何炳林教授主持科研工作时，在校办工厂三结合基地与工厂技术人员、工人一起进行中试。这样做法，引导学生全面发展，面向实际，思想、业务、能力均有提高。

以外，在教育结构调整时，针对大专层次人才严重不足的实际，为充分发挥学校的办学潜力，1987年经国家教委批准，成立了成人教育学院。该学院已建立31个专业，在校生2492人，共培养大专毕业生1423人。这些学生回到工作岗位后，发挥了骨干作用。

（三）在提高教学质量上下功夫。提高教学质量关键在于抓好基础课教学。1986年4月，学校制定了关于加强基础课的意见，目的是加强和改革基础课教学，聘任学术造诣深厚、教学效果好的教师充实教学第一线。文件规定，系主任和部主任有权直接向有关教研室和研究室聘任优秀教师承担基础教学任务。当教学任务与其他工作冲突时，要优先保证教学工作。凡高级职务占教师总数30%以上的系和教学部，教授、副教授担任主讲教师的人数不得低于担任主讲教师的60%，其中，担任本科基础课主讲教师的人数不得低于主讲教师总数的40%。累计三次获校级教学质量优秀奖的讲师，由学校提名认定为具有副教授资格，累计五次获得该奖的副教授，由学校提名认定为具有教授资格。从落实的情况来看，公共数学、物理、化学、外语教学和各专业主要基础课，教授、副教授承担主讲教师的人数明显增加，教学质量明显提高，受到学生的普遍好评。

提高教学质量需要在教学内容和方法改革上下功夫。经济学院各系各专业主要基础课是政治经济学。党的三中全会以来，他们结合改革和开放实际，组织教师编写出版了两套供本科生使用的新教材和一套供大专生使用的新教材。这些教材在资本主义部分，吸收国内外对当代资本主义研究的新成果，加强了对当代帝国主义的分析。社会主义部分，从中国不发达社会主义实际出发，吸收苏联、东欧社会主义国家经济改革理论和方法的有益成果，并结合我国经济体制改革提出重大理论和实际问题加以阐述，整套教材突出了理论联系实际的特点，受到国内专家、我校师生和兄弟院校师生的好评。为了更新教学内容，文科各系注意开新课。历史系开设了中华人民共和国史、文化大革命史；哲学系开设了当代中国哲学；经济系开设了价格学原理、现代西方经济学基础原理；管理学系开设了市场经营学等课程。这些课程，有一定理论深度，联系实际，回答了学生关心的问题，大大推动了教学改革的深入。在教学方法改革上，启发式教学受到师生普遍的关注。国际经济系开设了读书讨论课，在教师指导下读书、讨论、写小论文或书评，调动了学生学习的积极性。

在改革教学内容和方法的同时，该校各专业坚持教学、科研、实践三结合，加强实践环节教学，培养学生的分析问题解决问题能力，以适应将来走上社会工作的需要。在四年教学计划中，均安排四至六个月的社会实践教育，组织高年级学生参加教学实习、社会调查、科学研究，指导撰写学年论文、毕业论文。法学系在学生进入第三学年，用一个学期的时间深入到天津中级人民法院实习 13 周，用五至六周时间结合实习中的典型案例组织专业实践教学，显著地提高了学生分析问题和解决问题的能力。

撰稿人　姜尚谦
审稿人　金永清　李宗芳

□中国人民公安大学教学与社会实践相结合

中国人民公安大学，在公安部的直接领导下，坚持以教学为中心，紧密围绕提高本科教学质量，深化教育改革，既注重课堂传授知识，又注重能力培养，走教育与社会实践相结合的道路。这是全面提高学生政治素质、业务素质和身体素质，培养德、智、体、美全面发展的，有理想、有道德、有文化、有纪律的公安高级专门人才的必由之路，也是造就一支革命化、现代化、正规化和军事化公安队伍的有效途径。

1987 年，公安大学加强教学质量管理，提高教学质量，加强实践性教学环节，强调教学与社会实践相结合，采取有效措施，培养学生分析问题、解决问题和实际动手能力。学校的主要做法是:

（一）组织学生参加毕业实习，是培养综合能力重要的实践性教学环节。根据专业教学计划，进行有领导有计划有组织的毕业实习，是理论联系实际，教学与社会实践相结合，培养合格的高级公安专业人才重要的教学环节，也是深化教育改革的重要内容。公安大学 84 级本科学生的毕业实习，在地方公安部门的密切配合下，根据学校培养目标和毕业实习的具体要求，共同协商，妥善安排，保证了实习工作的圆满完成。

1. 领导重视，充分准备。1987 年上半年，为了搞好 84 级学生的毕业实习，学校做了大量的思想和物质准备工作。制订了《中国人民公安大学学生毕业实习工作暂行规定》等文件。《规定》明确规定了学校学生毕业实习的目的和要求，实习的管理措施，带队教师职责、权限，学生在实习过程中应严格遵守的规范；选定实习地点，派人考察接受实习单位有无承受能力：包括食宿条件；工作基础，干警素质，技术装备，指导老师的力量和水平，生活习惯及有无语言障碍等条件；物色得力的带队教师和聘请当地公安机关具有丰富实际经验、政治和业务素质好的公安干警担任学生毕业实习的带队和指导老师；认真制订学生毕业实习大纲，明确实习的内容、实习方式和实习时间；组织 84 级学生根据实习大纲和实际情况，制订个人实习计划，落实实习措施。

为了确保实习质量，加强对学校首次学生毕业实习的领导，组织各有关系和行政管理部门。教务处、学生处、总务处、财务处等单位，互相配合，齐心协力，全力以赴，尽力为学生实习服务。这是搞好实习的组织保证。

2. 认真实践，收获丰富。1987 年 9 月 1 日，公安大学 84 级公安管理专业、侦察专业、法律专业的 235 名学生，分别到南京、张家港、济南、福州、杭州等市进行为期 10 周的毕业实习。在地方公安部门各级领导和干警的大力支持下，在指导教师悉心指导下，经过全体实习同学的努力，圆满地完成了实习任务，获得较大的成绩。

这次实习的场所，主要是在地方公安机关的科、队、所基层单位进行的。实习活动紧紧围绕保卫国庆节、保卫党的十三次代表大会这个中心工作任务。实习同学在指导老师的带领下，直接参加了打击现行犯罪、巡逻、跟踪、守候，侦察各类案件、勘查现场、提取痕迹、物证检验、分析案情，抓捕人犯、审讯、讯问，做笔录、写调查报告和结案处理报告；办理治安案件、调解民事纠纷，公安内勤、整理案卷档案等公安基层业务工作和日常工作，基本上了解了公安基层工作的现状和社情、民情，增加了感性知识。

据统计数字显示：学校 84 级实习学生直接参与刑事案件侦破 1588 起，政治案件侦破 30 起；参与和独立处理治安案件 2695 件，审核治安行政处罚案件和劳动教养处罚案件 105 件；调解民事纠纷 1463 起；参与或独立抓获扒窃分子 110 人；整理案件档案 8500 多份，卡片 1500 多张；收集案例 128 个和 50 多万字的资料；记实习日记数千篇，撰写调查报告、专题报告、结案报告、通讯报道数百篇。此外，还直接参加了登录户口、登记居民身份证、安全大检查、值勤、巡逻、外调、看押人犯、抓赌、夜间潜伏、参加堵截罪犯、制止倒卖外汇和外国香烟，以及为群众做好事等活动。

在实习活动中，同学们综合运用所学的理论知识和技能，用于分析、解决公安实际业务中的问题，取得了可喜的成果。在实习期间涌现出许多先进集体和先进个人，有 2 人荣立三等功，6 人记功，17 人受到嘉奖，2 人受到表彰，2 人受到通报表扬。返校后，进行了总结评比，1987 年 12 月 2 日，公安大学隆重举行 84 级学生实习汇报暨表彰大会，校领导向获奖者颁发了奖学金。

各实习点的领导和干警，对学校 84 级实习学生给予很高的评价。他们赞扬公安大学的学生政治素质和业务素质高；在工作中积极肯干，不怕苦，不怕累，临危不惧，废寝忘食，夜以继日，作风过得硬；求知欲强，勤学好问，有甘当小学生的精神；组织纪律性强，服从命令听指挥，没有大学生架子；讲文明，懂礼貌，团结互助，助人为乐，有为人民服务的思想。从公安大学实习学生的身上看到了公安队伍的未来和希望。

3.注重实践，培养能力。学校 84 级学生毕业实习，是对学校办学方向、办学指导思想、办学方针和本科教育质量一次全面的检验。也是对学生综合运用所学专业理论知识、理论联系实际，分析问题和解决问题能力的全面检验。通过实习，学校有以下几点启迪：

第一，必须坚决贯彻执行从严治警、从严治校，实行军事化管理的办学方针。在整个实习过程中，认真落实思想政治从严、业务学习从严、组织纪律作风从严的要求。这是学校培养高质量的公安专门人才的根本保证，也是搞好这次实习的思想保证、业务保证和组织保证。

第二，公安大学的培养目标和公安业务部门的工作是对口的，学校的专业设置是符合公安业务实际需要的。这次参加毕业实习的学生，无论是学公安管理专业、侦察专业的，还是学法律专业的，都能做到学以致用。

公安管理专业的学生运用管理学原理，结合公安机关的实际特点，运用目标管理，组织管理、机构设置原则、激励原则等理论，对公安基层单位如何实行科学管理等问题，提出许多很好的建议；运用公安信息论、系统论、控制论和决策论等基本理论，制订周密的各类案件侦破方案，对加强综合治理，提高工作效率，发挥了积极作用。

侦察专业的实习同学，运用各类侦破手段、刑事技术等基本理论知识和技能，勘查现场、提取痕迹、调查研究、侦破案件、审讯人犯，都能从实战出发，真刀真枪地拚搏，做出了可喜的成绩，巩固和加深了专业理论知识。

法律专业的实习同学运用法律武器，直接参加预审、刑侦、治安等各项实际业务工作。开始协助指导老师审理案件，后来顶岗独立办案，综合运用各种法学专业理论知识解决实际问题。同时还参与了侦破刑事案件、维护社会治安、调解民事纠纷等各类公安业务，在社会实践中增长了才干，他们的实际能力得到了有效的发挥。

第三，加强教学实践环节，深化教育改革。传统的课堂教学固然十分重要，不容忽视，但通过参加社会实践来培养学生的实际工作能力，在目前存在重智育，轻德育；重理论，轻实践的情况下，适当强调大学生参加社会实践，对培养高质量的公安高级专门人才具有特殊的作用。

（二）组织学生参加经常性的社会实践活动，是教育与实践相结合的有效措施。

1. 提倡学生利用寒、暑假，到当地公安机关见习，参加生产劳动，搞社会调查，了解社情、乡情、民情，着重认识党的十一届三中全会以来的路线、方针和政策，实行改革、开放、搞活后，社会经济、政治状况、人民生活及社会治安秩序等方面所发生的重大变化和问题。通过社会实践，绝大多数学生在社会实践中经受了锻炼，不少同学写出很好的见习报告、社会调查报告，亲身体验到战斗在第一线的公安干警的辛劳，学到许多在课堂上学不到的实际知识，更加热爱自己的专业，为今后进入“角色”打下了初步的基础。

2. 组织学生上好第二课堂，开展经常性的社会实践活动。学校结合课堂教学组织学生参观工厂、公安机关、工读学校和少管所。通过参观，加深对课堂教学内容的理解，开阔学生的眼界，扩大学生的知识面；结合开展文明共建活动，组织学生参加警民共建、社会咨询社会服务，积极参加精神文明建设，树立全心全意为人民服务的思想，模范地遵守党纪国法，自觉地维护社会公德，立志献身公安事业。

3. 结合教学培养学生实践能力，学校经常组织各种体育比赛，特别是擒敌术的比赛（包括散打、柔道、拳术等），还经常举办学术报告会、辩论会、讲演比赛、政治知识竞赛、英语知识竞赛、智力竞赛等活动，培养学生文字、口头表达能力，提高学生学习基础课、理论课和专业课的兴趣。

通过组织学生参加社会实践，特别是毕业实习，进一步提高了学生的分析问题、解决问题的能力，增强了学生的社会责任感，激发了学生为保卫社会安定和社会主义四化建设的史命感。由此可见，加强学生的社会实践活动，是教育与实践相结合、知识分子与工农相结合的必由之路，也是促进大学生早日成才的有效途径。

撰稿人　陈六保

审稿人　宁福洪

附

中国人民公安大学学生毕业实习中，进行真刀真枪的拚搏

中国人民公安大学84级学生的毕业实习，是在社会实践这个大课堂里，进行真刀真枪的拚搏。这次实习，是对每个学生基础理论、基础知识和基本技能的检验，也是对每个学生公安专业知识和综合能力的全面检验。

在参加公安实际工作的实习中，同学们能运用在课堂上学到的理论知识，正确地分析和恰当地解决公安业务工作中的实际问题。例如，在济南市公安局实习的同学，在侦破一起盗窃案件时，能比较熟练地运用现场勘查基本理论知识和基本技能，按照现场勘查的程序和方法进行工作。有位同学在极不易被人发现的地方，发现并显现了案犯的一枚汗液指纹，成功地将它固定和提取下来。经过认真核对和鉴定，认定了罪犯。其他同学还运用步法测量和步法追踪理论，比较准确地判断出案犯的身高、体重等特征，为破案提供了可靠的线索，使这起重大的盗窃案件很快就破获了。

反扒窃斗争，是公安机关维护社会治安秩序的一项重要工作。在实习过程中，同学们利用反扒窃的理论知识和擒敌技能，共参与抓获扒窃分子110名，其中，由学校同学独立抓获的有80名，使当地和流窜扒窃分子受到沉重的打击。同学们在学校学到的擒敌术发挥了很大的威力。但是，学校教的擒敌术，是成套路的功夫，且是以进攻为主的套路。通过实战，同学们体会到，在实际斗争中，既要有“攻”，又要有“防”，应是“攻”、“防”结合；既要依据“套路”，又不拘泥于“套路”，要灵活应用，随机应变，注重临场发挥，才能克敌制胜。有位同学在反扒窃斗争中，运用擒敌技能，轻而易举地给一个扒窃分子戴上了手铐，制服了扒手。同学们对扒手不反抗感到反常，问他为什么不反抗，他说：“我一听你们的口音，就知道你们是北京来的公安大学的学生，所以就没敢反抗。”

在实习快要结束时，济南市的一些歹徒几乎都知道公安大学学生的厉害。若不是平时练就一身功夫，就不会有这么大的威慑力量。

公安大学的教学原则是理论与实践相结合，从实战出发，学以致用。要求学生在学习中实践，到实践中学习。这是公安大学培养合格的高级公安专门人才的基本途径。

陈六保　供稿

□天津大学教学、科研、生产三结合稳步发展

实行教学、科研、生产三结合是高等学校深化教学改革的方向性问题之一，对促进高等学校主动适应经济建设和社会发展的需要有重要的作用。一年多来，天津大学在这方面有了新的发展。

（一）加强横向联合，促进学校发展。天津大学进行教学、科研、生产三结合已有数年，几年的实践使他们体会到，高等工业学校，应该根据自己的教学实践和科研方向与企业结合，办成一个既进行教学、又搞科研，并且不断为生产做出贡献的实体。天津大学实行教学、科研、生产三结合，首先把学生参加科研活动纳入教学计划，力争使学生尽早接触有创造性的活动；在教学内容上，包括部分基础课，技术基础课，尤其是专业课做必要的更新，反映学科的新成就和生产中的先进技术；部分实验、实习、设计等环节，在满足教学基本要求的前提下，结合生产实际来进行。几年来，天津大学先后和十几个省、市、部委，数十个企业部门建立了“三结合”联合体。他们和石油工业部、天

津市联合，通过为其培养学生，共同进行科技开发，接受基建投资500万元和1000万元。他们与中国石化总公司合办了石油化工学院，共同培养石化工业急需的专门人才，由公司提供培养经费和基建投资，同时，还成立了天津石油化工技术开发中心，对国家石油化工急需的项目共同进行研究开发。他们还与国家计委联合办学，为其培养各种层次的人才1700余人，国家计委为该校投资1040万元，该校已经建成有8500平方米的教学楼和培训基地，为管理学院的教学和科研奠定了物质基础。

（二）采用多种形式，实行教学、科研、生产三结合。天津大学在实行“三结合”上采用的主要形式有：1.联合办学和举办各种技术开发中心。2.接受有关部门委托培养学生，1987年接受委托生359人。3.学生在生产实习中，完成部分实际任务。1987年，比较稳定的实习基地有62个。4.毕业设计工作结合生产实际，1987年结合生产实际的课题1056个，占总课题数95.3%。5.成立成人教育学院，对在职的工程技术人员和管理人员进行继续教育，现有在校生900多人。6.建立北洋技术开发总公司，进行成果转让和科技咨询服务。

（三）“三结合”促进了学校工作的全面发展。天津大学在实行“三结合”的过程中，体会到在高校实行教学、科研、生产三结合，对学校各项工作的发展有多方面的好处：

第一，促进教学质量的提高。三结合有利于教育与社会实践相结合，有利于理论与实际相结合。实行三结合，使教师和学生增加接触实际的机会，有利于提高教和学的积极性，又可以扩大视野，了解经济发展的需要，增强对社会主义建设的责任感。它既给学校增添了主动适应社会需要的动力和活力，又增强了学生毕业后的适应能力。

第二，搞活了科研工作。三结合使学校科研有了更多的课题来源，1987年，该校有协作科研项目279项，比1986年增加86%，而且，加快了科研成果转化为生产力的进程。突出的如该校与石化总公司合办的天津石油技术开发中心，从1984年至今已经承接了30多项科技开发任务，有的成果已在许多工厂投入使用，其中“皂化反应精馏”及“环氧丙烷精制”工艺两项成果，在9个投入使用的工厂，每年所增经济效益达百万元以上。“丁二烯抽提装置的扩充”项目，使产量扩大为原来的126%，每年可增加收益1000多万元。

第三，“三结合”有利于高等学校有偿服务，对改善高校的办学条件和师生的生活条件，有相当重要的作用。

第四，扩大了学校和社会的联系，有利于教师与工程技术人员的结合，互相取长补短，既能促进教师提高业务水平，又能帮助企业的工程技术人员更新知识，以便达到共同提高的目的。

撰稿人　叶长森

审稿人　金永清　李宗芳

思想政治教育

□改进和加强高等学校思想政治工作

一、召开全国高等学校思想政治工作会议，开展坚持四项基本原则和改革开放总方针教育，搞好大学生的形势政策教育

1986年底，由于资产阶级自由化思潮的侵袭，在某些高校发生了波及不少城市的学潮。虽然参加学潮的大学生和研究生只是高等学校学生中的少数，不超过全国学生总数的2%。但是，学潮集中反映了高校学生受资产阶级自由化思潮影响的严重程度。

学潮发生后，立即引起全党、全社会的关注。国家教委和各地教育行政部门按照中央部署，根据高教领域的实际情况，推动高等学校对学生进行坚持四项基本原则和改革开放总方针、反对资产阶级自由化的教育，制定并严格执行了有关教育的政策和内容：对广大党员主要是进行坚持四项基本原则和改革开放总方针，反对资产阶级自由化的正面教育，对有系统资产阶级自由化观点的党员，则在启发和引导他们提高认识的基础上，按照党章的要求，总结经验教训，鼓励他们进行自我批评。对高等学校中不是党员的干部、教师和学生，主要组织他们学习中央的有关文件，邓小平、赵紫阳同志的有关报告，全国人大常委会《关于加强法制教育维护安定团结的决定》，以及有关理论性和批评性文章，使他们特别是广大学生明确坚持四项基本原则和坚持改革开放的重要性，着重解决为什么必须坚持党的领导，坚持社会主义道路等问题。对受资产阶级自由化影响较深的学生，坚持教育疏导的方针，做耐心细致的思想工作，使之分清是非界限，澄清思想认识。同时，欢迎学生把自己想不通的问题提出来，同他们进行民主的、说理的讨论。

这次教育的形式是丰富多彩的。各高等学校在马克思主义理论课教学中旗帜鲜明地坚持四项基本原则和改革开放的总方针，反对资产阶级自由化的同时，还普遍采取了学习会、讲演会、对话会、座谈会、参观访问等多种形式。各地和高等学校对学生脱离实践，对国情、民情了解不够深，容易受资产阶级自由化思潮的影响的弱点，在正面教育的同时，积极组织了广大学生参加社会实践活动。

在这次教育过程中，各高等学校普遍注意发挥理论队伍的教育和引导作用。理论队伍成员活跃在教职工和学生中间，讲解关于反对资产阶级自由化斗争的性质、任务和有关政策，联系实际深入浅出地批判资产阶级自由化观点，并撰写了一些宣传改革开放总方针、批判资产阶级自由化思潮的文章。

经过正面教育，广大学生的思想认识有了不同程度的转变和提高。绝大多数学生加深了对坚持四项基本原则和改革开放总方针的理解，提高了对于维护安定团结局面重要性的认识；许多学生对学潮和所受资产阶级自由化思想的影响进行了比较深刻的反思；高等学校的教职工普遍提高了对开展反对资产阶级自由化的认识，增强了教书育人、服务育人的自觉性。资产阶级自由化思想在某些学校泛滥的局面得到了扭转。

1987年5月13日至18日，国家教育委员会和中央宣传部在北京联合召开

"全国高等学校思想政治工作会议"。参加会议的有各省、市、自治区及计划单列市党委宣传（科教）部、教委、高教（教育）厅（局）、团委负责同志，大学党政负责同志，中央和国务院有关部委教育司（局）负责同志，以及特邀代表共223人。会议主要任务是讨论、学习《中共中央关于加强和改进高等学校思想政治工作的决定》（征求意见稿），统一思想，提高认识，研究落实政策性的措施。北京市委教育工作部、中国科技大学党委、空军雷达学院等单位介绍了思想政治工作经验。中共中央政治局委员、书记处书记胡启立、国务院副总理、国家教委主任李鹏等中央领导出席了会议，李鹏同志作了大会总结。

1987年5月29日，中共中央颁布了《中共中央关于改进和加强高等学校思想政治工作的决定》。《决定》贯彻了党的十一届三中全会以来路线的两个基本点，即坚持四项基本原则，坚持改革、开放、搞活的总方针、总政策；总结了建国以来高等学校思想政治工作的经验，特别是党的十一届三中全会以来的新鲜经验；提出了在改革、开放的条件下改进和加强高等学校思想政治工作的指导方针和措施。其主要内容有：

（一）进一步照确办学指导思想，坚持高等教育的社会主义方向。文件强调，高等学校培养出来的大学生、研究生"应当有坚定正确的政治方向，爱祖国、爱社会主义，拥护共产党的领导，努力学习马克思主义；应当热心于改革和开放，有艰苦奋斗的精神，努力为人民服务，为实现具有中国特色的社会主义现代化而献身；应当自觉地遵纪守法，有良好的道德品质；应当勤奋学习，努力掌握现代科学文化知识。还要从他们中间培养出一批具有共产主义觉悟的先进分子。"

（二）努力改进学生思想政治工作的内容、形式和方法。文件指出，"要继续对学生进行马克思主义理论教育，党的路线、方针、政策教育，爱国主义、国际主义和革命传统教育，理想道德和纪律教育，社会主义民主和法制教育。"还提出，高校思想工作要从以下几个方面加以改进：（1）有的放矢地进行马克思主义理论教育和形势政策教育；（2）积极引导学生参加社会实践；（3）把思想政治教育与业务教学工作结合起来；（4）把发扬民主与加强法制纪律教育结合起来；（5）对学生要严格要求，积极疏导；（6）改善学生的学习、生活条件；（7）认真培养学生骨干队伍；（8）加强和改进研究生思想政治工作。

（三）加强教职工队伍的思想建设，大力提倡教书育人、服务育人。文件强调指出，"办好社会主义的高等学校，培养德才兼备的学生，教师起着决定性的作用。""每一个党员教师、专家教授，必须认真履行党员义务，努力做好教书育人的工作。"

（四）建设一支坚强的马克思主义理论队伍和思想政治工作队伍。文件指明"高等学校的思想政治工作队伍应由精干的专职人员与较多的兼职人员组成"。"从事学生思想政治教育的专职人员，是教师队伍的组成部分，应列入教师编制，实行教师职务聘任制。""他们中间许多人可以成长为既能从事教学、科研工作，又能兼做思想政治工作的专家、教授"。

（五）提高高等学校领导班子的思想政治水平，加强和改善对思想政治工作的领导。

（六）全党全社会都应当关心青年学生的健康成长。文件要求"各地领导同志要经常深入学校直接同学生对话，并形成制度长期坚持下去。中央和地方工业、农业、商业等部门，人民解放军，以及社会各有关行业和单位，都要把支持和接受师生参加社会实践、业务实习和军事训练，作为自己应尽的一项社会义务，积极提供必要的条件。

为了认真贯彻落实《中共中央关于改进和加强高等学校思想政治工作的决定》，1987年6月10日、13日，由胡启立、李鹏、邓立群等同志主持召开了首都部分高等学校学生思想政治工作座谈会。与会同志在分析高等学校形势时认为，经过几个月的工作，广大学生的思想觉悟有所提高，但必须看到，在高等学校中不安定的因素仍然存在，为了巩固和发展安定团结的大好形势，必须把加强高等学校的思想政治工作坚持不懈地抓下去。

9月间，为落实《决定》，进一步巩固和发展高等学校安定团结的局面，国家教委与北京市委在开学后，邀请了有关方面负责同志、专家和教授，针对高校师生中普遍关心的问题给在京的高校领导干部、教师和学生作报告，并开展了座谈。报告的主要内容有：①关于我国经济形势及发展前景（中央财经领导小组副秘书长袁木）；②关于经济体制改革问题（国家体改委副主任高尚全）；③关于国际形势及我国对外关系问题（全国人大常委会常委、全国人大外事委员会副主任委员符浩）；④关于社会主义初级阶段的理论（中国人民大学教授吴树青）；⑤关于物价问题的座谈（国家物价总局局长成致平）。每次报告会后，还将录音磁带下发到各省、市教育行政部门及高等学校，以供各地高校向广大师生转播，或供地方领导同志作报告参考。同时，在《马克思主义理论研究参考资料》1987年第8、9期合刊上，刊登了这些报告的全文，印发各省、市，各院校。

二、推动高校大学生社会实践活动的深入开展，建设新的思想教育课程，并加强新时期大学生思想政治教育工作的研究

为了加强在校大学生的社会实践环节，把加强思想教育与引导学生参加社会实践结合起来，《中共中央关于改进和加强高等学校思想政治工作的决定》指出，“业务实习、军事训练、公益劳动、生产劳动都要纳入教学计划，还要鼓励学生利用假期进行各种有益的社会实践活动，有条件的高等学校应逐步建立业务实习和社会实践基地。”为使更多的学生在假期或课余时间参加社会实践活动，国家教委和团中央于1987年6月27日发出了《关于广泛组织高等学校学生参加社会实践活动的意见》，作了进一步规定，要把假期和课外组织学生参加社会实践活动作为高等教育的一个重要组成部分。高校本科生在校期间至少要利用假期或课外时间参加两次社会实践活动。其中，文科学生总计不少于45天，理工农医科学生不少于30天，专科学生不少于20天，研究生也应参加一定时间的社会实践活动。为了推动大学生的社会实践活动，国家教委、中宣部、团中央还发出《关于组织好1987年暑假大学生社会实践活动的通知》，对此项工作做了具体部署。1987年的八、九月间，全国有20多个省、自治区、直辖市的一千多所高等学校和中等专业学校的一百多万师生参加了有组织的暑期实践活动。

1987年9月，国家教委、中宣部、团中央在北京召开了高校社会实践座谈会。京津沪等11省市教育、宣传部门有关领导，以及北京大学、清华大学等部分学校的党委领导和团干部出席了会议。座谈会还邀请了一些接收大学生开展社会实践活动比较好的地区的代表。

会议回顾了近几年来大学生社会实践活动发展的情况，充分肯定了社会实践活动在促进大学生健康成长、推动教育改革、加强地方的两个文明建设、改进高校思想政治工作等方面所起的积极作用。并且总结了近几年来开展大学生社会实践活动的基本经验。这些经验是：组织大学生社会实践活动要紧紧围绕着培养目标，以促进学生全面发展，培养“四有”人才为出发点和落脚点，正确处理好“受教育、长才干”和“办实事、作贡献”之间的关系；社会实践活动要面向基层，深入实际，讲求实效，就近就便；要多层次、多渠道、多形式；社会实践活动要与教育改革相结合；社会实践要注重思想教育。

负责思想政治教育工作的国家教委领导同志到会并作了讲话，要求各地各级领导对大学生社会实践活动要精心指导，积极推动，量力而行，稳步前进，使社会实践活动健康地向前发展。会后，国家教委、中宣部、团中央共同就有关问题向国务院提交了报告。

1987 年 5 月，国家教委政教司在长春召开了思想教育课程建设研讨会，总结交流了近几年来部分高校开设思想教育课程和讲座的经验。会后国家教委发出《关于高等学校思想教育课程建设的意见》等文件。指出：建设思想教育课程是改进和加强高等学校思想政治教育的需要，是经常性思想教育的一个重要组成部分，是为了实现新时期高等学校对大学生政治、思想、品德方面的要求。要坚持马克思主义的指导，从学生的思想实际出发，加强教育的针对性。规定设置五门课：《形势与政策》、《法律基础》两门为必修课，《大学生思想修养》、《人生哲理》、《职业道德》三门课因校制宜，可以开设必修课，也可开设选修课。要求列人教学计划，由学校主管学生思想政治教育的部门和教务部门共同领导，思想政治教育教研室组织实施，同时要加强课程的师资培训和领导。积极稳步地推动思想教育课程的建设。

三、关于大学生思想品德考评

1982 年，中共中央办公厅转发了教育部党组关于《高等院校试行学生品德评定讨论会纪要》，要求各地方、各高校结合自己的具体情况，有领导、有准备地进行学生品德评定方面的实验。几年来，各地高校都不同程度地进行了这方面的实验。

为了总结和交流大学生思想品德考评的情况，国家教委 1987 年 11 月下旬在广州召开了“学生思想品德考评专题讨论会”。认为思想品德考评比较明显的效果是：有利于整顿校风校纪；有利于处理评奖、毕业分配中的某些矛盾；有助于发挥辅导员、班主任的工作积极性；有利于发扬民主的工作作风。但是，由于学生思想品德考核、评定的指导思想、考评的范围、内容、标准等还不够清楚，所以，要制定具有普遍意义的思想品德考评方案还不成熟，特别是关于考评的目的、考评的定量化问题、考评指标的设置等问题，需要进行深入的研究，并在实践中进一步探索。会议一致认为：思想品德考评要符合高校培养目标的要求；要有利于学生生动活泼地成长；要与社会主义民主建设相协调；要力求真实地反映学生思想品德的状况。考评应以认真做好个人小结为基础；考评结果应注重写实表述，与惩处挂钩要慎重。

撰稿人　张晋峰　刘川生
王　玲　纪建军
审稿人　朱新均

□深入进行高等学校马克思主义理论课教学改革

1987 年，我国高等学校马克思主义理论课的教学改革，按照国家教委的具体布置，在教学试点、课程设置、教学内容研究、师资培训等方面，取得了进展。

根据中共中央 1987 年一系列文件精神，国家教委发出了《国家教育委员会关于在高等学校马克思主义理论课（公共课）教学中旗帜鲜明地坚持四项基本原则反对资产阶级自由化的通知》。《通知》要求学好中央文件，马克思主义理论课教学，要按照各门课程的特点，在保证科学性的前提下，正确地进行坚持四项基本原则，反对资产阶级自由化的正面教育。《通知》要求，马克思主义理论课要积极进行改革，课程不停，改革试点继续进行。并就教学中重点阐明的问题，提出了原则要求，规定了具体政策。与此同时，为配合学校思想政治教育的需要，给教师和政工人员提供有关材料，由国家教委马克思主义理论教育研究中心和高等教育出版社共同编辑了内部发行的《高等学校马克思主义理论教育参考资料》（月刊）全年共发行11期。

在初步总结教学经验的基础上，1987年3月7日，发出了《国家教育委员会关于进一步改革高等学校马克思主义理论课（公共课）教学的意见》。《意见》就认真学习《中共中央关于社会主义精神文明建设指导方针的决议》和中共中央在1987年初发出的一系列文件，提高认识，加强对马克思主义理论教育的领导；积极、稳妥地进行课程设置和教育内容的改革；切实保证马克思主义理论课的教学时间；大力加强马克思主义理论课教师队伍建设；积极开展科学研究等方面的问题，规定了原则要求，作出具体布置，提出了实施意见。

为了改进和加强高等学校研究生马克思主义理论教育，1987年6月15日，发出了《国家教育委员会关于高等学校研究生马克思主义理论课（公共课）教学的若干规定》。《规定》从研究生马克思主义理论课的任务、课程设置、教学方法和考试要求、教学管理等方面，作出具体规定，提出了原则要求，确定了实施时间等。

一年来，在国家教委的领导下，在各地教师的努力之下，《中国革命史》课已在全国高校铺开。《中国社会主义建设》课的试点教学扩大了试点范围。《马克思主义原理》课也在少数学校开始了试点。《世界政治经济与国际关系》课已在部分学校开设。

为了推动教学改革，国家教委一年来围绕着教学内容改革，组织高等学校教师，分别就《中国革命史》、《中国社会主义建设》、《马克思主义原理》等新课程的教学内容进行了研究，分析总结了试点学校的改革经验。在党的十三大报告精神指导下，经过天津会议、巢湖会议、北京会议之后，制定了《中国革命史教学大纲》（试用）；经过长沙会议、石家庄会议后，制定了《中国社会主义建设》、《马克思主义原理》两门课程的教学要点（试用），同时组织力量开始重新编写《中国社会主义建设》教材、《马克思主义原理》教材。

在师资队伍建设工作中，1987年10月，国家教委政教司于成都召开了28所学校有关马克思主义理论教育新专业负责人会议，就《中国革命史》、《马克思主义原理》、《中国社会主义建设》、《世界政治经济与国际关系》4个新专业，及其本科生、研究生、双学位3个层次的专业建设指导思想、培养目标、办学条件、师资配备、专业教材建设，教学计划等，进行了专题研究和讨论，同时，对研究生的专业目录（草案）提出了修改意见。会议就专业建设的有关重大问题，4个专业3个层次的教学计划分别提出了方案。同时设置了新专业的有关学校分别成立了专业建设协作组，为加强联系，交流经验，确定了协作组的活动内容和时间安排。

撰稿人 审稿人 王茂根

□加强高等学校思想政治工作队伍建设

1987年，中共中央作出了《关于改进和加强高等学校思想政治工作的决定》，国家教委发出了《关于在高等学校学生思想政治教育专职人员中聘任教师职务的实施意见》，《关于在高等学校学生思想政治教育专职人员中开展聘任教师职务工作的补充通知》和《关于思想政治教育专业培养硕士研究生的意见》等文件，有力地推动了高等学校思想政治教育队伍的建设。

(一)进一步明确了新时期高等学校思想政治教育队伍建设的方针、原则和要求。《中共中央关于改进和加强高等学校思想政治工作的决定》中指出，思想政治教育是一门以马克思主义理论为基础，综合性和实践性都比较强的科学，必须有专职人员作为骨干，并且要培养造就一批思想政治教育的专家、教授和理论家；高等学校的思想政治工作队伍应由精干的专职人员与较多的兼职人员组成；从事学生思想政治教育的专职人员，是教师队伍的组成部分，应列入教师编制，实行教师职务聘任制；要认真办好思想政治教育专业，办好第二学士学位班，并创造条件培养这方面的硕士和博士研究生，为造就从事思想政治教育的专门人才开辟一条新路。国家教委在有关文件中对学生思想政治教育队伍的素质提出了明确的要求，并指出，这支队伍必须坚持四项基本原则，坚持改革开放，既具有一定的马克思主义理论修养、政策水平和适应思想政治工作需要的知识结构，具有从事思想政治教育的教学工作和研究工作的能力，又要善于从事日常的、深入细致的思想政治工作，能够运用马克思主义的立场、观点、方法来处理思想政治工作中的实际问题。

(二)开辟培养政工队伍的新途径，决定从1988年开始，招收思想政治教育专业硕士研究生。经过几年的建设和发展，思想政治教育专业已经具备培养高层次专门人才的基础和条件。经有关专家评审，国家教委批准，1988年复旦大学、南开大学、武汉大学等12所高校的思想政治教育专业，将首批招收硕士研究生。

该专业培养研究生必须着眼于思想政治工作队伍的建设，招收有实践经验的在职人员，定向培养，毕业后回原单位工作，目前，主要为高等学校及党政机关培养思想政治工作者和思想政治教育专业的教学、科研人员，从大学本科毕业或具有同等学力、在高等学校从事思想政治工作二年以上的在职人员中招生，经所在单位推荐，参加全国研究生招生统一考试，择优录取。在校学习期间，要在提高马克思主义理论水平的前提下拓宽知识面，培养解决实际问题的能力，要注意马克思主义理论和思想政治教育专业理论的学习，并着重研究具有现实意义的专题。

(三)首次举办高等学校思想政治教育研讨班。为推动各省市积极开展短期培训，给广大思想政治工作者创造更多的学习提高的机会，1987年6月1日至30日，国家教委政教司和中央教育行政学院共同首次举办高等学校思想政治教育研讨班。参加研讨班的有省、市教育部门和高等学校主管学生思想政治工作的专职人员185人。研讨班组织学员们学习了马克思主义的基本理论、中央关于坚持四项基本原则和改革开放的总方针、反对资产阶级自由化、加强学生思想政治教育等方面的文件，联系在高等学校中影响较大的社会思潮举办了哲学、经济体制改革、社会政治制度、文学艺术和思想政治工作等方面的讲座，并对新形势下如何加强和改进高等学校的思想政治教育问题进行了研讨。

撰稿人　张仁贤

审稿人　朱新均

□上海市高校学生思想政治教育工作

1987年，上海市高校学生思想政治教育工作，围绕二个基本点和党的十三大精神，在稳定高校局势和继续加强和改革高校思想政治教育工作方面做了以下工作:

（一）稳定高校局势，深入细致地开展思想政治理论和形势任务教育。上半年有针对性地开展了坚持两个基本点，反对资产阶级自由化教育；下半年着重进行了十三大文件精神和社会主义初级阶段理论教育。1986年年底的学潮平息以后，全市各高校按照市委、市教卫党委的统一部署，首先抓了稳定学生情绪、稳定高校局势的工作，并引导学生对为何坚持四项基本原则、保持安定团结局面，为何改革、开放必须由中国共产党领导等问题进行深刻反思，使大家的思想认识普遍有所提高。在一些学生感到自己政治观点幼稚、理论不足的基础上，因势利导帮助他们从马列著作中汲取营养。

教卫党委和各高校党委组织思想理论教育工作的干部、教师分别举行了系列理论研讨会，深入学习和领会中央文件精神，结合学生的思想实际和问题，列出课题深入研究。教卫党委还组织编写了《坚持四项基本原则一百题——答大学生问》和《坚持改革开放一百题——答大学生问》两本书，帮助大学生释疑解难。

（二）精心组织好大学生社会实践和军训活动，进行生动切实的国情教育和“四有”教育。4月初，复旦、上医大学生分别写信给江泽民市长，反映了同学们想以参加义务劳动等形式“向外辐射”、参与建设和改革的心情。教卫党委和市府有关部门，顺应学生要求，组织了三百多名大学生、研究生参加新客站义务劳动。按照中宣部、国家教委、团中央关于加强大学生社会实践活动的通知要求。上海各高校对大学生社会实践活动很重视，不少高校把教学实习、社会调查、军训试点、科研服务等纳入教学计划，并重视建立学生校内外社会实践基地，与有关地区及部门签订长期互助协议，使社会实践活动正规化、经常化。为了扩大暑假社会实践活动覆盖面，一些高校采取了多层次、多形式的组织方式，如华东化工学院采取公开招标、平等竞争、择优资助、重点奖励的原则。暑假期间，上海有四万六千多名大学生参加社会实践活动，足迹遍及本市和全国二十多个省市，用所学的知识为四化建设和老、少、边、贫地区的经济振兴服务。上海市各高校（特别是军训试点单位）认真组织了上万名大学生参加军训活动，取得了良好的思想政治教育效果和一定的社会、经济效益。9月18日，市教卫党委、教卫办、团市委、高教局联合召开上海市大学生社会实践汇报座谈会，来自各高校的学生代表汇报了收获体会。市委、市府主要负责人及学校领导、教师与学生共同畅谈改革开放的成就、当代大学生的历史责任。芮杏文、江泽民、陈铁迪同志在会上讲话，对大家作了鼓励，提了希望，并要求广大青年学生要把书本知识与实践知识相结合；要在社会实践中，用正确的立场、观点、方法分析、认识问题；要珍惜当前难得的学习机会。要求高校把学生社会实践活动作为一项长期、必不可少的教育环节认真抓好，会上评选颁发了7项社会实践组织奖，33篇优秀考察报告奖和24个优秀服务成果奖。

（三）切实加强高校学生党员的思想建设和组织建设。根据市委要求，教卫党委组织各高校通过调查了解学生党员在学潮中的表现，采用读书班、轮训班、上党课、办业余党校、观看“新时期共产党员形象”录相等形式，有针对性地对学生党员，特别是支委以上学生党员骨干加强党性教育。全市各高校还广泛开展了评选、表彰先进学生党支部和优秀学生党员的活动。“七一”期间，全市表彰了11个先进学生党支部和17名优秀学生党员。

（四）进一步畅通民主渠道，积极开展恳谈对话活动，加强高校精神文明和校园文化建设。上半年，教卫党委举办了市委、市府和高校领导同大学生代表春节恳谈会，领导与研究生、学生党员和不同层次的学生代表参加的系列大型座谈会以及宣传系统、文化系统干部同教育系统干部、师生的大型恳谈会。下半年，还组织了十三大代表同大学生，经济、理论工作者，同大学生谈物价改革等对话会，并摄制录相供本市各高校播放。复旦大学继1984年创建多种形式的对话制度以来，1987年继续办好“四坛”（校领导、大学生、研究生、名教授论坛）和“两会”（新闻发布会、学术发布会），各高校都重视畅通民主渠道，并把建立民主办学的体制作为学校改革的一项任务认真地抓好。

各高校注意建设社会主义精神文明和校园文化。5月份，举办了“上海市大学生首届电影艺术节”，放映中外故事片、科教片、美术片50部，观看人次达48.6万。各高校分别通过举行文化艺术节、戏剧节、体育节、思想学术节、征集校歌、拍摄十一届三中全会以来成就的录相等形式。同时，还进行了生动活泼的理想、传统教育、社会主义民主建设教育、同龄人教育、合格党团员教育以及评选文明寝室，等等，丰富了学生生活，活跃了学校空气，增强了大学生对党、对社会主义的感情，从而使他们更加珍惜大学生的声誉。

（五）严格校风校纪，抓好法制教育，加强综合治理。各高校普遍重视严肃校风校纪，重申并修订各项管理制度，加强法制和纪律教育。不少院校动员干部和教师，深入班级，使培养教育学生的工作，从基础抓起。中国纺大还作出了《关于加强课堂文明建设的意见》，整顿教学秩序。

（六）不断改进学生工作体制，加强队伍建设，注意发挥广大教师教书育人的积极性，调动各方面力量做好学生思想教育工作。为了适应逐步向校院长负责制过渡，各高校不断改进和完善学生工作体制，不少院校建立了学生工作部、学生工作处等，注意增强学生工作部门思想教育和管理工作的职能。上海师大还试行了“四位一体”的学生工作体制，即在系一级，由总支副书记、副系主任、班主任、导师和学生自我管理体系共同负责学生工作，以求达到全校教师管教管导，干部教师齐抓共管和学生参予自我管理的效果。同济大学组织教授成立“良师益友团”，不少高校还用委派任课教师参加学生政治学习，由出国归来的教师成立“教师报告团”等形式，给大学生讲十一届三中全会路线的两个基本点，讲马克思主义的人生观和价值观，收到良好效果。结合教师节，全市举行了上海市高校教书育人成果发布会，评选和表彰了教书育人的先进集体和个人。

为进一步加强学生思想政治教育工作队伍的思想和组织建设，按照国家教委有关规定，教卫党委、高教局和各高校认真开展了学生思想政治教育系列的职称评定工作。

（七）继续加强学生思想教育工作的交流研究和改革规划。为贯彻落实《中共中央关于改进和加强高等学校思想政治工作的决定》和《中央书记处讨论加强高校学生思想政治工作》两个文件的精神，使上海市高校思想政治工作切实得到改进和加强，巩固和发展安定团结的局面，创造良好的环境，培养四化建设合格人才。8月20日至22日，召开了上海市高校思想政治工作会议。市委副书记曾庆红、市委党委、市教卫党委书记陈铁迪在会上讲话，他们总结回顾了“学潮”后上海高校学生思想政治工作的情况，强调了要统一对高校思想政治工作的重要性、长期性、艰巨性，努力加强工作中的预见性、针对性和创造性等，提出了“统一思想，明确目标、落实措施、健全制度、讲求实效”二十字方针，要求上海市全党和全社会共同承担起做好高校学生思想政治工作的责任，并提出了“切实改进和加强思想政治工作”；“重点抓好四支队伍建设”，即建设好马克思主义理论队伍、学生思想政治工作队伍、教师队伍和学生骨干队伍，逐步形成一个比较完善的高效高质的思想政治工作网络；“继续深化教育改革”；“切实改革和加强党的领导”等四方面具体贯彻意见。会议期间，各高校就加强学校党组织建设，学生工作的体制、队伍建设，教书育人，学生社会实践教育活动等专题进行了经验交流和工作研讨。十三大召开后，上海高校思想理论教育者和学生工作干部进行了社会主义初级阶段和高校学生思想教育工作的研讨。10月10日，召开了学生思想教育规划研讨会，汇报前阶段研讨成果，为形成《上海市学生思想教育改革和发展规划》做好各种工作。

撰稿人　陈　皓
审稿人　金炳华

□北京钢铁学院实施“综合评分法”，探索思想教育与行政管理相结合的新途径

“综合评分法”是教育、管理、考核、分配学生的一种新方法。它是把有关要求、规定（如，高等教育对大学生培养目标、规格的要求、学校的有关规章制度以及各种评比、奖惩等）具体化、指标化、数量化，对学生在校四年中的德、智、体诸方面进行全面系统地考核、评估的一种管理办法。

《中共中央关于改进和加强高等学校思想政治工作的决定》颁布以后，高等学校的思想政治工作取得了很大成绩。北京钢铁学院努力采取措施，以使思想政治教育与管理工作适应新形势的需要，他们针对在对学生进行“德、智、体”几方面综合考核时，存在着的考核方法不科学的问题，从1983年起，在部分系试行“综合评分法”，1987年，在全院推广试行，取得了成效，提高了对学生考核工作的准确度。

一、“综合评分法”的制定与实施

1. 制定“综合评分法”的根本依据。培养“德、智、体”全面发展的、“有理想、有道德、有文化、有纪律”的品学兼优的四化建设人才是制定综合评分法、设置考核指标、分配各项指标权重系数的根本依据。

2. “综合评分法”各项指标的设置。一个大学生应该有正确的政治方向，坚持四项基本原则，拥护党的领导，热爱社会主义祖国，没有违法行为，这是一个合格大学生的最基本的条件，是对大学生的一级考核标准，是对大学生进行综合评分考核的前提条件，如果不具备这个最基本的条件，就不是一个合格的大学生，综合评分就无从谈起。所以，综合评分实际上是在一级考核前提下的二级考核。

“综合评分法”按“三好”要求，总体设置4大方面考核，即德育素质、智育素质、体育素质和为奖优罚劣而设置的奖惩评分。根据日常学生工作的经验，并结合考虑到各项指标的针对性和学生的成才特点，再对上述“四大方面”进行具体细化。

德育素质的指标设置是“四大方面”中最复杂的工作，也是最关键的工作。“四有”目标中“有理想、有道德、有纪律”三项均属德育范畴，它包括了德育要求的主要内容。据此可设置7项指标：即政治表现、道德修养、学习态度、卫生习惯、劳

动态度、集体观念、遵纪守法。

智育素质可设置两个指标：学习成绩和能力素质。学习成绩是通过学籍管理记录算出学生各门功课的加权算术平均分值来，即取各门功课的学分值与该门课程考试分数积之和的算术平均值。能力素质主要考核学生的动手能力、学习能力、社会工作能力等。

体育素质应包括体育成绩，身体素质，课外活动情况以及军事素质等指标。它主要考核学生体育课成绩、达标情况，业余体育锻炼、出早操、参加文体活动以及军事训练等。

奖惩评分是鼓励先进，督促后进的一项重要指标。奖惩评分可分为奖励分与处罚分两大类，奖励分包括：社会活动奖、学习竞赛奖、发明创造奖、文体竞赛奖以及获得“三好”学生、卫生先进个人、优秀运动员、优秀学生干部等称号的特殊奖；处罚分包括违反各项纪律、制度受到的处分。

3. “综合评分法”量化分值的处理。“综合评分法”各项考核指标设定后，每项指标的量化和“德、智、体”各项素质间的数量比例关系就成为关键问题了。过分地加大某一方面的权重是不妥的。比如过分加大德育指标在总体中的权重，会使学生的主要任务——学习受到轻视；反之，如果过分加大智育指标在总体中的权重，会使德育考核缺乏控制作用，甚至会导致重智轻德的倾向。德育是方向，体育是基础，智育是本领。德、智、体三方面是相辅相成，缺一不可的，必须从整体角度出发，站在一定高度来综合考虑三者的比例关系。实践表明，德、智、体三者比例以2: 7: 1，即德育20%、智育70%、体育10%较为适宜。奖惩分可按一定比例，在总分中进行加减。按这样的比例进行综合评分时，一般地学习好，德育、体育中、上等的学生都有较高的综合分值，而仅学习好，德育、体育较差的学生，综合分值不占优势，这样的结果是符合“综合评分法”量化分值的设置原则的。

4. “综合评分法”的实施步骤。每个学生每年进行一次评分，第4年毕业时，将每年的评分累加便可得出该学生4年的总的综合分。

每学年的综合评分工作分为三步：

第一步：由学生自我鉴定，班组评议，写出评语作为评分基础，以便于学生之间交流了解，进行批评自我批评。这属于定性评议，与传统评定相类似。

第二步：进行单项评分，即把德育、智育、体育三个单项分别进行打分，各个单项满分均为100分。对于“软”指标采用民主测评的办法，先印出专门表格，选出以班长、团支部书记为首的评分小组12～14人（包括班主任、辅导员），采用“背对背”的民意测验方式对每一个学生（包括本人）打分，然后去掉最高、最低的两个分，对其余打分取算术平均值，得出每个人的分值。对于“硬”指标则按教务处规定的方法，计算出每个学生的分值。对于在德育、智育、体育各方面作出成绩，或违反纪律的学生，要在该方面分值中加上奖分或减去罚分（不包括“三好”等荣誉称号的奖励分）。由此便得出每个学生的德育、智育、体育三个单项评分。这三个单项评分可作为评“三好”的基本条件，即在评“三好”条例中明确规定出德、智、体各项的最低分数线，当三项都达到标准时，方可参加评选。

第三步：各单项分折算为综合分，即把德、智、体三个单项评分按2: 7: 1的比例折算为综合评分（满分为100分），再加上“综合奖励分”（仅指“三好”等荣誉称号的奖励分），这样便得出学生一年的综合评分。各项分值均输入计算机中存档。

由计算机输出的每个学生的综合评分

分值及其在集体中的排列序数就是对该生实行综合评分考核得出的最终指标，这是衡量、考核、评估该生的一项综合性指标，是进行有的放矢地教育、管理的一个重要依据。

第 4 年末，将每年的综合分累加（满分为 400 分），得出学生 4 年中总的综合评分，在毕业生分配时，除有关政策外，这个总的综合评分可作为一个重要依据。

二、实行“综合评分法”的优点和作用

“综合评分法”有以下优点和作用：

1. “综合评分法”是加强和改进思想政治教育及行政管理工作的一个有效方法。“综合评分法”根据“四有”的要求，针对大学生的特点，把培养目标具体细分为若干项指标，落实到学生的日常学习和生活中，使他们感到这些目标并不遥远，只要努力是可以达到的，从而一步步脚踏实地地走向目标。

由于综合评分与学生的切身利益挂钩，直接影响学生的奖惩和毕业分配，因此，学生在平时能主动地按照指标要求经常检查衡量自己。“综合评分法”在教育、管理学生中的这种杠杆作用，有效地加强、改进了学生思想政治教育工作。钢院实行“综合评分法”后，学生中政治上积极要求进步，主动靠拢党组织的人多了；关心集体，积极参加集体活动的人大大增加了。在阶段评分之后，许多学生看到了自己的差距和不足，在工作中更加主动、负责，在学习上更加自觉、刻苦了。系里辅导员说，现在学生活动比过去好组织多了，对学生进行思想教育也主动多了。“综合评分法”寓思想教育于行政管理之中，加强了对学生的思想教育，使学风校风有了显著的变化。

2. “综合评分法”使评价、考核学生工作进一步科学化。综合评分最大的特点在于使考核、评价学生各方面表现的方法相对准确、合理了。在过去由于德育考核不落实，“评三好看表现”也只是虚晃一枪，致使考核、评比时常常发生许多矛盾。而综合评分汇集了平时积累的统计资料，不会受单一因素或一时一事或某些主观因素所左右，它既不会埋没一个学生的成绩，也不会掩盖一个学生的不足，能够较好地做到相对准确、全面地评价、考核学生。“综合评分法”在实践中之所以受到了欢迎，还因为它与广大学生心理相容，有扎实的群众基础。学生对过去评价中存在的奖罚不分、没有一个统一的标准有意见。而现在评分是在学生自己中间进行的。每个学生的评分是由学生相互之间考核、评分得出的。同学之间朝夕相处，彼此较为了解，而且采用了“背对背”方式评分，使评分比过去单靠老师“说了算”更加民主、公平、真实、可靠了。

实践证明，评分对思想好、学习好、身体好的三好学生最为有利；对热心为同学服务，积极要求上进的学生予以鼓励；对学习较差、表现也不好的学生予以督促。

3. “综合评分法”促进了学生考核、管理工作走向规范化、制度化、经常化。综合评分反映了学生日常的学习、思想和生活情况，这就要求经常对学生的思想、表现进行记录、考核，而不能仅靠期末的突击总结简单定论。因此，它不仅督促了学生的日常学习和自我教育管理，而且也督促了政工人员平时对学生的观察、考核和管理。考核管理工作制度化、经常化有利于促进政工人员增强责任感。

“综合评分法”实现了德、智、体各方面考核的指标化、数量化、具体化，克服了过去考核标准不确定、名目多、互相重叠、变化频繁的弊病，促进了管理工作的规范化、制度化。

把综合评分与学生的奖惩有机挂起钩来，促进了学风校风建设，把综合评分与学生毕业分配挂起钩来，不仅有效地防止了毕业分配中的不正之风，而且改变了过去分配人员压力大、顾虑多的问题，使分配工作做到学生放心，家长支持、教师轻松。

4.“综合评分法”有利于学生“三自”能力的培养。综合评分工作，要求每个学生必须很好地掌握评分标准及尺度，详细了解每项指标的要求。因此，客观上不但增加了学生的责任感、自觉性，而且能够明确自己的努力方向。通过学生间的互相帮助、互相监督、互相促进，可以形成一个自己管理自己、自己教育自己的自治自立局面，促进学生“三自”能力的培养。

北京钢铁学院在试行“综合评分法”的过程中体会到，进行这项工作时，要处理好德育评分与教育疏导的关系，避免简单化的倾向；要处理好综合评分与学生毕业分配等管理工作的关系，还要考虑国家政策、用人单位条件及学生的具体情况；要注意做好评分后某些学生的思想工作，积极引导学生奋发向上，克服消极情绪。

几年来，北京钢铁学院试行“综合评分法”效果良好，学生中靠拢党组织的人多了，关心集体、积极参加集体活动的人增加了，学风校风有了显著的变化。在毕业分配中，同学之间讲风格、互相协调的现象，在钢院不断涌现。

实行“综合评分法”，受到了学生和学生家长以及学校教师的好评。北京钢铁学院准备在现有基础上，不断总结经验，继续进行探索，努力创造出更科学、更完善的学生教育与管理相结合的新途径。

撰稿人　张　铃　贾正杰
审稿人　杨静云

□清华大学马克思主义理论课教学改革

马克思主义理论课，在学校教育中占有特别重要的地位。它是党在学校中的思想政治教育的核心，对于培养德、智、体全面发展的人才，特别是对于培养青年学生科学的人生观、世界观的形成，具有极为重要的作用。由于形势的发展，对马克思主义理论教学提出了新的要求，而目前我们的马克思主义理论教学，无论是课程设置还是教学内容、方法都不适应新形势提出的要求。因此，改革马克思主义理论课教学，既是客观形势的需要、人才培养的需要，也是坚持和发展马克思主义，使之真正成为有力的精神武器的内在要求。党的十一届三中全会以后，清华大学根据客观形势的变化，从学生的思想实际出发，对马克思主义理论课教学的改革进行了有益的探索，并取得了初步的成效。

一、改革教学体系，更新教学内容

清华大学马克思主义理论课改革是本着既坚定、积极、稳妥而又有步骤的原则进行的。在改革试点的基础上，1981年，将《中共党史》课改为《中国革命史》课；1985年，又先后进行了《中国社会主义建设》、《马克思主义原理》、《世界政治经济与国际关系》、《马克思主义与当代自然科学》等课程的改革试点，而在面上仍讲授《哲学》、《政治经济学》。在教学中，坚持理论联系实际、教书育人的方针，积极更新教学内容，改进教学方法，使教学质量有了明显的提高，因而受到了绝大多数同学的欢迎和好评。

《中国革命史》是改革最早、成效最显著的一门课。过去，讲授《中共党史》课，学生不欢迎，后来，学校针对当代青年学生的特点，从课程体系到内容都进行了改革。一是延伸了历史的讲授长度，增加了党诞生前80年的旧民主主义革命史部分，引导学生通过历史的纵向发展，认清中国的国情，认清中国工人阶级及其政党产生并领导中国革命的历史必然性，提高学生的爱国主义觉悟；二是拓展历史的讲授宽度，初步克服过去割裂中外历史联系的缺陷，把中国革命放在世界历史背景中来考察，把党的活动置于整个民族斗争和阶级斗争的环境中去认识。不是孤立地讲党的斗争，而是全面地讲敌、友、我，并从政治、经济、军事、思想文化等方面进行分析，引导学生从历史的横向比较中认识中国共产党的正确和伟大，提高坚持四项基本原则的自觉性。在教学过程中，教师努力做到"有的放矢，史论结合，以理服人，以情动人"。这门课的改革深受学生欢迎。1986年，《中国革命史》课被学校评为"清华大学一类课程"。1987年，在多年教改实践的基础上，编写了新的教材。现正在进行教学方法的改革试点。

《政治经济学》课程的改革是从1982年开始的。1984年前是试点阶段，1985年后是体系改革阶段。为适应改革、开放、大力发展商品经济的新形势，学校对课程体系进行了重大的调整，教学内容进行了更新。课程改革以社会主义经济理论与实践为中心，适当联系资本主义，着重进行对比。不仅讲马克思主义经济理论，也对现代西方经济思潮进行评介，在讲清社会主义基本特征、发展阶段、根本任务及中国特色等基本问题的基础上，着重讲述社会主义所有制结构、有计划的商品经济等专题；根据对外开放形势的需要，对发达资本主义国家的经济增长与经济危机等学生比较关心但又认识模糊的问题，进行了专题讲授。多数学生欢迎这样的改革，学生们反映，这门课"既有马克思主义政治经济学原理，又紧密结合实际，听起来有兴趣，""听后不仅澄清了一些糊涂认识，而且能开拓思路"，"有现实感和启发性"。

《马克思主义哲学原理》课的改革，1985年前是在部分课堂进行新的教学体系的探索，1985年后，则是在试点的基础上逐步完善和推广新的教学体系，更新教学内容。建立以唯物史观为主体的教学新体系。这样做的好处是，①减少了与中学《辩证唯物主义常识》的重复，更主要的是突出了马克思主义哲学的精华，有利于联系实际，培养学生科学的社会历史观；②促使历史性、理论性与现实性紧密地结合，使学生从人类认识史的角度认识马克思主义哲学基本原理的建立及其科学性，从面临的现实"挑战"中认识"坚持与发展"马克思主义的必要性；③世界观、历史观与人生观教育的有机结合，以克服不重视人生观教育的缺陷。为此，新的教学体系增加了"马克思主义关于人的学说"一章，引导学生正确地认识人的本质、人的价值、人的自由、个人与社会的关系；④对现代西方哲学思潮有选择有重点地开展评述。例如，存在主义的自由观，尼采的人生哲学，弗洛伊德的心理结构学说等。清华大学哲学课的改革已经收到了良好的效果。受到学生们的欢迎。如热能系、汽车系的教务科，1987年对该系毕业班进行教学效果普查，在5年内所学的包括基础课、专业课在内的几十门课程中，《马克思主义哲学原理》课被学生列为"最受欢迎"的5门课之一。

二、新课程设置的试点初见成效

根据《中共中央关于改革学校思想品德和政治理论课程教学的通知》的要求，清华大学先后进行了新的课程设置的改革试点，取得了初步成效。

《中国社会主义建设》课以阐述有中国特色的社会主义为中心，立足我国实际，放眼世界，运用马克思主义理论回答学生的问题。是一门理论性和现实性很强的理论课。根据学生的思想实际和有限的学时，这门课程重点讲授了下列4个问题：①社会主义从理论到实践；②社会主义初级阶段与有特色的中国社会主义经济建设；③社会主义初级阶段与民主政治建设；④社会主义初级阶段与精神文明建设。试点班的学生普遍反映，这门课“听起来有兴趣”，“理论性强”，“分析全面”，“有说服力”，“学后受到很大的启发和教育”。

《马克思主义与当代自然科学的发展》课是为今后开设《马克思主义原理》课而进行的教改试点。内容主要是3方面：①科学前沿中的若干理论问题；②科学哲学；③技术论。这门课程改革试点工作已收到良好效果。1986年，被学校评为教学改革成果集体二等奖。

近年来，又进行了《当代资本主义》课程的试点，效果也是好的。

三、开设了一批选修课，促进了学生全面素质的提高

为提高学生的全面素质，以适应社会需要，清华大学把开设选修课作为马克思主义理论教学改革的一个重要组成部分，1985年以来，学校先后开设了30多门人文、社会科学方面的选修课，听课学生累计达7千人次，多数课程都受到学生的欢迎。如1986年寒假后，首次开设的《当代世界》(世界政治经济与国际关系)，就有570名学生选修，学生称这门课是“关心政治、关心改革的青年人的良师益友”。又如《当代战争史》课，自1986年开设以来，选修人数逐年增加。1987年寒假后第三次开设此课，报名人数竟达800多人。到清华大学指导军训的部队首长听后，建议将该课程列为民兵政治教育的必修课。

从已开设的选修课的情况看，受学生欢迎的选修课一般有下列3个特点：①课程内容新，信息量大；②紧扣现实，时代感强；③教师成功的讲授，教学手段的多样化。

四、科学研究取得了可喜的进展

要提高教学质量，必须开展科学研究。科学研究要面向现实，促进教学。过去，学校在社会科学方面科研比较薄弱，教学改革的深入，使学校深感开展人文、社会科学研究之重要。1984年以前，马克思主义理论课教师发表的论文累计只有25篇，而1985—1987年，3年内发表的论文、著作就达140多篇，其中，有7项在北京市获奖。一些教师把科研成果运用到教学内容中去，有力地促进了教学质量的提高。

清华大学从马克思主义理论课教学改革的实践中体会到，要搞好教学改革，首先领导要重视。清华大学成立的文科领导小组全面协调文科教学改革工作，校领导开会专门研究马克思主义理论课的教改方案，系里领导都在教学第一线，有的还带头进行教改实验。其次，是坚决贯彻理论联系实际的方针，明确马克思主义理论课教学的指导思想；再一点是重视教师队伍的建设。实践表明，建设一支有正确的政治方向、有革命事业心和责任感、以宣传马克思主义理论为己任、热心于教书育人的教师队伍，是搞好马克思主义理论课教学和改革的基础与根本保证。对教师，既要高标准、严要求，又要关心、爱护，采取切实有效的措施，为他们的知识更新、接触实际创造条件；既要重视发挥老教师的骨干作用，又要十分注意培养青年教师，做到后继有人。

撰稿人　金丽华　贾　观　黄美来
审稿人　王凤生

□北京师范学院开展正面教育

1987年上半年，北京师范学院党委通过多种渠道对学生进行两个基本点的正面教育，根据当时的情况，主要进行了如何认识党的领导、民主自由、社会主义道路的教育，着重解决政治方向和政治原则问题，收到了较为明显的效果。

通过对学生进行正面教育，北京师范学院体会到：

第一，开展正面教育活动要理论联系实际，着重从理论上提高学生的认识，并针对青年特点，采取生动活泼的形式。

思想政治教育一定要有针对性，做到“有的放矢”，着重从理论上提高。北京师范学院党委在制定教育计划时，对全院学生的思想状况进行了较为深入的调查和分析。从根本上说，广大同学的利益和社会主义是一致的，是能够接受和拥护四项基本原则和改革开放总方针的。因此，我们进行教育的立足点应放在提高学生的思想认识和理论水平上，放在从理论和实践的结合上解决他们所关心的问题上。例如，在进行“坚持党的领导”教育时，针对学生在对待党风、对党的信念以及多党制等问题的认识，帮助同学在理论上从几个方面提高认识，使学生从对党的十一届三中全会以来的方针、政策的理解，认识到中国要实现社会主义现代化，就必须由共产党领导；认识到我们的党是成熟的，有能力解决自己内部存在的问题和纠正工作中的失误，增强了对党的信任和感情。

北京师范学院认识到，在开展教育活动时，要坚持情、理、实相结合，采取生动活泼的形式，讲究实效。师院党委组织了一支由20多名马列主义理论教师和中文、历史系的教师（以教授、副教授为主）组成的理论宣讲队伍，举办理论系列讲座。半年中，共分12个专题向学生进行宣讲。还组织了四个马列主义理论学科的六十多名教师下班与学生对话，就学生关心的政治问题进行平等地讨论。在组织理论教育的同时，还邀请社会上热心青年教育的专家和英雄模范人物来校作报告，如徐良、刘吉、曲啸、彭清一等同志。各系还组织专业教师下班与学生对话，讲个人体会。在开展四项基本原则教育的同时，还广泛开展了生动活泼的课外文化活动，寓教育于活动之中。如“面向世界、面向未来”电影周，文化月，“五四”文艺汇演，“五四”火炬接力赛，论文比赛，总政离退休老干部合唱团演出等。这些活动融思想性、知识性、趣味性、群众性为一体，很受广大同学欢迎。在进行校内教育的同时，还组织广泛的社会实践活动，使社会实践活动经常化、制度化。除平时到学校附近的工厂、农村、商店进行社会调查外，还在暑期组织集中的社会实践活动。1987年暑假，全院有1200名同学到老区、贫困地区以及本市远郊区县进行社会服务和社会调查，使正面教育活动进一步深化。

第二，开展正面教育要处理好客体与主体的关系，充分调动受教育者自身的积极性。

学生作为教育对象是客体，而作为受教育者来说，他们又是主体。不能把学生仅仅作为教育的对象和客体，只强调外力塑造，不注意研究学生心理和思想特点及成长规律。师院党委在对学生进行正面教育时，十分重视调动学生的积极性，在教育过程中，往往只是给学生出题目或把问题提出来，然后指出寻找这些问题答案的途径，让学生自己去观察，去思考，自己得出结论。学生自我教育的形式多种多样，重要的是，应把学生自我教育贯穿于教育的过程之中。在1987年上半年的正面教育中，主要采取了以下一些做法：①开展学生喜闻乐见的教育活动。如专题讨论会、故事会、演讲会；中国革命史和党的知识竞赛；访问本校党员教师；与本院著名学者见面会，与青年教师恳谈会等；②开展主题团日、班日、沙龙等活动，内容有：“民主与现实”、“未来教师画像”、“理解万岁”、“祖国在我心中”、“我的路”等；③开展经常的社会调查活动，在这次活动中采取自主的原则，即老师提供线索、学生自己去联系，自己决定调查内容和形式；④组织学生开展为社会服务活动。根据师范院校的特点，举办“家庭教师服务社”，各类“少儿培训班”，面向中学的各种“中学生课外学习小组”，等等；⑤加强班级建设，把工作重点放到学生班级建设上，让全体同学都动起来，使各项教育活动真正落实到班级和学生身上。

北京师院党委在组织对学生的正面教育中，之所以能取得了较好的成效，与近几年来的工作基础是分不开的。1984年春，党委提出“齐抓共管，综合培育”的方针，党政都要对学生的思想政治教育负责，教职工人人都是教育者，教师必须教书育人，鼓励业务教师担任班主任等。为此，形成了一整套相应的制度。其中，最重要的一项措施就是建设一支专、兼职结合的学生思想政治教育工作队伍和马列主义理论课教师队伍，他们是对学生进行正面教育的设计者、组织者和实施者，没有他们，对学生的正面教育就会落空，就没有组织保证。近几年来，党委在建设这两支队伍上花了大力气，下了大功夫，使这两支队伍在数量上和质量上都有了保证。为提高高校专职学生工作队伍的理论、文化素质，师院从1984年开始，创办了“政治思想教育管理系”，这是学校教育的一项改革。几年来，已为本院和全国其它省、市培养了一批具有研究生水平的学生思想政治教育专门人才，他们在工作实践中都发挥了较好的作用。

1987年，北京师范学院通过对学生进行正面教育，使学生在思想认识上有了一定提高。学生加深了对坚持四项基本原则的理解，提高了学习马克思主义理论的自觉性。对学生进行正面教育，还加强了学校学风和校风的建设，增强了学生们献身教育事业的历史责任感。

撰稿人　朱全俊

审稿人　何　钊　林培黎

科研管理和科研成果

□高等教育系统的科研管理和科研成果

一、健全科技管理机构与咨询系统

（一）科技管理中心成立。为了加强高等学校科技工作的宏观管理和项目管理，1987年2月9日，国家教育委员会设立了“科技管理中心”，将科学技术司的一部分管理职能转到科学技术管理中心，科技管理中心由科学技术司代管。科学技术司负责高等学校科技工作的宏观管理；科学技术管理中心负责高等学校科技工作的项目管理和学术管理，下设：办公室、技术合同处、基金处、成果专利处、推广转让处。

（二）科学技术委员会成立。为了进一步提高高等学校的教育质量和学术水平，促进高等学校对我国科学技术进步和在经济、社会发展方面发挥更大作用，加强高等学校之间以及高等学校与研究院、所、产业部门之间的横向联系和工作协调，促进教育、科研、生产相结合，国家教育委员会决定建立科学技术委员会，作为国家教委指导高等学校科学技术工作的咨询机构。1987年10月6日，国家教育委员会科学技术委员会在北京成立，李鹏、宋健等同志出席了会议。第一届科技委员会由57人组成，张维任主任委员，唐有祺任副主任委员。

二、高等学校科技工作在改革中不断发展

（一）提出改革高等学校科技工作的意见。为贯彻中共中央关于科学技术和教育体制改革决定精神，国家教委科学技术司在调查研究和总结经验的基础上，结合贯彻国务院有关文件精神，形成了《国家教育委员会关于改革高等学校科学技术工作的意见》，于1987年5月印发各省（市）有关高等学校。

（二）向国家科委提出关于加强对基础研究和应用研究支持的建议。根据国家科委的要求，教委对《中长期科技发展纲领》中有关“加强对基础研究和应用研究的支持”一节提出了建议。“建议”对当代基础研究、应用研究的特点和我国社会主义初级阶段的任务、以及基础研究、应用研究的几项重大措施提出了意见。

（三）高等学校科技联合开发中心成立。为了适应经济、科技、教育体制改革的需要，组织高等学校的科技力量投入国民经济建设的主战场，推动高等学校之间的横向联合，促进高等学校科技成果的应用和商品化，经国家科委批准，于1987年2月10日正式成立了“高等学校科技联合开发中心”，黄辛白任理事长。开发中心是国家教委指导和支持下的高校科技联合开发组织，实行理事会领导下的总经理负责制。此外，上海、江苏、黑龙江、广东、陕西等省市都已组建了地区性高校科技联合开发组织。

（四）高等学校与大中型工业企业协作。为了推进大中型工业企业与科技单位的横向联合，1986年4月，国家经委、国家教委和中国科学院成立了“经济科技合作协调小组”。协调小组选定出首批合作重点项目，涉及100个大中型企业，206个合作课题。其中，高等学校与77个大中型企业合作，对138个课题进行合作开发，至1987年9月为止，已有十几个项目全部完成，有的已取得了显著的经

济效益。为了对有关科技推广项目提供财力资源，1987年9月，国家科委与中国科学院集资成立了“科技促进经济发展基金会”，以全息、贴息、贷款和风险投资方式对项目进行资助。到1987年11年底为止，基金会已贷款二千多万元，其中，高等学校贷款约700万元。

（五）高等学校参加国家重点引进消化吸收及国产化工作。1987年8月，国家经委决定在已抓的“12条龙”（注）的基础上，再抓二至三条龙，列为国家的项目，经费由国家经委拨出。在经委已审查完的“12条龙”中，国家教委组织了11所高校参加了24个子项目。在国家重点支持的引进消化吸收和国产化的143项中，有29所高校承担了23项。

（六）通过多种渠道，使科技成果转化为生产力。近几年高等学校加强了成果转移工作，取得了一定的成效。从得到的科技成果和经济效益两方面看，仅1986年，高等学校鉴定的技术成果近7000项，获准专利450项。科技成果推广应用后取得明显经济效益的，据42所学校统计，自1980年以来，可①计算经济效益的技术成果中，有不少单项年经济效益在500万元以上。其中，80例累计经济效益达100多亿元。高等学校科技成果转移主要采取以下途径：

——转让单项技术。据900所学校统计，1985年至1986年度，共签订转让合同13000个（其中出口150项），出口专利300多项，总计获利2亿多元。

——同国外产业界合股经营，共同开发产品。仅据9所著名大学统计，就建立多种渠道经营实体74个。

——学校自办“技、工、贸”相结合的新型科技企业，把本校科技成果直接开发为商品出售。如北京工业大学的校办电子厂，6年上缴税利5600万元，学校获利2600万元，产品用于工业部门技术改造产生的间接经济效益年均约5000万元。

——建立稳定的教育、科研、生产联合体，共同负责人才培养、科学研究以及产品与技术的开发工作。据22个省市的186所高等学校的统计，到1986年底，已建教学、科研、生产联合体570个，其中工科院校约占60%。

（七）积极开发外向型技术产品，努力参加国际竞争。高等学校注意利用智力密集和多学科综合的有利条件，开始把目标转向国外，积极促进外向型经济发展，已取得初步成绩。如南京大学生化厂，10年来，致力于开发知识密集和劳动密集相结合的尿制品。其中，“尿激酶”产品已占有国际市场销售量的60%，1987年创汇600万美元。同时还扶持了几十家乡镇企业，使1万多人增加了收入。目前，在江苏省支持下，南京大学正在同浦口区共同组建教育、科技相结合的外向型经济区。学校决定先将已筹备就绪的生化制药厂在浦口建厂投产，并计划陆续在该区安排其它几十个科技项目，以发展该区外向型经济。

三、重点实验室的建设与管理

为了增强高等学校科学研究能力和培养高质量的专门人才，1987年，国家计划委员会直接投资，又在高等学校装备和建设了8个国家重点实验室（见表1）。至1987年底，建在高等学校的国家重点实验室总数已达33个。

---

①注：12条龙—国家重点引进技术；消化吸收并国产化项目，即1. 啤酒生产线；2. 服装加工生产线；3. 气流纱机和剑杆织机国产化；4. 数控机床国产化；5. 彩色电视机国产化；6. 出口船与远洋船设备国产化；7. 合成氨工艺设备国产化；8. 煤炭采掘机国产化；9. 水泥窑外分解技术；10. 特殊钢连铸技术；11. 电力与内燃机车制造；12. 瘦肉猪生产系列工程。

表一 1987 年高等学校建设的国家重点实验室

重点实验室名称	建设单位
蛋白质基因工程及植物基因工程	北京大学
智能技术与系统	清华大学
计算机软件及技术	南京大学
固体表面物理	厦门大学
化学工程	清华大学、天津大学、浙江大学、华东化工学院
农业生物技术	北京农业大学
材料复合新技术	武汉工业大学
集成光电子	清化大学、吉林大学、中科院半导体所

根据国家计划委员会颁布的《国家重点实验室管理办法》的要求，高等学校已建的国家重点实验室应在三年内建成，经国家级验收合格，由国家教育委员会审核批准向国内外开放。国家教委于 1987 年按照国家计委《国家重点实验室建设项目验收大纲》对高等学校 6 个国家重点实验研究室（见表二）进行了国家级验收。验收工作是在学校自检和国家教委组织国内同行专家验收的基础上，又聘请国内在本领域内学术造诣较深、知识面广、责任心强、办事公道以及具有一定的宏观管理经验的高级专家组成验收委员会，对这 6 个研究实验室进行了国家级验收，经国家教委批准在国内开放。

表二 高等学校开放的研究实验室

开放实验室名称	单位	起建时间
元素有机化学	南开大学	1985 年
应用有机化学	兰州大学	1985 年
晶体材料	山东大学	1984 年
超快速激光光谱	中山大学	1984 年
高纯硅及硅烷	浙江大学	1985 年
工程	吉林大学	1984 年

为了加强对开放实验室的管理，1987 年 7 月 30 日，国家教委颁发了《高等学校开放研究实验室暂行管理办法》及制定了开放实验室管理细则，选聘了实验室主任和学术委员会主任，设立了开放实验室基金，发布了课题申请指南。

四、科技项目计划与管理

（一）国家“七五”攻关项目的管理。国家教委委属高等学校承担的国家“七五”攻关项目，在 1986 年签订合同的基础上，又有新的进展。截至 1987 年 2 月底，共签订合同 1213 项（3、4、5 级），经费达 17747.38 万元。为了贯彻三委一部对“七五”国家重点项目加强管理的精神，国家教委科技管理中心拟定了《关于“七五”国家重点科学技术项目（攻关）管理的若干意见》在认真清理教委所管理的攻关项目的基础上，确定了 30 个项目作为教委的重点管理项目，建立了技术档案。其它项目由各校制定相应的管理办法，进行重点管理，教委则进行常规管理。

（二）落实 1987 年国家教委科技项目。1987 年，国家教委科技管理中心共受理 110 个项目的申请，经过充分的研究与论证，最后确认 52 项列为 1987 年国家教委的科技项目，总经费为 1199.2 万元。其中，偿还合同的经费为 170.5 万元，1987 年拨款计划为 617.5 万元。

（三）择优资助高等学校理、工、农、医类博士学科点专项科研基金。1987 年度，高等学校理、工、农、医类博士学科点专项科研基金，按教委、卫生、军事、农林4个口进行评审，择优资助1052项课题，分配总经费额为2237万元，分3年拨款，1987年共拨款1814万元。

五、科技成果奖励工作

（一）组织高等学校申报1987年度国家自然科学奖。1987年，国家教委申报国家自然科学奖的初评工作于5月下旬开始，共受理239项申请。其中，委属院校申报197项，评选出了139项上报国家自然科学奖励办公室。根据1987年3月15日国家自然科学奖励委员会公布，国家教委直属高校获奖56项，占获奖总数的31.3%，教育系统获奖87项，占获奖总数的49%。其中，北京大学共获1个一等奖，5个二等奖，6个三等奖，1个四等奖，列全国之首。

（二）高等学校获国家级科技进步奖201项。1987年度，国家科技进步奖于7月15日公布，全国共有818项科技成果获奖。其中，特等奖4项，一等奖49项，二等奖236项，三等奖519项。全国高等学校共获奖201项（包括不公布的20项），占全国获奖总数的24.5%。其中，特等奖1项，一等奖17项，占全国获该等奖总数的34.7%，二等奖64项，占获该等奖总数的27.1%，三等奖119项，占获该等奖总数的22.9%（见附表一、二）。

（三）高等学校获国家发明奖75项。1987年，国家公布发明奖185项。其中，高等学校获奖70项，占全国发明奖总数的37.83%，委属高等学校共获奖29项，占全国发明奖总数的15.6%。在70项中，属第一发明人的有61项，占全国发明奖总数的32.97%。此外，高等学校还获得属内部公布的发明奖五项（见附表一、二）。

（四）国家教委评出科技进步奖447项。1987年，国家教委评选出国家教委科技进步奖447项。其中，一等奖50项，二等奖397项。这些项目或是具有国际水平的基础研究和具有明显应用背景的基础性研究工作，或是与国民经济建设密切关联，并已在经济建设中取得了较好的社会、经济效益的科技成果。本次评奖工作进行了两项改革：一是取消了基层单位直接送同行专家的通讯评议，由三级评审改为二级评审；二是将国家教委科技进步奖的评审工作与国家自然科学奖和国家技术进步奖的初审工作结合起来进行。

（1）清华大学科学研究与技术开发工作。1987年，清华大学科研工作的重点是：加强管理，采取措施，保证学校承担的“七五”攻关任务和其它科研任务按计划完成；继续抓好国家重点实验室论证、筹建和对外开放工作；抓好高技术课题的申请和校内的组织工作；规划全校的基础研究；继续抓好校内跨系（所）、跨学科的联合，健全跨系研究机构的领导班子和管理制度，确定学术方向和工作目标；建立校级领导小组，研究与开展学校与全国大型企业集团的全面横向联合。1987年，清华大学科研总经费达5097万元。其中，中央部委下达和委托任务经费为3700万元，国家自然科学基金为290万元，横向协作任务经费1000万元，科研事业费107万元。

研究课题与研究人员

研究课题		研究人员	
课题总数	1069	参加科研的总人数	
“七五”攻关项目	212项		
国家自然科学基金项目	197项	教师	2325人
中央各部委项目	378项	博士研究生	277人
横向合作项目	205项	硕士研究生	999人
国际合作项目	11项	毕业班本科生	2000人
校内基金及自选课题	66项		

研究机构与科研成果

研究机构		科研成果	
国家重点实验室和联合研究中心	摩擦学实验室	登记科研成果	172 项
	智能技术与系统实验室	申请专利	63 件
	生物膜与膜生物工程实验室	其中：已批准	48 件
	集成光电子学实验室	发表论文	
	化工萃取实验室	其中：在国外发表	352 篇
	应用数学联合中心	获各类科技奖励	108 项
	核仪器及应用技术研究中心	其中：国家级奖	13 项
	计算机辅助设计技术中心	省市部委奖	90 项

从1983年起，学校设立了“科技推广利用效益显著专项奖”，年经济效益超过100万元以上者可获奖。到1987年共有41项获奖，每年经济效益超过4.62亿元。

(2) 技术开发。工程物理系与海淀区联合建立华海公司，以经营核仪表为主，实行研制开发、销售、售后服务一体化的经营方针。从1985年建公司以来，开发了20余种新产品，纯利润超过100万元。目前学校与地方企业部门合办的公司已超过30个。

一年来，各省、市、地区及工矿企业约4000人来校进行横向联系，洽谈科技协作。学校与哈尔滨市、齐齐哈尔市、营口市签订了全面的合作协议；与“北方友谊家电集团公司”“航空部零一二基地”、“机械委国营五五二三厂”等单位签订了横向联合协议”；分别与中国建设银行、中国投资咨询公司、石家庄郊区经委、北京市北郊农场等单位联合建立了科技生产横向联合体。

(3) 国际学术活动。1987年，参加国际学术会议的教师和科技人员共155人次。由清华大学主办的国际学术会议3次，清华大学参加发起、协助举办的国际学术会议3次。煤的燃烧国际学术会议有美、英、日、联邦德国等13个国家181名代表参加，世界上最著名的燃煤专家大部都出席了此次会议，会上共发表论文132篇，与会代表对会议的学术水平及组织工作普遍好评。

撰稿人　孙伯娜　张秀梅　丁雨秋

审稿人　张西水

附表一　高等学校获 1987 年度国家科技进步奖特等、一等奖项目目录

等级	编号	项目名称	主要完成单位	主要完成者	申报部门
特等	1	长江中下游铜硫金银资源重大发现与个旧一大厂锡矿成矿条件、找矿方法及远景	江西省地质矿产局赣西北大队、安徽省地质矿产局321地质队、有色金属工业总公司矿产地质研究院、西南地质勘探公司、广西地质探勘公司、湖北省地质矿产局、鄂东南地质大队、桂林冶金地质学院、地质矿产部矿床地质研究所、中国科学院地球化学研究所	黄恩邦、王福林、黄有德、张乃堂、杨世瑜、张大任、叶绪孙、张文学、罗钊生、汤耀华、王玉梅、包家宝、汤其鸿、陈毓川、田学恒、董庆山、章振根、陈达远、姚金炎、汪德镛、常印佛、蒋跃明、谢百勘、欧阳富全、刘子祥、张永达、刘大生、	地矿部有色金属总公司
一等	2	低碳马氏体的应用基础开发技术	西安交通大学	周惠久、王笑天、黎永钧、金达曾、罗启富、杨平生	国家教委
一等	3	华北型计算机激光汉字编排版系统	北京大学计算机科学技术研究所、潍坊计算机公司、邮电部杭州通信设备厂、科学院长春精密机械研究所、四平电子技术研究所、无锡电子计算机厂、新华社技术局和印刷厂	王　选、陈旌球、李新章、向　阳、孔照园、孙泰东、张合义、吕之敏、汤玉海、傅国泰、钱子盈、张文斌、顾小凤、陈竹梅、杨孔泉	电子部
一等	4	银河地震数据处理系统	石油工业部地球物理勘探局研究院、国防科技大学计算机研究所	陈建新、陈立杰、王宏琳、黄克勋、赵振文、杨重芳、马其毅、周续康、刘金成、周守本、崔学群、谈正信、孙福来、颜俊华、钱　新	电子部
一等	5	GY型短应力线轧机及中小轧机改造技术的推广	北京钢铁学院、四川峨嵋型钢厂、贵阳钢厂、通化钢铁公司、山西长冶钢铁厂、山东莱芜钢铁厂、大冶钢厂、北京轴承厂、汕头冶金机械厂、山西省短应力线轧机推广站	钟廷珍、王　铁、钱忠贵、谢子健、宋显忠、严凤荣、章国兴、周凤仁、柯世仪、耿洪超、雷定智、叶四舟、徐增旭、任　浩、黄尧德	冶金部
一等	6	仲钨酸铵制取兰钨、钨粉的研究	株洲硬质合金厂、中南工业大学、北京有色金属研究总院、北京钢铁学院	薛　鉴、邹志强、楚建新、曾昭明、胡夏梅、张荆门、吕海波、吴享南、王水法、钱掌梁、架从训、何淑德、张瑞福、陈洪育、陆华邦	有色金属总公司
一等	7	钻井法凿井技术	煤碳科学院北京建井所、长沙矿山研究院、煤碳部特殊凿井公司、凡口铅锌矿、山东矿业学院、金川有色金属公司、合肥煤矿设计院、嘉兴冶金机械厂、洛阳矿山机械设计院	陈明亮、李　格、洪怕潜、曲学俊、李维远、陈中政、蔡传科、朱毓新、王安山、贺辉远、王德民、赵子忠、张梦云	煤炭部

一等	8	提高汉口路山羊皮革质量的研究	轻工部毛皮制革工业科研所、河南省新乡市制革厂、西北轻工学院、河南省开封制革工业联合公司、河南省二轻皮革塑料研究所	段镇基、金继钧、潘津生、朱成昌、买立智、朱志军、魏世林、戴兴梅、张家珍、章川波、孙玉珍、吴发文、李占庭、王丽莹	轻工部、河南省科委
一等	9	液电冲击破体外破碎肾结石技术	北京医科大学人民医院、上海交通大学、中国科学院电工研究所、上海医科大学	何申戌、唐耀宗、张禄逊、陈亚珠、孟广栋、杨万有	卫生部、国家教委
一等	10	中国美利奴羊新品种的育成	巩乃斯种羊场、八一农学院畜牧系、新疆畜牧科学院畜牧系、紫泥泉绵羊研究所、石河子农学院畜牧系、新疆生产兵团畜牧处、内蒙古畜牧科学院畜牧所、嘎达苏种畜场哲里木盟畜牧所、吉林农科院畜牧所	傅寅生、杨尔济、刘守仁、范国臻、许为全、祝愿乂、丁宜生、涂友仁、杨永庆、蒋　英、车文功、陈开阳、许诚忠、马　宁、张伯洪	新疆自治区科委
一等	11	杉第一代种子园研究成果的推广应用	南京林业大学、福建省林业厅林木种苗公司、福建省林业厅洋口林场、福建省三明市官庄林场	陈岳武、黄平江、刘大林、周材恭、李玉科、施季森、张敬源、陈世彬	林业部
一等	12	微波辐射计及其环境遥感应用	北京大学、国营大华无线电厂、空司气象局	赵柏林、杜金林、胡成达、施庶民、李慧心、韩庆源、江廷久、朱元竞、尹　宏、王义举、付　强	国家教委
一等	13	国家激光波长标准系列	中国计量科学研究院、北京大学	赵克功、沈乃徽、李成阳、王　楚、张学斌、吴耀祥、赵家琪、孙义民、安家鸾、倪育才、许　婕、李银珠	国家计量局
一等	14	人口系统定量研究及其应用	航天部701所、西安交通大学、上海交通大学、中科院系统科学研究所	宋　健、于景元、将正华、王浣尘、朱广田	航天部

注：另有三项属内部公布。二、三等奖略。

附表二　高等学校获1987年度国家发明奖二等奖项目目录

编号	项目名称	发明者	申报部门
1	新型中碳及中高碳空冷贝氏体钢	清华大学、天津冶金实验厂、杨州电力设备修造厂、铁道科学院金属及化学所、天津橡胶模具厂、方鸿生、郑燕康、陈秀云、赵如发、李文全、杨开庭	北京市科委
2	微波屏蔽材料——导电布制造新工艺	上海工程技术大学纺织学院，林一帆	上海市科委
3	塔型立构体在萘氧化制苯酐流化床反应器中的应用	清华大学、湖北沙市树脂厂，金涌、俞芷青、张礼、陈墨庆、邹武	国家教委
4	非金属刷镀技术	装甲兵工程学院，张绍先、韩荣生、郑传明	总参谋部
5	模型法码速调整数字复接技术及其复接器	清华大学无线电系，曾烈光、冯重熙	国家教委

(三、四等奖略)

□制订国家教委“七五”文科科研规划

高等学校文科教师和科研人员，是我国哲学社会科学人数最多，专业最全，力量最强的一支队伍。共有700多个研究机构和40000多名高中级人才。高校文科博士授予单位占全国博士授予单位总数的83%，硕士授予单位占91%。因此，有计划地组织高校文科科研工作，使之更好地为四化建设和教学服务已摆在我们的面前。为此，国家教委高教一司从1986年初开始进行“七五”科研规划的制订工作。1987年在1986年工作的基础上，先后召开文学、哲学、经济学等学科研讨会，初选一些项目，然后经过几上几下的广泛征求意见，专家论证，领导审核，最后确定为81个项目590个课题列入国家教委“七五”文科科研规划，其中，近200个课题被推荐列入国家社会科学“七五”规划中。高等学校哲学社会科学“七五”科研规划，是我国建国以来高等学校哲学社会科学第一个全面的科学研究规划，这个规划的制订，有力地推动了高校的科研工作。

国家教委文科“七五”科研规划的特点比较显著，突出表现在研究社会主义建设、改革开放中的重大理论问题、实际问题和马克思主义基本理论的选题较多。例如，北京大学以前研究古的东西多，研究社会主义现状和马克思主义基本理论方面的东西少，古今研究题目之比为7：3；而在“七五”文科科研规划中，古今研究题目之比则为3：7。研究题目比较新颖，例如，北京大学罗荣渠教授主持进行的“世界各国现代化进程比较研究”，中国人民大学佟柔教授的“对有计划商品经济的法律调整”，复旦大学潘旭澜教授的“中国当代文学通史”的研究，都各具特色，对社会主义物质文明和精神文明建设将会起到积极的作用。另外，在对苏联、东欧及西方思潮的研究，对引导教师理论联系实际的研究，对新兴边缘学科的研究，对发挥各学科优势，促进校际联合，进行群体研究等方面，都在“七五”文科科研规划中占有一定的比例。

为了进一步扶持、培养、引导青年教师，培养青年一代的马克思主义和社会科学工作者，鼓励青年教师脱颖而出，国家教委设立了青年科研基金。1987年初，国家教委高教一司开始对各校申报的320多项青年科研基金项目进行了调查研究。经过专家咨询，初选了一批项目。于1987年10月在北京召开了国家教委哲学社会科学青年科研基金首批项目（经济学、政治学、法学、社会学部分）论证会，参加这次会议的代表77人，其中，青年学者53人，专家学者24人。11月，又在北京召开了中国文学、外国语言文学、历史学、哲学部分青年科研基金论证会，参加这次会议的代表90人，其中，青年学者61人，专家学者29人。这两次会议都采取申报人与专家面对面地交换意见的方式，老专家对每个课题的选题、指导思想和研究方法等都提出了比较具体、中肯的意见，给青年学者以切实的指导。从参加这次评审的经济学、政治学、法学、社会学的50多个项目看，有三分之二的项目是正在进行的经济体制改革和政治体制改革提出的或亟待解决的理论问题和现实问题，选题大都比较新颖，不少同志对某一问题的研究已有一定的深度。但老专家也指出有些课题选题失之宽泛，论证内容抽象模糊，部分青年学者急于建立一套理论体系，缺乏深入扎实研究的问题。经过专家论证评审，确定96个项目为国家教委社会科学青年科研基金项目。

青年科研基金论证会邀请了一些专家给青年学者做学术报告。全国政协副主席、著名社会学家费孝通教授为青年学者讲了自己的治学道路。他说，中国学者要立足本国实际，学术思想要“从土里面长出来”，并且为中国人民服务。鼓励青年学者要深入实际去研究理论问题。他告诫青年学者要防止当前社会科学研究中的两种不良倾向：一是“庸俗化”，靠新名词唬人，没有掌握大量事实资料和严密的科学体系。二是“中心外移”，洋货充斥，真假莫辨。

国家教委副主任何东昌等领导同志到会讲了话。何东昌同志说，当今世界的发展和中国的社会主义改革呼唤着马克思主义理论的大发展。党的十三大报告指出，要认清马克思主义必须有新的大发展这个现时代的大趋势，并且向全党提出在实践中学习和丰富马克思主义、毛泽东思想的任务。对此，高等学校承担着重要的任务。举办哲学社会科学青年科研基金项目论证会就是一个较好的继往开来的工作。党的十一届三中全会以后，高等学校文科教师队伍增加了5万人，基本上是近几年大学本科和研究生毕业的年轻人，这些年轻人的成长关系着未来高等文科教育的改革和发展。通过这项活动，可使青年学者脱颖而出，这是令人高兴的事。我们希望年长的学者和年轻的学者在追求真理的道路上团结起来，在各学科领域里坚持和发展马克思主义，为建设有中国特色的社会主义事业服务。

他强调指出，哲学社会科学很重要，它对社会主义的精神文明和物质文明的建设负有极其重要的作用。近几年来，高校哲学社会科学各领域中，无论是学生规模，还是教师队伍，都有了较大的发展，教学内容也有了一定的更新，但总的看来仍不适应当前社会主义建设与改革的需要。我们应当看到，哲学社会科学的改革比理科等更艰巨一些。因此，要更加重视它，对它抓得更紧些。哲学社会科学各学科改革的中心任务就是在十三大精神的指引下，以马克思主义作指导，摸索出一条具有中国特色的、坚持为社会主义建设服务方向的、理论与实践相结合的哲学社会科学各学科的办学道路。只有这样，才能为四化建设培养出合格的人才。

撰稿人　刘凤泰　张鸿岳

审稿人　夏自强

高等学校学生管理

□普通高等学校招生改革

一、制订“七五”期间普通高等学校招生制度改革规划

为了有计划地进行普通高等学校招生制度的改革，1987年初，国家教委制订了普通高等学校招生制度“七五”期间的改革规划要点。

高等学校招生制度的改革，在教育体制改革中占有重要的位置。在认真总结我国经验、吸收国外有关经验的基础上，逐步建立具有中国特色的社会主义普通高等学校招生制度，以适应社会主义现代化建设的需要，并有利于高等学校选拔德智体全面发展的优秀学生，有利于中等教育，有利于社会安定团结。因此在加强科学研究和进行试点的基础上，争取在“七五”期间，或稍长一点的时间，完成以下几个方面的改革:

(一) 制订普通高等学校招生条例和考试规则，发扬统一招生的长处，克服统得过多的弊端，加强法制，明确国家、地方、学校的权利与责任，使各地、各校各具特色。

(二) 按国家计划、用人单位委托培养、自费生三种招生形式制订相应的招生政策，使之协调发展。

配合毕业生分配制度的改革，进一步完善定向招生的办法。

(三) 在各省、自治区、直辖市普通高中毕业会考（或称毕业统考）的基础上，改革普通高等学校招生统一考试分类与科目设置。

省、自治区、直辖市中学会考是高中毕业水平考试，高等学校招生考试是选拔考试。

国家考试机构，根据中学教学计划，设立若干考试科目；不再分文、理两类，由高等学校根据专业要求选考少数科目；考生根据所报志愿学校的要求参加考试。

高等学校根据高考成绩，参考会考成绩以及参加各种竞赛、课外活动的成绩，德智体全面考核，择优录取。

(四) 在总结我国传统考试经验的基础上，吸收国外考试形式的长处，逐步创造具有中国特色的标准化考试，使高考试题内容科学、水平合理，高考工作管理规范、手段现代化。

(五) 逐步实行高等学校负责、省、自治区、直辖市招生委员会办公室实行监督的录取体制。

(六) 为了贯彻德智体美全面发展的教育方针与因材施教的原则，弥补考试的不足，经过试点逐步建立以统一招生考试为主、辅之以保送的普通高等学校招生制度。

二、颁发普通高等学校招生暂行条例

4月27日，国家教委发布《普通高等学校招生暂行条例》。这是普通高等学校招生的法规性文件，今后将按这一条例招生。

(一) 普通高等学校招生要贯彻德智体全面考核、择优录取的原则，保证高校招生质量，并有利于中等学校全面贯彻党的教育方针，有利于社会安定团结。要根据国家核定的计划招生，实行全国统一考试，以省、自治区、直辖市为单位组织录取。

(二) 规定考生报考条件是：拥护四项基本原则，热爱祖国，遵纪守法，决心

为社会主义现代化建设勤奋学习；高中毕业或具有同等学力；身体健康，未婚；年龄不超过25周岁；报考外语院校和专业（师范院校系、科除外），年龄不超过23周岁。对有丰富实践经验的优秀青年，经所在单位推荐，省、自治区、直辖市招生委员会批准，年龄可放宽到28周岁。有特殊贡献的，年龄、婚否不限。符合上述条件的考生，由省、自治区、直辖市招生委员会决定，可以适当降低录取分数，由学校择优录取。

（三）强调对考生进行政治思想品德考核。有下列问题之一者，不予录取：有反对四项基本原则的言论或行为，经教育而坚持不改者；扰乱社会治安，走私贩私，贪污盗窃，或有其他刑事犯罪行为者；品质恶劣、道德败坏者。

（四）为了更好地贯彻德智体全面考核、择优录取的原则，适当扩大高等学校选拔新生的权力，逐步实行“学校负责、招办监督”的录取体制。

（五）为了全面贯彻党的教育方针和因材施教的原则，弥补考试不足，由国家授权的高等学校可以招收保送生。1987年，国家教委批准了52所高等学校和师范本科学校可以招收保送生外，国家教委还在四川、福建两省进行试点，保送一些德智体一贯优秀的应届高中毕业生直接升入高等学校，以鼓励学生德智体全面发展。

（六）对经省级教育部门考察和督学评估，办学思想端正，教育队伍也基本合格的中学，统考后如果没有考生进入最低控制分数线，可由省、自治区、直辖市招生委员会批准，允许德智体都比较优秀的个别毕业生升入地方所属高等学校。

（七）为了严明纪律，健全法制，保证招生工作的顺利进行，《条例》中规定了对考生和招生工作人员违纪、违法行为的处罚措施。

三、颁发普通高等学校招收少数职业技术学校应届毕业生的暂行规定

为适应职业技术教育迅速发展的需要，加速培养中等职业技术学校专业课和实习指导教师，从中等职工技术学校招收少数优秀毕业生升入普通高等学校学习，毕业后分配到中等职工技术学校任教。3月24日，国家教委印发了《普通高等学校招收少数职业技术学校应届毕业生的暂行规定》。对招生办法作了如下规定。

（一）普通高等学校举办的中等专业学校专业课师资班，招收中等专业学校应届毕业生，采取中专校保送生，招生院校复审的办法。

（二）普通高等学校举办的职业中学专业课师资班，招收职业高中优秀应届毕业生，采取在推荐的基础上各地组织考试的办法。

（三）劳动人事部所属天津职业技术师范学院培养技工学校生产实习指导教师，招收技工学校应届毕业生，采取技工学校推荐、天津职业技术师范学院单独组织考试、录取的办法。

四、国家教委所属部分高等学校试招少量定向生

为贯彻《中共中央关于教育体制改革的决定》，适应高等学校毕业生分配制度时的需要，为保证艰苦地区和行业得到一定数量的毕业生而采取的一项重要措施。国家教委所属高等学校1987年，开始试招定向生。1987年，由武汉大学、西安交通大学、重庆大学、大连工学院、北京师范大学、华东师范大学，为解放军总政治部、国防科工委、水利电力部、贵州省、宁夏回族自治区试招定向生共120名。毕业后分配到定向部门（地区）工作。

五、普通高等学校试招高水平运动员

为了贯彻《关于开展课余体育训练，提高学校体育运动技术水平的规划》的精神，巩固和发展中小学体育传统项目学校和试点学校，提高普通高等学校运动技术水平，培养德智体美全面发展高水平学生运动员，国家教委批准52所普通高等学校进行试招。招生对象为：凡在体育传统项目学校和试点中学学习的学生，符合《普通高等学校招生暂行条例》规定的报名条件的，以及高中阶段获省级以上体育竞赛前六名和获二级运动员以上证书者均可报名。参加全国普通高等学校统一招生考试，由试招的高等学校择优录取。

撰稿人　吴世淑

审稿人　杨学为

□考试改革及考试管理中心的建立

一、高校入学考试改革

自从1978年恢复全国高等学校统一招生制度以来，为了既能把合格的应届高中毕业生和社会青年选拔进入大学，保证高等学校的新生质量和国家人才建设的需要，又能在一定程度上促进中学教学质量的提高，围绕着招生制度、考试内容、考试形式和完善考试作用等方面进行了一系列的改革工作和尝试。广东、上海两地区分别受教委委托进行了标准化考试的较大规模的试验和在会考基础上改革高考的科目设置的研究，并且都已取得了阶段性的成果。在进行标准化考试试验的同时，全国普通高等学校统一入学考试也在朝着标准化的方向迈进，考试内容由过去单纯注重知识考查到现在知识、能力并重，题型由多样化逐渐趋于稳定和规范，即主、客观题各占一个合理的比例；随着光电阅读器的使用，提高了客观题试卷的阅卷速度，减少了误差，节省了人力、财力；主观题的评分误差控制也正在探索，已有不少省、自治区、市开始将计算机用于考试管理，使得考试工作更加科学化、现代化。在搞好应用性的改革研究的同时，也注意开展了全国性考试改革的理论性研究。并先后于1982年和1985年召开了两次全国性的招生考试科研讨论会，并出版了论文集，较好地交流了科研成果。从而使得我国的考试改革工作方向更加明确，并能积极稳妥地进行，增强了考试工作的科学性，减少了日常工作中的盲目性和某些工作的被动局面。由于进行了以上的改革工作，目前国内各类教育考试逐渐地出现了统一归口的趋势，命题、考务管理和科研工作日益集中。

二、国家教育委员会考试中心建立

鉴于以上情况，原国家教育委员会学生司考试处的工作性质已不能适应组织管理和考试改革的需要，因此有必要成立一个专门负责教育考试的组织管理和应用性研究的机构。1987年6月经国务院同意，劳动人事部批准，正式成立了国家教育委员会考试管理中心。

考试管理中心成立以后，负责国家教委所委托的各类全国性教育考试工作。目前它已经承担了全国普通高等学校的招生考试，全国成人高等学校的招生考试，全国中学教师《专业合格证书》考试和部分大学在港、澳、海外招生考试业务，例如：TOEFL、GRE等。考试管理中心还拟将承接高等学校研究生入学考试、大学英语及其它语种考试等考试业务。为了搞好以上各种考试，考试管理中心坚持以考试的应用性研究为基础，以科学化的命题和管理的现代化为目标，逐步地建立起具有中国特色的科学化、现代化的考试制度。

考试管理中心目前尚处在初建阶段，现有命题处、考务管理处、科研处、国外考试协调处和办公室。

命题处主要负责对内、对外的各类招生考试的命题及其组织管理工作。考务管理处负责考试管理法规和考务规则的制定和执行工作；负责考试的实施和管理手段的现代化及各类考试的数据处理分析工作。科研处负责有关考试方面的应用性与理论性的研究和管理工作；参与有关考试方面的国际性业务交流与宣传；收集国内、外有关考试的情报图书资料；编辑出版考试研究刊物和丛书；开展和组织考试工作人员的业务培训。国外考试协调处负责管理和承办外国在中国境内举行的各类考试；与考试主办国签署协议；参与国际交流和对外联络工作。办公室负责考试管理中心的日常的行政管理、人事、文书、图书、资料、经费等项目的管理工作。

考试管理中心除了在搞好日常的管理和研究工作以外，还积极地与国内、外有关考试机构和研究机构加强联系，齐流科研成果。目前已与不少国家在这方面建立了联系，并开始在理论研究和应用问题的探讨方面取得了一些可喜的成果。

撰稿人　马世晔

审稿人　马金科

□高等学校学生毕业分配

一、本、专科毕业生分配

(一)分配的方针、原则和重点。1987年毕业生分配工作，总的方针是统筹安排，合理使用，加强重点、兼顾一般。在国家需要的前提下，进一步贯彻学以致用、人尽其才的原则，充分发挥毕业生的作用。分配的重点，继续加强能源、交通、通信、农林、教育、轻纺、原材料部门和军工、国防等方面的重点建设需要，特别是发展粮食生产、轻纺产品、电力建设和钢铁工业等方面的需要以及重点骨干企业的技术改造，提高现有企业管理水平，提高经济效益方面的需要。对毕业生的使用方向，进一步坚持面向基层，充实生产建设第一线，师范院校面向教育战线，主要解决中学师资的需要。鉴于地方经济的发展，十四个沿海城市的开放和一些部门所属企业的下放等情况，适当扩大地方的分配比例。对边远地区的需要，尽可能给以照顾。对来源于边远省区的毕业生，只要是边远省区和中央部门在边远省区的直属单位所需要的，原则上都要分配回去。

（二）分配计划工作及分配办法的改进。按照现行的学校管理体制，在分配办法上，采取在国家统一计划下，“分级安排，抽成调剂”的办法，地方所属院校的毕业生原则上由地方自行分配，其中抽调综合大学国家急需和紧缺专业5%左右的毕业生，师范、医药类10%左右的毕业生，用于中央部门在本地区所属单位的需要。中央部门所属院校的毕业生，除国家抽调少部分毕业生用于部门间调剂外，其余由各部门面向直属单位及对口行业分配。国家教委直属学校和从中央有关部门所属院校抽调的毕业生，由国家教委负责分配，主要用于加强重点、调剂质量。

根据经济体制和教育体制改革决定精神，对1987年的分配计划工作做了如下改进：

1. 在加强宏观计划指导的前提下，继续扩大学校的分配权限。各省（市、自治区）、各中央部门及国家教委对其所属高等学校，普遍采取上下结合的办法制定分配计划，进一步扩大了学校的分配建议权。国家教委直属学校的建议分配数为可分配毕业生人数的25%，地方和部门所属院校也均留有一定的建议分配数，有的省市和部委还采取全部由学校提建议计划，经省、市或主管部门综合平衡后下达的办法分配毕业生。

2. 改革了编制计划的方法，分配计划从原来的列到具体专业的刚性计划，改为具有一定弹性的“切块”计划，即计划只列到省（市、自治区）、部门、学校。各个学校各个专业的毕业生具体分配到哪些用人单位，由学校与有关地方和部门协商确定。

3. 广泛实行“供需见面”的办法。为了改变毕业生分配中间环节多，供需脱节的状况，在全国范围内推行了多种形式的“供需见面”办法。国家教委 1987 年召开两次有中央部门、省（市、自治区），企业集团及部分高等学校参加的分配计划协调会；主管高校的部委和省（市、自治区）也分别召开了规模不等的“供需见面”会。

4. 上海交通大学、清华大学在总结前两年改革经验的基础上，继续扩大了招聘录用的范围，给用人单位和毕业生以较大的相互选择的机会，增加了方案的透明度，为进一步改革毕业生分配制度探索新的途径。

5. 华中工学院、华东师范大学等高校，为了更好的完成国家下达的“切块”分配计划，动员毕业生到边远和条件比较艰苦的重点建设单位去工作，在计划范围内试行了“毕业生选报志愿、学校推荐、用人单位择优录用”的办法，向社会输送毕业生。

（三）高等学校毕业生见习暂行办法。为了加强对高等学校毕业生的培养、考察和合理使用，进一步提高毕业生的政治、业务素质和从事实际工作的能力，国家教委和劳动人事部于 1987 年 7 月 22 日发出了《高等学校毕业生见习暂行办法》。要求中央各部委，各省、自治区、直辖市参照执行。

撰稿人　王路江
审稿人　杨学为

二、研究生毕业分配

1987 年全国研究生共毕业近 2.5 万人，其中国家教委直属院校毕业研究生近 1 万人，中央其它部委所属高等院校、科研单位的毕业研究生约 1.1 万人，地方所属院校、科研单位的毕业研究生约 0.4 万人。

（一）分配的方针原则。1987 年，全国毕业研究生分配的原则是：继续充实高等学校，特别是高等师范院校和其它院校基础课、公共课的师资和科研机构的科研人员；加强国家重点项目的科研攻关和设计、生产以及专业技术部门、重点企业的技术改造所需人员的配备；适当考虑党政领导机关和经济管理等部门对较高层次管理人员的需要。

根据上述原则，国家教委提出了制订分配计划的具体要求：1.各培养单位之间要注意横向交流，加强互相调剂，以博取各家之长，促进学科、专业的发展。国家教委所属院校留作师资的比例一般不超过 35%，其中，校际交流人数一般应在 20%以上。2.要鼓励和支持毕业研究生到边远省区和技术力量薄弱的地区去工作。对来源于这些地区的毕业生，所学专业是边远省区所需要的，要尽量分配回去。根据各校和学科专业情况，分配给边远省区的人数一般不少于毕业生人数的 3%。3.在职人员考取研究生的，应优先照顾原单位的需要。师范院校培养的毕业研究生，应面向师范院校分配。4.研究生班的毕业生，原为高等学校师资的应分配回原学校，其他应分配到有关高等学校任教；定向培养的，由提供培养费用的单位或部门根据其所学专业安排工作。

（二）分配计划的制订和分工。毕业研究生分配计划的制订，实行在国家分配方针、原则指导下，根据社会需要信息，结合毕业生实际，由培养单位与用人单位通过供需见面，提出分配建议计划，送国家教委调剂汇总后，制定全国毕业研究生分配计划。

国家教委所属院校的毕业研究生，由国家教委制定分配计划；中央其它部委所属院校、科研单位的毕业研究生，由主管部门提出分配建议计划，并按国家教委提出的比例进行横向交流；省、自治区、直辖市所属院校、科研单位的毕业研究生，由省、自治区、直辖市提出分配建议计划。

培养单位在提分配建议计划前，要加强与用人单位之间的联系。向用人单位介绍毕业研究生所学专业内容、研究方向和适合做哪些方面工作等。用人单位应及时将需要情况通知有关培养单位。

培养单位在提出建议计划时，应按国家规定的毕业研究生分配方针、原则、重点，结合毕业生的实际情况（所学专业、特点、本人工作志愿、思想政治表现及家庭情况等），在征求系（所）、教研室（组）和指导教师等有关方面意见后，按专业提出分配建议计划，报上级主管部门审核汇总后，报国家教委。

国家教委对各部委和省、自治区、直辖市拟订的分配建议计划进行审核，调整，编制出全国毕业研究生分配计划，报国务院备案并下达执行。对国家教委下达的毕业研究生分配计划，不得随意变动。任何单位不得截留按计划分配的毕业研究生。

省、自治区、直辖市主管部门负责统计本地区范围内高等学校、科研单位毕业研究生分配方面的资料；统一部署和指导本地区范围内高等学校、科研单位毕业研究生的分配工作，并负责处理有关事宜。

（三）部署下一年度全国毕业研究生分配工作。为了进一步做好毕业研究生的分配工作，1987 年 10 月 27 日，国家教委在总结近几年分配工作经验的基础上，提出了《关于做好一九八八年全国毕业研究生分配计划工作的意见》。

1. 分析了毕业研究生分配工作的形势和任务。1988 年全国将有毕业研究生近 4 万人。随着毕业研究生人数的大幅度增加、分配范围和使用方向将发生很大的变化。为适应经济建设和社会发展的需要，毕业研究生的分配必须从国家的全局出发，在加强宏观计划指导的前提下，通过供需见面，进一步把分配工作搞活，使毕业研究生既有在一定范围内选择工作的权利，又有服从国家分配的义务。

2. 提出了改进分配计划工作的措施：（1）在加强宏观管理的原则下，提出国家教委直属院校毕业研究生分配的比例指标：留作师资比例，不得超过本校毕业生数的 25%；分配国务院各部门和地方的比例，一般应各占 50%左右；师范大学的毕业研究生主要面向师范院校分配；对京、津、沪等人才较密集的大城市的分配比例，要注意掌握；边远地区的生源原则上均应分配回去。（2）调整了毕业研究生分配计划工作的程序，提出了培养单位按国家教委和主管部门制订的指导计划或比例指标的要求提出分配建议计划，经主管部门批准下达执行的办法，即国家教委直属院校提出分配建议方案，报国家教委审核，由国家教委下达分配计划；国务院各部委，各省、自治区、直辖市所属院校，按院校隶属关系，由各主管部门下达分配计划；学校所在地的主管毕业研究生分配部门，根据分配计划给予办理派遣手续；国务院各部委，各省、自治区、直辖市主管毕业生分配部门，在下达分配计划的同时，须报国家教委备案。国家教委汇总全国毕业研究生分配计划，报国务院备案。

撰稿人　陈　曦

审稿人　杨学为

□试行学分制

一、印发《部分高等学校试行学分制工作座谈会纪要》

自 1978 年少数高等学校试行学分制

以来，到1986年，全国本科院校约有1/3已不同程度地在试行这种制度，有很多理论上管理上的问题亟须研究。1986年7月底，国家教委有关司局在哈尔滨召开了部分高等学校试行学分制工作座谈会。各校交流了几年来试行学分制和加强学籍管理工作的经验，讨论了试行学分制过程中若干重要问题，进一步明确了试行学分制的指导思想和试行学分制需要具备的一些最基本条件，后以《部分高等学校试行学分制工作座谈会纪要》的形式由国家教委印发各省、自治区、直辖市教委、高教（教育）厅（局）、国务院有关部委教育司（局），各高等学校，作为试行学分制的指导性文件。

建国以来，我国高等教育取得了很大成就，但在专业划分、教学计划、教学方法等方面还存在着一些弊端，未能充分地调动学生学习的主动性、积极性和创造性。实行学分制能较充分地贯彻因材施教的原则，学生可以在教师的指导下根据专业教学计划的要求和本人的能力、志向有计划地选修课程，扩大知识面，克服和弥补当前教学中的不足，培养新时代需要的人才。学分制虽具有许多优越性，但目前仍属试验阶段，需要总结完善，全面推广还不成熟，对已试行的学校也不能划一要求。

建立适合我国国情的学分制，应注意以下几点：

1. 要适应我国经济体制改革的要求。既要坚持人才培养的计划性，保证各类专门人才培养的基本规格，保证教学质量的普遍提高，又要适应市场调节对各类专门人才的需要，使学生不仅具有某一学科专业的基本理论、知识和技能，而且要有较宽的知识面，以增强毕业后转移工作领域的能力。

2. 坚持社会主义政治方向，试行学分制必须全面贯彻党的教育方针，使学生在德、智、体、美诸方面得到发展。因此，必须切实加强马克思主义理论教育和思想政治教育，加强社会实践和生产实践，培养学生成为有理想、有道德、有文化、有纪律的人才。

3. 要从我国高等教育的实际出发。目前，高等学校中单科性院校较多，学校所设专业是以培养专门人才为主。试行学分制，既要增设选修课，选修课的比例又不宜过大；既要扩大学生的知识面，又要使其有坚实的基础和一定的专业技能。

试行学分制需要具备一些最基本的条件。例如，学校领导和教职工对试行学分制的意义、步骤和方法的认识基本一致；能开出一定数量和质量的选修课，使学生有选课余地；制定出一套切实可行并富有弹性的教学计划；具有一定的图书设备、教室等物质条件的保证；制定出与学分制相适应的一套规章制度等。

当前，试行学分制应做好以下几方面工作：切实加强对学生选课的指导，以免出现学生选课的盲目性；实行学分绩点制，把学生修读的量与质结合起来，促进教学质量的稳步提高；进一步健全和完善选课制，提高教学组织艺术，为学生选课创造条件；试行主辅修制度，扬学分制灵活性之长，并纳入“复合型”人才培养的健康轨道；在学籍管理中，要正确处理放活与管严的关系，努力做到管而不死，活而不乱。对学分制学籍管理，附印了《部分高等学校试行学分制工作座谈会对全日制普通高等学校试行学分制学籍管理办法的建议稿》。

二、部分学校试行学分制情况

我国试行学分制较早的武汉大学、南京大学、华东化工学院、上海交通大学等校，经过多年实践，运用学分制教学计划灵活、富有弹性的特点，搞活了教学管理，改变了教学过程过分整齐划一的刻板状况，较充分地发挥了学生学习的主动性、创造性。武汉大学从1978年开始试行学分制，该校81届至86届学生，提前半年至一年半毕业的有90多人，其中1名79级学生同77级学生同时毕业。这6届毕业生，在校学习期间发表论文作品2500余篇，正式出书14部；不少学生在本学科领域内成绩显著。该校注意正确处理专业教育和扩大知识面的关系，既确保了不同学科专业培养目标的实现，又扩大了选课范围。据统计，该校每学期不同专业学生互选课程平均达6000多人次，其中，文理科学生交叉选课在1500人次以上。这样培养的人才，具有多学科的基本理论、知识和技能，能较好地适应当前科学发展综合化、整体化的趋势，有利于在将来探索新的知识领域中施展才能。上海交通大学在课程设置上体现出“理工结合、文理渗透、机电相通”的特色，分出“多学时、中学时、少学时”，“本专业和外专业”的分级教学，学生在导师的指导下可自由选课，可跨年级跨系科选课，毕业时修满主修学科和辅修学科规定学分，可以获得双学位，并可按本人志愿选择其中一个学科分配工作。华东化工学院试行学分制后打破了“上大课”为特征的统一教学方式。如化工原理课，教学方式分为4种：优秀生班，全部采用外文教材；6学分班，此班分为两个层次，一是提高班，以自学为主，二是系统讲授班；5学分班。同时实行双向选择——学生选教师也由教师选学生。当学生进入高年级的专业课时，则采取分流制，对同一专业的学生开设学科型和工程型两种不同的系列课，由学生在教师的指导下，按自己的能力选择。这些教学方式和管理体制打破了学习上的“大锅饭”，促进了学生们奋发读书的热情。

撰稿人　张浩明

审稿人　杨学为

□学籍管理和校风建设

一、关于高等学校学生退学后有关问题的补充通知

为了解决高等学校退学生退学后的一些问题，给予他们再学习的机会，国家教委、劳动人事部于1987年1月15日发文，就高等学校学生退学后有关问题作如下规定：

（一）学生离校后次年起，允许报考普通高等学校和成人高等学校，只要达到规定标准（因纪律问题被处理出校的应有悔改表现），在录取时应与其它考生同样对待。

（二）参加高等教育自学考试者，同层次的同类专业，相同课程的公共基础课，在原学校已取得合格成绩，并经省、自治区、直辖市高等教育自学考试指导委员会审核同意，可免予考试。其它课程均按高等教育自学考试指导委员会的规定，参加考试。全部成绩合格者可发学历证书。

（三）因纪律问题被处理出校的学生，确有悔改表现者，有关部门在录用时，应与其它青年一视同仁，不得歧视。

二、关于整顿考试纪律的通知

1986年1月6日，国家教委发出电报，通知各省、自治区、直辖市教委、高教（教育）厅（局），各高等学校抓好校风、学风建设，指出高等学校考试舞弊现象时有发生，个别院校较为严重，这是一种弄虚作假的恶劣学风，应立即制止。对舞弊的学生要按照《全日制普通高等学校学生学籍管理办法》有关规定严肃处理，决不姑息，情节严重的令其退学或开除学籍。并要求将贯彻本通知的情况报告国家教委。5月27日，国家教委办公厅发出《关于整顿考试纪律的通知》。《通知》指出，1月6日国家教委发出电报，要求全国各高等学校在期末考试中，加强管理，

严格纪律，杜绝舞弊。对此，绝大多数地区主管高教的部门和高等学校是很重视的，采取了措施，学风有所好转。但也有个别地区和少数学校缺乏应有认识，行动不力。要求各高等学校要总结年初整顿考试纪律的情况，对学生进行学风与纪律的教育；积极改革考试的内容与形式；加强教务管理队伍的建设，校系领导人要抓教务管理；各地主管高教的部门要对行动不力的学校进行督促。年底，国家教委再次电报通知各地主管高教部门，在深入细致地进行思想政治教育的基础上，认真加强学籍管理，整顿教学纪律，严格考试制度，杜绝考试舞弊，促使校风进一步好转。

1987 年 6 月，国家教委转发了《上海市高等教育局对高等学校校风校纪调查情况》，同时，转发了《同济大学学生违纪处分条例》，一些地区主管高教的部门和高等学校参照该处分条例结合本地区、本校情况制定了类似规定。

撰稿人　张浩明
审稿人　杨学为

□上海市普通高等学校招生考试制度的改革

为了克服普通高等学校统一招生考试制度中的弊端，促进中学全面提高教育质量，经原教育部和上海市人民政府批准，上海市从 1985 年起，开始探索如何在全市普通高中全面会考的基础上，改革普通高校招生考试制度。经过 1985、1986 年两年的准备，建立了上海教育考试中心，不参加全国统一的高等学校招生考试，由上海市单独命题、单独组织高考。从 1984 年入学的高中生起，进行全市统一命题、统一组织考试、统一评分和统一登记计算成绩的高中会考，上海市人民政府教育卫生办公室于 1986 年 11 月和 1987 年 11 月先后制定了《上海市普通高等学校招生考试制度改革方案》和《上海市普通高中会考和普通高校招生考试制度改革实施方案》，确定了高考制度改革的指导思想、目标、步骤和措施，以及进行高中会考和高考的原则和办法。这两个方案已经国家教委和上海市人民政府批准。

上海市高等学校招生考试制度的改革；在既要有利于高等学校选拔新生，又要有利于中学的教育和改革的思想指导下，确定了“在普通高中阶段实行全市统一的全面会考的基础上，根据高校不同专业的特点进行两至三门相关科目的选拔考试”的改革目标。

为了逐步实现改革目标，上海市将改革工作分为三个阶段进行。1987 年为过渡阶段，做法是：在高中政治、物理、化学、生物、历史和地理 6 门学科进行统一会考的基础上（由于中学教学计划来不及调整语文、数学和外语学科来进行会考），高校招生考试的科目减少为语文、数学、外语 3 门，并将高中会考的高考的成绩，大体按 1：1 的比例计入高校招生录取总分，供高校择优录取。在这个阶段，基本实现了在高中会考的基础上减少高考科目的目标。

1988 年至 1990 年为试行阶段。在这个阶段，高中学生必须参加 9 门学科的全市统一的高中会考。会考的内容不超出国家教委颁发的《全日制中学教学大纲》的范围，命题着力于考核学生对基本知识、基本技能的掌握程度和运用能力，既面向学生的大多数，又有适当的区分度。高中会考按学完一科考一科的原则进行。高一年级考历史；高二年级考语文、地理、生物；高三年级考政治、数学、外语、物理化学。各学科会考以后，只向考生本人公布成绩等第，每门学科分为 A、B、C、D、E5 个等第。在全体考生中，大体上 A 级占 10%，B 级占 20%，C 级占

30%，C级以下及格以上为D级，不及格为E级。9门学科会考全部合格者，发给《上海市普通高级中学会考合格证书》，以作报考普通高校资格的依据之一。应届高中毕业生报考高校还须体育合格和社会实践合格。上海市还规定，从1988年起，各类中等职业技术学校从高中毕业生中招生，一律根据高中会考成绩录取。

在普通高中实行全面统一的会考以后，普通高校招生考试科目设置为6个组，每组4门学科，

即 (1) 语文、政治、数学、外语；

(2) 语文、历史、数学、外语；

(3) 语文、地理、数学、外语；

(4) 语文、物理、数学、外语；

(5) 语文、化学、数学、外语；

(6) 语文、生物、数学、外语；

各高校根据各自的专业类别的要求，分别选择一组科目作为招生考试的科目。考生报考时，首先根据各自的基础、爱好及特长确定自已所要报考的专业，选择一个相应的高考科目组：然后根据自己高考的情况具体填写报考专业志愿。为了便于高校录取时的调剂和适当扩大考生填报志愿的范围，在专业性质相近的情况下，高校各专业可以提出兼收其他一科目组考生的要求；同时也允许考生相应兼报其他科目组的招生专业。

1991年以后，为实现改革目标的阶段，上海市改革普通高校招生考试制度后，仍试行“学校负责，招办监督”的录取工作体制，市高校招生办公室统一组织录取工作。高校在录取新生时，必须贯彻德、智、体全面衡量，择优录取的原则；但在智的选择上，不再以考生高考总成绩为唯一尺度，而是要依据考生的高校选拔考试科目的成绩，并参考高中会考特别是与所报系（科）、专业相关的会考科目的等第，以及由中学提供的考生中学时选修课的成绩、参加各种兴趣小组与竞赛项目的表现和能力等材料，进行综合考虑。此外，上海市还对市属师范院校的招生进行了改革，具体办法是在学校当年招生计划50%的范围内，试行由考生自愿报名、中学推荐、以高中会考成绩加面试（不再参加高校选拔考试）的招生录取办法。

上海市在进行高中会考和普通高校招生考试制度改革的过程中，注意加强宣传教育工作，采取措施纠正一些中学和部门因受片面追求升学率影响，在教学和对待考试问题上的错误做法。同时，认真听取各方面对会考和高考改革的意见和建议，针对改革过程中出现的新情况和新问题，以及社会心理的实际承受能力，及时修改和调整改革方案，以保证改革工作的顺利进行。经过修订的试行阶段改革实施方案，在坚持改革的方向和原则不变的前提下，根据中学教育的实际情况，对高中会考和高考改革采取了一些灵活措施。如经过批准，允许个别中学不参加上海市高中会考和高考改革，仍参加全国统一高考；允许个别办学思想端正、领导班子较强、教学质量一贯较高、有教育改革总体方案并认真实践的中学，经批准后不参加部份或全部学科的全市统一高中会考，学校的考试成绩可供高校招生录取时参考；允许有的中学适当调整参加会考的年级安排；在1988、1989两年内，允许在会考（或会考补考）科目中，有一门成绩不及格，但在50分以上的学生报考高校等。

上海市改革普通高校招生考试制度的时间虽不长，但已取得了初步成效：基本纠正了以往中学普遍存在的文理编科现象；比较好地处理了全面打好基础同发展学生个人兴趣和特长的关系；加强了中学教育质量的宏观管理；扩大了普通高校在招生考试和录取工作中的自主权。目前，上海市正在研究进一步完善高中会考和高考改革的措施，酝酿1990年以后的改革

方案，特别是在对学生德育、美育、劳动技术教育的考核办法，考试的科学化、标准化和手段的现代化，以及相关科目选拔考试等方面，争取有较大的突破。

撰稿人　佘国平
审稿人　奚心雄

□上海交通大学毕业生分配改革

1985年，经国家教委批准，先在上海交通大学实行毕业生分配的改革。这项改革是在国家分配方针、原则指导下，试行"招聘、推荐与考核录用相结合"的办法，使专门人才的使用更合理，专门人才的培养更符合社会的需要。上海交通大学本着既要坚持改革的方向，又要慎重稳妥；既要加强宏观控制，又要有利于微观搞活的原则，坚持统筹安排，合理使用，加强重点，兼顾一般的方针，认真探索改革高校毕业生分配制度的途径，经过三年的实践，已见到了成效。

一、改革的目的

这项改革的目的是改革过去统一由国家计划分配的做法，逐步过渡到由学校与用人单位通过"供需见面"的分配办法，自下而上地纳入国家计划。从而使毕业生分配最大限度地适应国家四化建设的需要；最大限度地调动学校办学和学生学习的积极性，提高教学质量，促进教育改革；最大限度地做到学用一致，人尽其才，促进用人单位珍惜和用好人才。

二、改革的具体做法

1. 广泛收集社会对毕业生的需求信息。

每年1月初，学校将应届毕业生人数，各专业毕业生的来源地区以及毕业生所学专业情况，采取发函的形式，向全国各省、市、自治区和国家有关部委以及企事业单位介绍。同时，组织各系和各专业的老师，结合日常业务和出差、开会等各种形式，征得社会对该校毕业生的需求信息，并了解用人单位对毕业生的使用意图和具体要求。

2. 学校拟定合理的分配比例。为了使学校的分配计划在国家宏观控制范围内，重点保证生产第一线和国家重点建设项目，学校规定分配给交通、能源等重点建设部门的毕业生不少于毕业生总数的25%；分配给生产第一线的与高校、科研单位的比例约为7：3；分配给中央部门单位的与地方单位的比例约为1：1；边远地区来的学生能学以致用的，原则上分回去；内地学生愿去边远地区的，给予精神和物资奖励。

3. 初选恰当的分配单位。为了毕业生选好恰当的单位，学校组织毕业班的老师和指导员，对用人单位需要毕业生的信息逐个进行分析鉴别，查考前两年各单位对毕业生的使用情况，结合毕业生的实际，在学校下达的分配比例范围内，挑选出超过实际分配数20%的分配单位，向学生公布，供学生选报志愿。试点证明，由学校初选分配单位，既保证了学生有一定的择业自由度，保证了学用一致，又可减少"自找婆家"的盲目性，排除不正之风的干扰。

4. 邀请用人单位到校招聘毕业生。为了优先照顾国家重点建设单位和边远地区单位，以及部分其它地区单位的急需，鼓励毕业生向艰苦地区流动。学校直接请基层单位到校招聘毕业生，并对招聘范围作三项规定：(1) 边远地区的单位来校招聘毕业生，不限专业、不限人数、不限来源地区，任意招聘毕业生；(2) 上海地区的单位，限专业、限人数，并适当限制来源地区；(3) 其它地区的单位，不限专业，适当限人数，除边远地区外，其它地区任意招聘。用人单位在学校的规定范围内，通过放录像、张贴招聘启事、开座谈会，以及在指定地点接待毕业生咨询等各种形式，向毕业生介绍本单位情况，积极招聘毕业生。其间，班主任和指导员主动发挥牵线搭桥作用，向用人单位介绍学生情况，热情引导毕业生应聘。用人单位还通过查阅学生档案、学生成绩和体检表，以及交谈等形式进行考核，如果双方满意，就填写聘书，报学校批准。1987年，学校邀请了180个单位到校招聘毕业生，共招聘毕业生423名，占学校实际分配数的42%。

5. 学校推荐，单位考核录用毕业生。学校将未应聘的毕业生向用人单位发函推荐，并邀请他们来校考核录用。先由班主任、指导员根据用人单位的要求，结合毕业生德智体综合评分情况，参考毕业生志愿，确定分配名单，向单位推荐介绍。单位派人来校查阅学生有关材料和找学生谈话等形式进行考核，单位满意后，由学校批准。若非专业使用不当，学校应服从推荐。若单位不满意，可放弃或调整部分专业，专业性强，学校和企业双方已合作多年，互相信得过，就采用书面材料的通信方式，考核录用。1987年由学校推荐，用人单位考核录用的毕业生586人，占实际分配数的58%。

三、新的办法调动了学校和学生的积极性，促进了学校和用人单位双方事业的发展

1. 能有效地做到学以致用，人尽其才，促使用人单位珍惜和用好人才。通过招聘和考核录用毕业生，使学校、用人单位和学生三方都见面，学校的教师、干部和学生能够充分了解用人单位对毕业生的使用、生产状况和单位效益等情况，用人单位也可以充分了解学生的思想、身体、学习和兴趣爱好等情况，经过互相了解，使毕业生能根据自己的实际选择工作单位，用人单位可以根据自己的需要，并考虑毕业生的特长安排工作，真正做到学以致用，各得其所。如四川省万县某研究所的一位同志，来校考核录用毕业生，该同志系我校64届毕业校友，她懂行惜才，学校根据该单位来函的需要，推荐给她一名锻压专业毕业生。她经过多方了解和对毕业生进行考核后，获知该生系全班名列第二位的优秀学生，学习基础扎实，可以从事专业的研究工作。而该所主要搞大规模集成电路，锻压专业是他们的辅助专业。她说，我所地处山区，要一个毕业生不容易，若从完成任务的角度出发，是不肯放弃的，但这样的高才生去搞辅助工作确实太可惜，感到于心不忍。经协商后，她放弃了录用该生。让学校分配他到更能发挥作用的研究工作岗位上去。在3年的供需见面中，学校发现使用不当的有142名毕业生，经协商，在毕业前及时给予了调整，避免了人才的浪费。

2. 能够加强国家重点建设和边远地区单位的急需。加强国家重点项目，支援边疆建设，这是上海交通大学改革毕业生分配工作始终贯彻的一条原则。为了做好这项工作，学校在毕业生调配细则中明确规定：优先照顾国家重点工程和交通、能源单位来校招聘和考核录用毕业生，并在学校规定的分配比例上予以保证。对于边远地区来的学生，只要能学以致用，原则上分配回边远地区，学校一般不留边远地区来的学生。对内地支边的毕业生，除精神上给予鼓励外，在物质上也给予奖励。改革三年来的实践证明，由于政策与措施的结合，分配到国家重点单位、边远地区和交通能源单位的比例都比改革前有些增加。(见附表)

上海交通大学近四年分配到国家重点单位和边远地区的毕业生统计表

		1984 年	1985 年	1986 年	1987 年
交通能源重点部门	人数	172 人	176 人	276 人	297 人
	占分配总数的百分比	24%	30.88%	32.2%	30%
国家和地方重点单位	人数	21 人	31 人	108 人	103 人
	占分配总数的百分比	2.9%	5.4%	12.6%	10.2%
边远地区	人数	30 人	35 人(其中,支内 4 人)	97 人(其中,支内 9 人)	76 人(其中,内地支边 8 人)
	占分配总数的百分比	4.18%	6%	11%	7%

3. 优才优分，差生不包分配，有效地调动了学生学习的积极性。学校对每个学生在校四年内德智体三方面的情况进行综合评分。推荐与考核录用中，如出现几个学生同报一个单位，以评分高低为序，优先考虑高分学生的志愿。评分值进入前5%的毕业生，授予“优秀毕业生”称号，并有权在本专业优先选择工作单位。对结业生和受校纪处分无明显悔改表现的毕业生，不包分配，学校向用人单位推荐介绍，若无用人单位接收，则退回家庭所在地。对因学生本人思想、业务、身体等原因，3 个月内仍无用人单位接收的毕业生，也退回家庭所在地，让其自谋职业。上述措施大大地调动了学生的学习积极性，对“60 分万岁”的思想是一个有力的冲击。如电子工程专业的毕业生在填志愿时，很多同学的第一志愿都集中填在上海某研究所和某中外合资公司，为了体现择优分配，学校请这两个单位来校当面考核录用毕业生。学校首先推荐德智体综合评分高者，经单位考核录用，择优录用了前二名，其余同学虽感遗憾，但很服气。低年级学生目睹后，也纷纷议论说，现在分配要看真本事了，不能再马马虎虎混日子了。

4. 有利于学校办学面向社会，适应四化建设需要，促进教学改革。经过供需双方直接见面，学校掌握了大量的社会对学校的需求信息。这为学校的招生、培养和专业建设等提供了很有益的依据。过去，学校在西北和东北地区招生数量较少，现在了解到这些地区需要大量的技术人才。这两年扩大了这些地区的招生数量。在培养人才方面，由于学校发动了教研室领导和教师一起参加分配工作，使他们直接了解用人单位对毕业生的不同要求，从而使他们在制定教学计划时，能够紧密结合社会实际，尽量使学校的培养计划和培养目标适应社会实际需要。

5. 有利于做好毕业生的思想动员，分配工作顺利。请用人单位来校，特别是一些艰苦地区的国家重点单位和边远地区单位来人直接向学生介绍情况，动员和招聘毕业生到他们单位去工作，他们比学校讲的具体、生动，比学校动员有力。学生说：“过去分配毕业生是‘包办婚姻’，用人单位和学生事先均一无所知，一次分配定终身，学非所用很难调整。现在当面听单位介绍，情况清楚”，因而学生思想稳定，分配和派遣工作顺利，宣布分配方案两天内，全部办完离校手续。离校前几天，师生联欢，笑语满园。临走时，毕业生与老师依依不舍，签名留念，热情话别，有的学生离校前向校内深深三鞠躬，场面感人。

自从党的十三大提出社会主义初级阶段理论以来，高教界就如何在人才培养和分配使用中引入竞争机制的问题开展了讨论、上海交通大学在总结前三年分配改革试点的基础上，又推出了进一步改革毕业生分配制度的方案。

撰稿人　田信灿

审稿人　袁　伟

□浙江大学试行“预分配——厂校联合培养”的办法，向社会输送毕业生

当前，高等工程教育面临的迫切问题，是如何加强工科学生的工程师基本训练，尤以加强工程实践训练最为紧迫。增强工程实践训练的环节和时间安排，由于种种原因，很难走出比较可行的路子。随着改革的加快和深化，不解决这个问题，高等工程教育难以适应社会主义经济建设发展的需要。形势严峻、改革势在必行。为适应这种形势发展的要求，浙江大学试行了“预分配——厂校联合培养”的办法。1987年5月，电机系四个专业共20名学生，首先进行试点，预分配在4个省、市的20个单位。1987年年底，化工、电机、光仪、机械、热物理5个系，100多名同学扩大试点，预分配到10个省、市的64个单位，都经过面谈，签订了合同，取得了公证。

“预分配——联合培养”的具体做法是：工科本科生在校内进行为期三年至三年半的基础课程和专业基础课学习后，提前对口分配到有关工厂、企业，进行一年的工程实践训练。学生在工厂期间，由工厂和学校共同制订培养方案。一年后再回学校完成厂、校共同确定的毕业设计课题，同时选修一定数量的课程，合格者发给毕业证书，仍回原实习工厂、企业工作，取消见习期。这个办法仍保持本科学制四年，但见习期提高一年，毕业时间推后一年，学校对学生只承担四年的经费。返校一年，由工厂发给见习工资，并给学校适当联合培养资助。

从首批“预分配——厂校联合培养”试点的实践证明，这项改革适应当前经济改革深化的要求，是进一步提高本科生培养质量，推进毕业生分配制度改革的有益尝试，得到国家教委的支持和生产单位的欢迎。概括地说，“预分配——厂校联合培养”，从目前看有以下好处：

1. 有利于促使学生了解国情，增加社会责任感：密切理论联系实际，提高工程实践能力；促进学生的健康成长，“全面发展、面向实际”。

2. 有利于加强工厂、企业对培养人才的责任感。预分配的学生由厂、校共同指导，其培养计划、措施都以工厂“自家人”来落实，密切了工厂、企业与学校的关系，有利于厂校横向联合，有利于建立“教学——科研——生产”联合体。

3. 有利于加强师资队伍的建设。教师下厂指导接触生产实践，增强了教师主动适应社会主义经济建设需要的责任感。

4. 有利于分配制度的改革。学生和工厂、企业直接见面，相互了解择优选用，把竞争机制引进了本科教育。

5. 有利于加快和深化教育改革，促使从培养规格、教学计划、知识结构到教学内容、教学方法的改革，更重要的是推动教育思想进一步转变，使高等工程教育真正纳入主动适应社会主义经济建设发展的需要。

浙江大学供稿

研究生教育与学位工作

□研究生教育

1987年，研究生教育工作的中心任务是贯彻国家教委1986年12月10日颁发的《关于改进和加强研究生工作的通知》（简称《通知》）精神，深化改革，提高质量。全国计划招收研究生45000人，实际录取39017人，其中博士生3615人、硕士生33123人和研究生班研究生2279人。在学研究生120191人，比1986年增加了9820人（详见下表）。

1987年分学科门类在学研究生人数 单位:人

		哲学	经济学	法学	教育学	文学	历史学	理学	工学	农学	医学
总计	120191	2166	6575	3951	1961	6335	2692	23471	53751	5958	13331
博士生	8969	133	285	130	57	191	232	2483	4201	340	917
硕士生 *	111222	2033	6290	3821	1904	6144	2460	20988	49550	5618	12414

* 硕士生中含研究生班研究生

一、贯彻按需招生原则，继续扩大从有实践经验的在职人员中招收研究生

1. 为进一步支援边远省、自治区所属高等学校师资队伍的建设，国家教委要求各招生单位应在国家招生计划内为内蒙古、广西、云南、贵州、甘肃、宁夏、青海、新疆等八省（区）安排一定比例进行定向招生、定向培养和定向分配硕士生的试点工作。1987年，国家教委直属高等学校首先试行了这一办法。据统计，1987年，国家教委直属30所高等学校在国家招生计划内共为八省（区）招收定向培养硕士生304人，超额完成了计划。

2. 扩大招收有实践经验的在职人员为研究生，是提高研究生入学和培养质量的重要措施。1987年，国家教委要求哲学、社会科学以及其他应用性学科，应优先招收符合基本要求、有一定实践经验的优秀在职人员为硕士生；规定国家计划外的委托培养硕士生和研究生班研究生，主要从在职人员中招收；对于大学本科毕业后在本专业或相近专业连续工作五年，思想政治表现好、工作有突出成绩的在职人员，实行推荐与考试相结合的办法，由招生单位单独组织考试。由于采取以上措施，1987年录取的硕士生中，在职人员所占的比例超过50%，比1986年（占43%）有了显著的增加。

3. 为了保证入学研究生的质量，促进高级专门人才的培养和成长，国家教委要求各招生单位鼓励应届大学本科毕业生录取为研究生后，保留入学资格，先分配到业务对口的实际工作单位工作一至三年，使他们在政治和工作能力等方面得到锻炼和提高后，再入学读研究生。1987年，全国共有80多个招生单位、500余名应届大学本科毕业生保留研究生入学资格，走先参加实践再入学读研究生的人才成长道路。

4. 国家教委针对研究生招生与社会需要结合不够紧密问题，明确指出，改变这种状况的关键在于改革现行的招生计划工作体制，这是实现按需招生的重要保证。要求各招生单位加强与用人单位的联

系，摸清社会需求情况，认真分析毕业研究生分配反馈信息，优先安排好短线专业的招生计划，适当控制长线专业的发展规模，做好定向招生、定向培养研究生的工作。

二、加强思想政治工作，提高研究生的政治素质

中共国家教育委员会党组、中共中央宣传部于1987年8月12日发出的《关于加强研究生思想政治工作的几点意见》（简称《几点意见》）强调指出，当前，研究生思想政治教育工作还比较薄弱，亟待进一步加强和改进。《几点意见》主要强调以下问题:

1. 坚持社会主义方向，努力培养德才兼备的高质量人才。培养研究生必须坚持德智体全面发展，在德才两方面都要有严格的要求。高等学校培养出来的研究生，应当具有坚定正确的政治方向，拥护党的十一届三中全会以来的路线，热爱社会主义祖国，拥护中国共产党的领导，努力学习马克思主义，坚持改革、开放、搞活的总方针、总政策；应当具有为人民服务和为实现有中国特色的社会主义而艰苦奋斗的献身精神；应当自觉地遵纪守法，有良好的道德品质；应当不断追求新知识，具有实事求是、独立思考、勇于创造的科学精神。

2. 研究生思想政治教育的内容、途径和方法。要从研究生的特点和思想情况出发，加强和改进对他们的思想政治工作。要针对他们在思想认识上存在的问题进行两个基本点的教育，进行马克思主义理论的教育，进行形势与政策的教育，进行爱国主义、国际主义和革命传统的教育，进行理想、道德和纪律的教育，进行社会主义民主和法制的教育。

马克思主义理论教育应规定为研究生的一门必修课。要把马克思主义的教育，贯穿到研究生的业务教学中去。要组织研究生参加社会实践，特别要结合研究生具体的培养目标，纳入教学计划，通过研究课题，参加经济建设和改革的实践，接触群众，了解社会。要在研究生招生、培养和毕业分配的各个环节，加强对他们的思想政治考核，坚持政治、业务并重。

3. 充分发挥研究生导师教书育人的作用。研究生导师不仅负责指导研究生的业务学习，也要关心研究生政治上的健康成长，真正做到教书育人、为人师表。要明确导师教书育人的职责。校、系要加强对导师教书育人工作的领导。

4. 加强研究生党支部建设。要充分发挥研究生党支部的核心作用和共产党员的先锋模范作用。高等学校一般以系为单位，按年级或专业建立班，并按班级建立研究生党支部；数量少的，可按系建立。党支部要经常组织党员学习马克思主义理论和党的路线、方针、政策，还要协助有关部门做好研究生思想政治工作，积极慎重地做好新党员的发展工作。

5. 健全研究生思想政治工作机构。研究生思想政治工作是学校思想政治工作的重要组成部分。要根据不同情况，设置专门的管理机构。党政要密切配合，并协同有关部门做到领导、机构、人员三落实。一般以系（所）为基础，实行校、系（所）两级管理。研究生人数少的，也可以由学校集中管理。校、系两级都必须有人专门或兼职管理研究生的思想政治工作。研究生在一百人以上的系，至少要设一名专职人员和一名兼职人员。要建立一支以少量专职人员为骨干、与较多兼职人员相结合的研究生思想政治工作队伍。

6. 加强党委对研究生思想政治工作的领导。校、系两级党组织要把研究生思想政治工作列人议事日程，定期研究，加强领导。学校党政领导要经常深入群众，通过对话、谈心等方式，听取意见，沟通思想。要发挥研究生会的作用，支持和引导各种社团组织开展有益身心健康的活动，搞好研究生的自我管理、自我服务和自我教育。

三、贯彻《通知》精神，提高研究生培养质量

为了进一步贯彻《通知》精神，国家教委于 1987 年 8 月 21 日至 26 日在大连召开研究生工作座谈会。会议指出，要以提高质量为中心，做好硕士生的培养工作。提高质量，归根到底一要加强基础，二要提高能力。(1) 继续修订硕士生的培养方案，加强课程建设：要按二级学科设置学位课程，拓宽专业知识面；要加强实践环节，硕士生学习期间，一般应有三个月至一个学期的时间用于实践环节，要形成制度；要加强课程管理和教材建设，保证研究生课程教学质量。(2) 要切实保证硕士论文质量。硕士生撰写学位论文，是综合运用本专业基础理论和专门知识的实践过程，又是培养从事科研工作或专门技术工作能力的重要环节，既要看研究成果，又要看各方面能力的培养。对硕士生的论文工作，要从开题报告、阶段工作成果汇报到论文写作，加强指导，并建立必要的检查和考核制度。论文答辩要严格把关。(3) 坚持实行研究生的筛选制度。硕士生课程学习结束后，要进行一次考核，少数学习成绩特别优秀、具有博士生培养前途的可提前攻读博士学位；学习成绩良好、具有一定科研工作能力的进入硕士论文阶段；学习成绩较差或明显表现出缺乏科研工作能力的，或因其他原因不宜继续攻读学位者，应终止学习，分配工作。博士生进入论文写作之前，也要进行一次考核筛选。(4) 坚持实行指导教师遴选制度。遴选研究生指导教师，要从学校全局出发，兼顾培养研究生与本科生教学的需要。硕士生指导教师必须由副教授(或相当职务) 以上职务的人员担任；必须有坚实的理论基础和系统的专门知识，并具有一定的教学经验和在某一学科方面指导较高水平研究工作的能力。(5) 要定期进行研究生培养工作的自检和追踪调查。要通过自检和追踪调查，不断取得反馈信息，不断改进培养工作，提高培养质量。

撰稿人　刘　晖　李　军

审稿人　吴本厦　郑守承

□学位工作

1987 年我国的学位工作取得了一定成绩。国务院学位委员会委员进行了调整；改进和加强了学士学位授予单位的审核工作；进一步开展了在职人员以同等学力申请学位的试点工作；学位授予质量的检查和评价工作已在各部门各系统展开。在继续深化改革的形势下，依靠我国自己的力量，为四化建设输送了大批博士、硕士，他们不但为促进我国教育、科学事业的繁荣做出了贡献，同时还在实际工作部门和科研生产第一线发挥了作用。

一、国务院学位委员会委员进行调整

1987 年 11 月，经国务院批准，国务院学位委员会委员进行了调整。

国务院学位委员会成立于 1980 年 12 月。成立以来，为创立我国的学位制度，贯彻实施《中华人民共和国学位条例》做了大量的工作，取得了显著的成绩。学位委员会为学位制度的建立和发展做出了历史性的贡献。学位委员均为我国著名的科学家、教育家或有关部门的负责同志，在担任学位委员期间，以高度的责任感和工作热情，积极参加了学位委员会的工作，在工作中充分发扬学术民主，树立了严谨的学风，产生了深远的影响，为学位工作做出了重要贡献。鉴于学位委员会成立时间已较长，委员年龄已偏大，根据目前学位工作发展的需要，学位委员会进行调整是适时的，也是完全必要的。

调整后的学位委员仍以科学家、教育家为主，由在国内外有较高学术地位和名望，在社会主义四个现代化建设中有较大贡献的学者、专家组成。新调整的委员仍注意了各学科的适当比例，并增加了一部分比较年轻的同志。考虑到领导全国学位工作的需要，适当吸收了有关部门担任领导职务的学者、专家参加学位委员会的工作。调整后的学位委员共45人，其中，留任的学位委员11人，保持了工作的连续性。学位委员的平均年龄下降了15岁。调整后的学位委员会组成如下：主任委员：何东昌，副主任委员：张光斗、胡绳、周光召、朱开轩，学位委员（以姓氏笔划为序）：丁石孙、干福熹、马祖光、王叔文、方福康、卢永根、石美鑫、史维祥、冯康、朱开轩、朱德熙、任新民、刘国光、汝信、曲钦岳、李未、李学勤、李国豪、吴本厦、吴阶平、何康、何东昌、张文奇、张光斗、陈敏章、季羡林、周光召、邹承鲁、赵鹏大、胡绳、高景德、韩怀智、郭树言、唐敖庆、涂光炽、黄达、黄维垣、阎龙飞、康振黄、曾培炎、谢希德、路甬祥、潘际銮、潘家铮、戴传曾。秘书长由朱开轩同志兼任。

二、改进学士学位授予单位的审核工作

为了更好地贯彻《中华人民共和国学位条例》和《中华人民共和国学位条例暂行实施办法》，促进普通高等学校的全面建设和发展，保证人才培养和学士学位授予质量，1987年5月，国务院学位委员会和国家教育委员会发出《关于改进学士学位授予单位审核工作的通知》，《通知》中指出，审核学士学位授予单位要适应社会主义现代化建设的需要，贯彻坚持标准，严格要求，保证质量，公正合理的原则。《通知》还提出了“普通高等学校申请列为学士学位授予单位的标准和办法”。凡经国务院及国家教育委员会（含原教育部）批准建立、达到《普通高等学校设置暂行条例》有关标准的普通高等学校（仅指大学、学院），办学思想端正，其所设专业按照国家教育委员会关于大学本科教学计划的原则规定，学校可于有第一届本科毕业生的当年，提出列为学士学位授予单位的申请。学士学位授予单位审核工作，分初审和审批两个阶段进行：(一）国务院有关部委，各省、自治区、直辖市的教育主管部门负责学士学位授予单位的初审工作。采取同行专家评议和教育主管部门审核相结合的方式进行。各教育主管部门要组织专家评议组到申请学校实地进行考察评审。（二）国家教育委员会和国务院学位委员会按照有关规定审批学士学位授予学校和专业。必要时可组织同行专家对申请学校或专业进行复审。审批结果一般于当年6月底之前通知各有关教育主管部门。

根据上述通知精神，1987年，国务院学位委员会、国家教育委员会批准北京物资学院、天津农学院、天津对外贸易学院、山西经济管理学院、汕头大学、深圳大学、海南师范学院、大理医学院、新疆石油学院等9所院校为学士学位授予单位。

三、扩大在职人员申请学位的试点工作

根据国务院学位委员会第七次会议决定，在总结首批试点经验的基础上，1987年继续试点并扩大试点单位，为在我国稳步开展在职人员申请学位的工作打下扎实的基础。国务院学位委员会办公室为此发出《关于扩大在职人员申请硕士、博士学位试点工作的通知》，规定除首批9个试点单位继续进行试点外，将选择部分具备条件的博士学位授予单位进行试点。试点单位应同在毕业研究生中授予学位一样，坚持标准，严格把关，保证质量；要切实做到不追求数量，不放宽要

求，不赶进度。各单位要认真制定在职人员申请学位的"实施细则"。国务院学位委员会办公室将对试点单位拟授学位的质量进行检查和验收，经验收符合要求后，试点单位方可授予学位。

经有关学位授予单位提出申请，主管部门同意，国务院学位委员会办公室审核批准，1987 年，开展在职人员申请学位试点工作的单位由首批的 9 个扩大到 133 个。1987 年内，国务院学位委员会办公室先后召开两次试点工作汇报会，共有 263 位在职人员（其中申请博士学位的 3 人）经过各单位的汇报和审查验收，认为已达到标准，由有关试点单位的学位评定委员会批准授予相应的学位，学科覆盖面由首批的只有文、理、工三个学科门类发展到 10 个学科门类。

四、继续开展学位授予质量检查和评价工作

根据国务院学位委员会第 7 次会议的决定，1987 年，国务院学位委员会继续组织专家组对有关单位部分学科、专业授予的学位质量进行了检查和评价。

上半年，在经济学门类选择了财政学、货币银行学和国际金融 3 个应用性较强的学科进行质量检查。在各单位完成自检工作的基础上，10 位专家分赴 16 个单位（13 所高等学校，3 个研究所）的 29 个专业点，认真地进行了实地考察。然后，专家小组集中审阅了各受检单位的自检报告、硕士学位论文及主干课程教学大纲等有关材料，交流了实地考察的情况。财政部教育司和中国人民银行总行教育司介绍了对该 3 个专业已毕业硕士生社会评价的情况和结论。专家小组经过充分讨论和分析，对 17 个受检单位上述 3 个专业共 31 个专业点的硕士学位质量进行了评价。专家小组认为，受检单位上述 3 个专业的硕士学位授予质量是合格的。为适应国家经济体制改革和金融体制改革对高层次专门人才的迫切需要，培养单位及时向教学、科研及实际工作部门输送了一批合格的财政、金融专门人才。1978 年至 1986 年 17 个单位 3 个专业共招收硕士生 857 人，毕业 261 人，其中，获硕士学位的 249 人，他们在工作岗位上受到社会的好评。专家小组指出，保证学位授予质量的基础是要按照研究生教育的规律和培养目标，认真抓好研究生培养工作各主要环节的质量。专家小组还指出了 3 个专业研究生培养工作中存在的问题，并提出很好的建议。

下半年，国务院学位委员会组织专家组开展了金属材料学科的金属物理、金属材料及热处理、铸造、压力加工、焊接、金属腐蚀磨损及防护等 6 个专业的硕士和博士学位质量检查和评价工作。53 个单位上述 6 个专业的硕士点和博士点首先进行了自检自评，在自检自评的基础上聘请 426 位同行专家对 73 个硕士点和 36 个博士点的学位质量进行了通讯评议，然后聘请了 15 名教授组成专家组对 20 个单位、56 个硕士点和 33 个博士点进行了实地考察；考察后专家组集中对上述 6 个专业的硕士、博士学位质量，研究生思想政治教育和管理工作等分别进行评议，并做出定性、定量的评价。

1987 年，国务院学位委员会会同农牧渔业部组织专家小组对农科的"作物遗传育种"、"农业经济及管理"、"动物营养学"等 3 个专业的 15 个单位 32 个硕士点的研究生教育和硕士学位授予质量进行了检查和评估。同时还会同卫生部对北京地区 5 个单位的"生理学"、"病理解剖学"、"微生物学与免疫学"3 个专业 12 个硕士点的研究生教育和学位授予质量也进行了检查和评价。

我国学位授予质量的检查和评价正逐步形成制度，成为保证学位授予质量，维护我国学位声誉的有力措施。

五、学位授予情况

1. 名誉博士学位的授予。1987年，我国为加强国际学术交流，进一步推动友好合作的开展，由清华大学等5个单位向国际上知名人士和学者授予了名誉博士学位：清华大学授予美国国家科学院院士、麻省理工学院教授林家翘；中国科学院授予美国国家科学院院士、诺贝尔化学奖获得者李远哲教授；复旦大学授予美国物理学家、马里兰大学校长约翰·托尔教授；南京大学授予美国国家科学院院士、著名地质学家许靖华教授；中山大学授予香港著名社会活动家霍英东以名誉博士学位。

2. 博士学位的授予情况。我国从1981年开始实施《中华人民共和国学位条例》，1982年开始授予博士学位，至1987年底，已培养、授予的博士达1286人，其中，1987年授予的博士622人，超过了同期在国外学习获得博士回国的人数，这对我国的教育和科学事业来说是重要的转折和飞跃，它标志着我国独立自主培养高级专门人才进入了一个新的阶段，将产生深远的影响。

3. 硕士学位的授予情况(见统计表)

1987年授予博士学位人员统计表

学科门类	授予人数		
	合计	高等学校	科研机构
总计	622(6)	523(6)	99
哲学	6	3	3
经济学	11	11	
法学	6	4	2
教育学	2	2	
文学	11	9	2
历史学	14	14	
理学	201(1)	134(1)	67
工学	258(5)	241(5)	17
农学	22	20	2
医学	91	85	6

注:括弧中数字为总数中所含在职人员获得学位人数

1982-1987年授予博士学位人员统计表

学科门类	授予人数		
	合计	高等学校	科研机构
总计	1286	1026	260
哲学	18	13	5
经济学	14	12	2
法学	7	5	2
教育学	4	4	
文学	29	22	7
历史学	33	31	2
理学	469	289	180
工学	511	459	52
农学	25	23	2
医学	176	168	8

1987年授予硕士学位人员统计表

学科门类	授予人数		
	合计	高等学校	科研机构
总计	20831(422)	18393(422)	2438
哲学	333(26)	315(26)	18
经济学	1021(29)	844(29)	177
法学	673(30)	542(30)	131
教育学	291(4)	286(4)	5
文学	967(38)	899(38)	68
历史学	458(25)	426(25)	32
理学	4192(46)	3361(46)	831
工学	9717(214)	8674(214)	1043
农学	1122(4)	1045(4)	77
医学	2057(6)	2001(6)	56

注:括弧中数字为总数中所含在职人员获得学位人数

撰稿人　左庆润

审稿人　吴本厦

□成都电讯工程学院适应四化建设需要，改进研究生工作

成都电讯工程学院是我国电子学与通信学科和专业最完整的高等学府，设备条件优越，师资和科技力量雄厚，是西南地区唯一有博士后流动站，研究生规模最大，工作进展最快的学校之一，已经成为西南地区培养高质量研究生的重要基地。

近几年来，他们加快改革步伐，主动适应四化建设需要全面提高研究生质量，提出和实施了一系列改革措施，取得了许多成绩。

一、研究生教育概况

1978 年以来，计划内 7 届招收博士生共 89 名，10 届硕士生共 1109 名，研究生班 120 名，总计 1318 名；计划外的各类委托代培研究生 423 名。已毕业的博士生 16 名，硕士生 423 名，研究生班 60 名，共毕业 488 名。现在校研究生 965 名。

在已毕业的 16 名博士生中，9 名已晋升为副教授。他们在自由电子激光、新型电子脉塞、电磁波频谱资源开发、瞬变电磁场理论和实验研究等高技术领域的研究工作和成果方面都处于国际前沿，得到国内外专家的好评。

二、研究生培养和学位工作的改革措施

1987 年初，学院领导组织全院系、所领导系统学习了国家教委《关于改进和加强研究生工作的通知》，边学习、边调查研究、边提出改革措施，深化改革，尽快做到按需招生、按需培养，全面提高研究生工作质量。1987 年主要完成了下列改革工作：

1. 完成了研究生培养方案和教学大纲的全面修定工作，使全院各学科研究生培养过程规范化，便于质量控制和检查。例如，规定各学科的基础理论课、专业课、计算机、实验课和跨专业的选修课要形成合理的系统；规定各学科主干课不得超过 12 学分，集中开好几门高质量课，限制开课门数，以保证授课质量和加深理论基础；为提高研究生毕业后的适应能力，增设计算机系列课作为公共基础课。在培养规格上，大部分研究生侧重于工程应用型培养，加强实验环节，规定导师必须有科研项目和经费，研究生必须参加项目中的子项目；规定硕士论文必须结合实际，有应用价值，并必须作出硬件试验方能答辩；凡论文课题是具体的工程或设备设计制造且有现实经济效益的，在理论分析的难度上可以适当放宽。同时也保证适当数量的研究生进行基础理论研究和高技术研究培养。

2. 强化学籍管理，确保培养质量。1987 年，在学籍管理工作上，主要有如下几项主要工作：总结博士生培养经验，制定了“博士生培养方案”，规定博士生除政治、第一外语和第二外语以外，必须修满三门以上基础理论课和专业课。总计不得低于 16 学分；博士生攻博期间必须在国内（或国外）主要学术刊物上至少发表两篇论文才准于论文答辩。为提高硕士生论文水平鉴别，制订了“硕士论文条例”，改四级划圈方式为分栏打分法（百分制），增加记分中实验和应用栏目的权重。为对近 400 门研究生课程进行有效的质量控制，制定了“关于提高研究生课程教学质量的暂行规定”和“研究生课程质量评估办法”。为调动研究生学习积极性，实行优胜劣汰，制订了“硕士研究生淘汰试行办法”，已在 85 级试行淘汰 3 名，实践证明效果很好。为强化学籍管理，对研究生管理工作人员进行了培训，机构进行了调整和充实。

3. 为培养研究生实际动手能力创造条件，在财力极度困难的条件下，就如何以现有的设备条件培养研究生的动手能力，进行了摸索。1987 年初，利用研究生部有限的发展基金投资建立两个研究生实验室：“现代物理实验室”和“微机控制实验室”。“现代物理实验室”是以“土”获“新”的典型，这个实验室靠原有的有限仪器和 6000 元的投资，开出了新实验，共可做“混沌计算机模拟”，“非线性电路中的分频与混沌”，“同步与混沌”、“光双稳中的分岔与混沌”、“光学双稳性”、“光通信基础实验”等实验，不到20平方米的实验室还兼作研究生论文基地。在开出上述一系列新实验以后，一些课程的教学方法也有了较大的改革。

4. 实行多种形式培养。(1) 实行定向培养和在职培养试点。1987年，有电子材料与元件、半导体物理与器件、电子物理与器件三个学科在电子部对口企业和应用单位试行定向培养，占学院计划招生数的5.4%。1987年试行在职培养试点工作，共接受生产单位急需培养的高层次人才18名。1988年已与多个厂、所达成协议，试点研究生在职函授培养、联合培养、联合定向培养，一方面把研究生放在实际中培养，面向生产实际，同时充分发挥厂、所、校三方面积极性共同指导研究生。(2) 国际上，与美国、英国、西德、澳大利亚等国的知名大学合作培养博士生。(3) 国内，与电子工业部多个厂、所，总参57所、重庆邮电学院等单位合作培养研究生。(4) 实行应届本科考入的研究生放到实际中锻炼两年的试点工作，1987年试行17名。

三、研究生招生与分配的改革工作

1. 从1986年11月以来，学院先后派出四个调查组分赴云南、贵州、四川、江苏、浙江、新疆、上海等地综合考察，走访了91个工厂和研究所，并在成都地区两次与33个工厂进行座谈，为按需招生提供资料和依据。

2. 进行优秀在职人员单独考试直接录取为硕士研究生的试点工作。1987年，被推荐的25人，经认真审查后，其中16人准予参加单独考试，最终录取14名。他们均属推荐单位的业务骨干。

3. 逐年增加研究生招生中在职人员比例。1984年以来，学院采取了一系列措施，已把在职人员的数增加到较高的比例（见表一）。

表一　1984–1987年研究生（不含博士生）录取情况表

时间	报名人数			录取人数		
	总数(人)	在职人员(人)	在职人员所占比例	总数(人)	在职人员(人)	在职人员所占比例
1984年	522	213	41.8%	126	30	23.8%
1985年	1022	393	38.4%	298	86	28.8%
1986年	921	392	42.6%	277	123	44.4%
1987年	817	392	48%	215注	128	59.5%

注：87年下达招生指标：国家计划硕士生165名，委托培养硕士生50名。

4. 扩大委托培养比例。积极展开委托培养工作，是按需培养工作的一种有效方法，近几年来学院利用各种途径开拓委托培养渠道，使委托培养的比例逐年增长（见表二）。

表二　1984–1987年委托培养硕士生录取情况表

时间	国家计划录取数	委托培养录取数	委托培养占国家计划录取数的百分比
1984年	109	17	15.6%
1985年	250注①	48	16.1%
1986年	225注②	52	23.1%
1987年	165	50	30.3%

注①：包括增招硕士生40名，研究生班60名。
注②：包括研究生班60名。

5. 毕业研究生分配去向大幅度变化——面向企业，面向社会。学院历年来研究生毕业生供不应求，供求关系基本上为1比3。毕业生流向已从高校为主向工矿企业和社会大幅度发展（见表三）。

表三　1986–1988年研究生分配情况表

	86年		87年		88年	
	人数	百分比	人数	百分比	人数	百分比
高等学校	66	65%	93	52%	53	19%
科研单位	26	25%	60	34%	120	43%
公司企业	2	2%	4	2%	40	14%
厂　矿	0	0%	2	1%	14	5%
其　它	8	8%	20	11%	53	19%

撰稿人　臧建华
审稿人　刘盛纲

□吉林大学调动各方面力量，多种形式做好研究生政治思想工作

为了把研究生培养成为德才兼备的社会主义建设高级专门人才，吉林大学切实加强对研究生思想政治工作的领导。现将吉林大学的经验和主要做法综述如下：

一、党委重视，健全机构

这个学校党委把研究生的思想政治工作纳入重要议事日程，经常专门召开常委会，讨论研究生思想政治工作。早在1982年，就制定了《关于加强研究生思想政治工作的意见》，成立了研究生思想政治工作领导小组，各系、所有一名总支书记或副书记主管研究生思想政治工作，并视研究生人数的多少分别配备专、兼职秘书，以系或年级为单位成立党、团支部，组建研究生团委，成立研究生会。1985年，学校党委又制定了《研究生思想政治工作条例》，对研究生思想政治工作的意义、任务、领导体制、队伍建设、导师职责、党团组织和研究生会建设，以及出国预备生和博士生的教育管理等，都做了明确规定。

研究生教育是高等教育结构中相对独立的一个层次，该校从研究生的招生到分配，从培养管理到思想政治工作，均由研究生管理部门负责。在研究生院成立以前，校研究生思想政治工作领导小组在研究生处配一名专职秘书，负责协调和组织工作。研究生院成立后，专门设置了研究生政治工作处。

二、开展多种形式的思想教育

吉林大学针对研究生的特点，在实际工作中，主要抓了以下几项工作：

1. 组织马克思主义理论学习，对研究生进行马克思主义理论教育。他们注意认真组织和不断改进马克思主义理论课教学。1987年3月至5月，经过几次调查研究，在总结过去教学经验的基础上，制定出文理科两套改革方案。和以往比较，改革方案有三个特点：一是在教学内容上，把原著和专题结合起来，以专题为主，选读原著；二是在教学方法上，把讲授、辅导和讨论结合起来，改变了教师讲、学生记的注入式；三是在考试方法上把开卷和闭卷结合起来，侧重考核学生对马克思主义基本理论的掌握程度和运用能力，并参照平时的考察评定成绩。

2. 进行党的方针政策教育。在研究生思想政治工作中，注意和抓紧平时政治学习，进行党的方针政策教育。他们针对1986年末学潮中暴露出来的问题，开展坚持四项基本原则、反对资产阶级自由化的教育。校党委召开了总支书记会议，分析研究生在学潮前后的思想反映、讨论了在研究生中开展反对资产阶级自由化教育的问题。举办研究生党员干部学习会，培训骨干，以模范行动影响、带动广大研究生，以专题形式，组织全校研究生学习中央有关文件。

党的十三大召开后，他们组织研究生学习十三大报告及有关文件，采取灵活多样的形式对研究生进行一个中心，两个基本点和社会主义初级阶段理论教育。如：举办专题讲座，开展以十三大报告为核心内容的形势知识竞赛，鼓励、支持研究生中的学术团体开展讨论，进行理论探讨。

3. 结合业务学习进行思想教育。他们注意发挥导师和任课教师对研究生进行思想教育的作用。政治学系王惠岩教授在研究生一入学时就强调，政治学专业的研究生必须以马克思主义为指导进行学习。1982年以后，由于国内政治学界介绍了一些西方政治学的发展情况和资料，有几个研究生在讨论问题时就往往不是用马克

思主义观点分析西方的某些观点，而是用西方政治学观点与马克思主义相对撞。针对这种情况，王惠岩教授在课堂讲授和课后讨论中反复做了大量工作，从而扭转了学生的这种倾向，使他们得以沿着马克思主义方向来学习。

4. 把思想教育渗透到管理中去。在这方面坚持了以下几种制度：一是招生中的政审制度。制定了《关于做好考生政审工作的意见》，对考生政审标准做了明确规定；二是学籍管理上的淘汰制度。自1986年以来，对12名因学业成绩和思想品质不合格的研究生实行了淘汰和筛选；三是学位授予中的把关制度。授予学位时，既看学术水平，也看政治表现。思想表现不好，虽学术上达到要求，也不授学位；四是评优制度。为鼓励研究生德、智、体全面发展，制定了《优秀研究生、优秀研究生干部奖励办法》，已有70名研究生受到奖励。

5. 引导研究生参加社会实践。主要做好两方面工作：一方面加强教学实践环节，促进能力培养。带本科生实习，参加实践，提倡写高水平的调查报告，并把它作为毕业论文和学位论文的一种形式。另一方面，注意组织研究生参加社会咨询和科技开发等活动。1985年暑期，该校研究生会与大连工学院共同组织研究生到大连经济开发区、大连海港等单位进行考察，对大连经济发展战略进行了广泛探讨，提出了许多建设性意见，受到大连市领导和企业的好评。

6. 把思想教育与课余活动结合起来。该校研究生课余活动一直比较活跃，现在全校有各种社团组织26个，经常开展丰富多彩的课余活动。活动不仅充实研究生的课余生活，而且对提高学术水平和陶冶情操起到了积极作用。近年来，共召开三次研究生科学报告会，举办了首届研究生“精英杯”征文大奖赛。

三、调动各方面的力量做好研究生思想政治工作

在工作中，他们注意发挥四方面力量的作用：

一是政工队伍的作用。学校已经建立起一支40余人的研究生政工队伍。在这支队伍中，有总支书记6人，副书记10人，专、兼职秘书25人。实践证明，这支队伍的建设，既从组织上保证了人员的落实，又在工作中起到了骨干作用。

二是指导教师的作用。学校党委明确要求指导教师必须对研究生全面负责，做好思想政治工作，是导师的重要职责。校长伍卓群教授也号召，我们的导师应该既重视训练学生的业务，也要训练学生的思想，让他们业务过硬，思想也过硬。几年来，在导师普遍做学生思想工作的基础上，该校涌现出一批教书育人的典型。

三是管理队伍的作用。为了解决学生思想政治工作与管理工作“两张皮”的问题，学校于1987年成立了学生工作指导委员会，由一名党委副书记和一名副校长牵头，吸收研究生院、教务、后勤、图书馆、财务等行政部门负责同志参加，统一领导全校的学生（包括研究生）工作，处理学生工作中出现的问题。学校要求各行政部门都要不断提高服务质量。结合自己的工作做学生的思想政治工作，从而形成了齐抓共管的局面。

四是研究生自我教育的作用。1982年以来，先后组建了研究生会和研究生团委，目前各系所都设有研究生分会和团总支，各班也有班委会和团支部、在系、所党总支领导下，研究生党员也分别以年级或班级为单位组建了党支部。实践证明，发动和组织研究生自己管理自己，自己教育自己，是做好研究生思想政治工作的一条重要途径，也是一种行之有效的方法。

四、加强研究生中党的建设

目前，吉林大学在校研究生1631

人，其中，党员555人，占总数的34%。这是研究生思想政治工作的一支重要力量。几年来，学校党委非常重视研究生中党的建设。1987年5月，校党委制定了《研究生党支部工作条例》。在工作中，他们注意抓了以下几个重要环节：

1. 积极慎重地发展优秀研究生入党。该校各总支和支部首先抓了积极分子队伍的建立和考察工作。目前，全校提出入党要求的研究生已达569人，占非党员研究生的52.4%。

2. 注意抓好研究生党支部建设。每逢新学年开始，都根据党员的分布情况，重新调整研究生党支部。同时，注意选配支委会成员，把那些入党时间较长，有一定实际工作经验，在群众中有较高威信的党员选拔为支部书记。

3. 抓好党支部的思想建设。电子科学系党总支，自1986年以来，一直坚持在党员和党的积极分子中开展党课系列讲座。由总支书记和党员指导教师，结合当前改革、开放和党的建设中大家关心的问题，有针对性地对党员和积极分子进行思想政治教育和党性修养教育。

4. 注意发挥党员的先锋模范作用和抓紧对预备党员的考察教育工作，经济管理学院84级研究生党支部，要求党员争做“四个模范”，即做全心全意为人民服务的模范，不拒做小事；做专业学习的模范，刻苦求学；做积极工作的模范，在各自岗位尽职尽责；做有理想，守纪律、德、智、体全面发展的模范，为即将投身四化建设做好积极准备。在支部的带领下，全体党员都较好地发挥了作用，支部也被评为校和长春市的先进党支部。政治学系党总支要求预备党员每月向支部汇报一次思想，每季度写一份书面汇报，使预备党员的考察教育工作落到了实处。

撰稿人　张福良　于洪波

审稿人　范业本

高校管理

□职称改革工作

高等学校的职称改革工作，按照中央的部署，1985 年在 4 所高校进行职称的改革工作试点，1986 年国务院发布实行专业技术职务聘任制度的规定，1986 年 3 月 3 日中央职称改革工作领导小组转发了《高等学校教师职务试行条例》及其实施意见，全国高等学校教师职称改革工作逐步展开。1987 年高等学校职称改革工作已基本告一段落。

（一）掌握思想政治条件，加强考核评审工作。为了在教师职务聘任工作中认真掌握任职条件，全面考核，1987 年 7 月 6 日，国家教委下发了《关于在高等学校教师职务聘任工作中掌握思想政治条件加强考核评审工作的意见》（以下简称《意见》）。《意见》明确指出：高等学校教师应坚持正确的政治方向，忠诚于人民的教育事业，全面关心学生成长，在政治思想、道德品质、文明教养、治学态度等方面，都应当严于律己，为人师表，对教师在思想政治方面应有明确具体的要求。对坚持四项基本原则和坚持改革、开放、搞活的态度。教师教书育人，为人师表，对学生进行思想政治教育的情况等，应作为考核的重要内容。对在教书育人方面做出显著成绩，并已具备任职条件的教师，应优先聘任相应教师职务。《意见》中，进一步明确，高等学校教师职务评审委员会不仅要考核教师的学术水平，还必须全面考核教师的思想政治表现及教书育人、履行职务职责的实绩，使教师职务任职资格的评审工作有助于鼓励教师教书育人、搞好教学。学校教师职务评审委员会应有党政领导干部参加。教师职务评审委员会及其下设的学科评议组成员应吸收教书育人好、教学好的优秀教师参加。

（二）在学生思想政治教育专职人员中开展聘任教师职务工作。为加强学生思想政治教育工作，建设适应新时期需要的高等学校学生思想政治教育工作队伍，需要明确，高等学校中，从事学生思想政治教育工作的人员是教师队伍的重要组成部分，应根据他们的水平、能力和实际贡献聘任为相应的教师或研究人员职务。国家教委在试点和征求意见的基础上，1987 年 5 月 11 日下发了《关于在高等学校学生思想政治教育专职人员中聘任教师职务的实施意见》。《实施意见》中指出：思想政治教育是一门科学；学生思想政治教育是学校教育的重要组成部分；明确了聘任教师职务的范围、任职条件和学历要求；聘任教师职务的学生思想政治教育专职人员列入教师编制；高等学校教师职务评审委员会下设思想政治教育学科评议组。1987 年 5 月 25 日，国家教委又下发了《关于在高等学校学生思想政治教育专职人员中开展聘任教师职务工作的补充通知》，通知各省市和部委、各高等学校一般按 150 名学生配备一名专职人员，确定学生思想政治教育教师的编制，规模小的学校可略大于这个比例。首次聘任所需的中、高级职务限额，在中央职称改革工作领导小组专项下达给国家教委后，再由国家教委分给各高校主管部门。今后学生思想政治教育专职人员列入教师编制，他们的职务聘任工作与其他教师同步进行。同时，明确指出，1987 年、1988 年高等学校学生思想政治教育专职人员中拟评定为副教授者，一律报所在省市审定；拟评定为教授者，经省市学科评议组审议后，报国家教委审定。

这项工作首先在11所高校进行试点，首批评审通过副教授任职资格的共11名。

（三）结合高等学校马克思主义理论课教学的特点，开展教师职务任职资格考核和评审工作。为加强高等学校马克思主义理论课教师队伍的建设，根据《高等学校教师职务试行条例》及其实施意见，结合高校马克思主义理论课的教学特点，1987年5月8日，国家教委制定了《关于高等学校马克思主义理论课（公共课）教师职务资格考核和评审工作的补充意见》。主要内容是：①高等学校马克思主义理论课教师职务任职资格的评审，必须从马克思主义理论课教学的特点出发，要有利于促进教师贯彻理论联系实际的方针，积极进行教学改革和科学研究；有利于推动教师深入学生，了解学生思想情况，做到既教书，又育人；②评审马克思主义理论课教师职务任职资格时，在政治思想方面，要着重考核教师是否坚持四项基本原则，正确理解和宣传党的十一届三中全会以来的路线、方针、政策，自觉地抵制和批评资产阶级自由化思潮；在业务方面，要着重考核教师对学生进行马克思主义理论教育的实际效果和提高学生思想认识的能力。同时，要考核科研成果；③高等学校教师职务评审委员会下设马克思主义理论课学科评议组，其成员由主管政治思想教育的领导干部和马克思主义理论课教师组成。

高等学校首批职称改革工作，于1987年已基本完成。据统计，到1987年底，全国高等学校教师共有41万人，教授、副教授合计9万人，占教师总数的22%。其中教授1.5万人，占教师总数的3.7%；副教授7.5万人，占教师总数的18.3%。在1.5万教授中新评聘1万人，占现有教授的65%左右；在7.5万副教授中新评聘4.23万人，占现有副教授的57%左右。

撰稿人　王光义

审稿人　陶道谦

□各级领导干部的管理与任免

1983年，中央组织部召开了全国组织工作座谈会，提出了全国干部组织工作改革的一些原则。会后，中共中央批发了中组部在这次会议上的工作报告，中组部也发出了《关于改革干部管理体制若干问题的规定》。根据会议及文件的精神要求，同年10月，中央宣传部发出《关于改变高等院校领导干部审批手续的通知》。1984年7月，中央组织部发出《关于修订中共中央管理的干部职务名称表的通知》。1987年3月，国家教育委员会印发《关于高等学校各级领导干部任免的实施办法》。这三个文件，对原来的高等学校各级领导干部的管理、任免方法作了具体修改，并形成现行的管理制度：(1)高等学校党委正副书记和正副校长的职数一般为5人至7人。在校学生数不满3000人的，一般不超过5人；学生数在万人左右的为9人；学生数达15000人的可配备10人。学校中，经上级主管部门核准设立的系（所）级机构，正副系主任（所长）和党总支正副书记各设2至3人。学生数达千人左右的系，可增设副系主任1人。规模较大的高等学校（在校学生数达5000人以上的），经主管部门批准，可设秘书长或教务长，总务长（均不设副职）；不设“三长”的，可设校长助理1至2人，协助正副校长工作；(2)高等学校原则上不再新设顾问和名誉校长。现有顾问，除经主管部门同意留任适当时间外，凡年龄已满65岁，或虽未满65岁，但已不能坚持正常工作的，由学校报主管部门免职；(3) 高等学校各级领导干部的选拔任用，必须严格按照干部“革命化、年轻化、知识化、专业化”方针和1986年中共中央、国务院颁发的《关于严格按照党的原则选拔任用干部的通知》精神，充分走群众路线，以保证任用干部具有较高的政治、业务素质；(4) 北京大学、清华大学、中国人民大学、北京师范大学、复旦大学、上海交通大学、西安交通大学、北京农业大学、北京医科大学、中国科技大学等10所国家重点投资的高等学校的党委书记、校长由中央管理，有关部委协助中央管理；(5) 上述10所学校的党委副书记和副校长，其他高等学校的党委正副书记和正副校（院）长，凡属中央部委主管的，由部委管理和任免；凡属省、直辖市、自治区主管的，由省、市、区管理和任免；凡属中央部委和省、直辖市、自治区双重领导，以中央部委为主的，在中央部委与省、市、区协商后，由中央部委任免；(6) 高等学校党的纪律检查委员会书记、经批准建立的研究生院院长的任免，由学校按规定程序报各自主管部门审批；(7) 学校的秘书长、教务长、总务长、校长助理、研究生院副院长的任免，由学校征得主管部门同意后决定，并报主管部门备案；(8) 高等学校中经主管部门核准设立的处、部、系、所的领导干部，由学校自行管理和任免；(9) 高等学校的校级干部任免后，各主管部门应将任免情况送国家教委备案。

撰稿人　李志军

审稿人　宋成栋

□校长任期制

领导干部实行任期制，是打破干部终身制，实行干部制度改革，逐步实现干部制度科学化的重要措施。也是高等学校实行校长负责制的前提条件之一。从1980年起，在部分高等学校开始了校长任期制的试点工作。第一步，先在担任高等学校正副校长的专业技术人员中实行任期制。经过几年的试点和不断总结经验，1987年3月，国家教育委员会发出了《高等学校校长任期制试行办法》，对高等学校校长任期制作出了新的具体规定：

(1) 高等学校的校长、副校长，均实行任期制，任期一般为4—5年。

(2) 校长应在任职后半年内提出本届任期的工作规划，由校党委（实行校长负责制的学校由校务会议）讨论通过后向全校宣布，并报上级主管部门备案。

(3) 对任期内的校长、副校长。学校每一、二年进行一次民主评议，上级干部主管部门每2年进行一次全面考核。考核内容包括德、能、勤、绩诸方面。重点考核其能否坚持四项基本原则和社会主义办学方向以及履行岗位责任的实绩情况。考核结果作为上级主管部门对正副校长实行晋级、任免、奖惩的主要依据。

(4) 高等学校的校长、副校长任期届满，根据工作需要和本人条件，经上级干部主管部门批准，可以连任。

(5) 校长、副校长在任期届满时，上级任免机关应提前确定其是否连任并通知本人。继续连任的校长，需制定下届工作规划，不再连任的校长，应向下届校长妥善移交工作。

(6) 对任期内的校长、副校长，上级任免机关有权调整、调动、变更其领导职务。凡已达到国家规定的离休、退休年龄的，除少数正职确因工作需要留任外，都应退出领导岗位。

(7) 校长、副校长在任职期间提出辞职时，需由本人向上级提出书面报告，经批准后生效。上级任免机关应在接到辞职报告后3个月内作出决定。

(8) 兼搞专业技术工作的校长、副校长，任期届满后，应给予一年左右的学习进修时间。学校及上级主管部门应为其提供必要的条件。

随着文件的下发，高等学校校长任期制已在全国逐步推开。为了使这一制度进一步完善，根据全国各地在执行过程中提出的问题，国家教委主管部门将在调查研究的基础上对这一规定作必要的修订。

撰稿人　李志军
审稿人　宋成栋

□教育管理干部培训

1980年底，原教育部党组根据中央关于加强干部教育工作的指示精神，制定和下达了《关于加强高等学校干部教育工作的意见》，并且在确定恢复中央教育行政学院的同时，还在各大区建立教育管理干部培训基地。1981年3月，教育部正式下达了《关于委托举办高等学校干部进修班的通知》，在六个地区委托部属师范大学创办高校干部进修班。1982年9月，中央教育行政学院开始招生，受委托的六所高校干部进修班相继开学。1984年12月，又在天津大学开办了高等工程教育管理干部进修班。

为了适应教育管理干部培训工作发展的新形势，北京师范大学在原高校干部进修班的基础上，于1985年10月成立了北京师范大学教育管理学院。1986年9月，国家教委又正式批复同意华东师范大学成立教育管理学院。同年12月，国家教委批复同意东北师范大学、华中师范大学、西南师范大学、陕西师范大学在高校干部进修班基础上，建立国家教委在东北、中南、西南、西北地区的教育管理干部培训中心。北京师大和华东师大的教育管理学院对外也可以分别使用国家教委华北和华东教育管理干部培训中心的名称。1987年，国家教委又下发了《关于加强委属教育管理干部培训中心建设的意见》，强调要开展全方位的培训，不但要抓高教管理干部的培训，而且要抓普教管理干部的培训。这标志着我国教育管理干部培训基地建设进入了一个新阶段。

目前，干部培训基地已初具规模，干部培训工作也取得了明显成效和一定经验。

(1) 灵活多样地进行培训，培训方式从单一的混合编班逐步发展为按业务范围或课题项目编班。各基地相继举办了高等教育基本理论研讨班、党总支工作研讨班、大学党委工作研讨班、师资管理研讨班、教育体制改革讲习班、教育思想讲习班、普教督导工作研讨班以及后勤管理班，教务班，图书馆长班等。时间长短不一，十分灵活，受到欢迎。这样使培训工作逐步形成了进修班、研讨班、讲习班等多种形式。有的培训中心还试办二年制的后勤管理大专班，有的培训中心正在筹建高教管理专业等。

(2) 以教学为中心，实行教员与学员相结合，把教学、科研、教材编写（教学资料汇编）统一于一体。几年来，各基地先后编印和出版了200多种专著和教学参考资料。北师大教育管理学院共编印教材18种，376万字；华东师大教育管理学院编印教材30余种，585万余字；东北教育管理干部培训中心编写教材共计650万字；西北教育管理干部培训中心编写教材30余种。此外，华中和西南教育管理干部培训中心也分别自编了10多种到数十种教材。其中，《高校思想政治工作概论》和《高校管理》等书，反映较好。在教材编写工作中，既注意发挥教员的积极作用，也注意吸收有经验的学员参加编写。北师大教育管理学院编写的《系党总支工作概论》，就是汇集了高校系总支工作研讨班的成果，以学员为主编写的。

(3) 初步形成了一支兼专结合，以

兼为主的教育管理干部培训师资队伍。几年来，各基地除配备一定的专职教师外，更多的是充分依靠所在学校的师资力量和聘请外校的有关专家、教授以及教育行政部门熟悉业务，有管理经验的领导干部，进行基础课和各类专业课的教学。北师大教育管理学院现有专职教师9人，兼职教师23人，专兼职教师中有高级职称的23人。东北教育管理干部培训中心有专职教师9人，兼职教师22人，专兼职教师中有高级职称的23人。据统计，目前，各基地这支队伍有一百多人，其中高级职称人员占一半以上。

(4) 建立了初具规模的图书资料信息中心。目前，各基地都分别建立了数千册至近万册的图书资料室，积累了一定规模的干部培训资料。华东师大教育管理学院资料室现有工作人员5名，藏书2000余种，港台及外文书刊230种，东北教育管理干部培训中心图书资料室有工作人员7名，下设图书室、期刊室、阅报室，现藏书1500余种，西南教育管理干部培训中心的图书资料室还将图书资料的检索输入了微机系统。

(5) 开始注意了解国外教育管理理论和教育管理人员培训的经验。近年来，部分基地负责同志和从事干部培训工作的人员先后去美国、加拿大、日本、泰国、苏联以及东欧国家就教育管理人员的培训进行了考察。此外，还邀请了美国和加拿大等国的专家、教授来基地讲学，通过请进来，走出去的方式，吸取国外的有益经验，以有助于逐步形成中国特色的教育管理学科体系和教育管理干部培训体系。

(6) 6年来已培训高等学校和教育行政部门的各级领导干部近万名。其中有高校校、处、系级干部；有省、市、自治区教育厅局长及部分处级骨干；有地、县教育局长；还有部队军事院校领导骨干，以及教育系统其他管理干部。干部培训工作促进了教育改革的深化与发展。1986年底，中央教育行政学院办的大学党委书记班，对于反对资产阶级自由化，端正教育思想起了很好的作用，受到了中央领导同志的肯定。近几年，各基地又分别办了地县教育局长班、教育督导班、教育评估班等各种专题班，对于深化教育改革，起到了推动和促进作用。通过培训，近几年有不少中青年同志已被选拔到领导岗位上。据西北教育管理干部培训中心对西北地区教育管理干部培训的追踪调查，在接受培训的近千名学员中，已有466人被提拔使用，或者安排任命了更重要的岗位，占已结业学员的56%，其中有30余名同志担任校级领导干部。

撰稿人　岳光鑫　蒋尚宇　宋永刚

审稿人　宋成栋

□青年教师参加社会实践

1987年，高等学校的师资培训工作，着重抓了青年教师的培训提高。不仅重视青年教师在业务知识和能力上的长进，而且特别注意了青年教师在政治思想和职业道德上的成长。为了加强对青年教师的培养，使之迅速健康地成长起来，国家教委正式提出要求，要有计划有组织地安排高等学校青年教师参加社会实践。这是全面提高青年教师素质，培养合格人才的重大措施。

一、高校青年教师的基本情况。随着高等教育事业的发展，近几年来，高等学校的师资队伍有了较大增长，各高等学校比较集中地补充了大批青年教师，壮大了高校师资队伍。据统计，全国普通高等学校已由1981年的704所发展到1987年的1063所，高校专任教师由1981年的24.9万名，增加到1987年的38.5万名，净增加13.6万名。35岁以下的青年教师，1987年已达到17.32万名，占教师总数的 45.2%。青年教师中的少部分是“文革”期间毕业或入学的，大部分是“文革”后恢复统一高考以来高等学校的毕业生；大部分青年教师是本科毕业，小部分是研究生毕业或专科毕业的；部分青年教师曾参加过上山下乡或其他社会实践的锻炼，但有相当多的青年教师是一直在学校学习，没有或很少参加社会实践，缺少基层的实际锻炼。

据从北京、江苏、宁夏、陕西、四川等地的高校调查分析：青年教师是高校师资队伍的重要组成部分，是高教战线上的生力军，是高等学校未来的希望所在。他们有较好的业务基础知识和外语水平，思想活跃，精力充沛，许多人意识到自己在四化建设中的历史责任，并已在教学科研工作中做出了可喜成绩，有的已在学术前沿崭露头角。从青年教师的整体来说，主流是好的，积极向上的。但是，也必须看到，一些青年教师的马列主义理论基础知识比较薄弱，缺乏应有的社会实践的锻炼，对国家建设和改革、开放的实际情况了解不多，献身四化的历史责任感不强；教学科研工作缺少基本技能的严格训练，缺乏解决实际问题的能力。需要教育和引导他们正确处理政治与业务、理论与实践、教学与科研、教书与育人、进修与工作的关系，使他们尽快地、健康地成长起来，已成为当前高校师资队伍建设中一项突出的战略任务。

二、高校青年教师参加社会实践的基本要求。中共中央《关于改进和加强高等学校思想政治工作的决定》指出：“青年教师是高等学校未来的希望所在，但其中不少人缺乏实践锻炼，对他们应严格要求，热情帮助，使他们不断提高政治、业务水平，做好本职工作。凡是缺少实践锻炼的青年教师，都要安排一定的时间参加社会实践”。这不仅为青年教师的健康成长指明了方向，同时，为加强青年教师理论联系实际、全面提高队伍素质提出了根本措施。各高等学校和高教主管部门都要积极认真贯彻落实。在调查研究的基础上，国家教委下发文件，正式提出了《关于高等学校青年教师参加社会实践的意见》。主要内容有以下几点：

（一）参加社会实践锻炼的目的要求是，“让青年教师走出校门，走向社会，接近群众，参加社会实践”，并在实践中运用自己所学的专业知识和技术为社会服务。在服务中加深对“坚持四项基本原则”和改革、开放、搞活总方针、总政策的理解；更多地了解国情，了解人民群众的思想感情，树立为建设社会主义祖国而献身的坚定信念，忠于人民的教育事业，增强为人民服务的社会责任感；培养实事求是，艰苦奋斗的工作作风，提高实际工作能力，坚定不移地走理论联系实际，知识分子与人民群众相结合的唯一正确道路。

（二）对需要参加实践锻炼的人员范围和锻炼期限作了规定，“凡是入大学前未参加过社会实际工作或生产劳动锻炼的大学毕业（包括本科生和研究生）的青年教师，均在需要安排去基层锻炼的范围之内。锻炼的期限一般为一年或一年以上”。

（三）要注重社会实践具有提高青年教师政治思想素质、获得丰富的实践经验和提高知识水平的多重作用。强调要“从实际出发，结合学科专业特点，采取多种形式、多种途径安排。如高等师范学校的青年教师去中学任教；工科院校的青年教师去工矿企业单位；农、林、医学院校的青年教师去农村或乡镇企业参加技术改造、‘星火’计划或去医疗卫生单位；财经、政法、管理、新闻、图书馆等专业也可到相应的单位实行代职顶岗锻炼；各专业的青年教师可参加各地组织的讲师团、智力扶贫、智力支边以及横向联系的企业生产单位，等等。”

（四）要统筹考虑，全面安排，保证工作任务的完成。对现在学校缺少实践锻炼的青年教师"应分期分批地组织进行。今后新补充的青年教师需要安排去锻炼的，应与见习试用期结合起来，并按见习试用的有关规定和要求办理，做好见习试用期的考察鉴定工作"。同时，规定今后"选派年轻教师出国留学，原则上也应是参加过一年以上的社会实践锻炼的"。

（五）组织青年教师参加社会实践，必须严格要求，认真考核。参加社会实践是青年教师的一门必修课，是高校青年教师培养工作的重要一环。"实践锻炼期满前，各接受单位要密切配合学校对参加实践锻炼的青年教师的思想政治表现、完成工作任务的情况、业务水平和实际工作能力等的提高情况，实事求是地作出鉴定，存入个人档案，作为转正定级或晋升职务的条件之一。如发现有不适合做教师工作的，应及时予以调整"。

（六）青年教师参加社会实践是人才培养的需要，是学校和社会各单位的共同责任，也需要各方面的密切配合与支持。中共中央在《关于改进和加强高等学校思想政治工作的决定》中明确要求："中央和地方工业、农业、商业等部门，人民解放军，以及社会各有关行业与单位，都要把支持和接受师生参加社会实践、业务实习和军事训练，作为自己应尽的一项社会义务，积极提供必要的条件"。

（七）青年教师参加社会实践，是一项长期的、经常性的工作，要逐步形成制度，长期坚持下去。要求各高等学校和主管部门"应将近期安排与长远打算结合起来考虑，逐步选择一些条件较好，重视人才培养又有利于人才锻炼的地方和单位，定点挂钩，在双方自愿的原则下，签订合同，建立青年教师实践锻炼的基地，使这项工作经常化、制度化"。

（八）要求各地各高等学校根据上述意见精神，结合各地各校的实际情况，制订出具体的实施办法，予以落实。并要求注意总结经验，逐步把这项工作做好。

撰稿人　舒子佳

审稿人　宗慎元

□高校后勤管理改革

一、高等学校后勤服务工作改革逐步深化

从党的十一届三中全会以后起步的高校后勤服务工作的改革，在全国经济体制改革和教育体制改革形势的促动和影响下，不断发展，逐步深化，大致经历了三个发展阶段。

1979 年到 1980 年是改革的起步阶段。高校食堂实行了按营业额提取一定比例（18%—25%）管理费的办法，进行承包经营。食堂实行了部分经济核算，有了一定的自主权，面貌明显改变。这种承包经营责任制迅速在全国各高校推广。在部分高校，开始扩展到车队、修缮、绿化等服务部门。由于在管理上采用了经济手段，实行了经济核算，初步打破了"大锅饭"，才取得了良好的社会效益和经济效益。

1981 年到 1983 年，是巩固、消化、补充、改善的阶段。各高校进一步强调后勤服务工作要坚持为教学、科研和师生员工生活服务的宗旨，调整承包基数和工作量定额，健全内部的岗位责任制，确定检查考核的指标，克服片面追求营业额的倾向。逐步实行了思想政治工作、行政手段、经济杠杆和民主管理有机结合的科学管理办法。

1984 年到现在是后勤服务工作改革不断扩大和深化的阶段。这一阶段改革的主要内容有：

（一）由单项承包向全面承包过渡。随着改革的深入，后勤部门单项承包逐渐

暴露出不足之处。一是单项承包都是科以下单位直接和财务处（代表院校）签定合同，而总务处作为一个整体，仍然缺乏活力；二是总务处下属经营服务部门承包了，职能部门只实行岗位责任制，职工得益不尽合理，工作上不利于协调，心理上不平衡；三是师生员工对后勤提出的要求越来越高，学校在经费上不堪负担。要解决这些问题，后勤改革必须在体制上有新的突破。从 1984 年起，同济大学、天津医学院、成都科技大学、武汉水利电力学院等少数高校，开始探索在后勤部门实行所有权与经营权适当分离的办法，即后勤部门实行经费、任务全面承包。

后勤服务实行全面承包经营后，学校对后勤方面的支出可以从总体上进行宏观控制。同时，由于承包范围扩大了，有利于后勤部门加强管理与协调，在人、财、物等方面可以发挥更大的活力，取得更高的整体效益。

同济大学总务处，从 1986 年实行全面承包，各项工作逐步走上规范化，为学校做了大量实事、好事，提供了优质服务，而且千方百计地挖掘人、财、物的潜力，精打细算，为学校节省了经费。4 年来，尽管学生逐年增加，物价不断上涨，但承包经费占学校经费的比例逐年下降。1983 年，全校有学生 5700 名，承包经费占学校经费的 6.6%；1984 年，实行总务处全面承包后，有学生 7240 名，承包经费占学校经费的 5.1%；到 1986 年，有学生 8300 名，承包经费占学校经费的 4.5%。总务处承包后，挖掘潜力，进行增收节支。1984 年上缴学校 40 万元，1985 年上缴学校 80 万元，1986 年上缴学校 100 万元。

武汉水利电力学院从 1985 年起，根据“政企分开，两权分离”的原则，将计划管理机构和经营服务机构分开，成立了与总务处并列的生活服务公司。总务处代表学校向公司下达任务，并对其经营服务工作进行监督检查；公司接受总务处的监督，成为具有财务管理权、人事聘用权和经营自主权的独立核算、自负盈亏的经济实体。高校后勤体制改革后，后勤部门焕发了生机和活力，公司职工以自力更生艰苦奋斗的精神扩大服务项目。如伙食部门积极发展副业生产，1986 年养猪 648 头，加工豆制品 65 万公斤，自制咸菜 2 万公斤。他们用副业收入中的 80%，计 8 万多元，补贴了学生伙食。生活服务公司还用创收中的部分收入，承担了全院 1300 户教职工每年 8 万多元的液化气补助费。汽车队承担了包括交通事故处理费、大修费、车辆更新费等 12 项费用的自理，减少了学院的费用开支。另外，车队还在管理方面进行了改革，实行了单车核算办法。1986 年，全年行驶 71.3 万公里，保证全院 24 小时随时用车，并经营对外服务，1986 年，获纯收入 12 万元。3 年来，他们利用设备折旧费、自留发展基金，并向学校借了一部分款，购置了新车 12 辆。汽车队还免费修理全校 200 多辆公用自行车，每年支付 5000 元维修费。1987 年，武汉水利电力学院生活服务公司向学校共返回 141.016 万元，为学校节约了大量资金，经济效益比较高。

（二）由差额承包向全额承包过渡。实行管理费的承包经营，无论单项承包还是全面承包，均为部分经济核算。房屋使用、水电开支、设备折旧、交通运输等几项费用均未纳入核算之中，还是吃学校的“大锅饭”，因此，有些学校在这几方面浪费比较严重。在深化改革过程中，少数学校后勤部门试行了基本独立核算或完全独立核算、自负盈亏的办法，即实行了全额承包经营。如武汉河运专科学校、上海师范大学等学校的食堂，实行全额承包已几年，比较彻底地打破了“大锅饭”，经济效益也较显著。

武汉河运专科学校总务处将食堂承包给校服务公司饮食部，管理费按营业额的25%提取，他们承包了除医疗费以外的全部项目，并实行了企业化管理，以小组或个人为核算单位，分配上实行百元营业额工资含量制，彻底打破了"大锅饭"，食堂面貌发生了很大变化，得到了师生的好评。实行全额承包，承包单位所有的经费开支全部包下来了，有利于增收节支，减少浪费，经济效益是明显的。而且全额承包对承包单位来说，有压力也有动力，可以较充分地调动部门和人员的积极性，有利于提高管理水平，提高干部、职工的素质，搞好服务工作。实行全额承包是后勤改革向独立核算、自负盈亏跨出的一大步。目前，对多数高校来说，由于干部素质还不够高，人们心理承受能力也不够高，有些领导往往担心实行全额承包会产生失控的弊病，所以，跨出这一步比较慎重，只有少数高校在进行探索。

（三）由福利后勤向有偿服务过渡。在深化改革的过程中，过去完全依靠学校事业费开支维持的福利性后勤服务，仍保留在为师生员工提供基本生活需要的部门中，如学生大食堂、教工食堂、开水供应、洗澡、住宿、医疗保健、孩子入托等。这是适合当前师生员工收入比较低的水平的。在一定时期内，学校给福利性服务单位一定的补偿（暗贴）或直接给师生员工一定的补贴（明补），这也是必要的，但随着商品经济的发展，价值规律将日益发挥它的作用，后勤服务工作的改革也应该逐步自觉运用这一规律。因此，在深化改革的过程中，一些新开设的、为师生员工提供不同层次的各种服务项目中，已开始实行了不同程度的有偿服务。许多高校在近几年开办了小吃部、风味餐厅、全日制营业食堂、招待食堂等饮食服务网点，多是以正式职工为骨干，以社会劳动力为成员的集体经营的网点，采取微利保本的有偿服务方式。它们类型各异、风味不同、服务方式灵活，补充了学校大型食堂的不足，在不增加学校编制和开支的情况下，满足了师生员工不同层次的饮食需求。由于学校提供了一些补偿（房屋、水电等），并严格监督检查，这些网点食品的价格，均低于社会上同类产品的价格。同时，这类食堂的开办，把竞争机制引进了学校，对学生大食堂、教工食堂服务质量的提高，也起到了促进作用。

除食品生产外，有偿服务也在其他方面开展起来。复旦大学成立了综合服务社，其人员为学校定编后的富余人员和一部分征地进校的农民。学校贷款3万元，公开招聘经理，学校给予人权、财权和经营权，完全独立核算，实行微利经营。服务社开办了采购、安装、维修设备、教材承印、生活服务等业务，分担了学校一部分后勤工作。由于服务社对内部各部门进行分别核算，在管理上采取了完成定额指标超产计件提奖、集体承包上交利润等管理办法，彻底打破了"大锅饭"，在用人方面坚持实行聘任制，取消了"铁饭碗"，因而极大地调动了各类人员的积极性。1985年5月，服务社成立后，当年创利7万元，还清学校贷款后余4万元。1986年，服务社创利20万元，1987年，创利42万元，上交学校28万元。目前，服务社已拥有固定资产10万元，流动资产24万元。

（四）高校后勤服务工作向社会化过渡的探索。1985年6月，《中共中央关于教育体制改革的决定》中明确指出了高等学校后勤服务工作改革的方向是实行社会化。许多高等学校努力探索实现社会化的途径，打破了学校单独办后勤的局面。引进社会力量，实现学校与社会共同办后勤是实现社会化的途径之一。

引进社会第三产业是从引进农民办食堂开始的。1985年4月，云南省玉溪市任井乡的农民，集资5000元承包了云南大学一个学生食堂。校方提供营业场地、简单炊具和一部汽车，并按月营业额20%拨付管理费，农民投入了较强的技术力量，并直接从农村购进副食品，因而食品价格比较便宜。由于学校经常监督检查，严格管理，这个食堂的服务水平已与学校公办食堂服务水平相近。广西大学教工食堂多年前即承包给南宁市第二饮食公司。该公司有一定的管理能力、技术力量和资金，同时，为学校提供一定数量的平价原料，减轻了学校负担。郑州大学请学校农场场长在校内办了一个民办公助的学生食堂，学校每月按营业额的10%拨付管理费，同时允许食堂盈利12%。食堂能做到与公办食堂同质同价，每天就餐学生在1300人左右，受到师生的好评。

除引进食堂外，多数高校都引进商业系统在校内开办各种商店；引进个体户开办农贸市场，开办各种生活服务网点，方便了师生员工的生活，缓解了学校后勤服务供不应求的矛盾。这些作法为高校后勤向社会化过渡提供了宝贵的经验。

另一类带有社会化性质的后勤服务是高校劳动服务公司所提供的。劳动服务公司原是为安置高校教职工待业子女就业创办起来的。近几年来，逐步发展壮大，成为高校后勤服务工作中的一个重要组成部分。目前，全国高校劳动服务公司所办的各种服务网点已有6000多个，均为集体所有制单位。它们不占学校的编制和经费，而能分担一部分后勤服务工作，起到了拾遗补缺的作用，方便了师生员工生活，便利了工作，为学校教学、科研创造了一定的条件。许多高校劳动服务公司利用学校的技术优势，自己出资金，出劳动力，开发新技术，组织生产，既为社会提供了产品，也为学校创造了经济效益。高校劳动服务公司的各种服务网点还为大学生勤工俭学、参加社会实践活动，提供了场所和各种便利。由于劳动服务公司所办企业均为自主经营、独立核算、自负盈亏的经济实体，在用工制度、分配制度、经营管理等方面，均按集体经济的特征进行运转，具有很大的活力，能适应社会主义商品经济发展的需要，所以高校劳动服务公司在探索后勤服务工作社会化方面，有许多优越性，可以发挥很大的作用。

（五）高校后勤服务工作的横向联合。在后勤服务工作深化改革中，各地高校开始打破了过去"小而全"的封闭式管理体制，实行开放办后勤。各地高校开始搞联合协作，发挥各自优势，从信息上互相交流，物质上互通有无，发展到各校之间在经济上的横向联合，在后勤工作的专业化分工和社会化生产方面进行了可喜的探索。

陕西省各高校，在联合、协作方面走在了前面，他们在全国总务处长联席会议的推动下，从交流经验、信息，发展到利用各高校的优势联合培训高校后勤各种专业队伍，进而联合办副食品加工厂。由于陕西省财税部门对高校后勤服务部门实行免税政策，他们联合生产的糕点、酱油、酱菜等副食品能以低于市场的价格供应西安市各高等学校。1987年下半年，陕西省各高校开始筹建饮料厂，各高校已集资50多万元，组成股份制的经济联合体，计划在1988年5月推出沙棘系列饮料产品。

郑州市高校集资100多万元，在河南农业大学和郑州畜牧兽医专科学校建立猪场、鸡场，作为郑州地区高校的农副产品基地，产品按市价的90%供应全市各高校。

其他各省市高校间的联合、协作也在发展之中。北京市已建立起高等学校副食品采购信息中心，与全国许多省市挂钩，在每年蔬菜淡季，从广西、云南、四川等地为北京市高等学校采购大量廉价的肉、蛋、菜等副食品，缓解了副食品供应不足的矛盾。青岛市从1987年6月起，免征高等学校劳动服务公司所办企业的所得税，在山东海洋学院、青岛医学院的倡导下，成立了青岛市高校新技术联合开发公司，利用高等学校的技术优势，建立了建筑装璜公司，成立了汽车修理、食品加工、镁钒石系列化妆品等工厂，并积极搞技术开发，为高等学校教师的科研成果转化为生产力服务，同时大力支援了乡镇企业的发展。

二、国家教委加强对后勤改革的宏观管理

1986年8月，国家教委发出《关于对高校后勤改革工作进行检查评估的通知》，目的是为后勤改革的正确决策和有效管理提供可靠的依据，以推动改革的深入发展。检查评估的范围是食堂、汽车队、宿舍管理、校园绿化和环境卫生。各地制定了统一的检查评估标准和按学校规模分类的经济指标体系，按自检、互检和省市抽查的程序进行了评估检查。

1987年2月，国家教委发出《关于进一步加强以伙食为中心的高校后勤服务工作的通知》。《通知》就高校伙食工作的检查评估、加强民主管理、加强职业道德建设、提高大学生膳食营养水平等问题，提出了具体要求。并提出要"坚定不移地把改革工作引向深入，并向后勤其它领域扩展"，扩展的重点是改革学生宿舍管理工作，要做到齐抓共管，综合治理，并把管理与学生自治结合起来，把学生宿舍当作学生的第二课堂和培养教育学生的园地。

1987年3月至5月，国家教委派出高等院校后勤改革调查组，前往北京、江苏、上海、湖北、云南、四川、陕西等七省市的51所高等院校，就如何深化高等学校的后勤改革进行了调查研究，总结了经验，分析了现状，提出了深化改革所要采取的措施。调查后连续在《光明日报》发表了四篇调查报告，充分肯定了几年来高校后勤改革取得的成绩和经验；提出了推动改革进一步深化的意见；提出了改变后勤管理队伍后继乏人状况的意见；呼吁各地方党政领导机关承担起高校后勤服务工作实现社会化的责任，减少对高校的各种摊派，减免对高校后勤服务部门的税收。

1987年6月，国家教委行政管理局召开了部分高校参加的学生宿舍管理经验交流会议。目前，全国多数高校对学生宿舍实行了齐抓共管、综合治理的办法。学生工作部门、后勤部门、保卫部门及学校领导共同抓好宿舍管理，初步改变了宿舍脏、乱、差的局面。吉林工业大学、南京铁道医学院等少数学校采用学校管理与学生自我管理、自我服务、自我教育相结合的方式，对培养学生自理、自立能力有较好效果。目前，全国已有100多所高等学校对学生宿舍实行了公寓化管理的办法。新生入学时，被褥、床单等行李由学校统一购置，适当收费。宿舍的各类管理、各种服务、清洁卫生、治安保卫等工作采用有偿服务的方式，每月每生收费2至4元。凡实行公寓化管理的宿舍，一般公共卫生较好，床单、被罩定期换洗，各种服务设施较全，管理比较严格，使学生宿舍真正变成了"大学生之家"，受到学校、学生、学生家长三方面的欢迎。

1987年9月，国家教委行政管理局召开了部分省市和高校参加的服务育人思想政治工作座谈会。会议探讨了后勤服务工作如何为高等学校培养人才服务的问题。清华大学、西北工业大学、哈尔滨工业大学等高校，介绍了他们开展"优质服务、服务育人"活动的经验。清华大学后勤部门派员与学生一起到社会上参加实践活动，同时吸收学生在校内后勤服务部门参加社会实践。通过劳动和参与管理，学生在接触实际中受到了锻炼，增长了才干。如机械系一个高年级学生在食堂担任副管理员，每周参加12小时工作，与炊事员打成一片，建立了感情，感到很受教育。又如电机系的学生，到电管科劳动，他们结合所学专业，调查学校变压器的负荷，与电管科签定合同，搞技术革新，他们自己设计、自己安装了节电设施，取得良好效益。1986、1987两年清华大学组织2000余名学生在校内进行公益劳动，后勤干部职工发挥了良好作用，劳动教育取得了较好的效果。1985年，西北工业大学把“创一流后勤服务工作，建一流精神文明阵地”作为奋斗目标。两年来，学校后勤部门涌现出屈秀梅等一大批先进个人，多次被评为全国、部委、省市的先进单位或受到表彰。会议认为，学校实行“优质服务、服务育人”的主要途径：是通过后勤职工辛勤劳动给学生送温暖；创造办学物质条件，建设优美、文明的校园环境，陶冶学生的美好情操；通过科学管理及吸收学生参加民主管理，促进学生自我管理、自我教育；通过组织学生参加公益劳动，后勤职工直接对学生进行思想及技术知识教育。

1987年12月，国家教委在北京召开了全国高等学校后勤工作会议。参加会议的有各省、自治区、直辖市教委、高教（教育）厅（局）的负责同志，119所高等院校的校（院）长、总务长和17个部委教育司（局）的负责同志。国家教委副主任刘忠德代表国家教委作了工作报告。会议的主题是贯彻党的十三大精神，加快和深化高校后勤改革。

会议肯定了党的十一届三中全会以来高校后勤改革取得的成绩，会议认为改革的步子是稳妥的，方向是对头的，效果是显著的。会议总结了九年来改革的基本经验，归纳起来有6条：即改革是出路、队伍是根本、领导是关键、政策是保证，改革必须有明确的指导思想，改革必须从实际出发。

会议明确提出深化高校后勤改革的目标和任务。

在体制改革方面，要继续探索和建立政企职责分明、管理层次清楚、责权利有机结合、有利于朝社会化方向发展的管理体制。在完善现有的承包经营责任制的基础上，积极推行总务后勤经费任务的全面承包，在保证学校对后勤大政方针的领导下，使后勤系统相对地从学校独立出来，实行独立核算、自主经营。

在管理改革方面，要进一步完善现有的承包经营责任制，制订各种先进的科学定额和考核指标体系，加强财务管理和经济核算，建立健全以岗位责任制为核心的规章制度，建立健全监控反馈机制，实行严格的科学管理，使各项工作制度化、规范化。

在加强校际后勤的联合、协作方面，要遵循自愿、互利的原则，把协作建立在可能和需要的基础上。要发挥各校的优势，打破校界，提高设备利用率，节约设备投资费用，扩大服务范围，共同提高服务质量。要逐步建立各种形式的经营服务联合体，作为后勤服务工作社会化的形式之一。

在引进竞争机制方面，在学校自办后勤为主的前提下，积极引进社会第三产业为学校服务。要调动学校和社会两个积极性，实行全民、集体和个体力量一起办后勤。对进校服务的社会第三产业要加强管理和监督。

在加强后勤队伍的思想建设和组织建设方面，要组织广大后勤干部职工认真学习党的十三大文件，用社会主义初级阶段理论和党的基本路线指导工作，同时要树立后勤为学校培养人才总体目标服务的思想，坚持为教学、科研和师生员工服务的方向，坚持优质服务，服务育人，加强和改善思想政治工作。在组织建设方面，要按照干部“四化”要求，配备好后勤各部门领导班子和管理干部。要建立正规的后勤队伍的培训途径，发挥中央、地方和学校多方面的积极性，多层次、多渠道、多形式地培养后勤管理干部和技术骨干。有条件的学校，应积极开展高校后勤管理的研究，逐步建立起中国高等学校后勤管理学的教学科研体系。

会议认为，各级领导和社会各方面要为高校后勤改革创造一个良好的外部环境。

地方党政领导机关和有关部门要为支持高校后勤改革制定合理的政策，如控制社会对高校的摊派，对高校后勤服务单位减免税收，积极为高校改善和创造办学条件等。

各级教育行政部门要指导高校后勤改革，协调地方政府有关部门与高校的关系，检查监督高校后勤改革工作。学校党政领导要下放人权、财权和经营管理权，要支持和监督后勤改革。

关于解决后勤部门部分干部的专业技术职务及相应待遇问题，会议认为，目前应先采取“分流”的办法解决。长期从事后勤管理的行政干部，在后勤管理纳入有关管理研究系列后，有些同志可以评定相应的管理研究专业技术职务，目前，可聘任相应的行政职务。对学校管理干部待遇不合理的问题，允许学校根据不同情况用预算外基金解决。

关于解决高校后勤部门工勤人员不足的问题，会议认为，必须进行用工制度的改革，适当放宽对高校后勤部门招聘、使用临时工的政策，可允许按定编固定工的二分之一额聘用计划内临时工，人员经费从学校“辅助工资”中列支。后勤各承包单位使用计划外临时工，人员经费可由承包经费或预算外经费中开支。

撰稿人　姚典笙
审稿人　张玉池

职业技术教育

职业技术教育发展概况

1987年，全国职业技术教育事业在改革中得到了进一步的发展。由于中等教育结构的改革、有关劳动人事制度的改革和职业技术教育本身的改革，职业技术教育迅速发展。1987年全国中等专业学校3913所，（其中，中等技术学校2854所），比1986年增加131所；招生数71.52万人，其中，中等技术学校招生48.498万人，比1986年增加5.7%，其中中等专业学校在校学生187.39万人，比1986年增加6.6%；教职工45.9万人，比1986年增加5.3%。1987年，农、职业中学8381所，比1986年增加194所；招生数113.17万人，与1986年基本持平；在校学生达267.61万人，比1986年增加4.5%；教职工28.13万人，比1986年增加11.8%。高中阶段的职业技术学校在校学生516万人，占高级中等学校学生总数的比重为40%，比1986年提高1.7%。

农村职业技术教育改革

（一）河北省农村教育改革实验区工作取得可喜进展。为了促进贫困地区经济开发，在农村更好地贯彻“教育必须为社会主义建设服务，社会主义建设必须依靠教育”的方针，使经济和教育协调发展，1987年国家教委与河北省人民政府决定在河北省阳原县、完县和青龙满族自治县进行贫困地区经济开发和教育改革实验。

1987年2月27日至28日，国家教委与河北省人民政府在涿州市召开了河北省农村教育改革实验区工作会议。国家教委副主任何东昌等同志到会并讲了话。

会议认为，实验区工作要切实贯彻《中共中央关于教育体制改革的决定》和《中共中央关于社会主义精神文明建设指导方针的决定》精神，以“教育必须为社会主义建设服务，社会主义建设必须依靠教育”为指导思想，探索在贫困的农村如何使教育和经济协调发展，经济开发与智力开发密切结合的途径。会议明确实验区的任务是：1.协同各方面力量搞好经济开发，逐步改变贫穷落后的面貌；2.明确发展农村教育的指导思想，改变社会上普遍存在的办学只是为了升学的倾向；3.保质保量地逐步普及九年制义务教育；4.改革农村教育的结构，把普通教育、职业技术教育与成人教育结合起来统一规划、合理安排，使各类教育逐步适应经济、社会发展的需要；5.改革教学内容和教学方法；6.大力培养和培训师资。通过经济开发，使这些地区在“七五”期间摆脱贫困，并在这个基础上继续努力，争取使经济进一步发展到接近国内的中等水平。通过教育改革，使教育在结构、规模和质量方面能基本适应经济、社会的需要，教育质量赶上国内的中等水平，以加快当地经济发展的步伐。争取用十年多一点时间实现上述目标。

会议明确当前工作的重点是：1.组织高校和有关部门帮助当地开发经济。做好资源调查，制订经济发展规划，引进信息和技术，改造和发展县办企业和乡镇企业，落实一批能使千家万户受益的见效快的项目；2.抓紧培养、培训师资。动员有关大中专学校通过定向招生、委托代培等形式为实验区培养师资，并通过脱产进修，参加电视、函授学习，自学考试等多种形式提高教师的水平，逐步达到合格的标准。3.进行教育结构和教育内容改革的试点。根据扶贫和经济开发的需要，举办各种形式的成人短期实用技术培训班；每个县选一个乡进行五四制改革的试验；每县建设一所骨干职业技术中学；有重点的办好一、二所乡、村农民技术学校。

会议决定，实验区工作在国家教委和河北省政府的领导下进行，并指定专人负责领导这项工作。在国家教委职业技术教育司和河北省教委分别设立或指定办事机构办理日常事务。实验区工作的组织实施主要依靠试点县及所在地区的力量。国家教委和河北省政府负责：1.研究和制定改革实验的方针、政策；2.动员和组织有关学校、科研机构、业务部门对实验县的经济开发和教育改革进行指导和帮助，在人才、信息、技术方面给予支持，在仪器、设备等方面给予支援；3.疏通师资培养、进修渠道，并在相关经费上予以资助；4.必要的专项经费补助；5.协调各实验县的扶贫力量，共同搞好试点工作。

有关高校和科研机构的任务是：清华大学、北京师范大学、张家口农专、张家口师专负责指导和帮助阳原县搞好经济开发和教改实验；天津大学、北京师范大学、河北农业大学、保定师专负责指导和帮助完县搞好经济开发和教改实验；河北农业技术师范学院、唐山工程技术学院负责指导和帮助青龙满族自治县搞好经济开发和教学改革实验；北京师范大学、张家口师专、保定师专、河北农业大学、河北农业技术师范学院等校还要为阳原、完县、青龙分别承担一定的培养师资的任务。中央教科所和河北省教科所也要派人参加和指导实验区的教育改革。

1987年9月26日至28日，国家教委与河北省人民政府在保定市联合召开了河北省农村教育改革实验区第二次工作会议。会议总结了前一段教改实验工作，研究并解决遇到的问题，确定下一步工作重点，以推进教育改革逐步深化。

会议对实验区下阶段工作提出如下意见：1.进一步提高思想认识，增强搞好实验区工作的自觉性。主要领导要亲自过问实验工作，充分调动各方面的积极性，克服前进中的阻力和困难，边实践，边总结，边推广，以最大的努力，扎扎实实地完成实验区工作的各项任务；2.继续坚持从经济开发入手，首先抓好群众的脱贫致富工作。贫困地区经济开发和教育改革的实验，必须坚持引进信息、技术和人才，以促进经济开发，帮助脱贫入手，立足于多层次地培养当地适用的人才，增强地方经济的自我发展能力，走出一条经济开发和智力开发密切结合、互相促进的路子；3.端正办学方向，深化教育改革。农村普通教育要从单纯为了升学转到主要为本地社会、经济发展培养人才，兼顾向高一级学校输送新生的方向上来。各级领导和学校要采取切实措施，纠正片面追求升学率的错误倾向，模范地执行国家教委的有关规定；4.加强师资队伍建设。“七五”期间，要继续委托有关大专院校为实验区定向培养和培训师资；5.加强组织领导，搞好统筹和协调工作。会议决定，增加南开大学参加帮助青龙满族自治县搞好经济开发和教育改革实验工作。

一年来，三个县主要采取了以下措施：

1. 落实一批投资少、见效快、能使家家户户受益的项目。如完县，在河北农业大学的帮助下，采用了先进的饲养技术，使家兔由1986年的60万只发展到1987年的70万只；由于推广了地膜覆盖技术，西瓜每亩增产2000斤，上市提前半个月，总产值比1986年增加686万元；此外，还大力发展了太行密瓜，蔬菜采用了塑料大棚，种植各种食用菌和果树，1987年干鲜果总产量比1986年提高200万斤，食用菌由1986年的73万斤增加到90万斤，并加工出口70吨。阳原县在张家口农业专科学校的帮助下，1987年又新栽果树5万余亩，改造低产果园1万余亩，扶持20个养兔村，65个养羊村。到1987年9月底，全县兔饲养量达到50.2万只，比1986年同期增长6倍。羊饲养量达到12.2万只，比1986年同期增长33.6%。青龙的兔饲养是由1986年的30万只发展到1987年的70万只，增长133%。

2. 对县办企业和乡镇企业进行技术改造。完县在天津大学帮助下，改造长期亏损的化工二厂，解决了“2.4”和“2.6”一二甲基硝基苯分离技术问题，使产品纯度超过合格标准的指标，当年回收资金50多万元，能源消耗减少约5/6，工效提高20倍。天津大学还帮助该县五金厂解决了高铬球铸造中的表面粘沙与球内气孔两个难题，并将一台混沙机、电机和减速器转送该厂，以配合技术改造。河北机电学院承包了连年亏损的完县机械厂，当年扭亏为盈。清华大学帮助阳原县地毯厂解决了羊毛染色的色泽和牢度等技术问题，使染纱合格率由原来的65—70%，上升到90%以上，每年可减少经济损失40多万元。清华大学还利用阳原县的沸石研制了水泥增强剂，与县水泥厂产品形成配套产品。目前，他们正指导阳原县建厂，将配套产品投产。这一消息传出，预订货已达8、9千吨。

3. 积极培养、培训师资和实用技术人才。1987年，支援实验区的几所大专院校，采取定向招生和委托代培的方式，为3个县培养本、专科水平的师资458人，其中，文化课师资152人，职业教育的专业课师资305人。还通过举办各种师资短训班，培训在职教师586人。另外，还聘请部分高校专家，办巡回短训班，传授有关养羊、养兔技术，种植林果和食用菌技术，并开展了刺绣、编织工艺、机械维修、化工工艺等各类短期实用技术培训，累计培训各类人数达6万人次。

4. 制订和优化经济与社会的总体发展规划。扶贫要兼顾近期目标和长远利益，在抓紧引进一些投资少、见效快项目的同时，清华大学、天津大学、南开大学等高校的专家分别为阳原、完县和青龙制订、优化经济与社会的总体发展规划，目前，已经专家讨论，并制出了数学模型。一些专家还深入到县、乡、村，收集了大量所需数据，正在运用计算机进行测算。

5. 建立了一批经济开发示范点。为了调动农民的生产积极性，在高校的帮助下，3个县分别开辟了一些乡、村示范点。青龙县在河北农业技术师范学院的帮助下，在本县的干沟乡，开展以家兔饲养为主的综合治理。又如在逃军山乡，以果树科学管理为主进行综合治理，并已取得初步效益。阳原县在张家口农业专科学校的帮助下，对马圈堡乡岳家庄的55亩低产果园进行改造。过去，这个庄种植的果树年年遭受虫害，一年的总产仅30斤左右，平均亩产不足6两。1987年由于采用了先进技术和防治病虫害的措施，当年总产即达到5000斤。在马圈堡乡的骆驼岭村，由于开展了养兔、养羊的技术示范，1987年，该村实现了“千只羊、万只兔”的指标，人均收入也从1986年的120元，提高到350元。为此，增强了改变落后面貌的决心和信心，主动要求把全乡列为综合开发实验乡。1987年各村镇一反过去冬闲的旧习，开展了改造兔舍、发展庭院经济等的生产劳动。

6. 物质上给予必要的资助。国家教委在师资培训、示范教育开发研究等项目给予了200余万元的资助。同时，出资50万元支持河北农业大学建立太行山区职业技术教育培训中心，为整个太行山穷困山区的经济发展培训人才。有关高校也从各个方面给以物质资助。如清华大学按实际价格的3—5%，给阳原县100多台（件）教学仪器和工业设备。

河北省农村教育改革实验区，经过多方努力，1987年经济呈现了可喜的势头。阳原县、完县、青龙满族自治县工农业总产值分别达到1.4亿、1.7亿、1.9亿元，比1986年分别增长48%、13.6%、35.9%；财政收入分别达到808万、642万、749万元，分别比1986年增长44.3%、12%、44.1%。三县的人均收入：阳原、青龙由1986年的150元左右提高到250元左右，完县1987年已超过300元。

（二）农村教育为当地经济建设服务经验交流会综述。1987年12月14日至18日，国家教委与农牧渔业部联合在山东省平度县召开了农村教育为当地经济建设服务经验交流会。国家教委副主任何东昌、王明达，农牧渔业部副部长相重扬，省市教育部门负责职业技术教育及成人教育的领导同志、省市农业部门负责教育的同志和部分学校校长参加了会议。会议主要任务是按照党的十三大提出的加快和深化改革的精神，总结交流近几年各地改革农村教育，努力为当地经济建设服务方面的经验，从而进一步推动全国农村教育改革的深入发展。会议明确了农村教育深化改革的主要任务是坚决纠正片面追求升学率的错误倾向，从单纯的升学教育转到主要为本地区经济发展和提高劳动者素质而培养人才，使基础教育、成人教育、职业技术教育协调发展。改革领导管理体制，加强县一级领导和统筹。要按照本地区经济建设的需要改革教学内容、教学方法和教学管理等。

国家教委副主任何东昌在开幕式上作了重要讲话。他强调指出，中国的人口80%在农村，农村富不起来，中国富不起来；农业不稳，整个国民经济不稳。教育的重点和难点在农村，所以，一定要重视农村教育的改革。农村教育绝大部分是中等和中等以下的教育，从本质上讲就是基础教育中的文化科学教育和实用技术教育。有些地方片面追求升学率，不重视为本地经济建设培养人才，现在，要把这个“头”调过来，把教育和经济两张皮变成一张皮。教育的形式、内容都要和本地实际紧密结合起来。基础教育和职业技术教育、成人教育要相互沟通，应允许县里统筹，人力、物力、财力上统筹使用。并指出农业中专的招生、分配制度必须进行改革，改变由国家包分配的办法。普通教育也要有所改革，要引进职业技术教育因素，为当地经济建设培养人才。他说，农村教育搞好了，就能为农村培养一大批会搞商品经济的致富带头人。

会议特邀代表河北省副省长王祖武、甘肃省副省长刘恕、山东省副省长马长贵、湖南省副省长王向天分别就建立农村教育改革实验区、发展农村职业技术教育和把教育放在十分重要的战略地位等问题作了经验介绍。山东省平度县县委、人民政府等11个单位作了经验介绍。

平度县重点介绍了《办好农村教育为全县经济建设服务》的经验。他们把发展教育与发展经济、发展生产力结合起来，使教育为振兴平度经济建设服务。

附

办好农村教育
为全县经济建设服务

中共平度县委

平度县人民政府

我县位于胶东半岛的西部，45处乡镇，1783个行政村，123万人口，其中农业人口117万，总面积3166平方公里，耕地面积261万亩，是山东省最大的县份之一，历史上是胶东地区贫困落后的地方。党的十一届三中全会以来，经济有了持续稳定的发展，是我县历史上最好的时期。“六五”期间，社会总产值平均年递增19.6%，工农业总产值平均年递增14.6%，国民收入平均年递增19.4%，农民人均纯收入平均年递增32.6%。1986年，全县社会总产值23亿元，工农业总产值15.3亿元，国民收入10.3亿元，财政收入4320万元，农民人均纯收入677元。这些成绩的取得有多方面的原因，其中一个重要原因是由于狠抓了教育这个战略重点，提高了劳动者的素质，培养了一大批技术人才和管理人才，发展了社会生产力。

我们是怎样把教育与发展经济、发展生产力结合起来，使教育为振兴平度服务的呢?

一、不断解决各级领导的认识 扎扎实实地发展教育事业

我县地处沿海附近，无论在地理位置和自然条件方面，都比较优越，又是一个老解放区，为什么历史上却那样贫困落后呢？在1980年进行了“平度经济与教育”的调查之后发现，除了历史和政策的因素外，主要是因为教育落后，缺少知识，缺少人才，严重地影响了生产力的发展。当时，在全县人口中，具有初中文化的只占18.18%，具有小学文化的只占39.9%，有的乡镇，村庄主要干部中有半数以上还是文盲半文盲。基础教育的薄弱，又造成了各类科技人才和管理人才的匮乏。在我们这样一个大县里，当时农林水各业科技人员仅有406人，厂矿企业中的工程技术人员更是少得很。因此，那时候的经济结构基本上是单一的农业。到1978年，县直工业的全部固定资产只有7100万元，乡镇工业的基础更为薄弱，只能加工锄、镰、锨、镢和简单农机具的维修。尽管有丰富的资源，但是不能开发利用。在农业生产上，也是延用了老祖宗的种植方式，技术水平极低，良种推广不了，化肥、农药的使用也不断发生生产性和中毒性事故，更谈不上运用新技术、新成果。现实告诉我们，要振兴平度，必须迅速发展社会生产力，特别是努力提高生产力诸要素中最活跃并起决定作用的劳动者的素质和科技水平。而要提高劳动者的素质，根本的办法就是发展教育事业，百年大计，教育为本。否则，要实现我县“强化农业，大上工业，搞活流通，狠抓科技”的经济建设总体战略方案，振兴平度经济，就是一句空话。因此，在十二大召开后不到一年的时间里，县委先后召开七次常委会，解决对教育的认识，研究发展教育事业的措施。从那以后，县委常委每年都要有三、四次会议专门研究教育，并召开一次乡镇党委第一书记和县直部门主要负责人参加的教育工作会议，提高认识，解决发展教育事业的实际问题。要求广大干部群众更新观念，我们自己首先更新观念；要求下面重视教育，我们首先带头重视。对教育工作，主要负责同志亲自抓，分工的同志认真抓，领导成员把教育工作与自己分工的工作紧密结合一齐抓。分管山区工作的同志，把发展教育事业作为开发建设山区的措施来抓，分管工业企业的领导同志，向企业提出依靠教育振兴企业的要求。为了把县委、县政府一班人的观念变为全县广大干部群众的观念，变为他们的自觉行动，我们举办了党政干部轮训班，并于1983年12月份召开了5000多人参加的县、乡镇、村三级干部教育工作会议，利用正反两方面的事例，从理论与实践的结合上，教育广大干部充分认识教育在振兴平度中的重要作用。同时，我们也明确宣布，把教育工作纳入各级领导干部的任期目标责任制，并作为考察干部的主要内容之一。经过广泛深入的宣传教育，广大干部逐步树立了教育意识，把教育纳入了本地区本单位的经济发展规划，一起考虑安排，有了钱，先办教育，而且舍得花大钱。因此，使我们发展教育事业的一些实际问题一一得到了解决。

首先，加强了师资队伍的建设。十一届三中全会以来，我们连续投资500多万元，建立了师资培训中心和4所分校，其中一所分校专门用于培训农民教育师资，在45处乡镇分别建立了培训点，形成了以师训中心为主体，以分校为基地，以乡镇培训点为补充的覆盖全县的师资培训网络。师资培训中心实行“地方投资，高校办学，省列计划，分工管理”的办学体制，青岛师专、青岛教育学院、山东教育学院、山东电视大学都在这里为我们办了教学班，还有高师函授班。这样以来，每年可以为我们培养300名左右的大专毕业生，充实到教师队伍；还可以使300名左右的在职教师通过进修达到学历要求。我们实施九年制义务教育，所需的初中师资基本可以解决。为解决职业技术教育专业教师不足的问题，我们主要负责同志亲自物色，组织部长亲自召开科局负责人会议进行部署，要求他们像当年动员参军、支边那样，坚定不移地把适合的人选调出来。农民教育专职教师，由村庄推荐，乡镇考核，择优录用，经过培训，方能任教。乡镇成人教育中心的专职教师，由教育部门配备，同普通教育师资同等对待。

其次，从本县的实际出发，建立了人民教育基金制度，实行全县统筹教育经费。从1984年起，县委、县政府确定建立教育基金制度，并把筹集的比例和总额切块下达到乡镇，由乡镇政府负责筹集，实行县、乡镇两级提留，当年筹集，来年使用。前三年每年1030万元，今年将增加到1560万元。在使用的分配上，基础教育占88%，职业技术教育占10%，乡镇文化技术学校占2%，从而使“三教”都有了一个稳定的公用经费来源。

三是“三教”的办学条件有了很大改善。中小学解决了中央提出的“一无两有”，实现了省里提出的“六配套”，不少学校还形成了教学、生活、运动、生产基地四大区的格局；县办职业中专、职业中学的校舍、仪器、实习基地等基本适应了教学的需要；乡镇、村庄用于成人教育基本建设的投资达680多万元，实现了教室、教材、课桌凳、经费、教师、实验基地“六落实”的学校达50%以上。

二、“三教”协调发展，提高全县人民的素质和技术水平

从全县经济建设和发展生产力的实践中看出，基础教育、职业技术教育、成人教育是农村教育不可分割的有机组成部分，在发展生产力和为经济建设服务中都占有非常重要的位置。因此，我们从本县经济建设和发展生产力的需要出发，把基础教育、职业技术教育和成人教育作为一个整体来考虑，使“三教”协调发展。

基础教育关系到全县人民的素质，又是发展各类教育的基础，我们首先抓基础教育的发展。从1982年起，就从本县的实际出发，实行了分级办学、分工管理的体制，把发展基础教育的任务落实到乡镇、村庄，并发动各乡镇建起了中心幼儿园、中心小学和中心初中，加快了基础教育的发展步伐。学前教育入园率达到95%；普及初等教育的工作，1984年就在全省首批验收合格；初中教育也稳步发展。所以，1986年被国家教委命名为全国“基础教育先进县”。从1988年开始，我们将分三批在全县实施九年制义务教育，到1993年达到普及的标准。

在加强基础教育的同时，我们积极改革中等教育结构，发展职业技术教育。根据我县“东油、南粮、西棉、北果、中间菜”的农业经济区划特点和产业结构调整及人民群众生产生活的需要，先后在东北低山区和西北丘陵区办起了开设农学、果林、农副产品加工的两所职业中学；在东南粮油区办起了开设农学、农机电、畜牧兽医等专业的两所职业中学；在素有手工业传统的侨乡办起了综合技术中学；为适应广大农民渴望子女成才的要求，我们又办起了专为农村培养幼儿教师的职业高级中学。现在这些学校已发展到113个教学班，在校学生达到4300多人，占高中阶段总数的41%以上，开设了农学、果林、蔬菜、畜牧兽医、农机电、农副产品加工、电子、烹饪、建筑、财会、经济管理、幼师等15个专业。

从我县人口结构看，20岁至49岁的中青年有46万人，占全县总人口数的38%。这部分人大都在生产、工作第一线，是我县经济建设和社会发展的中坚力量，只有尽快提高这部分人的综合素质，形成新的生产力，才能大幅度提高劳动生产率和工作效率，促进经济的振兴。因此，我们发动各乡镇、村庄、各系统、各部门以及社会力量都来办成人教育。为加强这方面的工作，县和乡镇政府都成立了成人教育委员会，教育局设立了成教科，配备了专职干部，并为各乡镇配备了中学副校长级的专职辅导员，村庄也成立了领导小组，任命了校长，做到层层有人抓。

现在，县里有农民中专、农民教育师资培训学校、农业广播学校，43处乡镇建立了成人教育中心，927个村庄办起了文化技术业校，还有32处乡镇企业职工文化技术学校。此外，还通过广播讲课、技术咨询、印发技术资料等各种形式开展农民教育。全县初步形成了一个县、乡镇、村庄上下衔接，农、工、商各专业齐备的农民教育网络。

在发展职业技术教育和成人教育中，各部门积极性很高，这是好事情，但是，我们也发现，由于条块分割，职工教育中存有不少弊端。一是分散了财力物力，影响了办学效益；二是各自办学造成专业重复，培养与需求失调；三是师资问题解决不了；四是质量没有保证。为了解决这些问题，我们成立了有县委、县府主要负责同志挂帅，吸收有关部委办局参加的全县职业技术教育和成人教育管理委员会，统筹安排职业技术教育、成人教育的设校和专业，使二者相互结合，协调发展。同时，帮助解决发展职业技术教育和成人教育中的一些实际问题。从去年以来，根据全国职业技术教育和成人教育工作会议精神，开始调整各方面的关系，目的是想建立一个既能充分调动各方面的办学积极性，又能在全县统得起来的管理体制，提高办学效益。为加强职业技术教育和成人教育的管理，今年我们建起了职前教育与职后教育相结合的县职业技术教育和成人教育中心。这个中心在县职业技术教育和成人教育管理委员会领导下，由教育行政部门主管。一方面是集多方面的功能于一起的教学实体，主要是办好中等技术教育，为县和乡镇企业培养各类技术人才和管理人才，并通过电视大学、音像教学等途径，举办较高层次的成人教育，培养经济建设急需的较高层次的人才。同时，充分发挥这个中心的人才和知识优势，为各部门、各单位举办技术较高、专业性较强的短训班。另一方面，这个中心还要充分发挥集约化办学的优势，起示范和辐射作用，为其他层次的职业技术教育和成人教育提供人才信息、教学资料，帮助培训教师，指导教学，以及提供实验实习的方便，推动全县职业技术教育和成人教育的发展。

三、端正教育思想　使“三教”都为本县经济建设服务

全县产业结构的调整，经济建设的发展，急需各种技术人才和管理人才。但是，由于单一化的中教结构和片面追求升学率思想的影响，回乡的中学毕业生又不适应需要。我们深刻体会到，不仅要大力发展教育事业，而且要端正办学思想，使教育主要为本县经济建设服务。解决这个问题的关键又在我们县委县政府。因此，我们首先指导全县普通中小学全面贯彻党和国家的教育方针，实行教育与生产劳动相结合，主要面向本县培养人才。为提高劳动技术课的质量，县委、县政府作为学校基本建设配套项目，为中小学建立了6500亩的生产基地，小学平均每班0.76亩，中学平均每班1.5亩，县教育局自编了教材，配备了专兼职教师，纳入了教学计划，使劳动教育和职业技术教育扎扎实实地开展了起来。而且取得了显著的效果。据对香店中心中学1986届回乡毕业生的调查，由于该校较好地坚持了教育与生产劳动相结合的方针，学生的文化、思想素质都比较好，回乡后很受干部群众的欢迎，现在已有81%的人被乡村企事业单位录用。

第二，职业技术教育坚持为农村培养人才，为本县经济建设服务，立足于教给学生独立经营、劳动致富的实本事，培养学生的创业精神，并做到一专多能，可以根据劳力市场的变化随时转业。对已毕业的学生进行追踪教育，帮助他们解决遇到的实际问题，或召回学校，进行新技术新知识的培训，使他们在经济建设中充分发挥作用。职业技术教育还以智力和技术为全县的经济建设服务。县职业中专的师生配合农业局，对12处乡镇的土壤成份进行了科学普查，提供了1000多个数据，使农民科学种田、科学施肥有了依据。他们培育的"杂交二号"花生种新品系曾获全国青少年科技发展银牌奖，现已在全县十几个乡镇推广。从1985年以来，这所学校的果林专业把教学实习和技术助农结合起来，为全县25处乡镇的果农修剪管理果树3500多亩，7万多株。第一职业中学已有93项发明创造获得县、市、省级奖励，"通用型晶体管调节器"还获得了全国青少年科技发明银牌奖，国家专利局签发专利意向书的"同步发电机自动调压器"和"小拖拉机高低速照明自动变换器"，已被我县三堤乡企业引进，将投入批量生产；第五职业中学进行的"大泽山区中草药普查"，为我县开发利用大泽山的自然资源提供了科学依据，已被省有关部门确定为重点科研项目。各职业中学还适应经济建设对人才的急需，做到长短班结合，灵活办学，既办长班、又办短班。1985年以来，已办各种短期技术培训班45期，参加培训的学员达12000多人，而且，学校还充分发挥人才和知识的优势，组织师生深入农村举办技术讲座，开展技术咨询，进行技术推广。

第三，成人教育坚持从实际出发，讲究实用、实效，干什么，学什么，缺什么，补什么。对厂矿企业的职工进行岗位职务培训；对广大农民则教给他们脱贫致富、劳动致富的一技之长，或根据产业开发和技术推广的需要开展培训，尤其强调了对在乡初高中毕业生的职业技术培训，达到培养一个带动一片的目的。张戈庄镇为在全镇推广地膜种植技术，通过农民文化技术教育这个基地，举办了48期培训班，使200多名在乡的初高中毕业生和绝大部分的青壮年农民都熟练地掌握这项技术，从而创造了万亩花生亩产超千斤的全国大面积花生单产最高纪录。闻名全国的葡萄产区大泽山镇，根据葡萄生产是本镇经济主体的特点，以成人教育这个基地，对果农进行了多规格多层次的科技教育，不仅大面积提高了果农的科技水平，而且培养出县级技术员36人，助理农艺师6人，建立了葡萄研究会，编出了葡萄栽培技术教材，还在全国首次选择培育出四倍体芽变形成的大粒玫瑰香品种。1986年，果品总产量达到400万公斤，今年增加到1000万公斤，农民人均收入增加200多元。田庄镇的青岛第四铸造机械厂，原来是只有几盘烘炉、十几名铁匠的小农具修造厂，这些年来，他们把提高职工的素质当作振兴企业的关键抓，与高等院校和科研部门挂上了钩，送出去学，请进来教，利用本厂的力量滚雪球，使270名职工的技术水平平均达到三级以上，而且培养出24名技术员和8名助理工程师。现在，这个厂已能生产10多个系列100多个品种规格的产品，而且有四种产品达到了80年代初国际同类产品的水平，填补了我国铸造业的四项空白。

几年来，我们坚持"三教"协调发展，主要为全县经济建设服务，已经取得了比较显著的效果。

一是提高了全县劳动者的素质，为经济建设培养了一批技术人才和管理人才。自1980年以来，基础教育向全县输送了9万多名德智体美全面发展的新型劳动者，为劳动大军注入了新的活力。职业技术教育已向全县输送的1339名毕业生，被县、乡镇、村、企事业单位录用的979人，都成了各单位的技术骨干，有不少人担任了中层干部，有的还成了主要负责人；奋战在农业战线的360名毕业生，有40名走上了专业承包的道路，其他毕业生也都成了当地推广先进技术、带动科技进步的"田秀才"。成人教育的发展不仅为青壮年农民提供了学习新知识、新技术的机会，而且使5万多名在乡初高中毕业生接受了不同门类、不同层次的职业技术教育与培训，培养出各类人才16000多人，其他人也都有了一技之长。人才的培养，使我县人才匮乏的问题开始缓解，在农业方面，仅农民技术员就有550多名，比1980年的农林水科技人员总数还多了140多名，而且有了农民助理农艺师；在乡镇企业方面，培养出各类技术员900名，还有助理工程师62名。

二是加快了工农业生产的发展步伐。党的十一届三中全会以来，由于我们坚持了"一个中心，两个基本点"，教育事业的发展又提供了人才和技术，所以，1986年工农业总产值达到15.3亿元，比1978年增长176%。粮食总产突破18亿斤，单产达到1284斤，分别比1978年增长65.6%和110%；工业总产值达到7.65亿元，比1978年增长326%；农民人均收入达到677元，比1978年增长了8倍多。

三是促进了农村经济结构的调整。1986年乡镇村企业发展到4285个，总产值超过县直工业产值。全县从事二、三产业的达到15万人，占劳力总数的29.4%。农业内部结构也发生了较大的变化。

四是提高了消化引进新技术的能力，加快了新技术、新成果的推广应用。在工业方面，"六五"期间和1986年共安排技术改造项目450个，引进国外设备85台，建成八条先进的生产线；在农业方面，全县建起科协分会1600多个，科协会员达到13000多人，一个以科技工作者为骨干、以农村科协会员为基础的县、乡镇、村庄"三位一体"的新型科普体系正在形成。1986年我县有177项科研项目获奖，其中有21项填补了国内空白，有18项填补了省内空白。农业生产上的高产指标化栽培、旱地小麦开发、配方施肥、麦棉麦油间作套种、小麦全蚀病综合防治等方面，取得了显著成绩。

教育事业的发展，广大干部群众素质的提高，加快了全县的精神文明建设。1986年，全县涌现出市级文明单位村庄313个，县级文明单位村庄483个。全省的尊师重教先进单位三堤乡同时是全省的文明单位，农民教育先进单位麻兰镇任家河岔村连续七年没发生过犯罪案件。

农业中专招生、分配制度改革

为了打开人才通向农村的道路，自1983年开始，在四川、浙江等省区进行了农业中专招收不包分配农村青年中专班的改革试点工作。据不完全统计，截至1987年，全国已有23个省、区试点，在校生已有万余人，约占在校生总数的10%左右。发展较快的四川省不包分配生已占在校生总数的26%，成为该省中等农业教育的重要办学形式之一。几年来，毕业生约一千多人。这些毕业生多数已被县、乡农村基层录用，有的自行开业，创办兽医站、农具修理站或成为专业户。改变了原来农业中专长期存在的“农村青年招不来，毕业生下不去，下去了也留不住”的状况。

不包分配的招生工作一般由省农业厅（局）会同教育部门组织报名，省招生办组织考试，由学校择优单独录取。招收高中毕业生的学制二年，招收初中毕业生的学制三年。有的学校还实行了学分制。目前，初步探索的主要形式和作法有：

一是以县定班，县校共管。如四川省温江农业学校和彭县联合举办了不包分配班的办学形式。即学校按县里需要办班，并与县政府签订合同，县政府负责招生，同时负责生产实习的技术指导和管理，学生毕业由县里择优录用。其中有的直接为农村家庭和生产联合体培养经营者。有的面向乡镇企业等集体单位和专业户培养适用人才。

二是学校将包分配和不包分配学生混合编班，如广西部分农业中专，国家指标不落实到人，毕业时择优录用。

三是学校与单位联合办学。如河南省中牟农校与安阳市蔬菜办公室联合举办不包分配蔬菜班，该单位负责办学费用并提供生产实习基地，派人到校了解师生的学习和生活情况。

为了使学生学到勤劳致富的本领，适应农村经济发展的需要，各试点班在专业设置、教学内容和教学方法上都进行了探索性改革。在专业设置上，各校都是根据当地的经济发展需要设置专业。如开设了农村急需的农（畜）产品加工、乡镇企业管理、农业教育等专业。与此同时，还不断拓宽专业面，增设选修课。在教学内容上，加强了专业基础课和专业课教学。教学计划和教学方法普遍注意理论与实践相结合，突出了实际技能和应用知识的培养，训练时数一般不低于30%。各校还普遍狠抓了职业技能训练，如种植和养殖专业，开展了果树嫁接、西瓜种植、养鱼等项实际训练。

实行招生分配制度改革的试点工作，已迈出了可喜的一步。但问题和困难还不少。如不包分配学生在校期间的户、粮关系问题，毕业生去向及回乡直接从事开发性生产经营后毕业生的优惠问题，等等。为了解决上述问题，国家教委职业技术教育司同农牧渔业部教育司一起先后赴贵州和浙江省等地调查了解有关情况，并召开了部分省、市农牧厅（局）和农牧（机）校的座谈会。国家教委和农牧渔业部正与有关部门协商，以求妥善解决，更好地促进招生分配制度的改革。

职业技术教育的师资工作

（一）师资水平的提高。为了加强职业技术学校师资队伍的建设，多渠道解决师资来源，多形式提高师资水平，一些省市、部委建立了职业技术师范院校，至1987年底，已批准了9所，主要解决空白短线及需要量很大的通用专业师资。有关高等院校根据需要与可能设置了职业技术师范班、专业或系，纳入高等学校招生计划；同时，对招生办法进行了改革，制订了《普通高等学校招收少数职业技术学校应届毕业生的暂行规定》，以适应职业技术教育迅速发展的需要，加速培养专业课和实习指导教师。1987年已培养专业师资一万余人。各省市、部委还采取委托代培、在职进修、脱产培训、开展教学研究等方式不断提高教师质量。

为了提高各类职业技术学校专业课师资水平，培养国内难于安排的空白、短线专业师资，吸收国外职业技术教育经验，学习先进的工艺技术和管理经验，自1987年开始，每年将选派公费出国进修教师50名。第一批出国进修教师，经过外语考核、培训，录取工作已经完成。将于1988年陆续派出。派往美国、英国、日本、联邦德国、丹麦、瑞士、澳大利亚等国。根据中日两国间的合作协议，每年选派10名青年教师前往日本高等专门学校进修。

（二）职业技术学校教师职称改革工作。按照中央职称改革工作领导小组的部署，全国各省、自治区、直辖市中等专业学校教师职称改革工作，在1986年下半年试点工作取得经验的基础上逐步全面铺开。1987年3月～4月，国家教委职改办分别在杭州、广州、西安和天津召开了部分省、自治区、直辖市中等专业学校教师职称改革工作情况交流会，推动了职称改革工作健康地进行。

截至1987年底，全国大部分省、自治区、直辖市的中等专业学校教师的职称改革工作，已基本完成。通过职称改革工作，加强了教师队伍建设；促进了中专学校教学改革和教学质量的提高；调动了广大教师教书育人、做学生思想政治工作的积极性；推动了师资队伍的科学管理工作。

1987年7月，国家教委职称改革工作领导小组颁发了《关于职业中学专业课教师职务聘任工作的补充意见》。《意见》指出，对未达到规定学历的职业中学实习指导教师和专业课教师，可暂不要求其获得专业合格证书和教材教法合格证书。在教师职务评审中，对教师任职条件的掌握，要坚持理论与实践并重的原则，主要考察教师的政治思想、文化专业知识水平、教育教学能力、实际操作技能、本行业的实践经验和履行职责的实绩。职业中学教师职务的聘任工作，要有利于加强专业、实习指导教师队伍的建设，鼓励专业技术人员，以及学校的文化课教师从事专业课、实习指导教学工作，要有利于专业课和实习指导师资队伍的巩固和素质的提高。10月，国家教委职称改革工作领导小组办公室在郑州召开了10省市职业中学教师职称改革工作座谈会，交流了职业中学教师职称改革工作的情况。会后发了简报，对推动地方加强对职业中学教师职称改革工作的领导起了推动作用。

中专招生工作

为了使中专招生工作制度化，在汇总各地、各部门对普通中等专业学校招生工作意见的基础上，制定了《普通中等专业学校招生暂行规定》(征求意见稿)，征求地方及部门的意见。为了提高办学效益，把学校办好，应加强部门、地区之间的横向联系，实行跨省招生。同时，也要为用人单位承担委托培养和招收自费生。这方面都作了相应的规定。为了提高工作效率，减少中间环节，便于地方及早安排招生工作，已将跨省招生来源计划的编报关系和职权作了调整。

合理解决残疾人的升学、就业问题，是全社会关心的政策性很强的问题，针对中等专业学校在录取符合体检标准的残疾考生中存在的问题，1987 年 7 月 31 日，国家教育委员会和劳动人事部联合发了《关于做好普通中专学校招收残疾青年工作的通知》。要求各普通中等专业学校，对达到报考学校的录取分数线，又符合体检标准要求的残疾考生，应与其它考生一视同仁，积极予以录取，绝不应因残疾而不予录取。强调指出，学习期满的残疾毕业生应与其它考生一样分配工作。同时，要求各地教育部门及招生办公室在结束招生工作以后，将录取残疾考生的情况和问题上报国家教委。

中专教学改革

（一）中专教学计划改革。1987年，各部门、地方和学校在《中共中央关于教育体制改革的决定》和全国职业技术教育工作会议精神的指引下，注意向社会做调查，按社会需要确定改革方向，开展了中专教改的各项试验工作。与此同时，根据招生对象的变化，国家教委委托机械、城建、化工三部委，对机械制造、工业企业电气化、工业与民用建筑和化工工艺等四个工科中专通用专业的典型教学计划进行了修订工作。修订后的教学计划普遍加强了实践教学，注意理论与实践的结合，选修课及讲座也有所增加。

为了交流前一段教学计划和教学大纲的修订工作情况，以及中专教育改革的经验和信息，探讨在新形势下如何进一步深化中专教育改革的问题，1987年8月10日至15日，国家教育委员会职业技术教育司在北戴河召开了有15个部委和15个省市中专（职教）处长以及全国中专课程组组长等参加的中专教改座谈会。会议期间国家教委副主任何东昌到会并讲了话。会议认为，中专教育改革的方向，就是要随着我国经济和政治体制改革的深入发展，切实转变办学思想，使学校教育始终能自觉地、主动地适应经济和社会的发展不断改革，使学校培养人的全过程始终与社会发展的需要保持密切地联系，从而使中专教育更好地为社会主义现代化建设服务。中等专业学校要把教学、技术服务（社会服务）、生产实践三结合作为办学的基本路子，在教学上处理好理论与实践、文化基础与专业知识的关系，扭转重理论、轻实践的倾向，要引导学生广泛地接触社会，在实践中增长才干，并加强对学生的思想政治工作和学生的职业道德的培养，不断提高教育质量。会议指出，当前改革的重点，一是要继续推进中专教育管理体制的改革，充分发挥地方统筹职业技术教育的作用，大力支持学校广泛开展联合办学，尽可能地挖掘潜力，扩大学校的服务方向；二是要从分配环节入手，认真研究和试验改革招生和分配制度，促进学生学习的积极性和用人单位选择用人的积极性；三是要把加强实践教学作为教学改革的突破口，推动整个教学过程、教学内容和教学方法的全面改革。会议强调必须充分认识教学改革是一项政策性、思想性、学术性很强的工作，必须有组织、有领导、有步骤地进行，重大改革必须先进行试验。当前首先要从调查研究入手，按照社会需要确定改革方向。会议要求各部委、各省市在充分讨论教育思想和调查研究的基础上，选择一、二个专业，大胆地进行深化改革的试点。会议对面上的教学改革工作，教学计划和教学大纲的修订，新教材的编审以及加强中专教育的研究等工作做了部署。

1987年，中等专业学校的制图、金工、机械原理与机械另件、电工学、化学等课程的教学大纲进行修订或新订，已有12科的37种教学大纲，1987年10月开始陆续供应全国中专四年制和其他学校使用。

这次新修订的教学大纲，贯彻教育改革的精神，努力改变原大纲中不适应我国经济建设需要的部分，在教学内容上作了调整，着重加强了实践性教学环节和对学生动手能力的培养，并明确规定教学大纲的地位应成为各类中专学校课程教学质量评估的依据。

为了贯彻新修订的教学大纲，由全国课程组织召开了数学、电工基础、机械原理与机械另件、电子技术基础等课程的实践、实验教学经验交流会，以推动中专教学研究工作的开展。

（二）中专教材改革。1987年，供职业高中使用的工民建筑、旅游、服装、电器维修等类专业教材陆续由高教出版社出版，并开始对财经类各专业（包括会计、统计、银行等）教材编写进行调查、研究工作。

1987年5月，继全国中专12个学科课程组成立后，全国中专电子线路课程组正式成立。

中专教材规划会议后，经征求各地意见，1987年11月发出《关于调整1986—1990年全国中专教材选题规划的通知》，对原有规划的部分选题进行了调整。其中，力学等课程按其教学大纲的变化调整为建筑力学（多学时、少学时），工程力学、理论力学、材料力学；新规划教材总数由原来的116项增至147项，补充增加新品种教材选题43项。其中，有长期缺口的物理、电工学教学挂图、金属工艺学习题集等，有旨在提高中专生实际工作能力的教学丛书，如"物理学与现代科学技术小丛书"、"机械原理与机械另件教学丛书"等，还有为适应不同类专业不同学时需要的新的教材品种，例如制图（机类少学时）、电子技术基础（少学时）等，也是教学长期需要而没有编写的。

撰稿人　吴继宸　刘玉林
　　　　牛梦成　富祥武
　　　　杨　进　陈福康
审稿人　孙震瀚

山东省平度县教育与经济协调发展的主要经验

近几年来，山东省平度县把教育面向经济建设，与经济建设紧密结合，协调发展，取得了很好的成效，受到中央和省市教育行政部门的重视和表彰。他们的主要经验是:

（一）把发展教育事业放在突出的战略位置。党的十二大召开之后的一年内，县委连续七次召开常委会，解决对教育战略地位的认识问题，研究发展教育事业的措施，要求各级干部像抓经济那样把教育当成重点，放在心上，摆在位上，抓在手上。此后，每年都召开一次专门研究教育的三级干部会议，提高各级干部的认识，布置一年的教育工作。凡教育工作中涉及全局的重大问题，都是由县委主要负责同志主持会议作出决策。县委、县政府把教育工作列入各级干部的任期目标，把教育工作搞得好坏作为一项重要政绩来看待，增强了各级干部重视教育的观念，在全县形成了浓厚的尊师重教的空气。县里在教育方面作出什么决策，各部门、乡、村都能认真贯彻。像整顿民办教师队伍，改革中小学管理体制，筹措人民教育基金，改善办学条件，充实教学设施等，这些难度较大的工作都能顺利完成。

（二）坚持教育与经济建设协调发展。平度县把教育、科技与经济建设当作一个整体统筹考虑。他们从当地经济建设的实际出发，进行人才预测，制定总体发展规划，使平度县的经济建设逐步转移到依靠科技进步和提高劳动者素质的轨道上来。普通中小学全面贯彻教育方针，为提高劳动者的文化技术素质打好基础。在加强思想政治教育和文化课教学的同时，还适当引入职业技术教育的成份，坚持在中小学开设劳动课和劳动技术课，校校建立了生产劳动实习基地。通过劳动教育，提高了学生毕业后适应农业生产的能力。职业技术教育根据当地经济区划、产业结构调整和学生毕业后就业的实际需要，合理确定学校布局和专业设置，改革教学内容和方法，培养学生一专多能，增强适应能力。学校实行教学、科研、生产经营和技术服务相结合的教学体制，发挥学校多功能作用，根据当地生产需要，开展科学实验和技术、信息服务活动，直接为经济建设服务。成人教育以乡镇农民文化技术学校为主体，建立县、乡、村三级成人教育网络，适应农民劳动致富的需要，着重举办周期短、见效快的实用技术短训班，培养初级技术人才。

（三）实行人民教育基金制度，确保教育经费有稳定可靠的来源。平度县为了促进教育事业的发展，依靠各方面的积极性，多渠道解决资金不足的困难。在保证国拨教育事业费逐年增长的前提下，从1984年起，建立了人民教育基金制度，规定按1983年人均收入的2%向群众筹集教育基金，一定三年不变，每年筹集总额为1，030万元，与每年国拨教育经费的总额相当。从1987年开始，每年可筹集人民教育基金1，560万元，已经超过了国拨教育经费1，400万元的数额。同时，县里还决定，对乡镇企业按税前利润的3%征收人民教育基金，在城镇维护税中提取10%用于建设城镇中小学校舍，县城企事业单位实行集资办学，城镇建新校免征土地开发税。通过实行人民教育基金制度，使民办教师的工资和其他待遇有了可靠保证，使中小学有了稳定的公用经费来源，增加了用于师资培训的投资，改善了职业技术教育和成人教育的办学条件。

（四）多形式、多层次、多规格地培养培训师资。1978年以来，县里先后投资120多万元，建立了教师进修学校和4所分校；1985年县里又通过决议，建立师资培训中心，共投资420万元，建筑面积20，000平方米。培训中心实行“地方投资、高校办学、省列计划、分工管理”的办学体制，与有关师范院校、电大、教育学院联合举办师专班、电大师资班、专科培训班和高师函授班等，县里举办中师培训班、函授班及非学历教育的各种短班。从1988年起，每年将有300名本、专科毕业生充实到教师队伍中来，有300名在职教师通过进修可达到大专学历。这不仅保证了实施九年制义务教育所需师资的来源，而且使职业技术中学和乡镇成人教育中心的文化课、专业课教师不足问题也得到妥善解决。

（五）建立基础教育、职业技术教育和成人教育三教统筹的新格局。县里成立了职业教育成人教育管理委员会，县委书记任主任，一名副书记、一名副县长任副主任。委员会对全县职业技术教育和成人教育进行统筹，把办学和管理的具体责任明确落实到县、乡（镇）、村和县直各部门，实行分级、分部门、分行业办学。为了把各部门分散办学的人、财、物集中起来，提高办学效益和教育质量，县里决定投资1.200万元，建立职业技术教育和成人教育中心，主要是培养培训职前职后的中级技术人才和管理人才，同时举办高层次的短训班。县教育行政部门综合管理全县各类教育，负责组织贯彻执行教育方针、政策和上级的部署；制定教育发展的整体规划；管理学历教育学校的设置、撤并、招生、毕业等有关事宜；制定教育、教学工作的政策和规章制度；对学校工作和教学质量进行督导、检查和评估。这样的领导管理体制，不仅促进了“三教”协调发展，而且也有利于三教相互沟通和补充，在教学内容上互相渗透，在师资力量上互通有无，在教学设备、实习基地上互相调节，使全县的基础教育、职业技术教育和成人教育结合成一个不可分割的教育整体，共同为提高全县劳动者的素质，培养各类技术人才和普及、推广科学技术服务，形成教育与经济建设协调发展的新格局。

撰稿人　季善亭
审稿人　马　钊

江苏省中等职业技术学校在改革中前进

1987年，江苏省职业技术教育坚持为经济和社会发展服务的方针，狠抓全国职业技术教育工作会议精神的贯彻落实，使中等职业技术教育在改革中不断前进。

一、中等职业技术学校基本概况

江苏省现有就业前的各类中等职业技术学校644所，另有648所普通中学附设职业班，共有在校生31.38万人，与普通高中在校生数之比为1: 1.48。在校生人数比上年增加2.8万人，增长9.8%。其中中等专业学校154所（不含中等师范学校），招生3.3万人，在校生8.94万人，招生数和在校生人数均居全国首位。职业高中332所，比上年增加23所，招生6.16万人，在校生15.89万人，技工学校在校生3.75万人，比上年也有增长。

二、加强中等职业技术教育立法和领导

在这一年里，省人大、省政府加强了我省中等职业技术教育的地方性法规建设。为了保障中等职业技术教育事业的健康发展，改善技术人员、管理人员结构，提高劳动者的素质，促进我省社会主义现代化建设，结合我省实际情况，在广泛征求意见的基础上，制定了《江苏省中等职业技术教育条例》。这个《条例》经省政府办公会议讨论，并提请江苏省第六届人民代表大会常务委员会第二十八次会议审议通过，于11月10日正式公布施行。《条例》分九章三十八条，对办学的宗旨、办学的主要途径、学校的开办和审批、学制和教学、毕业生的使用和待遇、教师、经费、领导和管理等作出了明确的规定，使发展中等职业技术教育有法可依。

1987年，省人民政府批转了省教委、计经委、财政厅、人事局、劳动局《关于进一步发展和办好中等职业技术教育的意见》，要求各市、县人民政府和省各有关部门加强对中等职业技术教育的领导，认真检查办学情况，切实帮助办学单位解决存在的问题，进一步发展和办好中等职业技术教育，以促进国民经济和社会事业的发展。在这个《意见》中，对江苏省“七五”期间发展中等职业技术教育提出总体设想，并对发展和办好中等职业技术教育提出一些政策性措施，有力地促进中等职业技术教育的发展。

除省人大进行地方立法，省政府作出政策规定外，省教委还制定和颁发了《江苏省中等专业学校学生学籍管理的补充规定》、《江苏省中等专业学校图书管理工作暂行规程》和《中等专业学校专业教育水平评估指标体系与实施办法》，加强对中专校的内部管理。

三、抓好农村职业技术教育

前几年，江苏省中等职业技术教育在城市发展较快，农村发展较慢。1987年，城市中等职业技术教育着重抓巩固提高，调整专业，优化专业结构。农村在巩固提高的基础上着重抓发展。1987年5月，省教委在淮安县召开了全省农村职业技术教育会议。会议对全省近几年来农村职业技术教育工作进行了回顾和总结，肯定成绩，指出问题，对今后如何进一步发展和办好农村职业技术教育提出了意见，强调面向农村实际，加强横向协作，为振兴农村经济培养多层次、多规格的人才。

为了给农村培养人才，中专校在招生

和毕业生分配制度改革方面也有所突破。卫生学校为了解决长期以来卫生人员下农村难的问题，经省政府批准，从1987年开始在部分学校面向农村试招“适当收费、定向招生、定向分配”的学生500名，为乡镇培养医务人员。泰州畜牧兽医学校为了解决过去农业学校毕业生“下不去，用不上，留不住”的难题，从1984年开始连续三年面向乡镇招收不包分配的畜牧兽医中专生。1987年第一届不包分配的学生毕业后全部在农村畜牧兽医站工作，很受欢迎。为了帮助农民走科技致富的道路，推动商品经济的发展，该校近几年来先后办了多期专业户养鸡技术培训班，畜禽产品加工技术培训班、半工半读养殖班等，受训学员2000多人，培养出一批科技致富能手。

四、加强职业道德教育

为了推动我省中等专业学校、职业中学社会主义精神文明建设，加强对学生的思想政治教育和职业道德教育，以造就德才兼备的中、初级技术人才、管理人才和劳动后备力量。全省举办了一次中专、职业中学学生职业道德征文竞赛。广大学生以什么是职业道德，各种职业应当具备什么样的职业道德，怎样把自己培养成为有职业道德的新一代等为内容，积极应征。通过征文竞赛，进一步提高广大学生对职业道德的认识和理解，促进学校加强对学生的职业道德教育。不少学生在征文中写到：“业无尊卑，贵在贡献”，表示要把自己培养成为有社会主义觉悟的，有崇高职业道德的新一代。

五、进行专业技能训练

为了加强实践性教学环节，促进学校重视专业技能训练和实验实习基地建设，全省在南京举办江苏省首届中等职业学校部分专业技能竞赛活动。11个省属市共有172名选手分别参加了计算机、珠算、服装、烹饪等四项专业技能竞赛。这些选手是从全省四个专业二万余名在籍学生中选拔出来的。在竞赛中，表现了良好的专业技能和精神风貌。普遍受到行家们的好评。

六、加强职业高中教学工作的基本建设

鉴于国家目前尚没有统一编写整套的适合农、职业中学使用的各科专业课教学大纲和教材，为了使教师教学有所遵循，以利提高教学质量，省教委组织各省属市分工协作编写电子、机械、纺织、服装、畜禽饲养、烹饪等20个专业（或工种）的教学计划和专业课教学大纲。1988年暑假后可供各有关学校使用。

七、加强中等职业学校师资队伍建设

1987年教师职务聘任制工作在中等职业技术学校普遍展开，为了充分发挥中等职业技术学校教师为社会主义事业服务的积极性、创造性，激励他们提高履行工作职责的能力，更好地完成本职据国家有关规定，在全省中等职校全面开展教师职务任职资格评聘任工作。全省有近二万名专加。

为了适应中等职业技术教育对专业课教师的需要，国家教委江苏省建立常州技术师范学院。也承担为中等职业学校培养专业任务。近几年来每年招收的职业班约1000人左右。

李步斗

《中国教育年鉴》（1988）卷勘误表

页码	误	改正
68	崔德铣	崔佑铣
128	棠玉彬	柴玉彬
163倒数第13行	（一）进一步照碓	（一）进步明确

山东省烟台市面向经济建设培养人才

山东省烟台市是全国14个沿海对外开放城市之一。1987年工农业总产值达到120.44亿元。

经济的发展为教育事业的发展提供了坚实的物质基础，教育事业的发展又有力地推动了经济的振兴。1987年，烟台市的教育工作认真贯彻了《中共中央关于教育体制改革的决定》，紧紧围绕为本地经济建设服务这一中心，以改革总揽全局，进一步端正办学指导思想，理顺管理体制，改善教育结构，大力加强基础建设，深入进行教学改革，有效地提高了教育质量，为全市各行各业输送了大批建设人才。烟台市的主要做法是：

（一）进顺教育管理体制。实行“分级办学，分工管理”，具体规定和落实了各级办学的责任，市办大中专院校和实验中学；县办高中、职业高中和实验初中；乡镇办：初中、农中、实验小学；村办小学、幼儿园。把普及九年制义务教育的责任落实到乡镇、村，为实施九年义务教育，发展职业技术教育奠定了基础。

（二）改善教育结构。合理确定普通教育和职业技术教育的招生比例，适当控制普通高中招生规模，积极稳妥地发展职业技术教育。1987年，全市各类职业学校招生1.6万人，占整个高中阶段招生总数的50.75%；在佼生3.8万人，占整个高中阶段在校生总数的42%，为适应烟台市发展“外向型”经济的需要，对职业学校的专业设置进行了调整，确定全市重点办好水产、果林、机电、建筑、食品等十几个专业。到1987年底，全市职业学校专业门类已达到50多种，并实现了在同一县内职业学校专业设置基本不重复，初步形成了与发展“外向型”经济相适应的专业结构。

（三）加强基础建设。到1987年底，农村校舍改造任务基本完成。全市农村共有4484处达到了省定“六配套”要求，占学校总数的96%，经省检查验收达到优良标准，建成乡镇正规初中224处，占全市规划总数的61%。

为提高全市教育战线领导干部和教师的业务素质，适应教育改革的需要，市教育局利用教育学院举办了中学领导干部学习班，对乡镇初中校长有计划地进行了轮训。在教师中，广泛开发以函授、电视师专教育为主的多种形式的业务进修活动，为扩大初中师资培养能力，加快初中教师培养培训步伐，确保实施义务教育有质量合格的师资，烟台市与省有关部门达成协议，扩建烟台》师范学院，使该校专科生规模达到2000人。

（四）提高教育质量。提高教育质量必须从全面提高民族素质出发，坚持德、智、体、美，全面发展，面向全体，切实打好基础。为了保证教育质量的提高，烟台市采取了以下措施：一是严格学籍管理，创造良好的教学秩序，他们先后对省市重点中学逐一进行了检查，制止在校举办全日制高考复习班和招收往届复读生；二是力求建立科学的考评机制,保证基础教育质量的全面提高，开发了初级中学评估实验，全面衡量学校工作，改革了部分学段考试方法；三是开发教改实验，推进教学质量提高，全市开发了幼儿、小学、初中“一条龙”教改实验，德育序列化实验，全市小学“四率”均超过了98%，初中入学率达91%，合格率达到40%左右。

质量是职业技术教育的生命。为提高职业教育质量，首先抓了办学条件的改善，已有10处职业中学被省批准改办为职业中专，基本上达到了每县一处，形成了一批带头学校；其次，广泛开发教学研究工作，全市组建了8个校际教研组，经常组织纲摩教学和技术比赛；第三，对学生加强职业道德和专业思想教育，在教学中注重理论与实践的结合，提高学生的专业技能。在山东省职业学校专业技能比赛中，烟台市代表队获幼师专业团体总分第一，财会第二的好成绩。毕业生受到社会的广泛欢迎，在市区首次开办的劳务市场上，市区职业学校毕业生基本上实现了专业对口，优先录用，大批农村职业学校毕业生返回家乡，成为劳动致富的带头人和科技推广的"状元户"，为建设社会主义新农村作出了贡献。

大力开展成人教育，是提高劳动者素质和生产效益的有效途径。烟台市在开展成人教育中主要采取了三种形式：一是围绕"先培训，后就业"原则，开展上岗前培训工作。1987年，全市所有国营企业和县以上人集体企业全部落实了"先培训、后就业"；二是围绕岗位职务需要，开展职工专业技术培训，到1987年底，有6000多名生产班组长经过了班组管理基本知识的培训，有20000多人参加了中级技术培训，参加各种教训的职工达200万人次，有近千名厂矿长（经理）经过培训通过了国家统考，工人的平均实有等级比1982年提高了1.6级；三是以实用技术培训为主，围绕农村致富需要开展农民文化技术教育，到1987年，全市半数以上的乡镇建起了乡镇成人教育中心校重点培训回乡初、高中毕业生，使之掌握一技之长。

为了挖掘驻烟大中专院校潜力，发挥其在科研和教学方面的作用，烟台市加强了同驻地大中专院校的横向联系和协调，驻烟大中专院校也发挥自己的优势，为烟台的经济建设服务。烟台大学、师范学院、莱阳农学院等学校先后为烟台市举办了各种师资班，烟台大学还为乡镇企业培训技术骨干，许多中专学校直接同乡镇挂钩，为乡镇企业培养培训人才，提供技术咨询，收到了良好效果。

撰稿人　季善亭

审稿人　马　钊

成人教育

成人中等专业学校招生工作

一、招生的有关规定

从 1982 年以来，随着成人中等专业教育的发展，各类成人中等专业学校逐步建立起来。有关成人中等专业学校招生工作，在 1986 年以前，各地各部门根据有关规定并结合当地实际情况制定了本地区、本部门的成人中专学校招生工作办法。为了促进成人中专教育积极健康地发展，1987 年 1 月 23 日，国家教委发出了《关于成人中等专业学校招生工作中有关问题的通知》(以下简称《通知》)。

《通知》中对考试办法作出规定：凡按国家有关规定，经省、自治区、直辖市及计划单列市人民政府或国务院有关部委审批并报国家教委备查的各类成人中等专业学校，都应参加学校所在省、自治区、直辖市组织的统一招生考试。由省、自治区、直辖市统一命题、统一划定最低录取分数线。少数部委所属学校面向本系统跨省招生的，经商国家教委同意后，可由部委组织统一招生考试。

考虑到成人在职而且报考专业对口的特点，《通知》规定考试科目为：理工农医类考政治、语文、数学、物理、化学(也可在物理、化学中选考 1 门)；文科(含政法、财经）类考政治、语文、数学、历史、地理（也可在历史、地理中选考 1 门)。

为适应经济发展，满足社会各方面对中级专门人才的需求，《通知》提出招生对象和报考条件是：具有一定实践经验的初中毕业文化程度或同等学力的干部、职工、农民和其他劳动者。除招收全民所有制职工外，允许集体所有制职工和个体劳动者报考。报考脱产学习的干部、职工要具有两年以上工龄，年龄不超过 35 周岁。农民和乡镇企业职工需具有一定的实践经验。业余学习者，工龄、年龄均不限。为使劳动模范、荣立战功者、先进工作者和生产业务骨干能获得学习机会，《通知》特别强调，要求各地为这部分人入学积极创造条件，并作出相应规定。

《通知》还提出：对参加考试达到录取分数线而当年不能组班教学的考生，允许保留入学资格一年，以便为成人提供更多的学习机会。

二、招生录取情况

多数省市和部委根据《通知》精神，对本地区、本部门的招生工作作了具体规定。有 12 个部委（或国家直属公司、局）按系统组织了成人中专统一招生考试，其他均参加学校所在的省、自治区、直辖市组织的统一招生考试。1987 年，全国各类成人中专招生情况见下表：

1987年全国各类成人中专招生一览表

学校类型	学校数(所)	招生数(人)
成人中等专业学校	2643	313188
广播电视中等专业学校	60	89540
职工中等专业学校	1953	168618
干部中等专业学校	342	25217
农民中等专业学校	288	29813
普通中专附设		45150
职工中专班		38233
干部中专班		6917

注:表中不含教师进修学校

三、积极探索招生工作的改革

为适应经济建设对人才的需求,体现成人教育的特点,一些省、市和部门对成人中专的招生还作了改革尝试。如浙江省杭州市广播电视中等专业学校,1987年开始在农村招收应届初中毕业生的试点。武装警察部队试行推荐少量的先进模范人物、基层优秀骨干免试入学的办法。有的省、市和部委还对各级各类劳动模范、先进工作者、荣立战功者,以及华侨子女、归侨、归侨子女、台籍考生、野外艰苦环境作业者等一些考生,作出照顾一定分数段的办法录取。

撰稿人　孙丽为　蔡　迪
　　　　瞿延东
审稿人　雷亨民

乡镇农民文化技术学校情况综述

农村经济体制改革后，农村急需科学技术，急需大批扎根于农村的各类乡土人才和专业生产能手。广大农民也急需提高自己的文化技术素质，发展商品生产，脱贫致富。农村掀起了一股学文化、学技术的热潮。在这种形势下，乡镇农民文化技术学校应运而生，大量发展。为农村智力开发，提高农民素质，促进当地经济建设走出了一条新路，显示出强大的生命力。据统计，1987年全国有乡镇农民文化技术学校（简称乡农校）29000所，在校生1800多万人。乡农校主要有以下特点：

1. 综合性、多功能。乡农校是培训农民的一所综合性学校。办学内容包括政治、文化、技术三种教育。技术教育又涉及到农村农、工、商等各行各业。培训对象广泛，除了农村各种专业户农民外，还有乡镇企业职工、基层干部及应届初中毕业生。办学规格除各种实用技术培训外，还有初、中等文化教育，岗位培训和专题讲座。一些条件好的学校，与广播电视教育结合，举办中等专业班。许多地区的学校还把技术培训、技术推广、咨询服务结合起来，形成一块阵地，多种功能。

2. 实用性、针对性强，办学形式灵活多样。乡农校根据农民干什么学什么、缺什么补什么的原则，从本乡的经济建设和各项事业的需要出发，生产需要什么就办什么，推广什么技术就组织什么培训，做到一事一训，立竿见影。办学形式上，长短结合，灵活多样。有业余学习，定期集中学习，利用录音录像巡回教学。除了在校办班外，还深入到村里办班，广泛开展“短平快”实用技术培训。

3. 乡办乡管乡受益。乡农校主要为本地经济和各项事业服务，是地方性、群众性很强的事业。在办学上，乡里有着充分的自主权，使学校更符合本地的需要，调动了乡镇办学的积极性，增强了乡镇领导的责任感，大多数乡的农校，由乡镇主要领导兼任校长，因而，学校办学经费、学校基建、实验实习基地和聘请兼职教师等主要由乡镇自己解决。

乡农校在农村两个文明建设中发挥了积极作用。它的作用是：

1. 为农村培养了大批乡土人才和专业生产能手。河南省以乡镇农校为主要阵地，为本省农村培养了大批乡土人才。如对近几年的毕业生调查表明：有3万人成为初中级农民技术员，有近5万人充实到农村基层干部队伍，有5.6万人成为专业户、重点户的骨干，有35万人进入乡镇企业。

2. 有效地推动了农村经济的发展。乡农校根据本地经济发展规划、资源开发、生产特点办班施教，大力推广科学技术，有效地提高了生产的科学水平和经济效益。如四川省有乡农校近5000所，近两年来围绕省里确定的农业技术推广项目，普遍开展水稻半旱式栽培、稻田养鱼，“一根笋”快速养猪法，柑桔科学栽培管理等十余项技术的培训、推广工作。仅“一根笋”快速养猪法就使生猪出栏时间由原来的一年缩短到半年左右，效益显著。被农民称为“富民学校”、“实惠教育”。

3. 依靠科学技术扶贫。一些农民贫困的根本原因之一就是文化技术素质低，不能有效地利用自然资源发展生产，缺乏开拓新的生产门路的能力。为此，许多地区的乡农校把本地的贫困户登记造册，因地制宜地开展技术培训，使许多人掌握了一技之长，开发了新的生产项目，具有了造血功能，为脱贫致富奠定了基础。如湖北省红安县有10046户贫困户，60%的接受了培训，其中4722户脱贫，并有1607户成为富裕户。

4. 促进了农村精神文明建设。乡农校在大量开展农民的文化技术教育的同时，还经常向农民宣传党的方针政策，开展法制教育，社会文化生活教育。有助于提高农民的思想道德素质，抵制农村的腐朽思想和封建陋习，增强了法制观念，在农村逐步形成尊师重教的风气，有力的促进了农村的精神文明建设。

乡农校是农村经济体制改革的产物，也是农村教育体制改革中出现的新型农民学校，发展时间短，还很不平衡，办学条件比较薄弱，需要各方面的大力扶持。国家教委、农牧渔业部、财政部在调查研究和总结各地经验的基础上，1987年共同制定颁发了《乡镇农民文化技术学校暂行规定》，旨在推动乡农校的巩固、提高、发展，更好地为农村两个文明建设服务。

撰稿人　王　岱

审稿人　雷亨民

继续教育

教育作为一种培养人的活动，与社会共生存、共发展，并以越来越多的形式和层次适应着社会的需要，为一定社会的政治和经济服务。现代科学技术发展日新月异，给社会及社会成员带来了巨大的影响，一次性学校教育已不能满足社会及其成员的学习需要，终身教育、继续教育的观念日益被各国所接受，并付诸实践。

在我国，社会对继续教育的需求客观上已经存在，继续教育已初步开展。企事业单位、高等学校、科研机构和协会、学术团体发挥各自优势，围绕技术改造，产品开发，现代化管理，科研课题，知识补充和扩展，新理论、新技术、新方法讲授，采用多种形式开展了不同层次的继续教育，取得了良好的社会效益和经济效益。继续教育的理论研究、基础建设和国际交流活动也正在逐步深入和展开。不少部门和地区建立了继续教育协作网，加强了横向联系。随着各项改革的深入，特别是科学技术和商品经济的发展，社会主义竞争机制的形成，社会对继续教育的需求会更加迫切。

国务院在 1987 年 6 月 23 日批转的《国家教育委员会关于改革和发展成人教育的决定》首次把继续教育正式列入国家教育文件，作为成人教育的五大任务之一。《决定》指出:“开展大学后继续教育，对于提高专业技术人员、管理人员的素质，提高我国新技术、高技术发展水平和现代化管理水平，具有极其重要的作用”。大学后的“专业培训、实践培训和继续教育是与研究生教育相并行的培养高级专门人才的一条基本途径。”

为了逐步建立和完善我国大学后继续教育制度，1987 年 12 月 15 日，国家教委、国家科委、国家经委、劳动人事部、财政部、中国科协等部门联合发布了《关于开展大学后继续教育的暂行规定》，其主要内容是:

① 大学后继续教育的对象是已具有大学专科以上学历或中级以上专业技术职务的在职专业技术人员和管理人员，重点是中、青年骨干。

② 大学后继续教育的任务是使受教育者的知识和能力得到扩展、加深和提高，使其知识结构趋于合理，水平保持先进，以更好地满足岗位、职务的需要，促进我国科技进步、经济繁荣和社会发展。

③ 接受适当的继续教育是专业技术人员、管理人员的权利和义务，是他们大学后进修提高的主要途径。

④ 大学后继续教育应贯彻面向现代化、面向世界、面向未来的方针。坚持按需施教，学以致用，讲求实效，直接有效地为社会主义建设服务。

⑤ 企业、高等学校、科学研究机构既是需要开展大学后继续教育的重点单位，又是实施这一教育的主要基地。各级科学技术协会和有条件的学术团体也应发挥各自的优势，积极开展大学后继续教育活动。鼓励企业、高等学校、科学研究机构和学术团体以提高继续教育的效益和质量为目的，实行各种形式的联合办学，有计划、有组织的委托办学，建立生产、科研、教学相结合的协作关系。

⑥ 有条件的高等学校要把开展对校内人员和为社会服务的大学后继续教育作为一项重要任务，作为学校联系社会，服务社会和促进教育改革的重要途径。在科

学研究机构和企业，大学后继续教育应紧密结合科研课题、技术改造和新技术应用、新成果推广、新产品开发以及管理现代化进行。

⑦ 大学后继续教育应当以短期培训、业余学习为主。要保证质量，注重效益。教学内容和课程设置必须根据不同岗位，不同层次人员的知识基础和实际需要确定；教学方式要灵活多样。

⑧ 教育、科技、经济和劳动人事部门应密切配合，逐步建立和完善继续教育的考核制度，把进修、考核和使用结合起来。

⑨ 大学后继续教育是成人教育的重要组成部分。各地区、各部门必须加强领导，统筹规划，依靠各方面力量，多种渠道、多种层次、多种形式开展继续教育。

⑩ 企事业单位应把开展继续教育工作作为提高本单位技术和管理素质的重要途径，并在制度上予以保证。主管部门应将企业事业单位开展继续教育的水平作为考核企业事业素质的指标之一。

撰稿人　李英惠　王庆和

审稿人　董明传

社会力量办学

一、基本情况

党的十一届三中全会以来，随着全党工作重点逐步向社会主义现代化建设的转移，尤其是社会主义有计划的商品经济的发展，各行各业都迫切希望教育部门多培养人才，快培养人才，培养合格的人才，人们也渴望得到更多的机会来扩充自己的知识，适应经济建设和社会发展的需要。另一方面，随着物质生活的逐步提高，人们也希望国家和社会能够提供更多的精神食粮，以满足日益增长的社会文化生活的需要。为了较快地发展教育事业，一些企事业单位，集体经济组织，民主党派、人民团体、社会团体以及许多离退休的教师、科技人员、干部和一些有特殊专长的人士，采取多种形式，举办了各种类型的学校和短训班、进修班、辅导班以及讲座等。这些学校和短训班大体可以分为以下几种类型：

（一）教学内容属高等教育层次的学校。这类学校发展快，数量大，社会影响也较大。据 1985 年 6 月对 23 个省（市）的粗略统计，已有这类学校 170 余所，在校学生约 100 多万人。至 1987 年底，北京市已有这类学校近 60 所，学员近 100 万人。其中，只在北京地区招生的面授学校近 20 所，学员 1 万多人；面向全国招生的刊、函授学校 30 多所，学员 90 余万人。

（二）助学、培训性质的学校。这类学校主要以辅导学员自学、进行知识更新，技术普及以及职业技术教育为办学宗旨。例如文化补习、自学考试辅导学校；各类外语学校；计算机程序设计、操作培训班；工程技术人员进修学校；家用电器维修、会计、统计、中文、秘书、烹饪、缝纫、服装设计以及养殖栽培技术等学校和培训班。这类学校的课程设置实用性强，主要利用业余时间授课。

（三）开展社会文化生活教育的学校。这类学校，主要以满足人们业余文化和家庭生活的需要为办学宗旨。例如老年大学、各类声乐、器乐学校，绘画、书法学校，体育、气功、武术学校等。

上述各类学校和短训班，教学内容丰富，方式灵活、施教面广。参加学习的人员涉及社会各阶层、有从业人员、待业人员、离退休人员、军人、学生、干部以及残疾人等。总之，人们可以在不同的学校和短训班中学习各自需要的知识和本领。许多学员克服了很多个人和家庭生活上的困难，坚持不懈地学习。有的利用所学知识，解决了许多工作和生活中的实际问题。有许许多多热心教育事业的老领导、老专家、老教授在社会力量举办的学校和短训班中，默默地奉献着自己的知识和专长。总之，社会力量办学在辅导青年学习，帮助在职人员进修普及科技文化知识等方面，弥补了国家办学的不足，同时也为离退休的教师、科技人员、干部及其他人员提供了继续发挥作用的场所，在开发智力，促进社会主义物质文明和精神文明建设等方面发挥了积极作用。

由于社会力量办学发展较快，涉及社会诸多方面，社会各方面对国家鼓励支持社会力量办学的方针政策及其在我国教育事业中的地位和作用、办学规律、特点等的认识和理解不尽一致，加之管理制度不够完善等原因，致使社会力量办学也出现了一些问题。例如办学存在盲目性，收费不合理，片面追求高层次学历文凭等等；有的学校和个人甚至以办学为名，牟取私利。

二、有关社会力量办学的方针政策和法规

第五届全国人民代表大会通过的《中华人民共和国宪法》第十九条规定："国家鼓励集体经济组织，国家企事业组织和其他社会力量依照法律规定举办各种教育事业。"1985年中共中央《关于教育体制改革的决定》中指出，要"鼓励各民主党派，人民团体、社会组织，离退休干部和知识分子、集体经济组织和个人，遵照党和政府的方针政策，采取多种形式和办法，积极自愿地为发展教育贡献力量"。1987年国务院批转的《国家教育委员会关于改革和发展成人教育的决定》，明确了社会力量的办学方向和指导思想。

为使国家鼓励社会力量办学的方针得以实施，1982年以来，原教育部开始调查研究社会力量办学的有关问题，并着手制定有关规章。1984年与国家工商行政管理局一起发出了《关于刊登文化、教育、卫生广告的通知》。通知对社会力量办学刊登招生广告的审批程序作了明确规定。国家教委成立以后，于1986年1月20日与中共中央宣传部一起下发了《关于不得乱登办学招生广告的通知》。《通知》要求各新闻单位对办学招生广告进行严格把关。1987年7月8日，国家教委印发了《关于社会力量办学的若干暂行规定》(下称《办学规定》)

《办学规定》根据《中华人民共和国宪法》第十九条，确定了办学的社会力量的范围；明确了社会力量办学在我国国民教育体系中的地位和作用，即社会力量办学是我国教育事业的组成部分，是国家办学的补充。这就从政策上进一步鼓励和支持了社会力量办学，保护了办学积极性，维护了学校的合法权益。

《办学规定》要求社会力量办学应遵循教育规律，量力而行，扬长避短，注重质量，讲求实效；应根据本地区的经济建设和社会发展办学，特别是要发展各种类型的短期职业技术教育，继续教育以及社会文化生活教育等。

《办学规定》还对社会力量办学的审批程序、学校名称、聘用教师、招生、刊登广告和办学收费以及颁发文凭等问题作了规定。

1987年7月至10月，国家教委、国家审计署、北京市成人教育局组成联合调查组，并委托一些省（市），专门对社会力量办学的财务情况进行了调查。1987年12月28日，国家教委、财政部联合印发了《社会力量办学财务管理暂行规定》。这个规定根据《中华人民共和国会计法》，规定了社会力量的办学经费自行筹集；各类学校和培训班须建立健全财务管理制度；财务管理应当本着统一领导、分级负责，独立核算，量入为出，略有结余的原则。这个规定还明确了社会力量举办的学校和短训班停办后财产的归属等问题。

三、学历遗留问题的处理

1983年至1985年，原教育部将普通高等专科学校的审批权限下放给国务院各部委和各省、自治区、直辖市人民政府，而对新设置成人高等学校仍延续由教育部审定备案的办法。在此期间，有关省（市）和部委批准了一些社会力量举办的成人高等学校，并允许其招收学生。但因这些学校未经国家教委或原教育部审定备案；办学条件与国家的要求也存在一定距离。所以没有取得颁发国家承认的文凭的资格。这样，即产生了这类学校学生的学历遗留问题。

为了鼓励支持社会力量办学，保护其办学积极性，本着对国家，办学者和学员负责的精神，国家教育委员会根据1986年12月召开的全国成人教育工作会议精神，与有关方面共同研究了解决上述学历遗留问题的办法。1987年8月23日，国家教委印发了《关于处理少数未经国家教委审定备案的成人高等学校学员学历问题的通知》。《通知》要求各地对虽未经国家教委审定备案，但在普通高等专科学校的审批权限下放地方期间（1983、1984、1985年），已经各省、自治区、直辖市人民政府及其教育行政部门或国务院各部委正式行文批准，同意颁发国家承认的毕业证书的少数社会力量举办的成人高等学校招收的学员的学历遗留问题，采取由高等教育自学考试指导委员会抽考四门主要课程的办法加以解决。《通知》还分别对参加抽查考试，认定学历的学校和学员的范围、条件、命题标准、颁发证书等作了具体规定。

拟稿人　李晓春　张总明

审稿人　董明传

发展中的广播电视大学

一、1987年广播电视大学概况

在社会和各级教育主管部门的关心支持下，一年来，广播电视大学系统的自身建设又有了新的进展：1987年，全国省、自治区、直辖市及计划单列市广播电视大学已发展到38所；电大工作站（分校）发展到1，221个；遍布在各个办学单位的教学班有21，711个。在经费方面，从1987年起，“广播电视教育经费”被正式列入“国家预算收支科目”，使电视大学经费长期没有户头的问题得到了解决。在物质方面，各地利用世界银行贷款（总数为4500万美元）购置设备建设的9个教育台，29个节目制作中心和85个学习中心已全部完成，并开始发挥效益。除此之外，各地电大还认真抓了自身队伍的建设，教师队伍和管理人员队伍都得到了充实和提高。

1987年电大教职工情况一览表

<table>
<tr><th colspan="14">专职教职工数（人）</th><th rowspan="4">兼职教师数</th></tr>
<tr><th rowspan="3">合计</th><th colspan="10">省、地(市)县电大专职教职工数</th><th rowspan="3">科研人员</th><th rowspan="3">附设机构人员</th><th rowspan="3">校办工厂</th></tr>
<tr><th rowspan="2">计</th><th colspan="6">专职教师</th><th colspan="3">其他</th></tr>
<tr><th>小计</th><th>教授</th><th>付教授</th><th>讲师</th><th>教员</th><th>助教</th><th>教辅人员</th><th>行政人员</th><th>工勤人员</th></tr>
<tr><td>23496</td><td>22559</td><td>9122</td><td>3</td><td>165</td><td>1252</td><td>5850</td><td>1852</td><td>3142</td><td>7560</td><td>2735</td><td>22</td><td>846</td><td>69</td><td>13958</td></tr>
</table>

为了更好地适应国民经济的发展，一年来，电大在办学和教学方面继续进行了一系列的改革（详见第二、三部分）。在教学上，电视大学充分利用卫星、电视、广播、发放录相带和录音带等多种先进手段，使办学规模逐年增大。

1987 年电大办学规模简况一览表

专科学生数(人)				开课情况					教材出版								考试情况		
					各类学时数				教材种类(种)							中央电大出版书册数			
												中央电大出版社		其它出版社					
招生	在校生	毕业生	88年予计毕业生	统开课门数	录音(自播)	录相(自播)	中央电视台播出	教育电视台播出	总计	新版合计	重版合计	新版	重版	新版	重版		考试科目数	其中广播考试数	参加考试数(人考次)
133123	565948	178891	294786	129	1309	1549	1312	1176	371	253	118	180	91	73	27	1238.69万册	207	6	744 万

近年来，中国的广播电视大学引起国际上越来越多的关注。1987 年，来中央电大参观访问，了解中国电大教育的外国团体和个人就有 16 起，联合国教科文组织邀请中央电大派人参加国际会议的有 3 次。

经国家教委批准，1987 年广播电视大学继续招生。过去，由于受电视时间和各地电教条件的限制，电视大学不能连续招生。理工类两年招一次生，文科类三年招一次生，1987 年应是轮空年。随着卫星电视教育频道的开通和各地电教设备的配备，1987 年打破了这种限制。国家教委批准的 1987 年全国统设专业科类有：理工科的机械工程和电气（含电子）工程类；经济管理学科经营管理类的工业企业经营管理专业和商业企业经营管理专业；会计审计类的财务会计专业和审计专业（各专业招生人数详见下表）。这些专业的课程主要通过“中国教育电视”播出。

1987 年电大招生情况一览表 单位：人

招生总数	在职人员招生数	普通班招生数	理工类							经营管理类							会计审计类							自设专业	
			合计	机械			电气			合计	工企管			商企管			合计	会计			审计			在职人员	普通班
				三年制	二年制	普通班	三年制	二年制	普通班		三年制	二年制	普通班	三年制	二年制	普通班		三年制	二年制	普通班	三年制	二年制	普通班		
133123	99067	34056	39328	8012	3301	5148	9616	7012	6239	21704	4876	9598	2374	1234	2860	762	34021	6172	13683	5015	2848	4531	1833	25369	12683

注：普通班指为参加普通高考的高中毕业生举办的大专班，学制均为三年。

二、大力发展多层次教育，积极开拓多规格办学

1. 举办普通专科班。从 1986 年起，

根据国家教委、国家计委、财政部有关文件的精神，部分有条件的广播电视大学开始举办普通专科班，招收成绩符合当地规定的高考录取分数线的应届高中毕业生。1987 年，全国有 33 个省、自治区、直辖市及计划单列市继续举办了这种专科班，共计招生 34，056 人。现在全国电大普通专科班的学生已达 70，786 人。从目前情况看，办普通专科班可归纳为三种形式：一种是由省、市高教局拨款，由省、市电大举办直属教学班；另一种是由地（市）、县政府拨款或垫支，学生毕业时实行有偿分配，由地（市）、县级电大举办直属教学班；第三种是由委托代培单位支付经费，这类教学班一般设置在委托单位的培训中心，职工大学或职工中专内，由电大负责管理。

一些地区的电视大学在总结过去办知青班的经验教训的基础上，在这次办普通专科班的过程中着重抓了以下几方面的工作：

(1)坚持办学条件，控制招生规模。为确保教育质量，有关省级电大遵照国家教委通知的精神，在那些参加高考人数较多，录取分数线较高的地区和中心城市，选择领导和师资力量较强、教学管理较好的电视大学举办普通专科班。一些省的电大还专门组织了检查组，对拟办班的地区的各项准备工作和学生毕业后的去向等情况做了认真的检查，待验收合格后再批准招生。这样做，解除了办学的后顾之忧，保证了教学质量。

(2)积极发展委托代培的办学形式。因为电视大学不包分配，普通班学员有个毕业后的去向问题。这是直接关系到他们学习是否安心的大问题。为此，各地电大充分调动各方面的积极性，大力发展委托代培的办班形式。委托代培基本采取定向培养的方式，贯彻“谁用人，谁出钱，谁受益”的原则。现在这种方式大致有三种情况：第一种是新生录取后，委托单位即为学生办理招工手续，落实到具体单位，并报上级劳动人事部门认可。学生在学期间享受所在单位徒工的待遇，毕业后按大专待遇，对口安排工作。第二种是新生录取后定向到系统，由系统负担办学经费，毕业后在系统内择优分配；第三种是省级厅局为基层代培技术干部，新生录取后由厅局拨款集中办班，暂不定向，毕业后由主管部门在全省范围内择优分配。

(3)自开本地急需的一些专业。各地除举办全国统设科类的专业外，还结合本地需要，自设了一些专业，其中，以师范类的英语、政史和数理化专业为多。

(4)加强管理。普通专科班招生后，各地电大针对应届高中毕业生年龄小、自学能力差以及对远距离多媒体的教学方式不适应等特点，在教学管理、教学方法、生活管理和政治思想工作等方面采取了与成人不同的作法。对新生进行入学教育；配备了专职班主任；建立了班级团组织；增开了德育和体育课程；加强了实践性教学环节；合理调整了中央电大统开课。

就目前情况看，由于受到一些客观因素的影响，普通专科班的招生数量还不够稳定。尽管如此，在电大举办普通专科班，可以使更多的高中毕业生有接受高等教育的机会，弥补了我国普通高校数量和教育层次的不足，有利于发挥电大的潜力。

2. 积极开展大学后的继续教育，促进知识更新。1987 年，电大系统利用卫星电视频道，正式开展了全国性的继续教育工作（1986 年曾进行过试点）。为社会上广大中青年科技人员和管理人员提供服务。

1987 年播出的继续教育节目情况

课程名称	学时
1.现代工程师继续教育	242
管理工程	40
科技写作	20
技术经济	40
科技情报	14
计算机技术	40
能源技术	20
环境保护技术	20
工程设计	48
2.科技英语虚词分析法	32
3.PASCAL 语言	40
4.微弱信号检测	20
5.PROLOG 语言	8
6.统计分析的理论与方法	33
7.民法通则讲座	10
8.中国金融事业的发展及金融体制改革	15
9.财政体制改革专题讲座	24
10.我国经济建设与经济体制改革	10
11.现代经济管理知识讲座	16
12.中国历代优秀管理思想	10
13.资本主义和社会主义经济理论基本问题	15
14.中国金融体制改革的理论与实践	20
15.大众传播学	20
16.果园生草控制螨害	2
合计	537

当前，广播电视大学开展的继续教育主要是大学后的教育，侧重在工程、财经等方面。由于在继续教育节目中贯彻了“面向现代化，面向世界，面向未来”的指导思想，内容上以新知识、新技术为主，并紧密结合实际需要，所以深受广大科技人员的欢迎，收看人数已累计达 50 多万。从一年多的实践看，电视大学系统大，教学手段直观性强，课程设置灵活，社会效益高，有利于开展这种继续教育。

3. 与部委联合，开展岗位培训。1987 年，广播电视大学与国家审计署、财政部联合开展了岗位专业知识培训。培训的对象是具有一定工作经验、但缺乏专业理论知识的审计、财会人员。

国家审计署与中央电大联合开办的主要是《审计专业证书》教育，下分 5 个专业：财政（行政事业）审计、工交审计、商业审计、基本建设审计和金融审计等。每期学习时间为一年至一年半。在课程设置上，审计署除自开少量专业课外，大部分选用中央电大同步开设的课程，参加相应的考试。审计署规定：凡经各科考试，成绩合格取得证书者，署内承认其掌握了相当于审计师专业职务所应具备的专业理论知识，作为今后评审专业技术职务，考核聘用干部的重要参考依据。与此同时，审计署和电大还合办了短期的岗位培训。

财政部与中央电大合办的是短期（五个月左右）的会计师岗位培训。与审计署作法不同的是，大部分课程由财政部自开，电大负责这些课程的播放，期末组织统一考试，中央电大负责部分教材的出版发行。

从我国目前情况看，这部分人员数量多，年龄偏大，平时工作繁忙，不可能也没有必要去系统地学习大专课程。但对他们补习专业理论知识是急需的。就部委现有的力量在短期内不可能将这样庞大的人员培训完。广播电视大学具有系统组织严密、容量大、开设的专业门类多的特点，联合起来进行岗位培训，无疑是一条多快好省的路子。据统计，财政部和审计署仅一次就对20余万人进行了岗位培训。

随着办学层次的开拓，广播电视大学已成为一所既有学历教育，又有非学历的继续教育和岗位培训；既面向在职人员，又面向应届高中毕业生；既可以学全科又可以学单科的多功能的新型学校。

三、改进教学，提高教育质量的新措施

1987年6月，中央电大在北京召开了第二次全国电大校长联席会。会议围绕“深化电大改革，提高教学质量和办学效益”这个中心，就如何正确认识电大面临的新形势和新任务，转变办学思想，拓宽办学路子，搞好以教材建设为中心的教学改革等议题进行了认真、深入的探讨。在统一认识的基础上，对近期内教材建设工作和教学计划的改革做了部署。

电大的教材通常分为文字和视听两种。教材建设是电视大学的一项战略任务，是保证电大教学质量的基础。为此，在教学改革中，中央电大提出了以教材建设为中心的宗旨。首先，在前几年试验的基础上，初步拟定了一些教材编写的规范和要求。在编写队伍的组织上，采取普通高校，中央电大和地方电大三结合，教师、教学工艺人员和广播电视编导人员三结合的方式进行文字教材的编写和教学节目的制作。同时，利用世界银行贷款对这些人员进行了专门培训，以保证教材的质量和远距离教育的特点。从1987年起的国家“七·五”计划期间，电大拟重点搞好90门左右的骨干课程的教材建设。其中，62种教材由中央电大负责组织，其余的由地方电大负责组织。目前，已讨论了45门课程的教学大纲，其中，有8种教材大纲已经审定。

1987年12月，中央电大和几个省级电大联合举办了“首次广播电视大学视听教材观摩研讨会”。邀请了电大内外的一些专家，对各地选送的录音、录像教学节目进行了观摩评比。此次活动是对各级电大几年来视听教材水平的一次检验，专家们对视听教材给予了较高的评价。通过这次观摩活动，有力地推动了电大视听教材的建设。

为了使地方电大能结合本地具体情况，更多地设置一些自开专业，从1987年起，中央电大对教学计划作了重大调整。经国家教委批准，今后在制定教学计划上，中央电大与地方电大开设的课程按6比4的比例安排。中央电大重点开设基础课和适应面宽的专业基础课；地方电大则重点放在专业基础和专业课上。在学习安排上，制定业余与脱产两套学习计划，使更多的在职人员有机会参加电大学习。

在课程设置上，压缩基础课学分，增加专业课和实践性环节的学分，使学生能更快地适应工作需要。同时压缩必修课，增加选修课；在提高授课质量的前提下，减少每门课程的电视、录音课学时，增加学生自学时间。这些措施对减轻学生学习负担，增强他们学习的主动性将起到积极的作用。

撰稿人　袁　灵

审稿人　穆小芒　方和忠

高等教育自学考试进展

1981年，我国建立了高等教育自学考试制度。它是个人自学、社会助学和国家考试相结合的一种新的教育形式，是我国社会主义高等教育体系的一个组成部分。实行高等教育自学考试制度，是实行宪法规定的“鼓励自学成才”的重要措施，也是造就和选拔人才的一种新途径。

这种开放的教育形式，在历史上没有先例，是我国教育改革的一个创举，受到社会各方面的欢迎，吸引了众多自学者。几年来，由于开考专业、层次的拓宽，考试范围的扩大，自学考试事业不断向前发展。1987年，全国累计开考了文、理、工、农、医、财经、政法、教育、体育等专科专业70个，比1986年增加了10个，专业点由1986年的345个增加到1987年的412个，还开考了本科专业6个，专业点24个，以满足各地对人才的需求。自学考试每年进行两次考试。1987年下半年，报考人数达170万人左右，有156所全日制普通高等学校担任了主考学校，组织了五、六千名全日制普通高等学校学术水平较高的教师参与了自学考试命题工作，各门课程命题均以课程大纲为依据，以保证质量。1987年，福建、浙江、天津三省市对自学考试毕业生质量进行了调查。调查表明，无论是主考学校还是应考者所在单位，普遍认为，自学考试合格者，达到了全日制普通高等学校同专业、同课程的结业水平，虽然高等教育自学考试是没有入学考试，应考者素质参差不齐，水平悬殊很大，但经过严格的考试和反复筛选，最后获得毕业的学生的素质都是比较好的，水平也较整齐。福建省的某主考大学还运用教育统计和教育测量原理，对各门课程试卷的信度进行了分析，其结果如下：

考试课程	英语精读(一)	英语精读(二)	英语泛读	英语听力	党史	大学语文	哲学
试卷信度值	0.92	0.82	0.90	0.87	0.84	0.91	0.90

按照国内外学术界通常公认标准，试卷信度值达到0.90以上就达到了优秀水平，达到0.80则为良好水平。可见福建省英语自学考试信度值达到了良好水平以上，多数达到优秀水平，从考试方面保证了毕业生质量。

据不完全统计，六年来已有15万人取得了专科或本科毕业证书，另有200多万人取得了一门以上的单科合格证书。不少毕业生在工作岗位上做出较大成绩而被评为先进工作者，有的还考取了研究生，有的取得了出国进修资格。

目前，自学考试制度已在向各类高等、中等成人教育层次的考试扩展。

1987年已经开考的有以下几个方面：

（一）中等专业教育自学考试。中专层次的自学考试，正在试办推广。现在，全国已有23个省、自治区、直辖市开考了财经、政法、师范、工、农、医等42个专业，全国中专自学考试的应考者约有40多万人，取得毕业证书的约有7万多人，还有21.7万人取得一门以上的单科合格证。

（二）专业证考试。1987年，在统计、物价、计划生育几个部门进行了专业证书的考试试点工作。考完规定的课程，成绩合格，发给专业证书，证明是达到了本系统工作岗位所需大专层次的专业知识水平。获得专业证书者，在本系统工作范围内适用，其证明仅作为评定专业技术职务或管理职务资格的依据之一。

（三）考核验收和认定学历的考试。对已经建校招生的成人高等学校的教育质量，进行抽查考试，已对法院干部业余法律大学等学校的学员，抽考四门课程进行评估；对少数未经国家教委审定备案的社会力量举办的成人高等学校，采取抽考若干门主要课程的办法，认定其学历。

（四）开考本科专业的自学考试。这是专门为各类高等学校历届专科毕业生取得本科学历设立的一个独立层次的国家考试，它是继续教育的一种形式。1987年已经开考6个本科专业。

建立自学考试制度，是从我国实际情况出发的，是符合我国国情的。它根据我国经济建设和社会发展的需要，人才需求的科学预测和开考条件的实际可能开考专业。按照《高等教育自学考试暂行条例》的规定，开考专业必须具备下列条件：

（1）有健全的工作机构，必要的专职人员和经费；

（2）有符合《条例》第十条规定的主考学校；

（3）有专业考试计划；

（4）有保证实践性环节考核的必要条件。

几年来，各省、自治区、直辖市自学考试委员会，按照上述规定要求，并组织有关专家进行论证，开考了70个专科专业。其分布情况如下列：（见附表）

从上表所列专业及其分布情况可以看出：按地区分，有25个省、自治区、直辖市所开考的专业超过几个。其中，北京、上海、黑龙江、湖北4省市各开考了20多个专业，但有的省开考的专业只有10个。按专业分，在已开考的70个专业中，有8个专业几乎各省都开考（其中，汉语言文学专业在全国29个省都开考）。但更多的专业不是每个省都开考，有62个专业，只在一省或几省开考，如档案管理、蒙古语言文学、外贸、农村金融、公路工程、乡镇企业通用机械、乡镇企业经营管理等29个专业分别只在一省开考。同一专业在各省都开考，而许多专业又分别只在一省开考，这是因为某些专业（如文法财经）易于自学，有广泛的群众性；而某些专业（如理工科）有实验性环节，难度较大。更为重要的是各省经济发展对人才的需求不同，实际条件不同，选择开考的专业也不完全相同。纺织工程专业只在天津市开考，这是因为当时天津大力发展轻纺工业的需要；采煤专业只在山西省开考，因为山西省是我国产煤基地，发展煤炭生产需要加速培养这方面人才；乡镇企业通用机械专业先在上海开考，因为上海郊县乡镇企业发展较快，急需培养农村专门人才。

几年来，高等教育自学考试开考专业的情况表明，要开考什么专业，不是完全依据学校已有专业的模式而定，而主要是根据用人部门单位的实际需要而定；其次，要使开考的专业有较宽的适应性，各行各业的公民都有可能报考相应专业。今后，应有计划地增加开考专业，调整各类专业报考人数的比例，使高等教育自学考试的专业结构基本合理。

全国高等教育自学考试开考专业情况统计表
(截止到 1987 年 12 月底)

“▲”表示开考专业

序号		1	2	3	4	5	6	7	8	9	10	11	12	13	14	15	16	17	18
地区 ＼ 专业名称	开考专业数	汉语言文字	新闻	党政干部基础科	政治理论	政治教育	法律	哲学	档案管理	文秘	历史	地理	心理学	教育管理	图书馆管理	蒙古语言文学	维语语言	汉语语言（翻译）	朝鲜语言文学
北京	29	▲	▲	▲			▲	▲	▲				▲				6		
天津	18	▲		▲			▲			▲								9	
河北	16	▲		▲			▲			▲									
山西	16	▲		▲			▲												
内蒙古	10	▲		▲							▲	▲				▲			
辽宁	19	▲		▲			▲			▲	▲	▲							
吉林	16	▲		▲			▲			▲									▲
黑龙江	23	▲		▲			▲				▲								
上海	23	▲	▲	▲			▲			▲				▲					
江苏	12	▲		▲			▲												
浙江	10	▲		▲			▲												
安徽	9	▲		▲			▲												
福建	18	▲		▲			▲							▲					
江西	10	▲	▲	▲			▲												
山东	14	▲		▲		▲	▲				▲								
河南	10	▲		▲			▲			▲									
湖北	22	▲	▲	▲		▲	▲			▲	▲				▲				
湖南	13	▲		▲			▲				▲								
广东	16	▲	▲		▲	▲	▲	▲											
广西	13	▲		▲		▲	▲	▲											
四川	16	▲		▲			▲												
贵州	11	▲		▲			▲												
云南	11	▲		▲			▲	▲											
西藏	2	▲		▲															
陕西	12	▲		▲			▲												
甘肃	14	▲	▲		▲		▲												
青海	14	▲			▲		▲												
宁夏	4	▲			▲														
新疆	16	▲			▲														
合计	412	29	6	24	5	4	25	4	1	7	6	2	1	2	1	1	1	1	1

全国高等教育自学考试开考专业情况统计表

(截止到1987年12月底)

"▲"表示开考专业

续表

序号		19	20	21	22	23	24	25	26	27	28	29	30	31	32	33	34	35
地区 \ 专业名称	开考专业数	英语	日语	外贸	工业经济管理	商业经济管理	农业经济管理	林业经济管理	金融	农村金融	会计	统计	国民经济计划	财政	税收	基建财务信用	劳动经济	工业企业管理
北京	29	▲			▲	▲			▲		▲	▲	▲	▲			▲	
天津	18	▲	▲								▲	▲		▲	▲			▲
河北	16	▲			▲	▲	▲		▲		▲	▲	▲	▲	▲			
山西	16	▲	▲			▲			▲		▲	▲		▲	▲			
内蒙古	10	▲									▲	▲						
辽宁	19	▲			▲	▲					▲	▲		▲	▲	▲		
吉林	16	▲			▲	▲	▲				▲	▲	▲	▲				
黑龙江	23	▲			▲	▲	▲	▲			▲	▲	▲	▲				
上海	23	▲	▲	▲		▲					▲	▲		▲				
江苏	12	▲										▲						
浙江	10	▲									▲	▲						
安徽	9	▲			▲						▲	▲						
福建	18	▲				▲			▲	▲	▲	▲		▲		▲		
江西	10	▲									▲	▲				▲		
山东	14	▲					▲				▲	▲		▲	▲			
河南	10	▲			▲						▲	▲						
湖北	22	▲			▲	▲					▲	▲				▲		
湖南	13	▲					▲				▲	▲			▲			
广东	16	▲	▲									▲						
广西	13	▲			▲						▲	▲		▲	▲			
四川	16	▲			▲		▲		▲		▲	▲		▲		▲		
贵州	11	▲									▲	▲						
云南	11	▲			▲	▲			▲			▲						
西藏	2																	
陕西	12	▲									▲	▲						▲
甘肃	14		▲			▲						▲	▲		▲	▲		
青海	14		▲									▲	▲					
宁夏	4												▲					
新疆	16		▲			▲	▲	▲		▲		▲	▲	▲	▲		▲	
合计	412		27	4	1	13	10	8	1	7	1	25	28	5	14	8	6	1

全国高等教育自学考试开考专业情况统计表

(截止到1987年12月底)

"▲"表示开考专业　　续表

序号		36	37	38	39	40	41	42	43	44	45	46	47	48	49	50	51	52
地区 \ 专业名称	开考专业数	商业企业管理	企业管理	经济管理	商学	价格学	公安	公安刑侦	数学	物理	工业与民用建筑	公路工程	机械工程	机制工艺与设备	电气工程	电子技术	计算机	纺织工程
北京	29					▲			▲	▲	▲						▲	
天津	18	▲				▲											▲	▲
河北	16					▲												
山西	16					▲												
内蒙古	10					▲												
辽宁	19					▲			▲		▲							
吉林	16					▲	▲											
黑龙江	23					▲			▲		▲	▲		▲	▲	▲		
上海	23		▲			▲			▲				▲		▲	▲	▲	
江苏	12			▲		▲					▲						▲	
浙江	10	▲				▲			▲									
安徽	9					▲												
福建	18					▲	▲				▲						▲	
江西	10					▲		▲										
山东	14					▲			▲									
河南	10					▲												
湖北	22					▲			▲		▲							
湖南	13					▲			▲		▲						▲	
广东	16				▲	▲					▲					▲		
广西	13					▲			▲									
四川	16					▲					▲					▲	▲	
贵州	11					▲	▲				▲							
云南	11					▲					▲							
西藏	2																	
陕西	12					▲					▲			▲			▲	
甘肃	14					▲			▲		▲							
青海	14					▲			▲									
宁夏	4					▲												
新疆	16					▲												
合计	412	2	1	2	1	28	3	1	11	1	13	1	1	2	2	4	8	1

全国高等教育自学考试开考专业情况统计表
(截止到1987年12月底)

“▲”表示开考专业　　续表

序号		53	54	55	56	57	58	59	60	61	62	63	64	65	66	67	68	69	70
地区 \ 开考专业数 \ 专业名称		采煤	工业管理工程	作物	果树	蔬菜	中医	医检	体育	人口学	中药	旅游	气象	行政管理学	教育行政管理学	保险学	护理	乡镇企业通用机械	乡镇企业经营管理
北京	29			▲	▲	▲	▲			▲		▲	▲				▲		
天津	18			▲			▲			▲									
河北	16									▲									
山西	16	▲	▲						▲	▲									
内蒙古	10									▲									
辽宁	19						▲			▲									
吉林	16									▲									
黑龙江	23			▲						▲	▲								
上海	23									▲								▲	▲
江苏	12			▲	▲	▲													
浙江	10		▲																
安徽	9									▲									
福建	18		▲							▲									
江西	10																		
山东	14								▲										
河南	10									▲									
湖北	22		▲							▲				▲	▲	▲			
湖南	13									▲									
广东	16		▲							▲									
广西	13																		
四川	16						▲												
贵州	11							▲		▲									
云南	11																		
西藏	2																		
陕西	12									▲									
甘肃	14									▲									
青海	14																		
宁夏	4																		
新疆	16									▲									
合计	412	1	5	4	2	2	4	1	2	19	1	1	1	1	1	1	1	1	1

电视、函授、自学考试三结合开放教育的试点情况

1987年4月18日，国家教委决定开展电视、函授、自学考试三结合开放教育，即按照高等教育自学考试的考试计划，利用广播、电视大学的教学手段，采用电视播课和高等学校函授进行助学辅导，由高等教育自学考试委员会组织考试的教育形式。并决定先由上海市进行试点，先开展乡镇企业通用机械和乡镇企业经营管理两个专业，前者由上海工业大学、上海电视大学任主考学校，后者由上海工程技术大学、上海电视大学任主考学校。实行学历证书和单科合格证书两种证书制度。学员可学全科，也可学单科，也允许跨专业选读有关课程，经考核，合格一门发一门单科合格证书，取得全科合格证书后，可换发大专学历证书。

三结合教育形式，大大方便了乡镇的应考者。目前，各类成人高等教育，基本上集中在城市的市区，郊县缺少高等教育基地，也受其他条件限制，农村职工不可能大量地在城市市区入校学习。实行三结合教育形式，报考对象为农村乡镇企事业的职工、务工农民、专业户和农村知青，他们可在就近进行学习，既节省时间，又可减少经费的开支，深受群众欢迎。

这种教育形式具有开放、灵活的特点。自学考试向社会充分开放，没有入学考试，凡属我国公民，不受性别、职业、年龄和已受教育程度的限制，均可自愿申请，报名参加自学考试。在考试时间安排上，每年各专业春、秋季各进行一次考试；考生每次考几门课程，几年考完专业规定的全部课程，不作限制，由考生本人根据自己的实际情况决定。由于在时间上的灵活性，可以“零存整取”，使自学者有更多的方便条件。

三结合教育形式，首先在上海郊县试点，集各家之优势，利用广播电视手段，进行自学考试辅导、答疑；由普通大学编写函授教材和自学指导材料，按照自学考试的考试办法进行考试，使三类教育相互取长补短，以发展乡镇教育，加速培养农村专门人才。这是教育改革的一种尝试，是改革成人高等教育的一项有力措施。

撰稿人　张展平
审稿人　施　瑾

广东省发展成人教育为当地经济发展服务

1987 年，由于认真贯彻了国务院批转的《国家教育委员会关于改革和发展成人教育的决定》，广东省成人教育比上一年有一定的变化和发展。

各层次的成人教育数量上有所增加，质量上也有所提高。独立设置的成人高等学校有 69 所（职大业大 43 所，管理干部学院 11 所，教育学院 15 所）；由普通高等学校举办的函授学院（部）、夜大学、干部专修科（师资班）75 所；省、市（地）、县和省直单位举办电视大学或分校（站）120 多所。成人高等学校在校学生 12 万多人（另电大单科生 2 万多人），独立设置的成人中专学校 178 所（含农民中专 58 所），附设成人中专班的普通中专 80 所，在校学生 54800 余人（含电大附设中专生 3800 余人，比上年增加 7000 余人。成人中学在校生 99，765 人（其中高中 51，220 人），毕业结业生数 45，295 人。成人初等学校 7，480 所，在校生数 653，429 人，毕业结业生数 263，125 人。成人初等学校在校生数比上年增加 15 万多人。本年度扫除剩余文盲 17,000 多人，12～40 周岁文盲、半文盲已下降到 539，311 人，占 12～40 周岁 25，025，944 人的 2.16%。在这一年中，以“短平快”实用技术教学为主的乡镇文化技术学校有较大幅度增加。据 11 个市地 1，659 个乡镇统计，办学 1，035 所，办学面达 63%，其中，约有 30%的学校还新建了校舍和基地。此外，还有一些职业中学或全日制学校附设了一些成人职业技术班，或与乡镇文化技术学校联办以招收初中毕业生为主的“三加一”的职业技术班（初中三年加一年以职业技术课为主的学习）。为提高这些学校的教学质量，省还组织编写了部分教材。

为逐步实现成人教育重点的转移，各级各类短期技术教育、岗位职务培训有了一定增加。据对 5,885,012 个干部职工统计，参加学习的（50 课时以上）为 1,391,568 人，占统计人数的 23.7%，其中，参加技术岗位培训的为 1,052,755 人，占统计人数的 17.9%。在广大农村，参加各种职业技术短训班、讲座及“圩日学校”的则达 250 多万人。为适应全省扩大开放的需要，这一年还通过在外资企业中跟班学习，以及“内地办班，香港实习”和建立境外培训基地等多种办法，开辟培训外向型经济人才的新渠道。1987 年，广东省开始依托香港粤海公司培训外经外贸专业人才，每年两期，每期半年。

自学考试制度得到了初步的改善。自 1984 年高教自学考试在广东省首次开考后，到 1987 年下半年止，高等、中专自学考试已开考 17 个大专专业和 12 个中专专业，此外，还新开考了汉语言文学专业本科段，1987 年应考 219,504 人，累计已有 10,037 名获得自学考试大专毕业证书；中专自学考试应考 64，150 人，已有 81,309 人次获得单科证书。自 1984 年下半年以来，成人高中学习已进行八次统考（1986 年后改由市地统考），累计毕业人数有 4 万多人。

办学条件也有了初步改善。1987

年，全省共有成人教育专职教师9,165人，其中，职工教育专职教师7,439人，比1986年增686人。农民教育专职教师1,728人，比1986年增398人。职工教育专用校舍建筑面积为1，412，408平方米，比1986年增175,408平方米，增14.2%，人均占有面积为0.24平方米，比1986年增0.03平方米，但仍低于中央提出的人均0.3平方米的低限要求。农村(主要是县、镇)也逐步兴建一批培训中心和成人学校。

成人教育理论研究也有了初步进展。1987年5月，省职工教育研究会正式成立，省成人教育协会也选举产生了第二届理事会，分会已达14个，会员一千多人。在这一年中，粤港澳成人教育学术交流有了进一步加强，印度、新加坡、西德等国成人教育专家，学者也应邀到广州、深圳等地进行了讲学和访问活动。

1987年，成人教育发展过程中的一个重要特点是：办学力量已逐步趋向社会化，并逐步由城市延伸到农村。据普宁县统计，批准备案的社团及私人办学的有30家，结业发证学员累计有两千多人，其中不少人已独立开业，或成为乡镇企业的技术骨干。为进一步调动社会办学的积极性，和加强对这类学校的管理，广东省教育厅及时转发了国家教委《关于社会力量办学的若干暂行规定》，要求各地切实把这项工作抓紧抓好。

撰稿人　张杰人

审稿人　周国贤　李冠创

江苏省深化成人教育改革

1987年，江苏省认真贯彻落实国务院批转《国家教育委员会关于改革和发展成人教育的决定》，深化改革，取得了可喜的成绩。

一、岗位培训试点初见成效

为提高从业人员本岗位需要的工作能力和生产技能，把科学技术直接转化为生产力，各地区、各部门，积极开展岗位培训试点。一年来，参加岗位培训的共有3万人。省交通、邮电、化工、城建、轻工、纺织、商业、供销等14个部门，根据行业需要，制订了117个职务、工种岗位的规范要求，开展了对厂长、经理、班组长、工段长和生产、业务骨干的培训，取得了初步成效。省建筑行业职工12.5万余人，外出施工队伍70万人，一年经济收入38亿元，成为江苏三大支柱产业。他们承包的超高层现代化建筑，不仅在上海、深圳等地备受称赞，而且在国外赢得了声誉。特别是近几年，外省施工单位普遍任务不足，而江苏省建筑队伍任务饱和。其根本原因，在于江苏建筑部门的领导重视职工岗位培训。省建筑总公司成立了岗位培训领导小组，由两位分管领导牵头，组织各处室编写培训大纲，选编教材，落实措施。由于职工队伍素质比较好，成为外省市基建单位竞相招标的对象。又如无锡市第二棉纺厂，全厂363名班组长，都参加了岗位培训，班组管理水平提高很快，今年，有10个小组被评为全国优秀质量管理（QC）小组，10个小组被评为省优秀QC小组。

在各地、各部门开展岗位培训试点的基础上，省教委会同省计经委、组织部、劳动局制订了《关于开展岗位培训试点工作的意见》，并与有关部门共同选编了207个职务、工种的主要岗位规范，印发各地、各部门开展岗位培训时参考。

二、联合办学逐步推开

为克服成人高校、中专校“小而散”、功能单一、效益不高的弊端，各地、各部门采取措施，发展多种形式的联合办学与横向联合。目前联合的形式有：

1. 苏州市区八所职工大学，准备联合成立苏州市职工大学，原有的8所学校作为分校，由市政府统一领导，市教育局直接管理。总校办学经费从企业职工教育经费中统一提取，这样扩大了服务范围，有利于提高总体效益。

2. 无锡市区11所职工大学，建立职工大学校务委员会，实行联合学分制。原有各校人财物渠道与服务范围不变，教学上实行统一管理，实验设备、图书资料互相开放，基础课师资互相调剂，提高了教学质量。

3. 南京市区原有6所厂办电子职工大学，为克服一厂一校办学的局限性，按系统建立了“南京电子工业联合职工大学”，拓宽了办学路子，提高了办学效益。

4. 职工大学与地方企业集团联合。如无锡市轻工业局职工大学与无锡“长征自行车集团”、“菊花电扇集团”、“小天鹅洗衣机集团”联合办学，既促进地方轻工经济的发展，又为职工大学自身发展增强了活力，开辟了财源，解决了实验实习场所。

三、多功能办学有了突破

为突破单一的培养规格，正确处理好岗位培训与学历教育的关系，一些地区和部门举办的职工大学与职工中专，经过省教委批准，进行了大专教育和中专教育专修的试点。这种专修班以招收35岁以上的在职干部为主，通过七、八门专业课的学习，在本岗位专业知识上达到与成人大专或中专类专业大体相当的教学质量标准，符合本职工作对高、中级专门人才规格要求，并作为任职使用与评定职称的依据之一。由于专业证书教育学用结合，专业对口，学员毕业后将回到本岗位，这种办法受到用人单位欢迎。目前，全省有南京市业余职工大学、11所职工中专和14所市、县委党校进行了这项工作的试点。

为扩大学校的办学功能，不少成人高校与中专校，在举办学历教育的同时，积极举办非学历教育。据南京市23所职工高校统计，现有17所学校举办了各种岗位培训与继续教育培训班，在学者5500多人，占现有这些学校学历教育12,000人的二分之一。

为便于在职职工业余学习，有利生产与工作，今年全省扩大了业余学习的招生比例。1986年，成人高校与成人中专校招生，业余学习的分别为6,965人与4,349人，今年增加到10,564人与10,558人，缓解了工作与学习的矛盾。

四、农村成人教育蓬勃发展

农村成人教育以文化教育为基础，以职业技术培训为重点。一年来，新建乡镇成人教育中心校321所，全省已达到1,386所。扫除文盲、半文盲3.6万人，农村少、青、壮年总人数中的文盲率下降到8.6%。全省组织239万农民参加学习，其中17万青壮年农民参加业余高小与业余中学文化学习，135万青壮年农民参加实用技术培训，87万乡镇企业职工参加技术业务培训。经培训，有2.23万人被评为乡村企业干部，1.4万人被聘为乡镇企业技术员。

五、社会力量办学成绩显著

为提高从业人员的素质，培养合格人才，建设文明健康科学的生活方式，满足人民日益增长的精神文化生活的需求，一些社会学术团体、民主党派和企事业单位以及公民个人，采取各种方式开展了丰富多采的社会文化和生活教育，举办了各种类型的学校和培训班。培训班为辅导青年学习，帮助在职人员进修，普及科技文化知识，促进社会主义物质文明与精神文明建设，改善社会风气，弥补国家办学的不足，发挥了重要作用。据不完全统计，全省社会力量举办的各类学校有533所，各类培训班3,000余个,参加学习的有34万人，从事社会力量办学的专、兼职教师6,555人，管理人员2,427人。从办学层次来看，大、中专学历教育是少数，绝大多数是助学辅导性质的非学历教育。如徐州市社会力量举办的1,999个培训班，有622个文化班，其余1,322多个班是技术业务培训。该市中心业余学校，目前开设的英、法、德、日、俄语培训班有学员4,000多人。日语班一名学员在参加日本东京爱知县大学部举办的日中友好作文比赛中荣获二等奖。

一年来，江苏省成人教育在深化改革中取得的成绩，在于各级领导重视成人教育，有关部门通力协作，相互配合，加强了对成人教育的宏观管理与指导服务。在省教育工作会议上，省政府领导明确提出，成人教育要贯彻按需施教的原则，大力开展岗位职务培训，要把活、“散”作为理顺管理体制的重点，提倡多种形式的联合办学。要调整成人教育的内部结构，突破单一的学历教育模式。这对推动成人教育的改革和社会发展起了积极的作用。

撰稿人　冯荣坤

审稿人　谢全海

民族教育

民族教育研究和教学改革

一、少数民族教育科研

全国民族教育研究会组织发展较快，自1983年以来，已发展到有20个省、自治区（内蒙古、新疆、广西、宁夏、西藏、云南、贵州、四川、青海、甘肃、吉林、辽宁、黑龙江、广东、山东、河北、河南、湖北、湖南、北京）级的民族教育研究会，50个自治州、地区级民族教育研究会，60个县级民族教育研究会，共有会员5000多人。举办了三次全国性学术讨论会，收到学术论文280多篇，出版了三本学术论文集。地方各级民族教育研究会也积极开展学术活动，写出了大量比较有价值的学术论文，编辑出版学术论文集、刊物、资料等三十多种。

二、少数民族语文教学改革

民族语文教学是民族教育的特点之一，进行民族语文教学改革，针对少数民族儿童的特点，在小学阶段使母语和汉语尽早沟通，适时地发展思维、语言和文字表达能力，有效地开发少数民族儿童的智力。云南省德宏傣族自治州在总结民族语文教学经验的基础上，采取引进、移植、创造等措施，进行两项语文教改试验。一项是“双语文教学，民汉对译，独立识字，培养能力”实验；一项是“双语教学，拼音学话，注音识字，提前读写”实验。自治州人大常委会1987年9月27日第27次会议通过的《实施义务教育法补充规定》中指出，对“双语文”教学提出改革方案和进行改革实验是有成绩的，应给予表彰和奖励。

湖南省湘西土家族苗族自治州在苗族聚居区的双语教学教改实验，形成“苗文直呼，提前过渡”的新特点。利用儿童母语的口语优势，一年级先设苗文课，进行苗文直呼训练，提早进行苗文阅读和作文，发展儿童的语言。二年级开设汉语课，利用积极迁移的作用，把直呼苗文字音的能力转化为直呼汉语拼音音节的能力，由一目双行扫读苗文和汉语拼音课文过渡到扫读汉语的注音课文；在阅读写作中将苗语的读写能力转化为汉语的读写能力，提高汉语读写起点，促进了汉语能力和思维能力的发展。

青海省“注音识字，提前读写”民族语文教学教改试验，由1985年开始，目前已扩大到西宁市四区、水电部四局、龙羊峡、海东五县的17所学校22个教学班。

撰稿人　艾照明
审稿人　朴胜一

支援西藏自治区教育

一、国务院第二次援藏工作会议

根据中共中央决定，1987 年 9 月 10 日至 16 日在北京召开了第二次援藏工作会议，来自全国有关省市的副省长、副市长及教育部门的领导同志 150 多人参加了会议。会议的中心议题是集中研究西藏的智力开发问题，主要包括两个方面：一是大量培养西藏建设所需要的各级各类人才，首先要立足于办好西藏本地的教育事业，进一步明确办学的指导思想和发展教育的方针政策，同时也要坚持区内外办学相结合的方针；二是认真贯彻党中央的指示，采取更有效的措施，进一步做好全国智力援藏工作。

国家教育委员会副主任何东昌主持会议并讲了话。他指出：要重视继承和发扬藏族优秀的文化传统；要积极实行对内地开放，逐步改善西藏办学的社会环境，以推动教育事业的发展；发展教育必须从西藏的实际出发；采取更有效的措施，切实落实“教育必须为社会主义建设服务，社会主义建设必须依靠教育”的方针；继续贯彻中央确定的全国支援西藏的方针，进一步搞好智力援藏工作。

9 月 12 日，参加会议的各地副省长、副市长和教育部门的负责同志到中南海向中央领导同志汇报工作情况，李鹏、胡启立同志听取汇报后都作了重要讲话。9 月 14 日，李鹏、胡启立、万里、周谷城、钱昌照等领导同志在人民大会堂会见了与会全体代表，万里同志在会见时作了重要讲话。万里同志指出：西藏解放 30 多年来，中央和地方从人力、物力上大力支援了西藏，促进了西藏的经济、文化等方面建设事业的发展，但是，与内地许多地区特别是沿海发达地区相比，西藏发展的速度还是比较缓慢的，这其中最大的原因，一个是缺乏人才，一个是交通不便。没有人才，什么也难搞上去；怎样使西藏人民更加聪明起来和经济发达起来，必须首先从教育入手；内地许多地方帮助西藏办学，这样做好处很多，这是一个很重要的战略措施，希望藏族同胞和汉族兄弟共同努力，把西藏班（校）办好。

会议期间，西藏自治区党委书记伍精华、中共中央统战部顾问江平、国家民族事务委员会副主任洛布桑也讲了话，代表们讨论了《关于改革和发展西藏教育若干问题的意见》和《关于内地对口支援西藏教育实施计划（草案）》等文件。

国务院第二次援藏工作会议还确定援助西藏发展教育投资 6000 万元（其中，西藏地方财政出 1000 万元），计划三年安排（1988—1990 年），主要用于加强西藏 4 所中等师范学校的建设，改善边境地区中小学的办学条件，发展教育电视事业，补助内地西藏班（校）经费的缺口，以及解决西藏边远地区教材输送的交通工具问题等。

二、内地对口支援西藏教育

为认真贯彻中共中央关于全国支援西藏的方针和国务院第二次援藏工作会议的精神，更有成效地做好智力援藏工作，把智力援藏的各项任务落实到国家有关部门、内地有关省市和学校，实行对口支援，1987 年 11 月 16 日，国家教育委员会和国务院西藏经济工作咨询小组转发了《关于内地对口支援西藏教育实施计划》的通知，计划由浙江省对口支援拉萨师范学校，辽宁省对口支援山南师范学校，山东省对口支援日喀则师范学校，湖北省对口支援昌都师范学校；由西北师范学院、南京师范学院、北京经济学院对口支援西藏大学；由西北农业大学、南京林业大学、武汉水电学院、甘肃农业大学对口支援西藏农牧学院，并由农牧渔业部、林业部和水电部资助改善其办学条件；由陕西师范大学、西安医科大学、西安体育学院、陕西财经学院对口支援西藏民族学院。支援的主要任务是：定期选派骨干教师讲课，接收受援学校在职教师和管理人员的进修、培训，联合搞科学研究。会议还决定由浙江省、上海市对口支援拉萨市，湖南省对口支援林芝地区，湖北省对口支援昌都地区，辽宁省对口支援山南地区，山东省对口支援日喀则地区，山西省对口支援阿里地区，天津市对口支援那曲地区。这些省市选派缺门和骨干教师进藏讲课，帮助培训中学在职教师和学校行政管理人员，对西藏各地区的有关中学实验室建设给予技术指导；委托辽宁省、山东省、安徽省、江苏省、天津市等五省市的师范院校为西藏自治区代培师资，每年200名，毕业后进藏任教；依托西北师范学院举办藏族师资培训中心，为西藏培养中学教师，每年200人，其中专科100人，本科100人。

三、内地西藏班（校）的发展

根据党中央国务院领导同志关于在内地为西藏培养人才的指示，1984年11月全国计划会上确定，在辽宁省、天津市、山东省、山西省、河南省、河北省、江苏省、安徽省、上海市、浙江省、江西省、湖南省、湖北省、陕西省、四川省、云南省等16省市，利用当地较好中学的设备、师资等优越条件，举办西藏初中班。1985年9月，各地的学校开始从西藏招生，共1300人；1987年9月，北京西藏中学也招收了第一批西藏学生101人。至此，西藏在内地各学校上学的藏族学生已达80个班，近4000人。

四、帮助西藏培养旅游人才

为适应西藏对外开放、发展旅游事业的需要，1987年11月14日，国家教育委员会、国家旅游局、国务院西藏经济工作咨询小组印发《关于为西藏培养旅游人才的计划》的通知，计划从1988年起，由北京第二外国语学院为西藏开办初级翻译导游班；由四川旅游学校、南京旅游学校为西藏培养饭店服务、饭店管理、游旅财会和烹饪专业人才，招收西藏学生，毕业后回西藏工作；西藏可在全国旅游中等专业学校和旅游、外事服务职业学校（包括职业高中）毕业生中公开招聘，进藏工作8年；由福建省对口支援西藏宾馆，天津市对口支援那曲饭店，江苏省对口支援拉萨饭店，广东省对口支援山南饭店，山东省对口支援日喀则饭店，四川省对口支援昌都饭店，帮助管理、指导和培训有关人员，并由国家旅游局所属高等院学帮助西藏培养旅游的高级人才。

撰稿人　莫保文
审稿人　朴胜一

内地与边远民族地区高等院校开展支援协作

为了进一步加强内地与边远民族地区高等院校的支援协作，促进边远民族地区社会主义现代化建设和教育事业的发展。国家教育委员会和国家民族事务委员会，于1987年8月18日至22日，在新疆维吾尔自治区乌鲁木齐市召开了内地与边远民族地区高等院校支援协作会议，总结交流了近几年来支援协作的经验；讨论了支援协作中有关政策措施；研究了在新形势下如何进一步加强支援协作等有关问题。全国部分省、自治区、直辖市教育部门和民委的负责人、国务院有关部、委教育司（局）以及90多所高等院校的负责人共160多人参加了会议。

1987年11月，国家教委和国家民委联合向各有关省、自治区、直辖市教育部门、民委，国务院有关部委教育司（局）以及有关高等院校印发了《关于内地与边远民族地区高等院校支援协作会议纪要》（以下简称《纪要》），对今后内地与边远民族地区高等院校之间开展支援协作的一些重要问题，作出了明确的规定。

（一）《纪要》指出：1980年以来，内地省、市和有关部委所属高等院校，通过举办民族班或接受委托培养等形式，共招收边远民族地区少数民族学生5814人（国家计划规定的正常招生除外）；已有70多所高等院校同新疆维吾尔自治区、内蒙古自治区、宁夏回族自治区、广西壮族自治区、云南省等9个边远省、自治区的部分高等学校，建立了对口支援协作关系；派到边远民族地区高等院校讲学、授课的教师达3100多人；支援了价值数百万元的教学仪器设备和图书资料；接受边远民族地区高等院校的进修教师5300多人；开展了学术和办学经验的交流活动；共同进行了科学研究、提供科技咨询服务，有力地推动了边远民族地区的人才培养，教育发展和科技进步，促进了当地经济建设。

（二）《纪要》认为：我国是一个统一的多民族的社会主义国家，各地区、各民族之间经济文化发展很不平衡，而这种状况可能长期存在。今后，国家经济建设的重点将逐步转移到我国西部地区（包括西北、西南两大地区）。这些地区既是少数民族集中居住的地区，又是国家的边防要地，但教育、科技长期落后。人才十分缺乏，各类人材培养应早做准备。因此，内地高等院校要把进一步做好对边远民族地区的支援协作当作一项义不容辞的、具有长远战略意义的光荣任务。

（三）《纪要》要求，要继续为边远民族地区社会主义现代化建设培养合格人才。当前，要把师资、科技队伍建设当作重点任务来抓。除内地院校采取办民族班、定向招生等列入国家计划为主的多种形式培养本、专科生外，还要加快建设西北少数民族师资培训中心；积极创造条件，筹建西南少数民族师资培训中心；并采取依托基础较好的几所内地高等院校建立边远民族地区师资、科技人才培训点等特殊措施，帮助边远民族地区高校培养，培训有较高政治和业务素质的师资和科技人才。还要进一步采取措施，有计划的适当增加为边远民族地区高校培养研究生的数量，以便尽快充实这些地区高校的骨干力量。

（四）《纪要》根据党中央和国务院关于内地经济发达地区，支援西部若干省、自治区发展经济、科学和教育的指示精神，确定了地区之间高等教育对口支援协作的关系：

北京市——内蒙古自治区；

北京市、辽宁省——宁夏回族自治区；

上海市、江苏省和陕西省——新疆维吾尔自治区（包括新疆生产建设兵团）；

天津市——甘肃省；

上海市、福建省——云南省；

浙江省、四川省和河北省——贵州省；

江苏省、广东省——广西壮族自治区；

山东省、吉林省——青海省。

（五）对开展校际支援协作的有关经费问题。《纪要》指出，在目前情况下，可考虑以下几种方式：1.国家教委在国家计划内，采取适当扩大内地重点高校定向为边远民族地区培养本、专科生和研究生的名额等措施，从经费方面给校际支援协作以实际支持；2.其他中央部门和地方，在支援协作中，也要鼓励和支持所属高校在计划内增加边远民族地区招生名额或给予可能的物力、财力资助；3.内地有关部门、高校在编列与边远民族地区支援协作的项目计划时，要适当照顾、收费要合理，在可能条件下要优惠；4.边远民族地区和高校，为了培养人才，也要在力所能及的条件下进行一定投资。合理利用包括国家拨给本地区多项建设补助费在内的有关经费。在为发展当地教育事业，引进知识和人才等方面，续继采取适当优惠措施，不断改善支援协作人员的工作和生活条件，以支持校际协作工作的深入开展。

撰稿人　易先培　杨祖湘
阿布都　吾寿尔
审稿人　朴胜一

少数民族文字教材建设

1987年5月，国家教委民族教育司在内蒙古自治区通辽市，召开了修订《全日制民族中小学汉语文教学大纲》（试行草案）会议。内蒙古自治区、吉林省、辽宁省、黑龙江省、四川省以及人民教育出版社、内蒙古教育出版社、延边教育出版社、四川省教育科研所等单位的专家学者、教师、教材研究人员参加了会议。这次修订的《全日制民族中小学汉语文教学大纲》（试行草案），是1982年原教育部结合我国少数民族中小学汉语文教学的要求和当时有关省自治区民族中小学实行十年制学制制定的。这次修订大纲的根据是：目前，这些地区的民族中小学普遍延长了学制，并结合普及九年制义务教育的要求，在总结民族中小学汉语文教学经验的基础上，为使民族中小学汉语文教材更加体现地区特点和民族特点等原则进行修订的。修订后的《全日制民族中小学汉语文教学大纲》，对小学阶段没有规定统一篇目，初中及高中阶段的统一篇目比修订前的教学大纲相应减少。初中阶段40篇统一篇目，约占讲读课文的30—40%；高中阶段60篇统一篇目，约占讲读课文的60%左右。其目的在于各地在编写汉语文教材时，充分考虑当地民族学生的实际情况。

1987年7月20日至8月20日，在四川省阿坝藏族自治州，召开了全国中小学教材审定委员会藏文教材审查委员会第二次会议。全国中小学教材审定委员会藏文教材审查委员会委员以及特别邀请了一部分有多年教学经验的中小学教师和有关学科的专家参加了会议。西藏自治区、青海省、甘肃省、四川省、云南省等，相互采取协作的办法解决中小学藏文教材。这次会议审定了由青海省民族教材编译处编写的《小学自然常识》（1—2册）；《藏文中学数学名词术语》和由西藏自治区教育科学技术委员会教材编译局编写的《高中藏语文》（1—6册）。

东北三省朝鲜文教材协作小组，于1987年7月24日至28日在辽宁省鞍山市召开了第五次会议。参加会议的有辽宁省、吉林省、黑龙江省三个教委（教育厅）负责人，民族教育处负责人，三省教育学院民族教研部负责人以及三省民族事务委员会的同志，共计32人。会议肯定了东北三省朝鲜文教材协作小组第四次会议以来，在协商解决朝鲜族中小学学制，教学计划，草拟部分学科的教学大纲，开展教材研究和实验，增加教材品种，加强配套教材建设，提高教材质量，审定教材，统一教学用语，举办优秀教材评选奖励活动、组团赴朝鲜考察并与朝鲜教材出版部门建立正常交流关系方面，做了大量的工作，取得了显著的成绩。

1987年12月10日至18日，在内蒙古自治区呼和浩特市，召开了全国中小学教材审定委员会蒙古文教材审查委员会第一次会议。参加会议的有部分全国中小学教材审定委员会蒙古文教材审查委员会委员，大学教授、中小学有经验的教师，出版社的编审、编辑人员以及教材研究人员，共50人。这次会议审定了，由内蒙古教育出版社编写的《初中蒙古语文》（1—6册）；《五年制小学数学》（1—10册）；《小学汉语文》（1—6册），共22册，合计150万字。在中小学教材建设中建立审定制度是一项开创性的工作。与会同志，根据教学大纲所规定的要求，审查了三门学科的教材，即肯定了教材的好的方面，也找出了不少存在的问题，说明在中小学教材建设中建立审定制度是必要的。

撰稿人　阿尔宾达来

审稿人　朴胜一

天津市智力支边工作

自1979年以来，天津市教育局和民盟、民进等民主党派共同努力，分别组织学校干部、教师承担了边远省、市、地区的教学、师资培训和教育咨询等任务，收到良好效果。

为了把这项工作做好，市教育局专门成立了以主管局长为首的支边领导小组。在搞好宣传教育提高认识的前提下，选派政治素质好、身体健康、能胜任中学教学工作的教师支援边远地区。从1979年到1987年，天津市教育局派出的援藏、援甘教师共51人。1984年，天津市还为西藏代培40名幼儿教师。遵照党中央的部署，从1985年秋季开始，在天津市委、市政府以及各主管部门的领导下，天津市红光中学承担了开办西藏学生班的任务，筹建了400人规模的四年制“西藏初中班”。三年来共招收西藏那曲地区的214名小学毕业生入学，现有预科班2个，初一班3个，初二班1个。

为了办好西藏班，在投资方面，除国家和西藏拨款外，到1987年暑假，天津市共投资170多万元，作为基建、设备、车辆、生活补贴等项费用。天津市办好西藏学生班的主要经验是：① 统一认识，明确目的，加强办班的责任感。天津市市长李瑞环说，天津是全国的天津，西藏是全国的西藏。因此，天津市办好西藏学生班义不容辞；② 热爱西藏学生，为他们创建良好的学习、生活环境，搞好生活管理等工作；③ 针对西藏学生的特点，进行爱国爱藏的思想教育活动；④ 从实际出发，加强形象化教学和个别辅导，提高教育质量。

三年来，西藏自治区一级代表团已有10多个来校视察、慰问。班禅、阿沛·阿旺晋美和自治区党委书记伍精华曾先后来津视察该校。归国藏胞参观团也到红光中学参观访问，他们说：“看了红光中学的西藏班，心情很激动，出乎意料办得这么好，我们很放心。我们要把这里看到的告诉西藏人民，告诉侨居国外的藏胞。”“红光中学西藏班办得很好，你们的工作是伟大的，将在西藏民族团结的历史上写下光辉的一页”。拉鲁团长并题词：“藏北四化看红光，感谢红光中学为藏北培养人才”。西藏班的工作，多次受到国务院西藏经济工作咨询领导小组、国家教委、国家民委和西藏自治区的表扬。

几年来，天津的教师在支边工作中，自身也经受了锻炼。1985年，那曲地区遭受雪灾，天津援藏教师积极参加救灾工作，并捐了钱、物等，受到当地人民的好评。有的援藏教师高山反映强烈，感染成肺炎；有的咳血住了医院，组织决定把他们送回天津治疗，但他们坚持带病工作，不离岗位。有位教师在天津的孩子患了精神病，天津市教育局通知他返津，他以完成援藏教学任务为重，没有返津。1984年援藏的26位教师，于1985年被天津市人民政府评为“援藏先进集体”。一名教师被评为那曲地区的先进教师。在三年援藏期间，有12名教师光荣地加入了中国共产党。西藏自治区充分肯定了这些教师为发展民族教育事业、培养民族人才所做出的贡献。

天津民盟、民进响应中共中央和天津市委的智力支边号召，从1983年春，就分别派出盟员、会员远赴新疆的乌鲁木齐、哈密、伊犁、石河子，宁夏的银川，内蒙古的呼和浩特、包头、锡盟、乌盟、伊盟、阿盟，甘肃的兰州、临夏等地，进行中小学师资培训、教育咨询、讲学和专题报告等工作。从1983年到1986年，先后共有80多人参加支边。其中，不少人虽年逾花甲，但他们甘冒酷暑，长途跋涉，到偏远区县讲学，不怕高山反应，不要报酬，政治热情高，勇于承担任务，尽心尽意地工作，因而受到当地党政领导的赞扬和同行的欢迎。在伊犁讲学时，除伊犁自治州各县的教师听讲外，远及阿尔泰等地区也派教师参加；在临夏有来自千里之外的甘川边境的教师听课，有的县听课人数占教师总数的50%。新疆教师自谓"以勤补拙"的精神，深深教育了支边教师，而支边教师的热情负责精神，也深受好评。新疆的同志说："天津同志的讲课，使我们广见闻，聪耳目，开阔了视野，对边疆教育事业的发展、密切民族间的情谊起到积极促进作用"。甘肃的同志说："天津教师的教学是及时雨，'甘散'(甘肃土语好的意思)得很"。内蒙、宁夏的同志说："迢迢千里，心心相印，无私援助，感人肺腑。"支边教师在工作中有"支"有"学"，密切了两地教育工作者的关系，也为民主党派工作开辟了新局面。

撰稿人　黄治安

审稿人　张金泽　高铎远

新疆民族教育综述

一、发展概况

在党的民族政策光辉照耀下，新疆教育事业坚持以民族教育为重点，从计划安排、经费投资、师资培训、基建设备等方面给予必要保证，使新疆的民族教育事业迅速发展。

在普通教育方面，1987年，全区幼儿园在园儿童达120259人。其中，少数民族儿童38914人，占32.35%。全区小学在校生达1884884人。其中，少数民族学生1227547人，占65.12%。1987年，全区少数民族学龄儿童入学率达96.53%，其中城市为95%，县镇为98%，农村为96%，牧区为91%；全区少数民族小学生巩固率为96%，毕业率为96.5%；全区少数民族儿童小学教育普及率，城市为93.5%，县镇为95.3%，农村为90.2%，牧区为83.2%。1987年，少数民族小学毕业生的升学率为65.17%。牧区寄宿制小学进一步巩固和发展。1987年，有寄宿制小学378所，在校生87786人，学校比上年增加50所，学生比1986年增加9823人。普及小学教育获得了显著成绩，普及九年制义务教育也有了一定进展。

普通中学也继续发展。1987年，初中在校生达775817人。其中，少数民族学生293296人，比上年增长7.58%，民族学生占在校生总数的37.8%；高中在校生达270586人，其中，少数民族学生95378人，比1986年增长9.6%，民族学生占在校生总数的35.25%。牧区寄宿制中学达113所，在校生达36143人，比上年增长57.14%。一年来，少数民族中等教育结构改革已初见成效，农职业中学民族学生达7059人，占在校生的13.2%，虽然比例尚小，但改革的局面已经打开。

中等专业学校中，少数民族学生有了较大幅度的增长。1987年，普通中专在校生39842人，比1986年增长9.96%。其中，少数民族学生20723人，比1986年增长36.86%，民族学生占在校生总数的52%。

在普通高等学校中，少数民族学生数量也继续增长。1987年，普通高校在校生达29801人。其中，少数民族学生16919人，比1986年增长4.3%，民族学生占学生总数的57.77%。为大力培养少数民旅高层次人才，除本区高校扩大招收民族学生外，自1980年以来，在内地一些兄弟院校陆续开办了新疆少数民族班。1987年，大连工学院、上海交通大学、华东师范大学、陕西师范大学、西北林学院、西安医科大学、无锡丝绸学院、吉林化工学院、东北师范大学、西北民族师资培训中心、中央民族学院、西北民族学院、西北第二民族学院、西安公路学院等14所院校举办的新疆少数民族班，共招生444人，其中，师范专业招生230名，理工专业招生167名，医学专业招生15名，农林专业招生32名。为保证内地院校新疆班学生汉语质量，我区在部分高校和中专还开办了专门的预科班。

近几年,我区在国家公派和地方公派的进修生和留学生中,也注意保证使少数民族有一定名额。1987年,派遣出国留学生40名,其中有少数民族留学生7名,派往国家有美国、日本、苏联、澳大利亚、加拿大、土耳其、新西兰等国。已经录取尚在国内进修外语的有27名，其中少数民族6名。

在成人教育方面，近几年发展也是很快的。1987年，成人高校在校学生达26521人。其中，少数民族6239人，占23.56%；成人中专在校生达25939人，其中少数民族9129人，占35.19%；成人中学在校生11432人，其中少数民族3976人，占34.77%；成人职工学校在校生23317人，其中少数民族6477人，占27.77%；成人初等学校在校生185896人，其中少数民族154661人，占83.19%。由于新疆成人高等和中等教育发展较晚，总的发展数量不大，少数民族的发展数量也偏小，特别是少数民族成人高校、成人中学在校生比上年分别减少21.69%和33%。其原因之一是工学矛盾突出，企业重视岗位培训，不再盲目送职工入学；二是经费困难，实行经费包干后不轻易开支学费；三是认识片面，重视技术培训，忽视文化学习；重视生产，忽视教育。

在各级各类教育事业发展的同时，少数民族师资队伍也日益壮大。1987年，各级各类学校少数民族专任教师数为：高等学校2366人，比1986年增长13.9%；中等专业学校2439人，比1986年增长0.9%；普通高中6217人，比1986年增长15.27%；普通初中18706人，比1986年增长8.88%；农职业中学306人，比1986年增长96.15%；小学55478人，比1986年增长0.26%；幼儿园1274人，比1986年增长14.77%；成人高校636人，比1986年增长33.33%；成人中专689人，比1986年增长19.2%；成人中学145人，比1986年减少2%；职工学校56人，为1986年的6倍；成人初等学校574人，为1986年的25倍。

二、各民族教育发展比较

就新疆维吾尔自治区少数民族各类教育发展状况比较而言，普通教育的发展比较正常，规模已经不小。高等学校和中等专业学校中，少数民族学生比例已接近少数民族人口比例；在小学，由于汉族计划生育已见成效，出生率降低，入学儿童减少，少数民族儿童所占比例相对增大，已超过人口比例。目前，在高中、初中、幼儿园中，少数民族学生比例还明显低于汉族；成人教育和职业技术教育还没有得到充分发展，其规模和速度还远不能适应社会主义现代化建设的需要。这种状况，只有通过发展农村幼儿教育，大力普及九年制义务教育，进一步改革中等教育结构，积极发展各级各类成人教育来加以改变。

就新疆各民族间比较看，1987年，每万人口平均的各级学校在校学生数继续有所提高，具体情况如下表：

单位：人

民族	人口	普通高校学生	普通中专学生		普通中学学生		小学学生
			总计	其中师范	高中	初中	
总计	13,836,399	20,24	28,8	8,48	195,56	560,71	1362,27
维吾尔族	6,431,015	19,24	21,57	7,54	98,08	312,69	1403,13
汉族	5,386,312	21,99	35,50	7,57	325,28	895,83	1220,38
哈萨克族	1,010,543	23,99	39,81	13,87	195,17	480,07	1773,76
回族	611,816	4,43	12,31	4,01	73,47	412,07	1495,92
柯尔克孜族	126,146	15,78	27,43	14,9	101,23	310,04	1563,03
蒙古族	128,050	27,8	64,58	33,58	301,76	649,04	1529,17
锡伯族	30,174	68,6	56,34	18,23	413.6	853,72	1459,87
塔吉克族	29,640	11,81	22,94	8,77	74,56	213,9	1602,9
乌孜别克族	9.775	118,67	481,84	433,76	343,73	556,52	821,48
满族	10,853	22,11	46,07	7,37	274,58	557,45	862,43
塔塔尔族	3673	106,18	70,79	21,78	394,77	419,28	860,33
达斡尔族	4899	40,83	20,41		200,04	751,17	1326,8
俄罗斯族	5224	95,71	91,88	9,57	342,65	794,41	911,18
其他	48279	9.53	12,48	2,28	87,20	200,09	577,06

[注]（1）其他项内主要指东乡、萨拉、藏族；

（2）普通大中专在校生中不包括干部专修科、教师本科班及职工中专班。

就上表数字比较看，新疆维吾尔自治区内部各民族之间教育发展还不够平衡。回族、阿尔克孜族、塔吉克族的发展水平低于维、汉、哈等民族。因此，还需要采取特殊措施来改变这几个民族教育落后的状态。但就维、汉、哈、蒙、锡、乌、满、塔塔尔、达、俄等十个民族来讲，民族之间的差距已大为缩小。

以新疆各民族每万人口平均的各级学校在校生数与全国平均数相比，也只有回族、阿尔克孜族、塔吉克等族在个别项目上低于全国平均数。全国平均每万人口中拥有大学生为 17.87 人、中专生为 17.78 人（其中师范生为 6.18 人）、高中生为 73.4 人、初中生为 396.1 人、小学生为 1217.9 人，而我区平均数与全国相比，大学高出 2.37 人，中专高出 11.02 人（其中，师范高出 2.3 人），高中高出 122.16 人，初中高出 164.61 人，小学高出 144.37 人。从这个比较数字看出，新疆少数民族教育总的发展规模已经不小，在数量上与全国的差距已经缩小，发展数量已不是当前的主要矛盾。

三、按民族语言分校分班授课

在民族教育工作中，新疆维吾尔自治区教育部门认真贯彻了党的民族政策，实行民族平等和语言平等，在中等和初等教育中，继续按民族语言分校分班，用本民族语言教学；高等学校的基础课和部分专业基础课用民族语言授课。1987 年，新疆中小学按民族语言分校情况如下表：

学校 \ 语种 校数	学校总数	汉语		维吾尔语		哈萨克语		蒙古语		锡伯语		柯尔克孜语		民汉合校	
		计	%	计	%	计	%	计	%	计	%	计	%	计	%
高 中	819	545	66.54	166	20.27	57	6.96	10	1.22	2	0.24	2	0.24	37	4.52
初 中	1233	650	52.7	359	29.12	132	10.71	18	1.46	3	0.24	13	1.05	58	4.7
小 学	7813	2835	36.28	3663	46.88	781	9.99	73	0.93	8	0.102	89	1.14	364	4.66

[注]民汉合校的学校，均按民族语言分班授课。

四、加强民族文字教材的出版

为保证用民族语言授课，新疆教育部门不断加强少数民族文字教材的建设。1987 年，一共用六种文字出版教材，在保证中小学课本按时出版的情况下，继续编译出版各科教学参考书、工具书，并出版了部分大学教材、自学考试参考书及业余学校用书。

各种民族文字教材出版情况表　　　　单位：万册

类别 \ 语种 数量	维吾尔文		哈萨克文		蒙古文		锡伯文		柯尔克孜文		汉文	
	种	册	种	册	种	册	种	册	种	册	种	册
小学课本	56	872.8	52	166.3	13	2.6	41	3.4	48	17.7	106	1183.5
中学课本	83	331.7	71	86.1	10	1.6			29	3.2	110	1189.6
参考书	51	19.9	48	4.7	5	1.6			8	1.4	33	413
其它	54	70.9	40	14.3							3	8.8
总计	244	1295.3	211	271.4	28	5.8	41	3.4	85	22.3	252	2794.9

[注]（1）维吾尔其它栏内包括大学教材、业余教材、自学考试参考书；（2）蒙文参考书中包括词典等工具书；（3）汉文参考书栏内数字为假期作业数。

五、加强少数民族师资培训

为办好少数民族的教育事业，新疆教育部门不断加强了少数民族师资的培训工作。在各级师范院校中，少数民族学生占很大比例。1987 年，新疆 5 所高等师范院校中有少数民族学生 5137 人，占在校生的 65.58%；内地院校举办的新疆班中，师范专业的230名学生全都是少数民族。在19所中等师范学校中，有少数民族学生7551人，占在校生的66.3%。

新疆对在职教师的进修提高工作也极为重视。1987年，全区有教育学院12所，在院进修的少数民族教师有2205人，占进修教师的34.11%；在70所教师进修学校中，进修的少数民族教师有6160人，占52.36%。1987年，开办了卫星电视中等师范教育，参加学习的少数民族教师有2500人，占50.5%；参加刊授师范学习的少数民族教师有18499人，占刊授学员的37.05%。

1987年，在经过试点之后，全区中小学开展了评定教师职称的工作，截止年底，已有近半数学校进行完毕。

六、充实设备，改善办学条件

为改善民族学校的办学条件，近几年，新疆除加强校舍基建维修和实验室建设外，还加强了教学仪器的配发工作。仅1986年，对和田、喀什、克孜勒苏、阿克苏、巴音郭楞、吐鲁番、哈密、伊犁、塔城、阿勒泰、博尔塔拉、昌吉等少数民族聚居地区以及少数民族自治州配发的仪器总值就达599.55万元。同年给全区中小学配备实验台柜总值350万元。为了管好、使用好教学仪器，开办了实验员培训班7期，培训在职实验员340名，其中多数来自少数民族学校。他们还对实验室建设加强了检查验收工作。仅1984到1986年，累计验收合格的中学有346所，其中，属于上述各地州的有329所。

七、重视提高民族教育质量

新疆维吾尔自治区少数民族教育在数量上的发展速度快，规模大，但由于师资质量、办学的物质条件等方面的限制，质量的提高与数量的发展不相适应。就全国讲，新疆教育质量与内地省区相比，存在着较大差距；就区内讲，汉族与少数民族之间在教育质量上存在着很大差距。1987年高考，汉族考生总分在400分以上者，理科占考生总数的32.2%，文科占28.9%；少数民族考生总分在300分以上者，理科占考生总数的12.4%，文科占4.7%。以录取分数线比，1986年少数民族理科比汉族低135分，文科比汉族低195分；1987年，少数民族理科比汉族低153分，文科比汉族低166分。从上述高考一方面情况也可以反映出，教育质量低已成为新疆民族教育的主要矛盾，提高少数民族教育质量已成为非常迫切的任务。

针对民族教育质量低的现实问题，中共新疆维吾尔自治区委员会在1985年发布的《关于贯彻〈中共中央关于教育体制改革的决定〉的意见》中就指出："把发展少数民族教育事业作为自治区发展教育的重点，力争在一个不太长的时期内，有一个较大的发展和提高，缩小与全国教育水平的差距"，"要从基础做起，由低级到高级，循序渐进，逐步提高"，"要正确处理发展数量与提高质量的关系"，"各级各类学校都必须努力提高教育质量"。1987年7月，在自治区教育工作会议上，自治区主席铁木耳。达瓦买提同志在讲话中也反复强调："我区各级各类教育事业的发展，既要有数量的增长，更要有质量的提高。目前，我区教育质量不高的问题，应当引起各级领导的高度重视。……力争在不太长的时间内使我区各级各类学校的教育质量有一个较大的提高。……更应当把提高民族学校的教育质量抓紧抓好。"同年，自治区党委发布的《关于当前我区教育工作中几个突出问题的决定》中也指出："与全国相比，我区的教育规模，从总体上看已经不小，今后要在保证质量的前提下求发展，不能单纯追求速度"，"要把提高教育质量作为我区教育工作的主攻方向。”

八、加强汉语教学

少数民族学生学好汉语，是提高教育质量、培养高层次人才的重要环节。对在民族学校开好汉语课，自治区党和政府都十分重视。目前，少数民族学校从小学三年级到高中三年级都开设汉语课。高等学校为少数民族学生设立预科补习汉语。为要求普遍而又积极地开设汉语课，自治区党委在1987年发布文件，强调“少数民族学生在学好本民族语言文字的基础上，学习和掌握汉语言文字，是提高民族教育质量，培养少数民族建设人才，特别是高层次建设人才的一项战略措施”。“加强民族学校的汉语教学，使高中毕业生达到‘民汉兼通’，是民族学校教学工作的一条重要方针，对于提高少数民族科学文化水平有着重要意义”，“为此，中小学汉语应列为主课，并可适当增加课时”，“地、县两级设立汉语教研室或配备汉语教研员，……广泛开展汉语教学研究和改革实验，要尽可能地采用现代化教学手段，有计划地装备一批语言实验室。要积极编写出版适合城乡民族中小学不同需要的汉语教材和教学大纲。要把汉族小学语文教学中‘注音识字，提前读写’的经验引入汉语教学中来。”

各地学校除加强汉语课堂教学外，还开展朗读比赛等各种形式的课外活动，以提高学生汉语的读说能力。为鼓励学生学好汉语，引起社会关心汉语教学，1987年6月，由自治区教育科学研究所、乌鲁木齐市教研中心、乌鲁木齐晚报等8个单位发起，举行了全疆性的民族中小学汉语文学双语朗读大奖赛，自治区领导同志出席了比赛大会。比赛结果，评出一等奖5名，二等奖13名，并表彰了4个优秀代表队。比赛的过程拍摄了电视片在全疆播放，引起普遍重视。

1987年12月，自治区召开了汉语教学工作会议，表彰了热爱教育事业、勇于进取、锐意改革、兢兢业业、埋头工作、为培养“民汉兼通”的少数民族人才做出积极贡献的学校和教师，并表彰了一批汉语学习优秀的少数民族学生。

陈声远　供稿

甘肃省少数民族教育在前进

1987年，甘肃省民族教育认真贯彻了“实事求是，因地制宜，量力而行，讲求实效”的发展方针，在加强基础教育，发展职业技术教育，提高教育质量等方面做了大量的工作，取得了一定的成绩。尤其是在结合藏族牧区的实际，总结以往办学经验的基础上，初步摸索出一些符合藏族牧区特点的教育事业发展的路子，为推动民族教育的发展作出了有益的尝试。

到1987年底，全省20个民族县有小学2629所，在校学生261273人，教师12351人；普通中学119所，在校学生79705人，教师4212人；职业中学13所，在校学生1566人，教师110人；中等专业学校9所，在校学生3403人，教师285人；筹建中的甘南合作民族师范专科学校开设藏语文、汉语文、数学、政史4个专业，在校学生384人，教师58人；9所省属重点中学民族班在校学生604人；3所中等师范学校民族班在校生191人；5所省属高等院校民族班在校生582人。

（一）从实际出发，重视和加强基础教育。甘肃省民族地区基础教育起步晚，发展缓慢，特别是学龄儿童入学率还比较低。对此，甘肃省把大力发展基础教育始终放在首位，并且从民族地区的实际出发，调整和修订了普及九年制义务教育实施规划，总目标是2000年左右基本普及初等教育，稍后一段时间普及初中教育。为了调动县、乡两级办学的积极性，在省内全面推行基础教育分级办学、分级管理的体制，加强了地方对教育的统筹职能。根据民族地区地域辽阔、交通不便、居住分散等自然特点，采取多层次、多规格、多种形式办学。在重点办好乡中心小学和寄宿制民族小学的同时，因地制宜地举办了简易小学、早晚班、巡回教学；在人口比较少的村寨，实行包教合同制；在牧区，利用枯草季节，牧民相对集中的机会，举办牧读小学；在边远牧区、山区，实行小学教育分段制；为了提高女儿童入学率，还试办了女童班。经过努力，1987年，民族地区学令儿童入学率达到78.36%，巩固率91.3%，毕业率94.48%，女儿童入学率63.71%。分别比1986年提高了1.27%、1.15%、4.29%、2.06%。

（二）职业技术教育有了新的发展。职业技术教育是甘肃省民族教育中的薄弱环节，近两年经历了一个从不认识到逐步认识和开始起步的阶段。1987年，甘肃省人民政府对全省教育工作实行分类指导，并在民族地区召开了教育工作座谈会，对发展职业技术教育起到了重要作用。截止到1987年底，甘肃省民族地区有职业中学13所，“三加一”职业班6个，在校学生1815人。各地还相继举办了各种层次的职业班。甘南州仅教育系统开设的各类职业班就有14个专业，33个班，招生1200多人，比原计划超50%以上。培训结业的已有249人。为了加强对职业技术教育工作的领导，搞好州、县统筹管理，甘南州、县成立了职业技术教育委员会，由主管州长、县长负责，并配备了专职干部。

（三）加强师资队伍建设。为了提高民族地区教育质量，甘肃省采取多种形式加强师资队伍建设。他们把每年分配的师范毕业生充实到教学一线，选拔在职教师离职进修，组织一些教师参加自学考试和教材教法过关考试。1987年底，全省民族地区小学教师中，中师毕业的占72.7%；初中教师专科毕业的占28.1%；高中教师本科毕业的占33.1%。教师文化程度分别比1986年提高了2.4%、4.3%、1.7%。肃南县小学教师教材教法合格率达到93.5%；中学教师教材教法合格率达到82.8%。蒙语文、哈语文、藏语文授课的民族教师的培养和培训，甘肃省采取对等招生和委托培养的方式，由内蒙、新疆、青海为其代培，基本解决了甘肃省民族地区用民族语言文字授课教师严重缺乏的问题，教学质量有了明显提高。

（四）办学条件得到了改善。1987年，民族地区新增校舍面积40617平方米。牧区已经修建的75所寄宿制小学，9所寄宿制民族中学得到了进一步的完善。各地对校舍进行了普查，建立健全了校舍档案。甘南州对中小学三年实现“一无两有”，并分县制定了总体规划。肃北县阿克碌曲县的小学基本实现了“一无两有”。群众集资办学有了较大的进展。1987年，民族地区群众集资141，75万元，改善了部分地区的办学条件。天祝藏族自治县群众集资74.9万元，使62所中小学的办学条件得到了改善，全县中小学的危房由1986年的27848平方米，减少到18021平方米，为普及教育创造了条件。

（五）积极探索牧区教育发展道路。近年来，甘肃省把发展藏族牧区教育作为发展民族教育的突破口。经过几年努力，逐步形成了民族语言文字教学体系。甘南州提出了“两个为主”的教学要求，即在藏语为主的地区，以学习藏语文为主，单科加授汉语文；在藏汉语兼通的地区，以学习汉语文为主，单科加授藏语文。两类地区都要使学生达到“一懂一通”。目前，全州已办起41所寄宿制小学，6所藏族中学，加上甘南民族学校、师范学校和合作师专的藏语文专业，一个由初级到高级以藏语文为主的教学体系已经初步形成。

甘肃省总结分散办学和集中办学的实践经验，摸索牧读小学与寄宿制小学相衔接的办学形式。实践证明，寄宿制小学是牧区办学的一种主要形式，但随着农牧业生产的发展和群众对教育重要性认识的提高，寄宿制小学数量有限，容纳不了更多的儿童入学，扩大规模又需要较大投资，而且低年级学生年龄小，寄宿学校，家长不放心，在这种情况下，他们利用枯草季节（大约每年10月到次年6月）牧民回到居民点时，集中授课，牧读小学是寄宿制小学的辅助形式，是公办学校的补充和延伸。在集中力量办好寄宿制小学的同时，采取分散与集中相结合的办法，多渠道、多形式办学，有利于推动牧区初等教育发展的进程。

他们根据藏族牧区特点，认真研究宗教和教育的关系，调动民族宗教界人士兴办教育的积极性。甘南州教育局和民族宗教局联合发出了聘请宗教界人士担任名誉校长的通知，截至1987年底，全州聘请了22名活佛担任寄宿制学校的名誉校长，在提高牧区儿童入学率等方面做出了显著的成绩。民族宗教界人士已成为发展民族教育不可忽视的力量。

甘肃省根据牧区生产水平还很低，商品经济不发达，小学毕业后绝大部分学生回家参加牧区生产。因此，他们积极探索牧区教育与职业技术教育的早期结合。玛曲县曼尔玛寄宿制小学办起了缝纫班，招收了22名学生，其中，不少是中途辍学的大龄学生。学生半天学文化，半天上职业技术课，他们教学生做帐篷，缝藏服的本领，使学生回乡后有了一技之长。在曼尔玛寄宿制小学经验的带动下，牧区一些小学开办了畜牧、兽医、财会职业班，逐步密切了学校教育与牧区经济的关系。

撰稿人　巴建坤
审稿人　李绍唐

广西柳州市按照民族学生特点，改进高中教学方法

柳州地区高中有壮、瑶、苗、侗、仫佬、毛南等少数民族学生960多人，占全校学生人数的80%以上，大多来自边远山区农村。由于历史的原因和特定地域环境的影响，民族学生具有与汉族学生不同的许多特点。例如在心理上，忠厚老实，思想纯朴，吃苦耐劳，但有自卑感，同时又有强烈的自尊心；在语言上，6个民族有6种不同的语言，而这6种语言都与汉语语音、语法截然不同；在思维上，是用本民族母语进行思维。过去，由于忽视民族学生的特点，在教学上照搬照套城市和汉族地区学校的教法，教学效果很不理想，有的甚至是失败。近年来，随着教学改革的不断深入，学校重视了对民族学生特点的研究，并根据这一特点不断改进教法，使民族学生的教学质量不断提高，从1984年毕业生升学率50%，上升到1986年的80%和1987年的90%。没有升学的学生，回到山区农村也成了有用之材。

他们的做法是：

(一)激发民族学生的学习积极性

爱护、尊重民族学生是激发民族学生学习积极性的关键，各科教师始终把“爱护、尊重民族学生”贯穿于一切教学活动之中。

1. 了解学生，尊重学生。教师除与民族学生建立深厚的师生感情，从各方面关心、体贴、爱护他们之外，在教学和课外辅导中，更注意尊重民族学生。例如，在课堂提问时，做到耐心启发，积极诱导，并做到深入浅出，从简到繁，同时，随时注意到学生回答问题的情绪。对学生回答问题感到为难或未能满足教师的要求，教师只能启发诱导，循序渐进，不当面训斥或表示不满意的态度，更不能对学生说“这个问题都不懂，真笨”等有损学生自尊心的话。

2. 积极引发学生的学习积极性，充分调动他们的学习兴趣。教师一改过去直问或搞突然袭击的做法。教师向学生提问时，做到事先有所准备，问什么问题，先问什么，后问什么，要为学生回答问题铺设阶梯，使每个学生在每一个答问中都得到70分以上。这样，使学生学有兴趣，信心有余。

3. 改作批语要恰如其分，要以鼓励为主，对不足之处，要进行密批，启发学生思考问题，使他们能自觉地找出错误之处，避免简单地只打“×”或“不对”等符号和字样，以免影响学生的自信心。

4. 要善于发现民族学生的闪光点，并找机会让他们得以充分表现，使他们看到自己的优点和长处。对民族学生的缺点和错误，以正面教育为主，不当众指出他们的缺点和错误，相反，尽可能使更多的人知道他们的优点和长处。例如，在体育活动中，民族学生耐力较强，善于长跑，学校就有意识的组织长跑比赛，使他们在活动中能有机会争上名次，得到奖励和表扬，受到了鼓舞，振奋了精神。

5. 因势利导，扬长避短。民族学生往往把“吃苦耐劳”精神用于死记硬背书本上的知识。为了改变这种现象，教师除在教学中做到积极耐心启导外，平时还给学生提一些课外但又与课本知识有密切联系

的问题，让学生多思考，展开他们的思路。这样既使他们的“吃苦耐劳”精神有所用场，又能有效地克服原来那种只知拚命地死记硬背的学习方法。

由于民族学生到处得到爱和尊重，使他们的心理状态发生了很大的变化，积极学习，奋发向上，蔚然成风。完全改变了过去一遇到一点困难就想回家的狭隘的乡土观念。

(二)帮助民族学生统一思维语言

民族学生在小学和初中阶段，除少数用柳州话（即广西官话）读课文外，大多数用本民族语言讲解课文和进行对话。进入高中后，多数学生仍用本民族母语进行思维。例如，壮、侗族学生由于习惯于用母语思维，在学习汉语中颇多出现语序颠倒等现象。汉语的“书放在桌上”，而壮、侗语则是“书放在上桌”；汉语的“我家在乡下”，壮、侗语则是“家我在下乡”，等等。在学习中学生普遍存在一个语序由逆到顺的调整过程。这样，往往需要较长时间转译调整才能理解其中的函意。而在苗、瑶学生语言中的单音词、同音多义词，则较汉语为多，又造成了学生听普通话授课、电教以及师生交流中数次“转译”过多现象，因而大大影响了学生处理信息的速度，特别是民族学生在学习英语时，接受信息要经过英语——普通话——柳州话——民语——储存，而表达出来的则是储存——民语——柳州话——普通话——英语。比如英语的“Welcome to my home”（欢迎你到我家来），而学生则先把民语的“Hnenh ying2 mwng2 doeuj ren2 gou”（欢迎你来家我）译成汉语“欢迎你到我家来”，然后用汉语译成英语，最后才能理解其全意。由于民族学生在学习过程中思维中转层次之多，速度之慢，需要的时间比较多，处理信息不及时，影响民族学生的接受能力。他们认为，语言是思维的外壳，汉族学生在学习中反应较快，思维比较敏捷，是因为他们用汉语思维，无需中转环节。如果不改变民族学生用母语思维的习惯，就不可能适应现代科学思维的需要。教育要实现“三个面向”，帮助民族学生改变原来的思维习惯，稳定并力争统一思维语言，这是培养少数民族学生掌握现代科学知识所必需的。因此，他们把帮助民族学生改变母语思维习惯作为教改中一项突出任务来抓。每年新生入学时，首先要求学生用柳州话交谈，用柳州话回答问题，在此基础上，逐步进行普通话训练，教师对学生采取一步步扶着走，一句句领着读，在朗读中引导学生进行语言比较，进而要求各科教师坚持用普通话讲课，学生用普通话回答问题，在平时用普通话交谈，以逐步摆脱母语环境，提高民族学生用普通话进行思维的能力，减少民族学生思维的中间转译环节，提高思维效率；其次是有目的地、有计划地组织学生参加各种活动，如文娱比赛、朗读比赛、演讲会和辩论会，排练话剧等，让学生有更多的机会,完整地、准确地、流畅地运用普通话表达自己的思想感情，从而逐步达到“思维活跃，反应灵敏”的效果；其三，在英语教学中，加强会话训练，师生间经常用一些简单的英语单词对话、造句。上英语课时，尽可能引发学生用英语思维，使学生较快地适应和完成“民语——汉语——英语”这一转移过程，使之较为迅速地接受和处理各种信息，提高了反应能力。

(三)提高民族学生的思维能力

在教学实践中，他们注意观察并发现民族学生思维发展诸多停留在形式思维至形象思维阶段，而且思维方式单向思维多于多向思维，间断思维甚于连贯思维，浅表思维大于纵深思维，紊乱思维过于条理思维，这对于民族学生在较复杂和难度较大的高中学习阶段确实是有一定的影响。根据“动作思维——形象思维——形式思维——辩证思维”的规律，针对民族学生的思维特点，他们采取了如下的措施：

1. 因势利导，从低到高，从简到繁，浅入深出，培养学生按思维循序逻辑思考问题。如在数学教学中，教师采取直观教学、降低坡度等手段，先基础，后深化；先具体，后抽象；先单一，后综合，有目的的为学生接受深知铺设阶梯，逐步培养学生的抽象概括能力。

2. 结合课文内容，引导学生思维朝多向性发展。各科教师为学生设计预习卡片，引导学生在预习时对课文提出疑难问题和新见解，激励学生尽可能提出更多的问题，以加强对课文知识的理解，并指导学生自编练习题，自出参考题和参考答案，让学生站在教师的高度进行思考，以增强思维的广度和深度。又如在作文教学中，注意引导学生学会从一个问题的几个角度去考虑，以得出主体的结论，培养学生学会全面观察和分析事物的能力，使学生逐步从单向思维朝多向思维发展。

3. 注意培养学生思维的逆向性。为了培养这一习惯，教师特意为学生拟定求异性题目或一题多解。如在作文中给学生拟定《名师出高徒》、《人必往高处走吗?》、《开卷未必有益》、《愚公何苦要移山》，等等。学生对此类题目不但深感兴趣，而且确能从求异思维中求出新的见解，亲自体验到思维训练的艰辛和乐趣。

4. 另辟蹊径，引导学生向高级思维发展。在加强引导学生学习思维的最优方式时，还要注意在提高学生思维能力的训练中另辟蹊径，把学生的思维能力向一个更高层次推进。例如在语文教科书中，庞杂浩繁、举凡文学上的各门基础知识，都反复出现，学生在学习时，往往钻进知识的迷宫，为周围纷繁的景象所迷惑，或如堕入五里雾中，或彷徨不敢入于其中，只见森林，不见树木。对此，教师即采取分单元进行教学，将各册文章分成若干单元，指导学生进行阅读、授课、训练，从整个单元的高度整理、综合、理顺，达到科学系统的安排，使知识更加系统性、条理性，为学生在知识山上搭个 望台，让学生站在整个知识体系的高峰俯瞰全局，做到高屋建瓴，使学生一改过去那种课文零敲碎打而不知所理，拿艺术典型千刀万剐而不识真面目的现象，这样就能给学生得到活生生的完整的人物、完整的知识系统。在单元教学中，还强调学生“自去理会，自去体察，自去涵养”，提出一些表面上看似乎难于理解而又与课文有关的问题，制造矛盾，以引起争论，让学生自己论证发现真理，这样就大大开发了民族学生中蕴藏的智能，同时，积极开辟第二课堂，利用微机、电教等现代教学手段，开阔学生视野，使学生思维水平不断向纵深和高级阶段发展。

5. 培养学生的创造性思维，组织学生发现问题的能力训练，鼓励学生大胆发表自己的创见，用辩证思维的观点去观察社会，敢于对教材质疑。例如，教师一改过去传统地向学生进行“填鸭式”教学的方法，多用启发式教学。课前有意提出问题交给学生讨论，让学生提出问题，分析总结，有时可以同教师一起讨论甚至辩论，逐步锻炼学生创造性思维的能力，使学生破除迷信，大胆质疑，大胆论证，全面分析，找出课本中的注解，改正了许多错误的东西，辩明了许多是非，发现了许多新问题。这样，不但培养了学生的自我发现和创造性思维的能力，而且还使学生精神大振，更加相信自己，更加奋发攻关，积极主动向知识的高峰攀登。

撰稿人　覃盛裕
审稿人　李彦福

中国28个民族学生12岁、18岁、19～22岁身高、体重平均数

附表一

民族 \ 项目 / 性别 / 年龄组	身高 (cm) 男生 12	男生 18	男生 19～22	女生 12	女生 18	女生 19～22
汉族	142.92	168.21	169.60	145.08	157.10	158.59
蒙古族	141.65	167.96	169.86	144.25	156.93	158.80
回族	141.42	168.52	169.86	144.31	157.96	159.53
维吾尔族	139.35	168.07	169.42	141.07	156.86	157.74
壮族	140.88	164.12	166.18	143.08	153.18	155.36
朝鲜族	143.51	166.93	168.04	145.19	155.78	155.34
藏族	138.39	166.71	167.67	142.16	156.59	157.52
苗族	135.25	160.98	162.26	135.94	150.45	153.09
彝族	138.69	164.54	—	141.23	154.45	—
布依族	137.39	161.34	163.65	138.65	151.89	153.63
侗族	135.66	159.67	164.10	135.76	151.36	152.23
瑶族	133.95	159.32	164.50	137.09	152.05	152.19
白族	141.81	165.60	—	143.63	156.01	—
土家族	138.26	163.01	164.11	140.46	152.98	153.45
哈尼族	136.53	161.46	—	138.49	154.01	—
哈萨克族	142.04	168.43	170.01	143.87	157.62	159.77
傣族	136.05	163.14	—	140.11	154.60	—
黎族	142.65	167.40	—	145.35	157.29	—
傈僳族	138.17	161.84	—	138.92	154.58	—
佤族	135.68	159.73	—	138.73	150.28	—
畲族	140.28	162.71	—	138.82	153.17	—
拉祜族	133.45	159.58	—	135.90	148.42	—
东乡族	136.42	166.47	168.11	137.47	155.19	156.85
纳西族	143.45	167.49	—	145.28	155.25	—
柯尔克孜族	138.46	167.89	167.97	140.53	155.59	158.38
土族	137.53	166.99	168.82	137.88	156.74	158.95
羌族	139.76	163.68	—	141.60	154.24	—
撒拉族	135.91	166.19	169.28	135.01	—	157.81

续表

项目 / 性别 / 年龄组 / 民族	体重(kg)					
	男生			女生		
	12	18	19～22	12	18	19～22
汉族	33.02	56.09	57.41	34.56	50.07	50.43
蒙古族	33.43	58.34	60.32	35.86	52.74	52.61
回族	31.81	55.79	57.30	33.93	51.17	50.83
维吾尔族	31.45	55.92	58.94	33.52	50.83	52.04
壮族	31.30	51.91	53.82	33.22	46.89	48.02
朝鲜族	34.17	56.96	57.43	35.75	50.37	48.69
藏族	28.90	53.06	53.63	31.08	49.19	49.36
苗族	29.40	51.15	53.77	29.66	48.72	49.50
彝族	31.51	54.08	—	33.29	47.76	—
布依族	29.95	51.07	52.97	31.07	47.96	48.41
侗族	30.04	51.38	53.68	30.76	48.90	49.67
瑶族	29.26	50.27	55.21	30.92	45.90	48.79
白族	31.76	52.55	—	33.40	48.89	—
土家族	31.26	54.15	55.81	33.20	49.65	50.94
哈尼族	30.52	51.81	—	31.57	46.77	—
哈萨克族	34.07	58.84	61.24	35.86	54.47	54.76
傣族	28.42	51.81	—	30.27	47.66	—
黎族	31.41	52.79	—	33.39	48.01	—
傈僳族	32.33	51.74	—	32.58	51.51	—
佤族	30.38	52.21	—	32.74	52.28	—
畲族	32.01	54.27	—	32.13	49.59	—
拉祜族	28.97	50.51	—	30.26	45.19	—
东乡族	28.98	55.52	57.92	30.11	51.20	51.81
纳西族	33.09	54.51	—	34.00	48.74	—
柯尔克孜族	30.81	57.27	58.66	32.21	51.21	52.91
土族	29.63	54.37	57.02	29.92	49.83	51.89
羌族	32.64	54.35	—	33.90	51.01	—
撒拉族	28.95	52.93	58.72	28.03	—	50.59

附表二

28个民族学生视力不良率

序号	民族	视力不良率(%)	序号	民族	视力不良率(%)
1	拉祜族	0.87	15	布依族	10.52
2	傈僳族	2.45	16	纳西族	10.67
3	撒拉族	2.47	17	白族	11.02
4	柯尔克孜族	2.70	18	彝族	11.29
5	佤族	3.04	19	苗族	11.40
6	傣族	3.40	20	畲族	11.78
7	维吾尔族	3.53	21	侗族	12.65
8	哈尼族	4.11	22	藏族	14.3
9	东乡族	6.40	23	蒙族	16.84
10	土族	7.15	24	土家族	21.99
11	哈萨克族	7.64	25	朝鲜族	23.52
12	羌族	7.91	26	回族	28.03
13	瑶族	8.78	27	壮族	29.06
14	黎族	10.21	28	汉族	34.26

撰稿人　廖文科

审稿人　朱丰诚

学校体育、卫生与军训

体育教学改革

体育教学是学校体育工作的中心环节。

1987年，体育教学改革取得了可喜的进展。

(一) 国家教委对原中小学体育教学大纲进行修改审订后，于1987年1月颁发了过渡性的中小学体育教学大纲。

按照国家教委的部署，人民教育出版社体育教材研究室，着手编辑九年制义务教育体育教学大纲。1987年3月18日至23日，国家教委体育卫生司召开了体育教学大纲设计方案论证会，确定了编写方案。经过编写组深入调查研究、座谈和论证，完成了大纲编写工作。并经中小学体育教材审查委员会审查通过。随后，将着手进行新大纲的试验工作。

这套新体育教学大纲具有时代特点，强调了九年制义务教育是全面教育、基础教育，要面向全体学生，从增强学生体质出发，提高全民族的素质，达到育人的目的。要把体育教材内容作为学生文化教养的一部分，拓宽知识面，适应学生使自己具有健美体格和体育欣赏能力的要求。《大纲》要求小学生、女生、初、高中学生的教材各具特点，并要求从本学科特点出发，培养学生多维的思维方式、开拓创造精神、美的情操和优化的个性。

新大纲在建立体育基础知识的新科学体系方面有了新的尝试，它加强了民族传统体育保健的特色；同时，密切联系生活，加强了韵律操和舞蹈教材内容；还建立了科学的体育评估指标体系；并改革了体育课成绩考核办法。

(二) 为了配合国家教委搞好体育教学改革，中国教育学会体育研究会举办了一些体育教学研讨活动。

1987年10月23日至27日，在辽宁省丹东市举行了全国中小学体育教学改革研讨会。研讨会的重点是总结交流体育教学改革的经验，探讨进一步深化改革的目标和途径。会议认为，广大体育教师、研究人员在体育教学改革中做了大量工作。在传统教材的基础上，教材得到了进一步的丰富和拓宽；广大教师对教学方法、手段也进行了种种探索；教师在发挥自己主导作用的同时，重视激发学生的心理动机和学习兴趣；在加强体育卫生保健基本知识、基本技能、基本技术教学的基础上，帮助学生锻炼身体、发展智力和身体能力；体育器材的更新也越来越受到重视。

(三) 为了全面贯彻国家的教育方针，促进学生德、智、体、美全面发展，使学生上好体育课，积极参加国家体育锻炼标准的测验和课外体育活动，不断增强体质，提高健康水平，1987 年 9 月 21 日，国家教委颁发了《中学生体育合格标准的试行办法》，(以下简称《办法》)，对学生体育方面有了一个统一的规格要求，它有力地推动了学校体育的发展，有利于端正办学思想，有利于纠正片面追求升学率的错误倾向。

《办法》规定：凡身体正常的学生，达到下列三项要求，即为体育合格：①体育课坚持出勤，不无故缺课，体育课成绩及格；②经常坚持体育锻炼，自觉参加《国家体育锻炼标准》的测验，养成经常锻炼身体的习惯；③按照学校规定的时间，每天坚持认真做好早操、课间操，参加课外体育活动，每周不得少于两次（每次不少于一课时)。

《办法》对以下三种情况作出了具体规定：①对病残学生做出免予执行标准的规定；②体育不合格的学生，不得评为“三好”学生，不得报考高一级学校；③要求各地在实施体育合格标准的过程中，各级教育行政部门要加强检查督促，也可根据本地区的实际情况，制订出具体的实施办法。

学校体育运动训练与竞赛

（一）为了贯彻《关于开展课余体育训练，提高学校体育运动技术水平的规划》的精神，巩固和发展中小学体育传统项目学校和试点学校，提高普通高校体育运动技术水平，培养德、智、体、美全面发展的高水平学生运动员。1987年，在全国全面开展了学校体育运动训练工作。

1987年4月9日，国家教委首次公布了进行培养高水平学生运动员试点工作的55所普通高等学校名单。同年5月20日至23日，国家教委体育司在江苏省徐州市召开了全国培养高水平学生运动员试点工作座谈会，会议交流了各地各学校进行试点的情况。会议指出，试点学校必须坚持正确的方向，贯彻德、智、体、美全面发展的方针，培养有社会主义觉悟、科学文化知识合格、并具有较高体育运动技术才能的优秀人才，贯彻普及与提高相结合的方针，促进学校体育的发展，提高学校体育运动技术水平。

国家教委还就试点学校招收体育尖子学生下发了文件。要求试点高校应按文件规定的录取办法进行招生，应招收体育传统中学和试点中学的学生，要德、智、体和运动技术全面衡量、择优录取。非试点学校不得按试点学校招生办法招生。

1987年7月30日，国家教委下发了《关于试点高校培养高水平运动员的管理办法（试行）》。

该《办法》对如何培养优秀运动员、经费开支、物质保证、课程安排等作出了明确的规定。

中小学校的体育运动训练工作，主要在办好体育传统项目学校。体育传统项目学校（简称传统校）的工作，对增强学生体质，提高运动技术水平，为国家培养体育后备人才，作出了积极的贡献。目前，全国已有二万多所中小学体育传统校，参加体育运动训练的学生达一百多万人，主要开展的体育项目有：田径、游泳、球类。体育传统校工作已成为提高学校体育运动技术水平的主要形式。

按照《关于开展课余训练，提高学校体育运动技术水平的规划》的要求，各地对体育传统校进行了调整、整顿、巩固和提高质量的工作，使体育传统校的各项工作进一步向制度化、规范化的方向发展。1987年11月12日，国家教委和国家体委，为了表彰在增强学生体质的同时，又积极开展课余体育训练的先进体育传统校，以及办好体育传统项目学校工作中做出贡献的个人，决定分别授予100所传统校为1987年度全国先进体育传统项目学校，1000名学校体育工作者为全国体育传统项目学校优秀工作者的光荣称号。

（二）学生体育竞赛工作。

1. 为了使大、中学生在德、智、体、美诸方面得到全面发展，为推动学校体育工作的开展，增强学生体质，提高体育运动技术水平，并根据1986年全国大学生运动会上李鹏同志的讲话精神，1987年3月12日，国家教委、国家体委、共青团中央联合发出通知，决定于1988年8月在江苏省南京市举行第三届全国大学生运动会。

2. 1987年8月18日至20日，第四届全国中学生运动会游泳比赛，在四川省成都市举行。

3. 近年来，各地开展了多种形式的学生体育竞赛活动，这对推动学校学生体育锻炼，有积极的作用。但与此同时，也出现赛风不正和组织管理不善的问题，不利于学校体育训练的健康发展和体育人才的培养。为了保证学生体育竞赛的正常开展，加强竞赛纪律，纠正不良赛风，1987 年 11 月 30 日，国家教委和国家体委联合下发了《关于加强全国学生体育竞赛纪律、纠正不良赛风的通知》。《通知》严厉批评了一些错误做法，要求举办学生体育比赛，必须贯彻有关文件精神，反对锦标主义和弄虚作假的不良作风，使各项比赛健康地进行。并对学生比赛规模、管理办法、参赛资格、奖惩制度等作出明确的规定。

4. 1987 年 11 月 24 日，国家教委、国家体委联合发出《关于整顿全国性大学生体育组织的通知》。《通知》对近年来自发成立的全国性学生体育组织进行了整顿，对已成立的全国性大学生体育组织进行审核，重新履行申报和审批手续，以加强组织管理，使各体育组织更好地为教育和体育事业的发展服务。《通知》要求，凡申请成立全国性大学生单项体育协会，都应由业务主管部门，按照全国性体育组织具备的条件严格审查同意后，再向中国大学生体育协会申报，经审核批准后，办理有关成立手续。全国性学生体育组织召开全国性会议、举办全国性或多省参加的体育比赛，应提前一年报中国大学生体育协会审批。

撰稿人　公冶民
审稿人　李晋裕

体育师资与教材建设

（一）为了进一步加强高师体育专业教材建设工作，适应专业改革的需要，在广泛征求意见和高师体育专业教材编审委员会组长会议认真研究的基础上，国家教委于1987年3月12日印发了《关于改进高师体育专业教材建设工作的意见》。《意见》回顾了近几年来教材建设工作的成绩与不足，并着重指出：基于师资培养的要求，高师体育专业教材的编写，必须具有鲜明的思想性，坚持以马列主义、毛泽东思想为指导，要把热爱学校体育工作和师德教育融于教材之中；必须突出师范性，紧密联系中等学校体育工作的实际，要特别重视培养学生分析问题、解决问题的能力；必须保证内容的科学性，具有相应的学术水平；必须依据各门课程在教学计划中的地位和作用，认真精选内容，同时要注意学科与术科教材的有机联系，以及必修课与选修课内容的不同层次和要求。《意见》还对今后教材的编审、出版工作提出了明确的要求。截止到1987年底，已有四所高等院校按照《意见》的要求，组织力量编写了健美、游戏、体育绘图、气功等教材，报送国家教委审订；还有不少院校拟订了编写计划，积极筹备编写教材。

（二）根据小学体育师资培养的需要，为了提高中等师范学校体育班的教育质量，国家教委体育卫生司综合各地的情况，草拟了《中师体育班教学计划试验方案》（征求意见稿），并于1986年10月30日至11月8日在湖南省怀化市召开了中等师范学校体育班教学计划研讨会，进行讨论和修订。会后，国家教委于1987年1月2日印发了《中师体育班教学计划研讨会会议纪要》和《中师体育班教学计划试验方案》（讨论稿），供各地在制订教学计划时参考。

（三）根据高等学校体育师资队伍的状况，特别是提高青年教师业务素质的需要，国家教委于1987年1月21日印发了《关于1987—1988学年度在部分高等学校开办体育专业青年教师进修班的通知》。《通知》对办班的目的、招生对象、授课内容与形式、学员的待遇和收费办法等事项作了明确规定。按照通知的要求，北京体育师范学院、扬州师范学院、山东师范大学、西北师范学院等院校开办了体育专业青年教师进修班，共计招生115人。

（四）为了落实国家教委《关于加强中小学体育师资队伍建设的意见》，国家教委体卫司委托重庆市教育局于1987年10月26日至11月3日召开了“教育学院系统体育师资培训教学改革研讨会”。会议认为，教育学院体育系、科（室）担负着在职中小学体育教师继续教育的培训任务，从长远来看，是对学历已经合格的教师进行职后教育，解决知识更新和继续提高的问题；从近期来看，主要是解决部分教师“胜任教学”和“学历达标”的问题。根据培训任务和目标，教育学院的体育师资培训工作应做到“两全”：面向全体教师，全面进行培训。面向中小学，紧密联系实际，以先进的教育思想、教育手段和新的学科知识，不断改善体育教师的知识结构，提高整个队伍的素质，促进中小学体育教育质量的稳步提高，这是教育学院系统体育师资培训工作的基本指导思想。我国幅员辽阔，地区差异大，教育事业发展不平衡，几种不同情况同时存在，各地教育学院必须从实际出发，采取多层次、多形式、多途径的培训方法；同时，要严把三关（入学、教学、考核），坚持标准，保证质量。会议就今后加强体育师资培训工作，深化改革、提高培训质量，提出了建设性的意见。为此，国家教委于1987年12月2日印发了《教育学院系统体育师资培训教学改革研讨会会议纪要》。

撰稿人 季克异
审稿人 李晋裕

加强学校卫生工作

（一）1985年，国家教委、国家体委、卫生部、国家民委在全国范围内对28个民族的7—22岁大、中、小学生的体质、健康状况进行的调查研究结果表明，自1979年以来，我国学生生长发育迅速，并有提前的趋势。按每10年折算，各项形态指标均有较大增长。详见下表：

16省(省会)、市学生三项形态指标增长值

指标/增长值/类别	身高(cm)	体重(kg)	胸围(cm)
城市男生	3.13	2.17	2.00
城市女生	2.54	1.43	1.31
乡村男生	4.58	2.98	2.41
乡村女生	3.33	2.33	2.28

其平均增长值（速度）超过日本同期水平。与1979年的体质调研资料相对比，和日本的差距已明显缩小。少数民族学生的生长发育水平也有较大幅度的提高。例如，藏族学生从1965年至1985年的20年中，7—17岁男生身高平均增长11.38厘米，每10年平均增长5.69厘米，体重平均增长5.02公斤，每10年平均增长2.50公斤；7—17岁女生身高平均增长9.13厘米，每10年平均增长4.57厘米，体重平均增长3.87公斤，每10年平均增长1.94公斤。

但是，调查结果也表明，我国学生体质、健康状况还存在着一些问题：

1. 学生体型继续向细长型发展，体重不足的问题较为突出，而肥胖问题并不带有普遍性。按照世界卫生组织推荐的用身高标准体重评价营养状况的标准，我国男、女学生营养不足者分别占28.98%、36.16%；而营养过剩者只占2.67%、3.39%。

形态、机能的增长速度虽然较快，但平均值仍低于日本。

我国学生与日本学生三项形态指标之差值

指标/差值/类别	12岁			22岁		
	身高(cm)	体重(kg)	胸围(cm)	身高(cm)	体重(kg)	胸围(cm)
男生	-7.20	-8.90	-5.62	-0.53	-5.98	-2.45
女生	-5.75	-8.29	-6.89	+1.75	-0.38	-2.66

2. 身体素质指标增长不明显，某些指标甚至有所下降。与日本相比，各项素质指标均存在较大差距。例如，10—22岁男、女生50米跑的速度比日本分别慢0.45秒、0.62秒。

3. 视力不良的问题相当严重，汉族7—22岁学生平均视力不良率为34.26%，其中轻度为5.03%，中度为8.31%，重度为20.93%；少数民族学生视力不良率为12.50%。其中，轻度为2.63%，中度为3.54%，重度为6.33%；大学生视力不良率最高的年龄组达74.67%。

青春期高血压、沙眼、脊柱侧弯、神经衰弱等问题也比较突出，需要加以重点关注。对于心脏病、肝炎、结核等疾病，虽然检出率不高，但并未彻底解决，还应加以注意。

根据全国学生体质、健康调查研究结果，为了改善学生体质、健康状况，提高健康水平，国家教委重点加强了学校卫生

工作。

（一）以近视眼防治工作为重点，全面推动学校卫生工作。1987年4月，国家教委在北京召开了10省、市学生近视眼防治工作研讨会，请部分近视眼防治工作做得较好的省市介绍了经验，讨论研究了防治近视眼的措施。国家教委副主任何东昌在会上指出，教育的目的首先是要提高全民族的素质，包括思想素质，文化科学素质和身体素质。如果教育越发展，越普及，近视眼比例越高，那么带来的问题就越大。学生近视眼防治工作要人人抓、经常抓、科学地抓。在10省、市学生近视眼防治工作研讨会的基础上，1987年7月8日，国家教委与卫生部联合发出了《关于加强学生视力保护、全面开展学校卫生保健工作的通知》，要求各级教育、卫生部门针对当前学生体质、健康状况存在的主要问题，从抓防治近视眼入手，全面推动学校卫生保健工作。要把保护学生视力，防治学生近视眼做为当前学校卫生保健工作的首要任务来抓，把学校保护学生视力和体育卫生工作取得的成绩作为评价学校教育质量的重要标准之一；要重视学校各种疾病的防治工作，降低各种常见病、多发病的发病率，控制各种传染病，尤其是结核、肝炎等疾病在学校内的传播与流行；要加强食品卫生管理，合理安排学生的营养；要加强学校学生卫生教育工作；要加强学校卫生工作的管理，加强学校卫生保健队伍建设；要表彰学校卫生先进工作者。

（二）加强了学校卫生保健队伍建设。1987年5月，国家教委聘请有关医药卫生专家，成立了国家教委卫生专业技术职务评审委员会，首次对直属高等学校卫生技术人员进行技术职务的考核和评审，充分调动了学校卫生技术人员钻研业务、提高技术水平和工作质量的积极性，对稳定学校卫生保健队伍起到了积极的作用；与此同时，在修订全国普遍高等学校专业目录时，增设了学校医学专业，为培养学校卫生技术人员开辟了新的途径。

（三）充分调动红十字青少年在学校卫生保健工作中的作用。1986年12月，国家教委与中国红十字总会联合发出了《关于在学校中积极开展红十字青少年活动的通知》，要求有条件的学校积极建立红十字会组织，开展红十字青少年活动。1987年，全国各地学校红十字组织在原有基础上得到迅速发展，红十字青少年会员发展到106万人。广大青少年通过开展各种形式的红十字青少年活动，普及了卫生常识，养成了良好的卫生习惯。同时，协助校医、保健教师开展学校卫生工作，取得了可喜的成绩。为了总结开展红十字青少年工作的经验，充分发挥红十字青少年在学校卫生保健工作中的助手作用。1987年11月，国家教委与中国红十字总会联合召开了“全国红十字青少年工作座谈会”，总结交流了各地开展红十字青少年工作的经验，讨论研究了今后红十字青少年工作的方向和任务。国家教委副主任邹时炎做了书面发言，他指出：红十字青少年组织是红十字会的重要组成部分，是学校贯彻国家的教育方针，对学生进行卫生保健教育和道德品质教育的得力助手。要从实际出发，根据青少年特点开展红十字青少年活动。要加强红十字青少年组织建设。开展红十字青少年活动要与学校卫生保健工作相结合，要与学校道德品质教育相结合，要与学校其它群众组织的活动相结合，要与地区、年龄相结合分层次进行。红十字青少年工作座谈会的召开，有力地推动了学校红十字青少年工作的开展，从一个侧面加强了学校卫生保健工作和学生品德教育。

（四）巩固和发展体质调研成果。1987年12月30日，经国务院批准，国家教委、国家体委、卫生部、国家民委、国家科委、财政部联合发出了《关于中国学生体质、健康状况调查研究结果和加强学校体育卫生工作的意见》，为进一步深入开展学生体质、健康调研和加强学校体育卫生工作制定了对策与措施：

①逐步使学生体质、健康调研工作制度化、科学化，争取每年在全国进行10万人左右的学生体质、健康抽样调查，每5至10年进行一次较大规模的学生体质、健康调研。

②把全国学生体质、健康调研（包括近视眼防治的研究）列为国家“七五”期间重点科研课题，进行长期研究。

③吸收欧、美、日本等发达国家的经验，结合我国实际，逐步创造条件，积极开展学生食品、午餐营养配餐及食谱的研究与加工生产。同时，根据群众的经济承受能力和自愿的原则，在有条件的地区选择少数中小学校进行学生在学校就午餐办法的试点。

④采取有力措施，改善学校卫生、环境和体育、卫生工作条件。

要加强学校体育、卫生队伍建设。高等及中等医学院校应加强与学校卫生保健有关的公共卫生、营养及口腔保健等短缺专业的建设；师范院校要加强学校卫生保健知识的教学，积极创造条件试办学校卫生、校医专业。

建议地方各级人民政府在安排年度中小学教育经费时要考虑一定数额的体育卫生经费。

根据各地的实际情况，在有利于提高设备利用率的前提下，逐步加强中小学体育卫生设施的建设。

要加强社会上公共体育场所的建设，并为中小学开展体育活动提供方便。

各级政府和有关部门应根据本地学生中存在的主要健康问题，努力搞好各种常见疾病的预防和治疗，特别应有针对性地采取措施，逐步改善少数民族学生的体质健康状况。

撰稿人　廖文科

审稿人　朱丰诚

学生军事训练

根据《中华人民共和国兵役法》的规定和党中央有关指示精神，在国家教委、总参谋部、总政治部、总后勤部的统一部署领导下，1987学年度，我国学生军事训练继续进行试点。

一、采取措施，继续试点

为继续贯彻1986年国家教委、国家计委、劳动人事部、财政部、商业部、总参谋部、总政治部、总后勤部联合发出的《关于加强高等学校学生军事训练试点工作的通知》(以下简称“八部委通知”)精神，部署1987年学生军训工作，国家教委和军委三总部经过调查研究，于1987年5月4日联合下发了《关于1987年学生军训有关问题的通知》(以下简称“四部委通知”)，对1987年全国学生军训试点范围、时间、内容、军事教员、军训经费以及高级中学军训等问题作了规定。随同“四部委通知”下发的还有新修订的《高等学校学生军事训练大纲》。根据训练总时数的缩减，新大纲对军训时间分配和内容安排作了相应的修改。

全国学生军训工作部署之后，各地普遍召开了专门会议，进行研究部署，落实军训经费，确定承训部队，选调和培训军官。在军训的过程中，领导亲自深入现场，了解训练情况，解决实际问题；试点学校充实组织训练机构，合理安排教学计划，完善训练保障；承训部队抽调了大批现役军官和骨干，运用科学训练方法，对学生实施军事训练。由于军地双方密切配合，严密组织，圆满地完成了学生军训工作。

为保证学生军训安全顺利地进行，国家教委办公厅根据各地在军训中出现的一些情况，于1987年8月11日下发了《关于做好学生军训中安全防事故工作的通知》，着重强调了军训中防事故工作的重要性及落实措施，从而进一步引起了各地教育行政部门和试点校对此项工作的重视。这对防止和减少军训中各种事故的发生，保证训练安全顺利地进行起到了积极作用。

为落实1986年12月召开的全国高校学生军训工作座谈会精神，推广军训经验，推动学生军训工作的开展，根据会议的决定，1987年5月，国家教委分期向各地教育部门、军训试点高校和各军区、省军区（卫戍区、警备区)、有关集团军印发了重庆大学、阜新矿业学院、南京铁道医学院、沈阳军区某集团军的学生军训试点经验材料，对全国学生军训工作起到了积极的促进作用。

二、军训工作新发展

[军训范围] 1987年，国家确定的军训试点高等学校为105所，参训学生约11万人。其中，中央部委所属院校64所，参训学生7.5万人；省属院校41所，参训学生3.5万人。105所军训试点校中，综合大学21所，理工科院校42所，师范院校19所，医药院校7所，文科院校8所，其他科类院校8所。另外据不完全统计，1987年全国还有200余所非试点高校进行了多种形式的短期军训，参训学生达10万余人。

[军训时间] 由于各地教育行政部门和试点高校普遍反映，在不延长学制的情况下，1986年"八部委通知"规定的军训时间过长，各校教学安排比较困难。国家教委研究决定，1987年将试点高校军训时间，由原来的10至13周调整为7至8周。其中，集中训练时间为5周，分散训练时间为2至3周。

[军事教员] 1987年，军事部门向试点高校派遣军事教官700余名。为提高这批教官的素质，保证军事课的教学质量，在开训前，国家教委、总参谋部委托有关军事部门，举办了两期军事教员短训班，共培训了270余名部队派遣军官。经过培训的教官，绝大部分教学水平有明显提高。近两年，一些试点校为学校自行配备的专职军事教员评定了相应的教师职务，这对摸索军事教师职务评定办法，稳定这支队伍，起了积极作用。

[承训部队] 1987年，按照军委三总部与国家教委的统一部署安排，以及地方院校与部队自己联系协商，人民解放军承担了51所试点高校的近6万名学生到部队集中训练的任务。各承训部队在组织领导、计划安排以及人力、物力等方面均做了大量工作；一些部队向在校内训练的学校派出大批承担集训任务的骨干，从而保证了学生军训试点的顺利进行。

[高级中学军事训练] 1987年，高级中学和相当于高级中学学生军事训练，仍按1985年教育部、劳动人事部、财政部、总参谋部、总政治部、总后勤部联合发出的《关于高等院校、高级中学进行军事训练试点问题的通知》规定继续试点。全国29个省、自治区、直辖市的高级中学（含中专、技校）试点校的军训，在人员、经费较少的情况下，克服困难，始终坚持进行。

根据1987年"四部委通知"中规定的将扩大高级中学（含中专、技校）军训试点范围的权限下放给各省、自治区、直辖市的精神，在1985年国家确定的104所试点校的基础上，1987年部分省市又根据当地情况自行扩大了高级中学军训范围。

[组织机构] 1987年，各级学生军训管理机构有了进一步的发展。国家教委主管学生军训的业务单位新增加了编制；有23个省级教育行政部门配备了学生军训专职干部；一部分省级学生军训领导小组继续发挥着对本地区学生军训工作的组织领导作用；大部分军训试点高校充实和加强了组织学生军训的专门机构。

三、大学生集中军事训练

1987年，全国有51所试点高校约6万学生到部队实施了集中训练。参训学生按照部队的建制组编，在部队和学校的统一组织管理下，接受了严格的、系统的军事训练。

集训期间，部队抽调了大批军政素质好的干部、战士担任军事教员，他们同学校干部、教师一起，针对大学生虽然接受能力强，但体质较弱的特点，科学安排训练计划，合理调配训练内容，教学上强调精讲多练，循序渐进，利用电教手段，形象直观，并定期组织参观诸兵种军事表演。由于采用了灵活多样的训练方法，充分调动学生参训的积极性，使学生不仅掌握了基本的军事知识和技能，而且扩大了知识领域，开阔了视野。

为培养学生树立"军人"的观念，克服自由散漫、纪律松弛的弱点，承训部队以军队的条令、条例为依据，从起床、就寝、出操到值日、操练、站岗，对学生严格管理、严格要求。在训练中，学生们晴天一身汗、雨天一身泥，同战士一样摸爬滚打，站岗放哨。从而使学生真正体验到了军人的生活，培养了吃苦耐劳的精神和艰苦奋斗的品德，增强了集体主义观念。同学之间形成了团结友爱、互相关心的气氛，并逐步养成了遵守纪律、令行禁止的良好习惯。许多学生说，通过军训，不仅培养了遵守纪律的习惯，而且体会到了纪律的作用和威力。

针对一些学生缺乏远大理想、过高地估计自己的弱点，部队与学校密切配合，利用军营的有利条件和特殊环境，普遍开展了“了解军人、理解军人”的教育活动。通过举办“同龄人”谈心会、听英雄事迹报告、与军人交友对话等活动，大学生与指战员谈理想、论得失、比贡献，从而找到了自己的差距，并且为军人可贵的奉献精神所感动。许多同学说：军训使自己重新确定了人生观和价值观，成为人生道路上的新起点。

承训部队和学校还针对学生存在的脱离社会实际的弱点，积极开辟社会教育课堂。利用训练间隙，组织学生深入连队，到附近的工厂、农村参观学习，搞社会调查，让学生亲身体察国情、民情、军情，使学生从理论和实践的结合上加深了对党的路线、方针、政策的理解，从而增强了社会责任感，激发了为“四化”建设而刻苦学习的积极性。

此外，部队和学校根据青年学生的特点，经常组织学生和战士开展军体比赛、文艺晚会、知识竞赛等形式多样的文体活动，既丰富了业余文化生活，又提高了学生的思想道德素质和身体素质。

1987 年，全国有 54 所试点校集中训练在校内进行。参训学生仍按部队建制组编，由部队派出的一批军政素质较好的军官、训练骨干与学校专职军事教员共同负责实施。试点校克服了训练场地紧张、环境复杂等方面的困难，立足自身条件，严格按《高等学校学生军事训练大纲》的要求，积极组织训练。为了提高训练效果，学校在集训期间建立健全了有关规章制度，对学生的一日生活实行严格管理，不仅使参训学生受到锻炼，对未参训学生也产生了好的影响。

四、加强学生思想教育

逐步提高当代大学生的政治思想素质，是学生军训的目的之一，通过严格的军事训练和经常性的思想政治教育，提高学生的思想道德素质和军事素质。为了达到这一目的，根据中央领导同志的指示精神，国家教委、总参谋部、总政治部于 1987 年 7 月 31 日重新修订和下发了《高等学校学生军事训练大纲》。新大纲将军训中政治教育和军事科目的时间比例调整为 1：1，并增加了政治教育内容。

1987 年 9 月 10 日，国家教委、总政治部又联合下发了《关于加强学生军训中思想政治工作的通知》。《通知》要求各地教育行政部门、试点校及承训部队，认真贯彻中共中央《关于改进和加强高校思想政治工作的决定》，把思想政治教育贯穿于军训的始终，利用军训期间的有利条件，开展形式多样的思想教育，加强学生的社会实践，提高大学生素质，培养“四有”人才。

《通知》强调指出，地方院校要学习部队思想政治工作的经验和适合于学校的管理办法，采取有力措施，在思想教育内容、方法和行政管理制度等方面，做出相应的调整和改进，以巩固和提高学生的军训成果，促进院校的思想政治工作和学生思想政治素质的提高。

军训过程中，部队教员在加强学生的思想政治教育中发挥了重要作用。他们本着军训不忘育人的宗旨，以身作则，言传身教，积极参与学生的思想政治工作。训练场上严格要求，训练后对学生关心倍至，问寒问暖。学生病了，他们亲自把病号饭送到床前；天气冷了，他们把自己的毛毯盖在学生身上。教官们以做学生的知音为己任，对学生以诚相待，以心换心，做深入细致的思想工作，赢得了学生的信任，一些教官被师生们誉为“编外政工干部”。

学生军事训练，对促使学生接触社会实际，增强社会责任感，激发爱国热情，培养集体荣誉感和吃苦耐劳精神，对提高学生素质，改进校风校貌，都起到了积极作用，因而越来越受到社会各方面的欢迎。

撰稿人 李向林 卢 逊
审稿人 王 镭

清华大学学生军营军训

遵照国家教委和总参等8部（委）《关于加强高等学校学生军事训练试点工作的通知》精神，清华大学1986年级学生15个系的1594人，于1987年6月22日至8月2日，以及1987年级学生2150人，于1987年9月16日至10月16日，分两批赴张家口地区某集团军所属的4个教导团，进行了集中军事训练。

在集中军训期间，清华大学与承训部队紧密配合，齐心协力，认真执行8部（委）的通知精神，并严格按照《高等学校学生军事训练大纲》的要求，完成了规定的训练内容。同时，还组织学生到军训驻地的工厂、农村、部队、机关、学校进行了社会调查，还开展了丰富多彩的文体活动。

通过军训，学生们不仅增强了国防观念，掌握了一定的军事基础知识和技能，而且还取得了多方面的思想收获，精神面貌发生了可喜的变化，爱国主义、集体主义、组织纪律性以及团结互助、吃苦耐劳的精神都有了明显的加强。在人生观、价值观等问题上开始了新的思索，进一步明确了今后的努力方向。

两期集中军训结束后，学校于1987年10月30日，组织了一次86、87级两届学生近4000人的联合军训会操汇报会，进行了阅兵式、分列式和十多个军事项目的汇报表演。承训部队和清华大学的领导一同检阅了队伍。国家教委军体司、总参军训处、北京市委文教办、北京卫戍区等单位的有关领导也到会观看了学生的汇报表演。

为了搞好学生的集中军训，学校主要做了以下几个方面的工作：

一、认真做好训前准备和思想发动工作。

集中军训开始前，学校和部队都提前做了大量的训前准备和思想发动工作。在筹备86级学生集中军训的过程中，学校领导和有关部处的同志，先后三次赴军训驻地与集团军首长进行磋商，了解各教导团的地理位置，训练设施和生活条件，并与训练部门研究了具体的组织实施计划。

部队在两届学生开训前，各教导团都分别组织了约20天的骨干培训，并对各种物资器材和生活设施进行了认真的准备。

学校各个部门相互配合、齐心协力，认真做好被装物资的购买和生活、交通等后勤保障工作。各系选派了党委副书记、副主任或学生组长带队，加强军训的领导。开训前，学校先后组织带队干部、教师以及学生党员和团干部进行了短期培训，而后，各军训连、团，各系以至全校又进行了不同层次的思想动员。6月22日和9月15日，分别举行了86级学生军训誓师大会和87级学生军训授旗仪式。学校领导作了动员报告，承训部队的首长专程从张家口来到学校参加誓师大会和授旗仪式，并向各军训团授旗。

二、军、校双方紧密配合，加强组织领导。

到部队集中军训，本着以部队为主，学校为辅的要求，双方共同组成联合军训指挥部。总指挥部下设办公室、训练组、政工组、后勤组。各军训团原团长、政委为正职，学校有关系的副主任、副书记任副团长和副政委。各营、连排、班均以部队同志为主，学校同志为辅组成学生军训指挥机构。军、校双方紧密配合，使各项工作处处有人管，层层有人抓，保障了军训工作的顺利进行。

三、贯彻两严方针，注重科学训练。

为了使学生军训能在较短的时间内收到较好的效果，各单位认真贯彻“严格训练，严格要求”的两严方针，以总参颁发的统一教材和训练质量标准为依据。严密组织训练，严格实施考核，严格执行各项规定和制度。根据到部队进行集中军训的实际需要，学校先后制订了《清华大学学生参加军训的若干规定》、《清华大学学生军训守则》、《清华大学学生军训评分细则》、《清华大学学生军训带队干部、教师职责》以及《关于评选军训中先进集体、个人的意见》，使广大师生在军训中做到有章可循。同时，根据学生年龄小、身体弱、气候炎热等情况，在训练中采取由简到繁，由易到难，由浅入深，循序渐进等方法，做到军政训练穿插安排，动静科目结合实施，室内室外交叉进行，文娱体育配合得当。并尽量利用电化手段，进行示范教学，使抽象内容形象化，复杂内容简单化。

在军训过程中，始终坚持一抓分步细训，二抓制度落实，三抓竞赛评比，四抓考核验收，并及时总结和推广了“三严、三活”的科学训练方法，即：“组织严、管理严、要求严”和“时间安排要活、内容穿插要活、训练方法要活”。使军训收到了较好的效果。两期军训都按《大纲》的要求，完成了“三大条令”和“军兵种知识”的学习，进行了“队列”、“射击”、“战术”、“三防”、“军事地形学”、“野营拉练”等军事训练科目和“解放军优良传统”、“时事政策及社会调查”、“组织生活”、“人生观价值观”等政治教育内容。

经考核，两届参训学生共3744人，其中优秀1933人，占51.6%，良好1680人，占44.9%，及格131人，占3.5%。

四、针对学生特点，做好思想政治工作。

大学生到部队集中军训，既不同于部队服现役的新兵训练，也不同于校内的专业教学。它训练时间短，要求严，标准高，且学生平时锻炼少，身体素质差，军营生活较艰苦，而又消耗体力大。另外，新生还有自理能力差、爱想家等特点。学校在工作实践中，不断摸索规律，及时掌握了学生在军训中思想发展的三个不同阶段：一是适应阶段。针对环境条件的变化，引导学生过好紧张关、约束关、苦累关。提高其适应能力和快速反应能力，变被动为主动，树立克服困难、坚持搞好军训的决心和信心。二是深化阶段。针对学生新鲜感的消失、厌倦情绪的增长，以及与解放军战士的广泛接触中所发现的某些不足之处，着重引导学生认清部队和战士的主流和本质，在深化理解的基础上，深入学习解放军的光荣革命传统和指战员无私奉献的高尚品质，帮助学生克服厌倦情绪和片面认识，使训练进一步深化。三是提高阶段。主要是在军训后期，学生中产生差不多的思想时，着重引导学生把感性认识提高到理性认识，把点滴体会上升到人生观、世界观、价值观的高度，使学生善始善终地完成军训任务。

为了更好地配合思想政治工作的开展，学校还积极地开展了丰富多彩的各种活动，寓教育于活动之中。86级学生军训时，各团组织学生参观团史、军史，参观烈士陵园；请老功臣，新英模作报告；成立业余党校，吸收了学生党员38人和要求入党的积极分子282人参加了学习；并利用“七一”和“八一”，组织新党员进行入党宣誓和进行军人宣誓。学校还与八一电影制片厂共同举办了军事教育电影展览周。87级学生军训时，又根据学生刚刚入学，容易想家等特点，广泛开展了“传情送暖”活动。在中秋节前，号召学生“写好一封家信，寄回一张照片”。中秋之夜各团普遍组织了篝火晚会。另外，总指挥部还将《让历史告诉未来》的录相带送往各团，让学生普遍观看。

军训期间，学校校、系两级领导同志分别于“八一”和中秋节前夕专程到军训驻地慰问了全体师生，使大家受到极大鼓舞。

五、抓好生活管理，搞好后勤保障。

抓好生活管理，搞好后勤保障，是保障学生军训顺利进行的重要条件。两期军训中，承训部队的各级领导在力所能及的范围内，对训练场地，教学器材、食宿条件等方面都做了周到细致的安排，创造了较好的条件。学校也指派了得力的干部负责后勤工作。两批共购买军被、床单、枕头包皮、背包绳各 2400 条；购买军装、胶鞋、腰带共 4200 套；抽调后勤干部 8 人到各团担任行政干事，协助部队工作；抽调医生 17 人到各团就诊；派去汽车 3 辆负责训练保障。

撰稿人　杨邵愈
审稿人　张思敬

教育基本建设

教材建设

□完善中小学教材审查审定制度

中小学教材的质量是关系到青少年一代健康成长的大事，教材建设是改革教育思想、教育内容和教育方法的重要环节。为了适应我国国情，使教育更好地为社会主义建设服务，国家教委确定今后中小学教材建设实行在统一教学要求的前提下，鼓励各个地方、高等学校、科研单位、有条件的专家、学者、教师集体和个人编写教材，实行教材的多样化，在比较和竞争中促进中小学教材事业的繁荣和教材质量的提高。为了保证中小学教材的质量，国家教委聘请了各学科的专家、学者、长期从事教材编写工作有丰富经验的中小学教材编辑人员、教学研究人员和中小学特级教师成立了全国中小学教材审定委员会和十八个学科教材审查委员会，建立了中小学教材审定制度。

为了进一步完善已建立的中小学教材审查审定制度，1987 年 10 月 10 日国家教委颁布了《全国中小学教材审定委员会工作章程》(以下简称《章程》) 及《中小学教材审定标准》和《中小学教材送审办法》两个附件。这个《章程》是在原教育部 1985 年 1 月 11 日颁发的《全国中小学教材审定委员会工作条例（试行)》的基础上广泛征求各地意见，并在 1986 年 9 月 22 日召开的全国中小学教材审定委员会成立大会上，经与全国中小学教材审定委员会顾问、审定委员、审查委员讨论修改而成的。《章程》对全国中小学教材审定委员会成立的目的、性质、组织机构、工作职责和范围、审定程序等都做了明确的说明和规定，同时还对中小学教材审定的标准及送审中小学教材的办法做了规定。在《关于颁发〈全国中小学教材审定委员会工作章程〉的通知》中，对于各地送审中小学教材、审查以及审查机构等也做了进一步的说明。

(一) 关于中小学教材送审办法

1. 根据国家教委颁布的中小学教学大纲，编写可供全国通用的中小学教材，包括教科书、习题集、练习册、教学挂图、音像教材、教学软件、选修教材等，以及供教师用的教学指导书、教学参考书等必须经全国中小学教材审定委员会审定或审查。

2. 凡符合《章程》第四章关于〈审定原则〉的要求，经过试教，取得较好教学效果的教材可以送审，在送审教材的同时提出教材送审报告，送审报告要说明教材试验情况、效果和试验师生的评价。送审教材须首先经所在省、自治区、直辖市教育部门或重点高等院校组织审查。

(二) 关于中小学教材的审定原则和标准

1. 审定原则

符合国家的有关法律、法规和政策。

体现面向现代化、面向世界、面向未来的要求，贯彻为社会主义现代化建设服务的方针。

符合中小学教育培养目标的要求，为培养德、智、体、美全面发展的有理想、有道德、有文化、有纪律的社会主义公民及各级各类人才奠定基础。

符合国家教育委员会颁布的教学计划。

从我国经济文化发展不平衡的实际出发，从各地区可能达到的办学条件和师资条件出发，难易适度。

符合儿童和青少年身心发展规律，符合教育的规律，教学内容总量要适当。

2. 审定标准

教材内容体现基础教育的性质、任务和学科的教学目标；符合教学计划、教学大纲所规定的各项要求；具有思想性、科学性；符合我国国情，体现时代精神；做到理论和实际相联系。

教材体系符合儿童、青少年身心发展规律，要使学生的认知规律与学科的知识结构结合起来安排教学内容的顺序、层次和逻辑关系；有利于实现各学科的教学目标；注意本学科各部分内容间的相互衔接和与其他学科内容间的联系。

教材的语言文字要规范、简练；内容要生动活泼、富有启发性和趣味性，要注意不同年龄阶段学生的语言特点；照片、地图、插图和图表要和教材内容紧密配合，引文、摘录要准确；计量单位采用国际单位制和国家统一规定的计量单位。

音像教材与教学挂图的画面构图合理、主体突出，所表现内容无科学性错误，要富有教育性、启发性、趣味性，培养学生的思维能力。音像教材要符合国家教委电教局颁发的技术质量标准。

教材中的练习和作业要体现教学目的和要求，份量要适当，不要加重学生的学习负担；作业和练习安排要有层次，内容、形式要多样，要注意联系学生的生活实际和生产实际。

（三）审查机构

全国中小学教材审定委员会是国家教委领导下的全国中小学各学科教学大纲和教材的审定机构。全国中小学教材审定委员会实行聘任制，委员由国家教育委员会聘任，任期三年。根据国家制定的教学计划中的课程设置，全国中小学教材审定委员会设立各学科审查委员会。

省、自治区、直辖市教育委员会、教育厅（局）可根据工作需要，建立中小学教材审查委员会或在省、自治区、直辖市所属的教学研究室、教育科学研究所、教育学院建立中小学教材审查机构。各地中小学教材审查工作应由省、自治区、直辖市教育委员会、教育厅（局）领导，全国中小学教材审定委员会负责业务指导。

全国朝鲜文教材审查委员会、全国藏文教材审查委员会、全国蒙古文教材审查委员会由有关省、自治区教育委员会、教育厅（局）及国家教委民族教育司领导，全国中小学教材审定委员会负责业务指导。

目前，浙江、吉林等省已经成立了中小学教材审查委员会，全国朝鲜文教材审查委员会、全国藏文教材审查委员会、全国蒙古文教材审查委员会也已经成立。有些省、自治区也在准备成立中小学教材审查委员会。

□颁发中小学教学大纲

1987年2月10日，国家教委颁发了全日制中小学18个学科的教学大纲，这套教学大纲于1986年11月经过全国中小学教材审定委员会审定通过，作为九年制义务教育和新的高中教学计划、教学大纲全面实施前的过渡性大纲，从1987年春季开始使用。这套经全国中小学教材审定委员会审定，由国家教委颁发的中小学18个学科的教学大纲是本着“适当降低难度；减轻学生过重的学习负担；教学要求明确、具体”的原则进行修订的。例如：

中学数学降低了理论要求，微积分初步、概率改为选学；中学物理减少了繁难的综合计算；中学化学限定了一些基本理论和概念的要求，降低了一些计算要求；小学语文原来要求认识3000字，现在只要求掌握2500字左右；中学英语从原来掌握2000—2300个单词和习惯用语，降低为要求掌握1800—2000个单词和习惯用语；初中历史增加了世界史，中国史年限延续到了1982年；初中地理对全国八个分区只要求选学两个，其余六区改为自学、选学；小学自然和中学生物删去了一些过难过多的内容，等等。经过修订的教学大纲更切合当前学生和教师的实际，对教学能够起到指导作用，作为这一阶段教学的依据、考试的依据和对教育质量评估的依据，以及修订教材的依据。

为了使广大教师掌握教学大纲的精神，明确修订的原则和教学要求，使大纲真正成为教学的依据，发挥大纲的作用，国家教委中小学教材审定委员会办公室组织北京、上海部分从事教材教法研究的大学教师、有丰富教学经验的中小学优秀教师以及专业编辑人员编写了两套中小学教学指导书。

这两套中小学各科教学指导书对教学大纲作了具体明确的阐明，进一步明确了各学科教学要求，对教学中的重点和难点作了明确阐述，总结了多年来教材、教学改革的经验，反映了新的科学成就和理论观点，对教学内容进行了具体分析，对教学方法进行了指导。

□中小学乡土教材建设

为了贯彻落实教育必须为社会主义建设服务的方针，加强学生的爱国主义教育，国家教委于1987年6月3日至6月7日在浙江省召开了全国乡土教材工作会议。会议讨论了乡土教材建设的意义，研究确定了乡土教材编写的方针、内容范围、以及有关政策问题。国家教委于8月20日转发了《全国乡土教材工作会议纪要》。

（一）关于加强乡土教材建设的意义

搞好乡土教材建设工作，在中小学增加联系本地社会经济、文化建设实际的教学内容，是贯彻落实《中共中央关于教育体制改革的决定》和《义务教育法》，改革中小学教育思想、教育内容、教育方法的重要步骤，对于贯彻落实教育必须为社会主义建设服务的方针，提高全民族素质，培养有理想、有道德、有文化、有纪律和德、智、体、美全面发展的社会主义公民，改变教育脱离当地社会经济发展和改革实际的状况，使教育更好地为当地两个文明建设服务，具有十分重要的意义。

第一、加强乡土教材建设，使教学内容密切联系当地的实际，是改革教育思想、教育内容、教育方法的一项重要措施。当前基础教育的教学内容联系当地的实际，联系建设有中国特色的社会主义的实际不够，对实践环节重视不够，这些问题使教育在一定程度上脱离了国民经济和社会发展的实际。而乡土教材内容本身就是当地社会经济、生产生活实际的反映，使教育与社会经济、生产生活实际密切联系起来，在教学方法上强调与社会实践相结合，使学生接触社会、了解社会，增强对社会的责任感。

第二、加强乡土教材建设，使学生学到一些联系当地实际的知识内容，能全面提高学生的素质，有利于为本地区社会主义现代化建设培养人才。学生通过乡土教材的学习可以熟悉本地区的自然环境、社会环境，初步了解本地区国民经济和社会发展的状况，以及当地的有关政策、存在的问题和发展的前景，使他们在学校或毕业后能尽快地适应需要，并能更好地参加当地社会主义各项建设事业。

第三、乡土教材的教学是对学生进行

思想教育的有效途径。结合本乡本土的实际进行教学对学生进行热爱家乡的教育是爱国主义教育的起始点。结合乡土教材进行教学还可以对学生进行道德品质、法制和纪律以及移风易俗、破除迷信等方面的教育。

因此，要求各地都要采取积极措施，大力推动乡土教材的建设。

（二）关于加强乡土教材工作的要求和措施

1. 要求各级教育及有关部门提高对乡土教材建设重要意义的认识，把它作为一项重要任务切实抓好，教育部门要有专人负责。由于这件工作涉及两个文明建设的各个方面，要取得宣传部门的指导和帮助。民族地区编写乡土教材应正确贯彻执行党的民族政策。

2. 乡土教材是相关学科基本教材的必要补充和具体化。编写乡土教材应注意教材的思想性和教育性、科学性、实践性，并要加强实践环节。要充分利用乡土教材对学生进行思想教育的优势，寓思想教育于教学中，除进行爱家乡、爱祖国的教育外，还要结合当地风土民情的介绍，进行发扬优良传统、移风易俗、破除迷信和落后习俗的教育。

3. 乡土教材的内容可以包括：本地区的地理特征、自然概貌、生态环境、人口和民族、资源、国民经济发展和改革状况、历史沿革、文化传统、风土民情、名胜古迹、重要历史人物和事件等等，各地在编写乡土教材时可以有所侧重。

4. 乡土教材以县（市）为单位编写为主，也可以以省、自治区、直辖市或地区为单位编写。乡土教材可以采取分科编写的形式，也可以采取综合编写的形式，还可以按专题编写。

5. 乡土教材的教学应从实际出发、灵活多样、重视实践、注意实效。除课堂讲授外，可以开设专题讲座，也可以开展社会调查、自然考察等实践活动。使学生向社会学习，在实践中学习，把理论与实际紧密地结合起来。课时可在教学计划规定的总课时不变的原则下，由相关学科自行安排。

乡土教材的教学是中小学教学内容的重要组成部分，学校要逐步做到对这部分内容进行考核，具体考试办法由各地自定。

6. 为了保证乡土教材的编写质量，各地要建立专门的编写队伍，以教师、教研人员为主，吸收本地区熟悉当地情况的专家、宣传部门的同志，以及编写地方志和从事经济规划工作的同志参加。

乡土教材应报经省、自治区、直辖市教委、教育厅（局）组织有关方面的领导、专家和教师进行审查。

7. 解决好乡土教材的出版、印刷、发行问题，是乡土教材建设的重要一环，各地应采取措施解决好这些问题。各地出版部门，特别是教育出版社应积极支持，做好印刷发行工作。

乡土教材的编写经费可在各地教材事业费中拨出专款解决，也可以由地方通过多种渠道筹集资金解决。

要求各地制订落实编写乡土教材工作的计划，组织好乡土教材的编写和教学工作，争取在两年之内基本完成乡土教材的编写工作。

目前，全国多数省、自治区、直辖市都编写了本省的地理历史教材，有些省、自治区、直辖市还组织编写了县级乡土教材，如：浙江省有85%的县、湖北省有32%的县、云南省有22%的县编写了乡土地理教材，江苏省有14%的县编写了乡土历史教材。在原有基础上，各地都在积极贯彻落实全国乡土教材工作会议精神，有些省区转发了国家教委的文件或召开了会议，如：四川、广西、江苏、湖南、安徽、辽宁等。

撰稿人 王 薇
审稿人 南国芬

□人民教育出版社修订和出版中小学教材

一、修订中小学教材

1987年春，国家教委颁布了全日制中小学各科教学大纲。这套教学大纲是以1978年教育部颁布的全日制十年制学校中小学各科教学大纲试行草案为基础进行修订的正式大纲。鉴于这套教学大纲是在现行多数教材的主要内容和体系不作大的变动的前提下，按照适当降低难度、减轻学生过重的学习负担、教学要求尽量明确具体等三项要求进行修订的，对部分现行中小学教材的教学内容和教学要求进行了调整。为此，人民教育出版社对这些教学内容和教学要求变动较大的教材进行了修订，于1988年秋季供应各地使用。其他与教学大纲的教学内容和教学要求基本一致的教材作些小修改照原版供应。这是建国以来的第七套全国通用的中小学教材。

下面，将这些变动较大的教材的修订情况概述如下：

1. 小学课本《语文》。根据《全日制小学语文教学大纲》规定的小学阶段"认识常用汉字3000个左右，要求掌握2500个左右"（比原来减少500个左右），在修订时，考虑到小学生在读写阶段和学习其他各门学科，以及升入高一级学校进一步学习的需要，以1985年中国文字改革委员会和国家标准局合编的《三千高频汉字生字表》为蓝本，借鉴1986年中央普通话进修班编写的《三级常用汉字》，重新制订了"小学语文常用汉字表"。在此基础上，调整了五年制小学语文课本和六年制小学语文课本各册的生字，以及与变动的生字有关的课后作业、基础训练。

2. 初中课本《语文》，根据《全日制中学语文教学大纲》规定的初中阶段110篇基本篇目，在修订时，注意保持教材相对稳定，训练体系、知识能力结构基本不变，除了编入这110篇基本篇目外，保留了原课本没有列为基本篇目的课文47篇，并新增选课文83篇。全套书课文共240篇（每册40篇），比原课本增加了60篇，目的在于适当增加阅读量和扩大知识面。为了不加重教学负担，课文分为讲读、课内自读、课外自读三类。讲读课文由教师教读，课内自读课文由教师指导学生在课堂上阅读，课外自读课文由学生在课外阅读。每册书另附诗词16首，供学生在课外读一读、背一背。汉语知识集中编排于每册课本后面，由教师灵活掌握。

3. 高中课本《语文》，在修订时，注意在初中的基础上，进一步提高学生的现代语文的阅读能力、写作能力和听说能力，培养学生初步的文学鉴赏能力和借助工具阅读浅易文言文的能力；重视思想教育渗透在语文教学的过程中，着重建立现代语文读写能力的训练序列；面向大多数学生，编得有适当的弹性。以《全日制中学语文教学大纲》规定的高中阶段80篇基本篇目为基础，尽量采用1983年版课本中原有课文，同时酌情调换部分课文，特别是增添反映当代社会生活的新课文。三年分45个单元，约200篇课文。每一单元有单元教学要点、课文、单元知识和训练。课文分讲读课文和自读课文，讲读课文体现单元教学要点，自读课文供学生自读、自测，培养和检验学生的阅读能力。

4. 中学课本《俄语》，根据《全日制中学俄语教学大纲》规定的要求掌握的生字由原来的2000个左右减少为1800个左右，删去了原高中第三册的内容，在修订时，从初中第六册开始，将教学内容适当往后移，原来三册（初中第六册，高中第一、二册）的教学内容修订为四册（初中第六册，高中第一、二、三册），并在每册后面补充或换用了阅读材料。

5. 中学课本《历史》，根据《全日制中学历史教学大纲》的规定，在修订时，将原来初中中国历史四册课本修订为三册，并在后面增加1949年到“十三大”召开以前的内容，新编初中世界历史一册；高中世界历史后面增加了二次大战后到80年代的内容。

6. 中学课本《地理》，根据《全日制中学地理教学大纲》的规定，在修订时，在每个单元后面增加了“基本训练要求”的内容。

7. 高中课本《代数》，根据《全日制中学数学教学大纲》的规定，在修订时，将初中代数第四册中“二次函数的图象和性质”与“一元一次不等式组和一元二次不等式”的内容，附在高中代数上册后面，供在初中未讲授这部分内容的学生，在学习高中代数上册前补学这些内容；在高中代数下册第六单元“数列、极限、数学归纳法”中增加了“极限的简单应用：求函数的变化率、切线的斜率、瞬时速度；用变化率研究简单函数的一些性质”的内容。

8. 中学课本《物理》，根据《全日制中学物理教学大纲》的规定，在修订时，第一，对一些内容进行了调整，将初中物理中的“平均速度”、“光的色散”和高中物理中的“斜抛运动”、“阻尼运动”、“毛细现象”、“静电屏蔽”、“示波器”、“磁性材料”、“电流表的工作原理”、“纯电感电路”、“纯电容电路”、“光速的测定方法”、“凹镜成像”、“凸镜成像”、“爱因斯坦的光电方程”等改为选学，将高中物理中的“万有引力定律在天文学上的应用”、“人造地球卫星”等改为必学；第二，根据国务院关于实行法定计量单位的命令，一律使用法定计量单位，不再使用“重量”一词（根据情况有的改为“质量”，有的改为“物体所受的重力”）；第三，对一些实验和习题进行了增删。

9. 中学课本《化学》，根据《全日制中学化学教学大纲》的规定，在修订时，将原初中化学中的“氧化-还原反应”、“反应物中有一种过量时的计算”移到高中化学中讲授；根据国务院关于实行法定计量单位的命令，删去有关当量浓度的内容。

10. 鉴于新颁布的全日制中学数学、物理、化学、生物教学大纲不再分两种教学要求，将1983年教育部颁布的高中数学、物理、化学、生物教学纲要中的“基本要求内容”修订为大纲的本文，而将其中的“较高要求内容”作为大纲的附录，为此，在修订这些教材时，将原来的乙种本修订为正式本，即高中数学、物理、化学、生物课本，而原甲种本仍照原版发行，供一些学校选用。

撰稿人　陈宏伯
审稿人　叶立群

二、人民教育出版社对外合作事项

1. 1987年，人民教育出版社受联合国儿童基金会和教科文组织的委托，编写或翻译出版了一些教材，其中有：小学文化艺术遗产辅助科学教育教材二册，中国农村地区小学教师培训教材二册，中小学营养保健读本一册，小学卫生保健手册一册，小学生健康教育读本五册，儿童读物《认识四季》（看看，听听，闻闻，摸摸）四册，全插图扫盲后画册读物三册，1988年《世界儿童状况》（中译本）一册，数学教育研究丛书第三卷《小学教师的数学教育》和第五卷《几何教学》（中译本）各一册。这些教材的质量，受到儿童基金会和教科文组织的肯定。

2. 为了给香港地区和海外华侨学习中国文化提供方便，促进相互间的文化交流，人民教育出版社与香港地区和新加坡有关出版单位达成以下合作出版协议。

(1) 1986 年 11 月 22 日，与香港文化教育出版有限公司签订改编人民教育出版社编辑出版的《新编小学生字典》一书的协议。

(2) 1986 年 12 月，与新加坡联邦出版社 (S) PTE 有限公司签订合同备忘录，由联邦出版社改编人民教育出版社编辑出版的《新编小学生字典》。

(3) 1987 年 4 月 9 日，与香港金陵出版社签订改编人民教育出版社出版的《龙的传人》一书的协议。

(4) 1987 年 6 月 29 日，与新加坡智力出版社签订协议，合作出版在新加坡发行人民教育出版社编辑的小学《英语》、初中《英语》、高中《英语》、小学《语文》、幼儿园动物和植物卡片，以及相应的录音磁带。

(5) 1987 年 8 月 15 日，与香港普通话研究社签订协议，合作出版香港《汉语》普通话视听教材。

3.为了加强中日文化交流，人民教育出版社与日本有关出版单位达成以下合作出版协议。

(1) 1979 年 12 月 26 日、1981 年 9 月 8 日，分别与日本帝国书院签订了由日方翻译出版人民教育出版社编辑出版的《中国地理》、《中国历史》教科书的合同。

(2) 1980 年 9 月 9 日，与日本霍尔布株式会社签订了由日方翻译出版人民教育出版社编辑出版的《中国历史》教科书的合同。

(3) 1985 年 12 月 13 日，与日本光村图书出版株式会社签订了由日方编写、我方最后审定合作编写一套供中国一般成人使用的《日语读本》的协议。

撰稿人 陈宏伯

审稿人 叶立群

三、小学思想品德课和中学思想政治课教材建设

根据中共中央 1985 年 8 月发出的《关于改革学校思想品德和政治理论课程教学的通知》的精神，国家教委于 1985 年秋开始部署对我国现行的小学思想品德课和中学思想政治课的课程设置、教学内容和教学方法进行改革。

小学思想品德课的改革是从修订教学大纲开始的。1986 年 5 月颁发的是修订后的《全日制小学思想品德课教学大纲》。这个大纲进一步明确了小学思想品德课的性质、地位和作用。强调了对小学生进行以“五爱”和“五讲四美”为中心的社会常识教育和社会公德教育，注重了良好行为习惯和能力的培养，删减了原《大纲》教学要点中要求过高的一些内容。以这个大纲的教学内容和基本要求为依据，国家教委委托人民教育出版社和北京、天津、辽宁、黑龙江省、上海、广东、四川等省、直辖市的教委（厅、局）和单位，编写出小学一年级至六年级的六套全日制小学思想品德课教材，并于 1987 年 11 月经全国中小学教材审定委员会小学思想品德学科审查委员会审查通过作为试用课本，1988 年秋推荐给全国各地小学选用。这些教材，对于引导学生从小逐步形成良好的思想品德，促进学生在德、智、体、美等方面的全面发展，起着十分重要的作用。

中学思想政治课的改革，从 1985 年开始至今，经历着一个认识和实践的不断深化过程。在这个过程中，首先是解决改革实验的课程设置问题。1985 年秋，国家教委根据中央《通知》中关于在中学阶段要对学生进行道德、民主与法制、纪律的教育，进行社会生活和社会发展规律以及社会主义建设常识的教育，进行初步的经济学和其他社会科学的教育，进行科学人生观和世界观的教育等四个方面的要求，并在广泛征求意见和进行调查研究的

基础上，确定了中学思想政治课的新课程是：初一《公民》，初二《社会发展简史》，初三《中国社会主义建设常识》；高一《科学人生观》，高二《经济常识》，高三《政治常识》。这些课程，对于奠定青少年一生的政治方向和思想品德的基础，提高他们的爱国主义、集体主义、社会主义觉悟，把他们培养成为有理想、有道德、有文化、有纪律的社会主义公民，具有重要的意义。

在改革实验课程设置确定之后，1986年初，国家教委在天津开会制定了一个与之相适应的中学思想政治课改革实验教学大纲，并委托北京、天津、上海、吉林、贵州、广东等六省、直辖市和北京师范大学（与人民教育出版社合作）编写出七套中学思想政治课实验教材，于1986年秋季供全国各地实验学校选用。这些新教材具有理论与实际相结合，教育性与知识性相结合、系统性与针对性相结合、科学性与趣味性相结合等特点，它同过去的教材相比有许多改进，主要表现在：初步贯彻了理论联系实际，注意坚持四项基本原则，密切结合建设有中国特色的社会主义的实践和反映改革开放的成就，引导学生对我国社会主义的实际情况和发展方向有一个初步的认识；认真加强教育的针对性，尽量增加一些有教育意义的科学知识，并用它来引出和论证有关的观点，使教学内容生动活泼，有一定的说服力；努力照顾青少年的特点和实际需要，力求使所阐述的内容符合他们的接受能力和有利于调动他们的学习兴趣，产生较好的效果。

现在，正在实验的新教材，从1988年秋季起至1991年，将作为试用课本逐步替换现行教材，在全国中等学校推广、选用。

撰稿人 杨启楠

审稿人 贺允清

□评选高等学校优秀教材

一、优秀教材评奖工作

为了加强我国高等学校教材建设，1987年1月，国家教委召开了高等学校教材座谈会，进一步研究部署了“七五”期间教材建设的方针、政策和任务，以及今后需要采取的主要措施。在全国范围内开展了建国以来第一次全国高等学校优秀教材的评奖工作。

（一）九年来的教材建设

1978—1987年的九年间，我国高等学校的文、理、工、农、医各科各类的教材建设取得了很大的成绩，据不完全统计，这期间编审出版了约一万种教材，每个专业平均约有15种教材可供选用，普通高校各科的基础课程和主要的专业课程基本上都有了正式出版的教材。一些专业面较宽、专业设置点较多的专业，每门课约有数种教材可以选用。与此同时，各高等学校还编印了大量讲义。这批教材和讲义是我国高校广大教师教学经验的结晶。其特点是：(1) 加强了基础理论，注重内容的理论性和系统性；(2) 吸收了国内外各学科的新理论和现代科学技术新成就，不同程度地更新了教材内容，并编写出版了一定数量新兴边缘学科的新教材；(3) 贯彻了理论联系实际的原则，坚持从我国社会主义建设和工农业生产发展的水平出发，使教材更加符合我国的国情；(4) 从教材系统配套上看，这些教材不仅有基本教材，而且还有相当数量的实践性教学环节所急需的教材和教学参考书。这批教材的编写和出版，对于稳定教学秩序，提高教学质量都发挥了重要作用。但是，从高等教育对人材培养质量的要求来看，现有的教材还远远不能满足教学的需要，教材的品种还比较单一，缺乏特色，有些专业面窄和设点较少的专业教材还比较缺乏。

（二）国家教委召开高校教材工作座谈会。1987年1月20日至22日，国家教委在北京主持召开了高校教材工作座谈会。参加会议的有国务院51个部委教育司局的负责同志及部分部委所属出版社的负责同志、新华书店、北京发行所的有关负责同志。这次会议总结了近十年来高校教材建设的经验，研究部署了“七五期间”教材建设工作。会议的主要议题及成果：(1) 研究确定了今后教材工作的基本方针是：积极扩大教材种类，大力提高教材的质量，努力搞活教材管理；(2) 确定了今后教材建设工作的主要任务，进一步促进各级各类教材的配套和多样化；努力使教材内容适应教学改革的需要，面向社会主义现代化建设的实际，反映现代科学和技术发展新水平。本科专业教材要适应新修订的专业目录对教学内容的新要求；努力提高出版教材的印装质量，逐步实现油印讲义印制技术的改造；进一步完善和发展包括各部委所属出版社、大学出版社和地方出版社在内的教材出版体系；改革教材的体制，进一步改进教材的供应工作。(3) 研究修改了《关于“七五”期间高校教材建设工作的几点意见》及《高校工科各专业教材规划、编审出版工作的分工》两个文件，并交流了各部委教材建设工作的经验。1987年3月，国家教委发出《关于加强高等学校教材建设工作的几点意见》的文件。（三）我国首次高等学校优秀教材评奖工作。1987年3月，国家教委发出了《高等学校优秀教材奖励条例》及《1987年高等学校优秀教材评奖办法》，以推动我国首次高等学校优秀教材评奖工作的顺利进行。文件明确规定：这次优秀教材的评奖分全国，部委、省、自治区、直辖市，高等学校三个层次。全国优秀教材每四年评奖一次。1987年优秀教材评奖范围是1976年10月至1985年底正式出版的教材，包括高校文、理、工、农、医各科各类的教材、教学参考书以及习题集、实验教材等。全国优秀教材的条件是：(1) 坚持四项基本原则，符合党和国家的方针、政策，努力运用辩证唯物主义和历史唯物主义观点，阐述本门学科的基本规律；(2) 具有与本门学科发展相适应的科学水平，有较强的理论性和系统性，能够正确地阐述本门学科的科学理论和概念，贯彻理论联系实际的原则；(3) 符合本门学科在教学计划中的地位和作用，要求恰当，取材合理，内容的阐述循序渐进。

参加1987年评奖工作的共有41个部委和21个省、自治区、直辖市的教委、高教（教育）厅局。其中，有23个部委及部分省市自治区组织了本部门分工负责教材的评奖工作。1976年至1985年底止，全国出版了教材近8000种，各有关高校和出版社正式向上级主管部门申报评奖的共2000余种，占25%。1987年10月，国家教委在重庆召开了有140名专家、教授参加的国家教委第一届优秀教材评审会议，从分工负责的文科、理科、工科基础课以及新兴边缘学科教材中，评选出259种国家教委优秀教材（一等奖118个、二等奖141个）其中，获得国家教委高校优秀教材一等奖的，发给荣誉证书及奖金1000元，二等奖发给荣誉证书及奖金800元。在各部委及省、自治区、直辖市评奖（评审推荐）的基础上，国家教委于1987年12月下旬在北京召开了全国优秀教材评审会议。高校文、理、工、农、医各类专业的130多位专家、教授参加了会议，会议评审确定了261种优秀教材（其中22种为全国特等奖）（见全国优秀教材书目）。获得全国优秀教材特等奖的，发给荣誉证书及奖金5000元。获得全国优秀教材奖的发给荣誉证书及奖金2000元。对优秀教材的出版社发给奖状。国家教委要求对获得优秀教材的责任编辑和其他有关人员，由所在出版社根据其在本书编辑、出版工作中的贡献，给以相应的奖励。

（获奖情况见附表）

附表 1

全国高等学校及国家教委优秀教材奖统计

学科	特等奖	全国优秀教材奖	国家教委优秀教材奖	
			一等奖	二等奖
文科	7	58	45	43
外语	0	2	7	17
理科(包括气象)	4	34	39	45
工科	8	124	27	36
农林	1	9		
医药卫生	1	11		
体育	1	1		
合计	22	239	118	141

附表 2

国务院各部委优秀教材评奖结果
(不包括国家教委优秀教材奖)

序号	部委名称	评奖数量(种)
1	国家机械工业委员会(包括原兵器部)	58
2	电子工业部	36
3	冶金工业部	14
4	中国有色金属工业总公司	11
5	煤炭工业部	8
6	水利电力部	17
7	城乡建设环境保护部	22
8	航空工业部	9
9	中国船舶工业总公司	13
10	铁道部	16
11	邮电部	13
12	核工业部	7
13	化学工业部	10
14	国家建筑材料工业局	4

续表

序号	部委名称	评奖数量(种)
15	石油工业部	8
16	国家测绘局	6
17	广播电影电视部	4
18	林业部	16
19	地质矿产部	23
20	国家体委	6
21	卫生部	13
22	司法部	5
合计		319

撰稿人　孟祖贵　魏小波
审稿人　沈友益

二、高等学校文科优秀教材评奖

1987 年 10 月，国家教委在重庆召开了优秀教材评奖会，参加文科优秀教材评奖的代表 51 人（含外语类），其中教授 41 人，副教授 10 人。经过代表严肃认真的讨论，共评出国家教委优秀文科教材 93 种，其中：国家教委一等奖 52 个，包括外语 7 种，文学 6 种，哲学 6 种，图书馆学 3 种，新闻学 2 种，社会学 1 种，人口学 1 种，科学社会主义 1 种，心理学 1 种，教育学 3 种，财经类 7 种，历史学 10 种，语言学 2 种，法学 2 种（表 1)；二等奖 60 个，包括外语 16 种，财经类 11 种，文学 5 种，哲学 8 种，法学 4 种，历史学 4 种，语言学 2 种，心理学 2 种，教育学 4 种，科学社会主义 1 种，档案学 3 种（表 2)。推荐作为全国备选优秀教材 36 种。

12 月北京召开的全国高等学校优秀教材评审会上，参加评选文科优秀教材的代表 28 人（含外语类），共评出全国高等学校优秀文科教材特等奖 7 种，其中哲学 2 种，语言学 1 种，文学 1 种，历史学 1 种，经济学 1 种，法学 1 种（表 3)；优秀教材奖 58 种，其中财经类 18 种，哲学 7 种，历史学 6 种，档案学 1 种，教育学 4 种，法学 6 种，文学 11 种，语言学 3

种，外语1种，新闻学1种（见全国优秀教材奖书目）

撰稿人　刘凤泰　张宏岳

审稿人　李进才

全国高等学校优秀教材特等奖书目

序号	书　名	编　著　者	编著者所在单位	出版社	出版时间	推荐单位
1	微分几何讲义	陈省身 陈维桓	北京大学	北京大学	1983.12	国家教育委员会
2	热力学	王竹溪	北京大学	高等教育	1984.10 重印	国家教育委员会
3	物质结构(上、下)	徐光宪	北京大学	高等教育	1978.10 重印	国家教育委员会
4	中国自然地理纲要	任美锷 主编	南京大学	商务印书馆	1985.7 第二版	国家教育委员会
5	叶轮机械气体动力学基础	刘高联 王甲升 主编	上海机械学院	机械工业	1980.7	国家机械工业委员会
6	信息理论基础	周炯槃	北京邮电学院	人民邮电	1983.3	邮电部
7	计算机硬件实验教程	白英彩 主编	上海交通大学	上海科技	1984.12	电子工业部
8	人体解剖挂图(1–8)209 幅	郭光文 王序	中国医科大学	上海科技	1982.10	卫生部
9	地质学教程	王鸿祯 刘本培 主编	武汉地质学院	地质	1980.10	地质矿产部
10	中国煤田地质学(上、下)	杨起 韩德馨 主编上册 韩德馨 杨起 主编下册	中国矿业学院	煤炭工业	1982.8	煤炭工业部
11	中国古代建筑史	刘敦桢 主编	南京工学院	中国建筑	1984.6 第二版	城乡建设环境保护部
12	海洋浮游生物学	郑重 李少菁 许振祖	厦门大学	海洋	1984.6	农牧渔业部
13	摄影测量原理	王之卓	武汉测绘科技大学	测绘	1979.10	国家测绘局
14	乒乓球	体育院 系教材编审委员会《乒乓球》编写组	北京体育学院	人民体育	1984.12	国家体育运动委员会
15	弹性力学(上、下)	徐芝纶	河海大学	高等教育	1982 第二版	国家教育委员会
16	中国哲学史(1–4)	任继愈 主编	中国社会科学院宗教研究所	人民	1979 第三版	国家教育委员会
17	西方美学史(上、下)	朱光潜	北京大学	人民文学	1979 第二版	国家教育委员会
18	古代汉语(1–4)	王力	北京大学	中华书局	1982.3 第二版	国家教育委员会
19	中国文学史(1–4)	游国恩 王起 萧涤非 季镇淮 费振刚	北京大学 中山大学 山东大学	人民文学	1984.4 重印	国家教育委员会
20	中国史纲要(上、下)	翦伯赞 主编	北京大学	人民	1983	国家教育委员会
21	中国经济思想史简编	胡寄窗	上海财经大学	中国社会科学	1981.7	财政部
22	国际法	北京大学法学教材编辑部《国际法》编写组	北京大学等	法律	1981.7	司法部

全国高等学校优秀教材优秀奖书目

序号	书名	编著者	编著者所在单位	出版社	出版时间	推荐单位
1	高等代数	北京大学数学力学系几何与代数教研室代数小组	北京大学	高等教育	1978.3	国家教育委员会
2	概率论(第一册)概率论基础	复旦大学	复旦大学	高等教育	1979.4	国家教育委员会
3	近世代数基础	张禾瑞	北京师范大学	高等教育	1978.5 修订版	国家教育委员会
4	实变函数论	江泽坚 吴智泉	吉林大学	高等教育	1985 重印	国家教育委员会
5	微分几何	苏步青 胡和生 沈纯理 潘养廉 张国梁	复旦大学	高等教育	1979.6	国家教育委员会
6	实变函数论与泛函分析(上、下)	夏道行 严绍宗 吴卓人 舒五昌	复旦大学	高等教育	1983–85 第二版	国家教育委员会
7	数学物理方程	复旦大学数学系 谷超豪 李大潜 陈恕行 郑宋穆 谭永基	复旦大学	高等教育	1979.5	国家教育委员会
8	数学分析(上、下)	数学系	华东师范大学	高等教育	1980.9(上) 1981.6(下)	国家教育委员会
9	数学分析的方法及例题选讲	徐利治 王兴华	大连工学院 杭州大学	高等教育	1983.5 第二版	国家教育委员会
10	电磁学	赵凯华 陈熙谋	北京大学	高等教育	1985.6 第二版	国家教育委员会
11	原子物理学	杨福家	复旦大学	上海科学技术	1985.8	国家教育委员会
12	数学物理方法	郭敦仁	北京大学	高等教育	1978.9 重印	国家教育委员会
13	量子力学	曾谨言	北京大学	科学	1981.7	国家教育委员会
14	光学(上、下)	赵凯华 钟锡华	北京大学	北京大学	1984.1	国家教育委员会
15	量子化学	唐敖庆 杨忠志 李前树	吉林大学	科学	1982.9	国家教育委员会
16	基础有机化学(上、下)	邢其毅 徐秋瑞 周政	北京大学	高等教育	1980.6(上) 1983.9(下)	国家教育委员会
17	统计力学及其在物理化学中的应用	唐有祺	北京大学	科学	1979.4 重印	国家教育委员会
18	物理有机化学(上、下)	高振衡	南开大学	高等教育	1982.2(上) 1983.12(下)	国家教育委员会
19	大学普通化学(上、下)	傅鹰	北京大学	高等教育	1979.8(上) 1981.7(下)	国家教育委员会
20	电解质溶液理论导论	黄子卿	北京大学	科学	1983.8 修订版	国家教育委员会
21	中国自然地理	北京师范大学等《中国自然地理》编写组	北京师范大学等	高等教育	1984.5 第二版	国家教育委员会
22	元素地球化学	刘英俊 曹励明 李兆麟 王鹤年 储同庆 张景荣	南京大学	科学	1984.10	国家教育委员会
23	气候统计学基础	么枕生	南京大学	科学	1984.8	国家教育委员会

全国高等学校优秀教材优秀奖书目

序号	书　名	编　著　者	编著者所在单位	出版社	出版时间	推荐单位
24	小气候和农田小气候	翁笃鸣 陈万隆 沈觉成 高家表	南京气象学院	农业	1981.11	国家气象局
25	环境学概论	刘培桐 主编 王华东 薛纪渝 合编	北京师范大学	高等教育	1985.10	国家教育委员会
26	生物化学(上、下)	沈同 王镜岩 赵邦悌 李建武 徐长法 朱圣赓 俞梅敏	北京大学	高等教育	1980.4 (上) 1980.12(下)	国家教育委员会
27	无脊椎动物学(修订本)	江静波 等	中山大学	高等教育	1982.5 第二版	国家教育委员会
28	微生物遗传学	盛祖嘉	复旦大学	科学	1981.7	国家教育委员会
29	植物生理学(上、下)	曹宗巽 吴相钰	北京大学	高等教育	1979.8 (上) 1980.1 (下)	国家教育委员会
30	被子植物胚胎学	胡适宜	北京大学	高等教育	1982.11	国家教育委员会
31	遗传学(上、下)	刘祖洞 江绍慧	复旦大学	高等教育	1979.3 (上) 1979.5 (下)	国家教育委员会
32	高等数学讲义(上、下)	樊映川等	同济大学	高等教育	1985.3 重印	国家教育委员会
33	工程数学—复变函数	西安交通大学高等数学教研室	西安交通大学	高等教育	1981.6 第二版	国家教育委员会
34	普通物理学(共三册)	程守洙 江之永 编 王志符 朱泳春 等修订	上海交通大学 同济大学	高等教育	1982.10 第四版	国家教育委员会
35	物理实验基础部分(工科用)	华中工学院 天津大学 上海交通大学	华中工学院 天津大学 上海交通大学	高等教育	1981.12	国家教育委员会
36	电路(上、下)(修订本)	邱关源 主编	西安交通大学	高等教育	1982 修订版	国家教育委员会
37	电子技术基础(上、下)	电子学教研室编 康华光 主编	华中工学院	高等教育	1982—83 第二版	国家教育委员会
38	信号与线性系统(上、下)	管致中 夏恭恪	南京工学院	高等教育	1982 第二版	国家教育委员会
39	电磁场与电磁波	谢处方 饶克谨	成都电讯工程学院	高等教育	1979.7	国家教育委员会
40	电工学(上、中、下)	秦曾煌 主编	哈尔滨工业大学	高等教育	1981—82 修订版	国家教育委员会
41	信号与系统(上、下)	郑君里 杨为理 应启珩	清华大学	高等教育	1981	国家教育委员会
42	电路分析基础(上、中、下)	李瀚荪	北京工业学院	高等教育	1983 第二版	国家教育委员会
43	数据库系统概论	萨师煊 王珊	中国人民大学	高等教育	1983.8	国家教育委员会
44	机械原理	南京工学院机械原理及机械零件教研组编 黄锡恺 郑文伟 主编	南京工学院	高等教育	1981.1 第五版	国家教育委员会
45	机械零件	西北工业大学机械原理及机械零件教研室编 濮良贵 主编	西北工业大学	高等教育	1982.12 第四版	国家教育委员会
46	传热学	杨世铭 主编	上海交通大学	高等教育	1980.4 第二版	国家教育委员会

全国高等学校优秀教材优秀奖书目

序号	书名	编著者	编著者所在单位	出版社	出版时间	推荐单位
47	工程传热传质学(上)	王补宣	清华大学	科学	1982.8	国家教育委员会
48	工程热力学	曾丹苓 敖越 朱克雄 李清荣	重庆大学	高等教育	1980.7	国家教育委员会
49	传热学	章熙民 梅飞鸣 任泽霈 王中铮	天津大学	中国建筑工业	1985.7 第二版	城乡建设环境保护部
50	机械制图	同济大学、上海交通大学等六院校《机械制图》编写组	同济大学、上海交通大学等六院校	高等教育	1982 修订版	国家教育委员会
51	画法几何学	大连工学院工程画教研室	大连工学院	高等教育	1985.5 第四版	国家教育委员会
52	结构力学(上、下)	龙驭球 包世华 主编	清华大学	高等教育	1979—81	国家教育委员会
53	材料力学(上、下)	刘鸿文 主编	浙江大学	高等教育	1982—83 第二版	国家教育委员会
54	理论力学	哈尔滨工业大学理论力学教研室	哈尔滨工业大学	高等教育	1982 第四版	国家教育委员会
55	水力学(上、下)	吴持恭 主编	成都科技大学	高等教育	1982—83 第二版	国家教育委员会
56	微波电子学导论	刘盛纲 主编 李宏福 王文祥 莫元龙 编	成都电讯工程学院	国防工业	1985.9	电子工业部
57	天线理论基础	任朗	西南交通大学	人民邮电	1980.12	电子工业部
58	微波理论与技术	林为干	成都电讯工程学院	科学	1979.10	电子工业部
59	微波元件原理与设计	李嗣范	南京工学院	人民邮电	1982.2	电子工业部
60	微型计算机控制技术	谢剑英	上海交通大学	国防工业	1985.12	电子工业部
61	数字信号处理的理论与应用(上、下)	何振亚	南京工学院	人民邮电	1983.2	电子工业部
62	通信原理	樊昌信 徐炳祥 詹道庸 吴成柯	西北电讯工程学院	国防工业	1984.6	电子工业部
63	激光原理	周炳琨 高以智 陈家骅 陈倜嵘	清华大学 成都电讯工程学院	国防工业	1984.11	电子工业部
64	半导体物理学	刘恩科 朱秉升 等	西安交通大学	上海科学技术	1984.5	电子工业部
65	程序设计语言编译原理	陈火旺 钱家骅 孙永强	国防科技大学 复旦大学 上海交大	国防工业	1984.6 第二版	电子工业部
66	雷达信号理论	林茂庸 柯有安	北京工业学院	国防工业	1984.11	电子工业部
67	计算微波	梁昌洪	西北电讯工程学院	西北电讯工程学院	1985.10	电子工业部
68	高频电子线路(上、下)	张肃文 主编	武汉大学	高等教育	1979—1980 第二版	电子工业部
69	高频电路(上、下)	清华大学通信教研组	清华大学	人民邮电	1979—80	邮电部

全国高等学校优秀教材优秀奖书目

序号	书名	编著者	编著者所在单位	出版社	出版时间	推荐单位
70	载波通信原理(上、中、下)	北京邮电学院多路通信教研室	北京邮电学院	人民邮电	1978–79	邮电部
71	汽车设计	吉林工业大学汽车教研室	吉林工业大学	机械工业	1981.7	国家机械工业委员会
72	连续运输机	洪致育 林良明 主编	上海交通大学	机械工业	1982.12	国家机械工业委员会
73	金属结构	徐克晋 主编	太原重型机械学院	机械工业	1982.12	国家机械工业委员会
74	金属学	胡庚祥 钱苗根 主编	上海交通大学	上海科学技术	1980.12	国家机械工业委员会
75	曲柄压力机	何德誉 主编	清华大学	机械工业	1981.7	国家机械工业委员会
76	金属熔焊原理及工艺(上)	张文钺 主编	天津大学	机械工业	1980.7	国家机械工业委员会
77	铸造合金金相图谱	黄积荣 主编	陕西机械学院	机械工业	1980.11	国家机械工业委员会
78	互换性与测量技术基础(上、下)	李柱 主编	华中工学院	计量	1984–85	国家机械工业委员会
79	机械制造工艺学	顾崇衔 等	西安交通大学	陕西科学技术	1981.8	国家机械工业委员会
80	金属切削机床设计	戴曙 主编	大连工学院	机械工业	1985.12 修订版	国家机械工业委员会
81	金属切削原理	陈日曜 主编	华中工学院	机械工业	1985.11	国家机械工业委员会
82	锅炉原理及计算	清华大学热能工程系热能工程教研室	清华大学	科学	1979.9	国家机械工业委员会
83	机械制造企业生产组织学	李必强 主编	武汉工学院	机械工业	1981.7	国家机械工业委员会
84	机械工业企业管理	王久征 主编	河北工学院	机械工业	1981.9	国家机械工业委员会
85	几何量电测量仪	强锡富 主编	哈尔滨工业大学	机械工业	1981.7	国家机械工业委员会
86	机械计时仪器	天津大学精仪系计时教研室	天津大学	天津科学技术	1980.11	国家机械工业委员会
87	光学全息及信息处理	于美文 等	北京工业学院	国家工业	1984.6	国家机械工业委员会
88	电机过渡过程的基本理论及分析方法(上、下)	高景德 张麟征	清华大学	科学	1982–83	国家机械工业委员会
89	电机内的电磁场	汤蕴璆 主编	哈尔滨电工学院	科学	1981.12	国家机械工业委员会
90	半导体变流技术	黄俊 主编	西安交通大学	机械工业	1980.7	国家机械工业委员会
91	电气绝缘结构设计原理(上)	刘子玉	西安交通大学	机械工业	1981.9	国家机械工业委员会
92	反馈控制理论	夏得钤 主编	北京轻工学院	哈尔滨工业大学	1984.12	国家机械工业委员会

全国高等学校优秀教材优秀奖书目

序号	书名	编著者	编著者所在单位	出版社	出版时间	推荐单位
93	反坦克导弹设计原理	万春熙	北京工业学院	国防工业	1981.9	国家机械工业委员会
94	火炮反后座装置设计	张月林 主编	华东工学院	国防工业	1984.12	国家机械工业委员会
95	引信构造与作用	马宝华 主编	北京工业学院	国防工业	1984.12	国家机械工业委员会
96	钣料冷压成型原理	胡世光	北京航空学院	国防工业	1979.7	航空工业部
97	自动控制原理(上、下)	南京航空学院 西北工业大学 北京航空学院合编 胡寿松 主编	南京航空学院等	国防工业	1984.6 修订版	航空工业部
98	结构疲劳强度	吴富民 主编	西北工业大学	西北工大	1985.4	航空工业部
99	传感器原理	南京航空学院北京航空学院	南京航空学院	国防工业	1980.12	航空工业部
100	原子核物理	卢希庭 主编	北京大学	原子能	1981.1	核工业部
101	核电子学(上、下)	清华大学工程物理系王经瑾 范天民 钱永庚 屈建石 王志琨 谭采云 兰克坚 赵希德 王晶宇	清华大学	原子能	1983.6（上） 1985.9（下）	核工业部
102	抽样论	许宝騄	北京大学	北京大学	1982.4	国家统计局
103	古生物学教程	武汉地质学院古生物教研室	武汉地质学院	地质	1980.7	地质矿产部
104	晶体光学	李德惠 主编	成都地质学院	地质	1984.4	地质矿产部
105	磁法勘探问题	申宁华 管志宁 主编	长春地质学院	地质	1985.6	地质矿产部
106	火成岩石学	孙鼐 彭亚鸣 主编	南京大学	地质	1985.5	地质矿产部
107	水文地质学基础	王大纯 张人权 史毅虹	武汉地质学院	地质	1980.7	地质矿产部
108	采煤学(上、下)	中国矿业学院 等院校	中国矿业学院	煤炭工业	1985.6	煤炭工业部
109	矿山压力及其控制	钱鸣高 刘听成 主编	中国矿业学院	煤炭工业	1984.12	煤炭工业部
110	流体力学及流体机械	白铭声 王维新 陈祖苏	淮南矿业学院	煤炭工业	1980.5	煤炭工业部
111	电子计时仪器原理(上)	天津大学 哈尔滨工业大学	天津大学 哈尔滨工业大学	轻工	1981.10	轻工业部
112	中国工艺美术史	田自秉	中央工艺美术学院	上海知识	1985.1	轻工业部
113	玻璃工艺学	西北轻工业学院主编	西北轻工业学院	轻工	1982.1	轻工业部
114	碾米工艺与设备	无锡轻工业学院 武汉粮食工业学院	无锡轻工学院 武汉粮食工业学院	中国财经	1985.11	商业部
115	商品养护学	《商品养护学》编写组	中国煤炭经济学院	中国商业	1983	商业部

全国高等学校优秀教材优秀奖书目

序号	书　　名	编　著　者	编著者所在单位	出版社	出版时间	推荐单位
116	特殊选矿	袁楚雄 刘汉理 崔国治 施飞祥 徐洪林	武汉工业大学	中国建筑	1982.7	建筑材料工业局
117	冶金过程热力学	魏寿昆	北京钢铁学院	上海科学技术	1980.10	冶金工业部
118	合金能量学	肖纪美	北京钢铁学院	上海科学技术	1985.7	冶金工业部
119	矿井通风与安全 矿井通风习题集	王英敏 主编	东北工学院	冶金工业	1979.12	冶金工业部
120	炼钢学原理	曲英 主编	北京钢铁学院	冶金工业	1980.12	冶金工业部
121	冶金物理化学研究方法	王常珍 主编	东北工学院	冶金工业	1982.7	冶金工业部
122	炼焦学	姚昭章 主编	华东冶金学院	冶金工业	1983.5	冶金工业部
123	冶金机械维护检修与安装	谷士强 郑重一	武汉钢铁学院 北京钢铁学院	冶金工业	1981.2	冶金工业部
124	燃料及燃烧	韩昭沧 主编	北京钢铁学院	冶金工业	1984.6	冶金工业部
125	化工容器及设备	天津大学等院校合编 余国琮 主编	天津大学等	化学工业	1980.11	化学工业部
126	金属腐蚀理论及应用	魏宝明 主编	南京化工学院	化学工业	1984.12	化学工业部
127	化工原理(上、下)	陈敏恒 丛德滋 方图南 编	华东化工学院	化学工业	1985.9	化学工业部
128	粉末冶金原理	黄培云 主编	中南工业大学	冶金工业	1982.11	有色金属工业总公司
129	浮选剂作用原理及应用	王淀佐	中南工业大学	冶金工业	1982.9	有色金属工业总公司
130	机构分析与设计	华大年 唐之伟 主编	中国纺织大学	纺织工业	1985.5	纺织工业部
131	石油炼制工程(上、下)	华东石油学院炼油工程教研室	华东石油学院	石油工业	1979～81	石油工业部
132	石油站采机械(上、下)	华东石油学院矿机教研室编	华东石油学院	石油工业	1980	石油工业部
133	概率统计原理和在测量中的应用	李庆海 陶本藻	武汉测绘科技大学	测绘	1982.6	国家测绘局
134	河流泥沙工程学(上、下)	武汉水利电力学院河流泥沙工程学教研室	武汉水利电力学院	水利电力	1983.11	水利电力部
135	水工钢筋混凝土结构学	河海大学 大连工学院 陕西机械学院 清华大学		水利电力	1983.12	水利电力部
136	电力系统继电保护原理	贺家李 宋从矩	天津大学	水利电力	1985.11 第二版	水利电力部
137	工程流体力学	山东工业大学 东北电力学院	山东工业大学 东北电力学院	水利电力	1984.11	水利电力部
138	电力系统分析(上、下)	何仰赞 温增银 汪馥英 周勤慧	华中工业学院	华中工学院	1985.6	水利电力部

全国高等学校优秀教材优秀奖书目

序号	书　名	编　著　者	编著者所在单位	出版社	出版时间	推荐单位
139	多层及高层房屋结构设计(上、下)	同济大学《多层及高层房屋结构设计》编写组	同济大学	上海科学技术	1982.9	城乡建设环境保护部
140	外国建筑史	陈志华	清华大学	中国建筑	1979.12	城乡建设环境保护部
141	建筑材料	湖南大学《建筑材料》编写组	湖南大学	中国建筑	1985.7 第二版	城乡建设环境保护部
142	钢筋混凝土基本构件	腾智明 主编	清华大学	清华大学	1985.4	城乡建设环境保护部
143	建筑施工	江景波 赵志晋 等	同济大学	同济大学	1985.8	城乡建设环境保护部
144	水运企业营运经济活动分析	邓奇予 王群	上海海运学院	人民交通	1983.3	交通部
145	渠化工程学	河海大学 重庆交通学院		人民交通	1981.7	交通部
146	桥梁工程	姚玲森 主编	同济大学	人民交通	1985.12	交通部
147	轮机自动化	浦宝康 赵兴贤 主编	大连海运学院	人民交通	1980.11	交通部
148	车辆构造	西南交通大学 主编	西南交通大学	中国铁道	1980.4	铁道部
149	起重运输机械金属结构	王金诺 主编	西南交通大学	中国铁道	1984.6	铁道部
150	通信系统原理	张树京 主编	北方交通大学	中国铁道	1981.1	铁道部
151	车站信号自动控制	何文卿 主编	北方交通大学	中国铁道	1981.2	铁道部
152	铁路行车组织	长沙铁道学院 北方交通大学		中国铁道	1980.8	铁道部
153	铁道概论	黄克毅 主编 吴培德 副主编	北方交通大学	中国铁道	1983.8	铁道部
154	铁道选线设计	西南交通大学 主编	西南交通大学	中国铁道	1980.6	铁道部
155	铁道钢筋混凝土桥(上、下)	何广汉 车惠民 谢幼藩 卢合乐 合编	西南交通大学	中国铁道	1982.8	铁道部
156	电子测量	蒋焕文 孙续	北方交通大学	中国计量	1983.4	铁道部
157	船舶结构力学(修订本)	陈铁云 陈伯真 主编	上海交通大学	国防工业	1984.12	中国船舶总公司
158	自动控制原理(上、下)	李友善 主编	哈尔滨工业大学	国防工业	1980—1981	中国船舶总公司
159	流体力学	许维德	哈尔滨船舶工程学院	国防工业	1979.12	中国船舶总公司
160	声学理论基础	何祚镛 赵玉芳	哈尔滨船舶工程学院	国防工业	1981.8	中国船舶总公司
161	外科学	裘法祖 孟承伟 主编	同济医科大学	人民卫生	1979.12	卫生部

全国高等学校优秀教材优秀奖书目

序号	书　名	编　著　者	编著者所在单位	出版社	出版时间	推荐单位
162	儿科学	宋名通 主编	同济医科大学	人民卫生	1984.11	卫生部
163	口腔组织病理学	郑麟蕃 主编	北京医科大学	人民卫生	1979.7	卫生部
164	劳动卫生学	顾学箕 王簃兰 主编	上海医科大学	人民卫生	1985	卫生部
165	药物分析	安登魁 主编	中国药科大学	人民卫生	1980.7	卫生部
166	人体寄生虫学	徐秉锟 赵慰先 主编	中国药科大学	人民卫生	1979.7	卫生部
167	免疫学基础与临床	史敏言 宗庭益 姚立人 张咏南 主编	安徽医科大学	安徽科技技术	1980.11	卫生部
168	生理学	周衍椒 张镜如 主编	湖南医学院	人民卫生	1983.7	卫生部
169	病理学	武忠弼 主编	同济医科大学	人民卫生	1984.6	卫生部
170	医用药理学	《医用药理学》编写组	上海医科大学	人民卫生	1982.8	卫生部
171	内科学	陈国桢 主编 钟学礼 黄铭新 李宗明 副主编	中山医科大学	人民卫生	1984.1	卫生部
172	排球	体育院、系教材编审委员会《排球》编写组	上海体育学院	人民体育	1985.4	国家体育运动委员会
173	造林学	北京林业大学 主编	北京林业大学	中国林业	1981.9	林业部
174	林木病理学	北京林业大学 主编	北京林业大学	中国林业	1981.8	林业部
175	制材学	南京林业大学 主编	南京林业大学	中国林业	1981.12	林业部
176	家畜寄生虫学	北京农业大学 主编	北京农业大学	农业	1981.6	农牧渔业部
177	昆虫生态及预测预报	南京农业大学 主编	南京农业大学	农业	1985.11	农牧渔业部
178	土壤学(上、下)	朱祖祥 主编	浙江农业大学	农业	1983.5	农牧渔业部
179	茶叶审评与检验	湖南农学院 主编	湖南农学院	农业	1979.8	农牧渔业部
180	家禽学	丘祥聘 主编 杨山 副主编	四川农业大学 东北农学院	四川人民	1980	农牧渔业部
181	海藻栽培学	曾呈奎 王素娟 刘思俭 郭宣铄 张定民 缪国荣	中国科学院海洋研究所	上海科学技术	1985.6	农牧渔业部
182	会计发展史纲	郭道扬	中南财经大学	中央广播电视大学	1984.6	财政部
183	基础会计	娄尔行 主编 吴诚之 石成岳 副主编	上海财经大学	上海人民	1984.11	财政部

全国高等学校优秀教材优秀奖书目

序号	书名	编著者	编著者所在单位	出版社	出版时间	推荐单位
184	工业统计学	东北财经大学《工业统计学》编写组	东北财经大学	中国财经	1981.10	财政部
185	中国近代经济思想史稿(第1–3册)	侯厚吉 吴其敬 主编	中南财经大学	黑龙江人民	1982–1984	财政部
186	国家税收	财政科研所等《国家税收》(修订本)编写组	财政科研所等	中国财经	1984.9 修订本	财政部
187	资本主义国家经济统计	上海财经学院统计系 复旦大学世界经济研究所	上海财政大学	上海人民	1983.5	财政部
188	基本建设预算	东北财经大学等《基本建设预算》编写组	东北财经大学等	中国财经	1984.4	财政部
189	《资本论》解说(第1–3卷)	陈征	福建师范大学	福建人民	1985.6 第二版	福建省
190	政治经济学(社会主义部分)	南方十六所大学《政治经济学教材》编写组	复旦大学 厦门大学等	四川人民	1985 第四版	国家教育委员会
191	政治经济学(社会主义部分)	谷书堂 宋则行 主编	南开大学 辽宁大学等	陕西人民	1985 年修订本	国家教育委员会
192	中国近代经济思想史(修订本)(上、下册)	赵靖 易梦虹 主编	北京大学 南开大学等	中华书局	1980 第二版	国家教育委员会
193	政治经济学史(上、下册)	陈岱孙主编 商德文 高荣贵 宛樵 靳兰征 晏智杰	北京大学 等	吉林人民	1981	国家教育委员会
194	社会主义财政金融问题(上、下册)	黄达 陈共 侯梦蟾 周升业 韩英杰	中国人民大学	中国人民大学	1981	国家教育委员会
195	会计学基础	葛家澍 主编	厦门大学 等	中国财经	1980	国家教育委员会
196	社会主义财政学	厦门大学等《社会主义财政学》编写组	厦门大学 等	中国财经	1982 第二版	国家教育委员会
197	国民经济综合平衡统计学	钱伯海	厦门大学	中国财经	1982	国家教育委员会
198	经济学说史	鲁友章 李宗正 主编	中国人民大学 等	人民	1979 上册 1983 下册	国家教育委员会
199	中国工业企业管理学（四分册）	中国人民大学工业企业管理教研室	中国人民大学	中国人民大学	1984–1985	国家教育委员会
200	中国古代哲学的逻辑发展(上、中、下册)	冯契	华东师范大学	上海人民	1983–1985	国家教育委员会
201	唯物辩证法大纲	李达 主编	武汉大学	人民	1978	国家教育委员会
202	辩证唯物主义原理	肖前 李秀林 汪永祥 主编	中国人民大学	人民	1981	国家教育委员会
203	马克思主义哲学基础(上册)	高清海 主编 舒炜光 车文博 张维久 副主编	吉林大学	人民	1985	国家教育委员会
204	马克思主义伦理学	罗国杰 主编	中国人民大学	人民	1982	国家教育委员会
205	《哲学笔记》注释	黄楠森 主编	北京大学	北京大学	1981	国家教育委员会
206	西方哲学原著选读（上、下册）	北京大学哲学系外国哲学史教研室编译	北京大学	商务印书馆	1981–1982	国家教育委员会
207	魏晋南北朝史(上、下册)	王仲荦	山东大学	上海人民	1979–1980	国家教育委员会

全国高等学校优秀教材优秀奖书目

序号	书名	编著者	编著者所在单位	出版社	出版时间	推荐单位
208	商周考古	北京大学历史系考古教研室商周组	北京大学	文物	1979	国家教育委员会
209	五四运动史	彭明	中国人民大学	人民	1984	国家教育委员会
210	中国通史纲要	白寿彝主编　杨钊　方龄贵　龚书铎　朱仲玉　分纂	北京师范大学	上海人民	1980	国家教育委员会
211	史籍举要	柴德赓	苏州大学	北京	1982	国家教育委员会
212	原始社会史	林耀华　主编	中央民族学院	中华书局	1984	国家民族事务委员会
213	档案保护技术学	李鸿健　刘凤志　胡让　冯乐耘	中国人民大学	档案	1984	国家教育委员会
214	教育心理学	潘菽　主编	科学院心理学研究所	人民教育	1980	国家教育委员会
215	儿童心理学	朱智贤	北京师范大学	人民教育	1981 第二版	国家教育委员会
216	西方近代心理学史	高觉敷　主编	南京师范大学	人民教育	1982	国家教育委员会
217	教育学	南京师范大学教育系《教育学》编写组	南京师范大学	人民教育	1984	国家教育委员会
218	刑法学	法学教材编辑部《刑法学》编写组	中国人民大学等	法律	1982.5	司法部
219	法学基础理论(新编本)	北京大学法律系法学理论教研室	北京大学	北京大学	1984.7 第二版	国家教育委员会
220	国际私法	法学教材编辑部《国际私法》编写组	武汉大学等	武汉大学	1983.9	司法部
221	民法原理	法学教材编辑部《民法原理》编写组	中国人民大学等	法律	1983.6	司法部
222	中国法律思想史纲(上册)	张国华　饶鑫贤　主编	北京大学等	甘肃人民	1984.8	国家教育委员会
223	民事诉松法教程	法学教材编辑部《民事诉讼法教程》编写组	中国人民公安大学等	法律	1983.7	司法部
224	中国历代文论选	郭绍虞　王文生	复旦大学　武汉大学	上海古籍	1979.11	国家教育委员会
225	欧洲文学史	杨周翰　吴达元　赵萝蕤	北京大学	人民大学	1979.6	国家教育委员会
226	中国新文学史稿	王瑶	北京大学	上海文艺	1982.11 修订重版	国家教育委员会
227	语法讲义	朱德熙	北京大学	商务印书馆	1982.9	国家教育委员会
228	英语(1-4 册)	许国璋	北京外国语学院	商务印书馆	1982.2 第三版	国家教育委员会
229	藏族文学史	中央民族学院本书编写组	中央民族学院	四川民族	1985.9	国家民族事务委员会
230	语言学概论	马学良	中央民族学院	华中工学院	1985.1 第二版	国家民族事务委员会

全国高等学校优秀教材优秀奖书目

序号	书名	编著者	编著者所在单位	出版社	出版时间	推荐单位
231	朗读学	张颂	北京广播学院	湖南教育	1983.8	广播电影电视部
232	摄影曝光控制	刘国典	北京电影学院	中国电影	1984.6	广播电影电视部
233	中国画论辑要	周积寅	南京艺术学院	江苏美术	1985.8	江苏省
234	英国文学史	陈嘉	南京大学	商务印书馆	1982.7	国家教育委员会
235	中国现代文学史(1–3 册)	唐弢 严家炎	中国社会科学院 北京大学	人民文学	1979.6	国家教育委员会
236	中国文学批评史 (上、中、下册)	王运熙 顾易生	复旦大学	上海古籍	1979.10 新一版	国家教育委员会
237	赋格曲写作	陈铭志	上海音乐学院	上海文艺	1980.10	文化部
238	汉族民歌概论	江明惇	上海音乐学院	上海文艺	1982.12	文化部
239	曲式与作品分析	吴祖强	中央音乐学院	人民音乐	1984.1	文化部

□大学出版社事业的发展

(一)大学出版社体系已初具规模。我国大学出版社“文革”前只有两家，到1987年底，已建立81家大学出版社，占全国出版社总数的1／6左右。这81家出版社，按学科分类有:综合大学20家，理工院校34家，农林医院校4家，师范院校8家，财经政法院校7家，语言艺术院校5家，军事体育民族院校3家，分布于全国20个省、自治区、直辖市，形成了一个初具规模的大学出版社体系。

大学出版社是我国高等教育和文化出版事业的重要组成部分，是高等学校中的学术性事业单位，以出版教材，教学参考书，教学工具书和其他教学用书为主要任务。到1987年底，累计出书约1万种，现在，年出书能力达3500种以上，其中，一半以上是教学用书。大学出版社事业的发展对高等学校的教学科研工作产生了积极的作用。

在初创阶段，大学出版社、艰苦创业，边筹建，边出书，使出版社日益发展和壮大。到1987年底，81家大学出版社共有专职人员3707人。其中编辑人员1667人，出版行政人员2040人。

为适应教育技术手段的现代化，经国家新闻出版署批准，1987年有20家大学出版社建立了音像出版部，发行音像制品。

为了加强大学出版社之间的相互合作和横向联系及对外交流，1987年建立了中国教育图书进出口公司、大学出版社协会和高校出版社出版发行联合服务中心。

(二)大学出版社协会成立。1987年6月4日，经教委党组批准，正式建立大学出版社协会，并于西安交通大学召开了大学出版社协会成立大会。会上选出中国人民大学副校长兼出版社社长罗国杰教授为第一届大学出版社协会的理事长。

协会的主要任务是结合出版工作实际，学习党的有关方针、路线和政策;开展对出版社各方面重大问题的研究;交流贯彻执行党的出版方针和提高出书质量的经验，开展有关业务培训，不断提高有关人员的思想业务素质、出版管理水平和出版质量；加强大学出版社之间的联合协作，开展国际交流活动。

协会曾派代表团访问了日本、美国，参加了美国大学出版社协会的年会。请英国出版专家讲出版业务课，开办编辑、印刷、财会和出版发行等培训班。在上海、大连等地举办了各种类型书展及书市。

(三)大学出版社联合出版发行服务中心的建立。大学出版社的出版物层次高，专业性强，品种多，印数少，更新快，读者对象主要是大中专院校的师生以及科研、设计、生产等部门的专业人员。为了解决读者、出版者“买书难”，“卖出难”的问题，国家教委根据中央有关部门关于改革图书发行体制的精神，确定大学出版社除了继续依靠新华书店作为发行渠道以外，从高校实际情况出发，充分利用高校系统内部的有利条件，调动高校出版社和教材科的积极性，扩大流通渠道，搞活发行工作。1987年3月，国家教委正式发文委托清华大学主办全国大学出版社出版发行联合服务中心。该中心的主要任务是：编发《高校出版社联合征订目录报》(该报已经新闻出版署正式批准公开发行)，建立高校发行系统，组织发行大学出版社的书籍。到1987年底，共建立了54个图书代办站，负责发行大学出版社的教材和图书，初步形成了大学出版社图书发行网络。

撰稿人　赵连杰
审稿人　沈友益

□高等教育出版社的教材出版工作

一、1987年高等学校本科教材建设中的新成绩。

高等教育出版社在1987年面临着出版界进一步开放、搞活、教学用书百花齐放、激烈竞争的局面，但是高等教育出版社主动适应我国教育发展的新形势，及时调整出书结构，继续发挥了高等学校教材建设的主力军的作用。1987年，高等教育出版社共出版了各级、各类高校、中等专业学校、职业高中的教材1562种，其中，新版书415种。在这些教材中，大学本科、大专各专业教材1271种，其中，重版书1098种。1987年，高等教育出版社虽然面临纸张紧张、生产能力不足的严重情况，仍然坚持保本微利，面向教育第一线，不仅大力发展社会需要量大的、使用面广的教材，也克服种种困难、积极印制印数少，使用面窄的教材。教材品种多、齐全，基本上满足了高等学校的教学需要。此外，高等教育出版社还着力组织、出版了少数专业的缺档教材，填补了一些空白。

理科天文学专业的教材，长期以来在我国呈老专业，缺教材的局面，经过努力，这种情况在1987年有了很大转变，相继出版了《天文学教程》(上册)，张明昌、肖耐园编，全书39.5万字；《天文学教程》(下册)，朱慈墭编，35万字；《宇宙电动力学导论》，许敖敖编著，57万字。其中《宇宙电动力学导论》是一本高水平教学、科研专著，是目前国内唯一的一本宇宙电动力学的系统教材，已经受到国内外学者的广泛注意。此外，高教社还十分注意新兴的、边缘学科专业的教材，这些专业比较年轻，教材空白面大，覆盖面小。考虑到这些专业的社会效益，高教社下大力气来填补这些空白，1987年相继出版了《环境监测》、《环境学导论》、《水环境化学》等三种环境科学及环境工程专业的教材。这些教材有较高的学术价值和经济价值，为发展我国环境科学和环境工程高等教育作出了开创性的贡献。

1987年，国家教育委员会组织了全国范围的优秀教材评选活动，以检阅我国几十年来高等学校教材建设成就。在国家教育委员会领导和具体组织下，经过全国各高等院校和出版社推荐，由有关专家初评，并在国家教委召开的全国高等学校优秀教材评审会上，由专家最后评定，高等教育出版社获得各级优秀教材奖161种。其中，全国优秀教材特等奖3种，占理工科教材特等奖总数的30%；全国优秀教材奖44种，占理工科教材优秀奖总数的31.7%；国家教委一等奖51种，占理工科教材一等奖总数的77.2%；国家教委二等奖60种，占理工科教材二等奖总数的74.1%；此外，还有3种公共外语教材获国家教委二等奖。在其他部、委和省市的优秀教材评选中，还有6种教材获奖。这167种各级、各类优秀教材是高教社在教材建设中作出贡献的具体标志。高等教育出版社理工科教材能有如此之多的优秀教材，是长期以来坚持聘请有长期教学实践、丰富的教学经验、具有较强的学术水平和写作能力的教师担任各种教材的编著者的必然结果。

二、进行供农村、城镇用的职业技术教材的建设工作。

有两套教材列入《全国‘星火计划’丛书》为适应农村培养初、中级技术人才的需要，高等教育出版社在1987年中，积极进行了供农村、城镇用的职业技术教材的建设工作。1986年7月中国出版工作者协会科技出版工作委员会根据国家科委的“星火计划”，提出了一项旨在贯彻科技工作“面向经济建设”方针的战略任务，决定出版《全国“星火计划”丛书》。这套大型丛书根据“星火计划”的目标、方针、任务和“七五”期间的重点项目，意在为实施

"星火计划"服务，为中国广大城乡农村培养具有现代先进技术的人才，其内容既有培训教材，也有农村适用技术图书，要求具有适用性、先进性、科学性和针对性，覆盖面广，质量好。为此，于 1987 年 7 月制订了《全国"星火计划"丛书》1987 年——1990 年编辑出版两套面向农村和城镇的丛书和教材。

一套为《植物组织培养及其应用丛书》，这是一套有较高水平的农村实用技术丛书。我国在植物组织培养方面的研究和应用技术在世界上具有领先的地位。我们组织这套丛书，侧重点在适用技术，以体现把现代科技的"星火"，撒向城镇中小企业、广大农村的方针，直接将先进技术引向落后的农村、城镇，促进这些地区的经济发展。

另一套为《建筑施工、城镇建设专业职业高中教材》。随着农村经济体制改革的深入发展，富裕起来的农民要改善长期落后陈旧的居住条件，广大农村、城镇迅速兴起了建房热，大量农业劳动力转向建筑施工、城镇建设，涌现出大批城乡建筑队伍，但由于这支队伍中的多数职工是新加入建筑施工、城镇建设行业的，行业知识少，技术素养不高，有待提高。这两个专业的教材总共 24 种，计 516 万字，将于 1988 年秋出齐的有：

书名	作者	供书时间
钢结构	沈集铧	1987
木结构	顾伯华	1987
地基与基础	沈克仁	1988
房屋卫生设备	王贵廉　范玉芳	1988
给水排水工程	苏福临	1987
建筑施工组织与管理	刘　占	1987
建筑施工预算	朱美英	1987
城镇规划	裴　杭	1987
道路与桥涵	龚　伟	1987
应用电工	益宝清	1987

三、7 个专业的卫星电视教材出版。

在国务院领导同志的关怀下，利用卫星电视进行初中师资培训的计划，得到顺利的执行。国家教委电化教育领导小组组织开设了卫星电视教育高等师范专科的 9 个专业，并于 1987 年 8 月 1 日正式开播了其中的汉语言文学、历史、物理、化学、生物、地理、体育等七个专业。为正式开播的七个专业 10 门课程，高等教育出版社承担了全部 11 种教材。连同为试播课程所提供的 8 种教材，已出版的卫星电视教材已达 19 种。这些教材由于内容简洁，叙述清楚，逻辑性强，很适合于卫星电视教育这种形式，为初中师资培训提供了比较实用的文字资料，受到读者的欢迎。至 1987 年底，所出版的卫星电视教材如下:

书名	作者	字数(万)	供书时间
高等数学	华东师大数学系	35	1987 年秋
无机化学(上)	庞锡涛等	35	1987 年秋
动物学(上)	刘恕主编	35	1987 年秋
地球概论	刘　南	37	1987 年秋
基础地质学	苗文才	35	1987 年秋
现代汉语	邢福义等	40	1986 年 8 月
写作与作文评改	朱伯石等	25	1986 年 8 月
文学概述	曹庭华等	30	1986 年 10 月
中国现代文学	党秀臣等	50	1986 年 10 月
中国现代文学资料选(上)	党秀臣	30	1987 年秋
中国现代文学资料选(下)	张　杰	30	1987 年秋
中国古代史(上)	詹子庆	28	1986 年 8 月

中国古代史(下)	詹子庆	32	1987年春
世界上古中古史(上)	朱　寰等	24	1986年8月
世界上古中古史(下)	朱　寰等	29	1986年8月
中国古代史参考资料	詹子庆	40	1987年秋
世界上古中古史参考资料	朱　寰等	20	1987年秋
学校体育理论	金钦昌	25	1987年秋
运动解剖学	李月玲	30	1987年秋

[推进国际交流，与日本合作出版了《商务日语》]为了适应改革开放新形势的需要，培养对外贸易的日语人才，提供实用的教材，1987年2月高教社与日本日产自动车株式会社就合作出版《商务日语》进行了会谈，签署了协议，并于1987年8月正式出版发行了《商务日语》。该书与传统的教材相比，实用性强，便于边学边用，特别是语言内容与商业事务结合得很紧密，有利于商业、贸易人员学习。该书的出版对我国企业家、商业工作人员学习日语，提供了一本很适用的教科书。

撰稿人　杨再石　胡延华
审稿人　祖振铨

□高校图书馆工作

党的十一届三中全会以来，我国高等学校的图书馆工作取得了很大成绩。

1981年9月，原教育部曾召开过一次高校图书馆工作会议，会后颁发了《中华人民共和国高等学校图书馆工作条例》，成立了高校图书馆的管理机构——全国和各地的高等学校图书馆工作委员会。几年来，各级教育部门和高等学校认真贯彻会议的精神，采取措施加强高校的图书情报工作，广大高校图书馆工作者积极努力，埋头苦干。随着国家社会主义现代化建设的进程和整个高等教育事业的发展，高等学校的图书情报事业也取得了前所未有的进展。高校图书馆正在由比较封闭的文献收集利用机构向开放的多功能的文献情报中心转变。

现在，全国共有1054所普通高校图书馆，系（研究所）资料（情报）室5795个，图书、资料、情报专业人员41600人，文献收藏总量3.45亿册(件)，其中，开架书刊6587.6万册。共有馆舍面积290万平方米，阅览座位36万个，全年接待读者2.57亿人次。

（一）发挥教育和情报职能。在传统的文献服务工作的基础上，高校图书馆正在积极发挥教育职能和情报职能。很多图书馆配合教学编发资料，放映录像，编制参考书目，为学生毕业论文或毕业设计提供参考资料，引导学生的课外阅读，举办讲座、报告会、书评、展览、艺术欣赏等活动。全国已有500多所高校以图书馆为基地开设了《文献检索与利用》课，对培养学生的情报意识，提高学生的自学能力和研究能力，拓宽知识面起到了很好的作用。全国半数以上的学校设立了情报工作机构，其中，多数设在图书馆。这些机构积极提供情报服务，包括解答咨询，代查课题，翻译资料，编写情报调研报告等。同时，积极面向社会提供文献和情报服务，为地方建设规划进行技术咨询或技术转让，为科研项目提供文献资料。

（二）建设图书馆专业队伍，提高工作水平。几年来，全国高校图书馆共选留了大专毕业生3000多人，又调进一批教师，充实了图书、资料、情报专业队伍，为了使他们尽快熟悉工作，全国高校图书馆工作委员会在有关部门配合下组织一些高校举办专业干部进修班，先后使近1500人得到为期一年的培训，这些人大多数已成为本单位的业务骨干。还在三所师大举办了为期半年的馆长培训班，先后轮训了200多名馆一级干部。对在职人员也通过各种方式进行教育培训，提高他们的素质。高校图书馆工作人员中大专以上文化程度的已从1980年的38%，提高到1986年的53%左右。

1986、1987年两年中，全国高校图书馆普遍进行了专业职务聘任工作，对稳定队伍，提高业务水平起到了促进作用。现在，很多高校图书馆积极开展学术研究，定期召开学术讨论会，有的还出版学术刊物和小报。全国高校图工委和一些地方以及部委的图工委或图协主办了学术刊物，编辑出版了一系列专著、文集和业务资料，还分别组织了多项专题研究，就高校图书馆的改革、藏书建设、干部培训、队伍建设、文献课教学、馆舍建筑、图书情报事业发展战略等专题进行了研讨，获得了一批成果。这些成果已在不同范围、不同程度上得到了应用，这对于活跃学术空气，交流工作经验，启发思想，改进工作都起了积极的作用。

(三)改善办馆的物质条件。1981-1986年，全国有近300所高校建成了新图书馆，还有一批学校的图书馆正在兴建。1986年，全国高校书刊资料购置费达到1.47亿元，相当一部分高校图书馆的年购书费达到或超过了《高等学校图书馆工作条例》规定的学校年事业费的5%。1980年，全国只有为数很少的高校图书馆拥有复印机，其它设备寥寥无几。1986年，全国高校图书馆共有小型计算机48台，微型计算机457台，复印机已相当普及，还添置了很多其它设备。不少学校利用计算机在业务工作、管理、检索等方面进行了试验探索，有的已进入实用。几年来，全国高校引进和开发了数据库77个，开发软件131个，少数学校还设立了国际联机检索终端，进行国际联机检索服务。

(四)全国图书馆工作会议。1987年6月12日至16日，国家教委在京召开了全国高校图书馆工作会议。出席会议的有各省、市、自治区、国务院部分部委教育部门的同志和100多所高校图书馆的馆长，以及其它图书情报系统的代表。国务院副总理兼国家教委主任李鹏同志到会看望全体代表，与代表们合影留念，并与部分代表进行了座谈。

这次会议的主要议题是:研究如何加强高校图书馆的教育职能和情报职能;修订《高校图书馆工作条例》(根据国家规定，修订后的《条例》改名《普通高等学校图书馆规程》，由国家教委于1987年7月25日正式颁发);讨论高校图书情报事业“七五”规划，改组“全国高校图书馆工作委员会”，成立“全国高等学校图书情报工作委员会”；交流高校图书情报工作经验。

会议确定了高校图书馆在今后一段时间里的指导思想是:在坚持四项基本原则和改革开放的前提下，紧紧围绕为社会主义现代化培养“四有”人才这个根本任务，加强高校图书馆的教育职能和情报职能;搞好自身建设，打好基础，提高水平，讲求效益;积极开展馆际协作，有分工、有重点、有层次地进行高校图书情报事业的整体建设，发挥高校图书情报事业的整体效益;为九十年代的发展作好思想上、组织上和技术上的准备。

撰稿人　李晓明　肖自力

审稿人　沈友益

电化教育

□9 年来电化教育事业发展概况

党的十一届三中全会以来，各级政府和教育部门都很重视发展电化教育事业（电化教育包括广播电视教育和学校电化教育两个方面）。现在，全国范围内已开展了不同形式的电化教育，尤其是卫星电视教育的开播，标志着我国电化教育事业的新发展。1987 年，电化教育又取得了显著成绩。

（一）初步打下电化教育的物质技术基础。中央各部门、各地区为发展电化教育事业进行了相当数量的投资。经过几年的建设，中央和省、自治区、直辖市广播电视大学，都有了比较先进的录制音像教材的器材设施，各市（地）广播电视大学分校也有音像教材复制器材和电视设备。中国教育电视台、中央和地方电视台，都在播放教育节目。据 1987 年底统计，全国教育系统已建收转站、差转台 368 个，地面站 1607 个，放像点 15385 个。全国电教馆和普通学校的电教设备也有很大改善，已拥有投影仪、幻灯机 25 万多个、录音机 32 万多台、电视机 6.6 万多台、录像机 3 万多台、摄像机 4000 多台，专用电教室 1.4 万多个、语言实验室近 3000 个。就目前的使用情况看，这些设备还有相当的教学潜力可以发挥。

（二）形成了一支有一定专业技术知识和实践经验的电化教育队伍。全国广播电视高等学校有教职工 3 万多人，其中专任教师 1.3 万多人。电视中等专业学校有教职工 1 万多人，其中专任教师 2100 多人。各级电教馆有电教人员 8800 多人。普通高等学校、中等专业学校、中小学有专职电教人员 3.2 万多人。职业技术学校和其它成人学校从事电化教育工作的人数也有增加。全国有 289 所中等师范学校开设了电教课，20 多所高等院校开设了电化教育专业，6 所大学招收了研究生。许多高等学校和电教机构举办了各种类型的电教业务技术培训班，全国参加培训的电教人员达 10 万人次。一些高等学校和学会还开展了电教理论研究和电教实验研究，举办了学术交流活动。国家教委《关于电化教育人员实行专业技术职务聘任工作有关问题的说明》明确了电化教育专业技术人员职务聘任，可根据电教工作的性质和任务分别靠用教师、研究人员、工程技术人员、实验技术人员、资料情报人员和编辑人员等相近的职务系列。这些措施使电教人员的素质有所提高，队伍进一步得到稳定。

（三）编制了一批广播电视教育和高校电化教学教材。几年来普通院校和广播电视院校相结合，编制了电视高等教育文字教材 800 多种，电教教材 250 多门。省、市电教馆和高校电教中心还编制了 400 多学时的卫星电视综合教育专题教材，教学参考资料 400 多部。一些地方和部门还为基础教育和职业技术教育，编制了一批电教教材。

（四）广播电视院校为社会主义建设培养了大量专门人才。现有省、自治区、直辖市、计划单列市广播电视大学 38 所，市（地）广播电视大学分校 577 所，在校生达 56 万多人，接近普通高等学校本、专科在校生总数的 1／3，占成人高校学生在校生的 32%。电大的毕业生已达 77 万多人，相当于同时期（1982—1987）普通高等学校本、专科毕业生总数的 1／3，占成人高校毕业生总数的 44%。全国有广播电视中等专业学校，电视职业高中 60 多所，在校生 23 万多人，已有毕业生 4.8 万人。中央农业广播学校有在校生 68 万人。

（五）中国教育电视频道的开通，中国电视师范学院的建立，为普及九年制义务教育，培训提高中小学师资，开辟出一条新路子。电视中师 1986 年开始招生，现有学生 28 万人，自学收看学生 50 多万人。1987 年电视高等师范专科 7 个专业已招生，共开出 15 门课程，近 1000 学时。有许多师范院校的函授生也在收看这些课程。一些地方在办学中还试验将广播电视、函授教育相结合，由相关学校进行管理的作法，以提高教育质量和办学效益。

（六）学校电化教学已成为提高教育质量的重要辅助手段。目前，中央和各省、自治区、直辖市都建立了电化教育馆，89%的地（市）和 68%的县建立了电教机构，大多数普通高等学校、部分中等专业学校、成人高等和中等专业学校建立了电教中心（室、组）；部分中小学职工学校、职业技术学校也不同程度地开展了电化教学。电化教育在进行教育改革、开发学生智力、提高教学质量等方面，起到了重要的作用。

（七）在实践中积累了发展电化教育的经验。这些经验主要是：第一、电化教育要迅速发展必须从我国的实际出发，适应经济、科技发展和社会进步对人才的迫切需要。电化教育要有生命力，必须不断地进行改革，主动地体察和适应社会主义建设的需要，积极为多出人才、出好人才服务。第二、电化教育范围涉及许多方面，覆盖面广，它的发展必须在国家统一领导下，依靠中央各部门，各级地方政府，各级各类学校和社会各方面的支持和协助。第三、广播电视教育是开放性的教育，不能走自我封闭的道路。中央广播电视院校与地方广播电视院校及其他教学单位相结合，完成教学的全过程，才能保证教育质量。广播电视教育和电教手段，只有同各种办学形式、各种教学方式相互渗透、配合，才能显示出生命力。第四、电教事业本身的建设；既要依靠国家和社会提供必要的条件，又要发扬积极进取、艰苦奋斗的精神。只有将现代化教学手段综合利用，才能起到促进教学、提高教学质量的作用。因此要因地制宜，因时制宜，综合运用不同水平的技术设备，注意把常规手段和先进手段恰当地配合起来，才能发挥最大的效益。

□广播电视教育为地方经济建设服务

广播电视教育是开放性的教育。这种现代化教育形式，具有明显的优势。它为提高劳动者素质，培养大量经济建设急需的人才，调整人才结构，开辟了一条新路子。

为使广播电视大学能够授社会主义建设事业发展的需要合理设置专业，充分发挥电视教育的优势，国家教委于 1987 年 11 月 3 日颁布的《关于广播电视大学专业设置审批权限的暂行规定》中明确指出："地方广播电视大学专科专业设置的审批权归各省、自治区、直辖市及计划单列市教育行政部门。""中央广播电视大学应充分利用全国电视教育系统的优势，根据各地区、各部门对于培养高等专门人才的需要，设立通用性强、适应面广、相对稳定的专业科类，并通过这些专业科类的教学为地方广播电视教育提供可能的支持和服务。""地方广播电视大学根据地方对于培养高等专门人才的需要，可设立中央广播电视大学统一开设的专业，亦可设立地方所需要的其他专业。”

一些地方广播电视大学主动适应本地区社会主义建设需要，努力培养本地各项建设事业急需的各层次的合格人才，直接有效地为本地区经济建设服务，收到了较好的效果。例如辽宁省广播电视大学、烟台广播电视大学、浙江广播电视大学萧山分校等都根据本地区经济发展对人才的需求，调整设置专业，为本地培养了一大批留得住、用得上的合格人才。辽宁省广播电视大学的普通专科班设置的专业、招生数量，都经省政府计划、人事、劳动部门认真研究后列入招生计划，使之符合客观需要。烟台市电大根据市政府把发展水产业作为振兴经济的战略重点之一，积极筹备招收水产专业班和举办短期培训。浙江萧山分校根据本县对人才需求，进行对口培养。根据需要和可能开设专业，为振兴本县经济做出了贡献，在社会上赢得了良好的声誉。这些学校还根据乡镇企业蓬勃发展、人才匮乏的状况，积极为乡镇企业培养人才，开通向乡镇企业输送人才的渠道。电视教育积极适应本地区经济建设需要，培养应用型人才，是有广阔前景的。

根据当前我国高、中等专门人才比例倒挂，职业技术教育还没有得到应有发展的状况，国家教委提出要充分利用广播电视教育的优势，有步骤地举办电视中等专业学校、电视职业中学。开展中、初等职业技术短期培训，同其它学校一起，培养数以千百万计的中、初等技术人员、管理人员、技工和其它有业务专长的劳动者。天津市积极发展电视中专，根据需要，设置专业，现已有在校生一万四千多人。长春市从 1985 年开始举办了电视职业高中，他们实行三结合办学，由劳动部门统筹规划，用人部门设班，教育部门组织教学，使职业技术教育具有很强的针对性，受到了用人单位的欢迎，也解决了一部分初中毕业生年龄小又缺乏职业技能，还不能就业的社会问题。

广播电视教育要更好地为地方培养短缺急需人才，应积极同其他教育形式相沟通，实行联合办学，发挥更大效益。近几年各地积极探索联合办学的形式，取得了好的效果。国家教委认为以下几种形式值得推广：①全国统一播课，由地方教育行政部门组织本地区的有关院校，按统一教学计划完成教学的其它环节，共同实施教学全过程，由地方院校颁发毕业证书。②广播电视院校与其他院校联合举办专业，分别承担教育行政部门批准的同一教学计划中的部分课程。广播电视院校主要负责公共课教学，其他院校主要负责专业课教学，共同完成教学全过程，联合颁发毕业证书。③广播电视院校与其它院校同层次、同专业的相同课程要相互沟通，学习成绩可以相互承认。④广播电视院校与用人部门联合办学，由用人部门提供教育设施，参与管理。由广播电视院校提供教学服务，进行考试，颁发毕业证书。⑤广播电视院校与自学考试机构加强协作，由广播电视院校与自学考试的社会助学提供教学服务，凡自学考试开考的专业、课程与广播电视院校相同的，按照国家颁布的统一的教学计划、教学大纲的要求，组织考试，学习成绩可以相互承认。国家教委要求各地广播电视大学、电视中专，要根据本地区、本系统的需要和学生来源情况办学，发挥广播电视院校多功能作用。即要搞学历教育，又要搞非学历教育，还可以为岗位培训、继续教育、自学考试等提供教学服务。

□中国电视师范学院和中国教育电视台的建立及卫星电视教育的发展

中国教育电视频道于 1986 年 10 月开通,并招收了电视中等师范学生。为加快培训师资的步伐,以适应我国基础教育发展和实施普及九年制义务教育的需要,为了发展电视教育的需要,国家教委1987年建立了中国电视师范学院和中国教育电视台,作为教委的直属事业单位。

中国电视师范学院的主要任务是:运用卫星电视培训中小学教师;负责制定教学规章制度;组织编制文字与电教教材,以及进行教学研究等。有关招生、教学组织管理等工作,由各省、自治区、直辖市教育行政部门组织落实。具体工作,主要依托教师进修院校,师范院校或其他教学单位。一般不另设新机构。

中国教育电视台的主要任务是:教育电视节目编辑(含综合专题节目制作);技术审查播出和上行发送。当前的主要任务是:编辑、技术审查、播出培训中小学教师、成人高等教育(含电视大学的部分课程)和乡镇职业技术教育、大学后的继续教育节目,以及综合教育节目和重要的教育新闻。目前,中国教育电视台每天播出17小时节目。台标为“CETV”。

1987年,中国教育电视频道播出总时数5895小时,其中,广播电视大学课程2183小时,电视师范学院课程2277小时,综合专题节目1435小时。根据国务院召开的援藏会议精神,为了促进西藏地区教育事业的发展,中国教育电视台于1987年12月22日开始试播藏语节目,拉萨等市收看效果良好。现在每周播1小时,其中半小时科教综合节目,半小时小学藏语文教学。准备经过一段时间试验后,在西藏建立教育电视台,直接在拉萨播出。中国教育电视台还试办了乡镇职业技术教育节目,积极为乡镇企业的发展培养人才。

中国电视师范学院1987年开始招收电视高等师范专科七个专业学生。这七个专业是:汉语言文学、历史、地理、生物、体育、物理和化学,共开15门课程。这些课程通过“中国教育电视台”播出,各省、自治区、直辖市根据本地区实际情况确定招生专业。

各级政府、教育部门重视卫星电视教育的发展,积极建设卫星地面接收站,落实教学管理和辅导,采取了一些措施,积累了经验,初步建立了一些管理制度。为了促进地方接收站的建设,国家教委于1987年5月召开了地面接收站展览订货会,共有50多个单位展出了70多部接收站及配套设备。国家教委专门组织了几所高等学校联合研制出价格低廉、符合教育要求的国产新型接收站,价格有大幅度下降。3.5米站价格为8000多元。这些工作对发展电视教育是很有意义的。由于各级政府的重视,调动各方面的积极性,坚持谁建站、谁受益、谁管理的原则,以建单收站和小功率转发为主,教育电视收转网的建设取得了很大进展。山东、云南、河南、福建、广东等省建成的接收站都超过了100座;新疆、山西、河南、安徽等省、自治区的一些地方教育部门还建立了教育电视台。上海市有三个电视频道播出教育节目;天津市96%以上的人口都可以收看到教育电视。山东省政府根据本省特点,因地制宜,讲求实效,提出了“小功率、多布点”的建设卫星电视教育地面接收站方案。目前,市、地和有条件的县都已建立了标准型地面接收站。各县(市、区)的电大和教师进修学校全部建立了普及型地面接收站,并进行了乡镇建站试点,计划用二至三年时间完成乡镇建站任务,到1990年,基本建立起全省卫星电视教育网。安徽省经过实践认为,在中小城市建50瓦以下的小功率教育电视台是投资少、见效快、效益高的开展电视教育的好形式。安庆、铜陵、阜阳三市都已建立了50瓦教育电视台。有效辐射范围可达200—250平方公里。覆盖人数30万人。教育部门自办教育电视台,能够因地制宜,根据教育内容、对象的特点,合理安排教育节目播出时间。为了落实教学管理和辅导，各地依托已有的教育院校办学。如河北省，把电视师范和普通师范函授结合起来办学，统一教材，统一教学进度、统一管理，收到了较好的效果。为了进一步推动电视教育发展，国家教委积极倡导卫星电视教育要同其他教育形式相互沟通，实行联合办学，逐步做到卫星电视师范教育与全日制学校、业余学校、函授、自学考试筹办学形式之间相互沟通。国家教委为提高培训中小学教师的效益，提出了以下措施：①普通师范专科学校和教师进修院校，培训在职中小学教师，采用电视师范学院、师专和中师的教学计划、教学大纲、教材。凡是按规定经过成人教育的大、中专学校统一考试入学的学员，参加全日制学校、函授、业余学校、电视师范学院学习的，可以互相承认其相应科目的学习成绩。②凡自行收看卫星电视教育相应课程的在职中小学教师，自学考试按电视师范学院的教学计划、大纲和教材开考，经自学考试合格的可获得电视师专或中专的课程合格证书和学历；③参加上述两种形式考试取得与教师专业合格考试科目相应的单科成绩，在教师专业合格考试中予以承认。

卫星电视教育频道开通虽然只有一年多时间，但已充分显示出明显的优势和效益。只要对这项工作给予高度重视，因地制宜，采取切实有效的措施，这项工作会取得更大的成绩，使教育发展和改革出现崭新的局面。

□调整电教机构

为适应电教事业发展的需要，加强和改进对电教工作的宏观管理，提高效益，促进教育事业的发展，国家教委调整了原中央电教馆（局）的建制，将局、馆分开。明确电化教育局为国家教委管理全国电化教育的行政职能机构。主要是对电教事业进行综合、归口管理、调查研究，制定电化教育的方针、政策、规划和计划；组织协调，总结推广经验，加强检查监督等。中央电教馆和中央广播电视大学不再行使国家教委有关电教工作的行政职能。中央电化教育馆为教学研究性质的事业单位，与省自治区、直辖市、计划单列市电化教育馆是业务指导关系。当前在电教教材、资料、研究等方面开展工作，重点为基础教育服务。中央广播电视大学为国家教委直属高等学校，目前主要任务是集中精力搞好教学、教学管理和远距离教学研究，着力抓好教材建设，编制出一批质量较好的通用教材，在更大范围内提供教学服务。在教学管理和教学业务上对省、自治区、直辖市和计划单列市广播电视大学进行指导。

□全国电化教育工作会议

1987年12月21日至26日，国家教委在北京召开了全国电化教育工作会议。召开包括广播电视教育和学校电化教育的会议，这在全国还是第一次。这次会议的中心议题是：学习贯彻党的第十三次全国代表大会的精神；总结交流十一届三中全会以来电教工作经验；讨论研究电化教育的改革，进一步明确电教工作的指导思想、方针、政策和管理体制。会上国家教委副主任何东昌同志作了题为“深化教育改革，大力发展电化教育”的报告。有200多位代表参加了会议。会议期间，还举办了卫星地面接收站和电教教材展览。

这次会议明确了今后一个时期我国电化教育的方针是：深化改革、积极发展、保证质量、提高效益。要根据需要与可能，通过深化改革，在保证质量、提高效益的前提下，进一步加以发展，以适应社会主义现代化建设对人才多样化的需要，适应学校提高教学质量的需要。电化教育工作的指导思想是：树立教育为社会主义建设服务的观念；树立注重质量的观念；树立整体教育的观念；树立讲求效益的观念。当前电化教育的主要任务是：第一、培训提高中、小学师资；第二、为城市集体企业和县乡（镇）企业培养中、初等职业技术人才，并大力开展短期实用技术教育；第三、继续办好以专科为主的学历教育；第四、为岗位培训、在职继续教育等提供教学服务；第五、为学校提供现代化教学手段，服务教学，促进教改，提高教育质量。电化教育要深化改革，全面提高社会效益，当前要作好8个方面的工作：第一、改革电化教育的管理体制，明确分工；第二、调整广播电视教育的层次、结构，大力发展中、初等职业技术教育；第三、广播电视教育要同其他教育形式沟通，实行联合办学；第四、改革电化教育的管理办法；第五、改进和加强电教教材的编制工作；第六、努力建设一支素质优良的电化教育队伍；第七、合理配置电教设备，提高现有设备利用率；第八、加强基层建设。会议还要求各级政府，要加强对电化教育工作的领导，从各地的实际情况出发，实事求是地制定规划，做好协调、检查、督促、组织交流等工作。

撰稿人　费玉珍
审稿人　邢纯洁

□非书资料管理

非书资料是以音响，形象等方式记录有知识的载体，包括录音制品、录像制品、幻灯片和投影片、电影片、多载体非书资料、缩微制品、图片、模型、智力玩具等。由于它以生动的形式（声音或图象，或声象并茂）传播知识，可收到传统的图书文字资料所达不到的效果，因此得到了迅速发展。非书资料主要是通过视觉与听觉刺激把知识传递给用户的。人们在视、听环境中接受的信息比图书中的文字信息更直接、更精练、更形象。随着现代科学技术的进步，非书资料越来越广泛地应用于教育、训练、工业、商业、文化娱乐等部门，特别是在教育部门。

在我国各级各类学校中使用的非书资料类型有：教学幻灯片、投影片、电影片、录音带、录像带、各种教学挂图等。近年来，一些新型载体，如视盘、教育计算机软件等也开始进入学校教育领域。这些非书资料在学校中的应用，对启发学生的思维、培养学生的独立工作能力提高教学效果起着十分重要的作用，受到教师和学生的欢迎。非书资料已经成为一种新型的、发展迅速的教学资源。因此，非书资料的科学管理得到了人们的重视。

中央电化教育馆在非书资料科学管理、特别是非书资料的著录、分类、检索等方面，多年来一直进行研究与探索，并取得了一定成果。

非书资料管理，研究非书资料的获取、分类、著录、编目、储存、检索、使用，以及充分发挥它在传播知识、教育训练、培养技能、丰富人类文化娱乐活动等方面的功能。

非书资料管理，与文献工作标准化关系十分密切。1966年，美国教育传播与技术协会（AECT）首次制定了非书资料编目标准。1977年，国际图书馆协会联合会（IFLA）通过了国际非书资料著录规则。1979年，英美编目条例第二版（AACR—2）增加了非书资料著录编目规则。这些活动，对非书资料著录标准化起了推动作用。1985年，我国国家标准局审定通过了由国家教委中央电化教育馆等单位起草的GB 3792.4—85《非书资料著录规则》，使我国非书资料著录标准化工作进入新的发展阶段。

计算机在储存和传播非书资料信息、实现非书资料管理现代化方面起着十分重要的作用。利用计算机，可以实现非书资料的自动编目、情报检索、使用频率与用户的统计分析、格式化报表与卡片的打印等，大大提高工作效率，改进工作质量。在采用卫星传输技术后，可以实现国内和国际连网，扩大资源和使用范围。在非书资料管理工作中采用计算机，对文献工作标准化又提出了新的要求，即采用统一的分类法问题。普通的图书资料分类法是针对传统的印刷媒体图书的，不能充分反映非书资料的特点，为了推动非书资料管理计算机化，实现非书资料科学管理，中央电化教育馆正组织力量制订非书资料分类法（试行本），并在此基础上开发非书资料微机管理系统（NBMS）。

在非书资料管理方面，有许多课题有待我们研究解决。例如：非书资料采集源的研究，资料的加工处理，非书资料汉语主题词表的研究与编制，各类载体的储存与保藏、用户服务等课题，都需要我们进行科学的规划与研究。

□非书资料分类法的编制原则和体系结构

1987 年 9 月 13 日至 18 日中央电化教育馆在江苏省镇江市召开了非书资料研讨会，会议总结了多年来我国教育部门研究制定非书资料分类法的经验，交流了几种有代表性的方案，并就非书资料分类法的名称，编制原则，体系结构，标记符号，索引等达成了一致意见。会议决定组成分类法修订起草小组，由中央电化教育馆组织，编制出一部适合我国情况的非书资料分类法。

非书资料分类法是以分类表的形式为非书资料工作人员和用户提供分类、收藏、管理、编制目录、进行检索的工具，为统一我国非书资料的分类、检索、交流奠定基础。

在编制非书资料分类法时遵循科学性、实用性和可扩充性原则。

科学性：从科学概念出发确立类目，安排序列，以科学分类为分类体系的基础，采取由总到分，由一般到具体的逻辑系统。

实用性：包括所有知识门类的各种非书资料载体，照顾到各类型收藏与使用单位类分非书资料的不同需要，在类名、体系结构、分类深度、标记符号等各方面均力求简明易记、书写使用方便。

可扩充性：在基本大类保持相对稳定的基础上，各学科类目留有扩充余地，以适应科学技术日新月异的发展和我国非书资料数量不断增加的需要。

非书资料分类法的体系结构由四部分组成：部类与基本大类；分类法正表；复分表和类目主题索引。

1.部类与基本大类：按知识门类分为哲学、社会科学、自然科学（基础科学）、自然科学（应用科学）及其它等五个部类。每一部类内按学科划分为五十余个基本大类，作为一级类目。

2.正表：在基本大类下面展开二级和三级类目，构成正表，根据我国非书资料的现状，分类表的分类深度为三级。

3.复分表：设置载体代码、语种、世界地区、中国地区、国家时代、中国时代等复分表，供具有共同特点的非书资料进一步复分用。

4.类目主题索引：将正表中的类目名称主题词按汉语拼音字母顺序排列成类目主题索引，为不熟悉非书资料分类法的工作人员和一般用户提供便利的检索手段。

中央电教馆供稿

教育技术装备和勤工俭学

□教学仪器设备行业管理

1. 1987 年全国教学仪器设备的生产情况。

企业总数（个）	职工人数（人）	工业净产值（万元）	产品销售收入（万元）	利润总额（万元）	上缴利税（万元）	年末固定资产		定额流动资金		每百元固定资产原值实现的产值（元）	每百元固定资产原值实现的利税（元）	全员劳动生产率（元/人年）	流动资金周转天数（天）
						原值（万元）	净值（万元）	年末占用数（万元）	平均余额（万元）				
635	35697	17515	41676	8239	6332	27135	19455	25443	24187	155	54	12002	220

其中，高教仪器设备总产值为 14617 万元，比 1986 年增长 38%，普教仪器设备总产值为 24102 万元，比 1986 年增长 17%。

2. 新产品开发与研究。1987 年 9 月，国家教委印发了《教学仪器研究成果鉴定暂行办法》和《教学仪器设备研究成果登记试行办法》。两个文件分别对教学仪器设备研究成果进行鉴定的条件、方式、鉴定的准备及程序、成果名册登记的办法等作了原则规定。本年度共落实新产品试制计划科教仪器 120 种、高教物理仪器 55 种，普教仪器 53 种。由国家教委教学仪器研究所独立完成和与地方合作完成的研究项目中，有 69 项通过鉴定。其中，小学教具箱、分光镜、幼儿计算教具、中学生物挂图等受到好评。由教学仪器研究所与联合国儿童基金会合作建立的五个教具分中心，已基本建成并投入了幼儿、小学教具的研究开发工作。

3. 质量管理。国家教委教育技术装备局为向全国教学仪器生产厂推行全面质量管理（TQC）工作，1987 年 4 月，在泉州市召开现场会议。泉州无线电五厂和杭州九二无线电厂向教学仪器行业管理部门和校办工厂介绍了开展全面质量管理的经验。这两个厂的经验之共同点是：领导重视、目标明确、工作踏实、效果突出。泉州无线电五厂在抓企业基础工作方面，从技术工作入手，抓标准化工作的整顿，制定产品内控标准，建立质量管理信息的反馈系统。在工厂方针、目标管理方面，依靠全厂职工制订和明确工厂的方针和具体奋斗目标。在建立现场质量保证体系方面，把生产过程中的人、机、料、法、环作为一个整体来考虑。在教育培训方面，针对不同的对象，分别开展 TQC 教育，技术培训和思想政治教育。此外，他们还把全面质量管理同经济责任制相结合，广泛开展（QC）小组活动。为用户服务也是他们开展全面质量管理工作的重要内容。杭州九二无线电厂的突出经验是在设备的维修、更新和以创优产品带动整体两个方面。会议代表参观了泉州无线电五厂的车间、班组、质量检测点、QC 小组的活动及工厂的计量器具。

1987年6月，国家教委发布了《国家教委教学仪器优质产品评选试行办法》，随后又转发了国家经委《关于国家优质产品的评选条例》，并成立了国家教委第一届教学仪器优质产品审定委员会。经审定委员会审议，同济大学机电厂生产的NDJ—79型旋转式粘度计、杭州教育学院教具厂生产的J3212型DNA结构模型、湖南省教学仪器二厂生产的J354型(10Ω)滑动变阻器评定为国家教委1987年度教学仪器优质产品。其中，同济大学机电厂生产的NDJ—79型旋转式粘度计获得国家优质产品银质奖。

一年中，国家教委在对511家教学仪器厂生产的37种产品进行监督检验的基础上，发出了370个产品合格证书，对其中14种产品发放了生产许可证。发放生产许可证的产品有斜槽轨道、数字计时器、简式计时器、小型气源、无线电组合教具、斜面小车、向心力演示器、气垫导轨、电机原理说明器、电子开关、直流高压电源、电子感应圈、演示电桥、冲击摆实验器等。国家教委决定在广州、石家庄、西安、武汉筹建教学仪器设备质量监督检测站，并对建站的要求、条件、验收及检测站的工作简则提出原则意见。至此，全国初步形成了由国家教委教学仪器研究所的检测室和7个地方检测站构成的质量监督网。

1987年，国家教委制订了教学仪器产品标准86项，修订7项。

1978年—1987年国家教委发布标准目录

JY_1–78	演示用大型电表技术条件
JY_2–78	演示用大型电表技术条件
JY_3–85	教学示波器
JY_4–85	学生示波器
JY_5–85	电子开关技术条件
JY_6–85	晶体管特性图示仪技术条件
JY_7–85	教学用电子仪器的质量检验规则及试验方法
JY_8–85	教学用电子仪器的标志说明书、包装运输和贮存
JY_9–78	低频信号发生器技术条件
JY_{10}–78	高频信号发生器技术条件
JY_{11}–78	教学信号源技术条件
JY_{12}–87	学生信号源
JY_{13}–78	变压器原理说明器技术条件
JY_{14}–78	可拆变压器技术条件
JY_{15}–85	小型变压器技术条件
JY_{16}–79	直流高压电源技术条件
JY_{17}–85	低压电源
JY_{18}–85	学生电源
JY_{19}–85	J_{1206}型感应圈技术条件
JY_{20}–85	电机源理说明器
JY_{21}–79	手摇交直流发电机技术条件
JY_{22}–87	小型电动机模型
JY_{23}–79	手摇三相交流发电机技术条件

JY_{24}–79	三相电机原理演示器技术条件
JY_{25}–79	三相感应电动机模型技术条件
JY_{26}–79	教学仪器产品一般质量要求
JY_{27}–79	教学仪器产品的检验规则
JY_{28}–87	滑动变阻器
JY_{29}–79	电阻圈技术条件
JY_{30}–79	演示电阻箱技术条件
JY_{31}–79	教学用电阻箱技术条件
JY_{32}–79	简式电阻箱技术条件
JY_{33}–79	光具盘
JY_{34}–79	光具座
JY_{35}–79	分光镜
JY_{36}–79	数字计时器技术条件
JY_{37}–79	简时计时器技术条件
JY_{38}–84	电磁打点计时器
JY_{39}–84	斜面小车
JY_{40}–79	摩擦计
JY_{41}–79	斜槽轨道
JY_{42}–79	热敏温度计
JY_{43}–79	液压机模型
JY_{44}–87	碰撞实验器
JY_{45}–79	冲击摆实验器
JY_{46}–87	气体定律演示器
JY_{47}–79	演示电桥
JY_{48}–79	直线电桥
JY_{49}–79	电流天平
JY_{50}–87	演示电磁继电器
JY_{51}–79	电磁继电器
JY_{52}–80	分子结构模型技术条件
JY_{53}–80	塑料水槽技术条件
JY_{54}–80	光学演示箱技术条件
JY_{55}–80	体积单位演示器技术条件
JY_{56}–80	分数板技术条件
JY_{57}–80	直流安培计、伏特计、灵敏电流计
JY_{58}–80	地球仪技术条件
JY_{59}–80	立体几何模型技术条件
JY_{60}–80	计数器技术条件
JY_{61}–80	钟面模型技术条件
JY_{62}–80	圆面积、圆柱体积、圆柱、圆锥体积比技术条件
JY_{63}–80	气垫导轨
JY_{64}–81	双缝干涉实验器
JY_{65}–81	DNA 结构模型技术条件
JY_{66}–81	蛋白质二级结构模型技术条件
JY_{67}–82	生物玻片标本通用技术条件(试行)
JY_{68}–82	植物根类纵切技术条件(试行)
JY_{69}–82	植物幼根横切技术条件(试行)
JY_{70}–82	顶芽纵切技术条件(试行)
JY_{71}–82	南瓜茎横切、南瓜茎纵切技术条件(试行)

JY_{72}–82	单子叶植物茎横切技术条件(试行)
JY_{73}–82	木本双子叶植物茎横切技术条件(试行)
JY_{74}–82	双子叶植物叶横切技术条件(试行)
JY_{75}–82	蚕豆叶下表皮装片技术条件(试行)
JY_{76}–82	青霉装片技术条件(试行)
JY_{77}–82	放射菌装片技术条件(试行)
JY_{78}–82	细菌三型涂片技术条件(试行)
JY_{79}–82	酵母菌装片技术条件(试行)
JY_{80}–82	草履虫装片技术条件(试行)
JY_{81}–82	水螅纵切技术条件(试行)
JY_{82}–82	蚯蚓横切技术条件(试行)
JY_{83}–82	植物细胞有丝分裂(洋葱根纵切)技术条件(试行)
JY_{84}–82	动物细胞有丝分裂(马蛔虫卵切片)技术条件(试行)
JY_{85}–82	蛙卵裂期切片技术条件(试行)
JY_{86}–82	蛙囊胚期切片技术条件(试行)
JY_{87}–82	蛙原肠胚期切片技术条件(试行)
JY_{88}–82	唾腺染色体装片技术条件(试行)
JY_{89}–82	单层扁平上皮装片技术条件(试行)
JY_{90}–82	复层扁平上皮装片技术条件(试行)
JY_{91}–82	人皮过毛囊切片技术条件(试行)
JY_{92}–82	人皮过汗腺切片技术条件(试行)
JY_{93}–82	纤维结缔组织(腱纵切)技术条件(试行)
JY_{94}–82	疏松结缔组织装片技术条件(试行)
JY_{95}–82	人血涂片技术条件(试行)
JY_{96}–82	骨胳肌纵横切技术条件(试行)
JY_{97}–82	平滑肌分离装片技术条件(试行)
JY_{98}–82	心肌切片技术条件(试行)
JY_{99}–82	运动神经原装片技术条件(试行)
JY_{100}–82	脊髓横切技术条件(试行)
JY_{101}–82	运动神经末梢装片技术条件(试行)
JY_{102}–82	胃壁切片技术条件(试行)
JY_{103}–82	肾脏纵切技术条件(试行)
JY_{104}–82	学生天平附砝码
JY_{105}–82	钩码
JY_{106}–82	巴斯卡球
JY_{107}–82	液体人部压强演示器
JY_{108}–82	马德堡半球
JY_{109}–82	轮轴模型
JY_{110}–82	滚摆
JY_{111}–82	小型气源
JY_{112}–82	波动演示器
JY_{113}–82	固体体胀演示器
JY_{114}–82	交流毫安表(试行)
JY_{115}–82	感应起电机(试行)
JY_{116}–82	小灯座(试行)
JY_{117}–82	单刀开关(试行)
JY_{118}–82	磁针(试行)
JY_{119}–82	小磁针(试行)

JY_{120}–82	演示原付线圈(试行)
JY_{121}–82	原付线圈(试行)
JY_{122}–82	蹄形电磁铁(试行)
JY_{123}–82	左右手定则演示器(试行)
JY_{124}–82	楞次定律演示器(试行)
JY_{125}–82	无线电组合教具(试行)
JY_{126}–82	学生电子实验箱(试行)
JY_{127}–82	弹簧秤(试行)
JY_{128}–82	圆筒测力计(试行)
JY_{129}–82	测力计(试行)
JY_{130}–82	圆形测力计(试行)
JY_{131}–82	圆柱体组(试行)
JY_{132}–82	螺旋弹簧(试行)
JY_{133}–82	微小压强计(试行)
JY_{134}–82	演示滑轮组(试行)
JY_{135}–82	滑轮组(试行)
JY_{136}–82	向心力演示器(试行)
JY_{137}–82	空气压缩引火仪(试行)
JY_{138}–82	凹凸面镜
JY_{139}–82	小平面镜
JY_{140}–82	玻璃砖
JY_{141}–82	光的干涉、衍射、偏振演示器
JY_{142}–82	三棱镜
JY_{143}–82	动物浸制标本通用技术条件
JY_{144}–82	鱼解剖浸制标本技术条件
JY_{145}–82	蛙解剖浸制标本技术条件
JY_{146}–82	鸽解剖浸制标本技术条件
JY_{147}–82	兔解剖浸制标本技术条件
JY_{148}–82	蛙发育顺序标本技术条件
JY_{149}–82	昆虫标本通用技术条件
JY_{150}–82	蝗虫生活史标本技术条件
JY_{151}–82	蜜蜂生活史标本技术条件
JY_{152}–82	竹节虫拟态标本技术条件
JY_{153}–82	脊椎动物骨骼标本通用技术条件
JY_{154}–82	兔骨骼标本技术条件
JY_{155}–82	珍贵植物标本技术条件
JY_{156}–82	化石标本技术条件
JY_{157}–84	细胞亚显微结构模型技术条件
JY_{158}–84	人体头、颈、躯干模型技术条件(试行)
JY_{159}–84	人体骨骼模型技术条件(试行)
JY_{160}–84	心脏解剖放大模型技术条件(试行)
JY_{161}–84	喉解剖放大模型技术条件(试行)
JY_{162}–84	肺泡放大模型技术条件(试行)
JY_{163}–84	脑解剖模型技术条件(试行)
JY_{164}–84	眼球解剖放大模型技术条件(试行)
JY_{165}–84	耳解剖放大模型技术条件(试行)
JY_{166}–84	物理支架(试行)
JY_{167}–84	方座支架(试行)

JY_{168}–84	演示米尺(试行)
JY_{169}–84	离心轨道(试行)
JY_{170}–84	液体对流演示器(试行)
JY_{171}–84	内聚力演示器(试行)
JY_{172}–84	杠杆(试行)
JY_{173}–84	力矩盘(试行)
JY_{174}–84	托里拆利实验演示器(试行)
JY_{175}–84	阿基米德定律演示器(试行)
JY_{176}–84	示振音叉(试行)
JY_{177}–84	机械能热能互变演示器(试行)
JY_{178}–84	冲击摆(试行)
JY_{179}–85	玻棒附丝绸、有机玻棒附丝绸、胶棒附毛皮、聚碳酸脂棒附毛皮(试行)
JY_{180}–85	电流化学效应演示器(试行)
JY_{181}–85	阴极射线管(试行)
JY_{182}–85	真空二极管(试行)
JY_{183}–85	验电球(试行)
JY_{184}–85	尖形布电器(试行)
JY_{185}–85	金属网罩(试行)
JY_{186}–85	低气压放电管组技术条件(试行)
JY_{187}–85	光谱管组(试行)
JY_{188}–85	威尔逊云雾室(试行)
JY_{189}–85	盖革计数器(试行)
JY_{190}–85	植物细胞模型技术条件(试行)
JY_{191}–85	根纵剖模型技术条件(试行)
JY_{192}–85	单子叶植物茎模型技术条件(试行)
JY_{193}–85	双子叶草本植物茎模型技术条件(试行)
JY_{194}–85	叶构造模型技术条件(试行)
JY_{195}–85	桃花模型技术条件(试行)
JY_{196}–85	小麦花模型技术条件(试行)
JY_{197}–85	衣藻模型技术条件(试行)
JY_{198}–85	蝗虫解剖模型技术条件(试行)
JY_{199}–85	蛙胚胎发育模型技术条件(试行)
JY_{200}–85	晶体管毫伏表(试行)
JY_{201}–85	电子开关式感应圈(试行)
JY_{202}–85	箔片验电器技术条件(试行)
JY_{203}–85	指针验电器技术条件(试行)
JY_{204}–85	验电器连接杆技术条件(试行)
JY_{205}–85	平行板电容器(试行)
JY_{206}–85	可调内阻电池(试行)
JY_{207}–85	铜的电化当量实验器技术条件(试行)
JY_{208}–85	电铃(试行)
JY_{209}–86	经纬度模型技术条件(试行)
JY_{210}–86	地球运行仪技术条件(试行)
JY_{211}–86	天球仪技术条件(试行)
JY_{212}–86	等高线地形图判读模型技术条件(试行)
JY_{213}–87	学生万用表(试行)
JY_{214}–87	直流微安表(试行)

JY_{215}-87	教学蓄电池(试行)
JY_{216}-87	等势线描绘试验器(试行)
JY_{217}-87	电阻定律演示器(试行)
JY_{218}-87	线路实验板(试行)
JY_{219}-87	洛仑兹力演示器(试行)
JY_{220}-87	手摇离心转台(试行)
JY_{221}-87	离心机械模型(试行)
JY_{222}-87	离心水泵模型(试行)
JY_{223}-87	两用气筒(试行)
JY_{224}-87	发音齿轮(试行)
JY_{225}-87	金属热膨胀演示器(试行)
JY_{226}-87	固体缩力演示器(试行)
JY_{227}-87	F_{256}音叉、F_{512}音叉(试行)
JY_{228}-87	共振音叉(试行)
JY_{229}-87	液体对器壁压强演示器(试行)
JY_{230}-87	气体定律实验器(试行)
JY_{231}-87	量热器(试行)
JY_{232}-87	连通器(试行)
JY_{233}-87	双子叶植物茎横切技术条件
JY_{234}-87	松叶横切技术条件
JY_{235}-87	胞间连丝切片技术条件
JY_{236}-87	水绵接合生殖装片技术条件
JY_{237}-87	动静脉横切技术条件
JY_{238}-87	小肠切片技术条件
JY_{239}-87	蛙卵单细胞期切片技术条件
JY_{240}-87	蛙卵二细胞期切片技术条件
JY_{241}-87	蛙早期原肠胚期切片技术条件
JY_{242}-87	纤毛上皮切片技术条件
JY_{243}-87	淋巴结切片技术条件
JY_{244}-87	肺血管注射切片技术条件
JY_{245}-87	肾血管注射切片技术条件
JY_{246}-87	味蕾切片技术条件
JY_{247}-87	舌纵切示丝状乳头技术条件
JY_{248}-87	精巢切片技术条件
JY_{249}-87	卵巢切片技术条件
JY_{250}-87	精子涂片技术条件
JY_{251}-87	团藻装片技术条件
JY_{252}-87	曲霉装片技术条件
JY_{253}-87	伞荤切片技术条件
JY_{254}-87	草履虫接合生殖装片技术条件
JY_{255}-87	草履虫分裂装片技术条件
JY_{256}-87	水螅过精巢横切技术条件
JY_{257}-87	水螅过卵巢横切技术条件
JY_{258}-87	涡虫装片示生殖系统技术条件
JY_{259}-87	涡虫肠管注射装片技术条件
JY_{260}-87	囊虫装片技术条件
JY_{261}-87	血吸虫雌雄合孢装片技术条件
JY_{262}-87	绦虫成熟节片装片技术条件

JY_{263}–87	血吸虫雄虫装片技术条件
JY_{264}–87	血吸虫雌虫装片技术条件
JY_{265}–87	血吸虫卵装片技术条件
JY_{266}–87	血吸虫毛蚴装片技术条件
JY_{267}–87	血吸虫尾蚴装片技术条件
JY_{268}–87	蛔虫雌、雄横切技术条件
JY_{269}–87	蜥蜴解剖浸制标本技术条件
JY_{270}–87	脊椎动物五纲脑标本技术条件
JY_{271}–87	脊椎动物五纲心标本技术条件
JY_{272}–87	蛙的消化泄殖系统标本技术条件
JY_{273}–87	鸽的消化泄殖系统标本技术条件
JY_{274}–87	兔生殖系统标本技术条件
JY_{275}–87	兔消化系统标本技术条件
JY_{276}–87	兔神经系统标本技术条件
JY_{277}–87	河蚌解剖标本技术条件
JY_{278}–87	蚯蚓解剖标本技术条件
JY_{279}–87	鱼骨骼标本技术条件
JY_{280}–87	蛙骨骼标本技术条件
JY_{281}–87	鸽骨骼标本技术条件
JY_{282}–87	海葵标本技术条件
JY_{283}–87	海蜇标本技术条件
JY_{284}–87	珊瑚标本技术条件
JY_{285}–87	寄居蟹标本技术条件
JY_{286}–87	寄居蟹与其它生物共栖标本技术条件
JY_{287}–87	海盘车标本技术条件
JY_{288}–87	马面鲀标本技术条件
JY_{289}–87	鲨鱼标本技术条件
JY_{290}–87	比目鱼标本技术条件
JY_{291}–87	草履虫模型技术条件
JY_{292}–87	水螅解剖模型技术条件
JY_{293}–87	涡虫解剖模型技术条件
JY_{294}–87	文昌鱼模型技术条件
JY_{295}–87	细胞器亚显微模型技术条件
JY_{296}–87	导管筛管结构模型技术条件
JY_{297}–87	女性泌尿生殖系统模型技术条件
JY_{298}–87	男性泌尿生殖系统模型技术条件
JY_{299}–87	磁分子模型

4. 行业管理。1987年9月，国家教委在烟台市召开了全国高等学校工厂工作会议，对全国高校工厂如何深入改革、加强管理，以及如何提高高校工厂工作效率等问题开展了讨论，交流了经验。11月，国家教委教育技术装备局发出《关于开展普通高等学校工厂评估、整顿验收的通知》，对普通高等学校工厂评估、整顿验收指标及其实施意见做了布置。评估指标体系包括基本条件、教学实习、科研与加工、生产与试制、组织管理等五个方面；包括职工总数与在校学生比以及结构状况、厂房面积与在校学生比、仪器设备与在校学生比、教学过程及管理、教学研究与改革、操作能力、应知的内容及其成绩、年人均完成教学科研加工工时与服务质量、年人均合作完成科研项目、年人均新产品试制数、新产品平均经济效益、人

均年产值、人均年利润、中级以上专业技术职务人数比、技术工人结构状况、全员培训状况、工厂管理基础工作、贯彻责任制情况等18项具体指标。

根据国务院关于机械制造企业下放通知的精神，征得有关方面的同意，国家教委于1987年12月发出《关于改变委属教学仪器厂领导体制的通知》，决定从1988年起，将委属沈阳、西安、武汉三个教学仪器厂下放给中国教学仪器设备公司，作为公司领导和管理的直属单位。1987年，中国教学仪器设备公司帮助各级各类学校组织并供应教学仪器设备3.8亿元，其中进口仪器设备1.3亿元；实现计划分配物资1.4亿元；组织教学仪器设备出口共创汇30万美元。

根据国务院关于压缩机电设备进口，避免多头引进、重复购置仪器设备的指示精神，国家教委于11月成立机电设备进口审查办公室。办公室的主要职责是：依据国家的有关规定，归口审查教委系统需要引进的仪器设备。

□实验室管理

1. 实验室的开放与管理研究。1987年初，国家教委会同国家科委和中国科学院，商议将北京中关村地区包括3所高等院校、科学院的7个研究所及北京分析测试中心的57台大型精密仪器设备联合对外开放，并由国家教委、中国科学院筹资100万元，设立分析测试基金。经过近一年的筹备，于1987年11月正式成立《北京中关村地区联合分析测试中心》。《中心》的宗旨是：打破实验室和仪器设备的门户之见，解决现有先进设备使用水平和使用率不高的问题，推动实验室对外开放，实行横向联合，发展科技合作。此外，一些学校也在推行分析测试中心、教学实验室的开放工作，收到了较好的效果。

一项有关实验室建设与人才培养以及有关管理改革与实践的研究课题，1987年被列为国家教委教育科研“七五”规划的重点项目中。全国高教（教育）厅、局等教育行政部门及高等院校共200多个单位的600余人参加了此项研究。

2. 中小学实验室和仪器工作会议。1987年12月，国家教委在北京召开了建国以来第一次全国中小学实验室和仪器工作会议。各省、自治区、直辖市及计划单列市的教委负责人、部分地、县学校和先进单位代表200余人参加会议。国家教委副主任何东昌等负责同志到会听取了情况汇报并讲了话。会议讨论修改了《中、小学实验室工作的规定》、《实验教学的几项规定》、《1988年—1995年期间全国中、小学实验室发展规划要点》、《教学仪器设备工业管理暂行规定》、《教学仪器设备工业1988年—1995年生产发展规划纲要》等文件。同时，进行交流经验和表彰了从事实验室及仪器工作的181个先进集体和76名先进工作者，并向他们颁发了荣誉证书、奖牌和奖品。

各省、自治区、直辖市荣获全国中、小学（含中师、职业中学）实验室及仪器工作先进集体、先进工作者数目统计

	先进集体	先进工作者		先进集体	先进工作者
北京市	4	3	河南省	8	4
天津市	3	3	湖北省	9	3
河北省	8	4	湖南省	7	3
山西省	5	3	广东省	6	4
内蒙古	7	2	广　西	6	4
辽宁省	9	3	四川省	9	4
吉林省	7	2	贵州省	6	1
黑龙江省	6	3	云南省	6	1
上海市	7	1	西　藏	2	2
江苏省	9	4	陕　西	6	2
浙江省	10	3	甘肃省	4	1
安徽省	6	3	青海省	3	1
福建省	8	2	宁　夏	3	1
江西省	7	2	新　疆	3	2
山东省	7	5			

□中、初等学校勤工俭学

1. 1987年全国中、初等学校勤工俭学基本情况。据统计，1987年，勤工俭学纯收入超过2亿元的省有辽宁和江苏两省，超过1亿元的有河北、吉林、黑龙江和山东四省。详细情况见下表。

中、初等学校勤工俭学基本情况

一表

开展勤工俭学校数（所）	勤工俭学开展率（%）	学农基地数（个）	土地面积（亩）	工厂数（个）	第三产业数（个）	实际开展劳动的学校数（所）	劳动课达标学校数（所）	接纳学生参加劳动的基地数	校办工厂、农（林）场职工数（人）总计	教育事业费开支教职工数 计	教育事业费开支教职工数 教师	非教育事业费开支全民教职工数 计	非教育事业费开支全民教职工数 教师	集体所有制职工数	其它	固定资产原值（千元）	固定资产净值（千元）	流动资金年末数（千元）计	其中：成品资金
652326	72	360635	5918223	57342	53117	700443	542930	367098	892567	112008	63364	35148	6599	156575	588836	2577888	1977395	2229347	639266

中、初等学校勤工俭学收益分配情况表

单位：　千元　　二表

农业总产值	工业总产值 不变价格	工业总产值 现行价格	第三产业营业额及其它勤工俭学收入	勤工俭学总收益 合计	其中：工业利润总额	其中：农业纯收入	其中：第三产业利润及其它收入	收益分配 补助教育经费	统筹基金 计	其中：补助教育经费	其中：扶持勤工俭学	企业留利 计	其中：发展生产基金	税金 计	其中：上缴所得税	管理费	学生人均收入（元）
628553	5420843	6636534	1722969	1901507	1106985	275875	518647	931454	164022	58708	73063	778074	438338	287301	15665	23484	10.42

补助教育经费使用情况表

单位：　千元　　三表

上年结转	本年拨入	本年支出总计	改善办学条件 合计	修建教学用房 面积（m^2）	修建教学用房 金额	购置教学设备	公用经费及其它	集体福利 计	修建教职工宿舍 面积（m^2）	修建教职工宿舍 金额	个人福利 计	其中：政策补贴	其中：学生补贴	本年结余
131620	933339	896036	567947	6760714	184718	146202	237027	147867	1651448	71907	174305	103590	46470	168923

2. 中、初等学校勤工俭学的管理

1987年4月，国家教委教育技术装备局在成都市召开了全国中、小学勤工俭学研讨和统计工作会议。会议总结了1986年全国勤工俭学工作取得的成绩，研究了1987年勤工俭学工作的指导思想和奋斗目标，着重讨论了校办厂（场）的改革和劳动技术教育等有关问题。1987年勤工俭学的指导思想是：以国务院《中共中央关于教育体制改革的决定》的精神为指针，进一步提高认识，确立勤工俭学的根本目的在于育人，认真贯彻“巩固提高、积极发展、统筹安排、坚持改革、讲究效益、注重育人”的发展方针，把勤工俭学活动提高到一个新的水平。奋斗目标是：全国中、小学勤工俭学开展面争取提高到70%左右；纯收入达到17亿元左右，并从实际出发，有计划地在大、中城市创建一批劳动技术教育中心。

1987年6月，国家教委发出通知，成立国家教育委员会学校生产与劳动教育办公室。10月，国务院办公厅发出《国务院转发国家教育委员会关于教育部门勤工俭学管理机构有关问题的请示的通知》。《通知》要求各省、自治区、直辖市遵照国家教委的请示精神执行。

国家教委的请示报告主要包括三方面内容：

1. 请求继续贯彻执行《1983年国务院批转教育部等部门关于进一步开展勤工俭学活动的请示的通知》，强调“各级人民政府和有关部门应从改革教育、培养人才的高度来认识这个问题，加强对学校勤工俭学活动的领导，并给予积极的支持。各级教育部门要切实加强对这项工作的管理”。

2. 各地先后建立起来的勤工俭学的行政管理机构和专业公司，“都是对校办工厂、农场等进行管理和扶持的上级部门，是保证勤工俭学稳定发展的不可缺少的机构。其中的专业公司属事业性质，实行企业管理，不属限制‘限期清理’和‘撤销’的范围”。

3. “各级教育部门对所属的管理学校勤工俭学服务的专业公司，要加强领导和管理，模范遵守国家的法令和政策，继续办好。对于个别地方假借教育部门名义办的一些实质上并非为教育事业服务的公司，应按国家有关规定予以清理、撤销。”

撰稿人　余志来

审稿人　王民栋

□山西省新绛中学办好校办厂、场，抓好劳动技术教育

山西省新绛中学，是一所省重点中学。学校从五十年起就办起了校办工厂、农场。多年来，他们一直坚持教育与生产劳动相结合，教学活动同勤工俭学一齐抓，文化教育与劳动教育并足行，多次受到各级领导部门的表彰。他们的做法是：

一、坚持办好校办厂、场

学校工厂是1958年创建的。三十年来，他们抵制来自“左”右两方面的干扰，使工厂规模不断扩大。现已发展成为拥有铸造、机工、钳工、电镀、喷漆、装配、工维等7个车间，能同时容纳一个班学生进行劳动技术教育的小型企业。生产的柴油、汽油机模型等产品已行销21个省、自治区、直辖市。校办农场主要种植小麦、玉米等作物。多年来，校办工厂、农场坚持“边生产边育人，出产品出人才”的方向，为对学生进行劳动技术教育提供了良好的基地。随着工厂规模的不断扩大，总产值逐年上升，提供给学校的办学经费也在逐年增加。1985年纯收入9万元，上缴学校3万元；1987年纯收入19万元，上缴学校6万元。这对改善办学条件，稳定教师队伍，提高教育质量，都起了积极作用。

二、加强劳动技术教育的领导

在学校统一领导下，成立了包括教导副主任、校办工厂副厂长在内的领导组，具体负责学校的劳动技术教育工作。

为了完成劳动技术教育课的授课计划，他们狠抓“三有”、“三固定”。一有系统的教学计划，根据系统性和适用性的原则，先实习什么，后训练何种技能，都有明确要求；二有专职教师和各具特长的兼职教师，以保证劳动技术课的授课质量，目前已有专职教师2人，兼职教师12人；三有适用的教材，他们联系实际编写了《机械识图》、《钳工十法》、《缝纫机的使用和维修》等教材，供教学使用。“三固定”即：一固定劳动教育课的课时数，高中全年在144课时以上；二固定劳动工种，要求做到相对稳定；三固定包教师傅。学校明确规定，每节课任课教师都要写出书面教案。

三、抓好劳动技术教育课的实施

他们在几年来的具体实施中，摸索到上好劳动技术教育课，要做到“活”、“严”、“实”三个字。

一是上课要“活”。劳动教育课虽然要求与其它各课一样，有教学计划，有教案，有课表，但它毕竟是一门综合性、实践性较强的理论课。因此，他们在教学中根据不同情况，采取了集中教、分散学，分散教、分散学，课堂教、车间学，边学习边实习等方式，使学生学习效率高学得快。

二是管理要“严”。为了保证劳动技术课的正常进行，教导处制定了《关于劳动技术课的几项规定》，并实行填写《实习卡片》制度，每次实习时由学生、班主任和劳动技术指导教师认真填写，送教导处存档。

三是考核要“实”。每学期要对学生进行一次劳动技术理论知识考核。学校把学生的劳动态度、技术及理论考核成绩列为升级、毕业和升学操行评定的重要内容和依据。

几年来，新绛中学由于抓紧了劳动技术教育，不仅增强了学生热爱劳动、热爱劳动人民的思想感情，同时由于坚持理论联系实际，提高了学生分析问题，解决问题的实际能力，全面提高了教学质量。有一位学生，升入高中后，厌恶劳动，认为劳动耽误他的学习，一心想上大学，整天埋头读书，但成绩平平。后来，在下工厂的实习中，他开始尝到了理论联系实际的甜头，不但巩固了理论知识，而且学到了从书本上学不到的生产技术。举一反三，他的各科成绩也有大幅度提高，去年，他以优异的成绩考入清华大学。还有一位同学，在校期间积极参加工厂实习，认真钻研机电维修技术，毕业后在县城开办机电维修部，由于他技术高、态度好，因而生意兴隆，成了新绛县闻名的个体户。新绛中学1986年全省各重点学校会考及格率达100%，获全省第一，1987年高考，达大专录取线的共202名。

撰稿人　王森林　胡荣德

审稿人　张忠汉　轧荣光

学校基本建设

□1987年教育事业基本建设投资完成情况

1987年，国家预算内安排的教育事业基本建设投资仍按管理体制分为中央预算和地方预算两部分。国务院各部门所属中央教育事业的国家预算内基建投资由中央预算安排；地方教育事业的国家预算内基建投资基本由地方预算直接安排。但是，国家教委的中央预算投资中安排了一定的专项投资用以补助地方教育事业。此外，教育基建投资的来源还有地方自筹、学校自筹、利用外资、无偿捐赠、地方和群众集资等。

1987年，国家教委补助地方教育事业的专项投资计划共为19，950万元。其中，补助老少边穷地区普及小学基建投资为9，500万元；实施9年义务教育制补助地方师范教育基建投资为5，700万元；补助城市中小学教职工住宅基建投资为2，850万元；机动补助基建投资为1，900万元。到1987年底已全部完成。

根据国务院各部门和地方教育行政部门报送的1987年基建统计年报汇总，全国普通高等学校和教育部门所属普通教育事业共完成基建投资571，503万元，竣工校舍建筑面积2，148万平方米，其中高教投资299，936万元，竣工588万平方米；普教投资271，567万元，竣工1，560万平方米，内含中师投资17，601万元，竣工81万平方米，中学投资123，973万元，竣工699万平方米，小学投资81，952万元，竣工553万平方米，其他投资48，041万元，竣工227万平方米。上述完成投资及竣工校舍面积中，均未包括国务院各部门和地方业务厅、局所属的中等专业学校、技工学校、职业学校以及各企、事业单位所属中学、小学、幼儿园的数字在内（有关数字详见一、二、三、四表）

表一 1987年全国普通高等学校和教育部门所属普通教育事业基本建设投资

单位：万元

投资总额		全国高等学校基建投资				教育部门所属普通教育事业基建投资			
总计	其中：国家预算内投资	合计	占总计的%	其中：国家预算内投资 小计	占投资总额中预算内投资%	合计	占总计的%	其中：国家预算内投资 小计	占投资总额中预算内投资%
1=3+7	2=5+9	3	4=3÷1	5	6=5÷2	7	8=7÷1	9	10=9÷2
571,503	282,989	299,936	52.5	234,924	83	271,567	47.5	48,065	17

说明：表头内的阿拉伯数字是栏目的编号及各栏数字间的关系。如第1栏所列的1=3+7，是指第1栏的投资数等于第3栏和第7栏的投资数之和（以下各表雷同）。

表二 1987年全国教育部门所属普通教育事业各类学校基本建设投资

单位：万元

教育部门所属普通教育事业投资		中等师范学校投资		中学投资		小学投资		其他投资	
合计	其中：国家预算内投资	小计	其中：国家预算内投资	小计	其中：国家预算内投资	小计	其中：国家预算内投资	小计	其中：国家预算内投资
1=3+5+7+9	2=4+6+8+10	3	4	5	6	7	8	9	10
271,567	48,065	17,601	6,052	123,973	16,903	81,952	14,828	48,041	10,282

表三　1987 年全国普通高等学校和教育部门所属普通教育事业基本建设投资所占比重

单位：亿元

全国基本建设投资总额		文教、卫生、科研行业投资	全国普通高等学校和教育部门所属普通教育事业基建投资				
总　计	其中:国家预算内投资		合计	占全国基建投资总额的比重(%)	占文教、卫生、科研投资的比重(%)	其中:国家预算内投资	
						小计	占全国基建投资总额中国家预算内投资的比重(%)
1	2	3	4	5＝4÷1	6＝4÷3	7	8＝7÷2
1,343.10	447.61	135.17	57.15	4.26	42.28	28.30	6.32

表四　1987 年全国普通高等学校和教育部门所属普通教育事业基本建设竣工建筑面积

单位: 万 m

竣工面积总额		全国普通高等学校竣工面积		教育部门所属普通教育事业竣工面积					
总　计	其中:住宅	合　计	其中:住宅	合计竣工面积					其中:住宅
				合　计	中师	中学	小学	其他	
1＝3+5	2＝4+10	3	4	5＝6+7+8+9	6	7	8	9	10
2,148	642	588	239	1,560	81	699	553	227	403

□加强教育基本建设管理

（一）为适应宿舍（含学生宿舍）建筑设计工作的需要，城乡建设环境保护部批准中国建筑标准设计研究所主编（国家教委参加）的《宿舍建筑设计规范》为部颁标准。1987 年 2 月 17 日颁发，1987 年 7 月 1 日起在全国试行。

（二）为适应中等专业学校校舍规划建设的需要，国家教委基建局组织国务院有关部委在深入调查研究的基础上，制定了《全日制普通中等专业学校校舍规划面积定额（试行）》，由国家教委和国家计委于 1987 年 3 月 5 日联合颁发试行。《定额》对中等专业学校教学及生活用房等的建筑面积和用地面积标准逐项作了规定(主要内容详见 1985—1986 年《中国教育年鉴》中教育基本建设部分)。

（三）为了加强高等学校基本建设管理，国家教委根据国务院 1986 年发布的《高等教育管理职责暂行规定》，和国家关于基本建设管理的有关规定，于 1987 年 5 月颁发了《高等学校基本建设管理职责暂行办法》，规定了国家教委，国务院各有关部门，各省、自治区、直辖市，以及各高等学校在基本建设管理中的主要职责（主要内容详见 1985—1986 年《中国教育年鉴》中教育基本建设部份）。

（四）为适应图书馆（含高等学校图书馆）建筑设计工作的需要，城乡建设环境保护部、文化部和国家教委批准中国建筑西北设计院主编（国家教委参加）的《图书馆建筑设计规范》为两部一委标准，于 1987 年 5 月 13 日颁发，1987 年 10 月 1 日起在全国试行。

（五）针对 1987 年上半年江西、广东等地，接连发生校舍倒塌事故的严重情况，城乡建设环境保护部与国家教委于 1987 年 7 月 8 日，联合发出了《关于加强学校房屋建设管理严防倒塌事故的紧急通知》，并于 7 月 11 日联合召开全国电话会议，部署有关加强学校房屋建设管理严防倒塌事故的工作。江西、广东、贵州三省建委在会上做了汇报；城乡建设环境保护部部长和国家教委副主任讲了话，要求各地建设和教育主管部门，切实采取措施，严防校舍倒塌事故的发生。

（六）为了适应托儿所、幼儿园建设的需要，城乡建设环境保护部和国家教委于1987年9月3日联合颁发了《托儿所、幼儿园建筑设计规范》，作为部颁标准在全国试行。

□海外侨胞、港澳同胞捐赠建设资金，支持祖国教育事业

海外侨胞、港澳同胞历来有热心支持祖国教育事业的传统。近年来，捐资支持学校建设的逐渐增多。如为了支持祖国高教事业，香港邵氏影业公司董事长、香港电视广播有限公司董事长邵逸夫先生，1986和1987年连续两年，共捐赠港币2.16亿元，资助国内25所高等学校扩建校舍。1986年赠款港币1亿元资助北京师范大学等10校，每校港币1,000万元，连同我国政府和学校自筹投资人民币4,500余万元，安排建设图书馆、教学楼、科学馆等，建筑面积约13万平方米。1987年赠款港币1.16亿元，资助西安交通大学等15校，每校港币300万元至1,000万元，连同我国政府和学校自筹投资人民币4，800余万元，安排建设科学馆、图书馆、体育馆等，建筑面积为11万余平方米。第一批赠款资助的10校建设工程，已在1987年内相继开工，预计在1989年上半年以前可陆续竣工；第二批赠款资助的15校建设工程，正进行基建前期工作。

香港知名人士霍英东先生，于1987年底捐赠美元500万元给北京师范大学，用于新建“教育楼”，建筑面积1.8万平方米。该校正进行基建前期工作，争取在1988年下半年动工。

位于广东省江门市的五邑大学，是由市归侨、侨属倡议，市人民代表大会支持，广东省人民政府同意筹办，报经国家教委和国家计委批准，于1985年正式建立的。校园规划占地千亩，学校规模为4，000人。该校在建设过程中得到了江门市海外侨胞和港澳同胞的大力支持。截至1987年底，该校除已由广东省、江门市安排投资建设了教学主楼、学生宿舍及教工住宅外，已接受赠款建成的校舍有由鹤山县在港同胞集资的“鹤山楼”，已经奠基或正在建设的工程有“建筑馆”（开平县在港同胞利国伟先生捐资）、“科学馆”和“新会楼”（新会县在港同胞陈经伦先生捐资和新会县同胞集资）、“礼堂”（江门在港同胞吕志和先生捐资），以及“学生活动中心”（旅居英国侨胞集资）等。还有不少海外侨胞或港澳同胞捐赠了大量教学设备和图书。这些都为办好五邑大学提供了很好的物质条件。

□1987年全国教育建筑优秀设计评选揭晓

为提高教育建筑的设计水平，城乡建设环境保护部设计局、国家教委基建局与《建筑》杂志社，共同举办了1987年全国教育建筑优秀设计评选活动。国务院各部委和各省、自治区、直辖市，共申报了1978年以来建成的230个学校建筑项目。这些项目中有大学的总体规划设计、教学楼、图书馆、实验楼；有中等专业学校的教学实验楼及成人业余高校、工农职业技术学校的实验楼；还有中小学校及幼儿园、托儿所。这些设计从不同侧面反映了我国学校建筑设计水平和质量的不断提高。经专家评审组初评，评选出了55个入奖项目。其后，在当年《建筑》杂志第10期上摘要刊登了入奖项目的基本图纸和技术经济指标，并在全国建筑设计部门和教育部门的有关人员中组织投票评选，确定了中奖项目名次。评选结果：“深圳大学总体”、“上海师范大学图书馆”等10项获二等奖（没有评出一等奖项目），“南京粮食学院图书馆”、“同济大学声学实验楼”、“中国科技大学教学楼”等20项获三等奖，另有25项受到表扬（获二、三等奖项目名单详见附表）。

附表 1987年全国教育建筑优秀设计评选获奖项目表

奖别及名次	获奖项目名称	设计单位
二等奖共10名		
1	深圳大学总体	深圳大学建筑设计院、广东省建筑设计院
2	上海师范大学图书馆	上海高教建筑设计所
3	五邑大学教学主楼	华南工学院建筑设计研究院
4	武汉大学阶梯教学楼	湖南省建筑设计院
5	上海玉田居住区曲阳新村幼托	华东建筑设计院
6	中央音乐学院	北京市建筑设计院
7	南京太京霍普金斯大学中美文化交流中心	南京工学院建筑设计研究院
8	同济大学计算中心	同济大学建筑设计研究院
9	杭州采荷小区幼儿园	杭州市城建设计院
10	青岛市辛家庄小学	青岛市建筑设计院
三等奖共20名		
1	南京粮食经济学院图书馆	南京工学院建筑设计研究院
2	同济大学声学实验楼	同济大学建筑设计研究院
3	中国科技大学教学楼	华东建筑设计院
4	清华大学第三教学楼	清华大学土木建筑设计研究院
5	重庆建筑工程学院综合教学楼	重庆建筑工程学院设计研究院、建筑系、建工系
6	南京计划生育管理干部学院	南京工学院建筑设计研究院
7	天津大学地热综合利用实验楼	天津大学建筑设计研究院
8	上海外贸学院电化教育楼	上海市民用建筑设计院
9	上海海运学院综合实验楼	上海高教建筑设计院
10	天津市安德里上海道小学	天津市建筑设计院
11	南京南湖小区西九区幼儿园	南京市建筑设计院
12	天津市第一中学	天津市建筑设计院
13	河北工学院图书馆	河北工学院土建设计室
14	福建师大附中教学实验楼	福建省国防工业设计院
15	深圳北斗小学校	深圳市建筑设计院
16	北京化纤厂幼儿园	北京市纺织工业设计院
17	南京市北京东路小学	南京工学院建筑设计研究院
18	上海长白新村幼托	同济大学建筑设计研究院
19	北京第二外国语学院电教楼	北京市建筑设计院
20	深圳市向西小学	深圳市建筑设计二院、一院
表扬奖25名（略）		

说明：评选结果未评出一等奖项目。

撰稿人　温　纯

审稿人　王文友　王荫国

教育对外交流与合作

互派留学人员

一、接受来华留学人员

据1987年10月统计，在中国的外国留学生总数为4593人（其中2044人为录取的新生），第三世界留学生在校总数为2371人，略高于第一、二世界留学生总数。与1986年相比较，在校本科生人数增加了101人，在校进修生人数增加了415人，研究生增加了一倍（见附表一）。这些来自109个国家的外国留学生分布在我国94所高等学校的300多个专业中学习。1987年有1760名外国留学生毕（结）业回国。

此外，我国高等学校为外国留学生和学者举办了各类短期学习班。1987年来华参加这类短期班的达6100人。

为加强和改进外国留学生管理工作，1987年6月底，国家教委在北京召开了外国留学生管理工作座谈会。会议交流了来华留学生工作的经验，研究了改进工作的办法。会议认为，接受外国留学生是我国开放政策的组成部分，今后还将不断扩大。向第三世界国家提供奖学金，为他们培养人才是我们应尽的国际主义义务。今后接受第三世界国家留学生的工作，要在保证质量的前提下，多层次、多渠道地进行，并要稳步发展。会议要求接受外国留学生的院校，要重视来华留学生的工作。要在专业学习上，严格要求，认真帮助；在生活上适当照顾，严格管理。制订和完善各项管理规章制度，把留学生管理工作提高到一个新水平。

1987年9月，我国开始试行了来华留学生的新的招生办法。招收日本自费生的工作已将权利下放到学校，由学校直接录取。对第三世界本科生开始采取了定国别、定人数、定专业、定院校的录取和分配办法，即把以前派遣方和学生本人任选学习专业，来华后再由我分配到专业院校学习的办法，改为先由国家教委根据我院校接受能力，兼顾派遣方要求，确定年度招生计划。第二年在国外招生时由我方确定录取的名额，学习的专业和分配的院校。学生来华后除个别情况予以特别调整外，一般不再改变专业和院校。这种办法将减少来华后专业调整和院校调整上的工作环节。

二、派遣出国留学人员

根据国家培养人才的需要，1987年，我国共选拔了国家公派留学人员2917人。其中，进修生和访问学者1797名，研究生970名，大学本科生150名。这些出国留学预备人员中，除部分高级访问学者外，其余都是从各派出单位推荐并参加国家教委组织的出国留学人员外语水平（EPT）考试的12000名人员中择优录取的。他们中2100人由国家教委安排参加了出国前的外语培训。

1987年，我国向70个国家派遣了国家公派留学人员4703人（与1986年派出的人数大体相当）。其中研究生1216人，占派出总数的25.9%；进修生和访问学者3399人，占72.3%；本科生88

人，占 1.8%。此外，单位公派出国留学人员 6569 人，比 1986 年略有增加。1986 和 1987 年公派赴美国留学人员人数大体持平。

从 1978 年到 1987 年，我国已派出了 4 万多名公派留学人员出国学习、进修。其中，2 万余名已陆续学成回国。他们在各条战线上努力工作，做出了积极贡献（见附表一和附表二）。

1987 年，出国留学人员工作的重点是进一步贯彻落实中央、国务院关于出国留学人员工作的指导方针和《关于出国留学人员工作的若干暂行规定》，加强和改进对出国留学人员的管理，制订具体实施办法，建立健全各项管理制度。为此，国家教委多次召开会议，加强调查研究，实施了一些管理措施，使出国留学人员的管理工作开始制度化。

1987 年 3 月，在成都召开的出国留学人员培训部工作会议强调，培训部的任务，除加强对出国留学预备人员的外语强化培训以外，还应对他们的政治素质进行严格考查。

1987 年 10 月，在北京召开的出国留学人员工作座谈会，认真研究分析了出国留学人员工作中的问题，提出了今后工作的意见。会议认为，国务院批转国家教委《关于出国留学人员工作的若干暂行规定》实施以来，总的情况是好的，当前要注意解决好出国留学人员分布不合理问题和做好留学人员学成回国服务的工作。与会代表一致认为，中央、国务院确定的按需派遣，保证质量，学用一致的选派方针和博采各国之长的原则是完全必要的，是符合国内外实际情况的。

会后，国家教委发出《关于认真贯彻中央关于出国留学人员工作的方针的通知》。《通知》强调，整个出国留学人员的工作包括计划选派、管理（教育和服务）和回国发挥作用三个不可分割的部分，要三个环节同时抓。选派留学人员要体现博采各国之长的原则，要有利于国内高级人才的培养，有利于国内高级专业队伍的建设和稳定，当前应以应用学科为主。鉴于我国的研究生教育已有较大的发展，今后出国研究生要少派、精派。人员结构上要向高层次发展，要提高有实际工作经验的高级访问学者的派出比例。《通知》指出，单位公派留学人员的国别比例应作适当调整。从 1988 年开始，国家要对上述方面加以宏观指导。

《通知》还要求抓紧留学人员学成回国发挥作用的工作。派出单位要加强同国外留学人员的联系，及早确定他们回国后的工作岗位，并在国内力所能及的范围内为他们创造必要的条件。对未确定国内工作单位的国家公派出国研究生，学成回国安排工作时，实行研究生本人和用人单位互相选择的办法。对留学人员中的尖子人才，应特别予以重视，要根据本地区、部门、单位的实际情况，对他们采取适当的特殊政策。

《通知》指出，对出国留学人员的教育、管理、服务是驻外使领馆的中心任务。目前对出国留学人员的政治思想工作，要以“爱国、团结、自尊、创业”教育为基础。

1987 年 11 月，国家教委颁布了部分出国留学人员工作管理细则。这些细则有：

1.《公派出国留学人员身份的管理细则》（见附件一）；

2.《公派出国留学人员申请延长留学期限的管理细则》（见附件二）；

3.《公派出国研究生留学年限及在国外期间国内工资（或生活补助费）待遇和攻读博士学位期间工龄计算的管理细则》（见附件三）；

4.《从事国外博士后研究或实习的管理细则》（见附件四）；

5.《单位公派出国留学人员选派工作和经费的管理细则》(见附件五);

国家教委在发布上述细则的通知中,对细则发布前的有关上述问题同时作出了相应规定。

国家教委、司法部于1987年12月发布《关于签订〈出国留学协议书〉的通知》。《通知》指出,签订《协议书》是加强和改进出国留学人员管理工作的一项重要措施。其目的是明确出国留学的目的和要求以及选派单位和出国留学人员双方的权利、义务和责任。《通知》还指出,《协议书》是由选派单位和留学人员在双方协商一致的基础上签署的,是双方共同信守的具有法律效力的文书。《协议书》必须经公证机关公证。《通知》规定,《协议书》的条款内容不得与我国的法律、法规以及国家关于出国留学人员的政策相抵触。不签《协议书》者,不能出国留学。此外,《通知》中对代理人、保证人的身份、职责以及《协议书》的主要内容也作出了明确规定。

1987年8月,国家教委、公安部联名发布《关于国内、外组织和个人不得擅自在我国招收自费出国留学人员的通知》。《通知》指出,国家对自费出国留学已有明确规定,任何组织和个人均不得违反国家规定,任何国内外组织和个人不得在我国承办"联系和安排自费出国留学业务"。任何国内外组织和个人在我国为外国及港澳地区的学校等单位招生,必须经国家教育委员会批准。

互派专家、学者

一、接受外国专家、教师来华任教、讲学

1987年，国家教委所属高等学校聘请了410名外国专家和235名外籍教师来华任教。他们分别来自39个国家（见附表四）。此外，这些院校还邀请了近1500名外籍专家、学者来华短期讲学。这些教师、专家、学者在教学工作中积极工作，为我国教育事业做出了有益的贡献。

二、派遣教师出国任教

1987年，我国向21个国家派遣了66名教师。其中，汉语教师39名，理工科教师21名，英语教师6名。另有17名教师接受延聘继续在国外任教。他们分别在亚非和东欧国家以及少数发达国家的学校中担任教学工作。

教育代表团、组互访

1987年，教育代表团、组互访活动更为频繁。35个国家的教育代表团计80起358人次应邀访华。其中有19位外国教育部长、副部长来访。与此同时，我国也派出了各类教育代表团组计64起365人次赴33个国家访问考察。我国出访的部长级代表团有4个。这些团组绝大部分是根据已定的双边、多边教育合作协议来（往）访的。互访活动进一步增进了我国同世界各国教育工作者之间的相互了解，对推动双边、多边的教育交流和合作起了积极作用。

1. 同亚非和拉美国家的教育交流进一步加强。1987年10月，阿拉伯也门共和国教育部副部长贾拉德访华。双方签署了教育合作备忘录。我方同意1988-1990年期间，每年分别向萨那和塔兹两所中等技术学校提供价值5万元人民币的实习材料，并同意也方派中技校的教师来华短期进修。坦桑尼亚联合共和国教育部长基戈马·阿里·马利马率团于11月对我国进行友好访问。双方在交换奖学金和中国教师赴坦任教方面达成一致意见。11月，国家教委副主任邹时炎率中国教育代表团访问斯里兰卡民主社会主义共和国和缅甸联邦社会主义共和国，考察了两国的教育情况，同斯里兰卡高等教育部草签了两国相互承认学位和其他教育证书理解备忘录。此外，我还派出了高教、师范教育、中小学教师、留管干部以及人口学者代表团赴亚非地区17个国家访问。派教育部长、副部长级代表团来访的国家还有贝宁人民共和国、马里共和国、巴基斯坦伊斯兰共和国、斯里兰卡民主社会主义共和国、伊朗伊斯兰共和国、朝鲜民主主义人民共和国、苏里南共和国、巴西联邦共和国和西萨摩亚独立国。

2. 同苏维埃社会主义共和国联盟、东欧国家的教育交流和合作又有新发展。1987年3月，波兰人民共和国科学和高等教育部部长密兹凯维奇·贝农访华，与国家教委签署了《中波1987—1989年高等教育合作协议》。根据这一合作协议，中波两国将在高等教育领域内进行多项交流和合作。中苏教育合作小组第一次例会于1987年4月在北京举行。苏联代表团团长是高教部副部长叶果洛夫。会议讨论通过了小组工作条例，商定了《中苏1988—1990年教育合作计划》。《计划》包括的内容有：互派大学本科生、研究生和进修人员；互派学者短期讲学；互派语言教师长期任教；代表团互访；举办教育学术讨论会等。6月，国家教委副主任王明达率中国中等教育代表团访问苏联，考察了苏联普通中学、职业技术教育方面改革的现状及发展趋势。此外，我国还派出高校科研考察团、教育科学工作者代表团、留学生工作代表团访问了苏联，派高校领导体制和干部管理考察团赴苏联、波兰、匈牙利人民共和国和德意志民主共和国访问。苏联来访的还有普通教育代表团、职业技术教育考察团和留学生工作代表团。德意志民主共和国、南斯拉夫社会主义联邦共和国和捷克斯洛伐克社会主义共和国也先后派团访华。

3. 同第一、二世界发达国家的教育交流进一步深化。1987年5月，国家教委副主任何东昌率团访问美国，与美国新闻总署举行会谈。双方就我留美人员问题达成一致意见。9月，国家教委工作小组访问德意志联邦共和国，与联邦德国外交部就在华设立歌德学院分院问题进行了磋商。双方达成一致意见，于1987年10月10日草签了《在中华人民共和国建立德意志联邦共和国歌德学院分院的协议》。此《协议》将于1988年初正式签字生效。根据《协议》，这所分院被称之为“歌德学院北京分院”，院址将暂设在北京外国语学院内。学院的主要任务是促进中国的德语教学。《协议》规定，分院及其一切有关人员必须尊重中国教育主权，遵守中国法律及其有关规定。分院所有人员均不享受外交特权和豁免权。《协议》规定，分院不得在中国授予学位。分院在华举办的一切重大活动，均须事先征得国家教委同意。1987年11月，澳大利亚联邦教育工作小组访华。双方进行了第二轮年度教育会谈，签署了中澳教育合作计划。澳方同意于1987和1988年继续向中方提供200万澳元的援款，用于双边教育交流。为增进了解，促进交流和合作，法兰西共和国教育部长勒内·莫诺里，圣马力诺共和国文教和司法部长弗·莫尔甘幕访华。我国也同时派出经济学教育、医学教育、法学教育、农业教育、职业技术教育、高等教育、中小学艺术教育代表团出访部分发达国家。

撰稿人　张守华

审稿人　于富增

回国留学人员工作安排

一、回国留学人员工作安排的归口管理

根据中共中央、国务院关于改进和加强出国留学人员工作的精神和由国家教育委员会归口管理全国留学人员工作的决定，1986年11月24日，国家教委发出了《关于出国留学人员毕业回国后工作分配问题的通知》。《通知》规定，从1986年11月1日起，出国留学人员回国后的工作安排统一由国家教委归口管理。

1987年，是国家教委归口管理全国出国留学人员回国后的分配工作的第一年，共接待和安排回国留学人员122人。为了做好今后几年回国留学人员的工作安排，掌握国内用人单位对回国留学人员的需要情况，国家教委于1987年5月26日发出了关于填报《需要1988——1989年回国留学生登记表》的通知。《通知》指出，1988年、1989年将有大批留学生学成回国工作。根据中央关于改进和加强出国留学人员工作的指示精神，为做好出国留学生回国后的工作安排，需要给他们提供国内需要人才的信息，征求他们的工作志愿，使留学生和国内用人单位之间建立联系，做好聘用工作的准备。为此，请各单位根据需要，填写《需要1988年——1989年回国留学生登记表》。

国家教委已将国内各用人单位报送的《登记表》经过整理和分类后陆续汇编成册，发往各驻外使（领）馆，供留学生回国前选择工作时参考。

二、留学生回收工作

1987年11月5日至12月2日，国家教委派出第一期留日博士生回收工作组赴日本。在驻日使馆教育参赞的领导下，向133名博士生提供国内需求信息，阐述有关政策，与留学生直接对话，激发他们民族自尊心，强调责任和义务，欢迎他们按时回国，参加四化建设。国家教委1982年派往日本的第一批博士生133人，将于1988年3月期满，大多数博士生将按时毕业，获得博士学位。此次留日博士生的回收工作，取得较好的效果，是一个良好的开端，对今后各届博士生的回收工作将会产生很大影响。

三、回国留学人员工作安排暂行办法

为了做好回国留学人员的工作安排，国家教委、国家科委1987年10月7日联合印发了《回国留学人员工作安排暂行办法》，其主要内容如下：

（一）工作安排原则。国家公派出国的研究生、大学生学成回国后，除派出时已明确工作单位的人员外，由国家安排工作。

回国留学人员的工作安排，要在国家建设需要的前提下，贯彻学用一致，人尽其才的原则；留学人员要树立勤俭建国、艰苦创业的思想，自觉到国家最需要的地方去工作；用人单位要珍惜人才，努力为回国留学人员创造工作条件。

获得大专以上学历的自费留学人员学成回国后，本人愿意由国家安排工作的，与国家公派留学人员同等对待。

出国前已明确工作单位的公派留学人员回国后，原则上回原选派单位，不再另行安排工作。

（二）有关部门的职责分工。国家教委会同国家科委拟定有关工作安排的具体政策和办法，掌握和汇总国内需要留学人员的情况，向留学人员提供这方面信息，以便他们回国择业时参考。留学人员要求到教育系统工作的由国家教委负责安排；要求到非教育系统工作的，由国家科委安排；自费留学人员一律由国家教委负责安排。

（三）工作安排具体方式：①在留学期间，留学人员可直接与国内用人单位联系，也可请国内有关主管部门与用人单位联系。②回国探亲、休假或学成回国后，与用人单位直接面谈。③国家教委会同国家科委在国内不定期召开回国留学人员与用人单位见面会，在会上落实工作单位。

回国留学人员工作单位落实后，可与用人单位签定合同或协议书，明确双方的权利、责任和义务（包括服务期限和待遇等）。

撰稿人 陈 曦

审稿人 杨学为

国际学术交流

1987年，国家教委所属高等学校1496名专家、学者出国参加了818个国际学术会议。其中，由国家教委负担各项费用的共有69个会议，191人次；其余749个会议、1305名学者是由国家教委提供外汇额度，由学校支付人民币派出的。另外，国家教委还资助国务院有关部委和地方所属高等学校的400名学者出国参加国际学术会议。

国家教委派遣专家、学者出国参加国际学术会议，贯彻了“少而精”的原则，注意了实际效益。在参加会议的选择上，主要着眼于加强国家“七·五”科研重点攻关项目，追踪国际上高科技领域的发展动向和我国高等学校的重点学科和薄弱学科。出国参加学术会议，促进了高等学校的师资队伍建设，学科建设和科研工作的发展，扩大了我对外影响，提高了我在学术上的声誉和地位，也促进了中外校际学术交流。

此外，我高等学校还在华筹办了52个国际学术会议，1301名外国学者和2621名中国学者与会。在华举办国际学术会议，使更多的中国学者能参加学术活动，扩大了受益面。

对外教育合作项目

一、与联合国开发计划署的合作项目

我与联合国开发计划署合作的三个项目:"加强职工业余教育项目"、"加强高中理科教育项目"和"加强职工中学后技术教育项目"是自 1983 年开始的，到 1987 年，前两个项目已基本完成，后一项目也已进入扫尾阶段。联合国开发计划署对三个项目的总投资为 160 万美元，中方投入了人民币 826 万元。项目执行期间，中方参加项目单位组织了考察组赴国外就研究生的管理、大学师资管理、职业技术教育、成人教育及中学理科教育问题进行了考察，派遣了教师出国进修，同时也引进了先进的教学方法、教学手段和必要的教学设备。

二、与联合国儿童基金会的合作项目

我国与联合国儿童基金会 1982 年签署的九个合作项目，从 1985 年开始进入第二周期的合作。由项目资助，1987 年国家教委派遣了特殊教育和学前教育考察团赴国外考察，杭州大学举办了儿童生长发育及监测研讨会，收到了较好的效果。

联合国儿童基金会援助我国西藏办小学教师培训中心和电教馆的项目协议已于 1987 年 5 月正式签署。该基金会对这一项目投入了 50 余万美元。

该基金会在计划外为杭州大学儿童身体发育和智力开发项目增加援款 5 万美元；为儿童免疫宣传教材项目提供了 8 万美元援款，以加强项目工作。

三、与联合国人口活动基金会的合作项目

我国高等学校和中等学校与联合国人口活动基金会的第二周期的合作项目开始于 1985 年 1 月。1987 年这些项目的主要活动有：在该基金会资助支持下，中国人民大学人口培训中心举办了"计算机在人口研究中的应用"培训班；北京大学人口所举办了"微观人口经济学"讲习班；南开大学举办了"城市化和城市人口问题"国际学术讨[illegible]；浙江医科大学举办了"人口素质"论讨会；复旦大学人口所接受四名朝鲜人口学专业留学生来华进修；国家教委组织了九名中年人口学者赴菲律宾共和国参加人口学研讨会。

联合国人口活动基金会另外同意从人口基金第二周期援款预备用金中拨出 55 万美元，用于扩大人口项目活动。其中，40 万美元用于兰州大学、新疆大学和云南大学进行人口学的教学和科研活动。

四、与加拿大国际开发署的合作项目

中国——加拿大管理教育项目第一周期的合作至 1987 年底已基本结束。

1987 年 3 月，加拿大对外关系部长兰德烈访华。两国政府在北京签署了"大学管理教育第二周期合作项目"，"中加语言培训中心项目"和"中国沿海开放城市干部培训项目"谅解备忘录。加方为上述三个项目提供了近 4000 万加元的援款，主要用于人员培训、学术交流和为我国项目学校提供少量的设备和图书资料。

"中加管理教育第二周期合作项目"期限为五年。中方受益单位有清华大学、中国人民大学、西安交通大学、厦门大学、华中理工大学、南开大学、天津大学、上海交通大学、复旦大学、南京大学、北京航空学院、哈尔滨工业大学等 25 所重点高等学校。加方有 20 所大学参加项目活动。该项目的主要目的是加强中国大学的

管理教育专业。

“中加语言培训中心项目”的期限为二年（1987—1989年）。“中心”设在北京师范大学，培训中心已于1987年5月正式开学。130名赴加留学预备人员已进入该中心接受语言培训。根据签署的备忘录的规定，我国各部门、省市通过中加合作项目派赴加拿大的长期进修人员均需通过该中心的考试。

在南开大学开办的“沿海开放城市干部培训中心项目”的周期定为5年。加方投入了790万加元。我国务院特区办投入200万元人民币作为“中心”的基建费用。

五、与澳大利亚开发署的合作项目

由澳大利亚开发署资助开办的“北京市中学英语师资培训中心”于1987年10月9日举行了开学典礼。该中心是根据两国政府关于技术合作促进发展计划协定建立的，目的是提高北京市中学英语教师的业务水平。该中心将在3年内为北京市培训1680名中学英语教师。

六、中英友好奖学金计划项目

该计划于1986年6月正式设立。其目的是促进中英两国的友好关系，为中国培养现代化建设所需要的人才。《计划》自1987年4月1日起实施，有效期为10年。计划总金额为3500万英镑。包玉刚爵士基金会每年为本计划支付或筹款140万英镑；中国政府每年赞助140万英镑或同等数目的资金；英国政府每年赞助70万英镑并支付英国文化委员会在安排中国赴英留学人员学习、进修、科研等方面的有关管理服务费用。

奖学金计划由同时成立的“中英友好奖学金计划委员会”负责管理。其职责是：做出各项行政和财务安排；制订奖学金分配原则；审批中国国家教委每年提出的选派方案和各方每年的经费预算；监督、审查计划的执行情况；审核各方的年度决算等。

计划委员会由三方各自任命的两名委员组成，设主席1人，副主席2人。主席任期为3年。计划委员会的第一任主席是包玉刚爵士。

1987—1988年度共选定奖学金使用人选382人。其中，329人已于1987年7至9月间启程赴英，其余人将于1988年初启程。这些奖学金生中，研究生占1/3的比例，其余皆为访问学者和高级访问学者。他们到英国各大学及其他高等学府将从事有关中国现代化民用事业发展所需要优先考虑的领域，特别是科学、技术、经济和社会科学的研究等方面发展所需要考虑的项目。

1988—1989年度奖学金选拔工作已于1987年6月由中国国家教委着手进行，预计1988年初即可完成。

七、中美经济学教育与研究合作项目

中美两国经济学教育与研究合作项目是从1984年开始的。根据双方意愿和合作交流的需要成立的中美经济学教育与研究委员会和美中经济学教育与研究委员会分别由中国国家教育委员会和美国福特基金会给予支持。双方委员会于1987年9月在美国举行联席会议，签署了1988—1990年度合作备忘录。双方一致同意在经济学教育与研究领域进行如下项目的合作：

1. 每年暑期在华举办一次经济学研讨会。

2. 每年在中国有关项目学校举办两个为期一学年的经济学研究生培训班。培训对象是通过国家考试被录取的经济、管理学科的研究生或是大学经济学专业的青年教师。

美方负责选派教授为研讨会和研究生班授课并提供教材和必要设备。

3. 为数不超过10名的中国项目学校的研究生，每年赴美国或加拿大攻读博士学位；同等数目的高级访问学者赴美国研究或讲学。

4. 2至4名美国教授、学者每年来华讲学或进行合作研究。

中国人民大学、北京大学、南开大学、复旦大学、武汉大学、吉林大学和厦门大学等7所高等学校参加了此项目的合作。

对外汉语教学工作

1987年7月24日，国家对外汉语教学领导小组成立。国家教委副主任何东昌任组长。该领导小组的职能是规划全国的对外汉语教学工作。

第二届世界汉语教学讨论会于1987年8月10日至13日在北京举行。19个国家和地区的298名汉语学者与会。会上宣读的有关汉语教学的论文203篇。论文内容广泛，学术水平较高，受到与会者的一致好评。

1987年8月14日，国际性的民间学术团体——“世界汉语教学学会”正式成立。成立大会通过了世界汉语教学学会章程和学会第一届理事会成员名单。这届理事会由15个国家和地区的36位理事组成。第一届理事会会议选举产生了学会常务理事会，选举朱德熙为会长，吕必松为副会长。赵紫阳总理、李鹏副总理分别发来贺电和贺信，邓颖超为会议亲笔题词，热烈祝贺学会成立和讨论会的召开。

撰稿人　张守华
审稿人　于富增

附表一

1986年和1987年接受来华留学生统计表

	1986年	1987年		1986年	1987年
国家总数	109	109	第一、二世界学生数	2031	2222
在华学生总数	4345	4593	第三世界学生数	2314	2371
本科生数	2126	2132	非洲国家学生数	1201	1284
普通进修生数	1829	2284	第三世界进修生数	247	441
高级进修生数	164	124	非洲国家进修生数	48	91
研究生数	26	53	毕(结)业学生数	915	1760

附表二

1986年和1987年国家公派出国留学人员统计表

人数 / 年度 / 学生类别	派出人数		回国人数	
	1986年	1987年	1986年	1987年
研究生	1100	1216	86	183
进修人员	3356	3399	1299	1368
本科生	220	88	3	54
合计	4676	4703	1388	1605

附表三

1978–1987年公派出国留学人员情况统计表

	总计	研究生	进修人员	本科生
国家公派数	28894	7531	20037	1326
单位公派数	21018	7213	13658	147
回国数	22000			
在外公派生数	27000			

附表四

国家教委所属高校1987年聘请外籍专家和教师情况统计表(注)

国别	小计	外籍专家	外籍教师	国别	小计	外籍专家	外籍教师
美国	297	135	162	波兰	1	1	
加拿大	40	21	19	匈牙利	1	1	
墨西哥	1	1		捷克斯洛伐克	1	1	
哥伦比亚	1	1		罗马尼亚	1	1	
智利	1	1		苏联	20	20	
澳大利亚	19	15	4	新加坡	1	1	
新西兰	8	5	3	马来西亚	1	1	
瑞典	1	1		印度尼西亚	1	1	
荷兰	3	1	2	泰国	1	1	
比利时	4	4		菲律宾	5	2	3
法国	27	26	1	柬埔寨	1	1	
西班牙	3	3		斯里兰卡	1	1	
葡萄牙	2	1	1	蒙古	1	1	
意大利	3	3		巴基斯坦	1	1	
英国	54	37	17	日本	83	64	19
爱尔兰	1		1	土耳其	1	1	
瑞士	1	1		印度	1	1	
奥地利	4	4		伊朗	3	3	
联邦德国	43	41	2	巴勒斯坦	1	1	
民主德国	6	5	1	合计	645	410	235

(注：国别一律采用简称)

附件一

公派出国留学人员身份的管理细则

一、公派出国留学人员的身份按选派计划分为国家公派和单位公派，按留学目标分为大学生、研究生、进修人员或访问学者。

二、公派出国留学人员，在国外留学期间，其公派身份不因经费资助来源或待遇的变化而改变，仍须遵守国家关于公派出国留学人员的有关规定。

三、公派出国大学生、研究生、进修人员或访问学者的身份均在出国前确定，出国后不得改变。

四、公派出国进修人员或访问学者，在国外期间不得改读学位，但如在规定的进修期限内，完成了出国前确定的进修或研究课题计划，而国外的导师和学校愿授予学位，可以接受。

附件二

公派出国留学人员申请延长留学期限的管理细则

一、公派出国留学人员在其出国前，由国内选派单位明确其出国留学任务及期限。

二、少数公派出国留学人员确因业务需要，须延长在国外的留学期限，应经过批准。

三、公派出国留学人员延长留学期限，不得改变留学身份。

四、公派出国留学人员延长留学期限一般不超过一年。

五、要求延长留学期限在半年和半年以内者，须提前一个月由本人持国内派出单位同意信件，并附国外留学所在单位或导师的信件和资助证明，向我驻外使、领馆申请，由使、领馆审批。

六、对要求延长留学期限在半年以上者，按下列办法审批：

1. 申请人须提前三个半月向我驻外使、领馆申请，填写《延长留学期限申请表》(简称“JW104”表)，并附国外留学所在单位或导师的信件和资助证明。

2. “JW104”表由使、领馆审核并提出意见后，转申请人的国内派出部委或省、自治区、直辖市一级主管部门。

3. 主管部门应在收到“JW104”表后两个月内，经征求派出单位意见后作出审批，并将审批结果函（电）告我驻外使、领馆并报国家教育委员会备案。

4. “JW104”表自使、领馆寄出后的三个月内得不到答复的，该项延长留学期限的申请，由使、领馆审定。

七、公派出国留学人员在获准延长留学期限内的国外费用均自行解决。对原定由国家提供回国旅费的公派出国留学人员（包括本细则发布前已经批准延期者），回国旅费从所得国外资助中解决，不足部分由使、领馆按我在当地公费留学人员生活费标准核算后予以补贴。

附件三

公派出国研究生留学年限及在国外期间国内工资（或生活补助费）待遇和攻读博士学位期间工龄计算的管理细则

一、国内大学本科毕业生出国攻读硕士学位或博士学位的年限和获国内硕士学位人员出国攻读博士学位的年限，根据各国不同情况分别做出规定。公派出国研究生应在规定的年限内完成学业。确因特殊情况未在规定年限内完成学业者，可按公派出国留学人员申请延长留学期限的办法办理延期手续。

二、公派出国研究生，如出国前系国内在学研究生，其享受的国内生活补助费，自离境之次月起停发。

三、一九八六年十二月三十一日以前出国的公派研究生，出国后已由原单位按规定发放工资的，发放年限以规定的公派出国研究生攻读外国硕士、博士学位的年限为准。超过规定年限者，其国内工资停发。

四、一九八七年一月一日以后出国的公派研究生，如出国前系国内高等院校本科毕业后工作五年以上，或硕士研究生毕业后工作两年以上的在职人员（包括在职研究生)，学成后仍回原单位工作的，其在规定的攻读硕士、博士学位的年限内，国内工资由原单位照发。

五、一九七九年一月一日以后出国的公派研究生，在规定的年限（包括经批准延期的时间）内获得博士学位，并按规定的留学期限（包括获得博士学位后经批准延期做博士后研究或实习的时间）回国的，其在国外攻读博士学位时间计算工龄，计算年限以规定的“国内硕士研究生毕业出国攻读博士学位年限”为准。

附件四

从事国外博士后研究或实习的管理细则

一、博士后研究是指在某些国家的一些学科中获得博士学位的我国公派出国研究生，不改变留学人员身份，在高等院校或科研机构，申请到“博士后研究”职位，在规定的期限内从事本专业的研究。

博士后实习是指获得博士学位的我国公派出国研究生，不改变留学人员身份，进入国外公司、业企，在规定的期限内进行本专业的实习。

二、博士后研究或实习只能进行一次，期限一般在一年以内，最长为一年半。

三、获国内博士学位并在国内确定工

作单位，工作满一年后的在职人员，根据单位需要，可申请从事国外博士后研究或实习。这类人员暂按公派出国访问学者的办法选派和管理。

四、我国公派出国研究生在国外获博士学位后即回国工作的，亦可按本细则第三条规定，申请从事国外的博士后研究或实习。

五、在国外的公派研究生申请从事博士后研究或实习的审批办法是：

1. 申请者须在获得博士学位半年前向所在国我使、领馆提出申请，并填写《从事国外博士后研究或实习申请表》（“JW105”表）。

2. “JW105”表由使、领馆根据本细则第一条规定审核并提出意见后，转申请人国内派出部委或省、自治区、直辖市一级主管部门。

3. 博士后研究或实习的申请，由选派单位组织有关学科的专家、教授评议，提出意见，并经单位负责人签字，单位盖章后，报主管部门审批。

4. 主管部门将审批结果，函（电）告我驻外使、领馆。

5. “JW105”表自使、领馆转出后的三个月内得不到答复的，该项申请由使、领馆审定。

六、对在国外的公派研究生从事博士后研究或实习者，在从事博士后研究或实习期间，国内不发工资。

附件五

单位公派出国留学人员选派工作和经费的管理细则

一、单位公派出国留学人员的选派，应遵循国家派遣出国留学人员的方针、政策，根据部门、地方、单位的需要和可能，有计划、有目的地进行。

二、单位公派以派遣在职人员出国进修（期限一般不超过一年）为主，少派在职人员出国攻读学位。在学本、专科大学生和研究生一般不能以单位公派方式选派，个别特殊需要以单位公派方式选派的，须经部委或省、自治区、直辖市一级教育主管部门批准。

三、单位公派出国留学人员的派遣计划（包括拟派出人数、身份、国别、经费来源等），须由部委或省、自治区、直辖市一级主管部门制定。各主管部门须在每年十一月份，将下一年度的派遣计划报国家教育委员会审核。

四、单位公派出国留学人员的选拔条件与国家公派出国留学人员相同。

五、在职、在学人员，未经批准，不得自行联系国内外奖学金、贷学金等资助。各单位不准为上述未经批准的在职、在学人员提供成绩单、推荐信、介绍信等对外联系出国留学的材料。

六、单位公派出国留学人员，由各选派的基层单位按隶属关系报部委或省、自治区、直辖市主管部门审批。

七、单位公派出国留学人员的经费来源，可分为部门、地方、单位全部提供、部分提供或利用国内外奖学金、贷学金、资助等。其经费管理办法，参照国家公派出国留学人员经费管理的规定自行制定，并在与出国留学人员签订的出国留学协议书中予以明确。

1. 由部门、地方或单位提供全部经费的公派出国留学人员，其国外生活费用标准按国家公派同类出国留学人员在国外的生活费用（含医疗、保险等费用）标准发放。

2. 单位公派出国留学人员国内工资待遇与国家公派同类出国留学人员相同。

3. 单位公派出国留学人员出国及回国的国际旅费，可采取由选派部门、地方、单位全部提供、部分提供或国外接受单位提供的办法解决。

4. 单位公派出国留学人员的出国置

装费、出国研究生和大学生中途回国休假的往返国际旅费的支付办法，由选派部门、地方或单位参照国家统一规定自行制定。

5. 利用国外奖学金等资助派出和在国外期间获得国外奖学金等资助的单位公派留学人员，其经费使用和结算办法，由选派部门、地方或单位根据不同情况，参照财政部、国家教育委员会、外交部《关于公费出国留学人员经费开支的规定》[(85) 财文字 259 号]制定。

6. 单位公派出国留学人员在国外期间的意外事故费用，均由各主管部门负责解决。

八、单位公派出国留学人员出国前，各部委或省、自治区、直辖市的主管部门必须组织一周左右的集中学习：学习国家有关对外工作的方针、政策，出国留学人员的规章制度、外事纪律，介绍我国社会主义建设成就并组织相应的参观活动，介绍有关国家的情况及其它注意事项。

九、学成回国的单位公派出国留学人员，如原系在职人员，应回原选派单位工作，如原系在学人员，由原选派单位根据国家规定安排工作。

民间教育国际交流

1987年，中国教育国际交流协会根据教育发展和改革的需要，密切配合国家教委对外交流任务，继续开拓局面，工作的广度和深度都有所发展。

一、继续发展与外国民间教育机构的联系和往来，做好来华团、组的接待工作，提高派出团、组的出访实效。

1987年，协会又与10个外国民间组织新建了联系，至此，与协会建立联系的外国民间组织已达49个，联系的状况大致分为三类：（1）双方签署了合作协议，有实质性的交流项目，工作在有计划地开展，合作的领域在不断扩大。这类组织有15个。(2) 多数组织目前只一般来往，尚未制定合作的总体规划，有待于进一步挖掘合作潜力。(3) 还有少数组织，双方只是保持着业务信息联系。

1987年，协会直接接待或委托接待的来华访问、旅游团、组共34个，计393人。其中，应邀团、组22个，141人；自费团、组12个，252人，总人数比1986年增加了一倍多。日本参议员田英夫、菲律宾共和国总统科·阿基诺的姐姐、菲高等学校联合会主席雷耶斯、美国州立高等院校协会主席奥斯塔、国际文化交流协团主席海因斯等人所率领的、应邀访华的代表团都收到较好的接待成效，前两个团得到国家与全国政协领导人的接见。

协会全年共组团10起，72人赴美、日、西欧、亚洲地区进行专题考察、工作访问。1987年9月，中国教育国际交流协会付会长李滔应邀参加了在曼谷召开的1987年国际文化交流协团世界年会，与参加会议的各国代表进行了广泛接触。根据与会者的要求，向他们介绍了我国中等教育状况和协会的工作，对外产生了良好的影响。该组织向我会授予外国教育组织的AFS特别奖，这是该组织成立40多年来的第一次。协会副会长张维率领的大学校、院长代表团应邀参加了美国州立高等院校协会27届年会。中国大学校、院长代表团这次访美之行，达到了侧重考察美国州立大学为地方经济与社会发展服务状况的目的，促进了我国一些地方院校与美国的州立大学的校际联系。3周内，代表团分南北两路访问了13个州的34所院、校，研究、探讨了美国州立院校的办学经验。同年，协会还分别应邀出席了美国国际交流协会（CIEE）40届年会，日本国民间教科文组织建立43周年年会。与会人员都相继介绍了中国的对外开放政策，教育改革成就和广泛宣传了协会工作，取得良好效果。

二、采取多种形式，开辟各路渠道，以提高中学外语教师的业务水平为重点，请进来、派出去，有计划地培养外语教师，支持中等学校的教学改革。

大力支持中等教育的对外交流与改革，是协会工作的重点。1987年10月，协会秘书处与国家教委中学司在武汉召开了有20个省、市的教育部门参加的中学英语师资培训经验交流会。总结了聘请志愿教师来华参加英语师资培训的学年班、学期班和暑假英语强化班的办学经验；讨论了外籍教师的管理；研究了发展这项活动的规划。1987年有13个省、市办了16个暑假英语强化班，接受培训的英语骨干教师1790人。学员通过六、七周的口语强化训练，基本上打开了课堂“聋哑教学”的沉闷局面，极大地调动了学生学习外语的积极性，推动了当地的英语教学改革。这样的培训班花钱少，效益大，地方教育部门有很大的积极性。现在已把这个项目称为“双T项目（即TEACHING“教学”与TOURING“旅游”），准备更广泛地开展下去。

1987年，协会向英、澳、加、美、法、日、苏等国派遣了47名中学中年外语骨干教师出国到高等学校进修。通过国际文化交流协团，向英国、美国、加拿大、澳大利亚、新西兰、日本、法国、西班牙等八个国家派遣了包括少数师专、省、地教育学院在内的中学教师108人出国进修。他们在国外通过从事教学实践和与当地人民朝夕相处，提高了外语水平，了解了国外的社会、文化，同时也系统地向所在学校的师生与当地人民介绍了中国的文化、经济与社会主义中国的新事物，新思想，为推动国外青少年与当地人民对中国的了解起到了积极作用。尽管通过这条渠道派出的人数有限，但它在沟通中等教育与国外的信息联系上有一定作用。作为一个互利项目，国际文化交流协团组织也派过10人来华学习汉语一年，并组织了为期6周50余人的中国文化培训。据该协团总部负责人说，约有半数在中国学习的成员回国后都坚持学习汉语，成为致力于中外民间教育交流的积极分子。

根据协会与日本教育交流恳谈会的互换项目，1987年组派了中学理科教育的现状、特点、存在的问题和改革的趋势，这对国内高中理科教育的改革有一定的启示和借鉴作用。

三、高等教育方面侧重帮助边远地区、少数民族地区和地方院校沟通办学信息，打开交流渠道。同时寻求资助，协助开展具有地方特色的科研题目。

1987年，美国13所州立高等学校的校、院长重点访问了青海、甘肃、云南等地的高等院校，随后又组织这些省属院、校的领导回访美国。在自愿互利的基础上，以帮助边远省份高等院校的师资队伍建设为重点，制定了中、美双方的3年合作交流执行计划的工作细目，把交流互访活动纳入我们推进教育改革事业的总体规划中。

通过日本外务省支持的民间组织霞山会与协会的协议，组织福建师范大学等院校10名日语教师免费短期出国考察、了解日本社会。还为师范专科、教育学院等类地方院校以低薪聘请了英国海外志愿服务社、国际文化交流协团、加拿大世界大学服务组织、美中教育服务组织、美中专门人才服务社推荐的英语教师70余人。

继协会推动美国亚洲基督教高等教育联合董事会资助在四川大学、西北师范大学分别建立了西南、西北地区两个图书资料中心后，又推动该会开始资助兰州大学的敦煌学、内蒙古大学的蒙古学和延边大学的朝鲜学的研究。此外，日本对华赠书会向设有日语的高等院校赠送日语视听设备的计划开始实施。协会还支持北京外国语学院与日本国国际交流基金会在北京联合举办了《日本学国际讨论会》。

四、成人教育与职业教育开始进入实质性的中外合作阶段。联邦德国成人教育协会为帮助我在上海、成都分别建立成人教育师资培训中心，在协会安排下进行了项目前的实地考察，随后又把考察资料带回联邦德国进行可行性论证。亚洲与太平洋地区成人教育协会还为我中等成人教育行政管理人员在广州举行了有11个省有关人员参加的培训班，同时考察了香港、澳门地区的成人教育，这一活动为开拓工作人员的视野、借鉴国外经验、办好自己的成人教育起了积极作用。

五、把调查研究纳入工作日程。上半

年为研究国际文化交流协团项目的实施效果和检查近年中学英语师资培训的成效，总结地区的工作经验，协会到湘、皖、豫等省进行了专题调研，下半年又结合协会组团出访，进行了与日、美两国开展民间交流的短期调研。

为了使国外的教育组织与高等院校了解我国的高等院校，为相互开展校标交流提供信息，协会编写出版了中、英文对照的《中国高等院校简介》，同时，为了增进协会、各省分会与国外民间教育组织的相互了解，提供合作信息，协会出版了英文版的《协会工作通讯》(CEAIE REPORT)。为了向我正在国外留学人员提供国内发挥归国留学人员作用与人才需求的信息与工作经验，并使关心国内建设的港、澳、台留学人员和华裔学生了解国内的文教科技等领域的新成就，协会与欧美同学会共同主办了《神州学人》杂志。

撰稿人　纪晓林

审稿人　葛守勤

内地与香港、澳门的教育交流

1987年，内地与香港、澳门的教育交往更为频繁。有12起港澳地区的教育团、组和教育界人士计91人次来内地参观访问。其中，有香港大学校长王赓武、香港中文大学校长高锟，他们均表示愿意加强与内地高等学校的交流和合作。澳门文化学会主席彭慕治首次访问内地，与内地的教育，文化部门就交流和合作问题进行了探讨。内地赴香港访问的教育团、组共16个，187人次。1987年2月，国家教委专职委员黄辛白率团赴香港出席内地14所大学在香港举办的科技成果介绍会。12月，又率团赴香港参加霍英东教育基金会第二次理事会及顾问委员会联席会议。会议讨论并通过了霍英东教育基金会青年教师基金及青年教师奖评审办法。在港期间，黄辛白一行出席了华夏基金会成立5周年的庆祝活动。

国家教委专职委员黄辛白1987年9月30日在记者招待会上宣布：为了香港的繁荣和发展，国家教育委员会决定为香港人设立研究生奖学金。奖学金计划自1988年起实施。

香港知名人士1987年向内地捐资办学的项目有：

一、邵氏影业公司及香港电视广播有限公司董事长邵逸夫先生于1987年12月24日第二次向内地大学赠款1.16亿港币。这笔赠款将用于内地15所大学的校舍和图书馆建设。

二、香港中华总商会会长霍英东先生向北京师范大学赠款500万美元，以建设一所教育大楼。这所教育大楼正式命名为“英东教育大楼”。赠款仪式于1987年8月在北京师范大学举行。李鹏副总理出席了赠款仪式。

三、王宽诚教育基金会出资15.6万美元，资助内地18所大学的对外交流活动。交流活动的内容主要是进行科研，邀请专家来华讲学，举办和出席国际学术会议等。

撰稿人　张守华

审稿人　王复孙

教育科学

全国第三次教育科学规划

一、教育科学规划会议

全国第三次教育科学规划会议，于1987年7月11日至15日在北戴河召开。出席这次会议的有全国教育科学规划领导小组成员、学科规划组成员、各省、自治区、直辖市教育行政部门的负责人、各地方教科所所长和来自高校、中央有关部门的专家学者共182人。全国教育科学规划领导小组组长何东昌在会上作了重要讲话。

这次会议的中心议题是：总结教育科学"六五"规划重点项目完成情况，研究确定我国教育科学"七五"规划，评议审批"七五"期间国家级和部委级重点科研项目，对今后加强教育科研的管理提出了建议。

1. 教育科学"六五"规划重点项目完成情况。"六五"规划重点研究项目共36个。按计划如期完成的有23个，占项目总数的64%；按计划已有阶段性成果需延长完成时间的有11个，占总数的31%；因故未能按计划进行研究的有2个，占总数的5%。教育科学"六五"规划，是在我国进行教育思想的转变和教育体制的改革过程中进行的，它的制订和实施，是我国教育科学研究由自发走向有计划发展的一次改革。从已取得的科研成果看，部分项目研究不仅在理论上有所突破、具有较高的学术价值，而且对当前更新教育思想、深化教育改革也起到了一定的推动作用。

2. 教育科学"七五"规划的目标、指导思想和基本任务。第七个五年计划期间，是我国进行政治体制、经济体制、科技体制和教育体制改革的关键时期。在这一时期内，我国经济发展战略和经济体制将进一步由旧模式向新模式转变，基本上奠定有中国特色的新型社会主义经济体制的基础。为此，教育体制也要相应地实行这种转变。客观要求尽快形成具有中国特色的社会主义教育体制，以求在科学技术和人才培养方面，为九十年代的经济和社会的继续发展准备必要的后续能力。教育科学研究工作应当为实现上述目标作出应有的贡献。

会议明确，"七五"期间教育科学研究要坚持以马列主义、毛泽东思想为指导，坚持四项基本原则，坚持改革、开放、搞活的方针，遵循"教育要面向现代化、面向世界、面向未来"和"教育必须为社会主义建设服务，社会主义建设必须依靠教育"的正确方向，进一步转变学风，贯彻理论联系实际的方针，着重研究我国教育发展和改革中的重大理论问题和实际问题，加强教育科学的学科建设，为形成具有中国特色的社会主义教育科学体系而努力。

全国教育科学"七五"规划的基本任务，一是在我国社会主义教育事业重大问题的研究上，争取有较大的进展；二是要从各方面创造条件，为九十年代教育科学的更加繁荣和发展奠定良好基础。据此，“七五”期间我国教育科学发展规划的奋斗目标是：力争为教育改革的决策提供理论依据和可行方案；教育科学的各个学科要有计划地得到发展和提高；分批编纂我国教育基本文献资料；逐步形成一支数量和结构比较合理的、能适应科研工作需要的教育科研队伍；建立若干有代表性的教育实验区和实验学校；改善研究条件，逐步实现教育文献情报和研究手段的现代化。

对于我国教育改革的研究，要把重点放在如何贯彻德、智、体、美全面发展方针和培养“四有”人才方面。既要研究有关普及九年制义务教育，大力发展职业技术教育，改革高等教育，发展成人教育等问题，又要研究教育思想、教育内容、教育制度、教育方法、教育手段等一系列改革问题；既要研究人才预测与教育发展战略和科学决策与管理问题，又要研究当前存在的片面追求升学率、“高分低能”、思想政治工作薄弱等问题。要把研究解决当前的紧迫问题与长远的全局性问题结合起来。

对于我国教育科学各个学科体系的形成，要根据基础、需要与可能，积极地、有步骤地在理论体系、研究方法、研究手段等方面加以充实、改进和提高。

会议特别强调，要重视并加强对农村教育整体改革的实验研究，要求各省、自治区、直辖市选择一个县，综合研究全县的教育怎样改革，围绕提高农村劳动者素质的问题，着重探讨农村教育如何为当地的经济和社会发展服务，为农民脱贫致富服务的问题。

3. 教育科学“七五”规划重点项目。会议期间，经各学科规划组认真审议和无记名投票表决，并分别经全国哲学社会科学规划领导小组和全国教育科学规划领导小组批准，共确定教育科学“七五”规划国家重点项目 29 个，教委重点项目 89 个，部分中央部委重点项目 27 个。对我国教育事业有重要意义的《当代中国》(教育卷)、《教育大辞典》及《心理学大辞典》3 个项目也列为国家重点项目，但不申报国家社会科学基金。除此之外，还增列了一批由地方或部门资助的一般项目。

4. 关于加强教育科研管理。会议提出要在规划、选题、审议、检查、成果鉴定、推广和评奖等各个环节，逐步实现规范化、制度化、科学化。会议明确，以后的教育科学规划不再是五年制订一次，而是实行滚动式计划，即逐年完成，逐年增加，不具备继续完成条件的项目，随时撤销。为了加强对各方面项目申报的引导，从 1988 年开始编写教育科学项目指南。

会议还讨论了争取早日建立国家教育科学基金、健全教育科研体制、加强教育科研队伍建设和加强教育文献情报建设等问题。

撰稿人　金宝成
审稿人　吴　畏

二、教育科学“七五”期间重点研究项目

教育基本理论研究方面

项　　目	内　　　容	承担人	备注
马克思主义教育理论在中国的实践和发展（着重于十一届三中全会以来我国教育理论和实践的发展研究）	研究以毛泽东为代表的老一辈无产阶级革命家的教育理论与实践；研究十一届三中全会以来以邓小平为代表的教育理论与实践；中苏教育理论与实践发展的对比研究；研究当今国际教育理论与实践的发展及对中国的借鉴；探讨建设具有中国特色的社会主义教育的理论。	张健教授（中国教育学会）厉以贤教授（北京师范大学）	国家重点
教育投资决策研究	估算教育投资对经济增长的作用；研究教育投资的合理分配、投资的比例函数；研究高等教育机构成本的决定因素，成本函数；研究高等教育机构适度规模。	秦宛顺副教授（北京大学）	国家重点
教育学	《教育学》教材；《教育学资料选辑》；《教育学文集》丛书。	瞿葆奎教授（华东师范大学）	国家重点
教学论	课程编制的基本理论；学习的基本理论；全面发展教育的实施及其规律；学生学习与品行的测量和评价；中外教学论比较等。	邹有华教授（华南师范大学）	教委重点
教育系统的合理结构及教育投资的经济效益	以教育系统及教育经济问题为研究对象，主要研究大、中、小及成人教育系统的合理结构问题、教育的经济效益问题，根据教育经济关系预测教育发展的规划等。采用非平衡系统理论的方法，在国内属新开发项目。	方福康教授（北京师范大学）	教委重点
艺术教育学	研究艺术教育的社会地位及作用；我国艺术教育的历史和现状；艺术教育的特点、规律及方法论；艺术教育中的心理感应及功能；高、大、中、小、幼各级艺术教育。	魏传义教授（厦门大学）	教委重点
新时期我国教育功能及调节机制	研究社会主义商品经济发展对教育的客观要求；教育的社会、经济功能及其表现形式以及教育供求矛盾的调节机制等。	杨葆焜教授（华中师范大学）	教委重点
顺境教育理论及学校模型	研究国内外青少年发展的时代特点；教育悲观论述评；马克思主义的青少年观和青少年研究的方法论；中外古今学校模型剖析；“逆境成才”评述及顺境教育的理论体系；教育实验和学校模型设计（主要是中、小、幼）。	王逢贤教授（东北师范大学）	教委重点
中小学劳动教育研究	研究劳动教育在党的教育方针中的地位、作用；中小学各阶段劳动教育的内容、途径、方法；劳动教育与德智体美的关系；我国劳动教育的历史反思与展望。	丁沅副教授（南京师范大学）	教委重点
教育与中国社会变迁	探讨中国社会变迁的合理模式及教育对策，力图寻求一种具有中国特色的社会变迁的合理理论模式以及与之适应的教育基本假设前提和教育的改造重组机制及其塑造当代中国社会的合理策略与步骤。	卫道治教授（武汉大学）	教委重点

教育心理研究方面

项　目	内　容	承担人	备注
美育心理研究	研究美育过程中学生的心理活动和心理品质的形成，从心理学的角度研究美育的实质，丰富加深教育学中美育的内容。	刘兆吉教授 (西南师范大学)	国家重点
教学心理研究与应用	对传统学习理论分析与教学改革的研究；发展心理与教学的研究；课堂教学结构因素分析与教学设计；教学内容获得的结构分析；教材与教学方法的设计；非认知因素在教学中的作用；教学评价与学生的自我评价。	李蔚副研究员 伍棠棣研究员 (中央教科所)	国家重点
中小学生心理发展与培养	探索中小学生心理能力的发展与培养，编制一套适合于农村、城市一般中小学使用的教材、教具、教参。	林崇德教授 (北京师范大学)	教委重点
学与教的心理学理论与应用	对教育心理学理论进行综合与比较研究，主要是学习理论的比较研究、学习论在学习教学中的应用、语文教学心理。	邵瑞珍教授 (华东师范大学)	教委重点
弱智儿童的诊断与教育训练	通过对弱智儿童进行脑电图检查、神经系统检查、行为考察、教育训练等步骤，探索评估标准及训练方法，并着手建立弱智儿童的诊断与教育训练基地。	阮镜清教授 卢廷柱副教授 (华南师范大学)	教委重点
儿童社会性发展研究	儿童性格发展、道德品质发展与家庭、教育的关系；儿童依恋性、独立性养成条件；儿童自我意识的发生发展等。	李长岷教授 (西南师范大学) 曹子方副教授 (东北师范大学)	教委重点
学生品德形成的内外条件及其动力系统	品德成分相关及制约行为的研究；影响学生品德形成的教育、社会条件分析研究；问题行为的成因及矫正等。	章志光教授 (北京师范大学)	教委重点
关于中小学学生成就动机的研究	调查中小学生成就动机，分析其结构、发生发展过程和影响因素；调查分析差生在成就动机上的特点；探索提高这些学生的途径。	郭占基教授 (东北师范大学)	教委重点
数学自学辅导教学的心理学研究	采用班集体与个别化相结合的教学方式，教师指导辅导下以学生自学为主的教学方法，研究启发、阅读、练习、知（当时知道结果）、小结相结合的课堂模式。	卢仲衡研究员 (中国科学院)	教委重点

教育史研究方面

项　目	内　容	承担人	备注
中国革命根据地教育史	编写《中国革命根据地教育史》；编写《中国革命根据地教育大事记》；编写各革命根据地教育史、教育大事记；编选《老解放区教育资料》，各革命根据地教育资料选编。	董纯才 张腾霄 （中国人民大学）	国家重点
陶行知教育思想系列研究	包括陶行知教育思想研究，师范教育学说及其实践、生活教育理论研究、陶行知教育学说及其系列研究；陶行知传记、年谱、资料编辑；区域性实验、师范教育改革实验、生活教育实验等。	章开沅教授 （华中师范大学）	教委重点
中国书院史	中国书院学派和人物的教育思想；中国书院制度	李国钧教授 （华东师范大学） 王炳照副教授 （北京师范大学）	教委重点
两宋教育思想研究	研究两宋时期的教育制度和朱熹、程颢、程颖等著名教育家的教育思想。	周德昌教授 （华南师范大学）	教委重点
美国教育史	研究美国各历史阶段的各级各类教育发展及其教育思想的变化，探讨其教育演进的规律。	滕大春教授 （河北大学）	教委重点
英国教育史	研究英国古代、中世纪及近现代教育的发展和这些时期重要的教育家的教育理论和教育思想。	金锵副教授 （杭州大学）	教委重点
世界教育史教学科研资料选编		夏之莲教授 （北京师范大学）	教委重点

比较教育研究方面

项　目	内　容	承担人	备注
当代国外教育思想研究	研究当代苏联教育思想;评价美国及英、德、法、日等国当代教育思想，并进行理论上的分析与研究；结合本国实际，提出对教育思想改革的看法。	顾明远教授 毕淑芝教授 （北京师范大学）	教委重点
各国高等教育比较论	系统研究苏、美、英、法、德、日六个工业发达国家的高等教育；关于高等教育思想、人才预测与就业、教学与科研、教学组织与教学方法、大学与中学的联系、研究生培养与学位制度、奖金与贷金制度等方面的专题比较研究，撰写《各国高等教育比较论》。	王承绪教授 （杭州大学）	教委重点
现代教育与国家发展	评述国外教育与社会发展相互关系的理论和各种"教育现代化"学说；研究苏、美、日、德、法等发达国家和印（度）巴（西）等发展中国家在不同社会经济制度和文化传统背景上发展教育的主要模式和经验教训；我国三十多年来在教育与社会经济相互协调发展方面获得的主要经验教训；从国际比较研究角度得出若干结论。	金世柏研究员 张渭城研究员 周南照副研究员 （中央教科所）	教委重点
苏联高等工科教育	研究苏联高等工科教育改革的历史背景和现实意义；改革的基本内容和措施；跟踪其改革的资料信息；为我国高等教育改革提供咨询和信息。	李家宝教授 （哈尔滨工业大学）	教委重点
战后国外教育思潮研究	选择并剖析战后教育思潮的代表人物的代表性著作；对主要教育思想进行专题分析研究；在专题研究基础上，撰写系列专著。	钟启泉副教授 洪丕熙副教授 （华东师范大学）	教委重点
日本教育发展战略研究	以日本社会经济发展战略及科技发展战略为基础，以日本明治维新教育改革，战后初期教育改革和第三次教育改革为主线，深入分析日本现代教育发展中的一、二、三次改革的目标、政策与实践，阐明关系、揭示规律、预测发展、提供借鉴。	梁忠义教授 （东北师范大学）	教委重点
比较德育论	系统研究当代国外主要德育理论及其实施状况；系统研究世界各主要国家的德育实践状况；结合中国实践，为我国德育改革设想一个适合社会主义现代化建设的、伦理学与心理学相结合的、综合性的理论基础与实施方案。	魏贤超 裴文敏副教授 （杭州大学）	教委重点
学校体育比较研究	系统研究美、苏、日等经济发达国家学校体育发展的理论与实践；联系我国学校体育的发展，探索发展学校体育的共同规律和趋势。	田继宗教授 （北京师范大学） 李晋裕 （国家教委）	教委重点
国外提高研究生教育质量的研究	探讨研究生教育与政治、经济关系的规律和研究生教育本身的内部规律；研究国外研究生教育的理论基础和发展，探索规律、总结经验。	符娟明教授 （北京师范大学）	教委重点
澳大利亚教育研究	编写《澳大利亚师范教育》、《澳大利亚高等教育》、《澳大利亚中小学教育》三部书。	雷晓春副教授 （华南师范大学）	教委重点

教育发展战略和教育管理研究方面

项目	内容	承担人	备注
上海教育发展战略研究	探讨上海教育发展的历史沿革及其主要经验教训，总结研究教育发展与经济、社会发展、教育体制与经济、科技体制的相互关系及其规律；上海专门人才和劳动力现状分析与本世纪末趋势预测；教育改革与教育思想观念的变革；2000年上海教育发展的目标、体系、结构、模式与机制；学校思想教育的发展与改革；社会教育在未来教育中的功能及其纵向、横向网络；人才成长的社会环境；打破学校教育的封闭模式，加强教育的横向联系，推进学校教育与社会一体化；国际人才交流的历史、现状及其对策；部门办学和中心城市管理学校体制（高校纵向领导体制）的研究。	舒文 （上海市人大常委会） 王生洪教授 （上海市政府教卫办）	国家重点
我国教育事业发展规划与实施措施研究	教育规划的原则、思路、方法；教育规划体系、规划工作的分级实施及宏观控制和指导；义务教育的条件、实施步骤、宏观的控制机制；专门人才教育（高级和中专）规划，提高宏观效益的机制；教育发展战略。	周贝隆教授 （国家教委）	国家重点
珠江三角洲教育发展战略研究	研究珠江三角洲教育发展战略的指导思想、战略目标、战略重点及对策、实施方案等。	王屏山 （广东省人民政府） 周国贤 （广东省教育厅） 徐名滴副教授 （广东省教科所）	国家重点
台湾教育研究	探讨中华民族文化教育在不同社会制度下的表现形态，为研究当代中国教育提供不可缺少的内容。重点研究台湾教育与台湾经济（涉及教育与经济的相互联系及交互作用；教育经费的比例与构成；人力发展计划的制订与实施等）；台湾教育与台湾社会（涉及教育的社会条件、社会职能、社会需求、社会效益；教育方法与教育政策等）；各级学校教育的培养目标与职能；各级各类教育的发展与比例，教学制度与管理、课程、教材、教法、师资等问题的现状；各级教育的现状、问题及矛盾。	叶品樵 （福建省教委） 胡尔纲助研 （福建省教科所）	教委重点
华侨教育研究	研究二次大战后华侨教育的新变化、新特点以及解放后我国侨教的特点、问题和对策；对世界主要地区华侨教育、海外侨教与国内侨教、解放前后进行比较研究。	徐善福副教授 余以平讲师 （暨南大学）	教委重点
香港教育研究	香港教育的基本情况；香港普通教育研究；香港职业教育研究；香港教育发展趋势的研究。	吴光普副教授 （华南师范大学） 汤孟松 （深圳市教科所）	教委重点
中国教育情报网络建设与教育情报学研究	研究教育情报的功能、结构、流程、特点、情报分析、发展趋势及与相关学科的关系；探索计算机在教育情报工作中的应用；提出我国教育情报网络的合理结构方案，并进行局部试验。	曹青阳副研究员闫志超副研究员 （中央教科所）	教委重点
我国高等教育管理体制改革研究	研究高教横向联合；高教管理体制改革方案；高教管理体制改革试点；高教管理体制改革的比较研究。	李之保 （国家教委）	教委重点
高师发展战略研究	从高师的地位、作用、历史沿革、培养目标、课程体系等入手，研究高师教育的规律与特点和我国高师教育的发展战略。	郑启明 （国家教委） 薛天祥副教授 （华东师范大学）	教委重点
培养合格中小学校长的规律和制度的研究	中小学校长成长的规律 中小学校长培训的规律 中小学校长的管理制度	贺乐凡副教授 （北京教育行政学院）	教委重点
社会支持教育的理论与实践	总结实践经验，探讨研究社会支持教育的理论；研究社会支持教育的最优方式和途径，提出政策建议。	张庆义 （天津市教育局） 余强基 （天津市教科所）	教委重点

德育研究方面

项　目	内　容	承担人	备注
我国中小学德育整体改革研究	研究中学德育大纲制定的理论依据和指导思想；中学德育目标的确定和德育内容系列化；中学德育一体化；中学德育考核的科学化；提出一个全国性的、内容比较完整的中学德育大纲。 研制《我国小学德育纲要》，并进一步研究小学德育在普通教育中的地位和作用；研究小学德育目标、基本内容、原则、方法、途径、考核和评估；研究小学德育纲要的理论依据；研究小学德育纲要的结构及其表述。	周兴林 (中央教科所) 卓晴君　姬君式 (国家教委) 范小韵副研究员 (北京市教科所)	国家重点
新时期德育基本理论问题研究	研究德育自身的结构与功能；研究德育对象；研究德育规律；研究德育目标；研究德育方法；研究德育管理。	鲁　洁教授 (南京师范大学)	国家重点
中学思想政治课改革实验研究	研究中学思想政治教育的历史经验与教训；研究思想政治课的性质和任务；研究思想政治教育课在中学思想政治工作中的核心作用；研究思想政治课内容的层次与结构；研究思想政治课贯彻理论联系实际原则的问题；研究思想政治课教学过程中传授知识、培养能力、提高觉悟、训练行为的关系；研究思想政治课教学方法的改革；研究思想政治课的考核；研究思想政治课师资的培养；研究国外对青少年进行政治教育的情况。	贺允清副教授 (国家教委)	国家重点
国外社会文化思想对我国青年学生的影响及我们的对策	对青年学生影响较大的现代国外社会文化思想产生、发展等基本情况以及经济、政治、社会、文化背景；专题调查；对策研究。	陆钦仪 (中宣部教育局)	教委重点
大学生思想政治教育研究	主要包括思想政治教育理论基础研究和人生观理论研究。	徐文良 (国家教委)	教委重点
班集体科学理论研究	研究班集体科学概念、范畴及理论；班集体建设与课堂教学；班集体建设与个性发展；班集体建设的原则、规范、方法。	唐　迅 (无锡市教科所)	教委重点
我国开放城市中学生社会理想形成与教育	根据开放城市的社会特点，以培养社会政治理想为突破口，设计出一个教育方案，并开展相应的试验，找出一个具有开放城市特点的有效教育方案。	李锡槐副教授 (华南师范大学)	教委重点
大学生社会实践教育工程设计	大学生社会实践教育的历史沿革；地位和作用；新形势下大学生社会实践教育的新特点及其规律；社会实践与自我教育。	胡守　教授 邱伟光 (华东师范大学)	教委重点
经济特区和开放地区的德育改革	中小学生思想特点和趋势的社会背景与整体评价；德育观念和内容、形式的现状、发展与改革。	杨贤君副研究员 (广州市教科所)	教委重点

高等教育研究方面

项　目	内　容	承担人	备注
关于应用学科高层次专门人才培养途径多样化的研究	论证应用学科高层次专门人才培养途径多样化对四化建设的重要意义；分析当前应用学科高层次专门人才培养存在的问题；剖析社会若干专业岗位对高层次专门人才在知识、能力、结构方面的要求；着重研究有关培养高层次专门人才的“非研究生途径”的政策措施；研究研究生培养如何面向实际用人部门进行必要的改革；综合性政策建议及可行性论证。	郝克明 蔡克勇 （国家教委）	国家重点
高等学校教学原理与方法	高等学校教学论的科学基础；大学生身心发展特征与教学；高等学校培养目标；高校教学过程的规律与原则；高校课程编制、教学方法、教学手段、教学管理以及大学教师的素养和教学研究等。	潘懋元教授 （厦门大学）	国家重点
中国社会主义科学技术人才的素质及培养过程的研究	根据社会发展需要，研究高等教育（理工科）宏观发展和培养科技人才的素质和规格；根据青年科技人才成长过程的特点，研究社会主义大学科技教育的体系、方法和规律；从培养人才出发，研究社会主义理工科大学的管理；中国近现代科技教育史。	李卓宝研究员 （清华大学）	国家重点
高等教育思想研究	关于发展高等教育事业的若干指导思想；关于高等教育的培养目标；关于高等教育过程；关于建国以来，我国高等教育思想的演变与现状；关于高等教育思想若干问题的国际比较。	汪永铨教授 （北京大学） 庞文弟 （北京市高教局） 余　立 （上海市高教学会）	国家重点
新时期高等工程教育人才培养规律及其应用的研究	研究工科大学生身心特点；研究高等工程教育人才培养适应社会主义建设和改革实践需要；研究高级工程科学技术人才培养目标和培养过程；研究影响人才培养质量的因素及其对策。	王冀生 （国家教委）	国家重点
关于改革我国高等学校文科教育的研究	改革我国高等学校文科教育的必要性、紧迫性；改革我国高等学校文科教育的指导思想；全面、系统、有步骤地进行文科教育改革；努力建立一支马克思主义的高等学校文科教师队伍；加强对高等学校文科教育的领导。	夏自强 李进才 （国家教委）	国家重点
普通高校招生考试改革研究	制定普通高等学校招生工作条例；改革招生考试形式；改革高考科目设置；创造具有中国特色的标准化考试；改革录取体制；研究保送生制度；建立考试机构。	杨学为 （国家教委）	教委重点

续表

项　目	内　容	承担人	备注
中国师范教育改革研究	关于我国师范教育现状的调查研究和理论分析；关于建立适合我国国情和特点的社会主义师范教育体系的探讨；关于普通师范教育的专业结构、课程研究；关于教学改革的研究；关于教育系科改革的研究。	汪兆悌副研究员 (北京师范大学)	教委重点
我国高校实验室建设与人才培养	研究科学实验与科技进步、经济发展及社会发展之间的关系；实验教学在培养智能型人才中的作用；建立开放型实验室管理体制；研究在5-10年建立一支职务、专业、年龄结构合理的实验队伍的可能性。	蒋景华高级工程师 (国家教委)	教委重点
具有中国特色的高等教育评估制度的研究与实践	研究高校评估的目的、作用、概念、本质；高教评估标准。量化理论和方法；高教评估的组织、程序、制度与政策。	梁　森 (国家教委)	教委重点
我国高等教育与高等学校管理的研究	高教管理的科学依据；高教领导与中观管理；高教立法；高教制度；高教管理的原则与方法；高教管理的目标与过程；高教领导与评估；高教管理的未来。高等学校管理的理论体系；高等学校管理科学化与系统改革；高校管理中的计算机应用。	王　润教授 (北京钢铁学院) 刘文修教授 (河北大学)	教委重点
文理科人才培养规律若干问题的研究	研究文理科人才的特点及其对社会的作用以及当前社会对文理科人才的需求；研究多种规格文理科人才的培养目标、专业设置、教学计划与课程结构优化设计；研究文理科教学过程、原则、方法、手段及评估；比较研究基础学科与应用学科培养人才的特点；研究我国文理科高等教育历史演变及其经验教训；国内外文理科高等教育的比较研究。	王义遒教授 华彤文教授 (北京大学)	教委重点
高校综合财务计划预算管理模型设计决策技术和评价	预算管理体制改革总体构思；模型设计、程序设计与决策分析；预算与考核；预算编制与考核；预算管理审计与评价。	杜肯堂副教授 万鸿声讲师 (四川大学)	教委重点
我国大学生参加社会实践制度的研究	大学生社会实践的内容、形式及其主要功能；现状分析和存在问题；建立我国大学生社会实践制度的建议。	姜　云 (北京市高教局)	教委重点

普通教育研究方面

项　目	内　容	承担人	备注
普通教育整体改革实验与研究	九年制义务教育和普通高中课程、大纲和教材的研究；具有超前意义的三所实验学校整体改革实验；大面积提高教育质量的经验与规律的探索。	吕型伟研究员（上海市教育局）叶立群编审（人民教育出版社）	国家重点
片面追求升学率的原因、后果及对策	片面追求升学率的国内外比较，我国片面追求升学率的历史发展；片面追求升学率社会原因的调查分析；片面追求升学率在教育内部的原因调查分析；片面追求升学率所产生的恶果及其影响的研究；探讨纠正片面追求升学率的对策；预测解决片面追求升学率的过程及效果。	李　冀教授（中央教育行政学院）	国家重点
农村教育整体改革研究	通过调查不同发展水平的农村经济结构、劳动生产力素质状况，研究农村经济和社会的发展对人才的需求；研究当前农村教育不适应当地经济社会发展需要的表现，分析其产生原因；探讨农村教育适应当地社会经济发展需要的改革途径和对策。	吴　畏（中央教科所）孟广平（国家教委）	国家重点
西部几省普及九年制义务教育的研究	西部地区九年制义务教育的现状及发展趋势研究；西部地区普及九年制义务教育的指导思想、原则、途径及办学标准的研究；西部地区少数民族地区九年制义务教育特殊性研究；推进西部地区普及九年制义务教育的对策、政策建议。	韩邦彦（四川省教委）	国家重点
工读学校在青少年违法犯罪预防、控制和预测中的地位和作用	研究国内外青少年违法犯罪预防、控制、教育转化机构的地位、作用和功能，重点研究我国工读教育的历史和现状、工读学校在新的历史时期的任务、地位和作用。具体研究工读教育参与早期控制预防的范围、内容、组织管理体系、工作方式、特殊工作制度、与普通中小学和社会各部门的联络关系和制度；工读教育参与早期控制的法律问题。	江晨青（上海市教育局）	国家重点
普通中学课程改革的研究	在普通中学设置综合课的理论研究；初中综合课程的研究与实验（包括自然科学综合课程和社会科学综合课程）。改革初中课程模式、课程结构、课程内容；农村初中课程改革的研究与实验。改革农村初中课程模式、课程结构、课程内容；高中课程改革的研究与实验，改革高中课程模式、课程结构、课程内容。	仲哲明（国家教委）	教委重点

续表

项　目	内　容	承担人	备注
中小学教师素质调查研究	中小学教师素质现状；中小学教师应具备的素质；培养提高中小学教师素质的有效措施方案。	吴元训教授 (陕西师范大学) 金长泽 (国家教委)	教委重点
城市中小学劳动技术教育研究	验证国家教委颁发的《全日制普通中学劳动技术课教学大纲（试行稿)》，研究小学劳动技术教育要求；编写城市中、小学劳动技术教育教材；研究劳动技术教育实习基地及实施劳动技术教育的途径和方法；我国普教劳动技术教育的回顾及基本经验；研究马克思主义关于劳动技术教育的理论。	叶文山 (天津市教育局) 何　朔 (天津师专)	教委重点
青少年课外科技活动研究	课外科技活动对青少年的影响、作用及其规律的研究；对现行课外科技活动的评估和研究；国外科技活动和各类国际科技竞赛的组织、方式、方法对比研究；科技辅导员的现状、存在问题及师资培养工作的意见研究；适应中国情况的校外青少年科技活动阵地、器材等网络建设的研究。	郭正谊副教授 张太昌副编审 (中国科协)	教委重点
农村幼儿教育研究	对农村各类型幼儿园、班的教育结构及幼教师资培训的教育结构进行探索性实验研究。	赵寄石教授 (南京师范大学)	教委重点
课外活动在教学体制改革中的地位和作用	研究课外活动对改革传统教学体系的重要意义；课外活动与人才培养、课堂教学与课外活动的关系；课外活动的原则、内容、方法以及开展课外活动的条件。	温寒江副教授 (北京市教育学会)	教委重点
我国普通教育的教学内容和结构	研究课程理论、课程制订、教学内容选择的现状和背景，制订课程及教学内容改革的方案。	潘仲茗副编审 (中央教科所)	教委重点
如何适应我国新时期的特点提高幼教质量	以动态学为理论框架，以社会化因素为主要内容，以家庭、社会、幼儿园以及幼儿本身为研究对象，考虑经济、地理、文化、教育等因素，进行调查研究，提出实验方案，进行有关实验。	史慧中副研究员 (中央教科所)	教委重点
青春期教育研究	青春期教育现状；青春期教育设计；青春期教育发展趋势；青春期教育学科建设；青春期教育比较研究。	姚佩宽副研究员 (上海社科院)	教委重点

续表

项　目	内　　容	承担人	备注
八十年代后期中国普通初中科学教育评价研究	国际合作研究。包括对选定地区的目标总体即全部学生的总体情况的调查，以便抽取其中的代表性样本；对选定地区初中地球科学、生物、物理、化学四科课程教材、大纲及实际教学情况的问卷调查和等级评定。在国际标准测试题和问卷的基础上修订、补充国家试题，拟订和编制我国的词汇测验，编制数据文件和建立数据库；对测验成绩及有关学生、教师、学校背景信息的单变量分析、多变量分析，最后得出对于80年代后期我国初中科学教育成就的综合评价并进行国际比较研究。	汪世清 （中央教科所）	教委重点
中小学教育评价研究	研究中小学工作质量综合评价标准体系和实施办法，包括学生质量评价、领导工作质量评价、教育工作人员评价、主要学科学习质量评价。	梅　克 张秀媛 （北京市教科所）	教委重点
普通教育与职业教育相结合的农村普通初中模式实验研究	农村初中为振兴地方经济服务；农村初中科学进行教育分流；课程设置、师资素质及来源；评价标准。	梁植文副教授 （吉林省教委） 佟勖功副研究员 （吉林省教科所）	教委重点
3—15周岁独生子女特点及教育规律的研究	独生子女生理特点的研究；独生子女智力发展特点的研究；独生子女个性发展特点的研究；独生子女非智力因素发展特点的研究；独生子女发展的社会化动因的研究。	沈培新 （安徽省教委） 吴之季 （安徽省教科所） 夏瑞庆副教授 （安徽师范大学）	教委重点
提高农村基础教育质量和效益的研究	影响提高农村基础教育质量和效益的表现；提高农村基础教育质量和效益的具体目标和改革措施。农村低规学校提高教育质量和效益的特有规律；管理体制、师资、评价体系等。	肖垠研究员 （山西省教科所）	教委重点
我国学校艺术教育的理论与实践	各类学校（除专业艺术院校）艺术教育管理、艺术教育的指导思想、目标等；艺术教育的教学与改革等；关于师资队伍的分析及提高师资水平的途径；各阶段艺术教育的特点及衔接。	彭　云 （国家教委） 赵　沨教授 （文化部） 武兆令副教授 （国家教委）	教委重点
学科能力培养目标的实验与调查研究	能力的形成和发展；各科能力的培养目标和实验研究；有关学习能力培养目标的问卷调查和教学建议。	李镜流副研究员 白月桥副研究员 （中央教科所）	教委重点

职业技术教育研究方面

项目	内容	承担人	备注
老、少、山、边、侨地区职业技术教育为经济发展服务的研究与实验	教育现状与发展趋势的调查研究与实验；经济现状与发展趋势的调查研究；建立适应经济发展和社会需要的职业技术教育体系的研究与实验；经费、师资、教材、实习基地建设的研究与实验。	饶博生 陈一如 邹天幸副研究员 （中华职业教育社） 黄志玉 （重庆市教科所）	国家重点
2000年我国职业技术教育发展战略的研究	战略背景的研究；战略思想的研究；战略目标与任务的研究；进行决策分析，提供发展图象；战略对策的研究；对典型省、市、县战略发展模式的研究。	孙震瀚 （国家教委） 刘春生副教授 （吉林职业师院）	国家重点
关于职业技术教育体系的研究	对有关职业技术教育体系方面的矛盾与问题进行深入调查分析，收集各国有关这方面的观点与论述进行对比分析，从而对解决这些矛盾与问题求得合理的观点与方案；在以上研究的基础上，进一步调查我国社会主义建设的实际需要，参照国外经验，提出建立反映我国特色的职业技术教育体系实施方案。	孟广平 （国家教委） 关裕泰 （劳动人事部）	教委重点
发展职业技术教育与相关的劳动人事制度同步改革的研究	我国用人制度、劳动报酬制度和劳动力计划基本状况和改革趋势；劳动就业发展趋势预测及其对职业技术人才需求；若干地区职业技术教育和培训事业的现状问题及改革措施；中专技校招生制度、分配制度的改革及实施步骤；现行学徒制度的利与弊及改革途径，劳动就业与职业教育和培训之间关系的研究；实现“先培训、后就业”对不同发展地区的要求及有关政策法令的研究。	刘贵顺 （天津第二教育局） 费重阳 （天津职业技术师院） 叶北鹿 （天津市劳动局）	教委重点
职业指导研究与实验	社会调查；职业心理测验与分析；教材编写；资料汇编等。	闻友信 （国家教委）	教委重点
职业技术教育基本理论的研究	职业技术教育学；职业技术教育管理学；职业技术教育史等。	邹天幸副研究员 孙运仁 （中央教科所） 李蔺田 （国家教委）	教委重点
职业中学办学方向、培养规格、办学形式、质量评估的研究与实验	职业中学的办学方向；职业中学的培养规格；职业中学的评估标准、原则及办法；职业中学的办学形式。	董操 （山东省教育厅） 纪芝信 （辽宁省教科所）	教委重点

续表

项　目	内　容	承担人	备注
职业技术教育师资素质与培养途径的研究	研究职教师资状况、特点、素质要求、来源、培养基地建立以及稳定师资队伍的措施、政策。	韩文成（吉林职业师院） 齐树华教授（天津职业技术师院）	教委重点
高等职业技术教育研究			尚未落实

成人教育研究方面

项　目	内　容	承担人	备注
农民技术教育与农村经济发展的关系	农村经济现状及发展趋势、农业劳动者的科学文化技术现状及长远需求；农民教育的性质、特点任务、地位、作用与效益以及农民教育与普通教育的协调关系；我国农民教育的历史过程，现状、办学条件及发展趋势；发展农民教育特别是农民技术教育的对象，指导方针及政策措施（包括规模、速度、内容、途径、方法、证书制度及管理等）。	余博研究员 刘国钧副研究员 （中央教科所）	国家重点
工商企业岗位职务培训的研究	研究岗位职务培训的基本理论；研究大中型企业职工的岗位职务培训；研究商业系统职工的岗位职务培训；岗位职务培训的比较研究。	孙世路副教授（上海第二教育学院）	国家重点
高中后教育模式研究	我国高中后教育的基本情况和历史回顾；社会、经济、人口发展对高中后教育的要求；高中后教育的规格、模式及培养要求；与普通高校的比较研究；与国外高中后教育的比较研究。	董明传 （国家教委）	国家重点
以电子信息技术为主要教学手段的远距离教育研究	远距离教育工艺与教材规范；电大教育质量和投资效益的评估；远距离教育理论。	张达副教授 （中央电大）	国家重点
高等函授教育的发展和管理研究	中国高等函授教育的发展、高等函授教育的性质、任务、特点、规律及其功能；在国民经济建设中的地位和作用；高等函授教育的体制与管理；管理的原则与方法；高等函授教育的改革。	范　阳 （国家教委） 方　甲教授 （中国人民大学） 钱文侠副教授 （北京钢铁学院）	教委重点

续表

项　　目	内　　容	承担人	备注
成人教育系统专业岗位职务培训规范			尚未落实
继续工程教育研究			尚未落实
农村在乡知识青年的智力开发			尚未落实
成人学历教育研究	培养目标；地位和作用；教学改革探讨；发展趋势预测等。	富友仁（北京市成人教育科学研究所）	教委重点
高等自学考试的考试科学研究	研究高等教育自学考试的政策、方针。 研究大规模、社会性目标参照性考试的主要特点，建立起与其相适应的教育统计、心理测量的模型和理论系统。 结合自学考试实践，研究适合我国国情的自学考试课程试题库的建设方法和途径."七五"期间，以考生人数最多的哲学、高等数学课程试题库建设为目标。 结合实际，研究自学考试手段现代化的途径（包括计算机阅卷、登分、考籍管理、贮存、管理试题、组配试卷等）。	全国考试研究委员会	教委重点

教育整体改革研究方面

项　　目	内　　容	承担人	备注
北京市昌平县教育整体改革实验研究	现状调查、预测分析；探讨分级办学、分级管理的途径；研究如何理顺教育内外关系、发挥教育的整体功能等。	陶西平（北京市教育局）	教委重点
浙江省绍兴市柯桥区教育整体改革实验研究	探讨在全区范围内对普教、职教、成人教育进行全面和整体改革、大面积提高农村基础教育质量、推动当地两个文明建设的途径。	邵宗杰（浙江省教委）	教委重点
河南省栾川县教育整体改革实验研究	九年制义务教育的普及与提高；九年制义务教育与初级职业教育的沟通；普通高中与职业高中结构和质量的配套改革；探讨山区、贫困地区教育发展的一般规律和最优化发展的模式。	徐玉坤（河南省教委）	教委重点

续表

项　目	内　容	承担人	备注
吉林省东丰县教育整体改革实验研究			尚未落实
天津市静海县教育整体改革实验研究	探讨县以下教育与经济、社会协调发展的新体制；探索和完善管理体制、建立充满活力的运行机制和运行秩序；改革学制和教学方法，提高教育质量。	于　愫 (天津市教卫委)	教委重点
广西自治区横县教育整体改革实验研究	通过调查研究，找出影响达到实验目的相关变量（或因素），系统分析其影响的程度，研究对策进行调控。	韦善美 刘达元 (广西教育厅)	教委重点
广东省顺德县教育整体改革实验研究			尚未落实
四川省大竹县教育整体改革实验研究	农村教育和农村经济、社会现状调查；农村教育与农村经济、社会相互关系的研究；农村三类教育与农村经济、社会发展相适应、实行统筹协调、宏观指导、科学管理的研究等。	任贯禄 周宗京 (四川省教委)	教委重点

其他

当代中国教育卷		黄辛白 张文松 张　健	国家重点（不申报社科基金）
教育大辞典		张承先 顾明远	国家重点（不申报社科基金）
心理学大辞典		朱智贤	国家重点（不申报社科基金）

国家机械委

1. 机械工业教育人才需求预测和发展战略研究
2. 高等学校科学化现代化管理的理论与实践
3. 高校后勤现代化管理
4. 智能开发模式与效益研究
5. 机械工业高等工程技术人才的培养
6. 我国机械工业技术工人职业教育的研究
7. 我国机械行业继续工程教育的研究

煤炭工业部

具有中国特色的煤炭高等教育发展与改革的研究

电子工业部

电子工业教育发展战略研究

商业部

商业高等教育发展战略研究

铁道部

1. 工科高等学校办学经济效益评估
2. 高等铁路工科院校系统管理的研究

文化部

1. 舞蹈教学研究

2. 舞蹈学基础

农牧渔业部

1. 改革中等农业学校招生分配制度的研究

2. 比较农业教育

纺织工业部

1. 纺织高等教育发展战略

2. 高等工程本科与专科教育改革探索

3. 探索普通高校学生思想变化的规律及其思想政治工作的规律

4. 工科高等教育结构模式研究
——纺织教育为研究对象

司法部

1. 国家社会主义现代化与法律专业培养目标

2. 高等政法教育理论联系实际的探讨

3. 法学教育理论研究

4.关于政法专业大学生思想政治教育规范化的研究

冶金工业部

1. 冶金高等教育发展战略研究

2. 高等学校教学过程的优化

3. 系统论、信息论、控制论在高等工程教育管理中的应用

教育情报

□国家教委情报研究室工作

十一届三中全会以来，随着全国改革开放的形势，教育改革也不断深入。为了适应深化教育改革的需要，原情报资料室于1986年11月改为情报研究室，以便及时提供资料和研究成果，（现有中外文图书17，500册，期刊400多种）供各级领导在教育改革的决策中参考。

1987年为配合教委的中心工作和委内部各司局对教育情报的需要，情报研究室首先编写了供委领导和有关司局参阅的教育动态《快报》30期，主要是反映美、苏、日、英、法、德和澳大利亚、印度等国关于教育的战略地位，教育改革上的重大步骤、知识分子政策及港台对我教育改革和教育界问题的反映。

情报研究室的主要工作是出版《教育参考资料》半月刊，每期2.5万到3万字，一年24期。此刊宗旨是系统介绍外国政府及教育机构等在教育上的方针、政策、立法、基本情况、改革动向等方面的文章。1987年的主要内容是日本临时教育审议会几次报告的全文翻译、对苏联高等教育改革的几个主要文件资料的综合摘要、美国初等教育改革、9国教育制度（美、苏、英、法、西德、日本、印度、瑞典和南斯拉夫）以及联邦德国高等教育总法等等。由于系统反映了几个重要国家的重大教改步骤，对国内的教育改革、一些重要会议、出国代表团起到某些参考作用。为配合教委1988年初召开全国高等教育工作会议的需要，情报研究室特地组织翻译和编写了七篇有关国家高教改革重要动向的文章，供大会参阅。

1987年出版《科研管理参考资料》六期。着重介绍了美、苏大学科研、生产联合体的管理和发展趋势，以及德、法、日、英等6国科研政策、策略对比分析文章。

遵从教委领导的批示，我室与安全部国际资料服务中心合作，编辑并出版了《世界教育信息》月刊，每期约五万字，1987年底已发行两期。此刊系文摘性质，由于拥有中、外文资料方面的有利条件，可做到信息面广泛，使它与旨在系统介绍国外教育的《教育参考资料》相互补充，从而为教育战线提供相对全面的国外教改状况。

由于教育信息的交流频繁开展，为教育研究工作提供了有利条件。近几年，教委收集了大量的外国教育材料，教委领导指示，有必要成立类似“翻译中心”这样的机构。1987年争取到了联邦德国巴伐利亚州科艺部的资助，国家教委在杭州大学筹建了“德汉翻译中心”。由杭州大学、巴伐利亚州科艺部（负责提供每年20—25万马克的经费开支）和教委情报研究室三家共同领导。我室主要负责提出翻译工作计划方面的建议。近几年将以翻译各类德国教育法规为主，并计划将该中心逐渐发展为研究德国教育问题的基地。

此外，情报研究室除参加了“七五”计划中的教育科研课题工作外，还将致力于与各教育科研机构、教育情报机构建立必要的业务联系，开展信息交流工作，以使教育情报的研究工作更加符合国家教委工作的需要。

撰稿人　审稿人　吴秀方

□建立和发展中的中国教育情报事业

为了适应教育改革和教育科学研究工作的迫切需要，近几年来，教育情报事业逐步建立和发展起来。教育情报是教育发展的一种重要的战略资源，而且具有再生性。教育情报工作的任务是及时地、准确地为教育改革、教育决策、教学工作、教育科研提供有益的信息，有效地促进教育科学研究和各级各类教育事业的发展，因而受到各级教育部门和学校的日益重视。国家教委有关领导同志在1987年全国第六次教育情报会议上讲话中提出："随着社会的发展，科技的进步，对信息的需求量越来越大。各地教育行政部门、教育科研部门都要重视和支持教育情报工作。要总结经验，加强教育情报队伍建设和基本资料建设，积极开展教育情报理论研究，逐步建立起适合我国情况的教育情报系统，不断提高教育情报服务质量。"

一、教育情报机构和网络

除国家教委设情报研究室外，1983年3月以来，中央教育科研所，各省、自治区、直辖市（包括单列市）和部分中等城市教育科研所，部分高等院校以及中央有关部委教育司（局）都相继建立了教育情报研究（资料）室或组。据1986年统计，仅与中央教科所教育情报研究室有固定刊物交换关系的教育情报室（组）就有446个。全国现有专职的教育情报人员1200余名。其中，有五分之一左右是具有高级技术职称或是从教学第一线抽调的骨干，并陆续配备了一批具备图书情报专业知识的新生力量。在教育情报机构中，规模较大的是中央教科所情报研究室，现有26人，其中，高级研究人员3人，中级研究人员13人，分为国内教育情报组、国外教育情报组、综合组及资料组。该室拥有国内外教育类期刊1170余种（其中外文期刊220余种），正在建立计算机情报检索系统。

为了加强各个教育情报机构之间的经常联系和合作，由中央教科所情报研究室牵头，1984年正式形成全国教育情报交流网，除平时各机构之间进行纵向、横向情报联系外，每年开一至二次全网的大会，交流信息和工作经验、研讨协作项目。全国教育情报交流网已举办过3次讲习班，培训各地教育情报骨干。这个网络的职能是：互换情报资料，交流教育信息，交流情报工作经验，合作进行专题研究、人员培训及国际学术交流。全国教育情报网中心站设在中央教科所情报研究室，下设五个分网。（见附表）

二、教育情报的学科建设

从1983年以来，中央教科所情报研究室和上海市教科所、北京市教科所、重庆市教科所、河北省教科所等单位都在着手进行教育情报学科建设的研究工作。这些研究强调：要以马克思主义为指导，坚持"三个面向"的方针；要借鉴外国的教育情报学科建设的经验，但又不能照搬，要有教育情报的特点；要注意实效，把需要与可能统一起来，由低到高，由点到面，逐步完善。

经1987年7月召开的全国第三次教育科学规划会审议。并经国家教委批准，将《中国教育情报网络建设与教育情报学研究》列为"七五"期间国家教委重点科研项目。这个项目主要是通过实验，研究建立联系密切、运转灵活、协调配套、适应需要的中国教育情报网络的方案，并写出具有中国特色的教育情报学专著。这个项目由中央教育科研所教育情报研究室负责，吉林、北京、天津、重庆等省市教科所承担本地区教育情报网络建设实验的任务，其他省市教科所参与协作研究。这个项目包括11个子项目。目前，这些方面的研究工作正在逐步深入地进行，已出了一些资料性或探索性的教育情报学科建设的文集或专著，如《教育情报学简论》、《教育情报基础知识》、《教育情报文选》等。

三、教育情报刊物

中央教育科学研究所情报研究室主办的刊物有：《教育文摘》报，国内外公开发行，1987年发行量为15万份；《中国教育科学》（英文版），国内外公开发行；《教育情报参考》；《中文报刊教育论文索引》。

河南省、黑龙江省、吉林省、山西省、湖南省、江苏省、新疆维吾尔自治区、上海市、重庆市等省、市、自治区教科所也办了教育情报刊物，共有40余种。这些刊物对及时交流教改和科研信息起了积极的作用。

从1983年以来，以中央教育科学研究所情报研究室为主编辑出版了《教育情报学术报告文集》、《教育思想转变与教育改革趋势》、《当代外国教育发展趋势》等8本教育情报丛书。

四、教育情报国际交流

我国教育情报机构与国际上的教育机构之间的情报交流和学术联系也逐步展开。仅与中央教科所情报研究室和全国教育情报网中心站建立固定联系的机构就有：联合国教科文国际教育局（IBE）、欧洲共同体、日本国立教育研究所、联邦德国国际教育研究所、美国比较教育研究协会、加拿大多伦多大学高教研究所、瑞典国家教育图书馆、斯德哥尔摩大学国际教育研究所以及英国、法国、苏联的有关教育机构和学者。

教育情报的国际合作大体上有五个方面：一是互换刊物、交流教育信息；二是互换馆藏目录和索引；三是人员互访；四是合作进行人员培训；五是合作进行情报专题研究。目前的交流在前两个方面的较多，后三个方面还很少，有的尚处于探讨阶段，有待逐步扩展。

撰稿人　曹青阳
审稿人　曹青阳

附

全国教育情报机构图

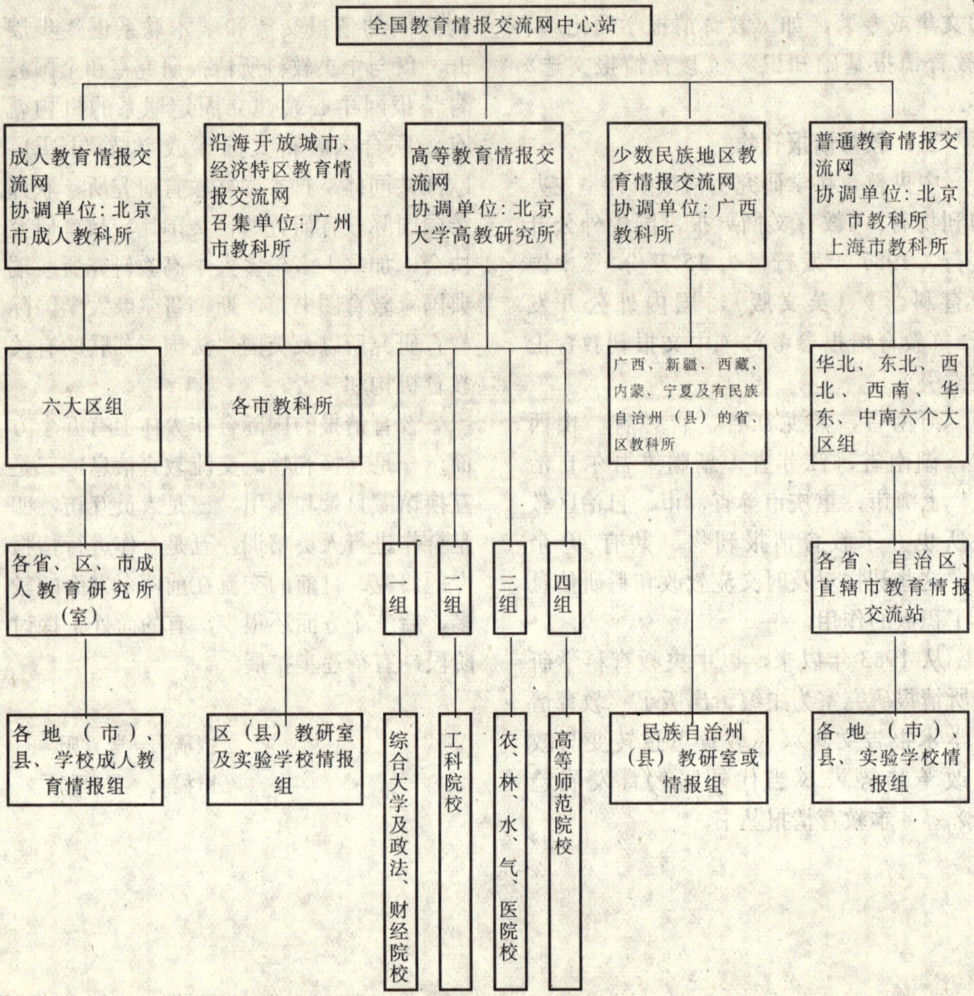
全国教育情报交流网中心站
成人教育情报交流网 协调单位：北京市成人教科所
沿海开放城市、经济特区教育情报交流网 召集单位：广州市教科所
高等教育情报交流网 协调单位：北京大学高教研究所
少数民族地区教育情报交流网 协调单位：广西教科所
普通教育情报交流网 协调单位：北京市教科所 上海市教科所
六大区组
各市教科所
广西、新疆、西藏、内蒙、宁夏及有民族自治州（县）的省、区教科所
华北、东北、西北、西南、华东、中南六个大区组
各省、区、市成人教育研究所（室）
一组
二组
三组
四组
各省、自治区、直辖市教育情报交流站
各地（市）、县、学校成人教育情报组
区（县）教研室及实验学校情报组
综合大学及政法、财经院校
工科院校
农、林、水、气、医院校
高等师范院校
民族自治州（县）教研室或情报组
各地（市）、县、实验学校情报组

教育学会、高教学会活动

□开展群众性教育科学研究，为加快和深化教育改革服务

——中国教育学会1987年深入开展群众性教育科研活动

1987年7月中国教育学会在北京召开了第三次全国代表大会，主题是：坚持党的路线的两个基本点，深化教育改革，在深化教育改革中更好地发挥学会的作用。与会代表着重讨论了学会今后的指导思想，一致认为，以马列主义、毛泽东思想为指导，继续贯彻“三个面向”，德、智、体、美、劳全面发展的教育方针；“双百”方针和理论联系实际的原则；团结广大教育科学工作者和教育工作者，进行教育科学理论与实际问题的研究，为深化教育改革、发展社会主义教育事业做出贡献，是今后学会工作的指导思想。

与会代表指出：深化教育改革是我们面临的重大历史课题。端正教育思想，坚持教育为社会主义建设服务的方向；把坚定正确的政治方向摆在教育工作的首位；在新的历史条件下，更好地贯彻教育与生产劳动相结合的方针，是深化教育改革必须注意研究解决的三个问题。深化教育改革必须加强教育科学研究，使教育科研为加快和深化教育改革服务。

大会选举产生了第三届理事会，由156名理事组成。张承先同志任会长。

一年来，各级教育学会、研究会围绕深化教育改革这一重大课题开展群众性教育科研，积累了不少教育、教学改革经验，有的已在实践中推广，有些改革已取得良好的效果。

一、进一步开展端正教育思想、坚持教育为社会主义建设服务的方向的课题研究，为教育行政部门决策服务。

中国教育学会在全国广泛开展农村教育改革课题研究的基础上，于1987年12月在山东省平度县召开了农村教育改革研讨会。就农村教育的重要性、迫切性，农村教育的办学方向，农村教育的整体改革，教育与生产劳动相结合和开展教育科研等问题进行了研讨。与会代表认为，当前我国正处在社会主义初级阶段，中心任务是发展生产力。如果说前几年农村经济的巨大发展主要是调整政策的效益，那末今后进一步的发展除了继续依靠政策外，将更多的要依靠人才的培养和劳动者素质的提高，即依靠教育了。然而，当前的“升学教育”对农村学校的影响较深，造成回乡生产的多数学生既不安心于农，又无务农的本领，远远不能适应这个需求，必须进行农村教育改革。农村教育改革，最重要的是要进一步端正教育思想、坚持农村教育为农村社会主义建设服务的方向。把教育从主要为升学服务的羊肠小道转移到主要为本地经济建设、社会发展服务的轨道上来，主要为本地培养初、中级人才，提高广大劳动者的素质。同时，农村的经济建设也必须转移到依靠教育的轨道上来，使我国的农村教育与农村经济的发展互为条件，互相促进，协调发展。为此，必须对农村教育进行整体改革。整体改革包括三个层次：一是外部协调，教育作为整个社会经济发展的一个子系统，其改革必须与整个社会政治、经济、科技等方面的改革协调一致；二是教育内部结构合理，各子系统——普教、职教和成人教育等要结构合理，围绕一个共同的目标进

行配套改革；三是教育系统的宏观改革必须与农村各学校内部的微观改革紧密配合。这样才能达到整体改革的最佳效益。一些代表根据县一级政府具有承上启下和决策与执行的双重职能，在财政上“分灶吃饭”以后，县级经济已成为一个相对独立的实体，它有必要也有可能，安排全县教育事业的发展，人才培养的数量与质量、层次与规格等。并结合江苏省宜兴县和湖南桃江县进行农村教育整体改革的经验，认为以县为重点来统筹安排，才能充分调动各个部门和各个领导层次的力量，使这一改革达到预期的目的。有些代表还指出，搞好农村教育的整体改革，还要相应地发展农村幼儿教育，逐步形成学前学后、职前职后完整的农村教育体系；还要使家庭教育、学校教育、社会教育密切配合，使年轻一代健康成长。

代表们还针对当前中小学生轻视劳动的倾向，普遍认为，必须很好地贯彻教育与生产劳动相结合的原则。切实加强劳动教育和劳动技术教育，在普通教育中渗透不同程度的职教因素，做到教育与生产劳动的有机结合。

代表普遍认为，深化农村教育改革必须重视和加强教育科学研究。要建立农村教育改革实验基地，一个县就是一个实验区。在调查研究、统筹规划、合理布局的基础上提出的各种改革方案，实施前要进行科学论证，精心地严格按科学规律组织实施，通过实验不断地检验效果，及时地改进工作。此外，还要认真总结我国历史上农村教育改革的经验教训，同时注意研究世界上发达国家的先进经验，为建立具有中国特色的社会主义农村教育理论而努力。

有的省学会和研究会农村教育改革研究课题组从农村经济的特点和发展趋势入手，对农村经济现状与农村教育进行了系统的调查研究与分析，弄清背景，确定教育对策。如四川省教育学会会长向国灵深入到30多个县进行调查，写出《亟待转变农村教育的办学方向》，把农村教育的办学方向转到主要为当地经济建设服务的调研报告，受到中共四川省委的肯定并加按语发表在《工作通讯》上。广东省教育学会的《珠江三角洲经济开发与教育对策》和山西省山区农村教育课题组的《论山区农村普及义务教育的特殊性及其指导原则》等较有深度的调研报告，对教育行政部门制定教育发展规划和方针政策起了一定的作用。

中国教育学会体育研究会于1987年12月在江西省鹰潭市召开了建国以来第一次全国中、小学卫生保健研讨会，交流了各地开展对学生常见病多发病的防治研究成果。如应用气功、背功操等方法治疗近视眼；用牙龄斑指数作为评价口腔卫生状况和防龋效果的重要指标；对评价少儿的生长发育提出了新的方法等研究已取得良好的效果。对肥胖症、神经衰弱、扁平足、沙眼、肠蛔虫、冻伤和骨折等防治研究也取得积极成果。还重点研究了中、小学卫生保健工作的管理，并初步形成了关于改革和加强中、小学卫生保健工作的意见，如建议国家教委和卫生部尽快制订和颁发具有法规性的《学校卫生工作条例》等，供有关部门参考。

中国教育学会物理教学研究会课程、教材改革课题研究组，对电子、机械、文教卫生和部队等16个行业的物理知识需求情况进行了调查，取得数据72204个，写出《社会对中学物理知识需求情况》的调研报告，为教育部门研究中学物理的课程设置、教材内容等提供了重要依据。

二、继续开展思想政治品德教育研究，为改革普教政治课教学和学校德育科学化服务。

受我会委托，中国教育学会幼儿教育

研究会于1987年12月在北京召开了幼儿行为品德教育研讨会。为了使教育者能较全面的、准确的、科学的掌握幼儿行为品德的特点，能依据特点更有针对性的、更有成效的向幼儿进行行为品德的教育，与会同志分析了新形势下幼儿行为品德的特点是：思维活跃，对新事物接受快，思考的独立性增强；精力充沛，开朗、活泼、热情、大方、喜爱交往，消极社会行为中的内向退缩型少了；主动性比过去强了，敢想、敢说、敢做；获得的社会信息多，见识广，联想和反应较快，有一定的交往能力等。不足的一面是：一些儿童有早熟的倾向；坚持性差，缺乏认真踏实的态度；群体性弱，不善于和同伴相处；自我性心理强，物质欲望高，劳动观念差，怕艰苦困难，好与人攀比等。针对这些特点和问题，大家一致认为，应从加强正面教育入手，把社会主义的思想和道德方面的要求内化成为儿童的需要，更好地培养幼儿良好的行为习惯。为此，要进一步加强幼儿行为品德的教育。各级领导要从理论和实践上深刻认识德育的重要性，增加紧迫感，才能在园、所落实德育的地位，为培养合格人才，打下最初的基础。同时，要千方百计提高幼儿教师的素质。教师在儿童的游戏、劳动、上课、日常生活等活动中，都在以自己的言行塑造着儿童的灵魂，教育的作用也是通过教师才得以实现。还要抓与家庭教育的配合。家庭教育是儿童健康成长的重要因素，家长要积极为孩子创设一个促其个性全面发展的良好条件，如民主和谐的环境，使儿童心理没有紧张与压抑，有事商量对话，能畅所欲言；“儿童群体”的环境，让他们结伴游戏、劳动或学习；家长要给儿童实践、动手的条件，学会自理能力，培养独立性及良好的意志品质，等等。

中国教育学会中学政治课教学研究会亦受我会委托于1987年11月在四川省万县召开了深化中学政治课改革研讨会。关于思想政治教育的目标，与会同志认为，应以培养有理想、有道德、有文化、有纪律的社会主义公民为目标。“四有”是分层次的，在中学阶段，应使学生树立“实现四化，振兴中华”的共同理想和以“五爱”为基本内容的社会主义道德，并具有马克思主义的基本常识，守法遵纪观念和初步的社会主义民主意识。

与会同志认为，要从造就亿万“四有”的社会主义公民的战略高度来考虑思想政治课的改革。为了使中学德育适应社会主义商品经济发展的要求，适应全面改革、对外开放的新形势，德育内容必须有所更新，社会主义的民主、自由、平等，按劳分配，等等，课本内都应有所反映，并作出正确的有说服力的解释。同时，要加强对中学生进行发展社会生产力、社会主义商品生产和竞争意识的教育，以及增强学生抵制资产阶级自由化等能力。目前实行“一纲多套”，即统一大纲，进行不同类型的教材改革实验（国家教委委托京、津、沪，广东、吉林、贵州省和北京师范大学编写了7套教材），体现了教材建设上的百花齐放。但要注意稳定性和变动性、抽象性和形象性的结合。一些同志建议中学的《共产主义人生观》课程，改为《人生观》或《科学人生观》较符合社会主义初级阶段的特点。

全国性各学科研究会根据各自学科的特点，研究寓思想教育于各科教学之中，挖掘教材的思想性和教育因素，把思想教育和知识教育统一起来，并贯穿于教学的全过程。如较共同的做法是：结合教材介绍我国科学文化方面的成就，介绍我们的祖先在人类文明史上的贡献，激发学生的爱国主义感情，进行辩证唯物主义和历史唯物主义以及人生观的教育。有的学科如语文上作文课，指导学生参观访问，接触社会和实际，有针对性地对学生进行思想教育。有的理科在实验课上培养学生动手操作的技能、遵守纪律和良好行为习惯。在完成各科作业的过程中，培养学生细心严谨、探索和创造以及艰苦顽强的品质和精神。

三、继续开展基础理论研究，为深化教育改革提供理论指导。

中国教育学会教育学研究会于1987年9月以“增强教学理论与实际结合，深化普教改革”为主题，召开了研讨会。研讨的问题主要有：（一）关于教学原理和方法：教学过程中谁为主、客体的问题，有三种观点，一种是“教师为主体，学生为客体”（理论上坚持已不多见，实际工作中仍大量存在）；第二种是师生互为客体；第三种是认为教学过程中主客体关系极为复杂。（师生均为主体，互为主客体，学生自为主客体。）关于教学方法的定义与分类，有的主张把教学方法定义为一种活动模式；有的认为，教改实践中出现的若干“××教学法”，已超出了原有教学方法的定义，主张把“教学方法”（单一的）和“教学法”（综合的）加以区别。教学方法的分类，与会同志指出，传统教学论没有抓住教学活动中学生认识活动的特点，现代教学论抓住这一特点，提出三大类教学方法：一是以组织和实施学习认识活动为主的方法；二是激发学习认识活动和形成学习动机的方法；三是检查和自我检查学习活动效果的方法。这三种方法中的任何一种都包含了师生的相互作用。教学的模式问题，是国内近几年才出现的新课题，对它的定义，大致有三种意见：模式属于方法；模式与方法既有联系又有区别；模式与“教学结构——功能”这对范畴紧密相关。大家认为，对教学模式的研究，能加速教学过程中诸因素及其组合方式的优化，使先进的理论或经验变得可摹仿可操纵，从而加强理论对实践的指导。

（二）关于教学（教育）改革实验：与会同志一致认为实验一定要有理论指导。关于理论高度问题，有三种看法：一种要有高层次的理论设计，进行超前实验；第二种是从目前的国情出发，以教师容易接受的理论，指导常态实验，着眼于大面积丰收；第三种是从教育发展不平衡出发，既要有超常态的又要有普及性的实验。一致认为搞实验都要有理论假设下的实验方案，在实验过程中要控制一定的变量和设对比班。各地正在实验中摸索科学数据的获得和科学合理的指标体系，但普遍感到难度较大，尤其是能力、情感、个性等方面因素很难量化，也有同志认为引入模糊数学作二次量化是可行的。宜将绝对评价与相对评价结合起来使用。

中国教育学会儿童、教育心理学研究会于1987年4月在北京召开了学术研讨会，围绕心理学的指导思想、洋为中用和理论联系实际等问题进行了研讨。一致认为，在心理科学的研究中，要以马克思主义为指导思想，只有用辩证唯物主义和历史唯物主义才能对人类这种神秘莫测的心理现象，作出科学的解释。在“洋为中用”的问题上，一致意见是，既要充分借鉴国外的先进东西，又要认真剔除其糟粕，才不致在学习西方的过程中，使我国心理科学的发展步入歧途。与会同志还谈到，研究心理学必须理论联系实际，衡量一个国家心理科学的发展水平，很重要的一点就是看心理学在这个国家有多大的实际应用价值，尤其是儿童、教育心理学，如果脱离儿童身心发展和学校教育的实际，那么，即使理论再高深，也要走向枯萎和死亡。因此，应尽快地在应用心理学理论为实际服务方面，开创一条新路。

近年来，儿童、教育心理学研究会已开辟全国性中、小学语文、数学能力发展与培养实验点300多个。还开辟了“青少年思想品德心理发展的研究”、“中国少数民族儿童与青少年的心理研究”等较新的研究领域。在儿童心理的记忆、思维、自我意识发展等专题研究中有新的进展。

四、开展群众性的教学（教育）改革和改革实验，为面向普教大多数学校、大多数学生和大面积提高教学（教育）质量，培养“四有”公民服务。

（一）普通学校的整体改革。全国普教整体改革的学校各具特色，大致有四种类型：1.在学制上试验“一条龙”的办学形式。如“二、五、四”（幼儿二年为起点，小学初中九年一贯制，五四分段）、“五、四、三”（小学五、初中四年，高中三年）和九年一贯制（九年完成十二年制计划）。由于这一实验通盘考虑幼、小、初中和高中的教学内容，可减少不必要的重复与脱节，有利于减轻负担，提高质量和早期开发儿童智力；2.在某一学习阶段进行整体改革。如初中阶段的实验，初中与高中阶段的实验等，目的是探索某一学习段人才成长的高效率的教学结构；3.由某一单项或局部着手，逐步转为整体改革。如从学校管理体制着手，然后再进行教学领域的改革；4.探索普教的基础教育与职教渗透或普教、职教和成人教育一体化的农村整体改革。

近年来，各地出现了从单项的单科的改革向整体改革发展的趋势。如重庆市参加整体改革实验的学校由1986年的7所，增加到1987年的28所，还成立了由28所实验学校和13个协调指导单位组成的实验协作组。武汉市实验学校等10多所进行“幼、小、中”一条龙实验的学校成立了协作组，开展横向协作研究，以期达到整体的最优效果。

（二）学科教学的全面改革实验。在1987年11月中国教育学会地理教学研究会召开的地理教学改革实验研讨会上介绍的重庆市30中和重庆市中区教师进修学校共同进行的初中地理教学改革实验，从课内到课外全面改革，在教材方面，按照演绎法先总论后分论配置教材，对地球、地图和中国地理总论进行了改编，对世界和中国的分区地理进行了适当删增，加强乡土地理教学。在教学方法上提出感知、启思、理解、巩固和应用等四个环节八个方面的教学法。在现代化教学手段、考试形式、方法和引导学生自己组织开展课外活动等方面，进行了一系列改革。通过多次对比测试和定性定量分析，实验班的学习成绩、能力和兴趣均高于平行班。类似这样学科全面改革的实验，几乎遍及普教各学科，而多数实验选择的多为一般学校，因而具有较大的普遍性和推广价值。

（三）各学科在能力培养方面又迈出了新的步伐。中国教育学会化学教学研究会1987年8月在贵阳市召开了部分省、市化学教学改革经验交流会上，广州市中学化学能力培养教改试验组提交的《中学课程能力培养的整体性研究》论文，总结了他们五年来坚持在实践中不断对能力培养的系统结构进行优化，使能力培养工作计划化、程序化，从而达到提高效率的目的。他们制订了中学化学培养能力的总目标，包括初三到高三各年级的观察能力、思维能力、自学能力、独立操作能力和创造能力的培养，并提出了进一步的研究目标：1.中学化学的能力结构；2.中学化学各种能力之间的关系及能力与非智力因素的关系；3.中学化学各种能力培养的程序、途径和测试方法。

中国教育学会历史教学研究会1987年11月在安徽泾县召开的“历史教学的社会功能”研讨会。与会同志认为历史教学所具有的社会功能是多方面、多层次的，即除爱国主义思想教育等外，还有其他重要的社会功能。如培养学生的分析、比较、概括、综合能力，加速学生的智能发展也是极为重要的方面。重庆市教科所龚奇柱同志的《历史教学社会功能的跟踪调查及其思考》的调研报告，引用了大量数据说明历史教学不仅在当前思想道德教育中发挥了作用，而且它正在成为沟通各门学科关系的渠道，学生的历史知识正在变为从事“四化”建设的能力。在中学系统学习过历史后步入社会或升入高校的青年，有75%的人认为历史课提高了他们用历史唯物主义观点观察和分析问题的能力，有64%的人认为培养了他们分析、比较、概括、综合能力，有46%的人认为能帮助他们鉴古观今，对现行政策有更正确的认识，还有25%的基层青年干部认为，通过学习历史，增强了工作中决策和协调能力。又如历史课的美育功能，与会同志认为，历史课本身就蕴含着美的因素，其中有体现历史发展本质和精神的社会美，有展示人们日常生活和意识形态的艺术美，还有与人的活动相联系的自然环境的自然美，等等。因此，学生通过学习历史会得到美的感受，培养学生初级的感受美、鉴赏美和创造美的能力。

（四）革新教学方法的实验。北京25中的郝又明老师，九年来围绕着“大面积提高英语教学质量”这一课题，在初中、高中16个不同类型班约800名学生中，进行教改实验，并取得了可喜的成果，总结出行之有效的教学原则和方法：教学和教育有机结合，认真注意培养学生的非智力因素，使学生在学习语言的过程中逐渐形成良好的学习习惯，掌握正确的学习方法，端正学习态度，充分发挥学生的主观能动性。总体和谐的教学方法：总体和谐是指师生之间的和谐，学生之间的和谐，师、生、家长之间的和谐，教学要求和实际水平之间的和谐，各个教学环节之间的和谐，英语和其它学科的和谐。这一教学方法，减轻了师生双方的负担。

大连四中、五十一中实验的“生物课三段教学法”即按1.教师提出课题；2.围绕课题开展以学生为主体的探求活动；3.学生自己得出结论等三个步骤进行教学的方法。在使用这一教学方法的过程中，还必须遵循教学形象化、教具活动化、实验突出化和器官活跃化等原则。已实验三年，证实这种教学方法效果好，实验班的成绩高于普通对比班。

此外，东北师范大学附属中学进行了化学课的“多课型多元教学法”的实验。辽宁盘锦市实验中学语文特级教师魏书生的《引导学生进行自我教育》，培养学生自我教育的能力的实验等都取得了较好的效果。

（五）进行现代化教学手段的改革实验。近年来，教学手段的现代化和仪器、教具的改革又有了新的进展，如广西平乐中学教师苏振刚创造的XCY地理电化教学手段，即系列片——程序编制——音乐匹配或地理电化教学，为学生学习地理创造了良好的环境，调动了学生的学习积极性，在培养学生的绘图、用图，解释、解决地理事象等能力方面效果显著。

上海市鞍山中学教师于洪盛在使用计算机进行地理教学方面进行了探索。他把高中地理教学中一些抽象概念如“气旋”、“反气旋”、“大气环流”和一些地理规律，如“在气压梯度力和地转偏向力共同作用下形成的风”等编制成软件，通过计算机的图象演示，同学们很快理解了这些概念和规律。他还利用学校为学生开设计算机原理课的有利条件，要求学生编制地理教学软件，既巩固了所学知识，又发挥了学生的创造力。

五、编写教育科学书籍、论文集等，加强研究成果的宣传和推广。

中国教育学会于1986年编辑了《新时期教育改革的探索》，共六个分册，由中国盲文出版社出版，共发行12万册。1987年又编辑了《教育改革丛书》，共三个分册，集中反映了中国教育学会1986年开展关于中、小学思想政治教育改革、普通教育学校整体改革和教育思想问题研讨的成果，由吉林教育出版社出版，发行近3万册。受到了广大教育工作者的欢迎。

全国性专业（学科）研究会和省、自治区、直辖市教育学会1987年编辑的教育科学书籍和论文集等，从各个方面反映了群众性教育、教学改革的最新成果。如化学教学研究会编辑的《全国中学化学实验集锦》一书，是粉碎“四人帮”以来，全国中学化学实验改革的结晶，反映了改革的新成果，出版后发行7万册，受到广大化学教师的欢迎。物理教学研究会编辑了《初中物理教学改革论文集》、历史教学研究会编辑了《历史教学研究的新探索》、小语教学研究会编辑了《各省、市小学语文教学优秀论文选集》、《小学语文教学论文集》、教育经济学研究会编辑了《农村智力投资研究》、《农村教育经济学讲座》、《教育经济学》、体育研究会编辑了《体育教研员讲习班讲稿汇编》、特殊教育研究会编辑了《强者的路》、《聋校语文教材教法》和勤工俭学研究会编辑了《勤工俭学论文集》第二集，等等。出版后均受到广大教育工作者的欢迎。

撰稿人　宋静常

审稿人　郭永福　　董树森

附表

中国教育学会所属全国性专业（学科）研究会组织情况一览表

名　称	建立时间（改选时间）	理　事　长（姓名、行政职务和职称）	理事人数	会员人数	会　址（电　话）
中国教育学会教育学研究会	1979.4.13.（1983.8.改选）	张健　中国教育学会副会长、教授	65 常务21	1500 团体会员35个	北京　中央教育科学研究所 电话:2011177
中国教育学会马克思主义教育思想研究会	1979.5.12.（1987.11.24.改选）	厉以贤　北京师范大学教育系教授	15 常务7	80	北京　北京师范大学 电话:2013062
中国少先队工作学会	1979.8.1.（1985.10.26.改选）	李源潮　共青团中央书记	69	69 团体会员22个	北京　全国少工委 电话:757261转341
中国教育学会比较教育研究会	1979.10.24（1986.9.改选）	顾明远　北京师范大学副校长、教授	40 13	404 团体会员13个	北京　中央教育科学研究所 电话:2011177-321
中国教育学会幼儿教育研究会	(1979.11.3)（1985.4.改选）	孙岩　原教育部幼儿教育处处长	49 常务15	224 团体会员28个	北京　北京师范大学 电话:2012255
中国教育学会教育史研究会	1979.12.12.（1987.6.改选）	陈学恂　杭州大学教育系教授	31 常务11	298 团体会员64个	上海　华东师范大学 电话: 548461-559
中国教育学会中学语文教学研究会	1979.12.25.（1987.12.改选）	刘国正　人民教育出版社编审	49 常务13	团体会员28个	北京　人民教育出版社 电话: 446891
中国教育学会小学语文教学研究会	1980.7.22.（1984.10.18.改选）	袁微子　人民教育出版社编审	48 常务18	团体会员29个	北京　北京师范大学 电话: 2012288-2003
中国教育学会语文教学法研究会	1980.10.	朱绍禹　东北师范大学中文系教研室主任、教授	23 常务12	团体会员7个	长春　东北师范大学 电话: 883330

续表

名　称	建立时间 (改选时间)	理事长 (姓名、行政职务和职称)	理事 人数	会员 人数	会址 (电话)
中国教育学会历史教学研究会	1981.7.27. (1985.8.改选)	苏寿桐　人民教育出版社副主编、编审	43 常务 13	200 团体会员 27 个	北京　北京师范学院 电话: 890841-314
中国教育学会地理教学研究会	1981.9.7. (1985.8.改选)	褚亚平　北京师范学院地理系教授	40 常务 11	286 团体会员 25 个	上海　华东师范大学 电话: 548461
中国教育学会物理教学研究会	1981.11.26. (1986.11.改选)	雷树人　人民教育出版社编审	49 常务 13	825 团体会员 26 个	北京　北京师范大学 电话: 2012288
中国教育学会外语教学研究会	1981.11. (1985.8.改选)	马俊明　北京师范大学外语系教授	43 常务 11	团体会员 28 个	北京　北京师范大学 电话: 2012288-2548
中国教育学会数学教学研究会	1982.3. (1986.10.改选)	张孝达　人民教育出版社副编审	49 常务 13	团体会员 29 个	北京　人民教育出版社 电话: 446891-231
中国教育学会特殊教育研究会	1982.11. (1987.10.改选)	李　掬　北京市第三聋哑学校原校长	42 常务 7	456 团体会员 23 个	北京　北京第一聋哑学校 电话: 442183
中国教育学会民族教育研究会	1983.9. (1987.4.25.改选)	朴胜一　国家教委民族教育司司长	45 常务 11	5000 团体会员 18 个	北京　国家教委民族教育司 电话: 658731-2530
中国教育学会教育管理研究会	1983.10.24. (1987.9.改选)	吴　畏　中央教育科学研究所所长	50 常务 15	210 团体会员 23	北京　中央教育科学研究所 电话: 2011177-390
中国教育学会化学教学研究会	1983.11.26.	夏　炎　华东师范大学教授	40 常务 9	2000 团体会员 13 个	上海　华东师范大学 电话: 548461
中国教育学会生物学教学研究会	1983.12.	赵锡鑫　东北师范大学生物室主任、教授	47 常务 13	208 团体会员 14 个	长春　东北师范大学 电话: 883330
中国教育学会杨贤江教育思想研究会	1984.9.	潘懋元　厦门大学校长顾问、教授	17	120	上海　华东师范大学 电话: 548461
中国教育学会教育经济学研究会	1984.10.	王　铁　中央教育科学研究所学术委员会副主任、研究员	19 常务 7	760 团体会员 14 个	北京　中央教育科学研究所 电话: 2011177
中国教育学会儿童教育心理学研究会	1984.11.28.	朱智贤　北京师范大学心理系教授	47 常务 11	800	北京　北京师范大学 电话: 2012288
中国教育学会中学政治课教学研究会	1985.2.1.	张大中　北京市人大常委会副主任	37 常务 14	92 团体会员 26 个	北京　北京师范大学政治教育研究中心 电话: 2012288
中国教育学会勤工俭学研究会	1986.4.26.	张健　中国教育学会副会长教授	57 常务 20	团体会员 12 个	长春　西长春大街 95 号 电话: 64521

续表

名　称	建立时间（改选时间）	理事长（姓名、行政职务和职称）	理事人数	会员人数	会址（电话）
中国教育学会体育研究会	1986.12.24.	古奇踪　北京体育师范学院原副院长	46 常务9	团体会员20个	北京　北京体育师范学院 电话: 2015522-612
中国教育学会音乐教育研究会	1987.5.27.	张肖虎　北京师范大学艺术教育系主任、教授	30 常务13		北京　北京师范大学艺术系 电话: 2012255
中国教育学会小学德育研究会	1987.7.	张文松　全国人大教科文卫委员会顾问	55 常务17		北京　国家教委初教司 电话: 658731-2853
中国教育学会美术教育研究会	1987.11.1.	刘开渠　中央美术学院教授	29 常务13		南京　南京师范大学 电话: 631636-207

注: 1. 各栏情况截止日期为1987年12月底。

2. 团体会员系指各省、自治区、直辖市所属研究会。

注：1. 各栏情况截止日期为1987年12月底。

2. 团体会员系指各省、自治区、直辖市所属研究会。

□高等教育科学研究为深化高教改革服务

——中国高等教育学会1987年主要学术活动综述

一、中国高等教育学会第二届年会

1987年，中国高等教育学会（以下简称高教学会）在北京召开了第二届会员代表大会暨第二次学术讨论会。主要议题是如何坚持四项基本原则、坚持改革、开放的总方针，培养有理想、有道德、有文化、有纪律的人才，深化教育改革，提高教育质量。这次会议总结了中国高教学会成立以来的工作，交流了各地开展学术活动的经验。通过对一些问题的研究和讨论，提高了代表们的认识，进一步强调了必须坚持社会主义教育方向，并对如何深化高等教育改革和发展的问题提出了很多有益的设想和建议，代表们还就今后的高等教育科学研究提出了广泛的课题。会员代表大会修改了学会章程，选举产生了第二届高等教育学会理事218名，常务理事50名，会长、副会长10名，蒋南翔同志继续当选为会长。

二、开展了内容丰富的科研活动

一年来，中国高教学会和全国各地、中央部委和专业的高教学会（研究会）一起在开展多种内容的科研活动中取得了一批成果。

（一）有关教育思想的研究。1987年，中国高教学会和上海市高教学会牵头，联合浙江等八省高教学会和部委高教研究会开展了教育思想的研究，召开了多次的小型座谈会，组织了有关教授、专家进行了学术研讨，编写了《教育思想论纲》一书。大家认为，教育思想的改革，应作为教育改革的先导，应把教育思想改革与研究目标作为高教改革的长期的思想建设任务，并提到重要议事日程上来。许多专家还一致认为，教育理论上许多问题需要深入研究。如传统教育概念的内涵、外延如何确定，现代教育概念及其划分的依据以及现代教育思想如何适应当前社会经济的改革、开放的形势等问题。

在研究时，许多同志还提出一些地方和高校，不根据社会和经济生产的需要，盲目追求高层次办学和盲目设置学科、专业的不良倾向和他们的教育思想有密切的关系。教育思想的深入研究为进一步端正办学的指导思想起了积极的作用。

（二）有关校风学风建设的研究。1987年，中国高教学会又和北京市高教学会共同进行了校风学风建设的研究，学风建设是北京地区和全国许多高校普遍关注的问题。参加这一研究的有北京市几十所高等学校。在研究当时高校学风的状况时，感到部分大学生缺乏远大理想、无所用心，缺乏认真、刻苦的学习精神，没有严谨的治学态度，考试作弊、纪律松弛。大家对产生不良学风和几个与学风有关的理论问题进行了详细的研究和讨论。大家一致认为，建设优良学风是高等学校精神文明建设的重要内容，当前要大力加强学校的思想政治工作，帮助学生明确学习目的、确立立志成才、为国服务的远大理想。学风建设要从教师做起，教师要树立教书育人的思想；研究指出学风问题是多种因素造成的。因此，学校、家庭、社会和学校的党、政、工、团要配合起来进行综合治理。另外，良好的学风是须经过长期的培养才能形成的。通过研讨，对学风建设进行了一次有益的探讨，对高校中树立“严谨、勤奋、求实、创新”的好校风起了积极的作用。

（三）有关职业高等教育的研究。

1987 年，中国高教学会委托职业大学教育研究会就职业大学的兴起、现状及其发展前景等课题进行了系统的研究。中国的职业大学是在党的工作重点转移后，社会人才的需求和供给矛盾突出，特别是专科和中专远远不能满足社会的需要的形势下应运而生的。职业大学提倡社会办学，学生实行走读、收费，学校针对社会各行各业的实际需要设置专业，对毕业生实行不包分配、择优推荐的办法，这些特点受到了全社会的欢迎，并显示了强大的生命力。目前，全国职业大学已发展到 120 所，现有在校生 6 万多人。通过研讨认为，职业大学今后还有一个自我完善的过程，还有不少问题需要研究和解决，要由有关部门加强领导，并通过联合办学才能赋予职业大学以新的活力。因此，大力加强对职业大学和教育改革的理论研究就显得十分必要。

（四）有关大学生思想政治教育的研究。1987 年，中国高教学会和各地高教学会、部委、专业研究会加强了高校的思想政治教育的理论和实际问题的研究。

高等学校思想教育研究会自从 1985 年成立以来，本着为“改进和加强高等学校的思想政治教育工作、建设具有中国特色的思想政治教育学科而努力”的宗旨，组织了全国 24 个分会，召开了各种学术年会、专题讨论会和报告会，写出了大量论文和调查报告。1987 年，该会又对“如何改进和加强高校思想政治工作，以及高校实行党政分开及思想政治工作的领导体制问题“为主题，展开了广泛、深入的学术研究，并在 12 月举行了学术讨论会。与会代表提出了当前高校思想政治教育的首要任务，就是要紧密联系大学生的思想实际，深入地进行社会主义初级阶段理论和党的基本路线的教育，用十三大精神来提高他们的思想认识。在社会主义大力发展商品经济，对外开放的进一步扩大的形势下，人们面临着社会各种矛盾和思潮的冲击，不可能禁止大学生接触形形色色的思潮，更不可能回避人们在建设和改革中产生的种种思想认识问题。在这种情况下，高校思想政治工作要努力创造适应新形势的各种有效形式和具体途径，紧密联系大学生的思想实际，使一个“中心、两个基本点”深入到大学生的头脑中去。这次会议得到了教育行政部门的重视和欢迎，并为建设具有中国特色的思想政治教育学科进行了一次有益的探索。

与此同时，各地高教学会纷纷组织调查新时期中国大学生的特点，研讨新时期对大学生进行思想政治教育的目的、要求和教育方法。北京市高教学会还专门组织了 4 个研究会编写了《战后世界国际共产主义运动》、《政治经济学》、《中国革命史简编》、《经济体制改革与马克思哲学》等教材来配合各高校进行政治理论教育。广东省高教学会通过研究讨论，编写了《中国社会主义建设》和《中国革命史》。河北省高教学会还就大学生思想品德形成的特点和规律、思想政治教育的基本原则、方法和途径等问题进行了热烈的研讨，还结合当前的形势，批判了方励之等人为代表的资产阶级自由化思潮。通过以上的学术研究活动为今后深入进行高校思想政治教育的理论和实践问题的研究打下了良好的基础，为维护安定团结的局面作出了贡献。

（五）有关高校领导者素质问题的研究。1987 年 10 月，高等教育管理研究会组织了关于“高校领导者素质”问题的专题学术讨论会。代表们回顾了高教事业的发展历史，谈到了近年来一大批专家、教授走上了学校的领导岗位，领导者的素质直接关系到当前改革能否继续深化和加快的问题。党中央提出:“高校党委书记、校长应该努力成为社会主义教育家”的要求是十分及时和必要的。研讨会认为，大学可以出教育家，中小学也可以出教育家。部分同志还认为，教育家可分教育理论家、教育实践家、教学专家和教育管理专家。关于什么是社会主义教育家问题，大部分与会者认为，社会主义教育家应具有鲜明的马列主义观点和立场，懂得社会主义初级阶段的基本理论和教育方针、政策，能较熟练地掌握教育规律，具有高度的献身精神，有深厚的专业理论知识和改革创新精神，在办学过程中能创造一套有特色的教育思想和教育理论，有宽广的胸怀和民主作风。只有具有以上素质的人，才能称为社会主义教育家。以上看法，为教育行政部门选拔大学领导提供了一些参考意见，也给大学院校长、党委书记本身提出了一个奋斗目标。同时，也为干部制度改革作了初步探索。

（六）有关社会主义初级阶段高等教育的特点和新要求的研究。在党的十三大胜利结束后，各地和中央部委高教学会(研究会）纷纷召开了“社会主义初级阶段高等教育的特点和新要求”的座谈会。从宏观和微观、从理论和实践等方面对高等教育的有关问题进行了研讨。大家认为，新的认识对高等教育提出了新的要求，我们的高等教育应把是否有利于发展生产力作为我们考虑一切问题的出发点和检验一切工作的根本标准。凡是为发展社会主义生产力而培养专门人才的各种办学模式，都应允许实验，只有建立和增强高等教育与经济发展紧密结合的运行机制，才能充分发挥高等教育的各项社会功能。如教学功能，就要改革不适应经济发展需要的传统的培养目标和教育格局，变“单一化”模式为“综合化”模式。在专业和课程设置上，要适应现代化科学技术的发展和现代经济管理的需要，应加强学科的互相联系和渗透，拓宽专业面，开设应用学科专业和跨学科的综合课程。

在座谈会上大家还谈到，增强高校活力的核心，集中表现在要给高校更多的办学自主权。比如，在实行党政分开后，要把目标经营责任制、课题与项目承包责任制等引进到学校来，从而建立起一套管而不死、活而不乱、行之有效的新型的科学管理体制。中央及地方政府的高教管理机构的职能，主要是负责规划、立法、监督、检查、评估等宏观管理方面的工作，学校内部的微观管理，如教学、科研、组织、人事、总务、后勤等方面的工作，应让学校自己去负责。

三、编出一批史料，写出一批论文和专著

1987 年，一些地方和部门的高教学会（研究会），为了科学地总结各地高等教育的办学经验和指导思想，编出了一批史料。如山西省高教学会写出了《山西高等教育简史》；江苏省高教学会编辑了《江苏省高等学校概况》；沈阳农业大学高教研究室组织编写了 58 万多字的《东北农业教育史》；广东省高教学会编了《中国封建社会教育史》等书。这批成果，为高等教育研究提供了十分宝贵的参考资料，受到了有关教育行政部门和高教研究人员的重视。

1986—1987 两年中，各地高教学会和高教研究会，还发表了大量的高教研究论文和专著。据 18 个省、直辖市和自治区，7 个部门的高教学会和 8 个学科研究会的不完全统计，共写出论文 9000 多篇，其中，获得国家一级行政或科研部门优秀论文奖的有十几篇，获得省、部级行政或科研部门优秀论文奖的有三百多篇。另外，近年来还出版了一些教育理论方面的专著和教材。这些论文和专著，对我国当前高等教育中的种种理论和实际问题进行了十分有益的探索。

撰稿人　许人纯

审稿人　郝维谦　许德贵

□高等学校基本建设学会成立

经过各有关方面将近两年的认真筹备，高等学校基本建设学会于 1987 年 9 月正式成立。高等学校基本建设学会是中国高等教育学会所属的一个专业学会，是全国高等学校基本建设工作者的群众性学术团体。学会的宗旨是坚持党的四项基本原则，坚持改革、开放、搞活，贯彻党的教育方针和基本建设方针、政策，团结全国高等学校广大基本建设工作人员，开展高等学校基本建设理论和实际问题的研究，探索高等学校基本建设的规律，总结交流经验以提高高等学校基本建设工作人员的业务水平和工作能力，推动高等学校基本建设改革，提高经济效益、社会效益、环境效益，为我国高等教育事业的发展提高做出贡献。各省、自治区、直辖市和国务院各有关部门成立的本地区、本部门高等学校基本建设学会，为本学会的团体会员。

高等学校基本建设学会第一次代表大会（即学会成立大会）于 1987 年 9 月 21 日—24 日在兰州大学召开。会议审议通过了《高等学校基本建设学会章程》，选举产生了第一届理事会，宣读了学术论文。第一届理事会一致同意聘请国家教委刘忠德副主任为名誉理事长，选举产生了常务理事会和正副理事长、秘书长，并通过了本届理事会今后两年的工作要点。第一届常务理事会议决定，设立计划财务与工程经济、规划设计、施工管理、业务培训、会刊编辑五个专业委员会，并任命了各专业委员会正副主任。

学会第一次代表大会后，会刊编辑委员会于 1987 年 11 月份编辑出版了《高等学校基本建设学会第一次代表大会文件汇编及论文集》。其他各专业委员会也已相继开展了工作。

撰稿人　温　纯

审稿人　王文友　王荫国

国家教育委员会主办的报刊

一、《中国教育报》

1987 年，《中国教育报》遵循党的基本路线，宣传党和国家关于教育工作的指导思想和方针政策，报道各地教育动态，由周二刊改为周三刊，拓宽了报道面，增加了信息量。

（一）结合教育战线实际，宣传加强学校的思想政治工作。在党的十三大期间发表了社论《认真学习十三大报告》《对教育事业战略地位进行再认识》和评论员文章《对高等学校实行党政分开的认识》和《再谈对高校实行党政分开的认识》，以及十三大代表的专访等。

1987 年初，配合稳定高等学校局势，反对资产阶级自由化思潮，先后发表了《维护安定团结人人有责》《同资产阶级自由化划清界限》《应当吸取的教训》《青年学生要自觉接受党的领导》等社论，刊登了《中国科技大学新学期呈现良好的开端》等有影响的报道，及时地介绍了北京钢铁学院、中国科技大学疏通民主对话渠道的做法。

1987 年 5 月 29 日，中共中央作出《关于改进和加强高等学校思想政治工作的决定》，《中国教育报》连续发表 5 篇社论，宣传《决定》的精神，在对学生进行理想道德教育、爱国主义教育方面，《中国教育报》发表了有针对性的文章，如社论《教育学生读好书不读坏书》，对保护青少年健康成长，培养有理想、有道德、有文化、有纪律的一代新人，起了积极作用。

（二）宣传实施《义务教育法》，全面贯彻国家的教育方针，《中国教育报》广泛报道了各地实施《义务教育法》的情况，并针对有些地区招用童工问题提出批评。同时，继续宣传基础教育实行地方负责、分级管理的体制和开展集资办学的经验，报道了山东省进行校舍改造的经验以及像山西临汾的秦市义等集资办学的先进个人。

1987 年，《中国教育报》继续大力宣传培养学生德、智、体、美全面发展的教育方针，纠正片面追求升学率的倾向，强调对中小学生要加强劳动教育、审美教育和参加社会实践活动的教育。发表了彭珮云的文章《提高对美育的认识》和评论员文章《劳动教育从小学中学到大学都要抓》，报道了如诸暨中学、三家店铁路中学、南京琅玡路小学减轻学生负担，提高教育质量；开封市县街小学设劳技课、锦州市城乡进行音乐教育和北京市拨专款推动美术教学的经验。

（三）宣传加快和深化教育改革。

1. 基础教育：配合国家教委的部署，《中国教育报》突出地大量地宣传农村教育改革问题。发表了何东昌文章《农村学校办学方向的转变》和社论《农村教育应主要面向本地培养人才》、评论员文章《县以下教育重点是为当地经济建设服务》、《提倡农村教育改革实验区》等，同时介绍了河北易县九源学校结合农村实际，培养学生学会一些建设家乡的技能和本领的经验。

2. 高等教育：①报道了各高校结合实际进行教学改革，为社会主义建设服务的经验。如人民大学开展社会主义现代化问题研究，北京师范大学多方面为普通教育服务，江西高校、合肥地区 7 所高校、农牧渔业部所属8所农大科技扶贫的做法。②报道了各高校广泛开展横向联合的经验，如首都8所高校开展横向联合、陕西高校联合办学、校际合作的经验。③在师生参加社会实践、强调培养学生能力方面，报道了北京经济学院实行教学、科研、社会实践三结合的经验，发表了高校青年教师要参加社会实践的言论及消息。还大量报道了大学生暑期参加社会实践活动和军训的动态和经验。④报道了高校采取多种措施提高教学质量，如人民大学文科改革与建设取得进展，北京大学把提高教育质量作为改革重点的经验。此外还宣传了招生和毕业生分配制度改革、学校内部管理体制改革以及研究生教育、师资管理、后勤工作等方面的经验。

3. 职业技术教育：发表了王明达的《加速发展农村职业技术教育》的文章，报道了湖南省把职业教育的重点转向农村，推广不包分配、回乡行医的卫生职业学校的经验，沅江县乡乡举办初中毕业生职业培训班以及一些地区进行初中“三加一”的实验，沙市把发展职业技术教育纳入经济建设轨道的做法，并发表了《面向农村，面向基层》《提高新一代农民的文化技术素质》等社论。

4. 成人教育：刊登了1987年6月23日国务院批转的《关于改革和发展成人教育的决定》，发表了邹时炎就如何贯彻《决定》答记者问，何东昌的《电视教育大有可为》的文章，重点宣传了岗位职务培训的经验，还就农村开展实用技术培训，深化电化教育改革提高效益，改革成人高校招生办法，高校函授，自学考试等方面的工作进行了报道。

（四）为教师服务，宣传先进教师、就教师关心的问题发表文章。如刊登国家教委有关部门负责人谈中小学实行教师职务聘任制的有关问题。以一定的篇幅介绍了大中小学优秀教师的事迹，发表了《屹立在烈火中的一代师表》《老山教师风采录》和《河北农大教师赞》等通讯。同时，还举办了“教师节纪事”散文征文。这次征文活动收到来稿2600余件。北京实验二小原校长陶淑范的《难忘的记忆》获荣誉奖，《青山的厚意》等5篇作品获一等奖，《教师节的邮票》等16篇作品获二等奖。

（五）增设新栏目。在原设“高教改革和发展”、“思想理论园地”（高教）、“思想教育”（普教）、“教学园地”、“学校管理”、“体育与卫生”、“读者来信”、“教育文摘”、“朝晖”（副刊）等专刊的基础上，增设了“职业技术教育”、“成人教育”、“家庭教育”、“外国教育”专刊。

1987年，《中国教育报》社先后在湖北、江西、山东、山西、云南、青海、天津等省市设立了记者站。至此，《中国教育报》已在13个省、直辖市建立了记者站。

二、《人民教育》杂志

1987年；《人民教育》杂志继续努力宣传党中央、国务院和国家教委关于教育工作特别是基础教育工作的指导思想和方针政策，充实刊物内容，不断提高刊物的质量。

（一）加强言论，增强刊物的指导性。1987年，《人民教育》发表社论5篇，评论员文章5篇，中央和部委领导同志署名文章13篇。第1期至第3期连续发表《引导学生接触社会、参加社会实践》《引导学生了解历史、了解现实》《坚持四项基本原则、培育“四有”人才》等3篇社论，紧密配合形势，联系教育工作的实际，阐述了党的十一届三中全会以来的路线即一个中心、两个基本点，明确提出要引导中小学生参加社会实践，了解国情，把他们培养成为“四有”人才。第12期的社论《学习十三大文件，加快和深化教育改革》，及时地阐明了学习十三大文件如何联系教育工作实际，加快和深化教育改革的问题，具有较强的指导性，受到了各地教育行政部门和学校的普遍重视。胡乔木的《加强爱国主义思想教育》、彭㻪云的《认真学习〈决议〉，改进小学德育》、邹瑜的《加强对青少年的法制教育》和本刊评论员文章《革命的理想、共产主义的品德要从小培养》等文章，阐明了加强青少年思想品德教育的重要性，并提出了相应的措施和要求。何东昌的《农村学校办学方向的转变》一文，论述了农村学校的办学方向的战略转变，指出农村教育工作要着重为本地培养人才，要为当地经济建设服务。柳斌的《谈基础教育的改革》、邹时炎的《要进一步搞好学校体育卫生工作》和王明达的《坚持改革，努力提高中学理科教学质量》等文章，从各个角度论述了教育工作的改革和发展问题。这些文章都有很强的指导性。一些重要的评论和文章，为《人民日报》、《中国教育报》、《新华月报》等转载。

（二）着力报道教育战线的新鲜经验和先进人物，以典型引路，促进和推动教育改革。编辑部组织记者组深入到山西临琦和湘北调查研究，采写了《从升学教育到为振兴农村经济服务》、《农村教育的新课题》等两组系列报道，宣传了这两个地区农村教育的新鲜经验，受到教育界的关注。1987年，《人民教育》还介绍了四川省什邡县、江西省上高县和内蒙古镶黄旗等17个基础教育先进县的经验。在报道教育工作经验的同时，《当代师表》专栏还发表了优秀教师的先进事迹。

（三）开展专题讨论，研究探讨教育工作中的重大问题。从1986年下半年起开展的“关于农村中小学教育如何适应农村社会主义建设需要”的讨论，在1987年继续深入发展，截止年底，共收到全国29个省、自治区、直辖市来稿千余件。这项讨论促进了各地对农村教育改革问题的研究与探讨，为农村中小学的教育、教学改革提出了许多积极的建议，引起了社会的广泛重视。

（四）充实和提高传统栏目，保证刊物特色。1987年，《人民教育》的“思想教育”、“教学工作”、“职业教育”、“师范教育”、“小学校长之友”、“班主任工作”、“教学改革信息”、“学法指导”、“勤工俭学”、“外国教育”等一批传统栏目，充实了内容，比过去更加切合教师和基层的需要。

（五）增强刊物的知识性、可读性和实用性，为广大教师服务。1987年，《人民教育》增设了“科技知识”和“人文知识”两个栏目，以帮助教师丰富知识，开拓视野。为了帮助初中教师提高业务水平，辟专栏举办初中教师自测活动。“教师咨询”专栏刊登了《如何计算民办教师的工龄》等11篇文章，回答了一批教师普遍关心的问题，为教师解决实际困难服务。

（六）改进四封和正文版面的装帧设计，形成自己的风格特色。《人民教育》从1986年第1期开始，对四封和正文版式进行改革。1986年第11期的封面《老树新蕾》获中国教育记协教育好新闻评奖（教育杂志系列）一等奖。1987年在1986年的基础上又有所前进，逐步形成“严肃、庄重、清新、活泼”的风格。

（七）举办“红烛奖”散文征文。自1986年3月起举办的“红烛奖”散文征文活动于1987年7月底评选揭晓。著名作家冰心，北京大学教授、作家吴组缃，散文家刘白羽、袁鹰、韩少华等参加了评选工作。这次征文共收到来稿4千余件，评出一等奖11篇，二等奖28篇，三等奖55篇。1987年文艺副刊发表的《感谢您，春雨——记郎平的体育老师沈正德》、《聂卫平和他的老师们》等文章，为《人民日报》（海外版）、《体育报》、《文汇报》等报刊转载。

三、《中国高等教育》杂志

1987年,《中国高等教育》杂志围绕党的基本路线的"一个中心、两个基本点",紧密结合高教战线的实际,较准确地宣传党和国家关于高教工作的方针政策,加强了刊物的指导性和思想性,充实了宣传高教改革的内容,提高了刊物的质量。

(一)积极宣传党的基本路线,配合高等学校对大学生进行坚持四项基本原则和改革、开放的正面教育。全年发表了这方面的评论、理论文章共20多篇。从第2期起先后发表了《认真学习邓小平同志关于反对资产阶级自由化的论述》《反对资产阶级自由化,进一步明确社会主义办学方向》《把坚持四项基本原则、反对资产阶级自由化的教育深入一步》等评论文章,并组织高等学校的教师和理论工作者撰写了一批理论文章,如《论社会主义经济在新中国的胜利》《评方励之否定马克思主义指导地位的言论》《我们国家为什么不能实行"多党制"》《"全盘西化"——破产的理论,行不通的主张》等文章,正面阐述了坚持四项基本原则的必要性和我国社会主义建设所取得的辉煌成就,并采取摆事实、讲道理的方法批评了方励之等人的资产阶级自由化观点。与此同时,还发表了《经济体制改革——通向现代化的深刻革命》《政治体制改革的几个重要问题》、哲学家代表团写的《赴苏南考察报告》等文,从不同的侧面宣传改革的必要性、巨大成就、指导思想以及改革的艰巨性。所有这些文章对于澄清大学生中的模糊观点,帮助政工干部和教师对学生进行党的基本路线的教育有一定的参考价值,受到读者的欢迎。

(二)注重宣传发展和改革高等教育的正确指导思想。《中国高等教育》杂志根据年初召开的国家教委工作会议的精神,通过发表教委领导同志和高等学校领导同志的文章,宣传发展和改革高等教育的正确指导思想。如第4期发表的朱开轩的《关于1987年高等教育的工作任务》一文,对高等教育的任务、方针和各项改革工作做了较全面的阐述。第5期发表的刘忠德的《关于高等教育事业发展的几个问题》一文,阐明了"七五"计划期间高等教育事业发展的正确方针。王明达的《总结经验,深化改革,把农林院校的"三结合"提到新水平》和彭珮云的《总结经验,精心指导,把大学生社会实践活动引向深入》等文,分别从不同的方面总结了高等教育改革的经验。此外,在《大学校长论坛》专栏中发表了曲钦岳等几位校院长谈如何办好大学的文章。这些文章对于高等教育的发展和改革起到了指导作用。

(三)改善和加强了思想政治工作的宣传。全年发表这方面的文章共32篇,着重围绕宣传和贯彻党中央关于改进和加强高等学校思想政治工作的决定精神,介绍学校在端正办学指导思想、培养德才兼备的合格人才,发扬党的优良传统和努力探索适应新时期需要的思想政治教育的内容、形式和方法,加强思想政治工作队伍的建设,以及学校的基层组织、政工干部和教师在教书育人方面的先进经验等。

(四)介绍和推广深化高等教育体制改革和教学改革的典型经验。在教育体制改革方面,着重宣传开展横向联合、实行联合办学、委托培养等方面的典型经验。例如,由编辑部记者采写的原石油部与四所高等学校联合办学和合作开展科学研究的调查,以及介绍西北轻工业学院开展横向联系,为经济建设服务,促进高等教育改革深入发展的经验等,都引起了读者的重视。在教学改革方面,着重宣传本科教育的改革,全年发表这方面的文章30篇,内容涉及马克思主义理论课、文学、史学、经济、管理等学科的改革以及理工科若干课程的建设等。同时,在宣传中还突出加强实践性教学环节，组织学生参加社会实践活动，进一步发展教学、科研、社会实践三结合等方面的经验。例如，第一期刊登的本刊记者采写的关于河北农大支援太行山区脱贫致富，实行教学、科研、生产三结合的调查，着重从参加社会实践对学生的健康成长和教师的提高，促进教学改革的新角度宣传了该校的经验，并发表了《河北农大经验的普遍意义》的评论。《新华月报》全文转载了这篇调查报告。

（五）宣传贯彻落实国家教委《关于改革和发展成人教育的决定》，推动以岗位培训为重点的成人高等教育的改革。全年发表了阐述开展岗位培训的重要意义和介绍办学经验的文章6篇。如袁宝华的《加强管理干部学院建设，搞好岗位职务培训》一文，以及中共中央组织部干部教育局、铁道部政治部干部部、上海市经委等单位的文章都起了积极作用。此外，“成人高等教育”专栏还发表了一批文章提倡厂校联合办学、介绍办好夜大学和函授教育的经验。

（六）继续办好“中专教育”专栏。以搞好教学改革、提高教学质量为重点，突出宣传加强实践性教学环节、提高学生的动手能力、办出中专特色的经验。全年共发表文章34篇，在数量上有发展，在质量上有提高，在中等专业学校中的影响逐渐扩大。

撰稿人　翟福英　刘堂江　曾繁铬

审稿人　潘　铭　朱世和　李长征

《中国人名词典》（教育界部分）词条释文的编纂工作

编纂《中国人名词典》一书是根据1983年5月中央组织部、中央宣传部关于批转《中国人名词典》编委会的报告的通知精神开展工作的。编纂这本书的目的是为了适应建设现代化的高度文明、高度民主的社会主义国家的需要，向国内、国外读者介绍我国古今杰出人物（含在世人物）的生平业绩和贡献的比较完整的工具书。全书分历史人物卷和当代人物卷，编写以当代人物为主的人名词典还是第一次，当代人物卷所提供人物的基本情况、主要成就，同时提供这些人物的准确的、较新的、有效的信息，它对我国教育、科技、文化事业的发展，对国际学术交流合作会起到重要作用。

原教育部承担了建国以来在教育战线的人物词目释文的编写任务。1983年11月在武汉召开《中国人名词典》（教育界部分）人物选收工作座谈会，确定高等教育、普通教育、中等专业教育、成人教育方面人物选收与平衡的标准和原则，由各部门、各地、各校提出本部门、本地区拟收人物的名单，初选名单优先选收在教学科研方面有开拓创新，有较高学术水平，国内、国外有一定名望的、对社会主义建设作出贡献的优秀人物。

1986年1月在天津召开了《中国人名词典》（教育界部分）名单初审工作座谈会，明确选收工作要坚持实事求是、严格把关、质量第一。普通教育、中等师范、成人教育、职业技术教育等方面的人物选收，由各省、市、自治区党委和教育行政部门确定，高等教育、中等专业技术教育方面人物选收以中央部委和学科、门类为主进行平衡；通过召开学科评议会，请专家、学者对词目释文内容进行评估鉴定，国家教委从总的名额上掌握平衡。

《中国人名词典》（教育界部分）选收人物情况为：

	选收总人数	性别		年龄				学术职务				
		男	女	60岁以上	51～60岁	50岁以下	已故	教授	副教授	学部委员	博士生导师	学科评议组成员
高等教育	2147 78.3%	2086	61	1218	458	66	401	1851	158	135	987	381
普通教育	378 13.78%	216	162	142	121	61	54	0	0			
中等专业教育	59 0.21%	55	4	35	17	3	4	1	20			
中等师范进修校	65 0.23%	55	10	38	11	2	13	4	10			
成人教育	45 0.16%	40	5	24	12	2	7	1	4			
职业技术教育	48 0.17%	42	6	20	18	8	2	0	2			
合计	2742	2494 90.9%	248 9%	1477 53.8%	637 23.2%	142 5.2%	481 17.5%	1857	194	135	987	381

所收人物的词条释文是按照《中国人名词典》编纂体例和规范，由各部门、各

地、各校确定专人撰写，并提供准确可靠的人物资料的基础上，反复核实修改加工编辑而成。

1986年8月在烟台召开了《中国人名词典》(教育界部分)词条释文审定会，审议词目平衡（含教育管理专家词目)、释文内容准确性科学性，明确释文中冠以××学家的概括语限于少数专家、学部委员、社会上公认的、知名度高的人物；其他高教人物一律以教授或研究员作概括语；教育家概括语仅用于少数、被公认的长期从事教育、教学实践有奠基、开创作用，在教育理论研究和组织管理方面有创见，直接培养出较多有成就的人才者，教育人物冠教育家的名单及全部释文稿几经复审，再经国家教委领导审定，于1987年6月上报《中国人名词典》编委会，《人名词典》编纂工作才告完成。

撰稿人　章炳良

审稿人　陶遵谦

其他

1987年教师节庆祝活动

为庆祝1987年教师节，国家教育委员会于4月8日向各省、自治区、直辖市教育行政部门发出通知。通知指出，前两届教师节从中央到地方都开展了较大规模的庆祝活动，通过一系列庆祝活动，不仅提高了全党全社会对教育工作重要地位的认识，而且也为广大教师解决了许多实际问题。通知要求今后教师节的庆祝活动应更富有教育意义，注重实效，重点要放到基层去。

一、部分地区注重为教师办实事

各省、自治区、直辖市党委和人民政府对教师节庆祝活动都十分重视，除了为提高教师的社会地位作了大量的宣传报导外，还十分注重为教师办实事。例如：北京市人民政府宣布在1985年为中小学办十件实事的基础上，1987年再为中小学办十件实事。其中包括为在全社会树立重视教育，尊重知识，关心下一代健康成长的良好风气，从1987年开始，每年9月1日中小学开学日，全市各级党政机关的领导同志都要分别参加学校的开学典礼；为了加强学生的思想政治教育，各中小学直接面向学生做思想政治教育的工作人员和教师一样享受教龄津贴和其他待遇；表彰1000名表现突出的教书育人先进个人，并作为考核工作、评定职务、晋级、选模的必要条件之一；用于改善办学条件的教学行政费开支标准再增长5%；为远郊区县配备250套录像装置，解决中小学教师业务进修的困难；为小学高年级及初、高中学生出版“儿童文库”、“少年文库”、“青年文库”读物，每套文库100本，三年内出齐，免费赠送到各校各班级；机关、部队、事业、企业单位的运动、文化设施，有条件的都要向中小学生开放，影院要放映学生专场，票价优待。天津市人民政府计划在1987年新建教师住宅62000平方米，要求在教师节前将部分已建成的房屋分到教师手中；市教育局负责筹措1200万元资金为郊区县12万平方米危陋校舍进行修缮；市属各区也都行动起来为教师办实事，和平区拿出75万元为职业学校和中学修建实习场地。南开区增拨103万元教育经费。河西区增拨50万元教育经费并拿出20间住房用以奖励模范教师。武清县87年筹集教师奖励基金40万元，并决定这项活动连续搞三年，1987年教师节拿出10万元奖励教师。红桥、河西、河北三个区增拨专款71万元作为教师的医疗费。河南省选招一万名民办教师转为公办教师；拨出专款200万元作为对青年教师的培养经费；学校、地区自筹及省教委资助筹措基建经费3500多万元，预计可建房20万平方米，可解决3500多位中小学教职工住房问题；根据省委、省政府的指示，教育行政部门会同公安、司法、纪检部门一起组成工作组深入到17个地市、14个县查处了220起殴打教师的事件，极大地提高了教师的社会地位。

二、国家教委采取多种形式庆祝教师

节

（一）北京市人民政府和国家教委联合召开首都优秀教师座谈会。9月8日，首都部分优秀教师被邀到人民大会堂进行座谈。党和国家领导人李鹏、王震、严济慈、周谷城、雷洁琼以及李锡铭、陈希同、何东昌、杨海波、张承先等有关单位的领导出席了会议。会上部分优秀教师汇报了自己的工作，发表了对教育改革的看法，提出了许多很好的意见和建议。李鹏同志代表党中央、国务院向教师致以节日的祝贺，并作了重要讲话，王震、严济慈、周谷城等同志也都即席作了发言。

（二）国家教育委员会和中国中小学幼儿教师奖励基金会联合举办全国教师书法、绘画、摄影展览会。展览会于9月8日至9月17日在首都劳动人民文化宫举行，李鹏、王震、严济慈、周谷城等党和国家领导同志出席了开幕式。国家教委副主任何东昌同志致了词，李鹏、王震同志为展览会剪了彩。约有两万多教师、教育工作者参观了展览。

这次展览的作品是在全国各级各类学校中广泛征稿的基础上，由各省、自治区、直辖市教育行政部门负责进行初评筛选，再由国家教委专门聘请的书法、绘画、摄影界的专家、学者组成评委评选的。共评出书法作品一等奖2名、二等奖5名、三等奖10名，参展入选147名；绘画甲组（非美术专业院系）作品一等奖1名、二等奖5名、三等奖11名、参展入选74名。绘画乙组（专业美术院系）作品优秀奖18名、参展入选52名；摄影作品一等奖2名、二等奖5名、三等奖10名、参展入选149名。为了鼓励广大教师进一步创作热情，国家教育委员会和中国中小学幼儿教师奖励基金会为参展人选者颁发了证书和纪念品，并对获奖者分别颁发了奖金。

（三）国家教育委员会和中国中小学幼儿教师奖励基金会联合举办全国优秀教师夏令营。夏令营共设两个营地，即国家教委烟台学术活动中心营地，北戴河国家教委教工活动中心营地。两个营地分别于7月28日和8月2日开营，营期均为8天，规模各为100人。参加夏令营活动的营员主要以中小学幼儿教师为主体组成，他们来自祖国29个省、自治区、直辖市，其中包括来自边远省区的兄弟民族和老山前线地区的优秀教师。夏令营的活动内容是以休养和参观、游览为主，同时也举办一些教学经验交流活动。夏令营期间，李鹏、胡启立同志亲临北戴河营地接见全体营员，并和优秀教师们合影留念。

撰稿人　郑晓恩

审稿人　侯春山

慰问云南战区教师和指战员

经国家教育委员会党组研究决定，由国家教委副主任王明达同志带队，率办公厅、中学司、初教司、民族司、行管局和中国教育报的8位同志组成慰问团，赴云南战区，慰问在战火硝烟下坚持教书育人的广大中小学和幼儿教师，以及坚守南疆的解放军指战员。慰问团于1987年4月2日从北京出发，15日返回，历时13天。

慰问团共走访了文山壮族苗族自治州所辖的麻栗坡、马关、西畴、文山四个县，重点是主战场所在地麻栗坡县。该县县城距越南边境的直线距离仅有9.8公里，闻名全国的老山、者阴山、扣林山均在该县境内，全县共有534所中小学，其中有126所距我国国境线仅500米左右。慰问团坚持白天进行慰问活动，晚上开座谈会、倾听教师们的意见，平均每天行程200多公里，深入前沿学校、前沿阵地看望教师和解放军战士。慰问团的活动受到边疆地区党、政、军及广大教师的热烈欢迎。慰问团同35所中小学和幼儿园的400多名教职工分别进行了座谈，听取了他们在战争条件下，一面坚持支前，一面坚持教学的动人事迹和教改情况；询问了广大教职工的教学、生活等情况，听取了他们的意见。为了改善边境地区的教学条件，慰问团代表国家教委向文山自治州所辖的三个县赠了款，并赠送了教育通信卫星地面接收站、电视监视器和录放像机等教学设备。慰问团还向12个军事机关、部队赠送了慰问品，并代表国家教育委员会到两个烈士陵园凭吊了在自卫反击战中英勇牺牲的烈士。

云南省委、省政府对慰问团的到来十分重视，省委副书记朱志辉、副省长陈立英同志，在慰问活动结束后会见了慰问团全体同志，并进行了座谈。

为了宣传南疆前线教职工的感人事迹，慰问团返京后，向国家教委党组写了总结报告，在国家教委机关举办了图片展览、在教育报上发表文章，作了宣传报导。

撰稿人　郑晓恩

审稿人　侯春山

文件选编

综合部分

□国务院办公厅转发国家教育委员会关于教育部门勤工俭学管理机构有关问题请示的通知

（1987年10月28日）

国家教育委员会《关于教育部门勤工俭学管理机构有关问题的请示》，已经国务院同意，现转发给你们，请遵照执行。

国家教育委员会
关于教育部门勤工俭学管理机构有关问题
的请示

各地教育部门反映，自1986年国务院发布《关于深化企业改革增强企业活力的若干规定》和1987年经国务院同意，由国家经委、国家体改委、财政部、劳动人事部印发《关于撤销行政性公司若干问题的意见的通知》以来，一些地方把教育部门办的、为管理学校勤工俭学服务的专业公司作为行政性公司限期进行清理，这对学校勤工俭学的开展十分不利。为此，提出如下建议：

一、1983年，《国务院批转教育部等部门关于进一步开展勤工俭学活动的请示的通知》下达以来，学校勤工俭学活动得到了发展，对于全面贯彻党的教育方针，培养社会主义一代新人，发展我国的教育事业起了重要作用。实践证明，这个文件是指导勤工俭学活动健康发展的行之有效的文件，今后仍应继续贯彻执行。各级人民政府和有关部门应从改革教育、培养人才的高度来认识这个问题，加强对学校勤工俭学活动的领导，并给予积极的支持。各级教育部门要切实加强对这项工作的管理。

二、1983年，国务院批转的《全国中小学勤工俭学暂行工作条例》中规定：“各级教育行政部门可根据本地区的实际情况，建立健全勤工俭学的管理机构。根据需要还可设立专业公司。”据此，各地已先后建立了勤工俭学的行政管理机构和专业公司。这些管理机构和专业公司都是对校办工厂、农场等进行管理和扶持的上级部门，是保证勤工俭学稳定发展的不可缺少的机构。其中的专业公司属事业性质，实行企业管理，不属于1986年国务院发布的《关于深化企业改革增强企业活力的若干规定》和1987年国家经委等四部委印发的《关于撤销行政性公司若干问题的意见的通知》中规定的“限期清理”和“撤销”的范围。

三、各级教育部门对所属的为管理学校勤工俭学服务的专业公司，要加强领导和管理，模范遵守国家的法令和政策，继续办好。对于个别地方假借教育部门名义办的一些实质上并非为教育事业服务的公司，应按国家有关规定予以清理、撤销。

基础教育部分

□国家教育委员会、财政部关于农村基础教育管理体制改革若干问题的意见（节录）

（1987年6月15日）

为了使农村基础教育管理体制改革更加健康、深入地进行，当前各地应着重做好以下几方面工作：

一、提高认识，加强领导

基础教育实行地方负责、分级管理，其根本目的是充分调动地方发展教育事业的积极性，使之从当地经济和社会发展的实际需要出发，统筹规划基础教育、职业技术教育和成人教育，把文化教育与职业技术教育、职前教育与职后教育有机地结合起来，使教育以为当地的两个文明建设服务为主，促进教育与经济的良性循环。

我国基础教育的大头在农村。据1985年统计，县以下（含县）农村小学在校学生约占全国小学生总数的92%，中学在校学生约占全国中学生总数的82%。同时，由于受经济发展水平的制约，目前我国农村基础教育与城市相比还很落后。因此，抓好农村基础教育，对我国整个基础教育的发展具有决定性的作用。

基础教育的管理体制与基础教育的发展紧密相关。我国原有的农村基础教育管理体制是为适应原来的经济体制建立的。在国家的经济体制、财政体制和农村政权建设发生了深刻变化之后，这种教育管理体制就显得很不适应，如不及时改革，势必影响农村基础教育的发展。因此，这一改革是我国经济体制、财政体制改革的必然产物，是加快农村教育事业发展、使之更好地为当地社会主义现代化建设服务的一项战略措施，也是为建立适合中国国情的基础教育管理体制而采取的一个重大步骤。

基础教育是地方事业，担负着为地方培养和输送劳动后备力量的重要任务。基础教育办得好坏，直接关系到地方经济和社会的发展与进步。基础教育又是国民教育，其发展速度的快慢、质量的高低，直接关系着整个民族的素质。我国是一个人口众多、地域辽阔的大国，各地区、各民族的经济、文化发展很不平衡。发展基础教育必须从这一特点出发，充分发挥地方和全社会的作用，坚持因地制宜，讲求实效，分类指导。把发展基础教育的责任交给地方，实行地方负责、分级管理，正是从实际出发，推动基础教育更好地着重面向当地经济和社会的需要、稳步健康发展的重要措施。

农村经济体制改革的成功带来了农村经济的蓬勃发展，这不但对教师提出了更为迫切的要求，而且为教育管理体制改革提供了良好的社会环境，创造了有利条件。各地要认真贯彻执行《中共中央关于教育体制改革的决定》，切实加强对农村基础教育管理体制改革的领导，不失时机地将这一改革推向新的阶段；要充分调动一切积极因素，挖掘各方面潜力，为促进当地教育事业的发展作出切实努力；要进一步端正教育思想，努力克服教育与实际脱节的倾向；要多渠道、多层次、多形式地发展职业技术教育，使学生在思想、知识、技能诸方面做好参加四化建设的准备，为两个文明建设源源不断地输送人才。

二、从实际出发，科学地划分地方各级政府管理基础教育的职责权限

科学划分地方各级政府的职责权限，是搞好农村基础教育管理体制改革的关键。根据《中共中央关于教育体制改革的决定》和《义务教育法》的有关规定，地方各级政府分级管理基础教育的职责权限如何全面划分，由省、自治区、直辖市决定。现仅就划分职责权限工作中需要注意的几个问题提出如下意见：

（一）改革工作必须根据《中共中央关于教育体制改革的决定》和《义务教育法》的精神，从各地经济水平、自然状况、教育普及程度、事业发展规模，以及基层政权建设状况、干部队伍的“四化”程度等方面的实际情况出发，综合加以研究。在职责权限划分、工作实施步骤、经费筹措办法等方面，要坚持实事求是、因地制宜的原则，不搞“一刀切”。要把是否有利于教育更好地为当地两个文明建设服务，有利于调动政府、社会和学校干部、教师的积极性，有利于教学秩序稳定、促进教育事业发展和教育质量提高作为衡量改革工作成败的主要标准。

（二）基础教育实行地方负责以后，省、地（市）、县、乡四级都要明确各自的职责。对农村基础教育，省、地（市）必须加强领导，同时，应把县、乡两级职责权限的划分作为工作重点。

县一级政府，长期以来担负着管理农村学校的重要责任。目前，县财政拨款仍是农村基础教育经费的主要来源。县一级有比较完备的管理教育的职能部门和机构，比较熟悉农村基础教育的特点和规律，具有比较丰富的工作经验。因此，要充分发挥县在管理农村基础教育方面的重要作用。在边远和经济不发达地区，当前更应注意发挥县一级的作用。各县要根据中央的方针政策，从当地实际出发，把教育事业的发展纳入全县的总体规划；制定调动本地区各级政府和社会力量办学积极性的具体办法；抓好干部和师资队伍建设，制定有关民办教师的政策，检查贯彻落实情况，努力改善办学条件；加强对教学业务的指导，不断提高教育质量，在扎扎实实普及小学教育的基础上，有计划、有步骤地普及九年义务教育；规划和调整教育结构，使基础教育、职业技术教育、成人教育更好地结合起来，使教育与经济协调发展，着重为当地的经济和社会发展服务。

乡是我国农村的基层政权。扩大乡一级管理农村学校的职责权限，是这次改革的一个重要特点。随着建乡工作的完成，乡财政正在逐步建立，干部的“四化”程度有所提高，乡政府在管理教育方面有必要也有可能承担比过去更多的责任。但是，就全国而言，乡一级管理教育的基础还比较薄弱，需要一个逐步适应和提高的过程。因此，目前不宜把乡一级的职责权限搞得过大。为了充分发挥乡管教育的作用，乡应成立管理教育的机构。这个机构可由乡政府、企业、学校负责人及财税等有关人员兼职组成。乡管学校的机构要在乡政府直接领导和县教育行政部门的指导下，行使上级赋于自己的职权，做好职责范围之内的各项工作。如：协助县教育行政部门搞好教育规划和教师、教育行政干部队伍建设；筹措并管好、用好本乡教育经费，切实解决民办教师工资福利待遇问题；密切学校与社会的联系，逐步改善办学条件等。乡管教育要充分发挥现有学区和中心中学、小学在教学行政业务方面的作用。

村是我国农村基层的自治组织。在农村基础教育管理体制改革中，要注意发挥村在解决危房、改善办学条件、提高教师待遇、筹措解决民办教师的工资、管好学校财产、维护学校权益、动员适龄儿童入学、参与监督学校工作等方面的作用。

加强学校干部、教师队伍的建设，是促进教育事业发展、提高教育质量的重要保证。省、地（市）一级当前尤其要抓紧中小学师资、特别是初中师资和职业技术学校师资的培养和培训工作，办好高等、中等师范院校和教育学院，为实施义务教育、发展职业技术教育输送合格的师资。教师资格的考核和教师的任用。应分别情况，由县或县以上教育部门负责。乡负责在本乡范围内调动和使用教师。在目前情况下，学校领导干部的任免权不宜下放过低。一般情况下，学校校长应由县或县以上有关部门考核任免，乡可以对本乡所管学校校长的任免提出建议。少数经济条件和教育工作基础较好的乡，在征得县主管部门同意后，可任免本乡学校的副校长和中层干部。

三、认真贯彻落实国务院《关于筹措农村学校办学经费的通知》精神，搞好农村教育事业费附加的征收工作

多渠道筹措农村办学经费，是改革农村基础教育管理体制的一项重要任务。征收教育事业费附加，是调动地方和社会办学积极性、促进基础教育发展的重要措施，体现了“取之于民、用之于民”的精神。从长远看，这样做不但有利于基础教育的发展，而且有利于农村经济的发展，符合农民的根本利益，不应视为“加重农民负担”。只要根据需要和可能，经过法定程序，农民是拥护的。各省、自治区、直辖市要认真执行国务院通知精神，切实加强对这项工作的领导。地方人民政府要从各自的实际情况出发，制定、完善农村教育事业费附加的征收办法，指定有关部门负责征收。对乡镇企业征收确有困难的地方，要因地制宜地制定措施，保证这项工作顺利进行。要认真检查国务院通知精神的落实情况，发现问题，及时解决，并不断总结经验。

根据《义务教育法》的精神，实行征收教育事业费附加以后，有条件的地方，还应继续鼓励各种社会力量捐资助学。

我国农村基础教育管理体制的改革，正在相当广阔的领域内和相当深刻的程度上展开。这是一项探索和创新的工作。各地要在实践中加强调查研究，总结经验，使改革工作逐步完善，促进农村基础教育的发展。

□国务院办公厅转发国家教委、公安部、共青团中央关于办好工读学校几点意见的通知

（1987年6月17日）

国家教委、公安部、共青团中央《关于办好工读学校的几点意见》，已经国务院同意，现转发给你们，望结合各地具体情况，认真执行。

几年来，各地举办的工读学校，在教育、挽救有违法和轻微犯罪行为的青少年方面发挥了重要作用，取得了较好的成效。应该看到，只要社会上还存在着资本主义腐朽思想的侵蚀和青少年犯罪现象，工读学校这种特殊的教育形式就是必要的。各地人民政府要把办好工读学校视为加强社会主义精神文明建设的组成部分，切实抓好。

接到本通知后，《国务院批转教育部、公安部、共青团中央关于办好工读学校的试行方案的通知》即行废止。

国家教委、公安部、共青团中央关于办好工读学校的几点意见

工读学校是教育、挽救有违法和轻微犯罪行为的中学生的学校，在今后相当长的时期内是不可缺少的。各地特别是大中城市教育部门应该在地方党委、人民政府的领导和有关部门的协助下，从实际出发，采取积极措施，举办和办好工读学校，加强对有违法和轻微犯罪行为的中学生的教育、挽救工作。现就办好工读学校的有关问题，提出如下意见。

一、工读学校的性质、任务和办学指导思想

工读学校是对有违法和轻微犯罪行为的中学生进行特殊教育的半工半读学校，是普通教育中的一种特殊形式，也是实施九年义务教育的一种不可缺少的教育形式。要逐步创造条件，把这类学校办成职业技术教育性质的学校。

工读学校的任务是全面贯彻执行教育方针，把有违法和轻微犯罪行为的学生教育、挽救成为有理想、有道德、有文化、有纪律并掌握一定生产劳动技术和职业技能的社会主义公民。

工读学校要坚持“立足教育，挽救孩子，科学育人，造就人才”的指导思想，要关心、爱护、尊重学生，不能歧视、厌弃他们。

二、思想政治教育和学生管理

工读学校必须以转变学生的思想为首要任务，要把思想政治教育渗透到学校的各项具体工作中去。每个教职工都负有教育学生的责任。

要紧密结合学生思想实际，切实加强爱国主义教育，社会主义道德教育，社会主义民主、法制教育和理想、前途、人生观教育。认真贯彻学生守则，帮助学生明辨是非，认识并改正错误，树立上进的思想，养成良好的品德和行为习惯，成为对社会主义现代化建设有用的人。

要坚持正面教育为主的原则。深入了解学生违法犯罪的原因，随时掌握他们的思想动态和心理特点，做艰苦、细致的思想转化工作。对学生要热情关怀，严格要求，启发诱导，耐心教育。要注意调动学生的积极因素，表扬和鼓励先进。防止简单粗暴，严禁体罚和变相体罚。学生坦白交代了违法犯罪行为，应当从宽或免予处理；揭发检举了坏人坏事，应当给予鼓励和保护。

要根据工读学生特点开展多种形式的教育活动，把思想品德教育寓于各项集体活动之中，逐步建立起有正确舆论、良好作风和共同奋斗目标的集体。

要建立严格的科学管理制度。工读学校的学生应当集中食宿，集中管理。对学生要提出严格的要求，组织学生过有纪律的生活。要区别学生的不同情况，分层次地进行管理教育。对极少数经反复教育仍不服从管理继续犯罪的学生，应当依法送交公安、司法部门处理。工读学校应实行男、女生分别编班或男、女生分别建校。每班配备1至2名得力的班主任。女生班要配备女教师担任班主任。

工读学校应建立学生会、班委会等群众组织，也可以建立共青团组织，并充分发挥他们的作用。对于确有转变，具备共青团员条件的学生，应发展为团员。

三、教学工作

提高工读学校学生的文化科学知识水平，是实行九年义务教育的要求，也是促使学生明辨是非、转变思想的重要途径。各校要搞好教学改革，努力提高教学质量，使学生逐步达到九年义务教育的基本要求。

工读学校的学习年限，根据学生原有文化程度和接受教育的表现，一般可确定为2至3年。

工读学校主要开设思想政治、语文、数学、历史、地理、体育、音乐、美术和职业技术教育等课程，以及生理卫生常识等讲座。其它课程可从实际出发酌情开设。每周授课时数不得少于24课时。

思想政治课以道德教育和法制教育为主。文化课根据学生的实际程度制定教学计划和进度，选用普通中学的教材或自编教材和补充教材。语文、数学等主要课程应该达到初中（含初等职业技术学校）毕业水平。对于少数文化程度较高的学生，根据其实际文化水平编班上课。要有计划地开设职业技术教育课程。

四、职业技术教育和生产劳动

工读学校的思想、文化教育，一定要同职业技术教育相结合，办学形式因地因校制宜。可以办职业技术教育班，也可以办职业技术教育分部，还可以有其它形式。要把工读学校的职业技术教育纳入地方职业技术教育事业发展的统一规划。

要组织学生定期参加生产劳动，并将生产劳动和职业技术教育纳入教学计划。学校要办好校办工厂、农场或服务行业，为学生提供必要的劳动和职业技术训练场所。每周参加劳动的时间不少于 12 小时，劳动强度要适当。要切实注意安全，对女学生和年幼体弱的学生应当给予必要的照顾。这样有利于学生改造思想，培养劳动观点，养成劳动习惯，并掌握一门生产劳动技术或职业技能，为毕业后就业打下基础。

校办工厂、农场等校办企业勤工俭学的纯收入，除扩大再生产外，主要用于改善办学条件和师生参加劳动期间的补贴。

各级人民政府要组织计委、经委、财政、税收等部门，帮助工读学校开办并办好校办工厂、农场等企业，从多方面予以扶植，解决好供、产、销问题。有关工读学校校办工厂、农场等企业征税的优惠问题，按现行的税收规定执行。已经办起来的校办工厂、农场等企业各地不得任意收并。

五、工读学校的招生

工读学校的招生对象是，12 周岁至 17 周岁有违法或轻微犯罪行为，不适宜留在原校学习，但又不够劳动教养、少年收容教养或刑事处罚条件的中学生（包括那些被学校开除或自动退学、流浪在社会上的 17 周岁以下的青少年）。工读学生入学须经当地区、县教育局和公安局共同审批。学校和街道要共同做好家长及学生的思想工作。经过审批应当入工读学校学习而拒不报到的，或报到后又中途擅自逃离的，公安部门要积极帮助学校使他们入学。

工读学校学生在校期间的生活、学习费用由其家长负担，确有困难的可以申请助学金。工读学校实行助学金的具体办法，由学校所在省、自治区、直辖市的教育、财政等主管部门制订。工读学校招收的有违法或轻微犯罪行为的孤儿，原由民政部门供养和发给社会救济费的，仍由民政部门负责发给。

六、工读学校学生的出路

凡在学校坚持学习，能接受教育，改正错误，遵纪守法，文化、职业技术课考试、考核合格者，应当准予结业。达到初中毕业程度的工读学生由原校或所在学校发给初中毕业证书或初等职业技术训练合格证书，以原所在普通中学或工读学校设立的职业技术学校名义毕业。

工读学校学生毕业后，可以升学、参军或劳动就业，不得歧视他们。学习成绩好的结业生经教育部门批准，允许回普通中学继续学习。职业班毕业的学生经考核合格就业的，应当根据所受职业技术教育的程度给予同等职业学校毕业生的待遇。当地人民政府要重视工读学校毕业生的安置问题，劳动等有关部门要积极创造条件，认真解决他们的就业出路问题，对符合条件愿意从事个体经营的学生，工商行政管理部门要按照规定，发给营业执照。

工读学校学生在校期间的表现，由班主任和学校写出评语，毕业或结业时随同本人转走；其所犯错误的档案材料由原工读学校保存。

七、教师队伍

工读学校的教师必须能够认真贯彻执行党的路线、方针、政策，热爱工读教育，品德优良，作风正派，具有一定的业务水平和较强的管理能力，身体健康，能够胜任工读教育工作。各地教育部门要采取多种渠道解决工读学校的师资来源。要认真选调具备条件的中学教师、师范院校应届毕业生到工读学校工作，并要有计划地配备一定数量的优秀教师作为骨干。对于因道德品质问题不适宜从事工读教育的教师要坚决调离。高等师范院校教育、心理、政教等专业，应当承担定向培养和培训工读学校师资的任务。各地要有计划地对在职的工读学校教师和干部进行培训，请有经验的教育学、心理学、社会学和法学专家讲课，并交流办学经验。

要大力加强教师队伍的思想政治工作，不断提高教师的思想水平和业务水平，努力建设一个具有正确的教育思想、团结一致、朝气蓬勃、带领学生前进的教师队伍。

对工读学校校长、教师和职工（包括公安部门派到工读学校工作的人员），应当分别给予一定的岗位津贴。津贴标准由各省、自治区、直辖市教育部门商同劳动、财政部门，从本地区实际情况出发提出意见，报请省、自治区、直辖市人民政府批准。担任班主任工作的，应按照国家有关规定另发班主任津贴。其它待遇和普通中学一样对待。考虑到工读教育的特点，要切实解决好工读学校教职工的住房、两地分居、子女升学和就业等问题。教职工的业务考核和职称评定，要考虑工读教育的特点。评模选优时应当有工读学校的名额。对在教育、挽救有违法和轻微犯罪行为学生的工作中做出贡献的教职工，应当大力表彰，予以奖励。对于从事工读教育年限比较长的优秀教职工，在退休时地方人民政府应当给予适当照顾。

八、领导管理

工读学校所在地的人民政府要有一位领导干部分管工读教育，并逐步建立由公安、司法、教育、共青团、妇联、劳动、财政等有关部门负责人和工读学校校长组成的工读学校管理委员会。管理委员会要认真贯彻上级有关规定，组织和协调各有关部门之间的工作，落实办好工读学校的各项措施。

工读学校的日常工作由所在地教育部门领导管理，公安部门和共青团要大力协助。教育部门负责调配工读学校的领导班子和教师，领导日常的教育、教学和行政业务。根据需要，公安部门可以选派一名符合条件的干部参加学校的领导工作，并可选派少数公安干警到工读学校，在学校统一领导下，调查核实案件，协助进行法制教育等工作。派到工读学校工作的公安干警，其人事、工资关系及在原部门各项待遇不变。

凡学生人数达到100人以上的工读学校，应按完全中学对待；由于办学条件限制，虽不足100人，但不少于60人的工读学校，在教育、挽救青少年工作中发挥了较大作用，确有成绩的，也可按完全中学对待。办学成绩突出，贡献较大的工读学校可按省、自治区、直辖市的重点中学对待。

各地教育部门要选派能够正确贯彻执行党的路线、方针、政策，懂得教学业务和教育规律，并具有一定教育工作经验的干部担任工读学校的校长。工读学校校长由当地教育部门提请地方人民政府任命，副校长由校长提名并提请当地教育部门任命。工读学校领导班子和骨干力量要保持相对稳定，无特殊原因不要轻易变动。

社会各界应当重视、关心和支持工读学校的工作。尤其是共青团、工会、妇联、街道办事处、公安派出所要共同配合做好家长的工作，搞好校外管理和教育；宣传、文化、经济、财政、劳动、商业等有关部门应积极配合。

九、机构设置和人员编制

工读学校的规模一般不少于100人，每个教学班以25人左右为宜。

工读学校一般设教导处、总务处、办公室。规模较大的学校，可设生产处，负责管理校办工厂、农场和服务行业。要注意精简机构，充实第一线的教学人员。

教师编制可高于普通中学，每个教学班一般不少于4人。职工编制，各地可从实际出发确定。

十、经费

开办工读学校所需的基建投资和事业费（包括工读学校办职业技术班的开办费）由省、自治区、直辖市人民政府统筹安排，分别纳入地方基本建设投资计划和教育事业费预算，开支标准由各省、自治区、直辖市教育、财政部门研究制定。对工读学校所需要的特殊教育经费，如工作人员津贴、学生助学金、职业技术教育经费以及生活设备方面的必须开支，要统筹安排，予以保证。

十一、教育科学研究

对违法和轻微犯罪学生的教育，是当前中学生思想教育中的一个重要课题。进一步研究工读学生违法犯罪的原因、规律，总结各地工读学校教育、挽救工作的经验，具有重要意义。各地工读学校应当紧密结合教育、挽救违法和轻微犯罪学生的实践，开展教育科学研究。同时，建立全国性的工读教育研究组织，有计划地开展工读教育的科研活动。

□全国中小学教材审定委员会工作章程

（1987年10月10日国家教育委员会发布）

第一章　总　　则

第1条　为了在统一教学基本要求的前提下，有领导、有计划地实现教材的多样化，以适应不同地区的需要，建立有权威的教材审定制度，促进中小学教材质量的提高，成立全国中小学教材审定委员会（以下简称审定委员会）。

第2条　审定委员会是国家教育委员会领导下的全国中小学各学科教学大纲和教材的审定机构。

第3条　审定委员会审定中小学各学科教学大纲；审定经省、自治区、直辖市教育部门，重点高等学校审查推荐的教材，和人民教育出版社、中央级科研单位和全国性学术团体编写的教材。

第4条　民族区域自治地方用少数民族文字编写的中小学教学大纲和教材的审查、审定工作，参照本章程有关规定制订实施办法。

第5条　为适应本地区或本学校使用而编写的教材（乡土教材、选修教材、补充教材等），由省、自治区、直辖市教育行政部门审查，报国家教育委员会备案。省、自治区、直辖市教育行政部门根据需要可建立相应的中小学教材审查机构。

第二章　组织机构

第6条　审定委员会，由国家教育委员会聘请专家、教师和教育行政领导干部组成。设主任1人、副主任若干人。

审定委员会实行聘任制，委员由国家教育委员会聘任，任期3年。

第7条　根据国家制定的教学计划中的课程设置，审定委员会设立各学科教材审查委员会。全国各少数民族教材审查委员会下设立各学科教材审查小组。各学科教材审查委员会设正副主任各1人、委员5至15人，由国家教育委员会聘任，任期3年。

审查委员会主任由审定委员会委员兼任。

第8条　国家教育委员会聘请若干名专家、学者担任审定委员会顾问，任期3年。

第9条　全国中小学教材审定委员会，设立办公室，作为常设工作机构，与国家教委中小学教材办公室合署办公，设主任1人，副主任2人，办公室经常联系并协调各学科教材审查委员会的工作，处理审查、审定中小学教学大纲和教材的日常事务。

第三章　工作职责

第10条　审定委员会的职责是：

1. 审定全国中小学各学科教学大纲和教材。

2. 指导各学科教材审查委员会的工作。解决教学大纲和教材审查中提出的问题。

3. 指导优秀中小学教材的评选工作。

第11条　学科审查委员会的职责是：

1. 审查本学科的教学大纲的教材，向审定委员会提出审查报告。

2. 研究本学科教学大纲和教材审查中发现的问题并提出处理意见。

3. 对本学科教材建设进行调查研究，向国家教育委员会提出建议。

4. 推荐优秀中小学教材。

第12条　顾问的任务是：

1. 指导中小学教材建设和改革。

2. 对审查、审定教学大纲、教材和各学科领域中有关的学术问题提出建议，接受咨询。

第13条　审定委员会主任、副主任主持审定委员会的工作。

第14条　审查委员会主任、副主任主持本门学科教材审查委员会的工作。

第四章　审定原则

第15条　中小学各学科的教学大纲和教材的审定原则：

1. 符合国家的有关法律、法规和政策。

2. 体现面向现代化、面向世界、面向未来的要求，贯彻为社会主义现代化建设服务的方针。

3. 符合中小学教育培养目标的要求，为培养德、智、体、美全面发展的有理想、有道德、有文化、有纪律的社会主义公民及各级各类社会主义建设人才奠定基础。

4. 符合国家教育委员会颁布的教学计划。

5. 从我国经济文化发展不平衡的实际出发，从各地区可能达到的办学条件和师资条件出发，难易适度。

6. 符合儿童和青少年身心发展的规律，符合教育的规律，教学内容总量要适当。

中小学教材审定标准见附一。（略）

第五章　审定程序

第16条　教学大纲或教材的审定，按照规定和程序办理。符合审定原则的教材，由审定委员会办公室安排审查和审定。

1. 学科审查委员会对送审的本学科的教学大纲和教材进行审查。审查通过的，写出审查报告，连同审查过的大纲或教材一并提交审定委员会讨论；审查没有通过，但有可能经修改达到要求的，建议编者按审查提出的意见修改并通知推荐单位；认为不适宜作教材的退回推荐单位。

2. 审定委员会审定各学科审查委员会提交的教学大纲、教材审查报告。

3. 中小学教材实行编审责任制。教材的编写单位或编者及审查、审定人，要在审查或审定的教材上署名。

4. 审定委员会审定的教学大纲和教材，报国家教育委员会，主管副主任签字批准出版印行，并在封面上标明《全国中小学教材审定委员会审定》字样，列入中小学教材推荐用书目录，供各地学校选用。

中小学教材的具体送审办法见附二。(略)

第六章 经 费

第 17 条 中小学教材建设经费，由审定委员会办公室提出年度预算，列入国家教育事业费的年度预算，其中包括教材、图书、资料的购置、会议开支等项。

第 18 条 顾问、审定委员会委员、审查委员会委员审查、审阅书稿，按有关规定付给审查费、审阅费。

第 19 条 经全国中小学教材审定委员会审定通过的教学大纲、教科书，以及与教科书相配套的各类教学用书（包括音像教材、教学挂图等）出版时，由有关出版社支付审查费、会议费及其它费用。

□国务院办公厅转发国家教委等部门关于明确幼儿教育事业领导管理职责分工请示的通知

(1987 年 10 月 15 日)

国家教委、国家计委、卫生部、劳动人事部、财政部、建设部、轻工业部、纺织部、商业部《关于明确幼儿教育事业领导管理职责分工的请示》，已经国务院同意，现转发给你们，请照此执行。

幼儿教育是社会主义教育事业的重要组成部分，是我国学校教育的预备阶段，同时又是一项社会公共福利事业，各级政府都应重视幼儿教育事业的改革和发展。托儿工作对提高我国人口素质有重要意义，对此也要予以重视和加强。

□国家教委、国家计委、卫生部、劳动人事部、财政部、建设部、轻工业部、纺织部、商业部关于明确幼儿教育事业领导管理职责分工的请示

党的十一届三中全会以来，全国幼儿教育事业有了一定发展，但与当前形势的要求和广大群众的需要仍不相适应。

1979 年中共中央、国务院曾转发《全国托幼工作会议纪要》，决定在国务院设立托幼工作领导小组及其办事机构，负责研究和贯彻有关托幼工作的方针、指示，制订事业发展规划等，并划分了有关部门的工作职责。1982 年机构改革时，全国托幼工作领导小组及其办事机构撤销，但这个机构的工作任务一直未明确由哪个部门承担，因此造成各部门对幼儿教育工作的管理分工不清，职责不明，影响了幼儿教育事业的进一步发展。对此，我们经过反复调查研究，提出意见如下：

一、幼儿教育既是教育事业的一个重要组成部分，又具有福利事业的性质，因此，必须在政府统一领导下，除地方政府举办幼儿园外，主要依靠部门、单位和集体、个人等方面力量发展幼儿教育事业，实行“地方负责，分级管理”和有关部门分工负责的原则。经研究，各有关部门对幼儿教育工作的职责分工为：

教育部门负责：(一) 贯彻中央、国务院有关幼儿教育工作的方针、政策、指示，拟订行政法规和重要的规章制度；(二) 研究拟订幼儿教育事业发展方针，综合编制事业发展规划；(三) 负责对各类幼儿园的业务领导，建立视导和评估制度；(四) 组织培养和训练各类幼儿园的园长、教师，建立园长、教师考核的资格审定制度；(五) 办好示范性幼儿园；(六) 指导幼儿教育科学研究工作。

卫生部门负责拟订有关幼儿园卫生保健方面的法规和规章制度，对幼儿园卫生保健业务工作进行指导。

计划部门负责将幼儿教育事业发展和建设等列入各级计划。

财政部门负责会同有关部门研究制订有关幼儿教育事业经费开支的制度和规定。

劳动人事部门负责会同有关部门研究制订幼儿园工作人员的有关编制、工资、劳动保护、福利待遇等方面的制度和规定。

城乡建设环境保护部门负责统一规划与居住人口相适应的幼儿园设施，并督促有关部门和单位进行建设。

轻工、纺织、商业部门按各自的分工，负责幼儿食品、服装、鞋帽、文化教育用品、卫生生活用具和教具、玩具的研制、生产和供应。

幼儿园的行政领导由主办单位负责。

二、做好幼儿教育工作，需要动员全社会及各有关部门、有关方面互相配合，密切合作。国家有关部门的协调工作，按以下办法进行：

（一）有关幼儿教育工作中的重大政策问题，由国家教委牵头，有关部门参加，共同研究。

（二）属于各主管部门分工负责的工作，又需同其它部门共同研究的重要问题，由主管部门牵头，有关部门参加。

三、幼儿教育事业主要由地方负责，各级地方人民政府应切实加强对幼儿教育工作的领导，制订规划，认真实施，积极推进幼儿教育事业的发展。

□国家教育委员会、国家经济委员会、农牧渔业部、财政部、商业部关于在普通中学开展社会实践活动若干问题的通知

（1987年10月21日）

在普通中学开展社会实践活动，是全面贯彻教育方针，培养有理想、有道德、有文化、有纪律的一代新人的重要措施。培养组织中学生参加社会实践活动，将有助于学生接触群众，了解社会；有助于对学生进行思想教育，培养求实精神和务实品质；有助于培养学生热爱劳动，珍惜劳动成果的道德品质。为使这项活动顺利开展，现就有关问题通知如下：

一、社会实践活动的内容主要包括社会活动和社会生产劳动两个方面。社会活动主要有社会调查、社会服务、参观访问、军训、结合社会调查或科学考察的远足等。社会生产劳动主要有工业生产劳动、农业生产劳动、公益劳动、商业和服务业劳动等。

二、开展社会实践活动的时间为：初中每学年1周，高中每学年2周。可以分散或适当集中安排。社会生产劳动应结合劳动技术课的部分实践活动进行。社会活动应与思想政治、语文、历史、地理、生物、化学等学科以及各科乡土教材的教学活动结合进行。社会实践活动的时间，一部分可安排在有关学科的教学时数内，一部分可利用班会、课外活动和机动时间。

全面开展此项工作有困难的学校，可先在高中毕业班中进行。同时要积极创造条件，逐步向低年级扩展，争取在近几年内全面铺开。

三、认真搞好考评工作。学生参加社会实践活动由负责组织的班主任或任课教师按《中学生社会实践活动登记表》的要求及时认真填写。学年考评与学生的期末操行评定结合，由班主任填写在操行评定中。毕业时，由班主任结合学生三年实际表现写出鉴定评语，填写在《登记表》中，并由学校签章。评语的写法要依据学生的表现以纪实的方式为主，不要作空泛的结论。高中毕业生的《登记表》要装入学生档案。从1988年开始，高中毕业生报考高等院校或就业均应具有参加社会实践活动的鉴定。

四、各学校应本着自力更生、勤俭节约的精神，充分利用校办工厂、农场及其他条件，采取多种形式开展社会实践活动。同时，可以与学校附近的工矿企业、农场、林场、部队、商店、乡镇企业等单位建立挂钩关系，安排学生参加一些力所能及的劳动或进行社会调查活动。

部门办中学学生的社会实践活动，由主办单位或在主办单位的领导支持下，由学校按上述要求进行安排。

五、加强对社会实践活动的领导。在普通中学开展社会实践活动涉及的部门和问题较多。各级地方人民政府应加强对这项活动的领导，做好部门之间的协调工作，帮助解决开展这项活动中的一些实际问题。

各级政府的经委、农业、商业等部门要选定一批经营管理和思想政治工作较好的工厂、农场、林场、商店等企事业单位，作为中学生进行社会实践活动的基地，并从条件上予以照顾和支持。

教育行政部门要统筹安排本地区各学校的社会实践活动，使这项活动有组织、有计划、有秩序地进行。开展活动要因地制宜，因校制宜，讲求实效。要严格管理，照顾学生的年龄、生理特点，确保安全。要做到不影响企业正常生产。

贯彻落实本文精神要与共青团中央、国家教委、中国科协、农牧渔业部四单位印发的《关于在中学开展实践教育活动的意见》〔(87)中青联字第12号〕、国家教委《关于印发全日制普通中学劳动技术课教学大纲（试行稿）的通知》〔(87)教中字006号〕和原教育部、总参谋部等六单位印发的《关于高等院校、高级中学进行军事训练试点问题的通知》〔(85)教体字001号、参动字005号〕结合起来考虑，作出统一的切实可行的安排。各地区、各学校、各有关单位都要从培养“四有”人才的战略高度出发，相互配合，认真组织好这项活动，使之扎扎实实地有效地开展起来。

□国务院关于提高中小学教师工资待遇的通知

（1987年11月28日）

为了改善中小学教师生活待遇，促进基础教育事业的发展，国务院决定，进一步提高中小学教师工资水平。现通知如下：

一、从1987年10月起，将中小学教师和幼儿园教师现行的工资标准提高10%。各省、自治区、直辖市也可以在不超过工资标准提高10%的增资总额范围内，根据本地区实际情况，将增资总额的大部分用于提高工资标准，小部分用于调整中小学教师内部的工资关系。

二、中等专业学校、技工学校和中等、初等成人教育学校的教师可以参照上述办法执行。

三、有关提高中小学教师工资待遇的具体实施办法，由劳动人事部会同国家教委制订下达。

各地区、各有关部门要加强领导，认真做好这项工作。

高等教育部分

□高等学校优秀教材奖励试行条例

（1987年3月13日国家教育委员会发布）

第一章 总 则

第1条 高等学校的教材既是教学经验的总结，又是科学著作；既是进行教学的基本工具，也是广大科技人员和职工提高科学文化水平的重要手段。为了鼓励教师及其科技人员编写教材的积极性，促进高等学校的教材建设，以利于教学质量的提高和科学技术的发展，特制定本条例。

第2条 本条例中所指教材系各中央、地方、大学出版社正式出版（公开发行和内部发行）的有书号的大学本科、专科及研究生使用的各种教材（包括基本教材、教学参考书、实验教材、实习指导书、习题集等）。属于上述范围的教材，必须经过2届以上（含2届）的学生使用。

第3条 外籍和旅居国外的华侨专家、学者编著为我国高等学校使用的，并在我国出版社出版的教材，可依照本条例规定申报评奖。

第二章 组织领导

第4条 优秀教材的评奖工作，在国家教育委员会统一指导下进行。国家教育委员会负责全国优秀教材的评奖工作；国务院各有关部委负责对口专业优秀教材的评奖工作；各省、自治区、直辖市可进行本地区或所属高等学校优秀教材的评奖工作。各高等学校负责本校教师编写的教材的评奖工作。

第5条 国家教育委员会聘请高等学校、科研机构、生产部门和出版部门的专家、学者组成全国优秀教材评奖委员会，负责全国优秀教材奖的评奖工作。

第6条 国务院有关部委根据本条例的精神和原则自行制定对口专业的优秀教材的评奖办法并组织评奖工作。

第7条 各省、自治区、直辖市根据本条例的精神和原则自行制定地方高等学校的优秀教材的评奖办法并组织评奖工作。

第8条 各高等学校制定本校的教材评奖办法并组织评奖工作。

第三章 全国优秀教材奖的评奖条件

第9条 全国优秀教材奖从符合下列条件的教材中，择优评出：

（一）坚持四项基本原则，符合党和国家的方针、政策，努力运用辩证唯物主义和历史唯物主义的观点，阐述本门学科的基本规律。

（二）具有与本门学科发展相适应的科学水平，有较强的理论性和系统性，能够正确地阐述本门学科的科学理论和概念，贯彻理论联系实际的原则。

（三）符合本门课程在教学计划中的地位和作用，要求恰当，取材合适，内容的阐述循序渐进、富有启发性，便于自学，使学生能够掌握基本理论、基本知识和基本技能。

（四）文字准确、流畅，符合规范化

要求；插图正确，文图配合恰当。

第 10 条　符合上述条件并具备下列条件之一的优秀教材，可获得特别奖。

（一）总结和反映编者长期积累的丰富经验，教学适用性强，为多数学校选用，教学效果显著，在人才的培养上发挥了重要作用的教材。

（二）在教材内容和体系的改革上有新的突破，经过教学实践证明有明显效果的教材。

（三）认真总结本人或所在单位获得的重要科学研究成果，按照教学的规律，加以总结和反映，使科学水平有新的提高的教材。

（四）收集、整理了国内外本门学科已有的科学成果和资料，加以系统化，首先形成本门学科较为成熟的教材。

（五）在整理和反映我国文化遗产方面有显著成果和创见的教材。

第 11 条　对于不同专业、不同课程、不同类型的教材，在质量标准的掌握上，应该按其性质有所侧重。

第四章　全国优秀教材奖的申报和审批

第 12 条　全国优秀教材奖由国务院各有关部委和省、自治区、直辖市教育部门申报，一般在各部委和地方评出的优秀教材中择优推荐。

第 13 条　申报全国优秀教材奖必须填写申报表（由国家教育委员会统一制定）报国家教育委员会全国优秀教材评奖委员会。

第 14 条　各部委和地方择优推荐申报的教材，由国家教育委员会通告全国高等学校，学校组织本校有关教师评议。评议结果由所在学校汇总审核后报全国优秀教材评奖委员会。

第 15 条　经过评议汇总初选出的教材，委托各有关方面专家学者进行复审和评审。

第 16 条　经过复审和评审的教材，由全国优秀教材评奖委员会协商和无记名投票评出全国优秀教材。

第 17 条　全国优秀教材评奖委员会的评定结果，经国家教育委员会批准后公布，并由国家教育委员会统一授奖。

第五章　全国优秀教材的奖励

第 18 条　全国优秀教材的奖励，采用荣誉和物质奖相结合的方式。

奖励共分二等：

全国优秀教材特等奖　　荣誉证书及奖金　2000 元

全国优秀教材奖　　荣誉证书及奖金　1000 元

第 19 条　获奖优秀教材的责任编辑及其他有关人员，由所在出版单位根据其在本书编辑出版工作中的贡献，给予一定的奖励。

第六章　附　　则

第 20 条　全国优秀教材奖的评奖工作每 4 年进行一次。

第 21 条　优秀教材评奖工作所需奖金、审查费以及其他费用，均由各组织评奖部门负责。

第 22 条　荣誉奖和奖金，归编著教材的个人或集体所得，任何个人或单位不得提成和扣留。

第 23 条　申报及评奖工作必须采取严肃认真和实事求是的科学态度，凡发现有弄虚作假或其他不正之风，经调查核实后，立即取消评奖资格。

第 24 条　本条例自国家教育委员会发布之日起施行。

□高等学校校长任期制试行办法

（1987年3月28日国家教育委员会发布）

1980年12月，中央组织部和原教育部党组在《关于加强高等学校领导班子建设的意见》中提出："今后任命专业人员担任正副校院长时，实行任期制。"为推进干部制度改革，有利于在高等学校全面试行校长任期制，特制定本试行办法。

一、高等学校的校长、副校长，均实行任期制。

二、高等学校的校长、副校长的任期一般为4年，学制为5年以上的学校，任期可为5年。

三、高等学校的校长、副校长任期届满，根据工作需要和本人条件，经上级任免机关批准，可以连任。

四、校长应在任职后半年内提出本届工作规划，由校党委（实行校长负责制的学校由校务会议）讨论通过后向全校宣布，并报上级主管部门备案。

五、对任期内的校长、副校长，学校每一二年进行一次民主评议，上级主管部门每两年进行一次全面考核。考核内容包括德、能、勤、绩诸方面，重点考核其能否坚持四项基本原则和社会主义办学方向以及履行岗位责任的实绩。考核结果作为上级主管部门对正副校长奖惩、晋级、任免等的主要依据。

六、校长、副校长在任期届满时，上级任免机关应提前确定其是否连任并通知本人。继续连任的校长，需制定下届工作规划，不再连任的校长，应向下届校长妥善移交工作。

七、对任期内的校长、副校长，上级任免机关有权调整、调动、变更其领导职务。凡已达到国家规定的离休、退休年龄的，除少数正职确因工作需要留任外，都应退出领导岗位。

八、校长、副校长在任职期间提出辞职的，需由本人向上级提出书面报告，经批准后生效。上级任免机关应在接到辞职报告后3个月内作出决定。

九、兼搞专业技术工作的校长、副校长任期届满后，应给予1年（任满一届）或2年（任满两届以上）左右的学习进修时间。学校及上级主管部门应为其提供必要的条件。

十、全面试行校长任期制的范围，由学校的上级主管部门确定。

□普通高等学校招生暂行条例

（1987年4月21日国家教育委员会发布）

第一章 总 则

第1条 为搞好普通高等学校招生工作，选拔适合高等学校培养要求的优秀新生，为社会主义建设服务，制定本条例。

第2条 普通高等学校的招生应贯彻德智体全面考核，择优录取的原则，并有利于中等教育，有利于社会安定团结。

第3条 普通高等学校招生实行全国统一考试。

第4条 普通高等学校应根据国家核定的年度招生计划，以省、自治区、直辖市为单位由招生委员会组织录取。

第二章 招生机构及其职责

第5条 国家教育委员会主管全国普通高等学校招生工作，其职责是：

（一）制订有关招生工作的规章；

（二）编制全国普通高等学校招生计划；综合平衡并下达中央部门所属高等学校招生来源计划；

(三)组织全国普通高等学校招生统一考试；

（四）指导、检查各省、自治区、直辖市普通高等学校招生工作；

（五）组织开展招生、考试的科学研究，领导招生、考试的改革试验，培训有关人员，并进行宣传工作；

（六）保护考生和招生工作人员的正当权益，组织或督促有关部门调查处理招生工作中发生的重大问题。

第 6 条　省（自治区、直辖市）、市（地）、县人民政府分别成立普通高等学校招生委员会，各级招生委员会在本级人民政府和上一级招生委员会的双重领导下负责本地区招生工作。

招生委员会主任委员由本级人民政府负责人兼任，副主任委员、委员由教育部门及其他有关部门、高等学校的负责人兼任。

招生办公室是招生委员会的常设机构，应确定必要的编制，配备专职干部。

第 7 条　省、自治区、直辖市普通高等学校招生委员会的职责：

（一）执行国家教育委员会有关普通高等学校招生工作的规章，并结合本地区实际制订必要的补充规定；

（二）执行国家下达的招生计划；

（三）组织本地区考生报名、政治思想品德考核、身体健康状况检查、考试、录取工作；

（四）开展招生、考试的科学研究工作和宣传工作；

（五）保护考生和招生工作人员的正当权益，调查处理本地区招生工作中发生的重大问题。

第 8 条　普通高等学校应设招生办公室，在学校（院）的领导下进行工作。其职责是：

（一）执行国家教育委员会有关招生工作的规章及有关省、自治区、直辖市招生委员会的补充规定；

（二）根据国家核准的年度招生计划及来源计划，录取新生；

（三）对录取的新生进行复查；

（四）支持地方招生委员会的工作。

第三章　报　　名

第 9 条　符合下列条件的中国公民，可以报名：

（一）拥护四项基本原则，热爱祖国，遵纪守法，决心为社会主义现代化建设勤奋学习；

（二）高中毕业或具有同等学力；

（三）身体健康；

（四）未婚，年龄不超过 25 周岁；

报考外语院校和专业（师范院校外语系、科除外），年龄不超过 23 周岁；

实践经验丰富的优秀青年，经所在单位推荐，省、自治区、直辖市招生委员会批准，年龄可放宽到 28 周岁，婚否不限；

有特殊贡献的公民，经所在单位推荐，省、自治区、直辖市招生委员会批准，年龄、婚否不限。

第 10 条　符合第 9 条规定的国家和集体企事业单位职工经所在单位批准方可报名；公办教师只准报考师范院校；中等专业学校、技工学校毕业生工作满两年，方可报名。

第 11 条　在中国定居的外国侨民，高中毕业或具有同等学力，身体健康，年龄不超过 25 周岁，可以报名。

第 12 条　下列人员不得报名：

（一）普通高等学校的在校生和毕业生；

（二）由国家承认学历的各类成人高等学校的在校生和毕业生；

（三）中等专业学校、技工学校的在校生和应届毕业生；

（四）中学在校生；

（五）上一年已被普通高等学校录取

而不报到的考生；

（六）因触犯刑律而被追诉或正在服刑的。

第13条　报名地点

在户口所在地报名。

因公集体长期在外省（自治区、直辖市）工作的职工及其子女，由所在单位征得工作所在地点及户口所在地点的县（区）招生办公室同意，经省、自治区、直辖市招生办公室批准，可以就地报名，参加考试。试卷由考生户口所在省、自治区、直辖市评阅。

在中国定居的外国侨民持省、自治区、直辖市公安机关填发的“外侨居留证”，在有关省、自治区、直辖市招生委员会指定的地点报名。

第14条　一般应在报名阶段填报志愿。

报考外语院校或系（科）、专业的考生，可以兼报文史类的其他系（科）、专业。报考科技外语专业和体育院校或系（科）专业的考生，可以兼报理工农医类的院校或系（科）、专业。报考艺术院校或系（科）、专业的考生，可以兼报文史类的院校或系（科）、专业。

各省、自治区、直辖市招生委员会根据录取工作的需要，规定填报志愿的办法，设计考生志愿表，指导考生填报志愿。

第四章　政治思想品德考核

第15条　政治思想品德考核主要看考生本人的表现。

第16条　考生所在学校或单位（未参加国营或集体企事业单位工作的考生由乡、街道办事处）应对考生的政治态度、思想觉悟、道德品质作出全面鉴定。对犯过错误的考生，要提供所犯错误的事实、处理意见和本人对错误的认识及改正错误的表现等材料。

考生的直系亲属（指父母或抚养者）或主要社会关系（指与考生在政治思想、经济上有直接联系者）有重大问题的，应附调查证明材料。

第17条　有下列情形之一者，不予录取：

有反对四项基本原则的言行，经教育而坚持不改的；

扰乱社会治安，走私贩私，贪污盗窃，或有其他刑事犯罪行为；

品质恶劣，道德败坏，或有流氓、偷摸行为，屡教不改。

曾有上述问题，经过两年以上考察，确已悔改，由所在单位证明，经省、自治区、直辖市招生委员会批准，可以提供档案，由学校审查决定是否录取。

第五章　身体健康状况检查

第18条　普通高等学校招生身体健康状况检查标准由国家教育委员会制订。

第19条　体检工作由招生委员会会同当地卫生行政部门组织实施。

招生委员会应指定条件较好的县级以上医院进行体检，有条件的地方可以成立体检站。主检医师应由主治医师担任。

第六章　考　试

第20条　国家教育委员会根据全日制中学教学大纲命题，并制订参考答案和评分标准。

试题、参考答案、评分标准（包括副题）在启用前为国家绝密材料。

第21条　考场必须设在县以上。考生座位必须单人、单桌、单行。

第22条　全国普通高等学校招生统一考试于每年7月7、8、9日举行。

考试的时间表由国家教育委员会颁

发。

第23条　考试科目

文史（含外语）类考政治、语文、数学、历史、地理、外语。

理工农医类考政治、语文、数学、物理、化学、生物、外语。

上述两类的外语考试分英、俄、日、法、德、西班牙6个语种，由考生任选1种。高等学校录取新生不应限语种。

报考外语院校、系（科）、专业的考生，外语除笔试外，应进行口试。

语文、数学满分为120分，生物满分为70分，其他各科满分为100分。数学（理工农医类）、物理、化学、生物将按中学教学的较高要求增加若干附加题，生物附加题为5分，其他各科附加题为10分，不计入总分，但重点高等学校录取时应适当参考。

第24条　民族自治地方用本民族语文授课的高等学校或系（科）招生，由自治区或省招生委员会另行命题，组织考试。

用本民族语文授课的民族中学毕业生，报考用汉语授课的普通高等学校，应参加全国统一考试。汉语文由国家教育委员会另行命题，不翻译成少数民族文字，并用汉文答卷；其他各科（包括外语试题的汉语部分）可翻译成本民族文字，用本民族文字答卷。在考汉语文的同时，由有关省、自治区决定，也可以考少数民族语文，并负责命题（试题、参考答案、评分标准报国家教育委员会备案）。汉语文和少数民族语文的考试成绩分别按50%计入总分，但汉语文成绩必须达到及格水平，方能录取。

第25条　在全国普通高等学校招生统一考试之前是否进行预选，由省、自治区、直辖市招生委员会决定。

第26条　由省、自治区、直辖市招生委员会统一组织评卷。

第七章　招生来源计划

第27条　招生来源计划应与国家及各地经济建设对毕业生的需求相适应，注意把招生来源与毕业生去向适当结合起来；同时贯彻择优的原则，在考生数量较多、质量较好的地区适当多安排一些招生名额。

第28条　普通高等学校招生分为国家任务、用人单位委托培养、自费生三种计划形式。

中央部门所属高等学校国家任务招生来源计划，由国家教委综合平衡下达。

中央部门所属高等学校接受委托培养招生来源计划，招收自费生来源计划，由国家教委汇总下达。

第29条　经国家教委批准，中央部门所属学校，对工作与生活条件比较艰苦的地区，可在国家任务招生来源计划中确定适当比例，实行“定向招生、定向分配”。

省、自治区、直辖市可在所属高等学校国家任务招生计划中，确定适当比例，实行“定向招生、定向分配”。

第30条　高等学校分专业招生来源计划须于当年4月30日以前送各省、自治区、直辖市普通高等学校招生办公室。

第八章　录　　取

第31条　录取新生工作，由省、自治区、直辖市招生委员会组织有关高等学校分批进行。

第32条　在政治思想品德考核和身体健康状况检查合格的考生中，由省、自治区、直辖市招生委员会根据考生的考试成绩，从高分到低分，按略多于计划招生总数确定控制分数线。

第33条　1983年以后毕业的高中毕

业生必须具备高中阶段的档案，国家和集体所有制单位的职工，应由所在单位提供档案。否则，高等学校不予录取。

第34条 逐步实行“学校负责、招办监督”的录取体制，即：在政治思想品德考核和身体健康状况检查合格，统考成绩达到控制分数线的考生中，调阅考生档案数、录取与否由学校决定，遗留问题由学校负责处理；省、自治区、直辖市招生委员会办公室实行监督。

条件不具备的省、自治区、直辖市，部分学校仍可实行“根据志愿，按比例投档”的录取办法，即：在政治思想品德考核和身体健康状况检查合格、统考成绩达到控制分数线的考生中，根据志愿，从高分到低分，按学校计划招生数120%提供档案，由学校德智体全面考核，择优录取。

第35条 有下列情形之一的应届毕业考生由省、自治区、直辖市招生委员会决定可以适当降低分数，由学校审查录取或在同等条件下优先录取：

（一）高中阶段受地区级以上表彰的三好学生、优秀学生干部；

（二）政治思想品德方面有突出事迹；

（三）相关科目或平时成绩特别优秀；

（四）省、自治区、直辖市级以上科技发明创造奖获得者或单科竞赛优胜者。

第36条 应届高中毕业生中，在高中阶段参加地区级以上体育竞赛获单项前5名的队员或集体前3名的主力队员，获国家二级运动员称号的考生，总分低于同批录取学校控制分数线20分以内，可提供档案，由学校审查择优录取。

近两年参加重大国际比赛（由世界及国际体育组织主办的各种体育单项比赛、锦标赛、综合性比赛和运动会）以及由国家举办的全国性比赛（全国运动会、全国青少年运动会、全国中学生运动会、参加世界中学生体育比赛选拔赛以及全国竞赛计划中安排的各种全国性体育比赛）获前6名；近两年获运动健将、一级运动员称号的考生，总分低于同批录取学校控制分数线50分以内，亦可提供档案，由学校审查择优录取。

第37条 边疆、山区、牧区、少数民族聚居地区的少数民族考生，可根据当地的实际情况，适当降低分数，择优录取。

对散居于汉族地区的少数民族考生，在与汉族考生同等条件下，优先录取。

少数民族班招生，从参加当年高考的边疆、山区、牧区等少数民族聚居地区的少数民族考生中，适当降低分数，择优录取。

第38条 对归侨、华侨子女、归侨子女和台湾省籍考生，可以适当降低分数，择优录取。

第39条 退出现役的义务兵，在与其他考生同等条件下，优先录取。荣立二等功以上的退役军人，可适当降低分数，择优录取。

烈士子女可以适当降低分数，择优录取。

第40条 实践经验丰富的优秀青年及有特殊贡献的公民，可适当降低分数由学校审查录取。

第41条 经过省级教育部门考察和督学的评估，办学思想端正，教师队伍基本合格的中学，统考后如果没有考生进入最低控制分数线，由省（自治区、直辖市）招生委员会批准，其德智体都比较优秀的个别毕业生，可以升入省（自治区、直辖市）所属高等学校。

第42条 “定向招生、定向分配”的学生，可以在同批录取学校控制分数线以下20分以内，择优录取；如不能完成计划，可在其他地方的考生中征求志愿，择优录取，毕业后到定向分配地区工作。

第43条　高等学校招收委托培养学生按国家教委关于普通高等学校接受委托培养学生管理工作有关规定办理。

中央、国务院部门，省、自治区、直辖市党政机关，全民所有制企事业单位委托培养的学生，一般应与国家任务招收的学生执行同一录取分数标准。

全民所有制企事业中工作或生活条件比较艰苦的单位，城乡集体所有制企事业单位，个体户，以及山区、边远地区、少数民族聚居地区的委托培养，可以划定招生范围，同时明确预备生源，在接受委托培养学校同批录取控制分数线以下20分以内择优录取。

第44条　招收自费生，经省、自治区、直辖市普通高等学校招生委员会批准，录取分数可适当降低。

第45条　对肢体残疾考生的录取工作，按照关于高等学校招收残疾青年和毕业分配工作的有关规定办理。录取中出现疑难问题，由省、自治区、直辖市招生委员会和有关高等学校校（院）长研究解决。

第46条　广播电视大学和普通高等学校的函授部招收高中毕业生的普通专科班，录取工作在普通高等学校录取之后进行。

第47条　参加成人高等学校招生考试成绩优秀、符合报考普通高等学校条件者，本人申请，经省、自治区、直辖市成人高等学校招生办公室向本省、自治区、直辖市所属普通高等学校推荐，学校可以单独考核，择优录取。

第48条　师范院校可以以省、自治区、直辖市为单位，提前单独录取或试行提前单独招生（试题及参考答案、评分标准于考前交国家教委备案）。

第49条　由高等学校填发录取通知书。实行“学校负责、招办监督”录取体制的高等学校，录取名单报省、自治区、直辖市招生委员会备案；实行“根据志愿，按比例投档”录取办法的高等学校，录取名单经省、自治区、直辖市招生委员会审核批准。

第50条　面向全国招生的本科院校，8月20日以前录取结束。

第九章　招收保送生

第51条　为了全面贯彻教育方针和因材施教的原则，弥补考试的不足，由国家教育委员会授权的高等学校可以招收保送生。招收保送生的办法，由国家教育委员会另订。

第十章　招生经费

第52条　各省、自治区、直辖市招生经费，由地方教育事业费开支。

第53条　考生须缴报名费及考试费。收费标准由各省、自治区、直辖市普通高等学校招生委员会规定。

第十一章　处　　罚

第54条　有下列行为之一的考生，省、自治区、直辖市招生委员会或高等学校可取消其考试资格、录取资格或入学资格，情况严重的，1至3年内不准报考：

（一）假报年龄、学历、民族或采取其他手段骗取报考资格的；

（二）在考试中有夹带、传递、抄袭、换卷、代考等舞弊行为的；

（三）在政治思想品德考核、身体健康检查及体育竞赛名次证明等材料中弄虚作假的；

（四）有其他舞弊行为的。

第55条　有下列行为之一的招生工作人员和其他有关人员，省、自治区、直辖市招生委员会或高等学校可撤销其招生工作职务，取消工作人员资格，或给予行政处分：

（一）在出具、审定考生的户口、政治思想品德考核、身体检查、三好学生、优秀学生干部、体育竞赛得奖名次及其他证明材料中弄虚作假；

（二）纵容或伙同他人舞弊；

（三）涂改考生志愿、试卷、考试分数及其他有关材料；

（四）违反招生工作规定，给工作造成损失。

第56条　有下列行为之一的人员，由司法机关根据情节轻重，依据治安管理处罚条例和刑法，追究行政责任或刑事责任；

（一）盗窃或泄漏试题、参考答案、评分标准；

（二）扰乱考场、录取场所秩序，威胁工作人员人身安全；

（三）行贿受贿、敲诈勒索；

（四）国家工作人员利用职权，徇私舞弊，妨碍招生工作；

（五）其他破坏招生工作的行为。

第57条　一切单位和个人，一律不准编写、出版、印刷、销售为参加普通高等学校招生统一考试使用的复习资料、辅导材料、习题集、升学考试模拟题等材料。

未经国家教育委员会同意，不得翻印、出版全国普通高等学校招生统一考试试题、参考答案、评分标准。

对违反上述规定的单位和个人，要根据有关规定给予处罚，并追究单位领导人的责任。

第十二章　附　　则

第58条　艺术院校、体育院校、军事院校、民航飞行专科学校以及公安部所属普通高等学校的招生办法，由国家教育委员会会同文化部、国家体委、总政治部、民航局、公安部另订。

第59条　招收华侨、港澳、台湾省青年的办法由国家教育委员会另行规定。

第60条　为了培养职业技术学校专业课教师或实习指导教师，职业技术学校可以推荐少数应届毕业生报考普通高等学校。具体办法，由国家教育委员会另订。

第61条　本条例由国家教育委员会负责解释。

第62条　本条例自发布之日施行。

□国家教育委员会关于改革高等学校科学技术工作的意见

（1987年5月27日）

中共中央关于科学技术体制改革和教育体制改革的决定，指明了高等学校科学技术改革的方向，也给高等学校的科学技术工作提出了更高的要求。为了进一步落实两个决定的精神，全面贯彻党的科技方针和教育方针，以促进社会主义物质文明和精神文明建设，现对改革高等学校科学技术工作提出如下意见：

一、积极主动地担负起发展科学技术文化的重大任务

高等学校肩负着培养高级专门人才和发展科学技术文化两项重大任务。教学和科学研究都是培养高级专门人才的重要途径，高等教育的发展，尤其是师资水平的提高，教学内容的更新，传统专业的改造，新专业的增建以及新兴学科、交叉学科的形成等，都有赖于科学研究的开展。高等学校学科门类比较齐全，高水平的专家比较集中，拥有众多教师、研究生和大学生，具有良好的学术和信息交流环境，是发展我国科学事业的重要力量。这支多学科多层次人员结合的队伍，有很大的科学潜力和创造精神，应当而且能够为我国科学技术事业作出较大贡献。因此，高等学校进行科学研究既是培养人才的需要，也是促进科学技术文化发展的需要，必须置于重要地位，积极开展。高等学校肩负的两项重大任务必须紧密结合进行，相辅相成，互相促进，既出人才，又出成果，争取最大综合效益，以实现高级专门人才的培养基本上立足于国内，自主地进行科学技术开发和解决社会主义现代化建设中重大理论问题与实际问题等战略目标，并促使高等教育逐步适应面向现代化，面向世界，面向未来的要求。

高等学校应根据国家需要和自身实际情况与特点，有区别、有层次地安排研究工作。培养研究生任务重，教学与科学研究基础好，重点学科比较集中的少数高等学校，应该努力办成既是教育中心，又是科学研究中心；以培养本科生为主的高等学校，也应积极开展科学研究和科技服务，争取在某些学科领域内逐步形成优势和特色，成为先进的教学、科研基地；高等专科学校和其他师资力量薄弱的高等学校，首先要做好教学工作，有条件的，也可结合地区或行业特点安排适量的科学研究和科技服务工作。高等学校的科学研究要从四化建设的全局出发，正确处理基础研究、应用研究和技术开发工作之间的关系，近期需要与中长期需要的关系。理科原则上要多搞些基础研究，同时也要开展应用研究和技术开发工作。工、农、医类学科原则上要多搞应用研究和技术开发，也要开展一些基础研究。不同层次、不同类型的学校和学科，在培养人才和科学研究方面的分工有所不同，但都是不可缺少的，应当各尽其职、各展所长。

二、进一步贯彻面向经济建设的方针

要继续深入学习和全面贯彻“经济建设必须依靠科学技术，科学技术工作必须面向经济建设”的战略方针，积极推进科学技术和教育工作与经济建设的密切结合。

各类高等学校都要树立为经济建设服务的思想，积极主动地为国家、部门、地方和企业解决经济建设中的科学技术问题。要着重开展具有应用背景的基础研究和对国民经济有重要意义的应用研究；加强技术开发，积极开发有利于企业技术改造和新兴产业发展的各种技术和适销对路的新产品；还要尽可能参加引进项目的前期论证，引进后的消化、吸收与创新。条件较好的高等学校，要尽力多开发那些对国民经济发展有重大作用的关键技术和在国际上有竞争能力的高技术。

鉴于当前不少生产单位技术吸收能力还较薄弱，技术成果流向生产的渠道不很畅通，今后相当一个时期内，高等学校要采取有效措施，尽量把技术开发到能使企业较快地吸收，投产应用；要努力开拓技术市场，积极开展信息交流和科技服务，促进技术成果商品化，加速技术成果向生产转移。

三、加强横向联系，促进教育、科研、生产（社会应用）三结合

发展横向联系是革除研究、设计、教育、生产脱节弊端和推动经济、科技、教育体制改革的有效途径。高等学校要主动自觉地推进多层次、多形式的横向联系，实行教育、科研、生产（社会应用）三结合。教育、科研、生产联合体，是促进科技、教育和生产相结合的重要组织形式之一，要继续发展。以技术开发、科技服务为主的研究机构，还可试行与企业合办。其他研究机构，也要与企业开展人才、技术交流，通过联合攻关、承接开发任务、转让技术成果、承担技术培训等多种途径为经济建设服务。要加强与中国科学院和产业部门研究所的联系，探索增进联合、协作的途径和模式。

要适应科学技术的发展趋势，积极推进校际合作和学校内部的跨学科研究。有

条件的学校要积极开展国际学术交流和合作研究。在科研立项、经费分配工作中，要对跨校、跨系进行的联合项目加以扶植。

横向联系的形式要与合作内容和对象相适应，并与体制改革的方向相一致；开展横向联系应坚持自愿、互利原则；责、权、利要在协商一致的基础上，以合同或协议形式予以确认。

横向联系涉及面广，问题比较复杂，各有关部门和高等学校要加强领导，做好协调工作，不断总结经验，及时解决出现的各种问题，促进其健康发展。

四、改革科学技术拨款制度和经费管理办法

高等学校及其主管部门要按照中央关于科学技术拨款制度改革的精神，积极适应并逐步进行拨款制度改革。

原国家教育委员会掌握分配的中央各部门所属重点高等学校专项科研经费改设为高等学校博士学科点专项科研基金，择优支持这些学校的博士学科点科研项目。其他高等学校的博士学科点，请有关部委、省、市、自治区根据实际情况采用适当的方式酌情予以扶植。

高等学校在基础研究与应用研究方面担负着重要任务，需要给予一定额度的科研事业费，并逐年有所增长，以保证必要的经常费用和公共设施费用，资助确有苗头但尚未取得国家科学基金或其他方面资助的基础研究和应用研究中的基础性工作。

高等学校要发挥优势，增强活力，积极承担国家科学技术任务，承接横向委托研究，申请各种基金项目等，争取从多种渠道取得经费支持。

学校技术转让、成果推广和技术服务收入中的成本部分应返回科学研究部门。按合同完成任务后的纯收入和接受企、事业单位委托项目的节余经费，除提取一定比例奖励基金、福利基金外，大部分应作为科学研究的再投入。

改进科技经费管理，严格财经纪律，不得巧立名目挪用、挤占；要加快资金周转，合理使用经费，努力提高投资效益。要把吸收社会资金能力、资金周转快慢、使用合理程度和投资效益大小等列为评价学校科学技术管理工作的重要指标。

五、有计划地建设一批重点学科

高等学校应重视学科建设。要密切注意并及时吸收当代最新科学技术成就，适当调整学科结构布局，加强学科间相互渗透，促进新兴、交叉学科生长和传统学科的改造，以适应经济建设、社会发展需要和科学技术发展趋势。

为了增强科学研究能力和培养高质量专门人才，必须在高等学校中有计划地建设一批符合社会主义现代化建设需要，门类结构比较合理的重点学科。国家教育委员会将编制“七五”重点学科建设规划，择优确定、建设一批重点学科点。

重点学科点的主要任务是在提高教育质量和学术水平上起带头作用，逐步做到能够自主地成批培养相当于世界先进水平的博士、硕士；能够解决经济建设、社会发展中的重大科学技术问题或为国家重大决策提供科学依据；能够接受高等学校及其他方面的学术骨干进行深造，成为开放型的教学、科研基地。

重点学科点的总体规划和重点学科点的确定、评估、调整等项工作，由国家教育委员会统一领导进行。重点学科点的具体建设计划和日常管理工作，由所在学校及其主管部门负责。

重点学科点的建设需要各有关方面共同扶植。学校和主管部门要作出切实的计划，积极创造条件，争取多种渠道支持。

各部门、各地区高等学校的主管部门可根据需要和实际条件可能，适量地建设一些本部门、本地区的重点学科。

六、逐步建立一批开放型研究实验室和工程研究中心

为适应经济、科技和高等教育发展需要，国家教育委员会拟争取多方支持，选择若干重要科技领域，在确具优势特色的高等学校里，办好一批重点研究与开发基地。基础性研究方面，逐步建立一批面向国内外开放的主要从事基础研究和应用研究中基础性工作的研究实验室；在应用研究与技术开发方面，逐步形成一批与产业界密切联系或结合的、以开展基础工程科学研究和综合性技术开发与试验为重点的工程研究中心。这些实验室和中心同时也是培养人才的重要场所，并应根据各自特点，实行不同程度的开放，努力办成开放型的国家实验室和国家工程研究中心。要积极承担社会主义现代化建设中的各项重要任务，争取从各种渠道取得经费支持。聘请国内外优秀科技专家组成学术（管理）委员会，负责审定研究计划、评议择优资助课题，组织论文答辩和科技成果评价以及审议其他重大事项。实验室和中心主任可由学术（管理）委员会主任或副主任兼任，主要负责日常业务和行政管理工作。学术（管理）委员会主任和实验室、中心主任由国家教育委员会聘任。

七、改善科学研究的组织结构和人员配置

高等学校开展科学研究工作的队伍和组织形式应当有利于完成培养人才和发展科学技术文化的任务，有利于提高科学研究工作的效率和效益。对现有的各种科学研究组织，要进行调查研究，总结经验，根据中央关于科学技术体制与教育体制改革决定的精神，进行改革，使之更加适应四化建设的需要。

高等学校的科学研究工作，一般由系或教研室（学科组、专业组）组织课题组进行。为完成重大科学研究任务，可以跨学科、跨系、跨校成立联合课题组、协作组。这些组织根据任务的需要而建立，任务完成后即行撤销。

为了长期稳定地在某些领域进行重大科学研究，可以有重点地建立一些相对稳定、确有特色而又精干的专门研究机构。研究机构一般应有明确的、意义重大的研究方向，有比较稳定的研究任务和经费来源，有科学思想活跃、水平较高的学术领导人和结构合理、具有活力的队伍。研究机构的审批应从严掌握。凡需要主管部门增拨基建经费、科研事业费、人员编制的研究机构，由学校主管部门组织论证审批，报国家教育委员会备案；不需要主管部门增加上述条件的，由学校审批，报主管部门备案。

科学研究机构是学术性单位，不要简单地与行政机构类比，划分等级。高等学校的研究机构，应与有关的系或教研室协调工作，办成具有先进水平的科研、教学基地。要加强科学研究机构的管理，努力办出特色，增强活力。为使以技术开发、科技服务为主的研究机构具有自我发展和主动适应经济建设需要的能力，要扩大其自主权，有的也可试行交由科技人员承包。凡是没有重大任务、不能持续开展研究，或者长期作不出意义较大、水平较高的研究成果的研究机构，应及时调整或撤销。

高等学校的科学研究力量主要是教师和研究生。一般情况下，教师应该既从事教学工作，又从事科学研究工作。教师的科学研究时间，应根据学校的教学、科学研究任务和教师本人实际情况统筹安排，一般可占全校教师工作时间的 10%到 30%左右。在承担国家或上级部门重大任务，需要增加人员时，可以适当配备一些专职编制。专职科研编制人员不宜过多，要尽量挖掘潜力，充分吸收兼职人员和组织研究生、高年级大学生参加科学研究工作。专职科研编制的数额由主管部门根据学校承担任务的情况和事业费的承受能力，具体核定下达。专职科研人员实行技术职务聘任制。其中实验技术人员和业务管理人员一般宜相对稳定。要切实改变目前各类人员比例失调和智力严重浪费的现象。

各高等学校要根据科研任务的变化，对技术岗位和技术职务的设置进行调整，并要逐步完善科研人员的考核、评价与奖惩制度。

八、加强科学技术队伍建设

要造就一支能坚持社会主义方向、有创造能力和献身精神的科学技术队伍。促进科技人员合理流动，逐步改善高等学校科学技术队伍的知识结构、智能结构和年龄结构；尊重科研人员的创造性与劳动成果；贯彻双百方针，并采取其他积极措施，造成人才辈出的环境。要制定合理的政策，鼓励实验技术人员、科研辅助人员和后勤人员做好本职工作；选派必要的中、高级技术人员进入实验室工作，建设一支与教学、科学研究任务相适应的实验技术队伍和后勤队伍。

科学技术管理是一项政策性、业务性很强的工作，要选拔既懂科学技术又有较高政策水平和管理能力并热心于管理工作的干部充实科学技术管理队伍。对于长期从事科学技术管理工作的人员，要根据岗位工作的需要，本人的水平和贡献大小，妥善解决其相应的技术职务问题。

要加强科学技术队伍的思想政治工作和科学道德教育，树立优良学风，增强团结协作。

要改进、完善奖励制度和奖励办法，改善科学技术工作的条件，充分调动科学技术队伍中各类人员的积极性。

九、加强宏观管理和指导

在科学技术管理方面，国家教育委员会和中央各部委及地方高等教育主管部门，要本着简政放权的精神，着重抓好贯彻党和国家各项方针、政策，制订管理条例和办法，组织编制科学技术事业的中长期发展规划、计划，促进横向联系，协调高等学校科学技术工作中的重大任务，总结、交流、推广经验，组织对高等学校科学技术工作的评估等项工作，指导各类学校出色地完成各自担负的任务。

科学技术管理工作事务繁多。有些专业性很强，如科学基金管理，科学技术成果评审、推广，技术贸易，专利代办，科学技术交流以及某些面向学校的服务性工作，不可能都由政府部门包揽。可视具体情况和条件，逐步地建立一些专门的事业性机构或科技服务单位来承担；有一些工作，如管理研究、学术交流和评估工作也可委托学术团体进行。

要加强宏观管理和改善决策程序，运用系统工程和现代管理理论与手段，加强科学技术方针政策和发展战略的研究。重大决策论证要吸收专家参加，改变过去单纯依靠行政手段进行管理的办法，促进决策的科学化。

国家教育委员会为加强对高等学校科学技术工作的指导和管理，决定成立国家教委科学技术委员会，作为咨询参谋机构。

高等学校的科学技术管理工作要统筹安排。一般情况下，科学研究、技术开发和科技服务工作均应在科技管理部门统一组织下进行。

科学技术统计、科学技术信息和情报工作是做好宏观管理的基础性工作，应安排必要的专门人员，保证必要的条件，切实加强。

要建立科学研究工作的评估制度。这是加强宏观管理的一个重要手段，也是激发竞争意识和科研活力的一项重要措施。要组织力量研究、制定科学的评估指标体系和度量标准。评估工作可按学校管理体制分层次地进行。国家教育委员会从

1988年起，将选择若干个科学研究机构进行评估。

中共中央关于教育、科学技术体制改革的两个决定，是我国教育、科学技术事业发展史上的一个新的里程碑。它标志着中华民族的教育、科学技术事业将进入一个空前繁荣的新时期。希望各级教育领导部门和各高等学校加强领导，充分调动广大教学、科学研究人员和全体职工的积极性，不断总结经验，研究解决改革过程中出现的新问题，根据党和国家的有关部署，结合高等学校科技活动的特点和自己的实际情况，制订实施细则，坚定而有步骤地推进科技改革工作深入发展。

□中共中央关于改进和加强高等学校思想政治工作的决定（节录）

（1987年5月29日）

建设具有中国特色的社会主义需要培养一代又一代的宏大的知识分子队伍。这支队伍的思想道德素质和科学文化素质，关系着我国社会主义事业的前途和命运。对此，高等学校担负着重大的任务。

在新形势下，高等学校必须把改进和加强思想政治工作作为自己的重要任务。

一、进一步明确办学指导思想，坚持高等教育的社会主义方向

高等学校培养出来的大学生、研究生，应当有坚定正确的政治方向，爱祖国、爱社会主义，拥护共产党的领导，努力学习马克思主义；应当热心于改革和开放，有艰苦奋斗的精神，努力为人民服务，为实现具有中国特色的社会主义现代化而献身；应当自觉地遵纪守法，有良好的道德品质；应当勤奋学习，努力掌握现代科学文化知识。还要从他们中间培养出一批具有共产主义觉悟的先进分子。高等学校培养出来的人是否具备这样的素质，是否德才兼备，是否能满足社会主义建设的实际需要，是衡量学校办学成效的基本标志，也是教育改革必须遵循的方向。

建国以后，高等学校继承和发扬党的优良传统，在马列主义、毛泽东思想的指导下，教育和帮助广大师生坚持正确的政治方向，坚持与人民群众相结合，坚持理论与实际相结合，培养了一大批德才兼备的人才，许多人已成为社会主义建设各条战线的骨干。学校工作在历史上也发生过“左”的错误。应当彻底纠正和避免重犯这些“左”的错误，同时也要坚持和发扬已经为实践证明了的好的经验。

党的十一届三中全会以来，高等学校在探索改进和加强思想政治工作方面，作了许多努力，是有成绩的。但近几年从中央到许多地方在政治思想战线上存在着软弱混乱现象，许多高等学校程度不同地削弱了党的思想政治工作。思想政治教育的内容、形式和方法也不适应新形势的要求。1986年年底，少数高等学校发生的学潮，集中暴露了资产阶级自由化思潮对高等学校侵袭的严重性。这是一个深刻的教训。

社会主义建设的不断发展，为培养人才创造了良好的条件，改革、开放使学生的眼界比过去更开阔，能得到更多的锻炼。但是也应当看到，“文化大革命”的消极影响还没有完全清除；在改革进程中，人们思想上的种种反映会在高等学校表现出来；资产阶级的世界观以及封建主义的残余思想不可避免地要影响到高等学校的师生；国内外企图在中国搞资产阶级自由化的人总是把高等学校作为他们思想渗透的主要场所，妄想从这里寻找和培养反对社会主义制度的代表人物。这些都将是长期存在的现象。在改革和开放的条件下，不可能把青年学生封闭在“温室”里，他们不可能不接触腐朽的丑恶的东西。这就增加了思想政治教育的复杂性和艰巨性。要使我们培养的学生能够坚持四项基本原则、坚持改革开放，增强对资产阶级腐朽思想和各种错误思潮的识别力和抵制力，从根本上提高思想政治素质，必须认真研究新时期的新情况和青年学生的特点，切实改进思想政治教育的内容、形式和工作方法，把思想政治工作提高到新的水平。

各级教育部门和高等学校要认真总结历史的经验教训，进一步明确办学指导思想，克服和防止只重视智育而轻视德育的倾向，充分认识加强思想政治工作的极端重要性，从招生、培养到毕业的各个教育环节都要深化改革，以保证培养出社会需要的合格人才。

二、努力改进学校思想政治工作的内容、形式和方法

新时期高等学校的思想政治工作要全面贯彻党的十一届三中全会以来的路线，坚持四项基本原则，坚持改革、开放、搞活的总方针、总政策，保证教育为建设有中国特色的社会主义服务，保证学校的社会主义方向，保证学生德智体全面发展，动员、团结全体师生员工，完成国家给予的培养人才的任务。

要继续坚持对学生进行马克思主义理论教育，党的路线、方针、政策教育，爱国主义、国际主义和革命传统教育，理想、道德和纪律教育，社会主义民主和法制教育。

思想政治教育要真正深入到学生的头脑中去，收到实际效果，就要经常调查分析他们的思想情况，加强预见性和针对性。我国各条战线的社会主义建设和改革取得了巨大成就。建设有中国特色的社会主义的理论和实践，是富有生命力的、实践中的科学社会主义。要善于运用这些生动有力的教材，对师生进行教育。要坚持不懈地全面地阐述党的十一届三中全会路线的两个基本点。只有把两个基本点有机地统一起来，思想政治工作才能沿着健康的轨道前进。

高等学校的思想政治工作，要从以下几个方面加以改进。

1. 有的放矢地进行马克思主义理论教育和形势政策教育。要使学生掌握马克思主义的基本原理，了解中国革命的历史，正确理解建设有中国特色的社会主义的理论和实践，树立辩证唯物主义和历史唯物主义的世界观，确立远大的理想和正确的人生观。要改革教学内容和教学方法，认真研究我国社会主义建设和改革中的重大问题，研究当代世界经济、政治的发展，分析批评有影响的错误思潮，以正确地有说服力地解答学生提出的问题。要提倡启发式的教学方法，开展在教师指导下的课堂讨论，引导学生通过学习、思考和生动活泼的讨论来掌握马克思主义，解决思想认识问题。

要经常地、有针对性地进行形势、政策教育，帮助学生正确理解党的路线、方针和政策，从而使他们坚定社会主义信念，拥护改革、开放，更好地团结在党的周围。形势、政策教育应当列入教学计划。要组织一些模范人物和熟悉我国建设、改革实际的同志到学校作报告，解答问题。

2. 积极引导学生参加社会实践。青年学生只有在学习科学文化知识的同时积极参加社会实践，更多地了解国情，了解社会主义建设和改革的实际，了解人民群众的思想感情，才能树立起为建设社会主义祖国而献身的信念，逐步锻炼成为有用人才。要使学生懂得，我国还处于社会主义的初级阶段，为了建设一个高度民主、高度文明的社会主义现代化国家，必须依靠全体人民的长期艰苦奋斗。青年学生要虚心地向实践学习、向群众学习，并用自己所学的知识为群众和社会服务。只有理论与实际相结合、脑力劳动与体力劳动相结合、知识分子与人民群众相结合，才是青年知识分子成长的唯一正确道路。

应根据不同学科、不同年级的特点，采取不同的内容和方法组织学生参加社会实践。业务实习、军事训练和公益劳动、生产劳动都要纳入教学计划，还要鼓励学生利用假期进行各种有益的社会实践活动。有条件的高等学校应逐步建立业务实习和社会实践的基地。

3. 把思想政治教育与业务教学工作结合起来。要按照各个学科的特点，引导学生正确认识在校学习与今后工作之间的关系，解决好为谁服务的问题。要努力学习外国先进的科学技术、管理经验和有益的文化，同时要抵制一切消极的东西。哲学社会科学和文学艺术课程，应坚持以马克思主义为指导，努力联系我国改革和建设的实践，把思想政治教育贯穿到教学环节中去。自然科学课程的教学要注意讲述本专业在我国社会主义建设中的成就和当前要解决的重大课题。要把进行辩证唯物主义、历史唯物主义的教育同阐明本专业的理论、方法科学地结合起来，把严谨的治学态度和创新精神统一起来。

4. 把发扬民主与加强法制纪律教育结合起来。学校要扩大社会主义民主，并使之制度化，形成民主团结、生动活泼的政治局面。学校领导要沟通民主渠道，认真听取学生的意见，并吸收学生代表参加有关学生事务的民主管理。要加强学生会和研究生会的工作，使之成为学校联系学生的桥梁，加强民主管理的渠道，学生开展民主活动的场所。

要教育学生树立宪法神圣不可侵犯的观念，认清社会主义民主同资产阶级的民主的本质区别，认识“大鸣、大放、大字报、大辩论”的危害性，自觉地维护安定团结。

要严肃学校纪律，制定和健全必要的校规，改变目前纪律松弛的现象。学生必须严格遵守校规校纪，遵守社会公共道德，树立良好的校风，反对各种扰乱社会和学校秩序的行为。学校要加强对学生社团和校内刊物的领导和管理。学生在校的主要任务是学习，不提倡在学生中建立跨学校、跨地区的团体和出版面向校外的刊物。

5. 对学生要严格要求，积极疏导。要引导学生全面认识自己的长处和不足，克服轻视实践、轻视群众的思想。在表彰优秀学生、评定奖学金、选拔研究生和出国留学生的工作中，都要坚持品学兼优的标准，注意克服重才轻德的倾向。学生向组织和教师提出思想认识上的疑问，应当欢迎并加以正确的引导。思想认识问题只能通过摆事实、讲道理、平等讨论来解决。对学生在政治方向和政治原则问题上的模糊或错误认识，领导和教师要满腔热情地教育和疏导，既旗帜鲜明，又讲究方法，既不能放任自流，也不能搞得“鸦雀无声”。还要允许学生在思想上有一个反复思考和认识的过程，他们有了进步，应予以肯定和鼓励。

6. 改善学生的学习、生活条件是学校的一项重要任务。对学生提出的合理意见，凡能够解决的应及时解决；暂时解决不了的，要解释清楚。对于不合理的要求，应进行说服教育，不能迁就。

要提倡勤俭节约，爱护公共财物，支持学生开展勤工俭学和自我服务活动，自己动手改善学习和生活环境，以养成勤劳朴实的作风。

7. 认真培养学生骨干队伍。要举办业余党校团校、马克思主义著作读书班，鼓励他们参加一些社会工作，不断提高思想水平和工作能力。要鼓励和支持学生开展健康有益、丰富多采的学术、文化、体育活动，把思想政治教育渗透到学生生活的各个方面。

8. 加强和改进研究生的思想政治工作。研究生是高等教育的最高层次，他们的思想政治情况如何，对学校和社会都有重要的影响。要改进研究生招生工作。一个单位能否招收研究生，不能只看学术水平和研究条件，还要看思想政治条件。招生时，既要重视业务，也要考核政治思想表现。要逐步增加从有实践经验的考生中录取研究生的比例。研究生思想政治工作的内容和方法要适合于他们的特点。导师对研究生既要指导业务，又要关心思想政治上的健康成长。

近几年，高等学校的思想政治工作虽然取得了一些新的经验，但要创造一整套适应新形势的思想政治工作的内容和方法，还需要在实践中继续摸索和探讨，不断总结，逐步加以完善。

三、加强教职工队伍的思想建设，大力提倡教书育人、服务育人

办好社会主义的高等学校，培养德才兼备的学生，教师起着决定性的作用。教师的思想品德对学生有潜移默化的影响。教师把思想政治教育与教学工作结合起来，更容易为学生所接受。这就要求教师坚持正确的政治方向，忠诚于人民的教育事业，全面关心学生的成长，努力做到教书育人，为人师表。

高等学校的教师队伍，经过长期的考验，证明是一支值得人民尊敬的好队伍。但是，不少教师对建设和改革的实际了解不够，少数教师受到错误思潮的影响。为使他们更好地担负起培养人才的光荣任务，应该在继续努力改善广大教师工作和生活条件的同时，热情关心和帮助他们不断提高思想政治水平。学校要向教师介绍国家的形势，组织学习党的方针政策，积极提供参加社会实践、了解社会、接触群众的机会，使他们支持改革，正确认识和对待改革中出现的矛盾和问题。要帮助教师树立正确的教育思想与治学态度，使他们能够正确处理政治与业务、教书与育人、理论与实践、教学与科研、个人与集体等关系。要鼓励和推动教师经常接触学生，了解学生。要认真组织好教师的政治学习、倡导教师在自愿的基础上，结合工作和思想实际，选学一些马克思主义著作。青年教师是高等学校未来的希望所在，但其中不少人缺乏实践锻炼，对他们应严格要求、热情帮助，使他们不断提高政治、业务水平，做好本职工作。凡是缺乏实践锻炼的青年教师，都要安排一定的时间参加社会实践。

做好教师思想政治工作的关键是发挥党组织的核心作用和党员教师的先锋模范作用。每个党员教师、专家、教授，必须认真履行党员义务，努力做好教书育人的工作。

为了使广大教师真正做到教书育人，需要有相应的政策、制度作保证。对教师要进行全面的考核，既包括教学的质量，也包括教书育人的情况。要大力表彰教学效果好、教书育人成绩优秀的教师。教师可以在教学中介绍不同的学术见解，但不能散布违反四项基本原则和改革、开放、搞活总方针总政策的错误言论。教师任职资格评审委员会，要以学术造诣高的和教书育人好的教师为主组成。

高等学校的职工对培养学生有着重要的作用，加强职工思想政治工作，帮助他们进一步树立为人民服务、为教学科研服务的思想，勤勤恳恳做好本职工作，搞好服务育人，这也是高等学校思想政治工作的重要方面。

要发挥教育工会的积极作用，认真开好教职工代表大会，努力创造民主、团结、活跃的气氛，使广大教师职工心情舒畅地为社会主义教育事业做出贡献。

四、建设一支坚强的马克思主义理论队伍和思想政治工作队伍

马克思主义理论课教师和思想政治工作人员，是高等学校进行思想政治教育的骨干力量。必须十分重视这支骨干队伍的培养和建设。学校党委和校长要共同抓好这项工作。国家教委要选择若干所有条件的高等学校，建立马克思主义理论课教师的培训基地，以尽快提高和壮大这支队伍。

高等学校的思想政治工作队伍应由精干的专职人员与较多的兼职人员组成。

思想政治教育是一门以马克思主义理论为基础、综合性和实践性都比较强的科学，必须有专职人员作为骨干，并且要培养和造就一批思想政治教育的专家、教授和理论家。因此，一定要将一些品学兼优的教师和毕业生选拔到思想政治工作队伍中来。专职思想政治工作人员，要以主要精力从事思想政治工作，也要承担一定的教学任务。从事学生思想政治教育的专职人员，是教师队伍的组成部分，应列入教师编制，实行教师职务聘任制。有关院校要认真办好思想政治教育专业，办好第二学士学位班，并创造条件培养这方面的硕士和博士研究生，为造就从事思想政治教育的专门人才开辟一条新路。

高等学校的每个班级均应配备兼职的班主任、导师或辅导员，可从教书育人好的教师和品学兼优的研究生、高年级大学生中选拔。这对于密切联系群众，使思想政治工作与业务工作结合都有好处。他们中间许多人可以成长为既能从事教学、科研工作，又能兼做思想政治工作的专家、教授。经验证明，这种“双肩挑”的做法是培养和造就符合“四化”要求的干部的一条重要途径。兼职人员从事思想政治工作的成绩应作为表扬奖励和晋升职务的重要依据之一，在他们工作一段时间后，还要酌情给予一定的脱产进修时间。兼职从事思想政治工作的学生，可以适当延长学习年限，在修完全部课程并考试合格后，按原定毕业时间毕业。

思想政治工作人员要服从党和人民的需要，处处起模范带头作用，发扬献身精神，努力提高思想理论和业务水平，改进工作，以实际行动赢得学生的信任和尊重。

五、提高高等学校领导班子的思想政治水平，加强和改善对思想政治工作的领导

贯彻党和国家的教育方针，改进和加强思想政治工作，关键在校、系两级领导。高等学校的领导干部不仅应有较高的专业和知识水平，而且应有较高的思想政治水平，较强的领导管理能力，能够正确理解和执行党的路线、方针、政策，懂得如何办好学校、培育合格人才。党委书记和校长，应当努力成为社会主义的教育家。目前有些学校的领导班子不能适应这个要求，各主管部门要在调查研究的基础上，加以提高、充实或整顿。

学校党委对思想政治工作负有领导责任。要加强党的思想建设和组织建设；会同行政统一协调工会、共青团、学生会等各方面的力量，做好学生和教职工的思想政治工作；保证和监督党的路线、方针、政策的贯彻执行。校长要对学生的德智体全面发展负责，结合各项业务做好思想政治工作，推动教职工教书育人、服务育人。

要继续进行校长负责制的试点工作，认真总结已有的试点经验。高等学校不论实行何种领导体制，行政和党委都要搞好团结，紧密配合，共同做好工作。

从党委到基层支部，都要从严治党，切实抓紧党内教育，改进和健全党的组织生活，开展批评和自我批评，使党员自觉地执行党的路线和方针政策，严格遵守党的纪律，增强党性。党组织要经常分析党内外思想情况，发动党员做好周围群众的思想政治工作，帮助群众及时解决各种思想问题。要重视在大学生中积极慎重地发展新党员，及时吸收那些具备党员条件的人入党，防止任何降低标准的作法。

加强党委对共青团组织的领导。共青团要把群众性与先进性统一起来，寓思想政治教育于青年喜爱的各种活动之中，努力提高团员的先进性。要十分重视校、系两级团干部的选拔和培养，努力提高他们的思想觉悟和工作能力。

高等学校有许多民主党派和无党派人士，他们是搞好教育工作的重要力量，党委要重视做好统一战线工作，充分发挥他们在教学、科研以及教书育人中的积极作用。

党政领导干部必须努力学习马克思主义，加深对党的路线、方针、政策的理解；经常了解和研究国内外各种思潮对师生的影响，提高对错误思潮的鉴别和批判能力；只有这样，才能在复杂的情况下，保持清醒的头脑，坚持正确的政治方向。

六、 全党全社会都应当关心青年学生的健康成长

各省、自治区、直辖市党委和中央、国务院有关部门应当切实加强对高等学校的领导，并协调各有关方面，共同做好高等学校的思想政治工作。地方党委对高等学校思想政治工作应负主要领导责任，每年要专门讨论一、二次师生的思想政治状况，并提出相应的政策和措施。领导同志要经常深入学校，直接同学生对话，讲解一些他们关心的，特别是需要由领导机关回答的问题，并形成制度，长期坚持下去。共青团中央和各省、自治区、直辖市团委要把加强高等学校团的思想建设和组织建设作为自己的重要任务。宣传、理论、文艺、出版、新闻界要经常听取教育工作者的意见，了解青年学生的反映，努力提高精神产品的质量，把社会效益作为最高标准。中央和地方工业、农业、商业等部门，人民解放军，以及社会各有关行业和单位，都要把支持和接受师生参加社会实践、业务实习和军事训练，作为自己应尽的一项社会义务，积极提供必要的条件。各高等学校要加强与社会各界和学生家长的联系，听取意见，得到他们的配合与帮助，共同为培养新一代德才兼备的知识分子而努力。

□高等学校毕业生见习暂行办法

(1987 年 7 月 22 日国家教育委员会、劳动人事部发布)

为了加强普通高等学校毕业生见习期的管理，切实做好毕业生的见习考核工作，特制定本办法。

第 1 条　高等学校毕业生实行见习期的目的，是继续加强对毕业生的培养教育，进一步提高他们的政治、业务素质和从事实际工作的能力，使他们尽快地适应经济建设和社会发展的要求；同时，使用人部门（单位）全面了解、考察毕业生，以便合理地安排使用他们，充分调动他们的积极性，更好地为社会主义现代化建设服务。

第 2 条　高等学校本、专科毕业生分配工作后，原则上都要安排到基层见习。见习期为 1 年。对入学前已从事 1 年以上有关本专业实际工作的，经所在单位批准，可免去见习期。有些行业的人才，需要更长时间的实际锻炼，可以在见习期满后自行安排。

第 3 条　毕业生在见习期间，不得报考研究生（包括出国留学或进修）。原则上也不得抽调毕业生从事与见习无关的其他工作。

第 4 条　毕业生见习期间，工作单位要按照学用一致的原则，结合今后要从事的工作，有计划地安排他们到基层单位或生产第一线进行见习。见习岗位的安排，要有利于理论联系实际，有利于与工农群众相结合，有利于思想、作风和能力的锻炼。根据不同专业、不同工作的特点和今后对毕业生的培养使用方向，可以分阶段安排不同的见习岗位，每个阶段要有具体的计划和要求。

第5条 毕业生在见习期间，要密切联系群众，深入实际，虚心学习，了解社会，关心改革，参加与所学专业有关的生产劳动、科学实验和技术革新等活动，加强基本业务、技术训练和基层工作锻炼，熟悉本职工作的"应知应会"，掌握本职工作的规范和职责，全面提高自己的思想、政治、业务素质和独立工作能力。

第6条 见习期间，要加强毕业生的政治思想教育和管理，结合思想实际和业务实践，着重进行坚持四项基本原则和"四有"教育，不断提高他们的政治素质和业务能力。定期对他们进行考核，内容包括：政治思想、道德品质、组织纪律、群众关系、劳动和工作态度、业务水平和实际工作能力等方面。毕业生见习期满后，本人要写出总结，在自我鉴定的基础上，通过民主评议，由基层工作单位做出政治和业务考核鉴定，填写考核鉴定表。鉴定材料载入个人档案。

第7条 见习期间和见习期满转正后的工资待遇，按国务院有关规定执行。毕业生在见习期间，发生疾病不能坚持工作的，按原教育部、国家计委、国家人事局1981年10月4日（81）教学字048号通知第28条办理。病事假累计超过1个月的，见习期顺延。见习期满，应及时办理转正手续，按期为其评定专业技术职务的任职资格，聘任相应工作职务，确定工作岗位。对达不到见习要求的，经所在单位讨论，报主管部门批准，延长见习期半年至1年，并将延长的期限和理由通知本人。延长期结束时，仍达不到要求的，不再延长见习期，另行安排工作，工资待遇按毕业生转正工资标准低定一级。对表现特别不好的，经所在单位领导批准，报主管部门审核同意后，可以辞退。

第8条 省、自治区、直辖市人民政府和国务院各部委要加强对毕业生见习工作的领导，并责成毕业生调配部门和人事（干部）部门负责抓好毕业生见习期间的组织管理、督促检查和总结交流经验等项工作。

凡接受毕业生的单位，应有一位负责干部主管毕业生的见习工作，并选派政治思想素质较好、业务知识水平较高的专业技术人员或干部，对见习毕业生进行指导和帮助。做到有计划，有要求，有检查，定期考核，切实做好毕业生见习期的管理工作。

第9条 国务院各部委，各省、自治区、直辖市人民政府可根据本办法，结合本部门、本地区的实际，制定具体实施细则，并报国家教委和劳动人事部备案。

第10条 本办法自1987届普通高等学校毕业生起实行。

□国务院批转国家教委关于改进和加强高等学校生产实习和社会实践工作报告的通知

（1987年9月19日）

国务院同意国家教委《关于改进和加强高等学校生产实习和社会实践工作的报告》，现转发给你们，请结合本地区、本部门的实际情况研究执行。

国家教委关于改进和加强高等学校生产实习和社会实践工作的报告

近几年来，高等学校组织学生参加生产实习和社会实践（包括文科的社会实习、医科的临床实习、师范的教学实习等，以下简称实习），在提高学生思想觉悟，帮助学生巩固理论知识，增长实践能力等方面取得了一定效果，积累了一些新经验。

但是，由于认识上的原因和客观上出现的一些新情况，致使组织高等学校学生参加实习遇到一些新问题。主要是：落实实习场所相当困难，学生参加实习受到很大限制；实习要求不够明确，指导管理不力；思想政治工作薄弱，学生中有轻视实践、轻视劳动的倾向；有些单位实习收费偏高，学校实习经费开支困难。这就使得实习普遍受到削弱，效果较差。许多用人部门反映，高等学校近期的一些毕业生在思想上、业务上不能很好地适应社会主义建设的需要。实习工作薄弱，是产生这种情况的重要原因之一，必须引起各地区和有关部门的高度重视。

教育必须为社会主义建设服务，社会主义建设必须依靠教育。青年学生只有在学习科学文化知识的同时积极参加社会实践，更多地了解国情，了解社会主义建设和改革、开放的实际，了解人民群众的思想感情，才能逐步锻炼成为社会主义建设需要的德才兼备的合格知识分子。纳入教学计划的学生实习是理论与实践结合、培养人才和教学改革的重要方面，改进和加强学生实习工作，是学校和有关部门以及企业、事业单位的共同责任。一定要从培养社会主义“四化”建设合格人才的高度，充分认识其重要性，共同承担和做好这项工作。

为了落实《中共中央关于改进和加强高等学校思想政治工作的决定》提出的“积极引导学生参加社会实践”和“中央和地方工业、农业、商业等部门，人民解放军，以及社会各有关行业和单位，都要把支持和接受师生参加社会实践、业务实习和军事训练，作为自己应尽的一项社会义务，积极提供必要的条件”等要求，切实改进和加强学生的实习。特提出以下意见：

一、明确对高等学校学生实习和接受实习单位的要求

高等学校学生进行实习的总要求是：了解社会，接触实际，以增强群众观点、劳动观点呼社会主义的事业心、责任感，提高政治思想觉悟；巩固所学理论，获得本专业初步的实际知识，以利培养实际工作能力和专业技能。各类高等学校都要在教学计划中安排必需的实习次数和时间，切实保证实习技师。

接受学生实习的单位，要把配合学校搞好实习作为自己份内的重要职责，切实担负起培养人才的任务。这方面的工作成绩，要和职工教育一样列为衡量有关单位教育工作的一项重要内容。成绩卓著的，有关主管部门应给予表彰奖励；搞得不好的，要帮助他们提高认识，改进工作。

二、切实加强对实习工作的管理、指导、协调

高等学校学生要到社会主义建设第一线的基层单位实习。根据不同专业性质和实习要求，在保证实习质量的前提下，按照就地就近的原则，尽量在本系统、本地区所属单位安排实习场所；需要跨系统、跨地区安排的，原则上由学校与接受实习的单位直接联系。要力争做到接受实习的大部分单位能相对稳定。较长时间内固定的实习基地，学校和接受实习单位要签定实习合同。国家教委直属高等学校学生的实习场所安排，按专业性质不同，由有关部委和地方教育主管部门负责协调解决。

在高等学校同接受实习单位挂钩的基础上，有关部委和省、自治区、直辖市教育主管部门要按照国务院《高等教育管理职责暂行规定》，对高等学校的实习负责指导、协调，并尽力给予支持和帮助。文科类专业，特别是文、史、哲、考古等基础性专业，实习安排困难较多，有关部门和单位要给予更多的关心和帮助。

高等学校的主管部门，除负责协调实习场所的安排外，还要对实习质量进行必要的检查，及时发现和解决存在的问题，组织经验交流；要根据国家有关政策规定，结合本系统、本地区的情况，就实习的计划安排、组织实施等方面工作制订具体的规章制度。

三、努力提高实习质量

高等学校和接受实习的单位要紧密配合，根据学生的培养目标和实习要求，共同组织好实习工作，不断总结经验，改革内容和方法，提高质量。高等学校要加强对实习工作的领导，认真制订实习大纲，明确规定实习的要求，完善有关教学文件。要选派合适的指导教师，加强对实习的指导和管理，根据实习场所的具体情况制订实习计划，安排好实习的内容，选择好实习的方式。要切实加强实习中的思想政治教育，严格实习纪律。要在职务聘任、工作量制度、教师（特别是青年教师）工作业绩考核方面采取相应的政策措施，充分调动教师搞好实习工作的积极性。要启发引导学生向工人、农民和一切有实践经验的人员学习，提高实习的主动性、积极性，努力达到实习的各项要求。要在政治思想和业务学习方面对学生提出实习的严格要求，严格训练，严格考核；考核不及格的学生，要按照学生学籍管理的有关规定处理。

接受实习的单位，要选派政治思想好、实践经验丰富、有一定业务水平的人员担任实习指导工作，配合教师对学生进行思想政治教育和业务学习指导；要完善有关规章制度，及时检查实习情况，解决存在的问题，并配合学校共同做好考核工作；要充分重视实习中师生的安全与健康，努力改善食宿、学习、劳动保护、卫生等方面的条件。接受实习任务较多的单位，应明确专人或相应的机构管理该项工作。

四、建设好实习基地

一些接受高等学校学生实习比较集中的企业、事业单位，根据单位的实际情况，可适当建设实习用房。有条件的单位可以建设必要的实习基地；还可结合职工培训中心的建设等，统筹规划，建设相应的实习基地。有关部委和地方主管部门在审批企业、事业单位基本建设计划、安排投资等方面，对有关实习基地建设的项目，应给以支持。同时，高等学校也要在人才培训、委托培养、科学研究、咨询服务、信息交流等方面，对实习基地所在单位优先给予帮助。“教学、科研、生产三结合联合体”是加强学校和有关部门横向联系、发挥各自优势、促进教育改革和各项事业发展的好形式，有利于更好地出人才、出成果。高等学校要积极与实习基地的单位有计划地逐步建立各种形式的三结合联合体。

在充分利用校外实习基地的同时，要重视校办工厂、校办农场、附属医院等校内实习基地（包括地质、地理、测绘、生物、考古等类专业的野外固定实习基地）的建设。文科类专业也可以根据需要和可能，试办某些校内实习基地。校内实习基地的建设，要列入高等学校的基本建设规划，报学校主管部门审批。要认真解决校内实习基地在人员编制、设备更新、管理体制、生产经营等方面存在的问题，在保证完成实习教学任务的前提下，正确处理好实习教学和经济创收、社会服务之间的关系。校内实习基地是保证实践教学环节的重要条件，但不能完全以此来代替校外实习基地（医科院校的附属医院除外），要保证各专业学生都有机会接触社会，深入基层，受到实践锻炼。

五、合理解决实习经费开支

高等学校要在核定的年度教育事业费预算中安排必要的经费用于实习开支。要厉行节约，坚持就地就近安排实习场所，不住或少住旅馆、招待所。要结合实习内容，适当承担接受实习单位的某些工作和生产任务，争取获得减收或免收实习费用的优惠条件。结合实习完成学校的科研任务和咨询任务的，可从该项任务的科研经费中拿出一部分用于实习开支，但不得发给学生个人。

接受实习的单位，应从全社会都要重视教育、重视人才出发，大力支持高等学校学生的实习。要严格执行国家规定的实习经费开支办法，不要把接受学生实习当作创收或盈利的一种途径，也不应巧立各种名目乱收费。在不违反国家有关财经规定的原则下，各有关部委和地方教育主管部门可根据具体情况，制定具体的经费开支办法。经济条件较好的企业、事业单位，在自愿的原则下，可以从本单位的利润留成、税后留利中拿出部分经费支持高等学校学生的实习。师生结合实习，完成工作和生产任务，接受实习单位应根据工作任务量大小适当减免实习收费，或给予学校一定报酬。

六、努力探索搞好实习的新途径、新办法

近年来，在高等学校实习工作中已经积累了一些新的经验。例如，师生结合实习承担生产、技术革新、社会调查、专题研究任务，直接参加社会主义建设，也使学生受到思想政治教育和实际工作锻炼；学校和接受实习单位建立固定协作关系或组成“教学、科研、生产三结合联合体”，加强学校和社会的横向联系，也有利于实习的顺利进行；实习和毕业生预分配联系起来，使学生实习有更强的针对性，也提高了接受实习单位的责任感，等等。这些经验，应当进一步总结提高，逐步推广。

为了适应经济、科技、教育和政治体制改革的新形势，充分调动学校和社会有关单位的积极性，改进和加强实习工作，提高实习效果和人才培养质量，必须积极改革实习内容、方法和管理工作，不断探索搞好实习的新途径、新办法。有关部门和高等学校，对实习的改革试点要加强领导，积极支持，及时总结交流经验，努力开创实习工作的新局面。

职业技术教育部分

□国务院办公厅转发国家教育委员会等部门关于全国职业技术教育工作会议情况报告的通知

（1987年1月3日）

国务院同意国家教育委员会、国家计划委员会、国家经济委员会、劳动人事部《关于全国职业技术教育工作会议情况的报告》，现转发给你们，请照此执行。

几年来，我国职业技术教育已取得很大成绩，成为教育体系的重要组成部分和社会经济发展不可缺少的环节。希望各级人民政府加强领导，结合实际情况作出规划，切实办好职业技术教育，使这一工作出现新的局面。

国家教育委员会、国家计划委员会、国家经济委员会、劳动人事部关于全国职业技术教育工作会议情况的报告

国家教委、国家计委、国家经委、劳动人事部于1986年7月2日至7月6日，在北京联合召开了全国职业技术教育工作会议。会议在总结经验、提高认识的基础上，研究、明确了今后一个时期改革和发展职业技术教育的任务、方针、政策和措施。

现将会议的有关情况报告如下：

一、当前职业技术教育的情况、任务和工作方针

《中共中央关于教育体制改革的决定》发布一年来，全国职业技术教育在已经形成的规模基础上，出现了加快发展的势头。1985年底，全国共有中等专业学校2529所（不含中等师范），在校学生101万人；技工学校3548所，在校学生74万人；职业中学8070所，在校学生229万人；高等职业技术学校118所，在校学生6万多人；全国各地劳动部门举办的培训中心1345个，共培训了177万人。各类中等职业技术学校在校生人数占高中阶段在校生总数的36%。最近，国务院决定改革国营企业的用工制度，在农村推行“星火计划”，并在帮助贫困地区工作中强调智力开发，这对城乡职业技术教育是有力的推动。

目前，职业技术教育需要解决的问题是：第一，职业技术教育的规模、层次和结构不能适应城市经济和社会发展的需要，还没有形成所有经济部门，尤其是工业企业都能依靠职业技术教育来提高从业人员素质的格局。第二，农村的职业技术教育还很薄弱，发展很不平衡，许多地方的农村基本上还是单一的普通教育。第三，中等专业学校和技工学校发展缓慢，潜力未充分发挥出来，招生规模同“七五”期间的需求差距很大。第四，教育质量和办学效益不高，相当多的学校师资力量薄弱，经费严重不足，缺少基本的教学设施和实习条件，社会迫切需要的某些专业仍然短缺或十分薄弱。

会议确定，“七五”期间全国职业技术教育的发展目标是：在1990年前后使全国大多数地区高中阶段职业技术学校的招生数达到与普通高中的招生数大体相当；5年内培养出800万初级、中级技术人员、管理人员，初步改变人才结构上初级、中级比例过低的不合理状况；要培养上千万新的技术工人，努力提高中级、高级技工的比例；使多数回乡的初中、高中毕业生受到不同程度的职业技术培训；办成一批起示范作用的学校和培训中心；积极推行“先培训，后就业”、“经过考核择优

录用”的原则，在1990年以前全国大多数地区对技术性、专业性强的岗位实行不经培训合格不得走上工作岗位的制度。

因此，对职业技术教育工作要加强领导，改单体制，统筹规划，因地制宜，结合需要大力发展，实行多层次、多种形式、大家来办的方针。在发展中注意调整和提高，努力增进社会效益，更好地为两个文明建设服务。

二、改革有关的劳动人事制度，实行“先培训，后就业”的原则

实行“先培训，后就业”的根本目的，在于提高劳动者的素质，教育、劳动部门和各产业部门对实行这个原则必须坚定不移，不能有任何动摇。真正落实这一原则还需要一个创造条件的过程，不同行业（工种）、不同地区对于培训的程度也有不同的需要，因此，在贯彻这个原则时不应“一刀切”。对于那些具备条件却又不实行的单位，劳动部门和经济主管部门要给予行政干预。

这里说的“培训”，包括系统的学校教育、各种短期培训、单项技能培训以及按某些工种或岗位的特点，进行职业道德、劳动纪律、安全卫生教育的培训。各种类型的职业技术学校是职业技术教育体系的骨干，其他各种培训是职业技术教育体系不可缺少的组成部分，无论现在或将来都是社会所需要的。这些教育机构应当承担各自不同的任务，互相促进，互为补充。

这里说的“就业”，包括向国营、集体和个体经济三类企业事业单位输送专业人才、技术工人和其他熟练劳动者。只有打开广阔的就业渠道，职业技术教育才可能蓬勃发展。为了充分发挥职业技术教育的效益，各类职业技术学校和各种形式的培训要根据各种行业和岗位的不同要求进行。社会招工，应当在专业和工种对口的原则下，对各种职业技术学校的毕业生择优尽先录用。

目前各企业部门每年招收的上百万学徒工，也要按照“先培训，后就业”、“经过考核择优录用”的原则加以改革。可以增列学徒计划，根据国家规定的培养要求，在企业（车间）进行技能训练，同时在学校或培训机构进行文化基础和专业技术理论的学习，经考核合格再按合同条件正式录用。为此，要建立严格的考核制度，并对全员劳动生产率的计算方法作必要的调整。

三、明确农村办学的指导思想，大力发展农村职业技术教育

农村的1亿2千万初、高中毕业生，是亟待开发的巨大智力资源。几千万在校的中学生，也需要有建设农村的思想准备和必要的职业技能。如果使他们在原有文化基础上再掌握一定的专业知识和实用生产技术，将会对农业生产和整个农村经济的发展起极大作用。

发展农村职业技术教育，关键在于办学思想的转变。农村教育应该从单纯为了升学转到为本地区培养具有实际生产技能和中等专业技术知识的人才，并适当兼顾向高一级学校输送新生的方向上来。农村职业技术教育必须坚定不移地确立为振兴农村经济、发展农业生产和为农民劳动致富服务的办学思想，并逐步形成培养初级和中级技术、管理人才的能力。城市各类专业学校毕业生的去向也要有一部分面向农村。

在农村，必须把就业前的职业技术教育和农民成人教育结合起来，统一规划和安排。必须把职业技术教育和生产劳动、技术推广结合起来。

发展农村职业技术教育，不能照搬城市的做法，要根据各地的经济发展水平和文化教育基础，采取更加灵活多样的形式，以发展初、中级职业技术教育为主，长期与短期结合，大力开展周期短、见效快的培训；有条件的县应当集中力量办好一所示范性职业技术学校，做为骨干和基地；普通中学也应根据需要开办职业培训班或开设职业技术课。农村发展职业技术教育应当与普及义务教育结合起来，初级职业技术教育应当看作九年制义务教育的一部分。

为了提高办学效益，农村更要强调横向联合。县人民政府应切实负起统筹领导的责任，把教育、农林牧渔、科技以及有关的业务部门和共青团、妇联的力量组织起来，提高现有文化、教育、科技设施的使用效率，充分发挥现有专业技术力量的作用。同时，要加速农业中专的改革，使它更好地发挥骨干作用，为振兴农村经济服务。

四、加强中等专业教育和技工教育

中级专门人才和中、高级技术工人比重过小，是我国企业经济效益不高、产品质量低的一个重要原因。因此，必须大力加强中等专业教育和技术教育，建立高级技工、技师的培训、考核、晋升制度。

中等专业教育是一种成功的培养中级专门人才的制度。但现在中专发展缓慢，一部分老中专已改为高等学校，余下的也很不稳定。问题在于没有根据这个教育层次的作用和性质，恰当地确定它在整个教育体系中的地位，并采取相应的政策，因而影响了办学单位和师生的积极性。招收初中毕业生学制 4 年、高中毕业生学制 2 至 3 年的中专，与高等职业技术学校在培养目标上没有太大的区别，不应简单地划入中等教育。中专一般不要改为专科，应该坚持办下去。对于合乎办学基准规定的初中后四年制中专，政策上要相应作一些调整。专科和中专的学制等问题，国家教委准备会同有关方面抓紧调查、论证，提出方案，以便从教育体系的整体上理顺关系。

要采取积极措施，大力发展和加强培养技术工人的技工学校和职业高中，使之逐步同我国的技术工人队伍应有的规模相适应。目前，企业中不少青年技术工人脱离本职工作的需要，盲目追求高层次文凭，争当干部，这种情况不利于技工队伍的稳定，也影响整个技工队伍素质的提高。应当为工人开辟一条进修提高的道路，即完善工人的技术等级制度，增设技师职务系列，引导青年工人向中级、高级技工以至技师的方向发展。要逐步对技工学校和职业高中毕业生，经过技术等级考核，按实际达到的水平发给相应的证书。这样既可以鼓励在职工人安心本职工作，又能提高在校学生的学习积极性。

要改革中等专业学校和技工学校毕业生的分配制度，逐步将包分配改为不包分配，由用人部门择优录用。中专和技工学校还要改革助学金办法，实行奖学金和贷学金制度，以提高学生的学习积极性。这些改革要经过试点逐步推行。中专、技工学校要面向社会招生，以利于发挥学校潜力、扩大招生规模、增加办学活力。

五、改善办学条件，提高教育质量

各类职业技术学校和培训机构都必须全面贯彻执行党和国家的教育方针，并结合行业特点进行职业道德和职业纪律的教育，使学生成为有理想、有道德、有文化、有纪律的新人。

各类职业技术学校和培训机构要正确处理文化基础和专业教育、理论知识和技能训练的关系。要重视必要的文化基础和理论知识的教育，但不应脱离培养目标，盲目追求知识的系统性和理论的深度。培养技术工人的，应侧重操作技能的训练。职业技能训练必须严格要求，坚决克服和防止重理论轻实践的偏向。

职业技术教育有自己的特点，要根据职业技术教育自身的规律来提高办学效益和教育质量。只要对经济和社会发展起积极推动作用，有较好的社会效益，都应当给以积极的支持和肯定。各地要结合实际条件，分期分批地对现有学校和培训机构进行调整、充实和提高。

缺乏师资是当前发展职业技术教育的一个严重问题，要采取多渠道的办法解决。现有的职业技术师范学院和高等职业技术学校要为中等职业技术学校和培训机构培养专业课师资，高等师范学校和其他有条件的高等学校也要承担为各类职业技术学校和培训机构培养师资的任务，并列入国家计划。可以从4年制中专和技工学校中选留优秀毕业生，经过进修提高，担任中等职业技术学校或培训机构的实习指导教师；还要从企事业单位和社会上选调有实践经验和一定文化程度的能工巧匠担任这类教师；可以选派一些教师出国进修，学习国外职业技术教育的经验，以加强短缺薄弱的专业。

职业技术教育的经费，要采取多渠道集资的办法。除国家专项补助和已列入中央、地方财政预算项目外，各有关办学单位也要尽力支持。地方财政应在财政经常性收入增长的同时，使职业技术教育的经费能按《中共中央关于教育体制改革的决定》精神，实行“两个增长”。城市、农村的职业技术学校和劳动服务公司主办的培训中心应该开展勤工俭学活动，并结合专业举办小型的工厂、农场、商店或服务性企业。使学生既通过实践掌握职业或专业的技能，又可以用所得的收入改善办学条件。对职业技术学校所办企业，国家采取必要的扶植政策。

六、加强领导，逐步改革领导管理体制

职业技术教育事业涉及许多部门，必须调动各方面的积极性，大家来办。经济部门和企业尤其应根据各自行业的优势和条件，大力办好中专和技工学校，积极扶植职业中学和各类职业技术培训事业，发展企业之间、学校和企业之间的联合办学。对口的企业应结合自己的劳动和设备条件，积极接纳和安排师生下厂（场）进行生产实习和业务实践。

职业技术教育的领导和管理要逐步形成一个既便于进行地方统筹协调，也能调动各业务部门积极性，学校又有较大自主权的管理体制。国家教委在国务院领导下，从宏观上统筹管理全国职业技术教育事业，并协同计划、经济、财政、劳动人事各部门分工管理有关职业技术教育的各项工作。技工学校、就业培训中心和学徒培训工作，在国家教委的统筹指导下，仍由劳动人事部门管理。在地方，除必须实行垂直管理的行业以外，职业技术教育的规划、计划、布局、学校设置、人才合理使用等，应以地方政府为主进行统筹领导。面向城市的，一般实行省和中心城市两级统筹；面向农村的，在省、自治区、直辖市和地（市）领导下，由县负责统筹。中央和地方各有关部门应当尊重各级政府的统筹，支持地方进行有关的改革试验，同时按照专业对口的原则，从业务上给地方以指导和服务。地方政府在实行统筹时，要尊重学校主管部门的权限，充分考虑主管部门的指导性建议，照顾各部门的需要。

会议希望各级人民政府加强对职业技术教育工作的领导。建议首先帮助各级干部克服单纯发展普通教育的观点，扭转某些同志一感到人才缺乏就只想多办大学的现象，改变某些单位只考虑安置就业、对提高劳动力素质注意不够的状况。其次，根据本地区、本部门的现状和发展前景，实事求是地制订发展职业技术教育的总体规划，不要互相攀比。要制订具体政策，推动体制的改革。第三，建立职业技术教育的统筹协调机构，具体形式由地方自行决定。

1986年10月3日

成人教育部分

□普通高等学校函授教育暂行工作条例

(1987年2月7日国家教育委员会发布)

第一章 总 则

第1条 普通高等学校(以下简称高等学校)举办的高等函授教育(以下简称函授教育)是我国高等教育的重要组成部分。为发挥高等学校的优势,扩大高等教育的规模,提高办学效益,促进函授教育的发展,特制定本条例。

第2条 举办函授教育,是高等学校的基本任务之一。高等学校在办好全日制教育的同时,要创造条件举办函授教育。举办函授教育的高等学校,必须把函授教育的发展规模、专业设置、机构编制、基建项目等纳入学校的总体规划,进行统筹安排。

第3条 高等学校举办的函授教育,包括本科、专科、单科进修以及大学后的继续教育。举办本科、专科函授教育必须具备以下基本条件:

高等学校全日制本、专科在校生人数一般应在2000人以上,拟办函授教育的专业必须已培养了两届以上本、专科毕业生;

有健全的管理机构,有专职教育管理和行政管理人员,有完备的管理制度;

有一支与函授招生规模相适应的合格的专、兼职函授教师队伍;

有按国家教委关于制订函授教学计划的原则规定的函授教学计划和各门课程的教学大纲;

有符合培养规格要求的函授教材、自学指导书和教学参考资料;

有能实施函授教育各个教学环节所必需的条件。

第4条 高等学校举办函授教育的任务是:培养拥护中国共产党的领导、热爱社会主义祖国、德才兼备的专门人才。

本、专科函授毕业生必须达到高等学校同层次、同类专业毕业生的相应水平。

第5条 高等师范函授教育,必须以培养中等学校的师资为主要任务,其他各类有条件的高等学校的函授教育也应承担培养师资的任务。

第6条 函授教育必须统筹规划,合理布局。国务院各部委和省、自治区、直辖市的教育行政部门在规划函授教育时,要根据本系统、本地区的人才规划和学校条件,在专业设置和招生地区等方面,切实做好协调和配合工作。

第7条 高等学校举办本、专科函授教育,要由学校提出申请,按隶属关系分别经国务院有关部委,省、自治区、直辖市教育行政部门审核同意,报国家教育委员会批准。举办大学后的继续教育,要经学校主管部门批准,报国家教育委员会备案。

本、专科函授教育招生必须纳入国家高等教育招生计划。

第8条 函授教育开设的专业,必须是适合以函授方式施教的专业。开设的专业名称,应以国家教育委员会审定的全日制专业目录为依据。

第二章 教　学

第9条　函授教学应以有计划、有组织、有指导的自学为主，并组织系统的集中面授；注重理论联系实际。举办函授教育的高等学校必须认真、严格地组织教学全过程。

第10条　教学计划是实现培养目标和组织教学过程的依据。

函授教学计划规定的各门课程，应参照全日制同类课程教学大纲要求，结合函授教育特点，制订函授教学大纲。

本、专科函授教育，实行学年制，也可以实行学分制。

第11条　函授教学的主要环节，包括自学、面授、辅导答疑、作业、实验、实习、考试（考查）、课程设计、毕业设计及答辩（或毕业论文及答辩，或毕业考试）。

面授及教师指导的实验、实习应占高等学校同层次同专业授课总学时的30%左右。

第12条　在教学工作中应充分发挥教师的主导作用。各种教学环节，都要在教师指导下进行。同时充分调动函授生学习的积极性、主动性和创造性。

函授教学要注意采用现代化教学手段。

第三章 科　研

第13条　在抓好教学工作的前提下，各校应有组织、有计划地开展函授教育的科学研究工作。

除一般的科学研究外，函授教育的科研课题，应着重在对函授教育特点、规律的研究，高等函授的教育方法、教学管理和教学手段等远距离教育问题的研究，高等函授教材、自学指导书和教学参考资料的编写和研究，同时也可以结合函授生从事的生产、技术管理等方面问题进行研究。

第14条　函授教育的科学研究应纳入学校的科研规划，保证必要的条件，对取得的科研成果要组织交流推广，并给予奖励。

第四章 教　师

第15条　加强函授教师队伍的建设是办好函授教育的关键。

函授教师是高等学校教师队伍的一部分，应由热爱函授教育、具有教学经验和较高业务水平的专、兼职教师组成。举办函授教育的高等学校，按国家教育委员会规定的比例确定编制。函授教师可定编到人，也可定编不定人，由学校根据实际情况，统筹安排。

第16条　函授教师必须努力学习马列主义、毛泽东思想，认真完成教学任务，对函授生热情指导，严格要求，教书育人。

要积极钻研业务，编好教材、自学指导书和教学参考资料。不断总结函授教学经验，改进教学方法，探索函授教育规律，提高教学质量。努力开展本门学科及函授教育方面的科学研究。

第17条　高等学校在评定函授教师的任职资格时，对其业务能力和学术水平的考核，在执行国家有关规定的同时，还应根据函授教育的特点，着重从教学成绩、编写教材、教学资料的质量以及科学研究成果等方面考核。在进修、参加学术活动、国际交流、以及学术休假等方面，应与其他教师一视同仁。

主管部门和高等学校应从政治上、生活上对函授教师给予热情关怀和帮助。尊重他们的劳动，切实保证他们工作上、生活上的必要条件，鼓励他们在函授教育上做出成绩。

对于热爱函授教育工作并做出优异成绩的函授教师，给予表彰和奖励。

第五章　函 授 生

第 18 条　高等学校举办的函授教育，招收具有高中毕业以上文化程度的在职人员、应届高中毕业生和具有同等学力的社会青年，并对已取得大专以上学历的在职人员实施继续教育。

招收应届高中毕业生要经学校主管部门同意，并由国家教育委员会批准。

第 19 条　函授生应当努力学习，刻苦钻研，认真完成学业，自觉遵守国家的政策法令及学校的规章制度，不断提高思想政治觉悟，加强共产主义道德品质修养。

在职函授生要积极做好本职工作，正确处理好工作与学习的关系。对学习成绩优异，并能出色完成本职工作的函授生，给予表彰和奖励。

第 20 条　凡经所在单位批准，按国家规定，经考试录取的在职函授生，按教学计划的要求，参加实验、面授、复习和考试以及毕业设计（毕业论文）和答辩等占用的工作时间，应作为学习公假，其工资由所在单位照发。

函授生按照教学计划要求，参加集中教学活动的往返交通费、住宿费，由函授生所在单位解决。函授生所在单位，应当积极鼓励和支持他们的学习，帮助他们解决实际困难。

第 21 条　本、专科函授生在学期间，不得报考其他学校，不能具有双重学籍。

第 22 条　函授生按照教学计划要求，到校集中学习期间，学校应统筹安排其使用教室、实验室、阅览室、图书馆、学生宿舍以及其他教学、生活设施。

第 23 条　函授生学完教学计划规定的全部课程，达到教学大纲的要求，考试考查成绩合格，并通过思想政治鉴定者，由学校发给毕业证书，国家承认其学历。按照授予学位的有关规定，对符合条件的函授生授予相应的学位。

第六章　函授辅导站

第 24 条　函授辅导站（以下简称函授站）是学校对函授生进行教学辅导、思想政治教育和行政管理的机构。

举办函授教育的高等学校，按照函授教育的特点与函授生所属业务主管部门或地方配合，双方协商建立函授站并就此签订协议履行各自的职责。

函授站行政上接受设站单位的领导，业务上接受函授主办学校的领导。

第 25 条　设立函授站必须具备下列条件:

有连续或隔年报考函授的生源;

能配备专职管理人员;

能就地聘请合格的辅导教师;

能提供教学场所和其它教学条件;

能提供或筹集函授站经费。

第 26 条　主办学校应聘请思想作风正派、大学毕业并具有一定教学经验、工作认真负责的人员担任函授站的专、兼职辅导教师。

第 27 条　举办函授教育的高等学校，应当指导和考核函授站辅导教师的教学工作，对他们有计划地进行培训，组织他们到学校进修、集体备课、交流辅导经验等，不断提高其教学业务水平。

第七章　组织管理

第 28 条　国家教育委员会对高等学校举办的函授教育，在方针、政策、规划、计划方面进行指导和检查。部委和地方教育主管部门对所属高等学校举办的函授教育，要加强计划管理，保证办学条件，采取有力措施扶持函授教育的发展。

第 29 条　对函授教育的办学质量和效益进行有组织的评估，评估工作应聘请经验丰富的函授教育专家、教授、管理干部和用人部门的有关人员参加。

第 30 条　高等学校举办函授教育，必须建立健全管理机构，根据办学规模、专业设置、覆盖范围，分别设立函授学院、函授部（处），或在学校教务处设函授科。

函授学院、函授部（处）、函授科列入高等学校机构序列。学校应根据函授生规模和开设的专业，确定管理干部的编制。

第 31 条　函授学院、部（处）主要负责函授教育的计划、教学管理和招生工作，函授教育方面的基建、设备、后勤等工作，分别由学校的有关职能机构归口管理。

第 32 条　学校应有 1 名校（院）长分管函授教育工作；相关系应有 1 名主任全面领导该系的函授教学工作；各相关教研室应有 1 名主任主管有关课程的教学工作；函授教师成立函授教研室或函授教学小组。函授教研室主任，应由有讲师以上职务的教师担任。

第 33 条　函授教育各级管理机构的负责人应选派作风正派、熟悉教学业务、组织能力较强的人员担任。

对热爱函授教育工作，做出显著成绩的管理人员要给予表彰和奖励。

第八章　经　　费

第 34 条　函授教育的经费，由主管学校的各级政府拨款、函授生所在单位缴纳和函授生本人适当交费等三个渠道解决。

函授站所需经费，由设站单位提供或筹集。联合设站的由有关单位分摊。

第九章　附　　则

第 35 条　本《条例》的解释权，属国家教育委员会。

第 36 条　本《条例》自发布之日起实行。凡与本《条例》不符的规定，即停止执行。

□成人中等专业学校暂行条例

（1987 年 4 月 17 日国家教育委员会发布）

第一章　总　　则

第 1 条　为了加强和改善成人中等专业学校的管理，保证教育质量，特制定本条例。

第 2 条　本条例所称的成人中等专业学校，是指按国家规定的审批程序批准设置的干部、职工、农民中等专业学校、广播电视中等专业学校（含广播电视大学中专部。下同）、中等专业函授教育机构等。

第 3 条　成人中等专业学校的设置和管理工作，在国家教育委员会指导下，分别由各省、自治区、直辖市、计划单列市或国务院各部委主管。

国务院部、委批准举办的成人中等专业学校应接受学校所在省、自治区、直辖市教育行政部门的业务指导。

第 4 条　成人中等专业学校要贯彻教育必须为社会主义建设服务，社会主义建设必须依靠教育的指导思想，根据按需施教、学用结合的原则，对从业人员进行成人中等专业教育，培养适应经济和社会发展需要的、德智体全面发展的应用型中级专门人才。

第5条　各类成人中等专业学校的设置应当根据经济建设的需要和办学条件的可能，统筹规划、合理布局。

提倡地区与部门之间、普通中专与成人中专之间、各种形式的成人中专之间横向联合与协作，提高办学的整体效益。

第6条　成人中等专业学校应根据需要和可能及办学单位的优势设置专业。

第二章　建校条件

第7条　成人中等专业学校，应有健全的领导管理机构，配备较高政治素质、熟悉教学业务、具有大学文化水平、管理能力较强的专职领导干部，并根据需要设置精干的教学、行政、后勤等办事机构。

广播电视大学举办成人中等专业教育应设中专部；普通中等专业学校举办函授教育应有专设机构。

第8条　应有一支以专任教师为骨干、专兼结合的师资队伍。专任教师应具有与职务要求相适应的学历和业务能力，胜任教学工作。专业课教师应熟悉专业实践。兼任教师的聘任应保证质量并保持相对稳定。

专任教师应按学校的规模、办学形式和专业设置的需要配备。建校时专任教师与学员的比例如下：全日制的（脱产学习）成人中等专业学校为1比15左右，业余的成人中等专业学校为1比30左右，中专函授教育为1比35左右，广播电视中等专业学校每一专业也应配备与教学需要相适应的专任教师。

广播电视中等专业学校和函授中专教育机构，应在学员相对集中的地区或单位，设立广播电视教学班或函授辅导站，有专职教学管理人员和适应教学需要的辅导教师。

第9条　独立设置的成人中等专业学校应具有连续招生的条件。各类在校学生数应在400人以上。开设专业不少于2个。

第10条　应有与学校规模和任务相适应的固定校舍。有适应教学需要的图书资料、仪器设备、实验室和实习场所。农民中等专业学校还应有一定的生产实习基地。广播电视中等专业学校和中专函授教育机构，应具有开出教学计划、教学大纲规定的实验条件，并保证必要的实习条件。

第11条　学校所需的经费应有稳定的来源和切实的保证。

第12条　应有健全的学校思想政治工作制度、教学管理制度、学籍管理制度和财务制度等。

第三章　办学形式与学习年限

第13条　开展成人中等专业教育应调动各方面的积极因素，因地制宜，实行多形式、多渠道、多规格办学。

第14条　要积极发展广播、电视、函授教育，扩大开放式教育容量。广播电视中等专业学校一般应由省、自治区、直辖市、计划单列市举办。中专函授教育一般应由办学条件较好的普通中等专业学校举办，有条件的成人中等专业学校也可以办。

第15条　成人中等专业学校在办好全科班的同时，应充分挖掘潜力，根据实际需要，积极举办多种形式和不同内容的单科班、短训班，试办中专专修班，逐步开展岗位职务培训和实用技术培训。逐步实行成人中专的毕业证书、专业证书、单科证书三种证书制度（具体实施办法另定）。

第 16 条　各种形式的成人中专学校，教学规格应基本统一，应互相沟通，协调发展，相同专业课程成绩应逐步做到互予承认。

第 17 条　成人中等专业学校实行学年制或单科累计制。

第 18 条　全日制的成人中等专业学校的学习年限，招生对象为初中毕业文化程度的，工科、医科为 3 年，文科、农科、林科某些专业一般为 2.5 年。招生对象为高中毕业文化程度的学习年限，文科、农科、林科一般为 1.5 年，工科、医科为 2 年。业余学习的学习年限应适当延长。

岗位职务培训、实用技术培训的学习期限应根据实际需要由办学单位确定。

第四章　建校审批程序

第 19 条　申请举办成人中等专业学校，应先由办学单位聘请有关部门和中专以上学校有高级职务（或有同专业其它高级职务）的专家共同进行论证。论证的重点是：

（1）根据本地区、本行业生产（工作）需要和人才规划，以及本地区、本行业的教育事业现状，研究建校的必要性；

（2）是否切实具备本条例规定的成人中等专业学校的建校条件。

第 20 条　设置成人中等专业学校的审批程序，一般分为审批筹建和批准正式建校招生两个阶段。完全具备建校招生条件的，也可直接申请正式建校招生。

第 21 条　各地举办成人中等专业学校，由办学单位申请，报送论证报告，经省、自治区、直辖市、计划单列市教育行政部门会同主管业务部门审核同意后，报省、自治区、直辖市、计划单列市人民政府批准，并报国家教育委员会备查。

第 22 条　国务院各部委及直属单位举办的成人中等专业学校，由办学单位申请，报送论证报告，部委教育司（局）审核，在征得学校所在省、自治区、直辖市、计划单列市教育行政部门同意后，报主管部委批准，并报国家教育委员会备查。

第 23 条　地方工会举办成人中等专业学校，由全国总工会统筹规划，按本条例第 21 条的规定审批。

第 24 条　广播电视大学增设中专部，普通中等专业学校举办的干部中专班、职工中专班、函授班，应按学校隶属关系，向主管部门申请，由主管部门征得省、自治区、直辖市、计划单列市教育行政部门同意后批准，并报国家教育委员会备查。

第 25 条　经批准的学校，如停办或变更，应经原批准单位同意，并报国家教育委员会备查。

第 26 条　所设专业的名称应参照普通中专学校《专业目录》确定。开设《专业目录》外的新专业，应组织中专以上学校有高级职务（或有同专业其它高级职务）的有关专家论证。

调整或增设专业应报省、自治区、直辖市、计划单列市教育行政部门或主管部委教育司（局）审核批准。

第五章　招　　生

第 27 条　成人中等专业学校招收全科学习的学员，须按照国家教委、国家计委关于成人教育事业计划管理的规定，经批准纳入国家计划并正式下达后，方可进行。

第 28 条　成人中等专业学校主要招收具有与报考专业对口的、有实践经验的初中毕业文化程度或同等学力的干部、工人、农民和其他劳动者。脱产学习的全科班学员须具有 2 年以上工龄（农民中专的学员要具有一定的实践经验），年龄不超过35周岁，对确有学习条件的干部可适当放宽到45周岁。

第29条 地方举办的成人中等专业学校的招生考试，由省、自治区、直辖市教育行政部门统一组织。各部委举办的学校，一般应参加学校所在地的招生考试。

第六章 证书、学历

第30条 成人中等专业学校的学员，学完全科教学计划规定的课程并完成实验、实习，成绩合格，发给毕业证书。毕业证书由省、自治区、直辖市、计划单列市教育行政部门或国务院部、委教育司（局）统一在证书上验印，由学校颁发，未经验印无效。

第31条 获得成人中等专业学校毕业证书者，国家承认其学历。

第七章 附 则

第32条 各省、自治区、直辖市、计划单列市和国务院各部委可根据本条例，制定实施办法。

第33条 本条例由国家教育委员会负责解释。

第34条 本条例自发布之日起施行。

□国务院批转《国家教育委员会关于改革和发展成人教育的决定》的通知

（1987年6月23日）

国务院同意《国家教育委员会关于改革和发展成人教育的决定》，现转发给你们，请贯彻执行。

国家教育委员会关于改革和发展成人教育的决定

一、提高全社会对成人教育在社会主义现代化建设中的重要地位和作用的认识

成人教育是当代社会经济发展和科学技术进步的必要条件。随着我国社会主义物质文明、精神文明建设的发展以及经济体制、政治体制、科技体制和教育体制改革的逐步深入，大力发展成人教育，不断提高亿万劳动者的思想道德素质和科学文化素质，使经济和社会的发展具有更加坚实可靠的人才基础，这对于把我国建设成为高度民主、高度文明的社会主义现代化国家具有重要的战略意义。

成人教育是我国教育的重要组成部分。在整个教育事业中，它与基础教育、职业技术教育、普通高等教育同等重要。成人教育主要是对已经走上各种生产或工作岗位的从业人员进行的教育，能够直接有效地提高劳动者和工作人员的素质，从而可以直接提高经济效益和工作效率。同时，对于培养有理想、有道德、有文化、有纪律的社会主义公民，形成好学上进的社会风气，对于发扬民主、健全法制，促进安定团结，成人教育也有着直接的作用。

成人教育的主要任务是：（一）对已经走上各种岗位，以及需要转换工作岗位或重新就业的工人、农民、干部、专业技术人员和其他从业人员，进行相应的岗位培训，使他们在政治思想、职业道德、文化知识、专业技术和实际能力等方面达到本岗位的规范要求；（二）对已经走上岗位而没有受完初等、中等教育的劳动者，进行基础教育；（三）对已经在职而又达不到岗位要求的中等或高等文化程度和专业水平的人员进行相应的文化和专业教育；（四）适应社会的迅速发展和科学技术日新月异的进步，对受过高等教育的人进行继续教育；（五）为建设文明健康科学的生活方式，满足人们日益增长的精神文化生活需求，对成人开展丰富多采的社会文化和生活的教育。

我国社会主义建设的新时期，需要大量的多方面的人才。为此，党中央和国务院不仅对普通学校教育，而且对干部教育、职工教育、农民教育作出了一系列重要决策，促使成人教育事业得到了迅速恢复和很大的发展，取得了显著成绩。青壮年职工的思想政治教育和文化技术补课，初步改变了十年动乱造成的文化技术水平低下的状况；各种形式的培训和初步开展的继续教育，进一步提高了职工队伍的政治、文化、技术、业务素质。农村许多地区在继续扫除青壮年文盲的同时，开展了灵活多样的文化技术教育，对农村商品经济的发展起了积极的作用。普遍地轮训各级各类干部，为改善各级领导班子和整个干部队伍的文化、专业知识结构作出了贡献。各类成人高等、中等专业教育培养了一大批专门人才，在一定程度上满足了许多企业事业单位对专门人才的需求。我国成人教育进入了蓬勃发展的时期。

但是，必须看到，我国成人教育的基础仍然是薄弱的，很不适应社会主义现代化建设的需要。一些地方和部门的领导同志对改革、开放和两个文明建设向成人教育提出的巨大需求估计不足，缺乏预见，成人教育的重要地位和作用，还没有引起全社会的足够重视，轻视成人教育的思想仍然存在。成人教育工作中不同程度地存在着办学与社会需要脱节，学习与实际应用脱节的问题；教育思想、教育内容和教学方法不尽符合成人教育的要求和特点。现行政策规定的某些方面，不利于成人教育多样化发展，加之一些地区办学思想不够端正，出现了盲目追求文凭和高层次学历的现象。在成人教育的管理体制上，政出多门，可基层服务不够，缺乏有力的宏观指导和管理，致使各方面办学的积极性还没有得到充分的发挥和正确的引导。

要从根本上改变成人教育与社会主义现代化建设不相适应的状况，必须在提高认识的基础上，坚持一要改革二要发展的方针，使成人教育适应社会发展的需要。成人教育要从我国的国情出发，坚持直接有效地为社会主义建设服务的方向，把全面提高劳动者的素质作为根本目的，贯彻学习与工作、生产的实际需要结合，讲求实效的原则。要按照成人学习的特点，采取多种办学形式和灵活多样的教学方法，不断提高教育质量。在加强宏观管理的同时，要充分发挥各方面兴办成人教育的积极性，使成人教育事业更加健康地向前发展。

二、把开展岗位培训作为成人教育的重点

把提高从业人员本岗位需要的工作能力和生产技能作为重点，广泛地开展岗位培训，这是成人教育的一项重大改革，也是提高劳动生产率和工作效率的重要手段。要逐步做到各类从业人员走上岗位以前，都按照岗位规范的要求进行培训；走上岗位以后和转换岗位时，还要根据生产和工作中提出的新要求，经常地培训提高。岗位培训要区分不同情况提出不同要求，有计划、有步骤地展开。主要岗位的培训必须逐步规范化、制度化。

要对各级各类干部，特别是县以上领导干部进行马克思主义理论、党的路线和方针政策、现代管理理论和方法以及必备专业知识的岗位培训。在工人中，要着重抓好班组长、生产骨干、业务骨干和关键岗位人员的培训。技术工人要按岗位要求开展技术等级培训；积极开展高级技术工人、技师的系统培训和传统工艺技术的传授。农村成人教育应从农村的实际出发，适应农村经济向专业化、商品化、现代化转变的需要和农民致富的愿望，对不同地

区、不同行业、不同对象分别提出不同的培训要求。对农村基层干部、专业技术人员、乡镇企业职工，要有计划地开展岗位培训；对青壮年农民要根据产业结构调整的需要进行周期短、见效快的实用技术培训，并同科学实验、推广技术结合起来。要把初、高中毕业的在乡知识青年作为培训重点。

制定岗位规范，是开展岗位培训的前提和基础，也是劳动人事制度逐步科学化的一项重要内容。岗位规范一般应包括政治思想和职业道德、文化程度、专业知识、实际技能和工作经历等方面的要求。这项工作应组织各方面的专家和有丰富实践经验的人员进行科学论证，采取上下结合的方式，有步骤有重点地进行。

开展岗位培训，应当以行业为主，有关部门要明确分工，通力协作。中央和地方各业务主管部门要组织制订本行业、本地区指导性的总体规划和主要岗位的规范；制订指导性的培训计划、教学大纲，编写教材，提供各种教学服务，评估培训质量；要按行业分级建立岗位培训的考核机构，发挥工程技术人员、各方面专家和学术团体在考核中的作用。接受岗位培训的人员，经考核合格，由考核机构颁发岗位合格证书。为适应科学技术进步的要求，对某些重要岗位的人员，还应定期复核。岗位培训的方法要灵活多样，在职期间的培训一般应以短期为主、业余为主、自学为主。开展岗位培训要从我国目前的实际可能出发，充分利用现有的教育、科学、文化设施，各部门、各地方和各基层单位要提供必要的条件，并充分发挥其他各种社会力量的作用。

三、改革成人学校教育，提高办学效益和质量

各级各类成人学校要根据生产、工作的实际需要和成人教育的特点进行各项改革，发展不同形式的横向联合，提高质量，增进效益，更好地为社会主义建设服务。

有计划地在成人中开展与普通学校教育相应的学历教育是成人学校的一项基本任务。成人初等、中等文化教育是我国基础教育的组成部分，是进行岗位培训的前提条件，要切实搞好。成人中等专业教育要在保证质量的前提下积极发展，使高级、中级人才的比例逐步趋于合理。成人高等教育以专科教育为主，要在调整、改革、提高质量的基础上有计划地发展。农村中扫除青壮年文盲的任务还很艰巨，必须继续抓紧进行，并要把扫盲与普及初等教育、普及科学技术知识结合起来。

成人高等和中等专业学校要突破单一的培养规格，对学员实行三种证书制度。一种是达到国家对高等学校本科、专科和中等专业学校学历规格要求的毕业证书；一种是达到相应学历层次单科知识水平的单科及格证书；一种是达到岗位必需的专业文化知识水平，在本行业从事所学专业工作范围内适用的专业证书。专业证书制度要随着岗位培训的开展，经过试点，逐步实施。

成人学校要发挥多种功能。成人高等学校和中等专业学校既要办学历教育，又要办非学历教育，还可以承担函授和广播电视教育的教学辅导，有条件的还可以根据用人单位招工和录用干部的需要，招收应届高中、初中毕业生进行定向培养。职工大学、职工业余大学、管理干部学院应当利用自己同企业、行业关系紧密的有利条件，结合需要，举办高等职业技术教育，为企业事业单位培养生产、经营管理方面的专业技术人才。广播电视大学和广播电视中等专业学校覆盖面大，教学手段先进，要发挥开放性的优势，在进一步办好本科、专科、中专等学历教育的同时，积极地为岗位培训、继续教育等提供教学服务。普通高等学校要大力发展函授、夜大学。要完善和发展高等和中等专业教育自学考试制度，充实自学考试机构，逐步扩大开考专业的范围，按照社会需要调节应考者报考专业的比例。对社会力量举办的学校要加强指导和监督。职工学校要按照企业事业单位的实际需要，灵活办学。

要加强成人学校与普通学校之间，各类成人学校之间的横向联系和协作，发展多种形式的联合办学。一般以地区联合为主，也可以按系统联合。在能保证质量的各类成人高等、中等专业教育形式之间，要积极创造条件，逐步实现同一层次、同一专业的教学计划、教学内容互相沟通，学员在转学时学科成绩应相互承认。农村成人学校与农村的普通学校、职业学校应当互相沟通，也可以采取不同形式联合举办各种技术培训班或文化班。

成人学校必须贯彻理论与实践相结合的原则，根据成人学习的规律改革教学内容和教学方法，加强实践性教学环节。要根据具体条件，分别实行学年制、学分制等多种教学制度。要加强教材建设。教材要适合成人特点，注意针对性和实用性，便于成人自学。

应当鼓励和支持社会力量办学。社会力量主要应举办社会需要的各种辅导班、进修班和职业技术培训班。凡举办国家承认其毕业证书的高等和中等专业学校，必须符合国家的有关规定，并经教育部门审查批准；未经批准的学校，学生要取得国家承认的大学、中专毕业证书，应按国家关于自学考试的有关规定办理。对办学质量低劣，以办学为名，牟取私利的学校，要进行整顿，直至取缔。

四、积极开展大学后继续教育和专业培训、实践培训

大学后继续教育，对于提高专业技术人员、管理人员素质，提高我国新技术、高技术发展水平和现代化管理水平，具有极其重要的作用。

大学后继续教育的任务主要是，对具有大学专科以上学历和中级以上职称的专业技术人员和管理人员经常地进行扩展知识、提高技能的教育，以保持他们知识结构的先进性，提高他们的综合技术能力和科学管理水平，帮助他们消化、吸收先进科学技术、现代管理知识和科学技术的新成果。大学后继续教育的内容应根据不同层次人员的知识基础和实际需要，注重实用性、针对性和先进性。继续教育的方式应当灵活多样。

对新毕业的大学生要根据工作岗位的需要，进行专业培训、实践培训，扩展、补充所需的知识，打好专业技术工作的实践基础，以加快人才的成长。专业培训、实践培训和继续教育是与研究生教育相并行的、培养高级专门人才的一条基本途径。为此，应制定相应的政策和制度。

有条件的高等学校要把开展继续教育作为一项重要任务，并对新毕业大学生的专业培训、实践培训进行指导。科研机构、大型企业事业单位和学术团体等也要开展继续教育工作。各地区、各部门要认真总结经验，提出开展继续教育的具体任务、目标和重点，国家有关部门要建立和逐步完善继续教育制度。

五、制定相应的政策措施，充分调动地方和企业事业单位举办成人教育的积极性

改革和发展成人教育，需要制定和实行相应的政策措施，调动各地区、各部门、各基层单位和社会力量办学的积极性，激发广大从业人员学习的积极性，并把这些积极性引导到正确的方向。

为了增强企业事业单位举办成人教育的动力和活力，要给它们以更大的自主权。企业事业单位根据自身发展的需要，按照上级主管部门制订的指导性计划和岗位规范要求，有权确定教育培训规划、任务，制定本单位实行的岗位规范；按照国家政策和有关法规，有权制定人员培训、考核、使用和奖惩等具体规定和办法。同时，要把发展成人教育的任务列入企业厂长（经理）和机关事业单位以及县、乡（镇）行政负责人的任期目标，作为考核的重要内容。对岗位培训工作成效显著、职工队伍素质优良的企业，在确定技术引进、技术改造项目和发放贷款时应给予优先考虑。

为了推动和鼓励广大从业人员努力学习，不断提高自己的素质，要制定和改革相应的劳动人事制度和政策。要逐步建立在职人员考核制度。凡取得岗位合格证书的，表明已具备任职或继续任职的资格。今后，要首先在关键岗位实行必须取得考核合格证书才能走上工作岗位的制度。科技、管理人员通过继续教育达到中级、高级专门职务水平的，应确认其相应的职务资格。为鼓励工人安心岗位，精益求精地做好工作，应在工人中定期进行各种技术等级考核，合格者发给相应的技术等级证书。受过专业技术教育的农民，经过考核合格者，发给农民技术员、农民技师等资格证书，在发放贷款、提供良种和推广先进技术等方面给予优先安排。

为适应成人教育广泛发展的需要，中央、地方政府和有关部门都要积极创造条件，继续改进和加强卫星广播电视教育，运用它的先进技术手段和开放教育的特点，为岗位培训、成人文化专业教育、大学后继续教育以及社会文化和生活的教育提供质量较高的教育节目和声像教材。

发展成人教育，是一种周期短、见效快的智力开发，需要一定的经费和投资。从今年起，在国家预算收支科目中增列成人教育科目。地方财政在安排教育经费时，应把成人教育所需经费列入预算，并随着经济发展和财政经常性收入的增长而增长。企业职工教育经费除按规定的比例支付外，不足部分，属于企业开发新技术、研究新产品的技术培训费用，可直接在成本中列支，属于其他的职工培训费用，应在企业利润留成、包干结余和税后留利中开支；为技术开发、技术引进、技术改造项目或某个产品创优服务的培训费用（包括出国培训费用），可在项目中开支。企业职工教育经费由企业教育机构掌握使用，财务机构监督，当年用不完的允许结转。对无力单独举办职工教育的小型企业和开展职工教育很不得力的企业，业务主管部门可按隶属关系集中办学，所需经费由这些企业从职工教育经费中支付。今后城市区域建设和新建企业，都要同时规划成人教育基础设施，并列入基本建设投资项目。各部门、各地区应重点建设几个条件较好、水平较高的成人教育骨干基地。农民教育中有关扫盲、师资培训、教材编写、经验交流和表彰奖励等方面的费用，由各级教育部门在教育经费中列支。县属各类农民中等专业学校、农民技术学校的经费，由县人民政府根据财力统筹安排，有关部门仍应给予一定补助。乡（镇）农民文化技术学校的费用，由办学单位从农村教育事业费附加中提取一定的比例和采用集体自筹、收取学费、勤工俭学等办法解决。

加强成人教育的师资队伍建设。成人教育的师资队伍应以专职教师为骨干，专职与兼职相结合。要从社会的各个方面动员和争取更多热爱成人教育的同志参与成人教育的工作。有条件的科技人员和管理人员，可以定期同专职教师轮换。国家每年分配一定数量的大学、中专毕业生充实成人学校的教师队伍。普通高等学校要按国家每年下达的计划指标，为成人学校定向培养一定数量的师资。对成人学校教师应进行教育学等方面的业务培训。成人学校教师应有机会到学术水平较高的学校进修。要办好成人教育学院并通过广播电视、函授等多种教育形式提高在职教师的业务水平。致力于成人教育的教师，应与普通学校教师一样受到全社会的尊重。成人学校的专职教师在职务聘任、晋级、调升工资、分配住房、奖励和生活福利等方面，应与普通学校教师的待遇相同；企业职工教育专职教师也可以与企业科室技术人员的待遇相同；乡（镇）成人教育专职干部应与农村普通中学或中心小学校长的待遇相同。对兼职教师，要给予合理的报酬。要建立奖励制度，对成绩显著的单位和个人进行表彰。

六、加强宏观管理，积极为基层服务

成人教育是涉及全社会的事业，范围广大，门类繁多，形式多样，必须充分发挥各地区、各部门和社会各方面力量的积极性，实行多渠道办学。这就要求成人教育的管理体制与普通学校教育有所不同。要把发展成人教育的责任和权力交给地方和基层单位，给予充分的主动权。要让地方和基层单位能够从各自的实际情况出发，实事求是地制定规划、确定目标、任务和实施步骤。中央各部门要加强宏观指导和必要的监督检查，克服政出多门、行政干预过多的弊端，积极扎实地为基层服务。

在国务院领导下，由国家教育委员会负责并会同有关部门制定成人教育工作的方针政策和法规，协调国务院各部委有关成人教育的工作，掌管国家认定的各类学历规格标准，审批成人高等学校的设置。国务院各部委负责管理各自职能范围内的成人教育工作，制定培训要求，搞好编写教材、培训师资、交流经验、提供信息等各项服务。

省、自治区、直辖市人民政府对本地区成人教育要加强领导，健全和充实成人教育的管理机构，协调各有关方面的工作，做好宏观管理。要健全和充实省以下各级成人教育管理机构，切实加强对成人教育的具体指导和管理。县人民政府应当对本县的基础教育、职工技术教育和成人教育统筹兼顾，充分发挥各方面的积极作用。教育部门的农村成人教育机构和专职人员要相应地健全和充实。

工会组织要积极参与职工教育的有关管理工作，维护职工的学习权利和相应的待遇，办好工会系统的职工学校。共青团、妇联和科协等学术团体，都要在自己的职能范围内，继续积极做好成人教育工作。要发挥各民主党派、社会组织、集体经济单位和知识分子、离退休干部的积极性，按照党和政府的方针政策，为发展我国成人教育事业贡献力量。

□国家教育委员会关于社会力量办学的若干暂行规定

(1987年7月8日)

第1条　根据《中华人民共和国宪法》第19条，为鼓励和支持社会力量办学，加强宏观管理，促进其健康发展，特制定本规定。

第2条　本规定所称社会力量，是指具有法人资格的国家企业事业组织、民主党派、人民团体、集体经济组织、社会团体、学术团体，以及经国家批准的私人办学者。

第3条　社会力量办学是我国教育事业的组成部分，是国家办学的补充。各级人民政府及教育行政部门应鼓励和支持社会力量举办各种教育事业，维护学校正当权益，保护办学积极性，在条件允许的情况下，尽力帮助解决办学中存在的困难，对办学成绩卓著者给予表彰和奖励。

第4条　社会力量办学须坚持四项基本原则，坚持为社会主义物质文明和精神文明建设服务，遵守政府法令，执行国家有关教育的方针政策，接受地方人民政府及其教育行政部门的领导和管理。

第5条 社会力量办学应遵循教育规律，量力而行，扬长避短，注重质量，讲求实效。应结合本地区经济建设和社会发展的实际需要，主要开展各种类型的短期职业技术教育，岗位培训，中、小学师资培训，基础教育，社会文化和生活教育，举办自学考试的辅导学校（班）和继续教育的进修班。

第6条 社会力量举办具有颁发国家承认学历证书资格的各级各类学校，应按照国家颁布学校设置的有关规定办理；举办其他学校（包括班、培训部等，下同)，均应按本规定办理。

第7条 凡申请办学的单位，均须由其上级主管部门出具同意办学的证明；在职人员申请办学，须经所在单位批准，并出具同意办学的证明；非在职人员申请办学，须经当地街道办事处、乡（镇）人民政府出具同意办学的证明。出具同意办学证明的部门或单位，应对所属办学单位或个人的办学方向、宗旨以及办学负责人的政治思想、道德品质、业务能力等方面进行认真审核，出具书面审核材料。

第8条 社会力量办学均须根据学校的类别、层次，按审批权限，经有关教育行政部门批准，未经批准不得办学。教育行政部门应根据本规定和当地的有关规定以及办学单位的申报材料，对拟办学校的办学方向、宗旨、条件、招生区域、教师、教材等进行审核。

第9条 社会力量举办学校的名称，应体现其类别、层次，须名副其实。

第10条 经批准举办的学校，变更其名称、类别、层次、专业，更换举办单位或举办人，改变隶属关系或停办，均须按原审批程序办理。

第11条 社会力量办学聘请在职人员作兼职教师或兼职行政工作人员，须经受聘人所在单位批准，并与受聘人所在单位及受聘人签订聘约或合同。

第12条 社会力量办学应面向学校所在地区招生。确需跨省、自治区、直辖市招生或设教学管理机构的，除应经学校所在地的省级教育行政部门同意外，还须经所涉及地区的省级教育行政部门批准。

第13条 社会力量办学的招生广告，须经批准办学的教育行政部门审查，出具证明，方可刊登、播放、张贴。

第14条 社会力量举办的未取得颁发国家学历证书资格的各级各类学校，不得颁发毕业证书。学生学习结束后，可由学校发给“结业证明”，注明所学课程内容和各科考试成绩，学校校长须在“结业证明”上签字，以对学生的学习成绩负责；学生要取得国家承认的大学、中专毕业证书，可按自学考试的有关规定办理。

第15条 社会力量办学的经费自行筹集。学校可向学员收取合理金额的学杂费，但不得以办学为名非法牟利。收费标准和办法由省、自治区、直辖市教育行政部门会同有关部门共同制定。

第16条 社会力量举办学校的全部收入以及固定资产，归学校所有。学校须建立健全财务管理制度，坚持财务公开、勤俭办学的原则，严格遵守国家财经纪律，接受财政、银行、审计、教育等有关部门的监督和检查。

第17条 社会力量办学接受外资以及与国外联合办学问题，按照国家有关规定办理。

第18条 学校停办时，除按原审批办学程序办理注销手续外，应及时进行财物清理，并由举办单位及办学负责人，在当地人民政府及教育行政部门的领导下，处理各项善后工作。

第19条 办学的单位或公民，必须对学校工作全面负责，认真执行本规定。如违反本规定，由当地教育行政部门责令其改正，直至停办。

第 20 条　各省、自治区、直辖市教育行政部门可根据本规定，结合本地区实际情况，制订具体的管理办法，报省级人民政府批准后实行。

第 21 条　本规定由国家教育委员会负责解释。

第 22 条　本规定自发布之日起施行。

□国家教育委员会、国家科学技术委员会、国家经济委员会、劳动人事部、财政部、中国科学技术协会关于开展大学后继续教育的暂行规定

（1987 年 12 月 15 日）

第 1 条　为适应社会主义现代化建设和社会发展对人才素质的要求，逐步建立和完善大学后继续教育制度，特制定本规定。

第 2 条　大学后继续教育的对象是已具有大学专科以上学历或中级以上专业技术职务的在职专业技术人员和管理人员，重点是中、青年骨干。

第 3 条　大学后继续教育的任务是使受教育者的知识和能力得到扩展、加深和提高，使其结构趋于合理，水平保持先进，以更好地满足岗位、职务的需要，促进我国科技进步、经济繁荣和社会发展。

第 4 条　接受适当的继续教育是专业技术人员、管理人员的权利和义务，是他们大学后进修提高的主要途径。

第 5 条　大学后继续教育应贯彻面向现代化、面向世界、面向未来的方针，坚持按需施教，学以致用，讲求实效，直接有效地为社会主义建设服务。

第 6 条　大学后继续教育是成人教育的重要组成部分。各地区、各部门必须加强领导，统筹规划，依靠各方面力量，多种渠道、多种层次、多种形式开展继续教育。

第 7 条　企业、高等学校、科学研究机构既是需要开展大学后继续教育的重点单位，又是实施这一教育的主要基地。各级科学技术协会和有条件的学术团体也应发挥各自的优势，积极开展大学后继续教育活动。

第 8 条　有条件的高等学校要把开展对校内人员和为社会服务的大学后继续教育作为一项重要任务，作为学校联系社会、服务社会和促进教育改革的重要途径。

第 9 条　在科学研究机构和企业，大学后继续教育应紧密结合科研课题、技术改造、新技术应用、新成果推广、新产品开发和管理现代化进行。

第 10 条　鼓励企业、高等学校、科学研究机构及学术团体以提高继续教育的效益和质量为目的，实行各种形式的联合办学，提倡有计划、有组织的委托办学，建立生产、科研、教学相结合的协作关系。

第 11 条　大学后继续教育的内容和课程设置必须根据不同岗位、不同层次人员的知识基础和实际需要确定，以世界科学技术发展中有关的新理论、新技术、新方法为重点，注重针对性、实用性、科学性、先进性。

第 12 条　大学后继续教育应当以短期培训、业余学习为主。教学方式要灵活多样，可采用开班面授、专题研讨、实地指导、辅导自修、电视、声像和函授等多种形式实施。

第 13 条　大学后继续教育要保证质量，注重效益。各办学单位须建立和健全管理机构和制度；精心设计教学计划和教学大纲；配备（含聘请）业务水平较高的师资；编选相应的教材、教学资料；提供实施各教学环节所必需的教学条件。应对

办学质量和效益及时进行必要的追踪调查。

第 14 条 办学单位可向学员颁发与学习内容相符的学习证明。学习证明须开列所学课程名称、教学时数和考核成绩。颁发与任职资格有关的证明，须按有关规定和程序经上级有关主管部门审批。办学单位对各种学习证明的发放应严格管理。

第 15 条 各地区、各部门教育主管部门应组织力量对办学单位的教学工作和教学质量进行督促检查和组织评估，尽可能帮助解决办学中的实际困难，对办学成绩显著的单位给予表彰、奖励。

第 16 条 企业事业单位应把开展继续教育工作作为提高本单位技术和管理素质的重要途径，并在制度上予以保证。主管部门应将企业事业单位开展继续教育的水平作为考核企业事业素质的指标之一。

第 17 条 有条件的单位根据需要和可能，依照中共中央办公厅、国务院办公厅关于转发《科学技术干部管理工作试行条例》的通知的有关规定，逐步实行专业技术人员、管理人员的脱产进修制度。进修时间可集中使用，也可分散使用。进修期间工资和其它福利待遇应参照原教育部、国家劳动总局（79）教工农字 021 号、劳总薪字 176 号文件的有关规定执行。参加学习人员应认真完成学习任务，学习结束后应向所在单位提交学习证明。

第 18 条 教育、科技、经济和劳动人事部门应密切配合，逐步建立和完善继续教育的考核制度，把进修、考核和使用结合起来。单位应将参加大学后继续教育人员的情况和学习成绩记入本人的业务档案，作为聘任和晋职的重要依据之一。

第 19 条 办学所需经费实行多渠道、多途径筹集。接受委托办学的单位可向委托单位合理收取费用。收费标准可参照原教育部、国家计委、财政部（84）教计字 110 号文件的有关规定。

第 20 条 高等学校担任大学后继续教育工作的教师和管理人员，其职务评定、聘任等待遇应与其他教师和管理人员相同；教师担任大学后继续教育课程应计入教学工作量；企业办学单位专职教师的待遇或与学校教师相同或与企业科室技术人员相同。办学单位对兼职教师和其他兼职工作人员应根据所承担的任务给予合理的报酬。对继续教育工作成绩显著者，应给予表彰、奖励。

第 21 条 企业用于继续教育的经费在职工教育经费和企业利润留成、包干结余、税后留利中开支；其不足部分，属于企业开发新技术、研究新产品的技术培训费用可直接在成本中列支，为技术开发、技术引进、技术改造项目或某个产品创优服务的培训费（包括出国培训费）可在本项目中开支。

第 22 条 高等学校开展大学后继续教育经费的管理办法，按国家教委、财政部《关于高等学校财务管理改革实施办法的通知》〔（86）教计字 162 号〕及国家教委、财政部、劳动人事部《关于高等学校教师校外兼课酬金和教学工作量超额酬金的规定》〔（86）教计字 124 号〕的有关规定执行。

第 23 条 各地区、各部门应积极开展大学后继续教育的科学研究工作。在充分利用好现有培训基地的前提下，有计划、有步骤地安排或建立大学后继续教育基地和网点并重点建设好若干骨干基地，作为掌握社会需求、组织办学、交流信息、开展研究的中心。有条件的大、中型企业可建立继续教育中心，或在现有的培训基地内设立专门的继续教育机构。

第 24 条 各地区、各部门可根据本规定，结合各自实际情况，制订有关规定和实施办法。

第 25 条 本规定由国家教育委员会负责解释。

第 26 条　本规定自发布之日起施行。

荣文珂　　整理
郝维谦　　审阅

1987 年全国普通高等学校一览表

学校名称	主管部门	地址
北京市		
北京大学	国家教育委员会	北京市海淀区篓斗桥
中国人民大学	国家教育委员会	北京市海淀区海淀路
北京联合大学	北京市	北京市海淀区花园北路
清华大学	国家教育委员会	北京市海淀区清华园
北方交通大学	铁道部	北京市西直门外上园村
北京工业大学	北京市	北京市东郊九龙山
北京航空学院	航空工业部	北京市海淀区学院路
北京工业学院	国家机械委员会	北京市海淀区白石桥路
北京钢铁学院	冶金工业部	北京市海淀区学院路
北方工业大学	中国有色金属工业总公司	北京市石景山区西黄村
北京化工学院	化学工业部	北京市安定门外和平街
北京轻工业学院	轻工业部	北京市海淀区阜成路
北京化纤工学院	纺织工业部	北京市安定门外和平街
北京邮电学院	邮电部	北京市海淀区学院路
北京农业工程大学	农牧渔业部	北京市海淀区清华东路
北京印刷学院	文化部	北京市大兴县黄村镇
北京建筑工程学院	北京市	北京市西城区展览路
北京石油化工专科学校	中国石油化工总公司	北京市燕山区凤凰亭
北京电子专科学校	中央办公厅	北京市永定路
北京气象学院	国家气象局	北京市海淀区白石桥路
北京水利电力经济管理学院	水利电力部	北京市定福庄
北京信息工程学院	电子工业部	北京市德胜门外苇子坑
北京计算机学院	北京市	北京市海淀区西三环北路
北京机械工业管理学院	国家机械工业委员会	北京市海淀区清河
北京电力专科学校	水利电力部	北京市西外北下关
北京农业大学	农牧渔业部	北京市圆明园东路
北京农学院	北京市	北京市德胜门外朱辛庄
北京林业大学	林业部	北京市海淀区肖庄

学校名称	主管部门	地址
北京市		
中国协和医科大学	卫生部	北京市东单三条
北京医科大学	卫生部	北京市海淀区学院路
首都医学院	北京市	北京市右安门外霍道口
北京中医学院	卫生部	北京市和平街北口
北京针灸学院	卫生部	北京东直门内北新仓
北京师范大学	国家教育委员会	北京市新街口外北太平庄
北京师范学院	北京市	北京市海淀区车公庄西路
北京体育师范学院	北京市	北京市海淀区北环西路
北京外国语学院	国家教育委员会	北京市海淀区苏州街
北京第二外国语学院	国家旅游局	北京市朝阳区定福庄
北京语言学院	国家教育委员会	北京市海淀区学院路
北京广播学院	广播电影电视部	北京市朝阳区定福庄
中国新闻学院	新华通讯社	北京市海淀区肖家河正黄旗甲一号
中国青年政治学院	团中央	北京市海淀区
北京青年政治学院	北京市	北京市西三环北路
中央财政金融学院	财政部	北京市西直门外学院南路
北京商学院	商业部	北京市海淀区阜成路
对外贸易经济大学	对外贸易经济部	北京市安定门外惠中庵
北京物资学院	国家物资局	北京市通县邓家窑
北京经济学院	北京市	北京市朝阳门外红庙
北京财贸学院	北京市	北京市宣武区枣林前街
中国金融学院	中国人民银行	北京市朝阳区惠新里
外交学院	外交部	北京市西城区展览路
中国人民公安大学	公安部	北京市复兴门外木樨地
国际关系学院	国家教育委员会	北京市海淀区坡上村
中国政法大学	司法部	北京市海淀区学院路
中国人民警官大学	公安部	北京市大兴县团河路
北京体育学院	国家体育运动委员会	北京市圆明园东路
中央工艺美术学院	轻工业部	北京市东环路
中央音乐学院	文化部	北京市新文化街鲍家街
中国音乐学院	文化部	北京市西城区前海西街
中央美术学院	文化部	北京市东城区校尉胡同
中央戏剧学院	文化部	北京市东城区棉花胡同
中国戏曲学院	文化部	北京市宣武区里仁街
北京电影学院	文化部	北京市德胜门外朱辛庄
北京舞蹈学院	文化部	北京市宣武区陶然亭路
中央民族学院	国家民族事务委员会	北京市海淀区白石桥路

学校名称	主管部门	地址
北京市		
北京职业大学	北京市	北京市崇文区
海淀走读大学	北京市	北京市海淀区万泉河路
天津市		
南开大学	国家教育委员会	天津市南开区八里台
天津大学	国家教育委员会	天津市南开区七里台
天津轻工业学院	轻工业部	天津市河西区灰堆
天津纺织工学院	纺织工业部	天津市河东区程林庄路
中国民用航空学院	中国民用航空局	天津市张贵庄机场
天津理工学院	天津市	天津市南开区王顶堤
天津农学院	天津市	天津市西郊区津杨公路
天津医学院	天津市	天津市和平区气象台路
天津中医学院	天津市	天津市南开区万德庄
天津第二医学院	天津市	天津市河西区广东路
天津师范大学	天津市	天津市河西区八里台
天津职业技术师范学院	劳动人事部	天津市河西区灰堆东
天津师范专科学校	天津市	天津市河西区大沽南路
天津外国语学院	天津市	天津市河西区马场道
天津商学院	商业部	天津市北郊区津霸公路东
天津财经学院	天津市	天津市河西区灰堆
天津对外贸易学院	对外经济贸易部	天津市南开区王顶堤
天津体育学院	天津市	天津市西郊区李七庄
天津音乐学院	天津市	天津市河东区十一经路
天津美术学院	天津市	天津市河北区天纬路
天津职业大学	天津市	天津市河北区志路
河北省		
河北大学	河北省	河北省保定市合作路
河北煤炭建筑工程学院	煤炭工业部	河北省邯郸市光明路
河北地质学院	地质矿产部	河北省张家口市宣化区
华北水利水电学院	水利电力部	河北省邯郸市中华路
华北电力学院	水利电力部	河北省保定市青年路
石家庄铁道学院	铁道部	河北省石家庄市北环东路
华北航天工业学院	航天工业部	河北省廊坊市
石家庄邮电专科学校	邮电部	河北省石家庄市范西路
河北工学院	河北省	天津市红桥区丁字沽
唐山工程技术学院	河北省	河北省唐山市新华西区
河北化工学院	河北省	河北省石家庄市裕华路
河北机电学院	河北省	河北省石家庄市新华西路
河北建筑工程学院	河北省	河北省张家口市建国路

学校名称	主管部门	地址
河北省		
河北水专科学校	河北省	河北省沧州市西环路
河北农业大学	河北省	河北省保定市南关史庄街
张家口农业专科学校	河北省	河北省宣化县沙岭子镇
河北林学院	河北省	河北省保定市油田路
河北医学院	河北省	河北省石家庄市长安路
华北煤炭医学院	煤炭工业部	河北省唐山市建设路
河北中医学院	河北省	河北省石家庄市新石南路
张家口医学院	河北省	河北省张家口市长青路
承德医学院	河北省	河北省承德市翠桥路
河北师范大学	河北省	河北省石家庄市裕华路
河北师范学院	河北省	河北省石家庄市红旗大街
河北农业技术师范学院	河北省	河北省昌黎县城东关
保定师范专科学校	河北省	河北省保定市省印路
张家口师范专科学校	河北省	河北省张家口市五一路
承德师范专科学校	河北省	河北省承德市南菜园路
唐山师范专科学校	河北省	河北唐山市建设路
廊坊师范专科学校	河北省	河北省廊坊市吴华道
衡水师范专科学校	河北省	河北省衡水前磨头南
石家庄师范专科学校	河北省	河北省石家庄市正定路
邯郸师范专科学校	河北省	河北省邯郸市北关
邢台师范专科学校	河北省	河北省邢台市北关外
沧州师范专科学校	河北省	河北省沧州市运河区
河北财经学院	河北省	河北省石家庄市红旗大街
河北商业专科学校	河北省	河北省石家庄市槐北中学
保定金融专科学校	中国人民银行	河北省保定市前卫路
河北体育学院	河北省	河北省石家庄市五七路
唐山大学	河北省	河北省唐山市建设路
邯郸大学	河北省	河北省邯郸市渚河路
保定职业大学	河北省	河北省保定市五七路
石家庄大学	河北省	河北省石家庄市新华西路
石家庄工业职业大学	河北省	河北省获鹿县
衡水职业大学	河北省	河北省衡水市人民路
张家口大学	河北省	河北省张家口市西豁子街
承德大学	河北省	河北省承德市小佟沟

学校名称	主管部门	地址
山西省		
山西大学	山西省	山西省太原市坞城路
太原重型机械学院	国家机械工业委员会	山西省太原市窊流路
太原机械学院	国家机械工业委员会	山西省太原市上兰村
山西矿业学院	煤炭工业部	山西省太原市迎泽西大街
太原工业大学	山西省	山西省太原市迎泽西大街
山西农业大学	山西省	山西省太谷县
山西临汾地区农业专科学校	山西省	山西省临汾市解放东路
山西医学院	山西省	山西省太原市新建南路
大同医学专科学校	山西省	山西省大同市红卫路
长治医学院	山西省	山西省长治市延安路
山西师范大学	山西省	山西省临汾市
太原师范专科学校	山西省	山西省太原市候家巷
雁北师范专科学校	山西省	山西省大同市御河桥东
晋中师范专科学校	山西省	山西省榆次市
晋东南师范专科学校	山西省	山西省长治市北郊
运城师范专科学校	山西省	山西省运城市东街
忻州师范专科学校	山西省	山西省忻州市七一路
吕梁师范专科学校	山西省	山西省离石县
临汾师范专科学校	山西省	山西省临汾市古楼南大街
山西财经学院	商业部	山西省太原市南内环街
山西经济管理学院	山西省	山西省太原市坞城南路
山西财政税务专科学校	山西省	山西省太原市河西下元移村南街
太原大学	山西省	山西省太原市坝陵桥南街
云中大学	山西省	山西省大同市新建南路
内蒙古自治区		
内蒙古大学	内蒙古自治区	内蒙古呼和浩特市新城区
包头钢铁学院	冶金工业部	内蒙古包头市昆都仑区
内蒙古工学院	内蒙古自治区	内蒙古呼和浩特市茂尼路
内蒙古农牧学院	内蒙古自治区	内蒙古呼和浩特市
哲里木畜牧学院	内蒙古自治区	内蒙古通辽市霍林河大街
内蒙古林学院	内蒙古自治区	内蒙古呼和浩特市新城区
内蒙古医学院	内蒙古自治区	内蒙古呼和浩特市新华街
包头医学院	内蒙古自治区	内蒙古包头市钢铁大街
内蒙古蒙医学院	内蒙古自治区	内蒙古通辽市
内蒙古师范大学	内蒙古自治区	内蒙古呼和浩特市新城区
内蒙古民族师范学院	内蒙古自治区	内蒙古通辽市
包头师范专科学校	内蒙古自治区	内蒙古包头市青山区

学校名称	主管部门	地址
内蒙古自治区		
昭乌达蒙族师范专科学校	内蒙古自治区	内蒙古赤峰市红山区
海拉尔师范专科学校	内蒙古自治区	内蒙古海拉尔市河东
乌兰察布盟师范专科学校	内蒙古自治区	内蒙古集宁市
内蒙古财经学院	内蒙古自治区	内蒙古呼和浩特市海拉尔路
青山大学	内蒙古自治区	内蒙古呼和浩特市八里庄
丰州联合大学	内蒙古自治区	内蒙古呼和浩特市
河套大学	内蒙古自治区	内蒙古临河市
辽宁省		
辽宁大学	辽宁省	辽宁省沈阳市皇姑区崇山西路
大连大学	辽宁省	辽宁省大连市西岗区
大连工学院	国家教育委员会	辽宁省大连市滦金村
沈阳工业大学	国家机械工业委员会	辽宁省沈阳市铁西区兴华路
沈阳航空工业学院	航空工业部	辽宁省沈阳市黄河大街
沈阳工业学院	国家机械工业委员会	辽宁省沈阳市沈河区文化路
东北工学院	冶金工业部	辽宁省沈阳市和平区文化路
鞍山钢铁学院	冶金工业部	辽宁省鞍山市铁东区
阜新矿业学院	煤炭工业部	辽宁省阜新市中华路
抚顺石油学院	中国石油化工总公司	辽宁省抚顺市望花区
沈阳化工学院	化学工业部	辽宁省沈阳市铁西区
大连铁道学院	铁道部	辽宁省大连市沙河口区
大连海运学院	交通部	辽宁省大连市凌水桥
大连轻工业学院	轻工业部	辽宁省大连市甘井子区
沈阳建筑工程学院	城乡建设环境保护部	辽宁省沈阳市东陵区文化路
锦州工学院	辽宁省	辽宁省锦州市古塔区
沈阳黄金专科学校	冶金工业部	辽宁省沈阳市东陵区文化路
沈阳冶金机械专科学校	冶金工业部	辽宁省沈阳市大东区望花街
本溪冶金专科学校	冶金工业部	辽宁省本溪市张家堡
辽阳石油化工专科学校	中国石油化工总公司	辽宁省辽阳市宏伟区学院路
沈阳电力专科学校	东北电业管理局	辽宁省沈阳市皇姑区长江街
沈阳农业大学	农牧渔业部	辽宁省沈阳市东陵区
大连水产学院	农牧渔业部	辽宁省大连市黑石礁村
熊岳农业专科学校	辽宁省	辽宁省盖县熊岳镇
中国医科大学	卫生部	辽宁省沈阳市和平区南京街
锦州医学院	辽宁省	辽宁省锦州市乐安街
大连医学院	辽宁省	辽宁省大连市星海三站
辽宁中医学院	辽宁省	辽宁省沈阳市北陵大街
沈阳药学院	国家医药管理局	辽宁省沈阳市沈河区文化路
沈阳医学院	辽宁省	辽宁省沈阳市黄河大街

学校名称	主管部门	地址
辽宁省		
辽宁师范大学	辽宁省	辽宁省大连市沙河口区
沈阳师范学院	辽宁省	辽宁省沈阳市黄河大街
锦州师范学院	辽宁省	辽宁省锦州市凌河区
鞍山师范专科学校	辽宁省	辽宁省鞍山市铁东区东长甸
丹东师范专科学校	辽宁省	辽宁省丹东市振安区
朝阳师范专科学校	辽宁省	辽宁省朝阳市文化区
抚顺师范专科学校	辽宁省	辽宁省抚顺市新抚区
锦州师范专科学校	辽宁省	辽宁省锦州市北马家洼子
营口师范专科学校	辽宁省	辽宁省营口市渤海大街
铁岭师范专科学校	辽宁省	辽宁省铁岭市红旗街
辽阳师范专科学校	辽宁省	辽宁省辽阳市铁西路
阜新师范专科学校	辽宁省	辽宁省阜新市海州区
本溪师范专科学校	辽宁省	辽宁省本溪市明山区
辽宁外语师范专科学校	辽宁省	辽宁省辽阳市青年街
大连外国语学院	辽宁省	辽宁省大连市中山区
东北财经大学	财政部	辽宁省大连市沙河口区尖山街
辽宁商业专科学校	辽宁省	辽宁省锦州市西郊太和区
沈阳税务专科学校	辽宁省	辽宁省沈阳市
中国刑事警察学院	公安部	辽宁省沈阳市皇姑区后塔湾街
辽宁警官专科学校	辽宁省	辽宁省大连市刘家桥
沈阳体育学院	国家体育运动委员会	辽宁省沈阳市皇姑区泰山路
沈阳音乐学院	辽宁省	辽宁省沈阳市和平区三好街
鲁迅美术学院	辽宁省	辽宁省沈阳市和平区三好街
沈阳大学	辽宁省	辽宁省沈阳市大东区
鞍山大学	辽宁省	辽宁省鞍山市郊汪泉峪
抚顺大学	辽宁省	辽宁省抚顺市新抚区
丹东大学	辽宁省	辽宁省丹东市振安区
锦州大学	辽宁省	辽宁省锦州市师专学校内
营口大学	辽宁省	辽宁省营口市站前
辽阳大学	辽宁省	辽宁省辽阳市南郊西三里
本溪大学	辽宁省	辽宁省本溪市平山区
沈阳财经学院	辽宁省	辽宁省沈阳市北陵大街
沈阳农业大学	辽宁省	辽宁省沈阳市黄河大街
大连经济管理学院	辽宁省	辽宁省大连市甘井子区南关岭镇
吉林省		
吉林大学	国家教育委员会	吉林省长春市解放大路
延边大学	吉林省	吉林省延吉市

学校名称	主管部门	地址
吉林省		
长春大学	吉林省	吉林省长春市卫星路
吉林工业大学	国家机械工业委员会	吉林省长春市斯大林大街
长春光学精密机械学院	国家机械工业委员会	吉林省长春市卫星路
长春地质学院	地质矿产部	吉林省长春市地质宫
东北电力学院	水利电力部	吉林省吉林市长春路
长春邮电学院	邮电部	吉林省长春市南湖大路
吉林工学院	吉林省	吉林省长春市延安路
吉林建筑工程学院	吉林省	吉林省长春市红旗街
吉林化工学院	吉林省	吉林省吉林市龙潭区
吉林粮油食品专科学校	吉林省	吉林省长春市西安大路
长春冶金地质专科学校	冶金工业部	吉林省长春市团志街
长春汽车工业高等专科学校	中国汽车工业联合会	吉林省长春市第一汽车厂内
长春建筑专科学校	中国有色金属工业总公司	吉林省长春市红旗街
吉林电气化专科学校	中国有色金属工业总公司	吉林省吉林市龙潭区
东北水电专科学校	水利电力部	吉林省长春市宽平七路
吉林农业大学	吉林省	吉林省长春市南关区
延边农学院	吉林省	吉林省龙井县
吉林农垦特产专科学校	吉林省	吉林省吉林市左家特区
吉林林学院	吉林省	吉林省吉林市江南街
白求恩医科大学	卫生部	吉林省长春市新民大街
吉林医学院	吉林省	吉林省吉林市北京路
延边医学院	吉林省	吉林省延吉市
长春中医学院	吉林省	吉林省长春市工农大路
东北师范大学	国家教育委员会	吉林省长春市斯大林大街
吉林师范学院	吉林省	吉林省吉林市江南街
通化师范学院	吉林省	吉林省通化市老站街
四平师范学院	吉林省	吉林省四平市铁西区
吉林职业师范学院	吉林省	吉林省长春市凯旋路
长春师范学院	中国有色金属工业总公司	吉林省长春市吉长公路
白城师范专科学校	吉林省	吉林省白城市中兴路
延边师范专科学校	吉林省	吉林省延吉市
吉林财贸学院	吉林省	吉林省长春市斯大林大街
长春金融专科学校	中国人民银行	吉林省长春市斯大林大街
吉林公安专科学校	吉林省	吉林省长春市红旗街
吉林体育学院	吉林省	吉林省长春市自由大路
吉林艺术学院	吉林省	吉林省长春市自由大路

学校名称	主管部门	地址
吉林省		
吉林市联合大学	吉林省	吉林省吉林市吉林大街
四平职业大学	吉林省	吉林省四平市铁西区
黑龙江省		
黑龙江大学	黑龙江省	黑龙江省哈尔滨市学府路
哈尔滨工业大学	航天工业部	黑龙江省哈尔滨市西大直街
哈尔滨科学技术大学	国家机械工业委员会	黑龙江省哈尔滨市学府路
哈尔滨电工学院	国家机械工业委员会	黑龙江省哈尔滨市大庆路
东北重型机械学院	国家机械工业委员会	黑龙江省齐齐哈尔市富拉尔基区
哈尔滨船舶工程学院	中国船舶工业总公司	黑龙江省哈尔滨市夫庙街
哈尔滨建筑工程学院	城乡建设环境保护部	黑龙江省哈尔滨市西大直街
黑龙江矿业学院	煤炭工业部	黑龙江省鸡西市鸡冠区
大庆石油学院	石油工业部	黑龙江省安达市
齐齐哈尔轻工学院	黑龙江省	黑龙江省齐齐哈尔市文化街
佳木斯工学院	黑龙江省	黑龙江省佳木斯市西南岗
黑龙江水利专科学校	黑龙江省	黑龙江省哈尔滨市学府路
哈尔滨机电专科学校	国家机械工业委员会	黑龙江省哈尔滨市新阳路
哈尔滨冶金测量专科学校	冶金工业部	黑龙江省哈尔滨市中山路
黑龙江八一农垦大学	黑龙江省	黑龙江省密山县裴德镇
东北农学院	黑龙江省	黑龙江省哈尔滨市香坊区
东北林业大学	林业部	黑龙江省哈尔滨市和兴路
哈尔滨医科大学	黑龙江省	黑龙江省哈尔滨市学府路
佳木斯医学院	黑龙江省	黑龙江省佳木斯市德祥街
黑龙江中医学院	黑龙江省	黑龙江省哈尔滨市和平路
牡丹江医学院	黑龙江省	黑龙江省牡丹江市通乡街
齐齐哈尔医学院	黑龙江省	黑龙江省齐齐哈尔市富拉尔基
哈尔滨师范大学	黑龙江省	黑龙江省哈尔滨市和兴路
齐齐哈尔师范学院	黑龙江省	黑龙江省齐齐哈尔市西虹桥
牡丹江师范学院	黑龙江省	黑龙江省宁安县东京城镇
哈尔滨师范专科学校	黑龙江省	黑龙江省哈尔滨市和兴路
大庆师范专科学校	黑龙江省	黑龙江省大庆市中央大街
绥化师范专科学校	黑龙江省	黑龙江省绥化市
佳木斯师范专科学校	黑龙江省	黑龙江省佳木斯市西南岗
克山师范专科学校	黑龙江省	黑龙江省克山县西街
呼兰师范专科学校	黑龙江省	黑龙江省呼兰县呼兰镇
黑龙江农垦师范专科学校	黑龙江省	黑龙江省阿城县
黑龙江商学院	商业部	黑龙江省哈尔滨市通达街
黑龙江财政专科学校	黑龙江省	黑龙江省哈尔滨市工农大街
哈尔滨金融专科学校	中国人民银行	黑龙江省哈尔滨市香坊区

学校名称	主管部门	地址
黑龙江省		
哈尔滨投资专科学校	中国人民建设银行	黑龙江省哈尔滨市南岗区
哈尔滨体育学院	黑龙江省	黑龙江省哈尔滨市大成街
哈尔滨大学	黑龙江省	黑龙江省哈尔滨市道外区
牡丹江大学	黑龙江省	黑龙江省牡丹江市通乡街
佳木斯大学	黑龙江省	黑龙江省佳木斯市四丰路
鸡西大学	黑龙江省	黑龙江省鸡西市鸡冠区
黑龙江省交通专科学校	黑龙江省	黑龙江省哈尔滨市大平区东直路
上海市		
复旦大学	国家教育委员会	上海市邯郸路
上海大学	上海市	上海市新闸路
同济大学	国家教育委员会	上海市四平路
上海交通大学	国家教育委员会	上海市华山路
上海工业大学	上海市	上海市闸北区延长路
上海科学技术大学	上海市	上海市嘉定县南门
华东化工学院	国家教育委员会	上海市梅陇路
上海机械学院	国家机械工业委员会	上海市军工路
上海铁道学院	铁道部	上海市真南路
上海海运学院	交通部	上海市浦东大道
中国纺织大学	纺织工业部	上海市延安西路
上海电力学院	水利电力部	上海市平凉路
上海建筑材料工业学院	国家建筑材料工业局	上海市江湾武东路
上海冶金专科学校	上海市	上海市漕宝路
上海轻工业专科学校	上海市	上海市邯郸路
上海化学工业专科学校	上海市	上海市徐汇区漕宝路
上海纺织工业专科学校	上海市	上海市长宁区长宁路
上海医疗器械工业专科学校	国家医药管理局	上海市杨浦区靖宇中路
上海石油化工专科学校	中国石油化工总公司	上海市金山县
上海科技专科学校	上海市	上海市嘉定县东门
上海工程技术大学	上海市	上海市仙霞路
上海城市建设学院	上海市	上海市杨浦区赤峰路
上海机械专科学校	国家机械工业委员会	上海市徐汇区复兴中路
上海第二冶金专科学校	上海市	上海市宝山区同济支路
上海电机制造专科学校	上海市	上海市闵行江川路
上海农学院	上海市	上海市上海县七宝镇
上海水产大学	农牧渔业部	上海市军工路
上海医科大学	卫生部	上海市医学院路
上海第二医科大学	上海市	上海市卢湾区重庆南路

学校名称	主管部门	地址
上海市		
上海铁道医学院	铁道部	上海市闸北区共和新路
上海中医学院	上海市	上海市徐汇区零陵路
上海奉贤医学专科学校	上海市	上海市奉贤县南桥
华东师范大学	国家教育委员会	上海市中山北路
上海师范大学	上海市	上海市徐汇区桂林路
上海技术师范学院	上海市	上海市奉贤县新院
上海师范专科学校	上海市	上海市制造局路
上海幼儿师范专科学校	上海市	上海市宝山路
上海外国语学院	国家教育委员会	上海市体育会路
上海财经大学	财政部	上海市虹口区中山北路
上海对外贸易学院	对外经济贸易部	上海市古北路
上海海关专科学校	海关总署	上海市徐汇区汾阳路
上海旅游专科学校	上海市	上海市奉贤县奉城东门港
立信会计专科学校	上海市	上海市中山西路
华东政法学院	司法部	上海市万航渡路
上海公安专科学校	上海市	上海市哈密路
上海法律专科学校	上海市	上海市青浦野马浜
上海体育学院	国家体育运动委员会	上海市杨浦区清源环路
上海音乐学院	文化部	上海市汾阳路
上海戏剧学院	文化部	上海市静安区华山路
江苏省		
南京大学	国家教育委员会	江苏省南京市汉口路
苏州大学	江苏省	江苏省苏州市十梓街
南京工学院	国家教育委员会	江苏省南京市四牌楼
南京航空学院	航空工业部	江苏省南京市御道街
华东工学院	国家机械工业委员会	江苏省南京市孝陵卫
镇江船舶学院	中国船舶工业总公司	江苏省镇江市环城路
中国矿业学院	煤炭工业部	江苏省徐州市
南京化工学院	化学工业部	江苏省南京市新模范马路
江苏化工学院	江苏省	江苏省常州市机场路
南京邮电学院	邮电部	江苏省南京市广东路
河海大学	水利电力部	江苏省南京市西康路
无锡轻工业学院	轻工业部	江苏省无锡市惠河路
苏州丝绸工学院	纺织工业部	江苏省苏州市相门路
南京建筑工程学院	城乡建设环境保护部	江苏省南京市中山北路
江苏工学院	国家机械工业委员会	江苏省镇江市东郊
南京气象学院	国家气象局	江苏省南京市浦口区
南京化工动力专科学校	化学工业部	江苏省南京市太平门外

学校名称	主管部门	地址
江苏省		
连云港化学矿业专科学校	化学工业部	江苏省连云港市
南京航务工程专科学校	交通部	江苏省南京市长江路后街
南通纺织工学院	江苏省	江苏省南通市易家桥东
盐城工业专科学校	江苏省	江苏省盐城市人民中路
扬州工业专科学校	江苏省	江苏省扬州市迎新路
苏州城市建设环境保护学院	城乡建设环境保护部	江苏省苏州市枫桥江枫园
淮阴工业专科学校	江苏省	江苏省淮阳市北京北路
南京机械专科学校	国家机械工业委员会	江苏省南京市童家山
江苏水利工程专科学校	江苏省	江苏省扬州市迎新路
南京电力专科学校	水利电力部	江苏省南京市北京西路
南京农业大学	农牧渔业部	江苏省南京市中山门外卫岗
江苏农学院	江苏省	江苏省扬州市西郊
苏州蚕桑专科学校	江苏省	江苏省吴县浒墅关镇
南京林业大学	林业部	江苏省南京市龙蟠路
苏州医学院	核工业部	江苏省苏州市人民路
南通医学院	交通部	江苏省南通市启秀路
南京医学院	江苏省	江苏省南京市汉中路
徐州医学院	江苏省	江苏省徐州市淮海西路
南京铁道医学院	铁道部	江苏省南京市丁家桥路
南京中医学院	江苏省	江苏省南京市汉中路
中国药科大学	国家医药管理局	江苏省南京市童家巷
镇江医学院	江苏省	江苏省镇江市医政路
扬州医学院	江苏省	江苏省扬州市淮海路
南京师范大学	江苏省	江苏省南京市宁海路
徐州师范学院	江苏省	江苏省徐州市和平路
扬州师范学院	江苏省	江苏省扬州市西郊
苏州铁道师范学院	铁道部	江苏省苏州市人民路
淮阴师范专科学校	江苏省	江苏省淮阴市师专路
盐城师范专科学校	江苏省	江苏省盐城市建军东路
南通师范专科学校	江苏省	江苏省南通市三里墩
镇江师范专科学校	江苏省	江苏省镇江市正东路
苏州师范专科学校	江苏省	江苏省常熟市翁府前街
徐州师范专科学校	江苏省	江苏省徐州市南郊
南京师范专科学校	江苏省	江苏省南京市唐山路
南京粮食经济学院	商业部	江苏省南京市福建路
江苏商业专科学校	江苏省	江苏省扬州市盐阜东路
南京审计学院	江苏省	江苏省南京市凤凰西街
江苏公安专科学校	江苏省	江苏省南京市安德门

学校名称	主管部门	地址
江苏省		
南京体育学院	江苏省	江苏省南京市孝陵卫
南京艺术学院	江苏省	江苏省南京市虎踞北路
南京市金陵职业大学	江苏省	江苏省南京市白下路
连云港职业大学	江苏省	江苏省连云港市新浦苍梧路
镇江市职业大学	江苏省	江苏省镇江市健康路
南通职业大学	江苏省	江苏省南通市五一桥
彭城职业大学	江苏省	江苏省徐州市南郊翟山
苏州市职业大学	江苏省	江苏省苏州市乌鹊桥吏舍弄
常州工业技术学院	江苏省	江苏省常州市周家巷
江南大学	江苏省	江苏省无锡市梁溪路
南京能源工程学院	江苏省	江苏省南京市蒋王庙
沙洲职业工学院	江苏省	江苏省张家港市工农西路
常熟职业大学	江苏省	江苏省常熟市元和路
南京农业专科学校	江苏省	江苏省南京市中央门外晓庄
盐城职业大学	江苏省	江苏省盐城市黄海中路
扬州市职业大学	江苏省	江苏省扬州市老虎山路
浙江省		
杭州大学	浙江省	浙江省杭州市天目山路
宁波大学	浙江省	浙江省宁波市半路张
浙江大学	国家教育委员会	浙江省杭州市玉泉
杭州电子工业学院	电子工业部	浙江省杭州市文一路
浙江工学院	浙江省	浙江省杭州市朝晖六区
浙江丝绸工学院	纺织工业部	浙江省杭州市文一路
中国计量学院	国家计量局	浙江省杭州市教工三路
浙江水利水电专科学校	浙江省	浙江省杭州市清泰门外
浙江农业大学	浙江省	浙江省杭州市华家池
浙江水产学院	浙江省	浙江省普陀县平阳浦
浙江林学院	浙江省	浙江省临安县城
浙江医科大学	浙江省	浙江省杭州市延安路
温州医学院	浙江省	浙江省温州市
浙江中医学院	浙江省	浙江省杭州市庆春街
浙江师范大学	浙江省	浙江省金华市北山路
杭州师范学院	浙江省	浙江省杭州市文一路
湖州师范专科学校	浙江省	浙江省湖州市人民路
宁波师范学院	浙江省	浙江省宁波市三官堂
绍兴师范专科学校	浙江省	浙江省绍兴市和畅堂
台州师范专科学校	浙江省	浙江省临海县城关镇
温州师范学院	浙江省	浙江省温州市胜昔桥

学校名称	主管部门	地址
浙江省		
丽水师范专科学校	浙江省	浙江省丽水县三岩寺
浙江农村技术师范专科学校	浙江省	浙江省鄞县丘隘回龙桥
舟山师范专科学校	浙江省	浙江省定海县城关镇
浙江广播电视专科学校	广播电影电视部	浙江省杭州市拱宸桥
杭州商学院	商业部	浙江省杭州市教工路
浙江冶金经济专科学校	中国有色金属工业总公司	浙江省嘉兴市
浙江财经学院	浙江省	浙江省杭州市文一路
浙江公安专科学校	浙江省	浙江省杭州市教三路
浙江政法专科学校	浙江省	浙江省杭州市文一路
浙江美术学院	文化部	浙江省杭州市南山路
浙大附属杭州高等专科学校	浙江省	浙江省杭州市教三路
宁波高等专科学校	浙江省	浙江省宁波市后河巷
温州大学	浙江省	浙江省温州市学院路
浙江农大杭州农业专科学校	浙江省	浙江省杭州市凯旋路华家池
嘉兴高等专科学校	浙江省	浙江省嘉兴市文昌路
绍兴高等专科学校	浙江省	浙江省绍兴市和畅堂
安徽省		
安徽大学	安徽省	安徽省合肥市合作化路
中国科学技术大学	中国科学院	安徽省合肥市金寨路
合肥工业大学	国家机械工业委员会	安徽省合肥市屯溪路
华东冶金学院	冶金工业部	安徽省马鞍山市湖东路
淮南矿业学院	煤炭工业部	安徽省淮南市洞山
安徽工学院	国家机械工业委员会	安徽省合肥市六安路
安徽机电学院	安徽省	安徽省芜湖市神山
安徽建筑工业学院	安徽省	安徽省合肥市南七里站
蚌埠食品工业专科学校	安徽省	安徽省蚌埠市涂山路
安徽农学院	安徽省	安徽省合肥市蜀山路
皖南农学院	安徽省	安徽省宣城县
安徽医学院	安徽省	安徽省合肥市梅山路
蚌埠医学院	安徽省	安徽省蚌埠市治淮路
皖南医学院	安徽省	安徽省芜湖市铁山
安徽中医学院	安徽省	安徽省合肥市梅山路
华东煤炭医学专科学校	煤炭工业部	安徽省淮南市
安徽师范大学	安徽省	安徽省芜湖市赭山南麓
阜阳师范学院	安徽省	安徽省阜阳市西清河畔
安庆师范学院	安徽省	安徽省安庆市菱湖南路
淮北煤炭师范学院	煤炭工业部	安徽省淮北市相山区

学校名称	主管部门	地址
安徽省		
芜湖师范专科学校	安徽省	安徽省芜湖市郊大盛铺
徽州师范专科学校	安徽省	安徽省屯溪市
六安师范专科学校	安徽省	安徽省六安市老淠河西
滁州师范专科学校	安徽省	安徽省滁州市瑯玡山东麓
宿州师范专科学校	安徽省	安徽省宿州市汴河路
巢湖师范专科学校	安徽省	安徽省巢州市半汤镇
淮南师范专科学校	安徽省	安徽省淮南市洞山
池州师范专科学校	安徽省	安徽省贵池县城
安徽财贸学院	安徽省	安徽省蚌埠市宏业村
马鞍山商业专科学校	安徽省	安徽省马鞍山市马向路
铜陵财经专科学校	安徽省	安徽省铜陵市石城路
合肥联合大学	安徽省	安徽省合肥市黄山路
合肥外语专科学校	安徽省	安徽省合肥市青年路
芜湖联合大学	安徽省	安徽省芜湖市状元坊
马鞍山联合大学	安徽省	安徽省马鞍山市湖东路
淮南联合大学	安徽省	安徽省淮南市田家巷
蚌埠联合大学	安徽省	安徽省蚌埠市东风四街
皖西联合大学	安徽省	安徽省六安市梅山新村
福建省		
厦门大学	国家教育委员会	福建省厦门市思明南路
华侨大学	国务院侨务办公室	福建省泉州市城东
福州大学	福建省	福建省福州市工业路
集美航海专科学校	交通部	福建省厦门市集美镇
福建建筑工程专科学校	福建省	福建省福州市仓山区
福建农学院	福建省	福建省福州市金山
厦门水产学院	农牧渔业部	福建省厦门市集美镇
福建林学院	福建省	福建省南平市西芹
福建医学院	福建省	福建省福州市茶亭交通路
福建中医学院	福建省	福建省福州市五四北路
福建师范大学	福建省	福建省福州市仓山区
漳州师范学院	福建省	福建省漳州市县前直街
福州师范专科学校	福建省	福建省福州市六一路王庄
集美师范专科学校	福建省	福建省厦门市集美镇
南平师范专科学校	福建省	福建省南平市官沙田
宁德师范专科学校	福建省	福建省宁德县
泉州师范专科学校	福建省	福建省泉州市顶埔
三明师范专科学校	福建省	福建省三明市列东
龙岩师范专科学校	福建省	福建省龙岩市凤凰隔

学校名称	主管部门	地址
福建省		
福建商业专科学校	福建省	福建省福州市螺洲杜圆
集美财政专科学校	福建省	福建省厦门市集美镇
福建公安专科学校	福建省	福建省福州市仓山区
福建体育学院	福建省	福建省厦门市集美镇
鹭江职业大学	福建省	福建省厦门市蜂巢山
三明职业大学	福建省	福建省三明市荆东
漳州职业大学	福建省	福建省漳州市大通北路
闽西职业大学	福建省	福建省龙岩市
闽江职业大学	福建省	福建省福州市工业路
黎明职业大学	福建省	福建省泉州市中山北路
闽东职业大学	福建省	福建省宁德县城关
南平职业大学	福建省	福建省南平市官沙田
兴化职业大学	福建省	福建省莆田市
华南女子职业学院	福建省	福建省福州市仓山烟台山
厦门职业经济学院	福建省	福建省厦门市鼓浪屿
福建中华职业大学	福建省	福建省福州市福马路
江西省		
江西大学	江西省	江西省南昌市北京路
华东交通大学	铁道部	江西省南昌市双港
华东地质学院	核工业部	江西省抚州市
南昌航空工业学院	航空工业部	江西省南昌市上海路
江西冶金学院	中国有色金属工业总公司	江西省赣州市
景德镇陶瓷学院	轻工业部	江西省景德镇市东郊新厂
江西工业大学	江西省	江西省南昌市北京路
江西水利专科学校	水电部	江西省南昌市北京路
江西农业大学	江西省	江西省南昌市梅岭下
宜春农业专科学校	江西省	江西省宜春市林桥
江西医学院	江西省	江西省南昌市八一大道
江西中医学院	江西省	江西省南昌市八一大道
赣南医学专科学校	江西省	江西省赣州市青年路
宜春医学专科学校	江西省	江西省宜春市中山西路
九江医学专科学校	江西省	江西省九江市浔阳东路
江西师范大学	江西省	江西省南昌市北京路
九江师范专科学校	江西省	江西省九江市三里街
上饶师范专科学校	江西省	江西省上饶市茅家岭
宜春师范专科学校	江西省	江西省宜春市北门环城北
赣南师范学院	江西省	江西省赣州市红旗大道
吉安师范专科学校	江西省	江西省吉安市井岗山大桥东

学校名称	主管部门	地址
江西省		
抚州师范专科学校	江西省	江西省抚州市羊城路
南昌职业技术师范学院	江西省	江西省南昌市下罗
江西财经学院	财政部	江西省南昌市下罗
江西公安专科学校	江西省	江西省南昌市青云谱区岱山
南昌职业大学	江西省	江西省南昌市抚河桥西
九江职业大学	江西省	江西省九江市
抚州职业大学	江西省	江西省南城县
共青职业大学	江西省	江西省德安县
新余职业大学	江西省	江西省新余市
山东省		
山东大学	国家教育委员会	山东省济南市洪楼
青岛大学	山东省	山东省青岛市南区京山路
烟台大学	山东省	山东省烟台市清泉寨
山东海洋学院	国家教育委员会	山东省青岛市鱼山路
山东矿业学院	煤炭工业部	山东省泰安市
华东石油学院	石油工业部	山东省东营市
青岛化工学院	化学工业部	山东省青岛市郑州路
山东建材工业学院	国家建筑材料工业局	山东省淄博市白虎山路
山东工业大学	山东省	山东省济南市经十路
青岛建筑工程学院	冶金工业部	山东省青岛市抚顺路
山东建筑工程学院	山东省	山东省济南市和平路
山东轻工业学院	山东省	山东省济南市黄台北路
山东纺织工学院	山东省	山东省青岛市抚顺路
山东农业机械化学院	山东省	山东省淄博市张店区
山东水利专科学校	山东省	山东省泰安市文化路
山东农业大学	山东省	山东省泰安市
莱阳农学院	山东省	山东省莱阳市城东小河口
山东医科大学	卫生部	山东省济南市文化西路
青岛医学院	山东省	山东省青岛市黄台路
昌潍医学院	山东省	山东省潍坊市胜利大街
泰山医学院	山东省	山东省泰安市泰山西路
滨州医学院	山东省	山东省滨州市
山东中医学院	山东省	山东省济南市经十路
临沂医学专科学校	山东省	山东省临沂市
济宁医学院	山东省	山东省济宁市建设路
菏泽医学专科学校	山东省	山东省菏泽市西城区
山东师范大学	山东省	山东省济南市文化东路
曲阜师范大学	山东省	山东省曲阜市

学校名称	主管部门	地址
山东省		
聊城师范学院	山东省	山东省聊城市文化路
德州师范专科学校	山东省	山东省德州市三八路
滨州师范专科学校	山东省	山东省滨州市黄河三路
昌潍师范专科学校	山东省	山东省潍坊市胜利大街
烟台师范学院	山东省	山东省烟台市南郊
临沂师范专科学校	山东省	山东省临沂市
泰安师范专科学校	山东省	山东省泰安市文化二路
济宁师范专科学校	山东省	山东省济宁市红星路
菏泽师范专科学校	山东省	山东省菏泽市北郊
济南师范专科学校	山东省	山东省济南市舜耕路
青岛师范专科学校	山东省	山东省青岛市广饶路
淄博师范专科学校	山东省	山东省淄博市红旗路
枣庄师范专科学校	山东省	山东省枣庄市北郊郭村
胜利油田师范专科学校	石油工业部	山东省东营市
山东经济学院	山东省	山东省济南市燕子山东侧
山东公安专科学校	山东省	山东省济南市文化东路
山东体育学院	山东省	山东省济南市文化西路
山东艺术学院	山东省	山东省济南市文化东路
济南职业大学	山东省	山东省济南市径五路
潍坊职业大学	山东省	山东省潍坊市跃进路
济南交通高等专科学校	交通部	山东省济南市交校路
河南省		
郑州大学	河南省	河南省郑州市大学路
黄河大学	河南省	河南省郑州市北郊
焦作矿业学院	煤炭工业部	河南省焦作市解放路
郑州工学院	化学工业部	河南省郑州市文化路
郑州轻工业学院	轻工业部	河南省郑州市东风路
郑州粮食学院	商业部	河南省郑州市嵩山路
洛阳工学院	国家机械工业委员会	河南省洛阳市西苑路
郑州纺织工学院	纺织工业部	河南省郑州市中原路
郑州机械专科学校	国家机械工业委员会	河南省郑州市中原路
河南机电专科学校	河南省	河南省新乡市北干道东段
洛阳建筑材料工业专科学校	国家建筑材料工业局	河南省洛阳市长江东路
河南纺织工业专科学校	河南省	河南省郑州市桐柏路
河南农业大学	河南省	河南省郑州市文化路
豫西农业专科学校	河南省	河南省新安县
郑州畜牧兽医专科学校	河南省	河南省郑州市北郊东风桥
河南豫南农业专科学校	河南省	河南省信阳市三里店

学校名称	主管部门	地址
河南省		
河南医科大学	河南省	河南省郑州市大学路
河南中医学院	河南省	河南省郑州市金水路
新乡医学院	河南省	河南省新乡市东郊
开封医学专科学校	河南省	河南省开封市前营门街
洛阳医学专科学校	河南省	河南省洛阳市涧西区
河南大学	河南省	河南省开封市明住街
河南职业技术师范学院	河南省	河南省辉县城西
河南师范大学	河南省	河南省新乡市牧野村
信阳师范学院	河南省	河南省信阳市潭山宝
周口师范专科学校	河南省	河南省周口市七一路东
安阳师范专科学校	河南省	河南省安阳市南环城路
许昌师范专科学校	河南省	河南省许昌市文化路
南阳师范专科学校	河南省	河南省南阳市卧龙岗
洛阳师范专科学校	河南省	河南省洛阳市安乐窝
商丘师范专科学校	河南省	河南省商丘市文化路
新乡师范专科学校	河南省	河南省新乡市文化路
开封师范专科学校	河南省	河南省开封市中山路北
驻马店师范专科学校	河南省	河南省驻马店市文化路西
平顶山师范专科学校	河南省	河南省平顶山市建设路西
河南财经学院	河南省	河南省郑州市文化路
郑州航空工业管理学院	航空工业部	河南省郑州市金海大道
河南商业专科学校	河南省	河南省郑州市
河南省财政税务专科学校	河南省	河南省郑州市农业路
河南体育技术专科学校	河南省	河南省郑州市农业路
中州大学	河南省	河南省郑州市航海路
开封大学	河南省	河南省开封市向阳路
洛阳大学	河南省	河南省洛阳市唐宫西路
平原大学	河南省	河南省新乡市平原路
安阳大学	河南省	河南省安阳市铁西北路
焦作市职业大学	河南省	河南省焦作市民主北路
张仲景国医大学	河南省	河南省南阳市卧龙岗
湖北省		
武汉大学	国家教育委员会	湖北省武汉市武昌路珈山
湖北大学	湖北省	湖北省武汉市武昌宝积庵
华中理工大学	国家教育委员会	湖北省武汉市武昌关山口
武汉钢铁学院	冶金工业部	湖北省武汉市武昌任家路
江汉石油学院	石油工业部	湖北省江陵县
武汉化工学院	化学工业部	湖北省武汉市武昌鲁家巷

学校名称	主管部门	地址
湖北省		
中国地质大学	地质矿产部	湖北省武汉市武昌喻家山
葛洲坝水电工程学院	水利电力部	湖北省宜昌市望洲岗
武汉水利电力学院	水利电力部	湖北省武汉市武昌珞珈山
武汉水运工程学院	交通部	湖北省武汉市武昌余家头
武汉纺织工学院	纺织工业部	湖北省武汉市武昌关山
武汉粮食工业学院	商业部	湖北省武汉市汉口顺通街
武汉工业大学	国家建筑材料工业局	湖北省武汉市武昌马房山
武汉测绘科技大学	国家测绘局	湖北省武汉市武昌珞瑜路
武汉工学院	中国汽车工业联合会	湖北省武汉市武昌马房山
湖北工学院	湖北省	湖北省武汉市武昌南湖
武汉城市建设学院	城乡建设环境保护部	湖北省武汉市武昌许家山
武汉河运专科学校	交通部	湖北省武昌和平大道
湖北汽车工业学院	中国汽车工业联合会	湖北省十堰市
武汉冶金建筑专科学校	冶金工业部	湖北省武昌洪山石牌岭
华中农业大学	农牧渔业部	湖北省武汉市武昌狮子山
同济医科大学	卫生部	湖北省武汉市汉口航空路
湖北医学院	湖北省	湖北省武汉市武昌高家湾
湖北中医学院	湖北省	湖北省武汉市武昌云架桥
宜昌医学专科学校	湖北省	湖北省宜昌市汉宜路
恩施医学专科学校	湖北省	湖北省恩施市老鹰坝
武汉冶金医学专科学校	冶金工业部	湖北省武汉市武昌青山区
湖北省药检专科学校	湖北省	湖北省武汉市武昌紫阳路
华中师范大学	国家教育委员会	湖北省武汉市武昌桂子山
湖北师范学院	湖北省	湖北省黄石市沈家营
黄冈师范专科学校	湖北省	湖北省鄂州市黄州区
荆州师范专科学校	湖北省	湖北省江陵县城关镇
宜昌师范专科学校	湖北省	湖北省宜昌市东山大道
恩施师范专科学校	湖北省	湖北省恩施市上桥坝
郧阳师范专科学校	湖北省	湖北省丹江口市
襄阳师范专科学校	湖北省	湖北省襄樊市隆中
孝感师范专科学校	湖北省	湖北省孝感市北门外
咸宁师范专科学校	湖北省	湖北省咸宁市西河桥外
中南财经大学	财政部	湖北省武汉市武昌武珞路
湖北金融专科学校	中国人民银行	湖北省武汉市昌荆南街
中南政法学院	司法部	湖北省武汉市武昌
湖北省公安专科学校	湖北省	湖北省汉口解放大道
武汉体育学院	国家体育运动委员会	湖北省武汉市武昌卓刀泉
武汉音乐学院	湖北省	湖北省武汉市武昌解放路

学校名称	主管部门	地址
湖北省		
湖北美术学院	湖北省	湖北省武汉市武昌华中村
中南民族学院	国家民族事务委员会	湖北省武汉市武昌民族路
江汉大学	湖北省	湖北省武汉市汉口赵家条
黄石职业大学	湖北省	湖北省黄石市龚培堪
沙市职业大学	湖北省	湖北省沙市市长港路
宜昌职业大学	湖北省	湖北省宜昌市北山坡
襄樊职业大学	湖北省	湖北省襄樊市建华路
十堰职业大学	湖北省	湖北省十堰市三堰
鄂州职业大学	湖北省	湖北省鄂州市鄂城区
荆门职业大学	湖北省	湖北省荆门市象山大道
随州职业大学	湖北省	湖北省随州市
武汉商业服务学院	湖北省	湖北省武汉市汉阳区墨水湖路
湖南省		
湘潭大学	湖南省	湖南省湘潭市西郊羊牯塘
吉首大学	湖南省	湖南省吉首市大田湾
湖南大学	国家机械工业委员会	湖南省长沙市岳麓山
中南工业大学	中国有色金属工业总公司	湖南省长沙市岳麓山
湘潭矿业学院	煤炭工业部	湖南省湘潭市
长沙铁道学院	铁道部	湖南省长沙市韶山路
长沙交通学院	交通部	湖南省长沙市南郊涂家冲
衡阳工学院	核工业部	湖南省衡阳市汽车西站
湘潭机电专科学校	国家机械工业委员会	湖南省湘潭市下摄司
长沙有色金属专科学校	中国有色金属工业总公司	湖南省长沙市岳麓山南路
湖南计算机专科学校	湖南省	湖南省长沙市岳麓山
湖南城市建设专科学校	湖南省	湖南省益阳市金银山
湖南建材工业专科学校	湖南省	湖南省衡阳市雷公塘
湖南轻工业专科学校	湖南省	湖南省长沙市扫把塘
湖南邵阳工业专科学校	湖南省	湖南省邵阳市北塔资州
湖南纺织专科学校	湖南省	湖南省湘潭市宝塔岭
株州大学	中国包装总公司	湖南省株州市
湖南农学院	湖南省	湖南省长沙市东郊东湖
中南林学院	林业部	湖南省株洲市樟树下
湖南医学院	卫生部	湖南省长沙北区反帝路
衡阳医学院	湖南省	湖南省衡阳市学院西村
湖南中医学院	湖南省	湖南省长沙市韶山路砂子塘
长沙水利电力师范学院	水利电力部	湖南省长沙市南郊金盆岭
湖南师范大学	湖南省	湖南省长沙市岳麓山
湘潭师范学院	湖南省	湖南省湘潭市城正街

学校名称	主管部门	地址
湖南省		
岳阳师范专科学校	湖南省	湖南省岳阳市奇家岭
郴州师范专科学校	湖南省	湖南省郴州市白鹿洞
衡阳师范专科学校	湖南省	湖南省衡阳市小塘村
邵阳师范专科学校	湖南省	湖南省邵阳市李子园
怀化师范专科学校	湖南省	湖南省怀化市
常德师范专科学校	湖南省	湖南省常德市三岔路
益阳师范专科学校	湖南省	湖南省益阳市迎丰桥
零陵师范专科学校	湖南省	湖南省永州市杨梓塘
娄底师范专科学校	湖南省	湖南省娄底市育才路
长沙职业技术师范专科学校	湖南省	湖南省长沙市南郊井湾子
湖南财经学院	中国人民银行	湖南省长沙市石佳冲
湖南商业专科学校	湖南省	湖南省长沙市河西三叉矶
湖南税务专科学校	湖南省	湖南省长沙市洞井铺黄木桥
湖南财经专科学校	湖南省	湖南省长沙市河西望城坡
湖南公安专科学校	湖南省	湖南省长沙市西区谭家冲
长沙大学	湖南省	湖南省长沙市熙宁街
岳阳大学	湖南省	湖南省岳阳市南湖大道
湖南科技大学	湖南省	湖南省长沙市井湾子
湖南女子职业大学	湖南省	湖南省长沙市井湾子
广东省		
中山大学	国家教育委员会	广东省广州市新港路
暨南大学	国务院侨务办公室	广东省广州市石牌
汕头大学	广东省	广东省汕头市鮀浦
海南大学	广东省	广东省海口市
深圳大学	广东省	广东省深圳市南头区
五邑大学	广东省	广东省江门市
华南工学院	国家教育委员会	广东省广州市石牌
广东工学院	广东省	广东省广州市东风东路
广东机械学院	广东省	广东省广州市五山街
广东省建筑工程专科学校	广东省	广东省广州市沙河
广东石油化工专科学校	中国石油化工总公司	广东省茂名市
华南农业大学	农牧渔业部	广东省广州市石牌
华南热带作物学院	农牧渔业部	广东省海南儋县宝岛新村
湛江水产学院	农牧渔业部	广东省湛江市霞山区
仲恺农业技术学院	广东省	广东省广州市河南纺织路
湛江农业专科学校	广东省	广东省湛江市霞山区湖光岩
佛山兽医专科学校	广东省	广东省南海县大沥仙溪湖
中山医科大学	卫生部	广东省广州市中山二路

学校名称	主管部门	地址
广东省		
广州医学院	广东省	广东省广州市东风西路
湛江医学院	广东省	广东省湛江市霞山区文明路
广州中医学院	卫生部	广东省广州市三元里国际路
广东医药学院	广东省	广东省广州市宝岗街
华南师范大学	广东省	广东省广州市石牌
广州师范学院	广东省	广东省广州市桂花岗
海南师范学院	广东省	广东省琼山县府城镇
韶关师范专科学校	广东省	广东省韶关市大塘路
惠阳师范专科学校	广东省	广东省惠州市韦湖书院
韩山师范专科学校	广东省	广东省潮州市桥东
雷州师范专科学校	广东省	广东省湛江市赤坎区
肇庆师范专科学校	广东省	广东省肇庆市东岗
佛山师范专科学校	广东省	广东省佛山市弼塘
嘉应师范专科学校	广东省	广东省梅州市饶公桥
海南自治州师范专科学校	广东省	广东省海南岛通什镇
深圳师范专科学校	广东省	广东省深圳市泥岗西路
广州师范专科学校	广东省	广东省广州市天河区龙眼洞
广州外国语学院	国家教育委员会	广东省广州市北郊黄婆洞
广州对外贸易学院	对外经济贸易部	广东省广州市北郊大朗
广东商学院	广东省	广东省广州市河南新滘赤沙
广州金融专科学校	中国人民银行	广东省广州市沙河龙眼洞
广州体育学院	广东省	广东省广州市广州大道
广州美术学院	广东省	广东省广州市昌岗东路
星海音乐学院	广东省	广东省广州市先烈东横路
广东民族学院	广东省	广东省广州市石牌桂岗
广州大学	广东省	广东省广州市小北下塘
韶关大学	广东省	广东省韶关市韩家山
嘉应大学	广东省	广东省梅州市梅子岗
西江大学	广东省	广东省肇庆市东岗
佛山大学	广东省	广东省佛山市弼塘
广西壮族自治区		
广西大学	广西壮族自治区	广西南宁市西乡塘路
广西工学院	广西壮族自治区	广西柳州市
桂林电子工业学院	电子工业部	广西桂林市六合路
桂林冶金地质学院	中国有色金属工业总公司	广西桂林市屏风山
广西农学院	广西壮族自治区	广西南宁市徐州路
广西医学院	广西壮族自治区	广西南宁市桃源路
右江民族医学院	广西壮族自治区	广西百色市

学校名称	主管部门	地址
广西壮族自治区		
广西中医学院	广西壮族自治区	广西南宁市明秀路
桂林医学院	广西壮族自治区	广西桂林市乐群路
广西师范大学	广西壮族自治区	广西桂林市王城
广西师范学院	广西壮族自治区	广西南宁市明秀路
南宁师范专科学校	广西壮族自治区	广西龙州县城
河池师范专科学校	广西壮族自治区	广西宜山县庆远镇
玉林师范专科学校	广西壮族自治区	广西玉林市东郊场
右江民族师范专科学校	广西壮族自治区	广西百色市
柳州师范专科学校	广西壮族自治区	广西柳州市沙塘郊区
广西商业专科学校	广西壮族自治区	广西南宁市五里亭
广西财政专科学校	广西壮族自治区	广西南宁市沈阳路
广西体育专科学校	广西壮族自治区	广西南宁市中华路
广西艺术学院	广西壮族自治区	广西南宁市教育路
广西民族学院	广西壮族自治区	广西南宁市西乡塘
南宁职业大学	广西壮族自治区	广西南宁市中华路
邕江大学	广西壮族自治区	广西南宁市浦庙
四川省		
四川大学	国家教育委员会	四川省成都市望江楼
渝州大学	四川省	四川省重庆市江北区董家溪
重庆大学	国家教育委员会	四川省重庆市沙正街
成都科学技术大学	国家教育委员会	四川省成都市新南路
西南交通大学	铁道部	四川省峨眉县
成都电讯工程学院	电子工业部	四川省成都市东郊建设路
西南石油学院	石油工业部	四川省南充市石油东路
成都地质学院	地质矿产部	四川省成都市东北郊
重庆邮电学院	邮电部	四川省重庆市南岸区
重庆交通学院	交通部	四川省重庆市大黄路
四川建材工业学院	国家建筑材料工业局	四川省绵阳市青义坝
重庆建筑工程学院	城乡建设环境保护部	四川省重庆市沙坪坝
成都气象学院	国家气象局	四川省成都市人民南路
四川轻化工学院	四川省	四川省自贡市邓关镇黄坡岭
四川工业学院	四川省	四川省成都市郫县
中国民航飞行专科学校	中国民用航空局	四川省广汉县
重庆建筑专科学校	中国建筑工程公司	四川省重庆市渝碚路
重庆钢铁专科学校	冶金工业部	四川省重庆市扬家坪
四川烹饪专科学校	商业部	四川省成都市卧牛巷
成都纺织专科学校	四川省	四川省成都市三瓦窑
西南农业大学	农牧渔业部	四川省重庆市北碚区

学校名称	主管部门	地址
四川省		
四川农业大学	四川省	四川省雅安市
四川畜牧兽医学院	四川省	四川省荣昌县昌元镇
西昌农业专科学校	四川省	四川省西昌市
绵阳农业专科学校	四川省	四川省绵阳市西山观
华西医科大学	卫生部	四川省成都市
重庆医科大学	四川省	四川省重庆市沙坪坝区
泸州医学院	四川省	四川省泸州市忠山
成都中医学院	四川省	四川省成都市新罗路
川北医学院	四川省	四川省南充市莲花池畔
西南师范大学	国家教育委员会	四川省重庆市北碚
四川师范大学	四川省	四川省成都市东城区
重庆师范学院	四川省	四川省重庆市天陈路
南充师范学院	四川省	四川省南充市人民北路
绵阳师范专科学校	四川省	四川省绵阳市仙鱼桥
内江师范专科学校	四川省	四川省内江市桐梓坝
宜宾师范专科学校	四川省	四川省宜宾市李庄
重庆师范专科学校	四川省	四川省永川县石脚乡
万县师范专科学校	四川省	四川省万县市吊岩坪
达县师范专科学校	四川省	四川省达县市南坝
西昌师范专科学校	四川省	四川省西昌市新村
阿坝师范专科学校	四川省	四川省汶川县威州镇
涪陵师范专科学校	四川省	四川省涪陵市城关镇
成都师范专科学校	四川省	四川省彭县南街
乐山师范专科学校	四川省	四川省乐山市西湖塘
自贡师范专科学校	四川省	四川省自贡市自井区
康定民族师范专科学校	四川省	四川省康定县
四川外语学院	四川省	四川省重庆烈士墓
西南财经大学	中国人民银行	四川省成都市外西光华村
四川商业专科学校	四川省	四川省成都市东郊跳蹬河
重庆工业管理学院	国家机械工业委员会	四川省重庆市杨家坪
西南政法学院	司法部	四川省重庆市沙坪坝区
成都体育学院	国家体育运动委员会	四川省成都市体育学院路
四川音乐学院	四川省	四川省成都市新南门外
四川美术学院	四川省	四川省重庆市九龙波区
西南民族学院	国家民族事务委员会	四川省成都市青龙村
成都大学	四川省	四川省成都市人民北路
樊枝花大学	四川省	四川省渡口市炳草岗
凉山大学	四川省	四川省西昌市川兴镇

学校名称	主管部门	地址
贵州省		
贵州大学	贵州省	贵州省贵阳市花溪区
贵州工学院	贵州省	贵州省贵阳市蔡家关
贵州省建筑专科学校	贵州省	贵州省贵阳市花果园
贵州农学院	贵州省	贵州省贵阳市花溪区
贵阳医学院	贵州省	贵州省贵阳市北京路
遵义医学院	贵州省	贵州省遵义市外环路
贵阳中医学院	贵州省	贵州省贵阳市市东路
黔南民族医学专科学校	贵州省	贵州省都匀市黔医路
贵州师范大学	贵州省	贵州省贵阳市外环东路
遵义师范专科学校	贵州省	贵州省遵义市汇川坝
铜仁师范专科学校	贵州省	贵州省铜仁县城关北门外
黔西南民族师范专科学校	贵州省	贵州省凯里市
安顺师范专科学校	贵州省	贵州省安顺市西郊娄家坡
毕节师范专科学校	贵州省	贵州省毕节县
黔东南民族师范专科学校	贵州省	贵州省凯里市
黔南民族师范专科学校	贵州省	贵州省都匀市
贵阳师范专科学校	贵州省	贵州省贵阳市马王庙
六盘水师范专科学校	贵州省	贵州省水城市朝阳新村
贵州财经学院	贵州省	贵州省贵阳市河滨公园西
贵州省商业专科学校	贵州省	贵州省贵阳市盐务新村
贵州省艺术专科学校	贵州省	贵州省贵阳市太慈桥
贵州民族学院	贵州省	贵州省贵阳市花溪区
贵州人民大学	贵州省	贵州省贵阳市香狮路
贵阳金筑大学	贵州省	贵州省贵阳市文化路
云南省		
云南大学	云南省	云南省昆明市翠湖北路
昆明工学院	中国有色金属工业总公司	云南省昆明市莲花池畔
云南工学院	云南省	云南省昆明市蔗子营
昆明冶金专科学校	云南省	云南省昆明市北郊荷叶山
云南农业大学	云南省	云南省昆明市黑龙潭
西南林学院	林业部	云南省昆明市安宁县温泉
昆明医学院	云南省	云南省昆明市人民路
大理医学院	云南省	云南省大理市下关
云南中医学院	云南省	云南省昆明市白塔路
云南师范大学	云南省	云南省昆明市西站
昆明师范专科学校	云南省	云南省昆明市昆师路
昭通师范专科学校	云南省	云南省昭通市东门外
曲靖师范专科学校	云南省	云南省曲靖市

学校名称	主管部门	地址
云南省		
思茅师范专科学校	云南省	云南省思茅县
保山师范专科学校	云南省	云南省保山市正阳北路
蒙自师范专科学校	云南省	云南省蒙自县
大理师范专科学校	云南省	云南省大理市下关
玉溪师范专科学校	云南省	云南省大理市城郊红塔山
楚雄师范专科学校	云南省	云南省楚雄市雁塔山
文山师范专科学校	云南省	云南省文山州文新街
云南财贸学院	云南省	云南省昆明市上马村
云南政法专科学校	云南省	云南省昆明市北郊场
云南公安专科学校	云南省	云南省昆明市北郊场
云南艺术学院	云南省	云南省昆明市麻园
云南民族学院	云南省	云南省昆明市莲花池街
昆明大学	云南省	云南省昆明市翠湖北路
西藏自治区		
西藏大学	西藏自治区	西藏拉萨市
西藏农牧学院	西藏自治区	西藏林芝县八一新村
西藏民族学院	西藏自治区	陕西省咸阳市
陕西省		
西北大学	陕西省	陕西省西安市小南门外
西安交通大学	国家教育委员会	陕西省西安市咸宁路
西北工业大学	航空工业部	陕西省西安市友谊西路
陕西机械学院	国家机械工业委员会	陕西省西安市金花南路
西北电讯工程学院	电子工业部	陕西省西安市太白路
西安工业学院	国家机械工业委员会	陕西省西安市东郊金花路
西安冶金建筑学院	冶金工业部	陕西省西安市和平门外
西安矿业学院	煤炭工业部	陕西省西安市雁塔路
西安石油学院	石油工业部	陕西省西安市陵园路南段
西安地质学院	地质矿产部	陕西省西安市雁塔路
西安公路学院	交通部	陕西省西安市翠花路
西北轻工业学院	轻工业部	陕西省咸阳市人民路
西北纺织工学院	纺织工业部	陕西省西安市金花南路
西北建筑工程学院	城乡建设环境保护部	陕西省西安市小寨
陕西工学院	陕西省	陕西省汉中市河东店
西安邮电学院	邮电部	陕西省西安市
西安武警技术学院	公安部	陕西省西安市
西安航空工业专科学校	航空工业部	陕西省西安市
西北农业大学	农牧渔业部	陕西省咸阳市杨陵区
西北林学院	林业部	陕西省武功县杨陵镇

学校名称	主管部门	地址
陕西省		
西安医科大学	卫生部	陕西省西安市南郊小寨西路
延安医学院	陕西省	陕西省延安市杜甫川
陕西中医学院	陕西省	陕西省咸阳市渭阳路
华山冶金医学专科学校	中国有色金属工业总公司	陕西省华阴县桃下
陕西师范大学	国家教育委员会	陕西省西安市长安南路
延安大学	陕西省	陕西省延安市杨家岭
汉中师范学院	陕西省	陕西省汉中市东关小关子
宝鸡师范学院	陕西省	陕西省宝鸡市石坝河
咸阳师范专科学校	陕西省	陕西省咸阳市北郊
渭南师范专科学校	陕西省	陕西省渭南市
陕西外语师范专科学校	陕西省	陕西省西安市振华北路
榆林师范专科学校	陕西省	陕西省榆林县
商洛师范专科学校	陕西省	陕西省商县东店子
安康师范专科学校	陕西省	陕西省安康新城
西安师范专科学校	陕西省	陕西省西安市南郊翠花路
西安外国语学院	陕西省	陕西省西安市南郊吴家坟
陕西财经学院	中国人民银行	陕西省西安市翠花路
西安统计学院	国家统计局	陕西省西安市
陕西商业专科学校	陕西省	陕西省西安市小寨东路
陕西财政专科学校	陕西省	陕西省西安市南郊翠花南路
西北政法学院	司法部	陕西省西安市长安南路
西安体育学院	国家体育运动委员会	陕西省西安市陵园路
西安音乐学院	陕西省	陕西省西安市长安中路
西安美术学院	陕西省	陕西省西安市南郊兴国寺
西安大学	陕西省	陕西省西安市五味什字
宝鸡大学	陕西省	陕西省宝鸡市公园路
西安培华女子大学	陕西省	陕西省西安市大学南路
杨陵大学	陕西省	陕西省武功县杨陵镇
西安基础大学	陕西省	陕西省西安市咸宁路
甘肃省		
兰州大学	国家教育委员会	甘肃省兰州市天水路
甘肃工业大学	国家机械工业委员会	甘肃省兰州市兰工坪
兰州铁道学院	铁道部	甘肃省兰州市安宁西路
甘肃农业大学	甘肃省	甘肃省兰州市迎门滩
兰州医学院	甘肃省	甘肃省兰州市东岗西路
甘肃中医学院	甘肃省	甘肃省兰州市定西东路
西北师范大学	甘肃省	甘肃省兰州市十里店
兰州师范专科学校	甘肃省	甘肃省兰州市刘家堡

学校名称	主管部门	地址
甘肃省		
庆阳师范专科学校	甘肃省	甘肃省西峰市
天水师范专科学校	甘肃省	甘肃省天水市秦城区
张掖师范专科学校	甘肃省	甘肃省张掖市城北郊
合作民族师范专科学校	甘肃省	甘肃省甘南州合作镇
兰州商学院	商业部	甘肃省兰州市段家滩
甘肃政法学院	甘肃省	甘肃省兰州市安宁西路
西北民族学院	国家民族事务委员会	甘肃省兰州市西北新村
金城联合大学	甘肃省	甘肃省兰州市东方红广场
甘肃联合大学	甘肃省	甘肃省兰州市牟家庄
青海省		
青海大学	青海省	青海省西宁市北川廿里铺莫家泉湾
青海畜牧兽医学院	青海省	青海省西宁市北川石头磊
青海医学院	青海省	青海省西宁市昆仑路
青海师范大学	青海省	青海省西宁市五四大街
青海师范专科学校	青海省	青海省西宁市八一路
青海民族师范专科学校	青海省	青海省共和县
青海民族学院	青海省	青海省西宁市八一路
宁夏回族自治区		
宁夏大学	宁夏回族自治区	宁夏银川市文萃北路
宁夏工学院	宁夏回族自治区	宁夏银川市新市区
宁夏农学院	宁夏回族自治区	宁夏永宁县王太堡
宁夏医学院	宁夏回族自治区	宁夏银川市南郊
固原师范专科学校	宁夏回族自治区	宁夏固原县
银川师范专科学校	宁夏回族自治区	宁夏银川市罗家庄
新疆维吾尔自治区		
新疆大学	新疆维吾尔自治区	新疆乌鲁木齐市南梁
新疆工学院	新疆维吾尔自治区	新疆乌鲁木齐市友好路
新疆石油学院	新疆维吾尔自治区	新疆乌鲁木齐市明园
新疆煤炭专科学校	新疆维吾尔自治区	新疆乌鲁木齐市南昌路
塔里木农垦大学	农牧渔业部	新疆阿克苏阿拉尔
新疆八一农学院	新疆维吾尔自治区	新疆乌鲁木齐市老满城
石河子农学院	农牧渔业部	新疆石河子市
新疆医学院	新疆维吾尔自治区	新疆乌鲁木齐市新医路
石河子医学院	农牧渔业部	新疆石河子市
新疆中医学院	新疆维吾尔自治区	新疆乌鲁木齐市北京路
新疆师范大学	新疆维吾尔自治区	新疆乌鲁木齐市昆仑路
哈什师范学院	新疆维吾尔自治区	新疆喀什市

学校名称	主管部门	地址
新疆维吾尔自治区		
伊犁师范学院	新疆维吾尔自治区	新疆伊宁市解放路
和田师范专科学校	新疆维吾尔自治区	新疆和田市
昌吉师范专科学校	新疆维吾尔自治区	新疆昌吉市
新疆兵团师范专科学校	农牧渔业部	新疆奎屯市
新疆财经学院	新疆维吾尔自治区	新疆乌鲁木齐市二宫
新疆兵团经济专科学校	农牧渔业部	新疆五家渠
新疆艺术学院	新疆维吾尔自治区	新疆乌鲁木齐市团结路
乌鲁木齐职业大学	新疆维吾尔自治区	新疆乌鲁木齐市新医路

(本表未含台湾、香港、澳门地区的高等学校)

李毓俊　张玉兰　赵连杰　张　强　根据1987年全国高等学校统计报表资料整理

1987年教育大事记

1月3日 国务院办公厅转发国家教育委员会等部门关于全国职业技术教育工作会议情况的报告。

1月5日～15日 美国联邦教育部助理部长切斯特菲恩访华。

1月6日 经国务院批准，国家教委成立国家教育管理信息中心。

△《中国教育报》发表《维护安定团结人人有责》的社论。社论就高校少数学生上街游行一事，向人们提出一个严肃的问题，就是要不要维护和发展安定团结的政治局面？大学生有没有义务和责任？希望每个大学生认真思考、冷静分析，作出正确判断。

1月8日 《人民日报》就几个城市少数学生上街游行，发表了《旗帜鲜明地反对资产阶级自由化》的社论。

1月10日 《中国教育报》发表题为《同资产阶级自由化划清界限》的社论，要求广大青年关心国家大事，关心改革，最重要的是认清自己的历史责任，使自己的一言一行符合国家和民族的利益，符合10亿人民的利益，符合社会发展的必然。

1月10日～12日 1987年，全国成人高校招生工作会议在上海召开。1987年各类成人高校招生定于3月份报名，5月9日、10日举行考试。会议决定，各类成人高校招生，仍实行统一考试，由国家教委组织命题，统一评分标准。

1月12日 受中共中央和国务院委托，中共中央委员、中国科学院副院长周光召，12日下午，在中国科技大学全体干部会议上宣布，任命滕藤为中国科技大学校长兼中国科技大学研究生院院长；国家教委副主任彭珮云兼任中国科技大学党委书记，组成新的科技大学领导班子。

1月13日 北京市政协副主席、民盟中央常委、中国训诂学研究会名誉会长、著名汉语言文字学家、北京师范大学教授陆宗达同志在北京病逝，终年83岁。

1月15日 六届全国人大常委会第19次会议举行全体会议。国家教委副主任何东昌就一些高等院校少数学生闹事的情况作了汇报。

△国家教委、劳动人事部联合发出《关于高等学校学生退学后有关问题的补充通知》。

1月17日 中共安徽省纪律检查委员会作出关于开除方励之党籍（1月12日被撤销副校长职务）的决定。《决定》指出，近几年，方励之在各种场合公开鼓吹资产阶级自由化，反对四项基本原则，否定党的领导，否定社会主义制度，挑拨知识分子与党的关系，煽动学生闹事，造成严重后果。

1月17日 第六届全国政协委员、九三学社中央委员会常委、北京医科大学药学院名誉院长薛愚教授在北京病故，享年94岁。

1月17日～19日，1986届中央机关讲师团在北京召开工作会议，总结和交流工作经验。

1月22日 第六届全国人民代表大会常务委员会第19次会议通过《关于加强法制教育，维护安定团结的决定》。

1月23日 国家教委发出《关于成人中等专业学校招生工作中有关问题的通知》。

1月24日 中共中央代理总书记赵紫阳对讲师团工作做出重要批示：中央机关组织讲师团是正确的，效果也是很好的，过去和现在党中央都支持这项工作。

1月25日 国家教委批准南京大学建立医学院，并于同年秋季招生。这是目前我国在综合性大学设置的第一所医学院。

1月27日 国家教委和中国人民解放军总政治部联合发出《关于空军1987年招收飞行学员的通知》，决定从1987年起，在辽宁、河北进行招收飞行员试点工作，飞行员均从全国普通高等学校统一招生考试的考生中录取。

△全国高等学校教材工作座谈会在京举行。

1月 根据《中共中央、国务院关于改进和加强出国留学人员若干问题的通知》的精神，确定由国家教委管理全国出国留学人员的工作。

2月3日 《人民日报》发表《把反对资产阶级自由化的斗争持续、健康地开展下去》的社论。

2月5日～7日 全国讲师团工作会议在京召开。会上传达了中央领导同志对中央机关讲师团工作的指示。全国29个省、自治区、直辖市的教委（厅、局）师范教育处负责人参加了会议。

2月7日 国家教委颁发了《普通高等学校函授教育暂行工作条例》。

2月8日～15日 国家教委在北京召开了1987年工作会议。会议期间，中共中央书记处听取了汇报，并对当前的教育工作作了重要指示。李鹏同志在会上作了重要讲话。他说，1987年教育战线上要抓好两件大事：一件是反对资产阶级自由化；一件是继续进行教育领域的各项改革。

2月9日 经对外经济贸易部批准，国家教委所属的中国教育图书进出口公司在京成立，并在深圳设立分公司。

△国家教委发出《关于成立全国高等教育自学考试指导委员会考试研究委员会的通知》。

2月11日 中小学教师专业合格证书考核工作会议结束。会议决定，中学教师"专业合格证书"文化专业知识考试，将于1987年8月由国家教委统一命题。小学、幼儿园教师考试题目和时间由地方确定。实行考核合格证书制度和职务任命（聘任）制，是中小学教师管理制度的一项重大改革。

2月14日 国家教委发出《关于省级教育学院设置本科专业审批工作的通知》。《通知》指出，为了加强教育学院建设，保证办学规格和教学质量，省级教育学院举办本科专业须报国家教委批准。

2月15日 1987年，全国攻读硕士学位研究生统一考试结束。全国近600个考点，考生达15.88万多人，是计划招生数的3.87倍，其中，应届本科毕业生占报名总数的50.2%，在职人员占报名总数的49.8%。

2月17日 国家教委公布1987年至1988年度高校助教进修班招生专业目录，并作了具体说明：助教进修班是高等学校青年教师进修的一种形式，没有学历。

2月17日 中国中小学幼儿教师奖励基金会第一次理事会议在京举行。中共中央顾问委员会副主任、中国中小学幼儿教师奖励基金会理事长王震致开幕词，他提出了对广大青少年进行爱国主义教育的建议，号召全社会都来支持基础教育事业的发展，为提高整个中华民族的政治、文化素质作出贡献。会议通过了中国中小学幼儿教师奖励基金会的章程、基金募集和管理使用办法及奖励优秀教师的试行条例。

2月18日 国家教委召开高等学校重点学科的评选试点工作。会议强调高等学校重点学校重点学科，以培养高级专门人才和开展科学研究为双重任务。

2月19日 国务院副总理兼国家教委主任李鹏，在中央讲师团第52期《情况反映》的重要批示中指出，这几年，我们有些大学生和研究生未经实践锻炼和考验，就进入国家机关，很需要补这一课，讲师团是形式之一。今年讲师团要在认真总结经验的基础上提出具体改进措施。

2月19日～20日 由北京大学、清华大学等14所高等学校在香港举办了“内地14所大学科技成果介绍会”，共展出项目252个。国家教委专职委员黄辛白出席了开幕式。

2月21日 在全国工交财贸系统第3期经济管理干部学院院长研究班学员座谈会上，国务院副总理李鹏强调，我国经济管理干部教育要以岗位培训为主，长期坚持下去。

2月24日 国务院总理赵紫阳给上海《少年报》编辑部写信。信中指出，建设具有中国特色的社会主义，要经过几代人的努力才能成功。小朋友们将是我国改革事业的主力。我殷切希望小朋友们在德、智、体方面全面发展，将来成为有理想、有道德、有文化、有纪律的一代社会主义新人，继承革命先辈的光荣传统，完成革命先辈开创的四化大业。

2月27日～28日 国家教委和河北省人民政府在涿州市联合召开河北农村教育改革实验工作会议。

2月28日 国家教委发出通知，成立“全国中学计算机教育研究中心”。设北京部和上海部，分别挂靠在北京师范大学和华东师范大学。

2月28日 国家教委颁发了《1987年各类成人高等学院招生规定》。《规定》指出，凡按国务院有关规定，经省、自治区、直辖市、计划单列市人民政府或国务院有关部委批准，并报经国家教委审定备案的广播电视大学、职业高等学校、农民高等学校、管理干部学院、教育学院（教师进修学院）、独立设置的函授学院和普通高等学校举办的干部专修科和本科毕业生的各类成人高等学校，都参加全国统一招生。凡未列入国家成人高等教育事业计划的学校，不能参加全国统一招生。自行招生的，国家不予承认。

△国家教委、共青团中央联合发出《关于加强少年宫工作的意见》。同时转发了《少年宫（家）工作条例（草案）》。

3月3日 国家教委发出《国家教委督导工作座谈会纪要》。

3月3日～9日 国家教委在北京召开了中学思想政治课改革实验工作会议，对一年来中学思想政治课改革实验的情况进行了总结。国家教委副主任何东昌在总结讲话中指出，中学思想政治课改革实验工作，关系到几千万中学生的健康成长，我国每年有一千多万初、高中学生毕业，他们的思想道德素质如何是关系社会主义四化建设顺利进行的一件大事，要引起各级领导的高度重视。会议决定：从1988年秋季起，全国中学高一、高三年级普遍开设“共产主义人生观”课。

3月5日 国家教委发出《关于在高等学校马克思主义理论课（公共课）教学中旗帜鲜明地坚持四项基本原则，反对资产阶级自由化的通知》。

△国家教委和国家计委联合印发了《全日制普通中等专业学校校舍规划面积定额》。

3月6日 国家教委颁布了《全日制普通中学劳动技术课教学大纲（试行稿）》，对初、高中各年级学生应当掌握的劳动技术的基础知识和基本技能作了明确具体的规定。

3月8日 截至1986年底，我国自己培养出女博士42人，女硕士7100余人，这些女硕士占全国硕士的13%左右。蒙古族、朝鲜族、满族、回族、土家族、壮族等少数民族也有了自己的女博士和女硕士。她们坚持正确的政治方向，勤奋学习，勇于开创，许多人在教学和科研工作中做出了突出贡献。

3月9日 国家教委、劳动人事部联合颁发《全日制寄宿制幼儿园编制标准（试行）》。

3月10日 国家教委批发了《中央广播电视大学1987年招生专业教学计划》。1987年，电大专业设置分为两种情况，一是全国电大统设专业、二是各省市级电大自设或联合开设的专业。

3月10日～16日 法国教育部长勒内·莫诺里率教育代表团访华。

3月13日 国家教委发出《高等学校优秀教材奖励试行条例》。

3月15日 中共中央代理总书记、国务院总理赵紫阳在六届全国政协常委会第14次会议上就经济形势、反对资产阶级自由化、党的统一战线政策和政协的工作等问题讲了话。他指出经济稳定，政局稳定，我们的国家就有希望。

3月15日～21日 《中国教育报》、《人民教育》杂志和《中国高等教育》杂志召开宣传报道工作会议。会议的主要议题是，根据中央关于坚持四项基本原则、反对资产阶级自由化的有关文件精神，讨论和落实1987年的宣传报道计划。国家教委副主任、党组书记何东昌作了重要讲话。在谈到全面贯彻教育方针时，他说，从实践来看，教育方针包括办学方向、培养学生的基本途径和培养目标。我们的办学方向是教育为社会主义建设服务。培养学生的基本途径是教育同社会实践相结合，社会实践包括生产劳动，但不限于生产劳动。我们的培养目标是德智体美劳全面发展的“四有”人才。

3月16日～19日 国家教委在成都召开出国留学人员培训部工作会议。会议研究讨论了改进培训部的组织管理和提高教学质量等问题。

3月16日～22日 加拿大对外关系部部长兰德列访华。两国政府在北京正式签署了“大学管理教育第二周期合作项目”、“中加语言中心（设在北京师范大学）项目”和“中国沿海开放城市培训项目”协议书。

3月17日 国家教委发出《关于高等学校各级领导干部任免的实施办法》，对学校各级领导干部的职数确定与任免作出了明确规定，并提出今后高等学校原则上不再设顾问和名誉校长。

3月19日 国家教委在天津南开大学举行中美经济学教育交流委员会第三次全体会议。会议回顾了自1984年以来，中美双方在经济学方面的交流情况，讨论并原则通过了1988～1990年度合作交流项目的备忘录（中方草案）和改进经济学培训班招生的事宜。

3月24日 国家教委印发《普通高

等学校招收少数职业技术学校应届毕业生的暂行规定》。

3月28日 国家教委印发《高等学校校长任期制试行办法》。

△在北京市召开的中小学美育工作会议上市教育局长陶西平宣布，1987年将拨100万元，用于推动中小学美育工作的开展。此外，还编写《北京市中小学美育提纲》，成立艺术教育教研室等。

3月29日 中共中央顾问委员会副主任、中国中小学幼儿教师奖励基金会理事长王震，邀请出席六届人大五次会议和六届政协五次会议的基金会理事举行座谈会，提出要动员社会各方面的力量，努力筹集奖励基金，并在建国40周年时开展一次大规模奖励活动。

3月30日～4月3日 国家教委在北京召开有关驻外领使馆留学人员经费管理工作会议。会后与财政部、外交部联合印发了《关于国家公派出国留学人员经费管理的暂行规定》和《驻外使领馆教育处(组）会计制度》。

3月31日～4月10日 波兰科学和高等教育部长密兹凯维奇·贝农一行访华。双方签署了《中波1987年至1989年高等教育合作协议》。

3月 联合国教科文组织第23届大会主席、保加利亚联合国教科文组织全国委员会副主席托多洛夫和夫人应邀访华。

△农牧渔业部组织专家小组对农科“作物遗传育种”专业15个单位的15个硕士点的硕士研究生教育和学位授予质量进行检查和评估。下半年又对“农业经济及管理”“动物营养学”两个专业13个单位17个硕士点的硕士学位研究生教育和学位授予质量进行了检查和评价。

4月2日 国家教委副主任何东昌接见中国少年报记者，针对当前学生负担过重的情况发表谈话，提倡中小学生集体远足。他说，学校教育和学生学习都不能限于坐在课堂里上课需要开展多种多样的活动，远足就是其中一个好活动，城市学生尤其需要远足。

△国家教委在京召开全国重点实验室建设工作会议。到1987年3月止，在高等学校建立的国家重点实验室共25个。它们承担国家“七五”攻关课题80多个，国家自然科学基金项目180多个。

4月3日～6日 国家教委在北京召开10省市学生近视眼防治工作研讨会。

4月9日 国家教委发出《关于部分普通高等学校试行招收高水平运动员工作的通知》，批准清华、复旦等51所普通高等学校1987年开始实验。

4月14日 国家教委在北京师范大学召开加强高师本科教学改革座谈会，进一步明确高师办学指导思想，更好地为基础教育服务。

4月15日～20日 国家教委专职委员黄辛白在苏联莫斯科主持召开赴苏联、东欧国家留学人员工作会议。

4月17日 国家教委发出《关于印发〈成人中等专业学校暂行条例〉的通知》。

4月17日～27日 巴基斯坦教育部长纳西姆·阿哈默德·阿希尔一行访华。

4月18日 李鹏同志主持召开国家教委第7次全体委员会议，讨论了代中央起草的《关于加强和改进高等学校思想政治工作的决定》草稿。会议对进一步修改此文件提出三点要求，（一）要能起到统一各方面思想认识的作用，明确思想政治工作在新时期的重要性；（二）要有明确的针对性，特别是对青年学生中当前存在的一些思想政治问题，能提出具体的解决办法；（三）要有加强高校思想政治工作，尤其是稳定高校政工队伍的实在的改革措施，以便于在工作中贯彻落实。会议决定，五月中旬由中央宣传部和国家教委党组联合召开“全国高等学校思想政治工作会议”。

4月20日～5月4日 国家教委专职委员黄辛白率留学生工作代表团访问苏联。

4月21日 国家教委发布《普通高等学校招生暂行条例》。《暂行条例》指出，普通高等学校招生，要贯彻德、智、体全面考核、择优录取的原则，适当放宽有实践经验的在职人员报考的条件。

4月23日～5月1日 苏联高等教育部副部长叶果洛夫一行来访，参加中苏教育合作小组第一次例会。会议讨论通过了小组工作条例，商定了《中苏1987年至1990年教育合作计划》。李鹏副总理会见了叶果洛夫一行。

4月24日～26日 国家教委在成都市召开中小学教师职务聘任工作会议。会议讨论了中小学教师聘任工作中的问题，拟定了《关于中小学当前实行教师职务聘任制工作中的若干问题的意见》。

△团中央、国家教委、中国科协、农牧渔业部联合发出《关于在中学开展实践教育活动的意见》。《意见》要求全国各地通过实践教育活动更好地帮助中学生了解社会，确立理想，学习劳动技能，增强对社会需要的适应能力。

4月27日 中华全国总工会表彰在各条战线上辛勤劳动并做出突出成绩的1048名全国先进人物，向他们颁发了“五一”劳动奖章。在这些获奖者中，有70余名教育工作者。在怀仁堂的授奖大会上，赵紫阳等党和国家领导人出席了大会，并接见了获奖者代表。

4月27日～29日 国家教委召开部分高校理论工作者座谈会，几十所高校100余名专家、教授参加了座谈会。

4月～5月 国务院学位委员会组织专家组对财政学、货币银行学、国际金融三个专业的硕士学位授予质量进行检查和评估，对17个受检单位的31个硕士点分别做了评价。

5月2日 中国教育工会第三次全国代表大会在京闭幕。代表们一致通过了中国教育工会第三次全国代表大会关于工作报告的决议。闭幕会上，李鹏代表党中央、国务院作了重要讲话。他指出，实现教育改革是一项长期复杂的任务，必须依靠全体教育者的努力。……把教职工的积极性、创造性充分发挥出来，这是我们事业的活力源泉。培养社会主义新人，包括加强和改进学校思想政治工作，主要的途径就是依靠教师教书育人。管理干部和后勤职工要搞好管理育人。学校的一切途径都要围绕育人这个根本任务来进行。

5月4日 国家教委、总参谋部、总政治部、总后勤部联合发出《关于1987年学生军训有关问题的通知》。《通知》指出，学生军训试点学校由1986年的69所增加到1987年的105所。其中，到部队训练的40所，在校内训练的65所。

△共青团中央在京召开全国先进青年代表座谈会，纪念“五四”青年节。中共中央代理总书记、国务院总理赵紫阳接见了来自全国各地的71位先进青年代表。薄一波在会上讲了话。他说，我们要继承和发扬“五四”的优良传统。什么是“五四”传统的主要精神？主要有三条：一是把祖国利益、民族命运放在第一位；二是同人民群众同甘共苦艰苦奋斗；三是把马克思列宁主义的普遍真理同中国的实际相结合，探索推动社会和历史进步的道路。要奋斗，就要有坚定正确的政治方向，要不畏艰苦，还需要有真本领。

5月5日 中宣部、广播电影电视部、国家教委联合发出《关于改进和加强少年儿童电影生产、发行、放映工作的意见》。《意见》指出，目前，各类少儿影片节目偏少，数量和质量都远远不能满足需要，放映网点不足，经营方式不活。从1987年起，要对一部分电影制片厂创造生产少儿故事片定一个指令性计划。

△北京市师范大学举行普教工作研讨会仪。

国家教委副主任何东昌在研讨会上对北京师范大学提出的“急普通教育之所急，想普通教育之所想”的口号给予称赞。

5月10日～14日 国家教委在河北省石家庄市举办全国卫星地面接收站展览订货会。

5月11日 国家教委印发《关于在高等学校学生思想政治教育专职人员中聘任教师的实施意见。

5月12日 国家教委颁发《高等学校基本建设管理职责暂行办法》。

5月12日～22日 澳门文化学会主席彭慕治首次访问内地，与内地教育、文化部门探讨了交流和合作问题。

5月13日～18日 国家教委在北京召开全国高等学校思想政治工作会议。会议讨论了《中共中央关于改进和加强高等学校思想政治工作的决定》(讨论稿)。胡启立、李鹏同志到会,李鹏同志做了重要讲话。

5月14日～25日 贝宁人民共和国中等和高等教育部长樊尚·盖佐杰一行访华。

5月15日 中共中央宣传部、共青团中央在京召开少年儿童思想教育座谈会。

5月15日～17日 中央机关讲师团工作会议在京召开。中央赴各省、自治区的八六届团长和即将接替工作的八七届团长出席了会议。会议对八六、八七届讲师团的各项工作进行了具体部署。

5月19日 邓颖超同志在“六一”国际儿童节到来之前，写信勉励全国少先队员培养优秀品质。她在信中指出，“人民的利益高于一切”。她要求少先队员要像革命前辈和英雄模范那样，为着人民的利益不怕吃亏、不怕牺牲的精神；处处关心集体，培养集体主义思想；热爱人民，尊敬人民，珍惜人民的优良品质。

5月20日～22日 国家教委副主任何东昌率中国教育代表团访问美国，就中美教育交流问题与美国新闻总署进行了会谈并发表了新闻公报。

5月25日 国务院学位委员会、国家教委发出《关于改进学士学位授予单位审核工作的通知》。《通知》指出，今后学士学位授予单位的审核，将采取同行专家评议和教育立法部门审核相结合的方式进行。由国家教委和国务院学位委员会按有关规定进行审批。

5月25日～29日 国家教委办公厅在重庆召开了各省、自治区、直辖市及计划单列市教育行政部门办公室主任工作座谈会。座谈会就如何做好文书、信息、信访、档案工作以及如何提高工作效率等问题进行了经验交流。

5月27日 国家教委发布《关于改革高等学校科学技术工作的意见》。

5月29日 中共中央颁布《中共中央关于改进和加强高等学校思想政治工作的决定》。

6月2日 中共中央书记处召开儿童少年工作座谈会。中共中央政治局委员、书记处书记胡启立主持，中共中央政治局委员、书记处书记、国务院副总理李鹏在会上讲话。孙敬修、诸福棠、陶淑范、斯霞等荣获“热爱儿童”奖章。

△彭真同志写给北京第一师范附属小学并全国少年儿童一封信，祝贺“六一”儿童节，并号召少年儿童准备着、做共产主义事业接班人。

6月6日 国家教委、国家计委、财政部联合发出《高等学校培养第二学士学位生的试行办法》。

6月8日～24日 国家教委副主任王明达率中等教育代表团访问了苏联，考察了苏联中学职业技术教育方面的改革现状及发展趋势。

6月10日～20日 朝鲜民主主义人民共和国教育委员会副委员长李相卨率教育代表团访华。国务院副总理李鹏会见了代表团。

6月11日 中国共产党党员、原教育部副部长、第六届全国政协委员、著名教育家刘季平同志在北京逝世。终年79岁。

6月22日，在北京八宝山举行了刘季平遗体告别仪式。

6月12日 中国教育学会会长张承先会见美国国际人民交流协会科学教育代表团。

6月13日 胡启立、李鹏等中央领导同志参观部分省市大学生社会实践活动和中学生实践教育活动成果展览，中央领导同志指出青年学生要向社会学习，向实践学习。

△国家教委拨出专款50万元，帮助大兴安岭火灾区重建中小学。

△国家教委发出通报，严肃处理河北省广平县高考舞弊事件。取消被录取学生的入学资格，省纪委、省教委给有关责任者以党纪政纪处分。

6月15日 国家教委和财政部联合发出《关于农村基础教育管理体制改革若干问题的意见》。

△国家教委发出《关于高等学校研究生马克思主义理论课（公共课）教学的若干规定》。

6月16日 中国中小学幼儿教师奖励基金会理事长王震在自己的住所，邀请部分在京老同志举行座谈会，呼吁社会各界人士为提高教师的社会地位，推动我国基础教育事业的发展献资出力。参加座谈会的有91岁高龄的革命老人帅孟奇、章蕴和革命老前辈的亲属刘英、陈琮英、邹靖华、林月琴、朱仲丽、薛明、浦安修、经普椿、王光美、郝治平等。

△全国高校图书馆工作会议在北京结束。会议期间，国务院副总理兼国家教委主任李鹏会见了参加会议的全体代表。

6月17日 国务院办公厅转发了国家教委、公安部、共青团中央《关于办好工读学校的几点意见》。

6月22日～7月1日 苏里南教育科学文化部长李福秀一行访华。

△北京大学、清华大学等9所内地高等学校，从6月20日～22日在澳门联合开设考场招收本科生，共有508名高中应届毕业生参加考试，是历年人数最多的。

6月23日～25日 全国普通高等学校助学金改革，实行奖学金和学生贷款工作会议在北京召开。会后与财政部联合印发了《普通高等学校本专科学生奖学金制度的办法》和《普通高校本专科学生实行贷款制度的办法》。

△国务院批转国家教委《关于改革和发展成人教育的决定》。《决定》指出：成人教育要把开展岗位培训作为工作的重点。

△国家教委印发《关于全国性教育组织（全国性的“学会”、“协会”、“研究会”基金会等）审批和管理的若干规定》。该《规定》明确规定了全国性教育组织必备条件、申报和审批的原则和管理办法。

6月28日 国家教委在承德召开高等学校重点学科评选试点工作会议。会议聘请有关专家对经济学、化学、电子学与通信、动力机械及工程热物理等四个一般学科进行试点评选。

6月29日～7月4日 国家教委在北京召开来华留学生工作座谈会。

6月30日 国家教委设立《资助优秀年轻教师基金》，制定了《资助优秀年轻教师基金试行办法》。以重点资助方式，在高校系统每年选拔几十名年轻优秀教师，经同行专家评审，择优批准申请项目经费。

6月30日～7月13日 国家教委分别批准6项国家重点试验室建设项目：集成光电子学实验室、化学工程联合实验室、智能技术与系统实验室、蛋白质工程及植物基因工程实验室、计算机软件新技术实验室、固体物理化学实验室。

7月3日～17日 国家教委和城乡建设环境保护部联合举办"全国教育建筑优秀设计"评选活动。经评审，有55个项目获奖。

7月4日 国家教委发出《关于进一步加强对企事业中小学领导的意见》。意见要求国务院有关部委、地方和军队有关业务部门进一步健全教育管理机构，加强对企事业办学的宏观指导。

7月4日～9日 1987届中央机关讲师团共2804人在北京人民大会堂进行培训。国家教委副主任何东昌做动员报告。

△《中国教育报》举办"教师节纪事"散文征文。应征稿件2600余件。北京实验二小原校长陶淑范的《难忘的记忆》获荣誉奖；《青山的厚意》等5篇作品获一等奖；《教师节的邮票》等16篇作品获二等奖。

7月6日 国家教委印发《关于国务院部委所属中小学当前开展教师职务聘任工作中有关问题的通知》。

△国家教委发出《关于高等学校教师职务聘任工作中掌握思想政治条件加强考核评审工作的意见》。

7月7日～9日 全国普通高校统一招生考试在全国各地举行。全国有227.5万考生应考。

7月8日 国家教委发布了《关于社会力量办学的若干暂行规定》。

国家教委、卫生部联合印发《关于加强学生视力保护，全面开展学校卫生保健工作的通知》。

7月10日～20日 中央讲师团办公室在劳动人民文化宫举办"中央机关讲师团图片展览"，参观展览有5万多人。

7月11日 国务院副总理兼国家教委主任李鹏等领导同志在人民大会堂接见部分讲师团代表，并进行了座谈。

△国家教委和城乡建设环境保护部联合召开电话会议，部署有关加强学校房屋建设管理严防倒塌事故的工作。

7月15日 国家教委召开的第三次全国教育科学规划会议结束。这次会议主要是讨论教育科学"七五"总体规划，并逐项审议了几百份课题申请，初步评议了国家级重点、部委级重点和地方级重点课题。

△国家教委、团中央联合发出《关于改进和加强高等学校生产实习和社会实践工作报告的通知》。要求各校把参加社会实践活动作为对大学生全面考核的内容之一。

7月22日 国家教委和劳动人事部联合发出《高等学校毕业生见习暂行办法》。

7月23日～25日 中国教育学会第三次全国代表大会在京举行。会议审议了第二届理事会的工作报告，讨论了学会今后的工作任务，选举了第三届学会理事会。

7月24日 "国家对外汉语教学领导小组"在京成立。国家教委副主任何东昌任组长。

7月28日 国家教委党组决定建立中国电视师范学院和中国教育电视台。并于10月7日正式成立。

7月30日 国家教委发出《关于印发〈高等学校工科基础课程1986—1990年教材建设规划〉的通知》。《通知》安排了工科8类基础课1986—1990年428

种教材的编写、出版规划。

7月31日 国家教委与中国人民解放军总参谋部、总政治部联合发出《关于印发新修订的〈高等学校学生军训大纲〉（试行）的通知》。

7月 高等学校本届毕业生分配派遣工作7月底基本结束，派遣工作顺利，情况基本正常，全国有36万多名大学毕业生奔赴“四化”建设第一线。

△《人民教育》杂志举办的“红烛奖”散文征文评选揭晓。共收到来稿4000余件，评出一等奖11篇，二等奖28篇，三等奖55篇。

8月7日 中共中央政治局委员胡启立、国务院副总理兼国家教委主任李鹏在北戴河会见全国优秀教师夏令营营员，向他们表示问候，感谢他们用自己辛勤的劳动为祖国和人民做出贡献。

8月10日～14日 第二届国际汉语教学讨论会在京召开。世界汉语教学学会在京正式成立。赵紫阳向大会发来贺电，邓颖超为大会书写了“发展世界汉语教学，发扬中华民族文化”的题词。李鹏向大会发了贺信，何东昌到会讲了话。

8月10日～15日 国家教委在北戴河召开全国中专教改座谈会。

8月12日 国家教委发出《关于高等学校青年教师参加社会实践的意见》。

△中共国家教委党组和中央宣传部发出通知，提出《关于加强研究生思想政治工作的几点意见》。明确提出要坚持社会主义方向，努力培养德才兼备的高质量人才。

8月13日 国家教委发出《关于在中小学严格制止宣扬凶杀、色情、迷信等有害书刊流传的通知》。

8月14日 中国高教学会第二届代表大会暨学术年会在京召开。选举蒋南翔为会长，何东昌等9人为副会长。学会已接纳了46个团体会员，广泛开展了研究活动。

8月18日 国家教委发出《关于在各级学校注意进行党的民族政策和加强民族团结教育的通知》。

△国家教委发出《关于做好评选高等学校重点学科申报工作的通知》。决定在哲学、法学教育学（不含体育学）、文学（不含艺术学）、历史学、理学、工学等学科门类中继续进行评选重点学科的工作。农学和医学选择少数学科、专业进行评选试点。国家教委同时还发出《关于评选高等学校重点学科的暂行规定》和《关于高等学校重点学科评选工作的几点意见》等文件。

8月18～22日 国家教委和国家民委在新疆维吾尔自治区乌鲁木齐市联合召开会议，交流内地与边远地区高校之间支援协作的经验。沿海地区与内地10多个省市的70多所高校与边远民族地区高校开展了支援协作。

8月20日 全国中学教师《专业合格证书》文化专业考试进行。参加考试的初中教师约37万人，占初中教师应考人数的31%；参加考试的高中教师约6万人，占高中教师应考人数的24%。

8月21日 国家教委和公安部联合发出《关于国内外组织和个人不得擅自在我国招收自费出国留学人员的通知》。凡符合国家自费留学规定的，应按照有关规定办理各项手续。

8月22日 国家教委发出《关于处理未经国家教委审定备案的成人高等学校学员学历问题的通知》。

8月24日～26日 香港知名人士霍英东来京参加全国政协会议期间，访问了北京师范大学，向北师大赠款500万美元，用于建设“英东教育大楼”。李鹏副总理出席了赠款仪式。

9月1日 国务院副总理李鹏在人民大会堂会见了联合国教科文组织总干事阿

马杜—马赫塔尔·姆博和夫人。李鹏向客人介绍了中国在教育领域里进行改革的情况，并对联合国教科文组织为第三世界国家教育、科学、文化发展所做的贡献表示赞赏。

9月3日 国家教委和城乡建设环境保护部联合颁发《托儿所、幼儿园建筑设计规范》。

△全国政协第六届委员会常委、中国民主同盟中央参议委员会副主任、中国文联委员、中国作协顾问、北京师范大学中文系教授黄药眠同志在北京病逝。终年84岁。

9月4日 辽宁省农村办学方向研讨会在鞍山市召开。全省的市、县长参加了会议，河北、甘肃、黑龙江三省的省政府领导以及教育部门的领导也应邀参加了会议。会议围绕如何转变农村办学方向，使教育更好地为农村社会主义现代化建设服务交流了经验。

9月5日～15日 菲律宾共和国总统科拉松·阿基诺的姐姐、菲高等学校联合会主席、菲远东大学校长雷耶斯率团访华。在华期间，国务院副总理李鹏和全国政协副主席雷洁琼分别会见了代表团。

9月7日 全国教师书画摄影展览在京开幕。展览分书法、绘画甲组、绘画乙组（美术专业院校）和摄影4部分。

△国家教委、中国联合国教科文组织全国委员会、新疆维吾尔自治区人民政府联合召开了第21届国际扫盲日大会。联合国教科文组织总干事姆博先生给大会发来贺电，何东昌同志撰写了文章。

9月8日 党和国家领导人李鹏、王震、周谷城、严济慈、雷洁琼等在人民大会堂参加了首都优秀教师代表座谈会，向教师们祝贺教师节。李鹏强调深化教育改革是当前教育战线的一项迫切任务。教师们表示，要努力做到教书育人、为人师表。

△著名文学家、翻译家、北京大学教授曹靖华同志在北京病逝。终年90岁。

9月10日～16日 国务院召开第二次援藏工作会议。会议的中心议题是研究西藏的智力开发问题。国家教委副主任何东昌主持了会议。12日，李鹏、胡启立听取汇报并作了重要讲话。14日，李鹏、胡启立、万里、周谷城、钱昌照等接见了全体代表，万里作了重要讲话。

9月18日～10月9日 国家教委组织的中国农业教育考察团一行10人访问美国，比较全面地了解美国农业教育的体系和特点，并着重就美国高等农业学校如何与社会建立广泛联系，实行教学、科研，推广统一的领导管理体制，主动为农村和农民服务等方面的情况进行了考察。

9月19日 国务院转发了国家教委《关于改进和加强高等学校生产实习和社会实践工作报告》，《报告》明确了对高等学校学生实习和接收实习单位的要求。

9月19日～25日 巴西联邦教育委员会主席阿逢索·丰赛卡访华。

9月20日 国家教委下达通知，试行大学英语四级标准考试（CET—4）。26个省，自治区、直辖市的470所高校的10万多名85、86级本科生报名参加了考试。经统计检验，考试的各项指标达到了设计要求。

9月中旬 国家教委在贵州省召开人才预测和教育规划论证会议。论证会后，又分别召开了东、西两片教育规划工作座谈会。何东昌同志到会并讲了话。

9月21日 国家教委发布《中学生体育合格标准的试行办法》。

9月24日～27日 中央宣传部、国家教委、团中央联合召开了高校社会实践活动座谈会。来自12个省市的有关同志回顾和总结了1987年暑假100多万大中专学生参加社会实践活动。通过社会实践，学生思想上、感情上发生了不同程度的变化，对教育改革起到了积极的推动作用，加强了学校与社会的联系，促进了教学、科研和社会实践的结合。

9月25日 国家教委和国家语委联合发出《关于做好中等师范学校普通话普及、巩固、提高工作的几点意见》和《关于加强高等师范院校推广普通话工作的通知》。

9月26日～28日 国家教委和河北省人民政府联合在保定市召开河北省农村教改实验区第二次工作会议。会议强调实验区的各类教育都要进一步端正办学方向，要把农村教育的办学方向真正转到主要为本地培养初中级建设人才、兼顾升学这个方向上来。

9月28日 美国教育部助理部长罗纳德·吉姆贝林访华。

△国家教委研究生教育和大学学科建设考察组一行五人访问了美国和加拿大。重点考察了这两个国家研究生教育发展和改革的新动态和大学重点学科的建设情况。

9月29日 卫生部组织有关专家对北京地区五个单位的生理学、病理解剖学、微生物学与免疫学三个专业12个硕士点的硕士研究生教育和学位授予质量进行了检查和评价。

9月 1987年研究生录取工作全部结束，全国共招收研究生3.5万人，其中在职人员占1/2。一些被录取为研究生的应届本科毕业生被鼓励保留入学资格，先到实践中锻炼一段时间再回校攻读硕士学位。

10月1日 我国自1949年以来第一部比较全面地保护青少年权益的地方综合性法规《上海市青少年保护条例》，自即日起在上海正式施行。

△霍英东教育基金会正式公布《霍英东教育基金会高等院校青年教师基金及青年教师奖暂行办法》。此办法从1987年起先在10所高校实施。

10月4日 第二期中央机关赴藏讲师团离京去拉萨，18名团员去山南和日喀则地区支教。

10月5日 国家教委向法国巴黎第七大学赠送1029册中文图书。这批图书集中了近年来中国各大学出版社出版或重版的优秀著作。反映了中国学者在语言文学、历史地理、政治经济文化艺术等方面创作和研究的精华。

10月5日～12日 国家教委召开的全国乡镇基础教育规划研讨会在安徽省黄山市举行。会议对制订县级基础教育规划的原则、思路、方法、经验和教训等进行了交流和探讨。来自美国、澳大利亚、斯里兰卡和香港的教育专家和全国各地70余名教育规划工作者出席了会议。

10月7日 国家教委、国家科委联合发出《回国留学人员工作安排暂行办法》。

10月8日～16日 苏联国家职业技术教育委员会副主席戈拉瓦克一行访问我国。

10月9日 国家教委科学技术委员会在京成立。这是国家教委指导高校科技工作的高级咨询机构。

△"北京市中学英语培训中心"举行开学典礼。该中心是根据中澳两国政府关于技术合作促进发展计划协定建立的。

10月10日 国家教委发出《关于颁发〈全国中小学教材审定委员会工作章程〉的通知》。

10月10日～14日 国家教委在京召开出国留学人员工作座谈会。会议传达了中央领导同志对出国留学人员工作的重要指示，研究分析了出国留学人员工作的问题，提出了今后工作的意见。

10月上旬 中国小学教师代表团一行6人，到朝鲜进行了为期两周的考察访问。代表团主要成员由全国教育系统劳模、人民教师奖章获得者、河北和内蒙古的优秀小学教育工作者组成。访朝期间，朝鲜教育委员会副委员长李尚设接见了代表团。

10月12日 全国幼儿教育工作会议在京召开。会议着重研究了幼教事业的发展方针、改革措施、幼儿教育的指导思想、幼教师资队伍建设和加强领导等问题。

10月12日～18日 阿拉伯也门共和国教育部副部长贾拉德率教育代表团访华。双方进行了工作会谈，签署了双边教育合作备忘录。

10月13日～26日 圣马力诺共和国文教和司法部长弗·莫尔甘蒂率教育代表团访华。人大常委会副委员长周谷城会见了代表团。

10月16日 国家教委在京召开了国家教委哲学社会科学青年科研基金首批项目（经济学、政治学、法学、社会学和中国文学、外国语言文学、历史学、哲学部分）青年科学基金论证会。会议采取了申报人与专家面对面地交换意见的方式。经过专家论证评审，确定96个项目为国家教委哲学社会科学青年科研基金项目。

△针对美国参议院通过所谓"西藏问题修正案"一事，国家教委发出《关于向高等学校、中专、高中学生进行一次西藏问题教育的通知》。

10月18日 1987年中小学教师《专业合格证书》文化专业知识考试试点总结会议在杭州召开。会议总结和肯定了试点工作的成绩，并就1988年考试工作的有关问题进行了研究。

10月18日～28日 我国大学代表团赴比利时参加全欧洲大学会议第32届年会。该团是根据我国家教委和欧洲共同体的协议派出的。

10月19日～31日 马里共和国教育部长乌马尔·伊萨卡·巴率团访华。

10月20日～11月20日 联合国教科文组织第24届大会在总部巴黎举行。以国家教委副主任、中国联合国教科文组织全国委员会主任杨海波为团长的中国代表团出席了这届大会。大会审议了100多项议题，取得了重要成果。并选举了马约尔（西班牙人）为新的总干事。

10月20日～23日 国家教委、国家经委、财政部、劳动人事部和世界银行联合举办的管理教育国际研讨会在北京召开。中外专家就适应社会主义经济建设的需要，培养一支宏大的经济管理干部队伍，中国行政管理人员的培训以及国际上公共行政管理教育和培养等问题交流了经验。

10月21日 国家教委等五部委联合发出《关于在普通中学开展社会实践活动若干问题的通知》。

10月22日 国家教委、中宣部、团中央、中国人民解放军总政治部联合发文，总结、推广武汉空军雷达学院思想政治工作的经验。

10月23日 国家教委发出《关于颁发〈全日制小学劳动课教学大纲（试行草案）〉的通知》。《通知》指出，加强小学劳动教育是全面贯彻教育方针的有机组成部分，是当前端正办学思想，深化教育改革的一项重要课题。

△中国人民大学集会，庆祝建校50周年。国家主席李先念发来贺词，国务院副总理李鹏到会讲话。会上颁发了首次吴玉章奖学金。

10月23日～11月7日 德意志民主共和国高等和专科教育部副部长G·恩格尔率团访华。

10月28日 国务院办公厅转发国家教委《关于教育部门勤工俭学管理机构有关问题的请示报告》。及时制止了撤销为勤工俭学服务的专业公司的做法，对重视和促进勤工俭学工作、稳定队伍起到了积极作用。

△国家教委颁发《高等学校总会计师工作试行规程》。要求有条件的高等学校，应当设立总会计师，加强学校的财经管理。

10 月 国家教委发出《关于思想政治教育专业培养硕士研究生的实施意见》，决定从 1988 年开始招收思想政治教育硕士研究生。1988 年由复旦大学等 10 所高校首批招生。

11 月 4 日～8 日 国家教委督导司在湖北省召开全国部分省市教育评估研讨会。会议认为，目前急需强化教育评估和督导的监督、导向作用。全国多数省、自治区、直辖市、计划单列市，以及部分地（市）建立了督导机构，专职督学约 200 余人。

11 月 9 日～21 日 坦桑尼亚教育部长 K·A·马利率代表团访华。

11 月 9 日 亚太地区知识产权教学与研究专题讨论会在北京大学召开。会议讨论了知识产权教学与研究现状、有关方面的教学、教材课程、教育机构与商业部门之间的关系，知识产权教师及研究工作者的职业、考核、培训、国际合作等问题。

11 月 16 日～20 日 国家教委与中国红十字总会在四川省成都市联合召开全国红十字青少年工作座谈会。

11 月 16 日 国家教委和国务院西藏经济工作咨询小组联合转发《关于内地对口支援西藏教育实施计划》。

11 月 17 日 中国聋哑教育 100 周年庆祝会在山东烟台市隆重举行。1887 年，我国第一所聋哑学校一启喑学馆在山东登州（今蓬莱县）建立。现在我国聋哑学校已发展到近 400 所。

11 月 18 日～22 日 国家教委在湖北省沙市召开了全国十一个中等城市办学方向研讨会。佳木斯、锦州、烟台、洛阳、芜湖、沙市、自贡、无锡、绍兴、长沙、江门等十一个省市的市长分别介绍了本市教育改革的经验和深化教育改革的设想。

11 月 20 日～12 月 12 日 国家教委副主任邹时炎率教育代表团访问斯里兰卡和缅甸，同斯里兰卡高教部草签了《关于〈斯里兰卡民主社会主义共和国和中华人民共和国相互承认学位和其它教育证书相当议定书〉理解备忘录》。

11 月 22 日～12 月 12 日 欧洲共同体职业教育考察团访华。双方就中国与共同体在职业教育方面的合作问题进行了磋商。

11 月 23 日 “北京中关村地区联合分析测试中心”正式成立。“中心”是由中关村地区包括三所高校和科学院的有关研究所共 11 个单位的 57 台大型精密分析仪器设备组成，实行联合对外开放。

11 月 23 日～12 月 4 日 澳大利亚教育工作小组来华。双方进行了第二轮年度教育会谈，签署了中澳教育合作计划。

11 月 经国务院批准，国务院学位委员会进行了调整，调整后的学位委员以科学家、教育家为主，由在国内外有较高学术地位，在社会主义现代化建设中有较大贡献的学者、专家组成。调整后的学位委员共 47 人。

11 月 全国已有 20 个省、自治区、直辖市建立了省级师资培训中心。国家教委直属的 6 所师范大学建立了 6 大地区师资培训中心。全国高等师范院校师资培训网络已基本形成。

11 月 中国大学校院长代表团一行 15 人，访问了美国 13 个州的 34 所院校。

11 月 北京市实施义务教育法取得显著成效。小学入学率已达到 99.5%，初中入学率达到 99%。各级领导部门在保证适龄儿童入学、防止学生流失和加强学籍管理等方面做了大量工作，使全市小学、初中退学率分别下降到0.2%和1.5%。

12月2日 全国广播电视大学视听教材观摩研讨会在石家庄市举办。观摩评选出4部获最佳奖的录像教材，23部获优秀奖的录像教材，5部获优秀奖的录音教材。获创作奖的录像教材20部，录音教材5部，获特别奖（单项）的录像教材6部。

12月3日 从1987年起，国家教委为香港人士设立研究生奖学金。奖学金分为攻读博士学位和硕士学位研究生奖学金两种。获奖者在学期间，免交学费和住宿费，并享有公费医疗和生活费。奖学金申请事项由香港京港学术交流中心代办，办理日期是每年12月1日至次年1月30日。设奖学金的学校有：北京大学、清华大学、中国人民大学、北京师范大学、复旦大学、上海交通大学、同济大学、华东师范大学、西安交通大学、南京大学、南京工学院、浙江大学、厦门大学、中山大学、华南工学院、协和医科大学、中山医科大学、华南医科大学、北京农业大学。

△经国务院决定，从1987年10月起，把全国中小学教师和幼儿园教师的现行工资标准提高10%。各省、自治区、直辖市也可以在不超过工资标准提高10%的增资总额范围内，根据本地区的实际情况，将增资总额的大部分用于提高工资标准，小部分用于调整中小学教师内部的工资关系。中等专业学校、技校、初等成人教育学校的教师可参照上述办法执行。

12月5日 中央讲师团办公室和北京、天津市讲师团办公室，在人民大会堂联合召开庆祝“国际志愿人员日”座谈会。人大常委会副委员长周谷城在座谈会上讲话。联合国开发计划署驻华代表应邀出席座谈会。

△1987年度国家发明奖授奖大会在北京举行。这次批准的国家发明奖共225项，在公布的185项发明中，高等学校为第一发明人的项目有61项，占总数的33%。

12月8日 国家教委发出《关于开始有计划地进行中小学教师〈专业合格证书〉文化专业知识考试的通知》。决定从1988年起，开始有计划地进行中小学教师《专业合格证书》文化专业知识考试。《通知》就如何搞好这项工作提出了十条方针政策性的意见。

12月10日 卫生部、国家教委发布《中等卫生学校与医院联合办学培养护士的暂行规定》。

△全国首届中小学卫生保健会议在江西鹰潭市结束。会议认为，当前我国中小学生身体状况不佳，学校卫生保健工作较薄弱。因此，完善学校卫生保健制度是当务之急。

12月12日 李鹏同志主持召开国家教委第八次全体委员会议。会上，李鹏同志首先听取了何东昌同志关于农村教育改革、中等城市教育改革和克服片面升学率等问题的汇报。然后，着重讨论了关于深化和加快高等学校改革的问题。

△全国高校后勤工作会议在京举行。会议强调，高校后勤改革必须为培养适应社会主义经济建设和社会发展实际需要的合格人才的教育目标服务，为教学、科研和师生员工服务；必须通过优质服务和管理工作，对大学生开展勤俭建国、艰苦奋斗的教育。

△中国高等学校思想政治教育研究会第二次代表大会在成都市召开。代表们认为，当前高校思想政治教育的首要任务就是要紧密联系大学生的思想实际，深入进行社会主义初级阶段理论和党的基本路线教育，用党的十三大会议精神提高他们的思想认识，引导他们走健康成长的道路。会议还讨论了如何改革高校思想政治工作

及其领导体制等方面的问题。

12月14日 国家教委发出《关于改按以乡、镇为单位检查验收普及初等教育的通知》，宣布今后对普及初等教育的检查验收，由原来以县为单位改为以乡、镇为单位。

△中国共产党党员、马克思主义历史学家和教育家、著名的中国共产党党史专家、中国人民大学中共党史系名誉主任胡华同志在上海病逝。终年66岁。

12月14日～18日 国家教委和农牧渔业部在山东省平度县联合召开农村教育为当地经济建设服务的经验交流会。

12月15日 国家教委、国家科委、国家经委、劳动人事部、财政部和中国科协联合发布了《关于开展大学后继续教育的暂行规定》。

12月16日 国务院学位委员会办公室在广州召开在职人员申请学位汇报验收会，对第二批试点的在职人员申请学位工作进行了验收。并就如何继续开展在职人员申请学位工作，如何掌握其标准等问题进行了研讨。

12月21日～23日 国家教委教育发展与政策研究中心、中国高教学会在京召开社会主义初级阶段教育的特点和深化教育改革研讨会。

12月22日 中国教育电视台藏语节目试播。

12月22日～26日 全国初中工作经验交流会在天津召开。会议交流了加强初中建设、治理薄弱学校、进行教育教学改革工作中所取得的经验，明确了党的十三大以后，初中教育的战略任务。

12月23日 中国教育新闻工作者协会举办的1986年全国教育好新闻评选揭晓。评选分报社、电台、电视台；教育杂志；高校校报三个系列进行。共选送稿件1700件，选出获奖作品310篇（幅）。

12月25日 国家教委、国家体委联合召开新闻发布会，授于100所学校为1987年度全国先进体育传统项目学校，1000名个人为全国体育传统项目学校优秀工作者。

12月26日 全国电化教育工作会议在京闭幕。18个单位和代表介绍了各自开展电化教育的经验。修改了《关于加强省级电化教育馆建设的意见》等8个文件。

12月28日 国家教委发出《关于省级及计划单列市教育学院、教育行政学院设置本科专业的批复》。

△国家教委正式批准北京大学试行工资总额包干管理。

△由国家教委主办的全国高等学校优秀教材评奖审定会在京结束。261种教材被评为“全国优秀教材奖”，其中，22种教材被评为“全国优秀教材特等奖”。

12月29日 中国联合国教科文组织全国委员会在京举行第13次全体会议。全国委员会主任杨海波主持了会议。会议听取了我出席联合国教科文组织第24届大会代表团关于该组织第24届大会的情况汇报，审议了全委会1987年和1988年工作要点，并就加强和改进全委会工作等问题进行了讨论。

12月30日 国家教委、农牧渔业部、财政部联合颁发《乡（镇）农民文化技术学校暂行规定》。

12月31日 经国务院同意，国家教委与国家体委、卫生部、国家民委、国家科委、财政部联合发出《关于中国学生体质、健康状况调查研究结果和加强学校体育卫生工作的意见》。

△国家教委发出《编制普通中等专业学校跨省招生计划的试行办法》。今后，国家教委不再每年印发编制跨省招生计划的通知，各部门按照《试行办法》要求，每年如期报送本部门及其系统所属中等专业学校跨省招生计划。

12月下旬 9月至12月下旬，国家教委委托华东师范大学教育管理学院举办了工读学校校长进修班。进修班研究和总结了我国工读教育的经验和规律，进一步明确了工读学校办学的基本指导思想。

△中央职称改革领导小组转发了国家教委职称改革工作领导小组《关于成人高等学校实行高等学校教师职务试行条例中有关问题的说明》。到1987年底，除部分企业所属成人高校外，各类成人高校职务聘任工作基本结束。评出高中级职务教师21，163名，其中，教授144名，副教授2，815名，讲师18，204名。

1987年底 13个中央、国务院部委和5个省市与高等学校开展联合办学，24个中央部委直属的24所院校和5个省、市所属的8所高校开展横向联合办学。共联合招生8500多人，在校生达26000余人。其中，以水电部、煤炭部和陕西省联合办学的规模最大。

△国家教委完成高等学校哲学社会科学“七五”科研计划工作。列入规划的有81个项目590个课题。其中，近200个课题被推荐列入国家哲学社会科学“七五”科研规划。

张玉兰、赵连杰、张强 整理

郝维谦 审定

《中国教育年鉴》（1988）

责任编辑　张玉兰
装帧设计　刘承汉
　　　　　张卫平